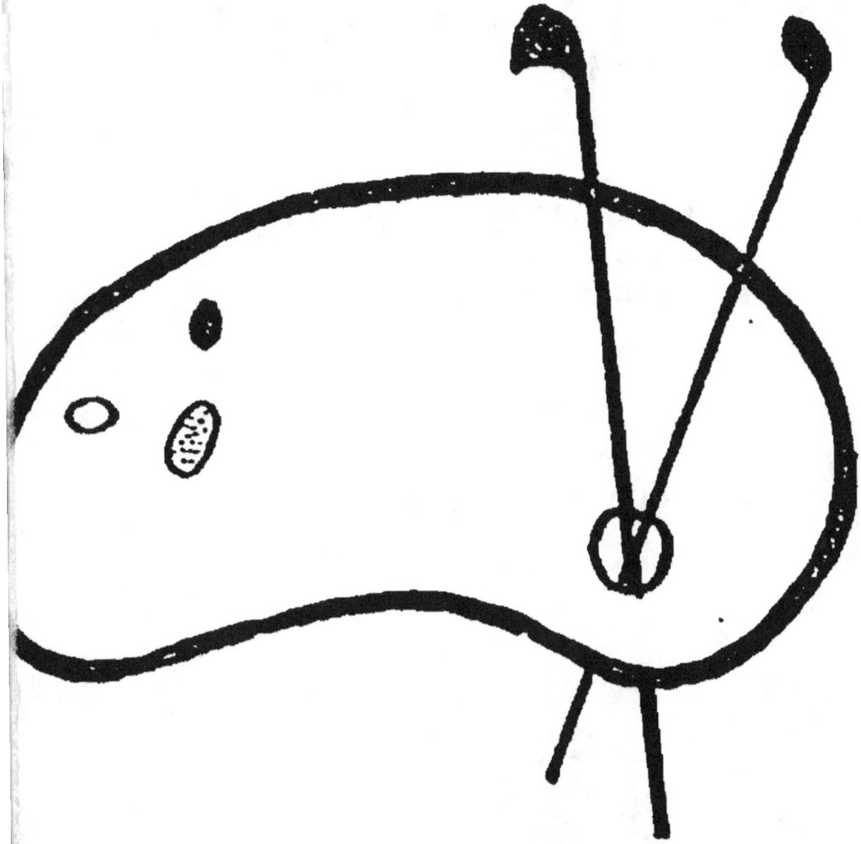

DEBUT D'UNE SERIE DE DOCUMENTS
EN COULEUR

ÉTUDES

SUR LE

RÈGNE DE LÉOPOLD

DUC DE LORRAINE ET DE BAR

(1697-1729)

PAR

H. BAUMONT

DOCTEUR ÈS LETTRES

BERGER-LEVRAULT ET Cie, ÉDITEURS

PARIS | NANCY
5, RUE DES BEAUX-ARTS | 18, RUE DES GLACIS

1894

Tous droits réservés

BERGER-LEVRAULT ET Cie, LIBRAIRES-ÉDITEURS
PARIS, 5, rue des Beaux-Arts. — 18, rue des Glacis, NANCY.

La Lorraine illustrée. *Ancienne Moselle*, par Lorédan Larchey; *Meuse*, par André Theuriet; *Vosges*, par L. Jouve et le Dr Liétard; *Meurthe*, par Edg. Avcris; introduction historique par Auguste Prost. Un volume grand in-4°, de 800 pages, avec 111 gravures et frontispice en chromo, broché . . 50 fr.
Relié en demi-maroquin, plaques spéciales . . . . 60 fr.

Sur l'Organisation et les institutions militaires en Lorraine, par H. Lepage, archiviste de Meurthe-et-Moselle. Volume in-8°, avec 4 planches, broché . . . . 7 fr. 50 c.

Monographie de la Cathédrale de Nancy, depuis sa fondation jusqu'à l'époque actuelle, par Ed. Avcris. 1882. Magnifique volume in-4°, avec illustrations en noir et en couleurs dans le texte, et 24 planches en noir et en couleurs hors texte. Reliure d'amateur demi-maroquin du Levant poli, avec coins . . . . 100 fr.

L'Université de Pont-à-Mousson (1572-1768), par l'abbé Eug. Martin, professeur à l'école Saint-Sigisbert à Nancy. Volume in-8° de 476 pages, avec figures et planches . . . . 10 fr.

L'Ancien Régime dans une bourgeoisie lorraine. Étude historique par J. Mesnier-Jolain. Un beau vol. in-8° de 410 pages, broché . . . . . 6 fr.

Les Institutions judiciaires dans la cité de Metz, par Auguste Prost, membre de l'Académie de Metz et de la Société nationale des antiquaires de France. 1893. Volume grand in-8° de 277 pages, broché . . . 7 fr. 50 c.

Le Duché mérovingien d'Alsace et la légende de sainte Odile, suivis d'une étude sur les anciens monuments du Sainte-Odile, par Ch. Pfister, professeur à la Faculté des lettres de Nancy. Beau volume grand in-8° de 276 pages, broché . . . . 6 fr.

Éloge de Jean-Jacques Lionnois. Discours de réception à l'Académie de Stanislas, par le même, 1890. In-8°, broché . . . . 1 fr. 50 c.

La Limite de la langue française et de la langue allemande en Alsace-Lorraine. Considérations historiques par le même. 1890. In-8°, broché. 1 fr. 50 c.

Le Plateau lorrain. Essai de géographie régionale, par B. Auerbach, professeur à la Faculté des lettres de Nancy. 1893. Beau volume in-12 de 383 pages, avec 21 croquis cartographiques et 21 vues photographiques, broché. 5 fr.

Guide du géologue en Lorraine, par G. Bleicher, professeur d'histoire naturelle à l'Université de Nancy. Joli volume in-12 avec 14 figures et 2 planches, broché . . . . 3 fr. 50 c.

Les Bibliothèques de Strasbourg et de Nancy, par C. Thiaucourt, professeur à la Faculté des lettres de Nancy. 1893. Volume grand in-8°, broché. 3 fr.

Annales des professeurs des Académies et Universités alsaciennes (1523-1871), par O. Berger-Levrault. Beau volume de 554 pages in-8°, plus 16 tableaux synoptiques des cours, 5 gravures et 2 planches en phototypie, broché . . . . 20 fr.

Les Vosges pendant la Révolution. Étude historique, par Félix Bouvier. Beau volume in-8° de 536 pages, avec 4 gravures, broché . . 7 fr. 50 c.

Voyages aux Châteaux historiques des Vosges septentrionales, par H. Gaston et J. Froelich. 1889. Beau volume grand in-8°, de 519 pages, avec frontispice en chromo, 13 dessins hors texte, et 193 vignettes d'après les originaux de H. Gaston, et une carte . . . . 16 fr.
Relié en demi-chagrin, tête dorée, fers spéciaux . . . . 20 fr.

Annales de l'Est. — *Littérature. Archéologie. Histoire. Critique. Bibliographie. Travaux sur la région alsacienne-lorraine.* Revue trimestrielle publiée sous la direction de la Faculté des lettres de Nancy, et paraissant en livraisons de 10 feuilles grand in-8°. — 8e année, 1894. — Prix par an: France et Union postale . . . . 12 fr.

Tout abonné nouveau pourra obtenir, jusqu'à avis ultérieur, les sept premières années (7 beaux volumes de 640 pages, brochés) à moitié prix, soit 42 fr au lieu de 84 fr. — Le prix des années isolées reste fixé à 12 fr.

Nancy, Imprimerie Berger-Levrault et Cie

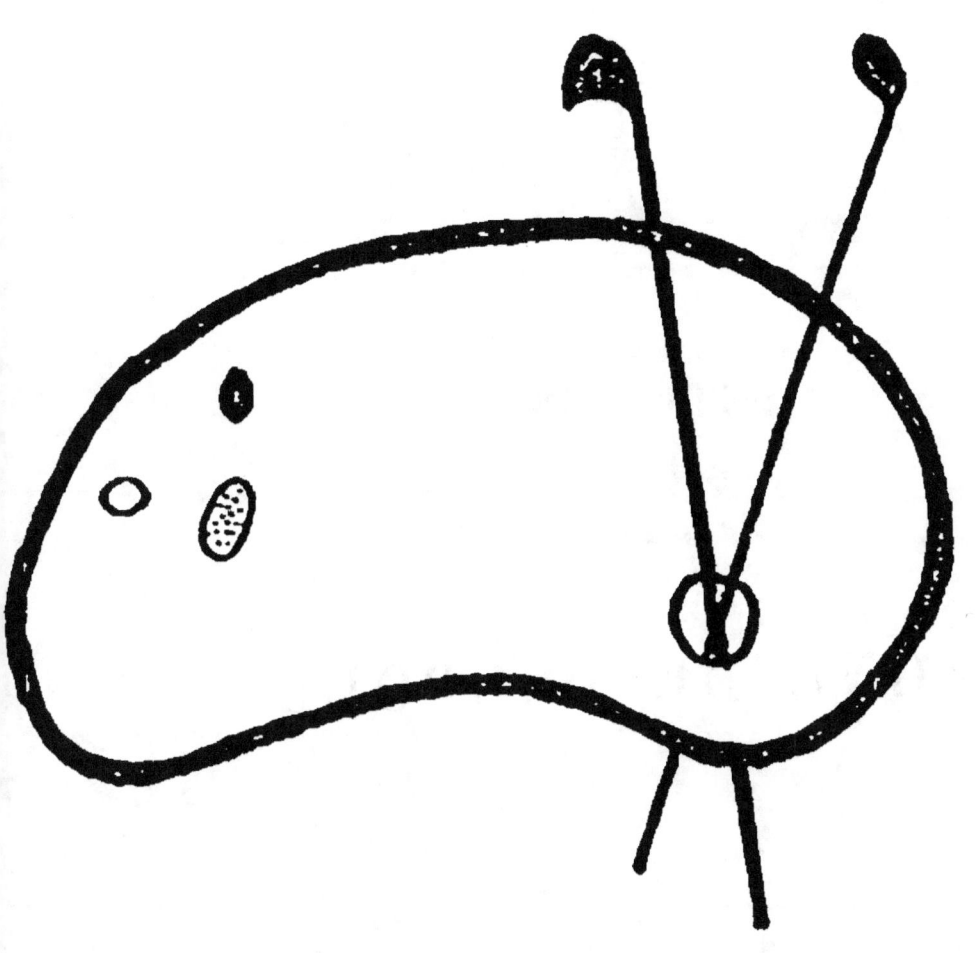

FIN D'UNE SERIE DE DOCUMENTS EN COULEUR

ÉTUDES

SUR LE

RÈGNE DE LÉOPOLD

NANCY, IMPRIMERIE BERGER-LEVRAULT ET Cⁱᵉ

ÉTUDES

SUR LE

RÈGNE DE LÉOPOLD

DUC DE LORRAINE ET DE BAR

(1697-1729)

PAR

H. BAUMONT

DOCTEUR ÈS LETTRES

BERGER-LEVRAULT ET Cie, ÉDITEURS

PARIS | NANCY
5, RUE DES BEAUX-ARTS | 18, RUE DES GLACIS

1894

Tous droits réservés

Je tiens à témoigner publiquement ma reconnaissance à M. Favier, conservateur de la Bibliothèque de Nancy, qui m'a donné l'idée de ce travail, et à M. Pfister, professeur à la Faculté des lettres de Nancy, dont les conseils et les encouragements m'ont été si précieux.

Que MM. Duvernoy, archiviste de Meurthe-et-Moselle, — Germain, bibliothécaire de la Société d'archéologie lorraine, — et Léon Le Brun, avocat à Lunéville, veuillent bien aussi agréer l'assurance de ma gratitude.

Mes sincères remerciements à MM. Guyot, président de la Société d'archéologie lorraine, et Robert Parisot, agrégé d'histoire, qui m'ont facilité l'accès des Archives impériales de Vienne, — et à M. Györy de Nádudvar, archiviste, dont je n'oublierai jamais l'obligeant accueil.

Lunéville, le 1er mai 1894.

H. BAUMONT.

NOTICE BIBLIOGRAPHIQUE

ET INDICATION DES PRINCIPALES SOURCES

I

MANUSCRITS

Archives du ministère des affaires étrangères :

Fonds *Lorraine*, vol. XLVI à CIX.

Archives du dépôt de la guerre :

Années 1702 à 1714, particulièrement les volumes 1501, 1574, 1583, 1671, 1672, 1754, 1851, 1951, 2167, 2168, 2241.

Archives nationales :

Série K, n°ˢ 1184 et 1192 ; série G', n° 415-416.

Bibliothèque nationale :

Collection lorraine, particulièrement les n°ˢ 42, 55, 269.

Archives impériales de Vienne :

Lettres et négociations de M. le comte des Armoises, envoyé de Son Altesse Royale à la cour de Sa Majesté Impériale, 1704-1722 (*Inventaire détaillé des papiers de l'Archive [sic] de S. A. R.*, armoire A, vol. I, 2ᵉ partie, n°ˢ 25 à 32);

Négociations du comte Le Bègue près des États-Généraux, 1711-1714 (*Ibid.*, armoire B, n°ˢ 8 à 10);

Lettres et négociations de M. Barrois, envoyé extraordinaire de Son Altesse Royale, 1703-1718 (*Ibid.*, armoire B, n°ˢ 45 à 49):

Négociations de M. de Rolinville, ministre de Son Altesse Royale en cour de France (*Ibid.*, armoire B, n°ˢ 67 à 86);

Négociations du marquis de Stainville en France, 1725-1730, et en Angleterre, juin 1728 (*Ibid.*, armoire B, n°ˢ 92 à 96);

Instructions diverses de S. A. R. Léopold à ses ministres pour la direction de leur conduite dans les cours étrangères (*Ibid.*, armoire C, n° 62);

Affaires des juifs Samuel et Salomon Lévy (*Ibid.*, armoire C, n° 93);

Réflexions, instructions, notes de la main propre de S. A. R. le duc Léopold sur différents sujets (*Ibid.*, armoire D, n° VII*).

Archives départementales de Meurthe-et-Moselle :

Particulièrement la série B (Registres des lettres patentes, comptes des receveurs généraux, trésor des chartes, etc.).

Archives départementales de la Côte-d'Or :

Fonds Thiard de Bissy, liasses 20, 21, 31, 44.

Bibliothèque publique de Nancy :

Mémoire sur les Trois-Évêchés : Metz, Toul et Verdun, par M. de Saint-Contest, intendant de Metz de 1701 à 1715 (Ms. n° 49);

Registres des délibérations secrètes de la Chambre des comptes de Lorraine, 1698-1791 (Ms. n° 106);

Idées générales du département de Metz, par M. de Turgot, 1698 (Ms. n° 111);

Mémoire sur le duché de Lorraine, par M. d'Audiffret, ci-devant envoyé extraordinaire du Roi aux cours de Mantoue, de Parme et de Modène et à celle de Lorraine (Ms. n° 133);

Recueil des principaux arrêts de la Cour souveraine de Lorraine et Barrois, 1700-1702 (Ms. n° 142);

Relation de la négociation du code Léopold, avec plusieurs

lettres de Son Altesse Royale écrites à ce sujet à M° Nicolas-Joseph Lefebvre, tant à Rome qu'à Vienne, etc. (Ms. n° 151);

Lettres des ducs de Lorraine Léopold Ier, François III et du prince Charles, électeur de Trèves, au premier président Nicolas-Joseph Lefebvre de Montjoye, tant dans ses négociations ès cours de Rome, de Vienne, de France, que pour l'intérieur de l'État, — depuis son second voyage en 1706 jusqu'en 1736, avec plusieurs réponses, etc. (Ms. n° 165);

Lettres de jussion et de cachet à la Chambre des comptes de Lorraine, 1662-1749 (Ms. n° 174);

Ordonnances (imprimées et manuscrites) de Léopold qui ne figurent pas dans le recueil in-4° imprimé chez Cusson, à Nancy (Ms. n° 392);

Petite gazette lorraine du règne de Léopold. Extraits des journaux du temps, par M. J.-A. Schmit (Ms. n° 555);

Correspondance du duc Léopold avec ses envoyés à l'armée française, de 1704 à 1710 (*Collection Noël*, n° 487).

Bibliothèque de la Société d'archéologie lorraine:

Recueil de pièces relatives au protestantisme à Lixheim et à Fénétrange (Ms. n° 149);

Mémoire de la minorité du duc Léopold Ier, 1690-1696 (*Recueil* n° 212);

Journal depuis notre arrivée à Rome, 23 décembre 1704-22 janvier 1705, par l'un des envoyés de Léopold (*Recueil* n° 252).

Bibliothèque publique de Dijon:

Mémoires concernans l'invasion de la Lorraine par M. le mareschal de Crequy au mois d'aoust 1670 (Ms. n° 798).

Archives municipales de Lunéville.

II

IMPRIMÉS

Bourcier (Comte de). — *Vie de Messire Jean-Léonard Baron de Bourcier.* 1 vol. in-12. Nancy, 1741.

Calmet (Dom). — *Histoire ecclésiastique et civile de Lorraine.* 7 vol. in-f°. Nancy, 1745.

— *Notice de la Lorraine.* 2 vol. in-8°. Lunéville, 1835.

Charlotte-Élisabeth de Bavière. — *Mélanges historiques, anecdotiques, etc.* 1 vol. in-8°. Paris, 1807.

— *Correspondance complète,* traduite par G. Brunet. 2 vol. in-12. Paris, 1857.

— *Correspondance extraite des lettres publiées par M. de Ranke et M. Holland.* Traduction et notes par M. Ernest Jæglé. 2 vol. in-12. Paris, 1880.

Digot. — *Histoire de Lorraine.* 6 vol. in-8°. Nancy, 1856.

Dumont. — *Justice criminelle des duchés de Lorraine et de Bar, du Bassigny et des Trois-Évêchés.* 2 vol. in-8°. Nancy, 1848.

Durival. — *Description de la Lorraine et du Barrois.* 4 vol. in-4°. Nancy, 1778-1783.

Élisabeth-Charlotte d'Orléans, duchesse de Lorraine. — *Lettres à la marquise d'Aulède (1715-1738),* publiées par M. E. Alexandre de Bonneval, dans le *Recueil de documents sur l'histoire de Lorraine.* 1 vol. in-8°. Nancy, 1865.

Foucault (Comte de)[1]. — *Histoire de Léopold Ier, duc de Lorraine et de Bar.* 1 vol. in-8°. Bruxelles, 1791.

Guillaume (Abbé). — *Histoire du diocèse de Toul et de celui de Nancy.* 5 vol. in-8°. Nancy, 1866-1867.

---

1. Le véritable auteur de cet ouvrage est M. Marquis, premier préfet du département de la Meurthe. Cf. Courbe, *Promenades historiques à travers les rues de Nancy.* Nancy, 1883, p. 189.

Haussonville (Comte d'). — *Histoire de la réunion de la Lorraine à la France.* 4 vol. in-8°. Paris, 1860.

Journal de la Société d'archéologie lorraine et du comité du Musée lorrain.

Lepage (Henri). — *Les Archives de Nancy.* 4 vol. in-8°. Nancy, 1865.

— *Les Communes de la Meurthe.* 2 vol. in-8°. Nancy, 1853.

— *Sur l'organisation et les institutions militaires de la Lorraine.* 1 vol. in-8°. Nancy, 1884.

Lepage (Henri) et Germain (Léon). — *Complément au Nobiliaire de Lorraine de dom Pelletier.* 1 vol. in-8°. Nancy, 1885.

Lionnois. — *Histoire des villes vieille et neuve de Nancy, depuis leur fondation jusqu'en 1788.* 3 vol. in-8°. Nancy, 1811.

Mathieu (Abbé). — *L'ancien Régime dans la province de Lorraine et Barrois.* 1 vol. in-8°. Paris, 1879.

Meaume. — *La Mère du chevalier de Boufflers* (étude suivie d'un appendice intitulé : *Léopold, duc de Lorraine, et la mère de la marquise de Boufflers*). 1 vol. in-8°. Paris, 1885.

Mémoires de l'Académie de Stanislas.

Mémoires de la Société d'archéologie lorraine et du Musée historique lorrain.

Mémoires de la Société des lettres, sciences et arts de Bar-le-Duc.

Noël. — *Mémoires pour servir à l'histoire de Lorraine*, n° 5 (règnes des ducs Léopold, François III et Stanislas). 2 vol. (texte et notes) in-8°. Nancy, 1840.

Pelet (Lieutenant-général). — *Mémoires militaires relatifs à la Succession d'Espagne sous Louis XIV.* 11 vol. in-4°. Paris, 1835.

Pelletier (Dom). — *Nobiliaire ou Armorial général de la Lorraine et du Barrois.* 1 vol. in-f°. Nancy, 1758.

Pimodan (Marquis de). — *La Réunion de Toul à la France.* 1 vol. in-8°. Paris, 1885.

Recueil des édits, ordonnances, déclarations, traitez et concordats du règne de Léopold, de glorieuse mémoire, duc de Lorraine et de Bar. 4 vol. in-4°. Nancy, 1733.

Rogéville (De). — *Dictionnaire historique des ordonnances et des tribunaux de la Lorraine et du Barrois.* 2 vol. in-4°. Nancy, 1777.

Saint-Mauris (De). — *Études historiques sur l'ancienne Lorraine.* 2 vol. in-8°. Nancy, 1861.

Saint-Simon (Duc de). — *Mémoires*, publiés par le marquis de Saint-Simon. 21 vol. in-8°. Paris, 1829.

Thibault. — *Histoire des lois et usages de la Lorraine et du Barrois dans les matières bénéficiales.* 1 vol. in-f°. Nancy, 1763.

Thiéry. — *Histoire de la ville de Toul et de ses évêques.* 2 vol. in-8°. Nancy, 1841.

Torcy (Marquis de). — *Mémoires*, publiés dans la *Collection Petitot et Monmerqué*, t. LXVII et LXVIII.

Vaubourg des Marêts (De). — *Mémoire concernant les États de Lorraine et du Barrois*, dressé en 1697 et publié dans le *Recueil des documents sur l'histoire de Lorraine.* 1 vol. in-8°. Nancy, 1859.

Villars (Maréchal de). — *Mémoires*, publiés dans la *Collection Petitot et Monmerqué*, t. LXVIII à LXX.

On trouvera dans le cours du récit l'indication d'autres ouvrages consacrés à telle ou telle question plus spéciale.

ÉTUDES

SUR LE

RÈGNE DE LÉOPOLD

DUC DE LORRAINE ET DE BAR

(1697-1729)

CHAPITRE Ier

LA LORRAINE AVANT LÉOPOLD

I. L'État lorrain. — II. Visées de la France; politique de Richelieu et de Mazarin. — III. Louis XIV s'empare de la Lorraine. — IV. Le traité de Ryswick. — V. Les charges de l'occupation française. — VI. Prospérité relative de la Lorraine.

I

Le petit État lorrain comprenait, au xviie siècle, les deux duchés de Lorraine et de Bar, issus tous deux du démembrement du royaume carolingien de Lotharingie, longtemps ennemis, et dont la réunion, effectuée en principe sous Charles II[1], fut consommée à l'avènement de René II, en 1473. Le duché de Lorraine se divisait en *Vosge* au sud, Lorraine proprement dite au centre, Lorraine allemande au nord; le duché de Bar comprenait le

---

1. En 1420, par le mariage de l'héritière de Lorraine, Isabelle, avec René Ier.

Barrois *mouvant* sur la rive gauche de la Meuse, et le Barrois *non mouvant* entre Meuse et Moselle.

Rien de plus capricieux, de plus irrégulier[1] que les limites de ces duchés, qui étaient loin de répondre, comme on pourrait le croire, aux quatre départements français formés en 1790. A l'est, la frontière débordait au delà des Vosges et pénétrait assez loin en Alsace par Sainte-Marie-aux-Mines, Liepvre et Saint-Hippolyte; au nord, elle touchait au duché de Deux-Ponts, à l'électorat de Trèves, au duché de Luxembourg, à la principauté de Nassau-Sarrebruck, aux comtés de Blieskastel[2], de Créhange[3], de Sarrebruck, avec une foule d'enclaves et de villages indivis. A l'ouest, la petite ville de Vaucouleurs et plusieurs villages champenois étaient enfermés dans le Barrois mouvant; en revanche, Malroy[4] et quelques autres localités lorraines étaient disséminées dans la Champagne; Martinvelle[5], Broussey-en-Blois[6], Pagny-la-Blanche-Côte[7], etc., étaient mi-partie français, mi-partie lorrains. Au sud, Grignoncourt, Vougécourt, Lironcourt[8] se partageaient entre le Barrois mouvant, la Champagne et la Franche-Comté; Conflans-en-Bassigny[9] se trouvait isolé au milieu des villages de la Comté et des terres de *surséance* de Saint-Loup et de Fougerolles.

---

1. *Alphabet curieux des lieux du duché de Lorraine et de Bar*, par Bugnon, premier géographe de S. A. R. (ms. n° 11 de la Bibliothèque de Nancy). — Mathieu, *L'ancien Régime dans la province de Lorraine et Barrois*.
2. Aujourd'hui petite ville du Palatinat (Bavière), à 11 kilomètres O. de Deux-Ponts.
3. Créhange ou Chrichingen, village de la Lorraine allemande, à 35 kilomètres E. de Metz. Les fiefs composant cette seigneurie avaient été réunis à la France par le traité de Lunéville (1801).
4. Aujourd'hui hameau de la commune de Dammartin (Haute-Marne).
5. Commune du canton de Monthureux (Vosges).
6. Commune du canton de Void (Meuse).
7. Commune du canton de Vaucouleurs (Meuse).
8. Deux de ces villages dépendent du canton de Lamarche (Vosges), le troisième, Vougécourt, du canton de Jussey (Haute-Saône).
9. Commune du canton de Saint-Loup (Haute-Saône).

A l'intérieur, des fiefs comme les comtés de Ligny[1] et de Vaudémont[2], la baronnie d'Ancerville[3], la principauté de Salm[4], et surtout le temporel des trois évêchés de Metz, Toul et Verdun, morcelaient à l'infini le territoire lorrain. L'évêché de Metz, le plus riche des trois, possédait autour de sa capitale un domaine compact, le pays messin, divisé en quatre parties: le *Val*, l'*Isle*, le *Haut-Chemin* et le *Saulnois*[5]; ses droits seigneuriaux s'étendaient, en outre, sur de nombreuses enclaves réparties dans toute la Lorraine, principalement sur les bords de la Sarre, de la Seille et de la Meurthe. Les terres de l'évêché de Verdun, mieux ramassées entre la Meuse et l'Othain, comprenaient pourtant Dieulouard sur la Moselle, et Beauzée[6] sur l'Aire. Quant au temporel de Toul, il était absolument informe, et on a pu le comparer sans exagération à « un gâteau entamé au hasard par des dents gourmandes[7] ».

---

1. La seigneurie de Ligny dépendait d'abord de la Champagne; elle fut apportée en dot, en 1155, à Renaud II, comte du Bar, par Agnès de Champagne. Au commencement du XIII° siècle, Henri II, leur petit-fils, la donna à sa fille qui épousa Henri I°', comte de Luxembourg, dont les descendants possédaient encore Ligny au XVII° siècle.

2. Le comté de Vaudémont était depuis 1176 sous la puissance des ducs de Lorraine, mais Charles IV donna ce comté à son fils Charles-Henry de Lorraine.

3. Ancerville, aujourd'hui chef-lieu de canton de l'arrondissement de Bar-le-Duc, était le chef-lieu d'une baronnie qui appartint originairement à la maison de Lorraine, passa ensuite aux comtes de Bar, puis à la maison de Guise, et enfin à la maison d'Orléans.

4. La terre de Salm fut divisée en 1597 en deux parties: le comté, qui fut apporté en dot à François II de Lorraine par Christine de Salm, et la principauté (cap. Senones), qui continua à appartenir à la maison de Salm, et fut réunie à la France par décret de la Convention, du 2 mars 1793. Cf. Calmet, *Notice de la Lorraine*, II, 295; Bouvier, *Les Vosges pendant la Révolution*, p. 191.

5. Le *Val* comprenait les villages de la rive gauche de la Moselle; l'*Isle* s'étendait entre la Moselle et la Seille; le *Haut-Chemin* était sur la rive droite de la Moselle; le *Saulnois*, plus à l'est, allait de la Seille à la Nied. Cf. Bugnon, *loc. cit.*

6. Commune du canton de Triaucourt (Meuse).

7. Abbé Mathieu, p. 27.

II

Longtemps les ducs de Lorraine eurent à compter avec l'autorité de l'Empereur[1] ; mais, pendant l'anarchie du moyen âge, alors que les forces germaniques étendaient leur action le long de la Baltique, dans la zone de l'Oder et dans la vallée du Danube, ils purent sans peine réduire la suzeraineté impériale à n'être qu'une vaine formalité. Le traité de Nuremberg[2], que le duc Antoine obtint de Charles-Quint, en 1543, reconnut même officiellement l'indépendance de l'État lorrain, l'exempta du vasselage de la Diète, le plaçant toutefois sous la sauvegarde de l'Empire, et l'obligeant de contribuer au *landfried*[3] pour les deux tiers de la somme exigée des électeurs.

C'est du côté de l'ouest que devaient venir pour la Lorraine les menaces et le danger. De bonne heure, nos rois, maîtres de la Champagne, s'étaient heurtés aux comtes[4] de Bar et leur avaient imposé le serment de foi et hommage pour la partie de leurs terres appelée dès lors le *Barrois mouvant*[5]. Héritiers de ces comtes, les ducs de Lorraine n'osèrent refuser à leurs puissants voisins le

---

1. La Lotharingie avait été incorporée à l'Allemagne par le fondateur de la dynastie saxonne, Henri Ier (919-936).
2. Ce traité, signé le 26 août 1542, ne fut confirmé par Charles-Quint que le 28 juillet 1543, et insinué à la Chambre impériale de Spire, seulement le 29 août 1561. Les successeurs d'Antoine l'invoquèrent ou le négligèrent, selon les circonstances, de sorte qu'on ne savait plus, au xviiie siècle, quelle était la situation légale du duché de Lorraine vis-à-vis du Saint-Empire romain germanique. Cf. Lepage, *Recueil de documents sur la Lorraine*, I, p. 195 et suiv.; Pfister, *Revue critique*, 1891, 2e semestre, p. 235. — Le texte du traité est dans Calmet, t. VI, col. cccxc-cccxcv.
3. Impôt voté par la Chambre de Spire pour faire la guerre aux Turcs ; il fut levé plusieurs fois en Lorraine au xvie siècle. Digot, IV, 78, 91.
4. C'est en 1354 seulement que l'empereur Charles IV de Luxembourg, cousin des comtes de Bar, leur conféra le titre de ducs.
5. Par le traité de Bruges, signé en 1301 entre Philippe le Bel et Henri III de Bar.

même serment, et ne songèrent pas à s'affranchir d'un joug qui leur était léger : pendant plus de deux siècles, en effet, les successeurs de Philippe le Bel négligèrent de tourner leurs efforts dans la direction du Rhin.

La prise de possession, par le roi de France Henri II, des évêchés de Toul[1], Metz et Verdun, « ces trois clous fichés[2] » dans la terre lorraine, fut un premier pas vers les anciennes frontières de la Gaule, et cet événement devait porter un coup mortel à l'indépendance des ducs. Pour mieux préparer le succès de sa politique hardie, Henri II emmena à sa cour le jeune duc de Lorraine Charles III et lui fit épouser sa fille Claude.

Mais ce mariage eut des conséquences qu'Henri II n'avait pas prévues : les guerres de religion, qui mirent en danger la vie même de la France, allaient donner aux princes de la maison de Lorraine l'occasion d'intervenir dans nos discordes intestines. Excité par les Guises[3], Charles III accepta le titre de lieutenant-général de la Ligue, se jeta dans la lutte avec une activité et une ardeur extraordinaires, et laissa même paraître des prétentions directes à la couronne de France[4].

Henri IV ne le lui pardonna jamais. Parlant un jour à la reine du mariage de l'enfant qui fut Louis XIII, il disait « que le plus avantageux qu'on pût faire était l'héritière de Lorraine, si le duc n'avait point d'autres enfants »,

---

1. Déjà du temps de Philippe le Bel la France possédait à Toul le droit de garde et de protection; les *lettres de garde* furent renouvelées plusieurs fois dans le courant du xve siècle, et en 1547, à l'avènement de Henri II. De Pimodan, *La Réunion de Toul à la France*, p. xxix et 11. — Henri II entra à Toul le 12 avril 1552; à Metz, le 18 avril; à Verdun, le 12 juin. *Ibid.*, p. 16. — Sur Verdun, aux xviie et xviiie siècles, voir le travail de M. Petitot-Bellavène, dans les *Mémoires de la Société philomathique de Verdun*, t. X, 1888.
2. Mot cité par Niox, *Géographie militaire; France*, p. 58.
3. François de Lorraine, duc de Guise, et le cardinal de Lorraine étaient fils de Claude de Lorraine, sixième enfant du duc René II.
4. D'Haussonville, *Histoire de la réunion de la Lorraine à la France*, I, 50; de Pimodan, p. 203, 297 et suiv.

ajoutant « que ce lui serait un grand contentement de voir que ce royaume fût agrandi des dépouilles d'une maison dont il avait reçu des maux indicibles[1] ». Au moment même où la mort du duc de Clèves et Juliers lui fournissait un prétexte pour intervenir dans les affaires de l'Allemagne, Henri IV chargeait un de ses courtisans, Bassompierre, de disposer le duc Henri II à ce mariage.

Le crime de Ravaillac allait rendre cette négociation inutile et déchaîner sur la Lorraine les plus grands malheurs. Richelieu reprenant, vingt années après la mort d'Henri IV, l'ensemble des projets du grand roi contre la maison d'Autriche, n'hésita pas à acquérir par la force cette province qu'une alliance de famille eût sans doute assurée à la France. Le grand artiste de cette époque, Callot, a gravé en traits immortels les souffrances de la Lorraine saccagée par les gens de guerre, dépeuplée par la famine et par la peste.

Après les traités de Westphalie, qui donnaient l'Alsace à la France et légalisaient l'intervention de l'étranger dans l'Empire, l'existence d'un État libre au pied des Vosges ne pouvait être que précaire. Aussi, lorsque la ligue du Rhin nous eut assuré la prépondérance dans l'Allemagne occidentale, Mazarin consentit, au traité des Pyrénées, à rétablir le duc Charles IV dans une partie de ses États[2]; le souple élève de Richelieu adoucit même, au traité de Vincennes (28 février 1661), les dures conditions qu'il avait imposées au duc deux ans auparavant[3] : il comptait sur le temps pour vaincre les résistances de la

---

[1]. D'Haussonville, I, 89.
[2]. La France conservait le Barrois, Moyenvic, Stenay, Dun, Jametz, Clermont-en-Argonne ; Charles IV s'engageait à démolir les fortifications de Nancy et à livrer en tout temps passage dans ses États aux troupes françaises.
[3]. Il restitue à Charles IV tous ses États, à l'exception du Clermontois, des villes de Jametz, Dun, Stenay, Sierck, Sarrebourg et Phalsbourg, d'une partie de la prévôté de Marville, et des villages placés sur la route de

nation lorraine et gagner une province si nécessaire à la grandeur de la France.

III

Jeune, actif, ambitieux comme il l'était, Louis XIV n'eut pas cette patience. Au début de son gouvernement personnel, il songea à fermer au plus tôt sa frontière profondément ouverte entre les Trois-Évêchés et l'Alsace. Les promesses et les menaces du ministre de Lionne, cet *homme capable*, comme l'appelle Louis XIV, décidèrent le duc de Lorraine, à peine rétabli dans ses États, à sacrifier, par haine des siens, les droits de sa couronne : « Je viens de faire, — disait le roi au prince de Condé, au lendemain du traité de Montmartre (6 février 1662), — un coup de grand bonheur et de grande importance, qui va faire bien du bruit et de l'éclat dans le monde.... J'ai acquis les duchés de Bar et de Lorraine, et les ai réunis pour jamais à ma couronne.... De quelle province de France en souveraineté croyez-vous que j'ai fait contenter M. de Lorraine pour cet échange? Je ne lui ai pas donné un pouce de terre en tout mon royaume.... J'ai seulement déclaré les princes de Lorraine habiles et capables de succéder à la couronne de France après notre famille. Quand nous serons tous morts, il arrivera ce qu'il pourra. Cependant, Dieu merci, nous nous portons aussi bien qu'eux !...[1]. »

Verdun à Metz (Marchéville-en-Woëvre, Maizeray, Harville, Labeuville, et de Metz à Saverne, par Vic et Phalsbourg (Sologne, Moncheux, Delme, Gremecey, Chambrey, Lezey, Donnelay, Azoudange, Gondrexange, Héming, Niederviller, Kourtzerode et Garrebourg). Le roi se réserve, en outre, les droits de souveraineté sur le territoire des villages non nommés dans le traité, de façon à donner partout à ce chemin une demi-lieue de largeur, afin que ses sujets et ses troupes puissent aller en Alsace « sur ses terres, sans toucher les États dudit sieur duc ». (Dumont, *Corps diplomatique*, t. VI, 2ᵉ partie, p. 317 et suiv.)

1. D'Haussonville, III, 151.

Cette étrange convention, arrachée à la faiblesse d'un vieillard aigri par les malheurs, usé par les plaisirs et par les fatigues de la guerre, ne devait pas subsister longtemps. Les protestations de Charles lui-même, les plaintes de l'Europe, et surtout les murmures de la noblesse et de la magistrature du royaume qui redoutaient pour l'avenir l'ambition des princes lorrains, forcèrent Louis XIV à commencer de nouvelles négociations qui aboutirent au traité signé à Metz[1] le 1er septembre 1663 : Charles IV était délié de tous ses engagements, au prix de Marsal, l'unique place forte de ses États.

Mais nul prince n'était moins capable que le duc de Lorraine de désarmer par une conduite prudente et sage les méfiances de son puissant voisin. A soixante-cinq ans, il n'avait rien perdu de cette témérité qui le poussait dans sa jeunesse à braver Richelieu, et il rappelait fièrement à Louis XIV « qu'il était souverain, par conséquent indépendant et maître de ses actions, dont il ne devait compte qu'à Dieu[2] ». Il osait même faire entendre des menaces au puissant monarque de France : « Il y avait en Europe, s'écriait-il, une ligue qui le mettrait à l'abri des injustes procédés de Sa Majesté[3]. »

Louis XIV ne tarda guère à manifester son ressentiment; le 25 août 1670, sans aucune déclaration de guerre, le chevalier de Fourille, mestre de camp général de la cavalerie, partait de Toul à la tête de quelques escadrons, la nuit, en vrai chef de bande, et marchait droit sur Pont-à-Mousson pour y enlever le duc de Lorraine; voici en quels termes M. de Fourille lui-même fait le récit de ce guet-apens : « ... Comme j'étais en chemin, j'appris que

---

1. Ce traité porte dans l'histoire le nom de traité de Marsal. *Ibid.*, III, 211.
2. Lettre de son ministre d'Aubeville à de Lionne, 12 août 1668. *Ibid.*, III, 251.
3. Dom Calmet, *Histoire ecclésiastique et civile de Lorraine*, IV, 595.

Son Altesse était partie à sept heures du soir dudit Pont pour s'en venir à Nancy... Je m'en suis venu droit à Nancy pour investir M. de Lorraine, mais comme c'est un homme qui, depuis quinze jours, ne demeure pas dans la même situation et que tantôt il est d'un côté et tantôt d'un autre, cela a fait qu'il a rompu toutes les mesures que j'avais pu prendre. Je croyais pourtant l'avoir bien remis dans Nancy, et sans un malheur qui m'est arrivé que mes guides m'ont perdu dans le bois de Liverdun, la nuit, je l'aurais surpris dans Nancy à dix heures du matin, car les détours que les guides m'ont fait faire la nuit m'ont fait perdre deux heures de temps, ce qui a fait que je n'ai pu y arriver qu'à midi, et M. de Lorraine n'en était parti qu'à dix heures avec MM. de Vaudémont et de Lillebonne. Il a pris le chemin d'Épinal où je l'aurais suivi, quoique je n'eusse pas pu rassembler toutes les troupes, si ce n'avait été qu'elles étaient si harassées et tous les chevaux déferrés.... Je m'estime bien malheureux de n'avoir pas pu réussir selon l'intention de Sa Majesté et selon mon inclination, mais je puis bien répondre que je n'ai rien omis de tout ce qui s'est pu faire et je voudrais qu'aux dépens de quelque bonne chose j'eusse pu correspondre au sentiment du roi, mais vous savez qu'on n'est pas maître des événements quand on a principalement affaire à un homme comme M. de Lorraine, qui ne sait pas lui-même ce qu'il veut faire d'un quart d'heure à l'autre[1]... »

Bientôt le maréchal de Créqui pénétra en Lorraine à la tête d'une puissante armée. En six ou sept semaines l'occupation du pays fut complète. Seule la place d'Épinal fit quelque résistance[2]; Louis XIV ordonna d'envoyer aux

---

1. M. de Fourille au maréchal de Créqui, 26 août 1670. Ms. n° 793 de la Bibliothèque de Dijon.
2. Voir sur ce siège, qui dura du 19 au 26 septembre, l'étude de M. Jacques, dans les Annales de l'Est, 1890.

galères tous les hommes de la milice qui seraient pris les armes à la main et frappa la ville d'une contribution de guerre de 30,000 livres : « Le roi, écrivait Louvois au maréchal de Créqui, désire que l'on rase Épinal de manière que ceux qui seront ci-après maîtres de la Lorraine ne puissent point faire travailler sur les fondements de ce qui est fait présentement ; pour cela rien n'est meilleur que les fourneaux qui étonnent tellement le terrain qu'il est impossible de fonder où ils ont joué. Il faut aussi raser le château¹. »

Charles IV fugitif, entouré de quelques fidèles, devait jusqu'au dernier jour de sa vie lutter contre la fortune. En 1674, il perçait les lignes françaises et enlevait au cœur de ses États un corps de 500 gentilshommes angevins en marche pour se rendre à l'armée de Turenne ; l'année suivante, il infligeait au maréchal de Créqui la défaite de Consarbruck. Ce fut le dernier succès de cet aventurier, indigne de l'affection de ses sujets: une apoplexie l'enleva presque subitement le 18 septembre 1675.

L'héritier de Charles IV, le prince Charles, se trouvait au moment de la mort de son oncle à l'armée impériale ; il avait conquis à la journée de Saint-Gothard et dans les premières campagnes de la guerre de Hollande la réputation d'un habile capitaine. Lorsque, en 1675, le comte de Montecuculli quitta le commandement des armées coalisées contre la France, ce fut au nouveau duc de Lorraine que l'Empereur confia la mission de pousser activement la guerre. Charles V n'eut plus alors qu'une pensée : se venger du persécuteur de sa famille et recouvrer par la victoire le patrimoine de ses ancêtres. Ses débuts furent heureux : il enleva Philippsbourg (17 septembre 1676), et, l'année suivante, pénétra dans la vallée de la Seille,

---

1. Lettre du 29 septembre 1670. *Ms. n° 798 de la Bibliothèque de Dijon.*

lançant ses éclaireurs sur le chemin de Nancy. Mais les
manœuvres du maréchal de Créqui l'obligèrent à la retraite. Quelques mois après, Charles V épousait l'archiduchesse Marie-Éléonore[1], reine douairière de Pologne,
la sœur de l'empereur Léopold Ier.

On comprend qu'aux conférences de Nimègue l'attitude
de Louis XIV à l'égard de Charles V ait été malveillante
et hautaine. Les plénipotentiaires français affectèrent de
ne pas donner au beau-frère de l'Empereur le titre de duc
de Lorraine ; ils refusèrent de reconnaître aux agents lorrains, MM. Canon[2] et de Serinchamp, le rang et le pouvoir
d'ambassadeurs[3]. Et lorsque le roi de France, « dans la
gloire de rendre la paix à l'Europe », fit connaître ses conditions, voici les avantages qu'il offrait au duc de Lorraine :
« Toul et une prévôté dans les Trois-Évêchés en échange
de Nancy et de Longwy, qui resteraient au roi, lequel
posséderait de plus, en toute souveraineté et avec leurs
villages, quatre chemins d'une demi-lieue de largeur, allant
de Nancy à Saint-Dizier en Champagne, à Schlestadt en
Alsace, à Vesoul en Franche-Comté et à Metz dans les
Trois-Évêchés[4]. » En vain Charles V supplia le roi de
France « de prendre pour règle le traité qu'il avait fait au
feu duc son oncle, le dernier février 1661, espérant que
Sa Majesté voudrait bien s'y prêter et ne pas lui faire un
traitement plus défavorable qu'au duc son oncle, puisqu'il
n'avait jamais rien démérité d'elle[5] » ; Louis XIV fut inflexible.

Charles, ne voulant pas être un obstacle à la conclusion

---

1. Marie-Éléonore d'Autriche, fille de l'empereur Ferdinand, veuve de
Michel Koributh Wisnlowiecki, roi de Pologne (1669-1673).
2. Canon, Claude-François, né à Mirecourt en 1638, devint premier président de la Cour souveraine de Lorraine ; il mourut en 1698.
3. Calmet, VI, 804.
4. Mignet, *Négociations relatives à la succession d'Espagne sous Louis XIV*,
IV, 690.
5. D'Haussonville, III, 322.

de la paix, fit le sacrifice de ses propres intérêts ; il cessa de protester contre les exigences de Louis XIV, mais, une fois le traité de Nimègue[1] signé, déclara qu'il ne régnerait jamais sur la Lorraine ainsi amoindrie. Il ne lui restait plus qu'à s'attacher davantage encore à la cause de Léopold, qui venait de lui donner le gouvernement du Tyrol et le château d'Inspruck. C'est dans cette délicieuse retraite qu'il vécut ses plus heureuses années ; il ne la quitta que pour sauver l'Empire mis en péril à la fois par l'invasion des Turcs et par la révolte des Hongrois. Enfin, lorsque la guerre de la ligue d'Augsbourg éclata, il reparut une dernière fois sur le Rhin, fier de combattre pour l'indépendance de l'Europe et pour la délivrance de la Lorraine.

Dans une première campagne, il enleva Mayence et Bonn, et il méditait des opérations décisives lorsqu'il succomba (18 avril 1690) dans la petite ville de Welz, près de Linz : « Sacrée Majesté, fit-il écrire à l'Empereur, j'étais parti d'Inspruck pour aller recevoir vos ordres ; mais un plus grand maître m'appelle, et je pars pour lui rendre compte d'une vie que je vous avais consacrée. Je supplie très humblement Votre Majesté de vous ressouvenir d'une femme qui vous touche d'assez près, d'enfants sans biens et de sujets dans l'oppression[2]. »

Cette mort, qui plongea dans la consternation les patriotes lorrains et ruina leurs espérances, fut peut-être l'événement qui rendit possible pour la Lorraine le retour d'une nouvelle ère d'indépendance.

---

1. Les articles 12 à 22 de ce traité ratifièrent les exigences de Louis XIV telles qu'elles avaient été formulées dans le projet que nous venons de citer.
2. Digot, *Histoire de Lorraine*, V, 436.

IV

En 1695, la guerre de la ligue d'Augsbourg languissait. La succession d'Espagne, « le pivot sur lequel tourna presque tout le règne de Louis XIV[1] », allait s'ouvrir d'un instant à l'autre ; il importait au roi de dissoudre au plus tôt la coalition européenne. Pressé d'ailleurs par tant d'adversaires, il sentait la nécessité de reculer, d'abandonner une partie de ses conquêtes. Il détacha de la ligue le duc de Savoie par le traité de Turin (1696) ; en même temps il entamait mystérieusement des négociations avec la reine douairière de Pologne, veuve de Charles V : ce qu'il avait refusé à Charles V, ne pouvait-il pas l'accorder sans danger à la veuve et aux enfants du *plus grand*[2] de ses ennemis ? Un habitant de Nancy, M. de Couvonges, fut chargé d'aller à Inspruck annoncer « que le monarque français n'entendait pas s'en tenir à l'égard des princes lorrains aux seules conditions de la paix de Nimègue qui étaient actuellement tout ce que les puissances alliées cherchaient à obtenir de lui par l'intermédiaire du roi de Suède. Non seulement il les rétablirait volontiers dans leurs États héréditaires sur le pied où le duc Charles IV les possédait en 1670, mais il n'était pas éloigné de renoncer au chemin dont il s'était ménagé le bénéfice par le traité de 1661[3]. » M. de Couvonges devait en outre prier la reine douairière d'entremettre ses bons offices pour ménager une paix séparée entre l'Empire et la France.

Cette ouverture surprit tellement Marie-Éléonore qu'elle

---

1. Mignet, t. I, p. LII.
2. « J'ai perdu le plus grand, le plus sage et le plus généreux de mes ennemis », avait dit Louis XIV, en apprenant la mort de Charles V. D'Haussonville, III, 387.
3. Instructions pour M. de Couvonges, 30 novembre 1695. *Ibid.*, IV, 66.

l'accueillit avec méfiance, soupçonnant un piège. Elle craignait, en acceptant le rôle de médiatrice, de compromettre son frère aux yeux d'alliés dont il avait besoin. Léopold d'Autriche aspirait, ainsi que Louis XIV, à l'héritage du roi d'Espagne, et si le roi de France avait hâte de désarmer l'Europe, l'Empereur voulait au contraire la maintenir en armes jusqu'à l'heure de la mort de Charles II, afin de pouvoir mieux disputer à son rival de la maison de Bourbon la succession tant convoitée. Aussi la veuve de Charles V répondit à Louis XIV que, « pour ce qui regardait les intérêts de ses enfants, elle espérait en effet que le roi consentirait à leur établissement à des conditions justes, telles qu'ils étaient en droit de les attendre d'un aussi grand monarque » ; mais, ajoutait-elle, « quant à la paix avec l'Empereur, si Sa Majesté Très Chrétienne désirait que M. de Couvonges allât en traiter à Vienne, elle lui obtiendrait volontiers un passeport et s'emploierait avec joie auprès de son frère pour amener la pacification générale[1] ». Louis XIV rappela M. de Couvonges.

L'Angleterre et la Hollande, qui supportaient presque seules tout le poids de la lutte, n'avaient pas les mêmes raisons que l'Empereur de désirer la continuation de la guerre. Les avances que Louis XIV fit de ce côté produisirent bien vite leur effet : « Les ministres de l'Empereur, écrivait Guillaume III à Heinsius, devraient rougir de leur conduite. Il est intolérable qu'un gouvernement qui fait tout ce qu'il peut pour faire échouer les négociations ne contribue en rien à la défense commune[2]. » L'Empereur, se voyant abandonné des principales puissances, dut consentir à l'ouverture de négociations en règle, et accepter la médiation du roi de Suède.

---

1. Dépêche de M. de Couvonges. *Ibid.*, IV, 68.
2. Lettre du 22 décembre 1696. D'Haussonville, IV, 73.

Un congrès se réunit à Ryswick (mai 1697). Les agents de la reine Marie-Éléonore[1], MM. Le Bègue[2] et Canon, n'y eurent ni le titre ni le rang de plénipotentiaires ; leur rôle se réduisit à présenter des mémoires et à défendre auprès des cours alliées les droits du duc de Lorraine, ce qu'ils firent avec une certaine fierté, à en juger par cette lettre de Canon au médiateur : « Mon âge et ma mauvaise santé ne me permettant pas d'écrire, ni de beaucoup parler, je dirai seulement que nous sommes ici pour faire la paix, non pour disputer ni pour régler aucun rang..... Je ne prétends surmarcher personne ; mais je ne prétends pas aussi qu'il doive être fait aucun préjudice à la reine ma maîtresse ni au sérénissime duc son fils qui est souverain, et c'est assez. Autrement je me dirai représentant du roi de Jérusalem[3]. »

Louis XIV avait fait connaître ouvertement ses propositions[4] le 20 juillet, et donné aux alliés jusqu'à la fin d'août, puis jusqu'au 22 novembre pour se décider ; en ce qui concernait la Lorraine, il annonçait son intention de rétablir le duc « en la possession de ses États, tels que le duc Charles son grand-oncle les possédait en l'année 1620[5] ».

Tous les moyens dilatoires tentés par les agents de

---

1. La reine de Pologne remit à Canon, lorsqu'il quitta Vienne, cette courte note : « La Reine demande la restitution des États et pays appartenant au duc de Lorraine, son fils, avec la souveraineté et les droits en dépendant. Ce qu'elle espère de la justice de S. M. T. C. et du mérite de sa cause. — Fait à Vienne, le 8 octobre 1696. » (Actes et Mémoires des négociations de la paix de Ryswick. La Haye, 1699, t vol. in-12. I, 44.)

2. Joseph Le Bègue, comte du Saint-Empire (par diplôme de l'empereur Charles VI, du 13 avril 1714), baron de Torcheville, seigneur de Germiny, Chantraine, Thelod, etc., fut chargé, sous Léopold, de plusieurs missions diplomatiques. Il devint premier ministre après la mort de ce prince, et mourut à Lunéville le 30 janvier 1730.

3. Actes et Mémoires des négociations de la paix de Ryswick, II, 13. Lettre du 22 mai 1697.

4. Voir, sur les négociations du Congrès, M. d'Haussonville, IV, p. 31 et suiv.

5. Actes et Mémoires des négociations de la paix de Ryswick, II, 219.

l'Empereur et de l'Empire échouèrent misérablement. Le 20 septembre au soir, la paix était signée entre la France, l'Angleterre, la Hollande et l'Espagne. Par un dernier égard pour l'Empereur et les princes allemands, un article spécial leur laissait jusqu'au 1er novembre pour adhérer aux arrangements arrêtés sans leur participation. Les Impériaux s'obstinèrent jusqu'au dernier moment ; mais, se voyant toujours isolés, ils acceptèrent, le 30 octobre, les conditions de Louis XIV[1].

Le traité[2] du 30 octobre 1697 cassait (art. 4) tous les arrêts et délibérations des chambres de Metz[3] et de Besançon, et du conseil de Brisach ; il stipulait (art. 28) le rétablissement du duc de Lorraine dans son duché sur le pied où il l'avait possédé en 1670, sauf les changements mentionnés dans les articles suivants. Le roi de France restituait les villes, vieille et neuve, de Nancy, mais les remparts et les bastions de la ville neuve et généralement tous les ouvrages extérieurs des deux villes devaient être démolis[4], le duc ayant seulement la liberté d'enfermer la ville neuve d'une simple muraille droite (art. 29). Louis XIV évacuait aussi les châteaux de Bitche et de Hombourg, après les avoir démantelés (art. 30), mais il conservait en

---

1. D'Haussonville (IV, 89) assure que Marie-Éléonore usa de toute son influence pour décider l'Empereur à la paix.
2. Le texte latin du traité est dans Dumont, *Corps diplomatique*, t. VII, 2e partie, p. 421 et suiv. MM. de Cosnac et Pontal ont inséré la traduction française de ce traité à la fin du tome VI (p. 313 et suiv.) des *Mémoires du marquis de Sourches*.
3. La Chambre de Metz, composée des membres du Parlement de cette ville, fut établie par arrêt du 30 octobre 1679, à la requête des évêques de Metz, de Toul et de Verdun, pour rechercher les usurpations commises par les ducs de Lorraine sur le temporel des Trois-Évêchés ; elle rendit une foule d'arrêts qui réunissaient au temporel des Évêchés ou au domaine royal, Saint-Nicolas, Blâmont, Épinal, Briey, Étain, Lunéville, Saint-Dié, etc., c'est-à-dire presque toute la Lorraine. — Durival, *Description de la Lorraine et du Barrois*, I, 80; de Vaubourg, *Mémoire concernant les États de Lorraine et du Barrois*, p. 7 et suiv.
4. L'article 50 donnait un mois pour la démolition des forts de moindre importance, et deux pour les places, à compter du jour où les ratifications seraient échangées.

pleine souveraineté la forteresse de Sarrelouis avec la banlieue d'une demi-lieue de tour, ainsi que la ville et la prévôté de Longwy (art. 32 et 33); il était promis en échange au duc de Lorraine une prévôté des Trois-Évêchés, de la même étendue et de la même valeur que celle de Longwy.

La France renonçait (art. 34) à la propriété des chemins qu'elle s'était réservés par les traités de Vincennes et de Nimègue, mais elle obtenait pour ses troupes un passage sûr et libre à travers la Lorraine. Les diplomates étrangers semblent, il est vrai, s'être dédommagés de leur impuissance en traduisant dans un style injurieux une concession qui leur coûtait : « Le soldat passant ne rôdera ni ne s'écartera point, mais il tiendra le chemin ordinaire et le plus court, avancera sa marche sans s'amuser, ne causera aucun tort ni violence aux lieux et sujets du duc, et payera comptant les vivres et autres choses nécessaires qui lui seront fournies par les commissaires lorrains[1]. »

Il ne devait guère être moins pénible à l'amour-propre de Louis XIV de se voir obligé (art. 37) de rendre au duc de Lorraine les chartes et documents enlevés à la Chambre des comptes de Nancy et de Bar et « ailleurs[2] ».

---

1. « Pateat semper Regio militi ad loca limitanea pergenti aut inde redeunti sine obstaculo aut impedimento transitus innoxius per ditionem Domini Ducis, prævia tamen semper notificatione tempestiva, et ut transiens miles non evagetur, nec diverticula quærat, sed via ordinaria et brevissima utatur, et iter absque mora debita acceleret, nullam vim, nullumque damnum locis vel subditis Ducis inferat, annonamque ac necessaria a commissariis lotharingicis subministranda parata pecunia solvat, abolitis vicissim et in potestatem Domini Ducis sine exceptione plene redeuntibus titulis et locis quæ Sacræ Regiæ Majestati Christianissimæ per pacem Neomagensem reservata fuerunt. »

2. Le trésor des chartes et les archives de la Chambre des comptes avaient été transportés à Metz sur 18 chariots, en 1670. — Durival, I, 73.

V

Cette paix de Ryswick, pour laquelle le grand roi faisait fléchir son orgueil, fut accueillie avec la plus vive joie par les Lorrains ; elle leur annonçait la fin d'une longue et lourde occupation.

Depuis qu'elle était au pouvoir de la France, la Lorraine avait perdu ses libertés, sa Cour souveraine, ses chambres des comptes[1], la moitié de ses bailliages[2]. Elle était gouvernée par un intendant[3], tout comme les provinces françaises, et, comme elles, écrasée de contributions. Lorsque le roi visita Nancy en 1673, il voulut, au dire de dom Calmet, « faire cesser les plaintes que la rigueur des intendants français et de leurs commis excitait tous les jours... Il écouta les remontrances des peuples, redressa les abus, et donna de si bons ordres pour l'avenir que les Lorrains parurent contents[4]. » En réalité, ces bonnes dispositions ne produisirent aucun effet ; après comme avant le voyage de Louis XIV, le « pauvre peuple » fut « ruiné d'impositions, gabelles et autres charges[5] » : villes et villages durent envoyer à leurs frais des travailleurs et des matériaux pour les fortifications de Nancy, que le roi or-

---

1. Édit du 22 décembre 1670.
2. L'arrêt du Conseil du 9 février 1671 députa 4 conseillers du Parlement de Metz pour aller dans les divers bailliages recevoir le serment des officiers. L'édit de février 1685 supprima les bailliages de Nancy, des Vosges, d'Allemagne, d'Étain et de Saint-Mihiel, et réunit leurs ressorts à ceux des bailliages de Metz, Toul, Verdun, Épinal, Longwy et Sarrelouis. — Durival, I, 73.
3. D'abord réunie à l'intendance des Trois-Évêchés sous MM. de Saint-Pouenge et Charuel, la Lorraine eut, après la mort de ce dernier, un intendant particulier, M. de Vaubourg (1698). — La province de la Sarre forma, de 1683 à 1696, une intendance dont fut chargé M. de la Goupillière.
4. *Histoire de Lorraine*, VI, 640.
5. Journal de Pierre Vuarin, garde-notes à Étain, dans le *Recueil de documents sur l'histoire de Lorraine*, IV, 122. En six mois seulement, la ville et la prévôté d'Étain furent taxées arbitrairement à 18,738 livres.

donna de pousser activement. Chaque année, les passages et les séjours de troupes, le paiement de l'*ustensile*[1] en argent, la fourniture des rations de fourrage et d'avoine, les corvées de guides, de chevaux et de voitures pour les armées, les quartiers d'hiver, enfin, grevaient les villes de dépenses[2] exorbitantes et épuisaient les habitants de la campagne.

L'impitoyable Louvois n'avait à l'égard des Lorrains d'autres ménagements que ceux que lui conseillait l'intérêt bien entendu : « Comme le roi prétend tirer de la Lorraine un très grand secours d'argent cet hiver, écrivait-il au maréchal de Créqui, il est nécessaire que vous preniez soin de la ménager tout le plus que vous pourrez, non seulement en contenant les troupes dans le bon ordre, mais encore en faisant le moins de marches qu'il se pourra, dans lesquelles il est impossible que le pays ne souffre[3]... »

Malgré des exemples[4] sévères, les soldats ne pouvaient s'habituer à considérer un pays conquis comme une vieille province française. Parfois le désespoir poussait les paysans à quitter leurs villages, comme au temps de la guerre de Trente ans, et à se réfugier dans les bois ; mais les ins-

---

1. Pendant le quartier d'hiver, les habitants des communautés astreintes au logement des gens de guerre devaient, outre leurs obligations individuelles (le coucher, place au feu et à la chandelle), se cotiser pour fournir, sous le nom d'*ustensile*, une contribution quotidienne de 5 livres par compagnie d'infanterie ; sur cette contribution, 4 liv. 9 s. étaient attribués au capitaine ; le surplus appartenait aux officiers subalternes. Pour les communautés qui logeaient des cavaliers, l'ustensile était plus lourd, et s'élevait en moyenne à 10 sols par cavalier. — Cf. Rousset, *Histoire de Louvois*. Paris, 1879, I, p. 196.

2. D'après le registre du comptable, les dépenses de ce genre s'élevèrent à Lunéville, de 1672 à 1676, à une vingtaine de mille livres chaque année.

3. Lettre du 3 octobre 1670. *Ms.* n° 798 *de la Bibliothèque de Dijon*.

4. « Le roi a fort approuvé la justice que vous avez fait faire d'un soldat qui avait pillé. S. M. se persuade que vous continuerez à faire vivre les troupes dans le bon ordre qu'elles ont vécu jusqu'au 15 de ce mois, et que vous ferez en sorte que les désordres qu'il y a eu les deux jours suivants n'arriveront plus... » (Louvois au maréchal de Créqui, 22 septembre 1670. *Ibid.*)

tructions de Louvois ordonnaient de les traiter avec rigueur : « L'on dit que les paysans de Lorraine sont retirés dans les bois... Sa Majesté désire que vous vous appliquiez à les faire retirer dans leurs maisons, faisant pour cet effet publier une ordonnance qui le leur enjoigne... En cas qu'ils n'obéissent point, il faut brûler la maison de quelqu'un[1]. » De tels moyens, on le devine, n'étaient guère capables de rassurer les populations ; aussi, durant la guerre de Hollande, les paysans lorrains, surtout ceux des Vosges, reprirent leur *esprit de férocité :* « Un très grand nombre était devenu ce qu'on appelle *schenapans* ; ils faisaient, autant qu'ils pouvaient, main basse sur les troupes du roi et les officiers qui allaient et venaient pendant l'hiver, et il a fallu punir plusieurs de ces misérables du supplice de la roue, et ensuite, attendu leur grand nombre, accorder amnistie aux autres[2]. »

Dans les villes, où la présence d'officiers supérieurs et généraux était d'ordinaire[3] une garantie contre les excès de la soldatesque, nous trouvons de malheureux *réfugiés*, sur qui une taxe annuelle était levée au profit des finances municipales[4].

Le traité de Nimègue n'avait point adouci les souffrances de la Lorraine ; à peine était-il signé que Louis XIV enjoignait aux gentilshommes du pays qui servaient à l'é-

---

1. Louvois au maréchal de Créqui, 24 septembre 1670. *Ibid.*
2. M. de Vaubourg, *Mémoire concernant les États de Lorraine et du Barrois*, p. 27.
3. Pas toujours. En janvier 1695, à Épinal, M. de Bissy autorise les dragons logés chez les officiers de l'hôtel de ville à y vivre à discrétion « tant que les magistrats ne lui auront pas donné huit billets de gratification par compagnie », et déclare que le premier bourgeois qui *raisonnera* recevra vingt dragons. (Ferry, *Inventaire historique des Archives d'Épinal*, II, 83.)
4. Le comptable de Lunéville nous apprend qu'en 1675 douze *réfugiés* n'avaient pu acquitter cette taxe. Nous lisons dans les registres de la paroisse Saint-Jacques de Lunéville les actes de décès suivants: « Jeanne..., s'étant réfugiée ici à cause des soldats qui étaient aux environs de Lunéville, fut trouvée morte (1674) ; Clémence Mareschal, de Domjevin, réfugiée à Lunéville à cause des passages des soldats, est décédée (1675) ». *Archives de Lunéville.*

tranger de rentrer dans leur patrie sous peine de voir confisquer leurs biens et raser leurs maisons[1]; et ce n'était pas là une vaine menace. En 1690, le produit de ces confiscations figurait encore dans les comptes des intendants pour une somme de 22,297 livres[2] ! Irrité de l'opiniâtreté des Lorrains à s'enrôler sous le drapeau de leur prince, et désespérant de les attirer à son service, le roi donna l'ordre de mettre sur pied la milice du pays ; les enrôlements eurent lieu par force : les communautés, rendues responsables de leur contingent, payèrent pour l'habillement et l'armement des hommes, ainsi que pour les appointements des officiers[3].

Mais c'est surtout pendant la longue et pénible guerre de la ligue d'Augsbourg que la Lorraine eut à se plaindre de son voisinage de l'Alsace et du Rhin. Après la campagne de 1691, elle nourrit tout ce qu'il était possible d'y loger d'infanterie et de cavalerie. A certains moments, les routes étaient encombrées de troupes[4] revenant du théâtre de la guerre ou s'y rendant ; en mai 1693, Lunéville, petit bourg de 1,000 habitants à peine, dut héberger en une seule fois 51 compagnies de cavalerie ou de dragons et un bataillon d'infanterie[5].

L'insuffisance des récoltes des années 1692 et suivantes contribuait, avec les grands mouvements d'hommes, à faire craindre la disette. En 1693, le prix du resal[6] de blé

---

1. Ordonnance du 3 juillet 1679.
2. D'Haussonville, IV, 10, note.
3. Ibid., IV, 11.
4. Lettre de M. de Vaubourg, 14 mai 1693. Archives nationales, G¹, 415-416. — Telle était l'indiscipline de ces troupes, qu'en avril 1694, un sieur Perret, capitaine d'artillerie, fut assassiné entre Lunéville et Bénaménil par les hommes qu'il conduisait. (Barbézieux au lieutenant-général de Bissy. Archives de la Côte-d'Or, fonds Thiard, 20.)
5. Lettre de M. de Vaubourg, 14 mai 1693. Archives nationales, G¹, 415-416.
6. Le resal de Nancy pesait 180 livres et se divisait en 4 bichets de chacun 12 pots.

s'éleva jusqu'à 23 livres au marché de Nancy ; les artisans ne pouvaient vivre, « ne trouvant point de pain argent à la main », et les soldats de la garnison, mal payés, « volaient communément tous les jours dans les maisons, forçant ceux qui sortaient le soir à donner la bourse[1] ».

L'année 1695 fournit du blé en abondance, mais un nouveau fléau fit son apparition : la déclaration du 18 janvier établissait, pour toute la durée de la guerre, une capitation annuelle que payeraient tous les habitants, divisés en classes suivant leur dignité ou leur profession. Cet impôt, qui avait le grave défaut de ne point être proportionnel aux fortunes, donna lieu à tant de plaintes en Lorraine et dans les Trois-Évêchés, qu'il cessa l'année suivante d'être un impôt de quotité. L'arrêt du Conseil du 20 mars 1696, rendu à la requête des maires et échevins des villes de la Lorraine, le fixa pour cette année à 417,735 livres à répartir « au sol la livre de la subvention » entre les habitants des villes, bourgs, villages de l'évêché de Toul, de la Lorraine et du Barrois, à l'exception des exempts et des privilégiés[2].

La supplique suivante, écrite au ministre de la guerre par le syndic et les habitants de Lunéville, nous fera mieux connaître encore toute l'étendue des maux qui s'étaient abattus sur la Lorraine à la fin du xviie siècle : « Monseigneur, la misère à laquelle les bourgeois de Lunéville sont réduits nous oblige d'importuner Votre Grandeur pour, par votre justice, être soulagés de grosses impositions qui nous mettent aux abois. De 250 nous ne restons que 70 et tous insolvables, tous les jours occupés à loger les troupes de Sa Majesté, sans aucun intervalle à pouvoir travailler pour l'entretien de nos familles, les plus aisés

---

1. Journal d'un bourgeois de Nancy, dans les *Bulletins de la Société d'archéologie lorraine*, 1856, p. 49.
2. Bibliothèque de Nancy, ms. n° 391.

ayant quitté pour s'éloigner d'un lieu si déplorable. Nous sommes chargés actuellement de 4,600 rations de fourrages, de 5,000 livres pour le quartier d'hiver, subvention, vérification des rôles et pour le réachat des offices de colonels, de 1,700 livres pour la taxe des artisans qui ne sont proprement que manœuvres et dont les maisons ne servent que de casernes aux troupes ; nous nous trouvons de plus chargés, outre les miliciens que nous fournissons, de 1,500 livres de capitation ; au paiement de quoi nos biens et nos facultés ne peuvent subvenir. Et comme plusieurs bourgeois désertent journellement, se sentant accablés, et que nous voyons la ville sur le point de périr, la plupart étant contraints de tirer le pain de leur bourse pour le donner aux troupes qui souvent ne se contentent pas de leurs étapes, nous espérons que Votre Grandeur ayant égard à nos humbles remontrances soutiendra pour le bien du service ce lieu si nécessaire qu'il est le point et l'assiette de tous les passages, et procurera les moyens d'y faire subsister le peu d'habitants que nous restons[1]... »

Ce tableau navrant n'a-t-il pas été chargé à dessein par des contribuables naturellement portés à exagérer leurs infortunes pour mieux attirer la compassion des gouvernants ? Telle serait notre opinion si l'intendant lui-même, M. de Vaubourg, appelé à donner son avis sur la supplique, ne venait corroborer avec la plus grande précision le témoignage de ces malheureux : « J'ai vu, répondait-il le 28 avril au ministre, la lettre que le syndic et les habitants de la ville de Lunéville vous ont écrite. En général ils ont sujet de se plaindre et il faut demeurer d'accord qu'ils sont chargés et que les charges augmentent tous les jours, mais il n'y a rien en cela de particulier pour eux, ils sont même un peu moins chargés que leurs

---

[1]. Supplique du 8 avril 1695. *Archives nationales*, G⁷, 415-116.

voisins... Ils se plaignent de la capitation, de la taxe des arts et métiers, du rachat des offices de colonel et capitaine de bourgeoisie et des charges de vérificateurs, des rôles de la subvention, de l'ustensile et des fourrages; ils omettent encore d'autres charges dont le secrétaire de la ville ne s'est pas souvenu, mais je ne vois pas qu'on puisse leur accorder leur diminution sans surcharger d'autres lieux qui ne sont pas plus à leur aise. Les receveurs commencent à s'apercevoir de la difficulté des recouvrements, et je crains fort qu'il n'y ait des non-valeurs dans les impositions de cette année[1]... »

Ainsi, M. de Vaubourg affirmait froidement qu'il n'y avait aucun remède aux souffrances du pays. Il ajoutait, condamnant à son insu le déplorable système de gouvernement de Louis XIV, qu'outre les charges signalées par les bourgeois de Lunéville, — et dont l'énumération nous semble pourtant bien longue, — il en existait d'autres dont le secrétaire de la ville ne s'était pas souvenu! C'est que par dessus les impôts directs et indirects, par dessus les contributions militaires, tous les expédients financiers mis en œuvre en France pour satisfaire les besoins de la royauté étaient pratiqués en Lorraine : vente d'offices[2], établissement de privilèges pour le commerce de certaines marchandises[3], taxes sur les nobles[4] et sur les armoiries, etc.

---

1. *Ibid.*
2. « La magistrature des villes est fort avilie par le grand nombre de petits officiers qu'on a créés depuis le commencement de la guerre présente, ce qui fait que les honnêtes n'y veulent plus entrer. » De Vaubourg, *Mémoire concernant les États de Lorraine et de Barrois*, p. 72.
3. En 1697, « quantité de personnes » furent arrêtées, « n'ayant de quoi satisfaire à ces monopoles ». Journal d'un bourgeois de Nancy, dans les *Bulletins de la Société d'archéologie lorraine*, 1856, p. 11.
4. La déclaration du 18 septembre 1696 confirma, *moyennant finance*, les lettres d'anoblissement données par les ducs de Lorraine et par les évêques de Metz, de Toul et de Verdun. Durival, I, 88.

VI

Et pourtant si nous comparons la situation de la Lorraine à celle des provinces du royaume à la même époque, nous devons reconnaître qu'elle était plus tolérable, à certains égards du moins. Une partie de l'argent péniblement levé pour les besoins de la guerre dans le centre ou dans l'ouest de la France était dépensé[1] en Lorraine, soit par les troupes, soit par l'administration militaire pour l'achat de vivres et le paiement de convois : « A moins que le roi ne tienne des troupes dans la Lorraine, écrit M. de Vaubourg, ou que les munitionnaires de ses armées n'achètent, elle n'a nul débit des blés dont elle abonde, et par conséquent peu d'argent[2]. » L'intendant des Trois-Évêchés, M. de Turgot, constate également que la guerre elle-même alimentait le commerce : « Je crois, dit-il, que l'on ne s'éloignera pas de croire que la moitié de l'argent que le roi dépense en ce pays, qui serait de 2,400,000 livres, passe en Lorraine, si l'on considère que nous en tirons les principales denrées pour notre subsistance, savoir au moins les deux tiers des grains, la meilleure partie des bois de chauffage et de charpente, les viandes, les beurres, les fromages et laitage de la Vosge, les volailles et le gibier[3]. »

Alors que les autres intendants signalent presque unanimement la dépopulation[4] de la France, M. de Vaubourg

---

1. De Vaubourg, p. 81.
2. Ibid. p. 24.
3. M. de Turgot, *Idées générales du département de Metz*, ms. n° 111 de la Bibliothèque de Nancy, p. 105.
4. La diminution est à peu près de moitié dans les élections de Mantes et d'Étampes, du tiers ou du quart dans les autres élections de la généralité de Paris, du cinquième dans la généralité d'Orléans; à Châlons, « les familles les plus riches vont s'établir à Paris, et les pauvres sont tellement accablés du passage des gens de guerre, qu'ils ont peine à y résister ». Le comte de Boulainvilliers, *État de la France*, Londres, 1752 ; II, 390; III, 242, 551.

prétend que la Lorraine a prospéré sous la domination du roi ; de récentes observations confirment ce dire[1]. Et pourtant M. de Vaubourg reconnaît qu'en 1697 le nombre des habitants de sa province n'était guère que le tiers de celui qu'on y trouvait avant les dévastations de la guerre de Trente ans. Nancy n'avait encore que 8,000 âmes ; Bar-le-Duc et Pont-à-Mousson comptaient à peine, la première 4,500 habitants, et la seconde 4,000 ; Épinal, Lunéville, Saint-Dié et les vingt-huit autres « villes » de la Lorraine et du Barrois avaient en tout 6,238 chefs de famille et 1,005 veuves ou filles, c'est-à-dire une moyenne de 900 habitants environ par « ville[2] ». Dans les campagnes, la population était encore beaucoup plus faible à proportion, mais suffisante toutefois pour que les terres fussent partout bien cultivées : d'après l'intendant français, les duchés produisaient annuellement trois fois plus de blé qu'ils n'en pouvaient consommer[3].

Louis XIV, pour repeupler des cantons presque déserts, avait établi un certain nombre de familles picardes dans la Lorraine allemande, principalement dans les villages ruinés des environs de Dieuze, d'Albestroff et de Lorquin[4]. Des lettres patentes affranchirent de lourdes taxes les habitants de Hombourg et de Bitche, leur permirent de défricher les terres incultes des environs, et, la prospérité de ces villes se développant, y établirent des foires et des marchés[5]. L'édit du 10 février 1687 accordait franchise de dix ans aux étrangers qui viendraient se fixer sur les bords de la Sarre, et leur laissait liberté entière de religion, à

---

1. A Hattonchâtel (Meuse), en particulier, plusieurs maisons portent les millésimes de 1672, 1682, 1692. Bonnabelle, *Mémoires de la Société des lettres, sciences et arts de Bar-le-Duc*, 1887, p. 21.
2. De Vaubourg, p. 29 et 77.
3. *Ibid.*, p. 19 et 72.
4. Lepage, *Dépopulation de la Lorraine*, p. 16 et 17.
5. Juillet et décembre 1682. — Durival, I, 82.

condition qu'ils s'engageraient à bâtir des maisons et à améliorer le sol[1] ; une ville nouvelle, Sarrelouis, s'était élevée, en 1680, pour être le chef-lieu de la province de la Sarre, qui eut une administration particulière de 1682 à 1696.

D'autres mesures furent prises pendant l'occupation française pour relever la situation matérielle des paysans lorrains, et donner de l'essor au commerce et à l'industrie.

L'ordonnance du 28 septembre 1682 accorda aux communautés des délais pour l'acquittement de leurs dettes ; la déclaration du 6 novembre 1683 défendit aux créanciers de faire saisir les bestiaux pendant le temps de six années, à compter du 1er janvier 1684[2].

Vers la même époque, Vauban, qui venait de protéger la Lorraine par les forteresses de Bitche, Hombourg et Sarrelouis, forma le projet de joindre la Moselle à la Meuse par un canal creusé entre Pagny-sur-Meuse et Toul, et qui emprunterait les vallées et les eaux du petit ruisseau de Lay-Saint-Remy et de l'Ingressin[3] : c'est le tracé que devait suivre un jour le canal de la Marne au Rhin.

A la fin du XVIIe siècle, l'industrie lorraine était aussi prospère qu'elle pouvait l'être dans un pays qui n'avait ni capitaux ni sécurité. Si les mines d'argent de Sainte-Marie et de la Croix, ouvertes encore en 1670, étaient abandonnées, c'est qu'elles passaient déjà pour très pauvres ; en 1673, des Français avaient fait venir d'habiles ouvriers de Goslar pour en reprendre le travail, mais les

---

1. Lepage, *Les Communes de la Meurthe*, I, 318.
2. François de Neufchâteau, *Recueil authentique des anciennes ordonnances de Lorraine*, Nancy, 1784 ; II, 208, 232.
3. D'Audiffret, *Mémoire sur le duché de Lorraine*, ms. n° 133 de la Bibliothèque de Nancy, f° 138. — Le ruisseau de Lay-Saint-Remy finit dans la Meuse à Pagny, et l'Ingressin dans la Moselle à Toul.

quelques filons que l'on découvrit ne suffirent même pas à couvrir les frais de l'exploitation[1]. Les mines de cuivre du Thillot avaient été délaissées déjà sous Charles IV[2]. D'autre part, les verreries des environs de Darney et de Saint-Mihiel, celle de Tonnoy, entre Saint-Nicolas et Bayon, étaient en pleine activité. Grâce à l'abondance du minerai de fer et du bois, la Lorraine excellait déjà dans la métallurgie, et envoyait à l'étranger une partie des produits de ses fonderies et de ses forges ; les villages de Levécourt, d'Outremécourt et de Breuvanne[3] fournissaient d'habiles ouvriers qui, après avoir parcouru l'Europe, travaillant partout à la fonte des cloches ou des canons, revenaient dans leurs familles pour y vivre dans l'aisance. En 1697, de nombreux Lorrains ou Barrisiens étaient employés dans les arsenaux et ateliers militaires du roi de France[4].

On continuait à fabriquer des dentelles communes à Mirecourt, à Neufchâteau et dans les villages environnants ; cette « manufacture », « la plus considérable de la Lorraine », pouvait occuper environ 600 filles ou femmes[5].

Les salines de Dieuze, de Rozières et de Château-Salins produisaient annuellement près de 20,000 muids de 560 livres : « Toute cette quantité de sel, écrit M. de Vaubourg, est beaucoup plus grande que la consommation de tout l'État de Lorraine. Les fermiers des salines vendent l'excédant pour l'Alsace, pour le Palatinat et pour le pays de Trèves... et autres terres d'Empire situées en deçà du Rhin. Il est certain que, pendant le bail qui finit au mois

---

1. D'Audiffret, f° 182 ; de Vaubourg, p. 22.
2. Lepage, *Recherches sur l'industrie en Lorraine*, dans les *Mémoires de la Société royale des sciences, lettres et arts de Nancy*, 1851, p. 311.
3. Breuvanne était mi-partie lorrain, mi-partie français. Ces trois villages appartiennent aujourd'hui au département de la Haute-Marne.
4. De Vaubourg, p. 25 et 74.
5. *Ibid.*, p. 73.

d'octobre 1697, les ventes étrangères ont été poussées fort loin, et le fermier a fait un très grand profit[1]. »

En France, la révocation de l'édit de Nantes avait contribué, presque autant que la guerre, à ruiner le commerce et l'industrie. A Metz, par exemple, les protestants formaient la partie la plus active et la plus riche de la population[2].

En Lorraine, la religion réformée, poursuivie par les ducs, n'avait pu s'établir que dans la terre de Fénétrange, où les comtes du Rhin l'introduisirent vers 1565, et dans quelques autres cantons de la Sarre. Pourtant, M. de Vaubourg nous apprend que cinq ou six familles de « religionnaires », venues depuis peu s'établir dans le Barrois, se retirèrent en France lorsqu'on eut détruit, après 1685, les temples, situés sur la frontière de Champagne, où elles se rendaient ordinairement au prêche. Mais seule la vallée de la Sarre vit quelques-unes des violences qui désolaient alors la plus grande partie du territoire français.

Dès 1684, des ministres protestants étaient expulsés du village de Lohr[3]. L'année suivante, l'intendant, M. de la Goupillière, entreprenait la conversion des réformés de Fénétrange; la plupart restant obstinément attachés à leur foi, malgré les libéralités accordées aux nouveaux convertis, l'intendant irrité les réunit dans l'église, dont il fit garder la porte par des archers, et ne les laissa sortir qu'ils n'eussent signé leur abjuration. Mais une signature arrachée par les menaces et la violence n'engageait personne : les protestants continuèrent donc à s'assembler en

---

1. *Ibid*, p. 23.
2. Thirion, *Étude sur l'histoire du protestantisme à Metz*, Nancy, 1881, p. 249 et 253. — Les réformés étaient au nombre de 10,000 environ, et formaient à peu près le tiers de la population de la ville.
3. Lepage, *Les Communes de la Meurthe*, I, 592. — Lohr fait partie du cercle de Saverne.

secret pour l'exercice de leur religion. Puis, encouragés par l'édit du 10 février 1687, ils adressèrent une requête au Dauphin, qui était alors au siège de Philippsbourg, le suppliant de lever les prohibitions dont leur culte était l'objet. Mal leur en prit ; l'autorité, qui commençait à se relâcher de sa rigueur, redoubla de surveillance, et c'est ainsi que, en 1690, 45 hommes et 39 femmes durent renoncer entre les mains du curé de Fénétrange aux « hérésies » de Luther ou de Calvin[1]. Pour empêcher à l'avenir les mariages entre protestants, un édit de l'année 1691 défendit à tous les habitants de la province de la Sarre de faire bénir leur union par d'autres que par les curés des lieux de leur résidence, à peine de nullité et d'une amende de 300 livres[2].

A la même époque, M. de la Feuillade, évêque de Metz, entrait de vive force à Lixheim, escorté de trois compagnies de grenadiers que conduisait le commandant de Phalsbourg ; le temple fut rasé et les « religionnaires » obligés de prendre la fuite. En 1686, 50 d'entre eux, — 5 luthériens et 45 calvinistes, — abjuraient leurs croyances afin de pouvoir rentrer dans leurs foyers[3].

Cependant les Lorrains attendaient avec la plus vive impatience le commencement d'une ère nouvelle. L'annonce de l'arrivée de l'héritier de leurs ducs excita chez eux des transports d'allégresse. Comme ils oublièrent vite leurs maux présents, — et le souvenir de leurs maux passés, — dans leur enthousiasme pour un prince qui personnifiait à leurs yeux la patrie, depuis longtemps

---

1. *Ibid.*, I, 318. *Recueil de pièces relatives au protestantisme à Lixheim et à Fénétrange* ; ms. n° 149 de la Société d'archéologie lorraine.
2. Lepage, I, 318.
3. D'Haussonville, IV, 36 ; ms. n° 149 de la Société d'archéologie lorraine. — Metz était alors le théâtre de scènes odieuses dues au zèle et à la rigueur de l'intendant Charuel et des lieutenants-généraux de Bissy et de Boufflers. — Cf. Thirion, p. 312 et suiv.

absente ! Avec quelle émotion naïve et touchante ils adressaient au ciel leurs prières pour le jeune souverain qu'ils connaissaient à peine de nom : « Dieu par sa bonté veuille lui donner longues années et un règne plus heureux que celui de ses devanciers princes, et à tous ses sujets, et à moi surtout, grand cœur pour son service et un grand amour et tendresse jusqu'à la fin de mes jours pour sa personne royale et pour tous les princes et princesses de l'auguste maison de Lorraine[1] ! »

---

1. *Chronique d'Einville*, par messire Joseph Geneval, curé d'Einville. (*Journal de la Société d'archéologie lorraine*, 1862, p. 34.)

CHAPITRE II

LÉOPOLD EN LORRAINE

I. Léopold en Lorraine. — II. Régence de M. Carlingford. — III. Arrivée triomphale du nouveau duc. — IV. Réformes administratives; le Conseil d'État, la Cour souveraine et les Chambres des comptes, les tribunaux inférieurs, les municipalités, organisation financière. — V. Rigueurs contre les mendiants et les accapareurs. — VI. Premières difficultés avec la France. — VII. Affaires de Bitche et de Bouquenom. — VIII. Origines du conflit avec l'évêque de Toul. — IX. M. de Bissy.

I

Léopold[1], l'aîné des enfants que Marie-Éléonore donna à Charles V, était né à Inspruck le 11 septembre 1679. Sa constitution faible et débile fit longtemps craindre pour ses jours; à cinq ans, il ne pouvait encore marcher. Mais les soins de sa mère lui rendirent peu à peu la santé et la vigueur.

Jusqu'à douze ans il n'eut d'autre maître que cette femme intelligente et instruite[2]. A cet âge, on lui donna pour gouverneur le comte de Carlingford[3], seigneur irlandais devenu conseiller de l'Empire et maréchal de camp des armées impériales; ses précepteurs furent l'abbé

---

1. Il eut au baptême les noms de Léopold-Joseph-Hyacinte-Agapit-Dominique. L'empereur, qui fut son parrain, se fit représenter par le marquis de Grana, et la princesse de Vaudémont répondit pour l'impératrice Éléonore de Neubourg. Comte de Foucault, *Histoire de Léopold I*ᵉʳ, p. 5.

2. Elle possédait plusieurs langues, entre autres le latin, qu'elle écrivait facilement. D'Haussonville, IV, 99, *note*.

3. Lord Taafe, comte de Carlingford, descendant d'une ancienne famille irlandaise qui avait suivi les Stuart en exil. D'abord page de l'empereur Ferdinand, puis capitaine dans le régiment de Charles V, il dut sa fortune à la protection de ce prince.

François Le Bègue[1], doyen du chapitre de Saint-Dié, et le jésuite saxon Ehrenfried Creitzen, luthérien converti. A seize ans, il avait achevé ses études et « soutenu ses thèses de droit avec beaucoup de capacité et l'admiration de ceux qui étaient présents[2] »; sa mère obtint alors de l'Empereur la permission de l'envoyer en Hongrie, où Impériaux et Ottomans se trouvaient en présence[3].

Léopold déploya la plus grande valeur à la bataille de Temeswar (26 août 1696), perdue par l'impéritie du général en chef de l'armée impériale, l'électeur de Saxe. A la tête de ses deux régiments lorrains de Sainte-Croix et de Bassompierre, il arrêta un instant l'ennemi, dégagea l'électeur serré de près, et permit aux troupes qui avaient lâché pied de se rallier: « Il fut plus de trois heures sous le feu de la mousqueterie des Janissaires avec une intrépidité et une gaieté qui n'est naturelle qu'aux princes de son sang; il vit tuer ou blesser à ses côtés 17 ou 18 personnes sans s'étonner[4]. » Le lendemain de cette action, l'abbé Le Bègue écrivait à un habitant de Nancy: « On dit que pour cette fois, par extraordinaire, Carlingford s'est fâché tout de bon, en disant à son élève : « Un prince doit être brave, mais un souverain ne doit pas oublier que sa vie appartient à ses sujets. — Si la mort, a répondu vivement le prince, m'enlève à mes sujets, ils trouveront un souverain dans chacun de mes frères. Que peut-il m'arriver de plus glorieux en ce moment que de mourir les armes à la main, pour la défense de la bonne cause?[5] »

---

1. François Le Bègue était aussi grand-doyen de la Primatiale de Nancy et abbé de Bouzonville. Il mourut le 19 juillet 1699, à 64 ans.
2. *Mémoire de la minorité du duc Léopold* (ms. n° 212 de la Société d'archéologie lorraine), f° 21. — L'auteur de ce mémoire est l'abbé Le Bègue.
3. L'empereur ne donna son consentement qu'après avoir fait représenter à la reine « le danger d'exposer un prince de l'âge de S. A. S. à l'air de Hongrie, et au péril de tomber entre les mains des Turcs. » *Ibid.*
4. *Ibid.*, f° 32.
5. Noël, *Mémoires*, n° 5, I, 5.

Le jeune duc de Lorraine fit sa seconde campagne sur le Rhin, à l'armée du prince Louis de Bade ; chargé d'assiéger la petite place d'Eberbach[1], défendue par une garnison française, il la fit capituler en peu de temps. Mais la paix de Ryswick allait appeler le prince sur un autre théâtre.

La première pensée de Léopold, au lendemain du traité qui lui rendait, contre tout espoir, le trône de ses ancêtres, fut d'envoyer à Louis XIV l'expression de sa gratitude et de son dévouement : « Monseigneur, écrivait-il au roi de France le 22 novembre 1697, l'empressement où je suis de rendre mes très humbles respects à Votre Majesté ne me permettant pas d'attendre l'échange des ratifications de paix, ni de différer à la remercier de la bonté qu'elle a eue de me faire rentrer dans mes États, j'ai vu qu'après la signature d'un traité qui doit faire le repos de l'Europe, je pouvais prendre la liberté d'en féliciter Votre Majesté et de lui demander en même temps l'honneur de ses bonnes grâces et de sa protection, que je tâcherai de mériter par toutes les voies que j'en pourrai rencontrer, ma plus forte passion étant, Monseigneur, de me rendre digne de la bienveillance d'un si grand roi, ainsi que le comte de Couvonges, mon grand-chambellan, le témoignera à Votre Majesté, la suppliant de vouloir le recevoir et ajouter foi à ce qu'il lui dira, nommément sur les assurances qu'il lui donnera des sentiments de respect et de vénération que j'ai et aurai toute ma vie pour la personne sacrée de Votre Majesté.... »[2]

M. de Couvonges était chargé d'une autre mission ; il devait déjà, à ce premier voyage, régler les conditions du mariage de Léopold avec Élisabeth-Charlotte d'Orléans,

---

[1]. Petite ville du cercle de Mannheim (grand-duché de Bade).
[2]. *Archives des affaires étrangères*, XLVI, f° 5.

fille de Monsieur et de sa seconde femme, la princesse palatine de Bavière.

C'est au congrès de Ryswick[1] que M. de Lilienroot, ambassadeur du roi de Suède, avait émis l'idée de cette union ; Louis XIV l'accueillit avec faveur, par estime pour la duchesse de Lorraine qui, disait-il, l'avait pris par son faible en s'en remettant à sa générosité du sort de ses enfants[2]. Quant à Marie-Éléonore, elle comprit toute l'importance, pour sa maison, d'un mariage capable d'attacher Louis XIV aux intérêts de son fils, mais elle n'eut pas le plaisir de le voir célébrer : la nouvelle de sa mort[3] courut à Versailles le jour même où le roi accordait à M. de Couvonges, dans une audience secrète, la main de la jeune princesse[4].

II

Retenu à Vienne par son deuil et par ses intérêts de famille, Léopold envoya en Lorraine le comte de Carlingford, l'abbé Le Bègue et le président Canon, leur confiant le soin d'administrer provisoirement les duchés.

Les trois commissaires arrivèrent à Saint-Nicolas le 19 janvier 1698, et prirent en mains, quelques jours après, les rênes du gouvernement[5]. L'évacuation de la

---

1. On lit dans le *Journal de Dangeau* (VI, 199), à la date du 28 septembre 1697 : « On commence à parler fort ici du mariage de Mademoiselle avec M. le duc de Lorraine ».
2. Calmet, VII, 193.
3. Elle mourut à Vienne, le 17 décembre 1697, à l'âge de 55 ans. — Louis XIV permit de sonner à cette occasion les cloches de Nancy. Barbézieux au lieutenant-général de Bissy, 10 janvier 1698. *Archives de la Côte-d'Or*, fonds Thiard, 20.
4. Dangeau, VI, 257.
5. « Sa Majesté, — écrivait Barbézieux au lieutenant-général de Bissy, le 16 janvier 1698, — m'a commandé de vous faire savoir que comme M. le comte de Taafe doit arriver incessamment en Lorraine, pour en prendre possession de la part de M. le duc de Lorraine, elle désire que vous lui laissiez exécuter les ordres qu'il lui aura donnés, et qu'excepté ce qui

Lorraine et du Barrois était encore incomplète, bien qu'elle dût être terminée pour le 31 décembre précédent : les deux régiments de Guyenne et de Languedoc restèrent à Nancy jusqu'au 16 août pour démolir les fortifications de la ville neuve et les ouvrages extérieurs de la ville vieille.[1]

Le premier décret que signa le comte de Carlingford prescrivait aux contribuables des deux duchés de payer, à titre de joyeux avènement, une imposition égale à la capitation de l'année précédente, afin de rétablir et meubler les châteaux de Son Altesse « si ruinés par les désordres de la guerre[2] ». Puis le régent fit de louables efforts pour ramener dans le pays les habitants que l'occupation française avait pu en éloigner, et pour attirer de partout les étrangers industrieux ; l'ordonnance du 2 avril permit aux artisans qui s'établiraient en Lorraine de « tenir boutique ouverte » et de travailler librement pendant cinq années, sans être obligés de faire aucun apprentissage ni chef-d'œuvre : seuls, les chirurgiens, apothicaires et orfèvres restaient assujettis aux formalités anciennes.

Les nouveaux mariés et tous les étrangers indistinctement furent dispensés pendant un an du logement des gens de guerre et de toutes les autres charges et impositions, « à la réserve des droits seigneuriaux,

---

regarde les troupes de S. M., et les fortifications de Nancy qu'il faudra démolir, vous permettiez aux gens chargés des ordres de M. le duc de Lorraine, de faire tout ce qu'ils voudront. » *Archives de la Côte-d'Or*, fonds Thiard, 20.

1. Le lieutenant-général de Bissy quitta Nancy le 16 août au matin, avec le 1er bataillon du régiment de Languedoc, qui se rendit au camp de Compiègne, et le régiment de Guyenne, qui alla tenir garnison à Metz ; il avait fait remise de la place, le 15 au soir, à M. de Carlingford. Bissy à Barbézieux, 15 août 1698, *Ibid.*

2. *Récits des édits, ordonnances, etc., de Léopold Ier*, I, 1. — Carlingford s'intitulait dans cet édit conseiller d'État de l'empereur, maréchal de camp, général de ses armées, grand-maître de l'hôtel de Son Altesse, chef de ses conseils et de la régence de ses États.

débits de ville et droits d'église » ; ces exemptions furent même étendues à trois années en faveur de ceux qui « construiraient des maisons ou répareraient des masures¹. »

La plupart des communautés avaient contracté des dettes fort lourdes ; on les autorisa, pour leur donner le temps de « respirer et de rétablir leurs affaires », à ne payer qu'à la fin de 1698 les sommes qu'elles devaient, tant capitaux qu'intérêts : défense fut faite à leurs créanciers de les poursuivre, « à peine de nullité des procédures et de tous dépens, dommages et intérêts² ».

La misère des vignerons attira également la compassion du régent. Les vins étrangers se vendaient à si bas prix en Lorraine que les produits indigènes, de qualité médiocre, étaient délaissés et les vignerons ruinés. L'ordonnance du 3 mai enjoignit à tous ceux qui possédaient en cave des vins exotiques à les faire sortir dans le délai de quinze jours, menaçant les réfractaires de la confiscation³.

III

Cependant Léopold avait quitté l'Allemagne ; le 11 mai, il arrivait à Strasbourg, accompagné du prince François⁴, son frère, et de MM. de Custine, de Stainville, des Armoises, de Lunaty, de Spada, de la Tour-Taxis, de Gourcy. Le marquis d'Huxelles⁵, gouverneur de l'Alsace, le reçut « moins comme un duc de Lorraine qu'en neveu

---

1. *Ibid.*, I, 16.
2. *Ibid.*, I, 17.
3. *Ibid.*, I, 24.
4. François de Lorraine, né à Inspruck, le 8 décembre 1689.
5. Le marquis d'Huxelles (1652-1730), nommé maréchal de France en 1703, est célèbre par l'habile et courageuse défense de la place de Mayence, qu'il dut livrer (8 septembre 1689) aux Impériaux, commandés par Charles V, père de Léopold.

du roi qu'il allait être[1] »; toutes les troupes de la garnison étaient sur pied, et le prince se rendit au bruit du canon au palais du gouvernement. Les mêmes honneurs lui furent rendus le lendemain, au départ, et le maréchal lui offrit une escorte pour l'accompagner jusque dans ses États. Léopold refusa, disant « qu'il n'appréhendait rien sur les terres de France[2] ». Le 14, il était à Blâmont où on l'accueillit « avec une joie inexplicable et inconcevable[3] »; le 15, il fit son entrée à Lunéville, au milieu d'une foule avide de voir et de fêter le fils de Charles V.

Léopold avait alors 19 ans. Il était de taille moyenne et de complexion délicate[4]. Ses traits manquaient de régularité: le front était haut et bombé, le nez accentué, la lèvre inférieure un peu forte; seuls les yeux étaient beaux et vifs. Mais un gracieux sourire, presque habituel, répandait sur ce visage un air de douceur et de bonté[5]. Aussi le jeune duc de Lorraine gagna-t-il bien vite l'affection de ses sujets, tout fiers du faste presque royal dont il était entouré à son arrivée à Lunéville: « Il y parut, écrit Dom Calmet, avec un éclat et une magnificence en carrosses, en chevaux, en meubles, en domestiques, en suite, qui étonnèrent tous ceux qui en furent témoins, et qui ne pouvaient se lasser d'admirer qu'une maison qui

---

1. *Mémoires de Saint-Simon*, II, 130.
2. *Mercure*, mai 1698, p. 371.
3. *Chronique d'Einville*, p. 32.
4. Le Musée historique lorrain a plusieurs portraits de Léopold (n°ˢ 261 à 265, 270 et 271 du *Catalogue* de 1887).
5. « Ce prince, écrivait le lieutenant-général de Bissy, est très honnête en toutes ses manières et d'une physionomie bonne et douce, quoiqu'un peu étrangère, l'œil beau et vif... » Lettre à Barbézieux, 17 mai 1698. *Archives de la Côte-d'Or*, fonds Thiard, 20. — « On le trouve assez aimable, disait de Léopold M™ᵉ de la Touche; — il a l'air de la princesse d'Épinoy; il a encore le visage plus long et la lèvre de dessous plus grosse. » Lettre à M™ᵉ de Grignan, 25 novembre 1699, dans les *Lettres de M™ᵉ de Sévigné*, édit. Régnier, X, 440. — Voir aussi le portrait que M. d'Haussonville a tracé de Léopold, IV, 361.

avait essuyé tant de traverses, fit éclater tant de magnificences et de si grandes richesses. L'écurie du duc était une des plus belles de l'Europe, ayant 700 chevaux, et 36 attelages de carrosses percés à jour, que la reine-duchesse, mère de Léopold, avait fait faire pour son entrée en Nancy[1]. »

Le duc de Lorraine trouva à Lunéville deux compagnies d'infanterie et quelques cavaliers que le lieutenant général de Bissy y avait envoyés pour former la garde du souverain. M. de Bissy s'empressa de venir lui-même saluer Léopold :

« Je suis rentré aujourd'hui de Lunéville, écrit-il à Barbézieux le 17 mai, voir M. le duc de Lorraine dont j'ai beaucoup de sujets d'être content et satisfait en tout ce qui m'a paru de sa personne touchant le respect et la vénération qu'il a pour le roi, comme de sa reconnaissance de tous les honneurs et bonnes réceptions qu'il reçoit, depuis qu'il a passé le Rhin, sur les terres de l'obéissance de Sa Majesté. Il a jusqu'à présent, Monseigneur, retenu la garde que je lui ai donnée de cavalerie et d'infanterie qui lui a été d'un grand besoin pour l'empêcher d'être écrasé et étouffé de la foule du peuple.... Et M. de Carlingford m'a dit depuis qu'il était bien aise de faire connaître à tous ses sujets la confiance qu'il avait d'être gardé par des troupes du roi....

« Ce prince.... m'a fait beaucoup de remerciements des soins que je m'étais donnés à conserver son pays en l'état qu'il est après une si longue suite de guerres. Il y a beaucoup à espérer que ce jeune prince saura bien mériter tout

---

1. *Histoire de Lorraine*, VII, 199. — « On a été 25 jours à déballer et à remettre en état tous les meubles de ce prince, qui sont en si grand nombre qu'à peine le grand magasin de Nancy pouvait-il les contenir. Il y a entre autres pour plus de 200,000 écus d'argenterie, quelques plats d'or massif, un lit qu'on estime 30,000 écus, plusieurs tentures de tapisseries relevées en or. » *Lettres historiques de La Haye*, août 1698, p. 173.

l'honneur et le bonheur qu'il aura d'entrer dans l'alliance de Sa Majesté, surtout s'il peut conserver auprès de lui un sujet aussi sage et prudent pour conduire ses affaires que le comte de Carlingford, qui ne lui conseillera jamais de faire un faux pas, quoiqu'il soit en biens et en dignités sous l'obéissance de l'Empereur. Je n'en dirais pas tant des Lorrains dont les têtes dures et mal faites ne reconnaissent pas par toutes les expériences passées ce qui peut leur faire tranquillité à l'avenir....[1] »

Léopold ne conserva que quelques jours auprès de lui les soldats de Louis XIV, et les renvoya après leur avoir fait ses libéralités et témoigné à M. de Bissy toute sa reconnaissance[2]. D'ailleurs, les habitants de Lunéville avaient pris les armes, et de toutes parts arrivaient des paysans, des bourgeois improvisés en gardes d'honneur. Nancy envoya deux compagnies, l'une de 60 cavaliers avec timbalier et trompettes, l'autre de 80 buttiers avec hautbois[3].

A Versailles, on avait prévu le cas où Léopold viendrait s'installer sans retard à Nancy, et donné à M. de Bissy des instructions précises : le duc de Lorraine devait recevoir des troupes royales les honneurs dus à un maréchal de France[4]. Mais, par une délicate attention pour les patriotes lorrains, Léopold attendit à Lunéville le départ de la garnison française : ce fut seulement le 17 août au soir qu'il entra dans sa capitale.

---

1. Lettre du 17 mai 1698. *Archives de la Côte-d'Or*, fonds Thiard, 20.
2. Calmet, VII, 198.
3. *Journal d'un bourgeois de Nancy*, loc. cit., p. 45.
4. Barbézieux à Bissy, 23 janvier 1698. *Archives de la Côte-d'Or*, fonds Thiard, 20.

IV

A peine avait-il pris possession du vieux palais ducal, qu'il s'occupa de compléter les mesures administratives prises par M. de Carlingford. L'ordonnance du 31 août 1698 divisa la Lorraine et le Barrois en quatre départements, correspondant à peu près à la Lorraine allemande, à la Lorraine proprement dite, au Barrois, aux Vosges, et ressortissant à quatre secrétaires d'État, MM. Canon, Mahuet, Le Bègue et Labbé de Coussey. Au premier département étaient en outre attribuées les affaires ecclésiastiques, pensions, brevets de retenue, négociations en cour de Rome, et généralement tout ce qui pouvait concerner la direction des affaires bénéficiales dans l'étendue des duchés; au deuxième, les troupes, les munitions de guerre, les fortifications, les bâtiments et jardins des résidences ducales, les ponts et chaussées; le troisième veillait aux relations avec les puissances étrangères, sauf la cour de Rome; enfin le quatrième avait dans sa compétence les affaires du commerce, des manufactures et des haras. Marc-Antoine de Mahuet [1] cumulait avec le deuxième département l'*Intendance de l'hôtel et des finances*.

MM. de Hoffelize, Armur de Gerbéviller, Barrois de Saint-Remy [2], de Lescut, furent attachés à chacun de ces

---

1. Marc-Antoine de Mahuet, fils de Jean de Mahuet, conseiller d'État et ministre de Charles IV, s'était signalé, sous Charles V, contre les Turcs et dans l'armée impériale au siège de Philippsbourg. Il mourut en 1717.

2. François Barrois, baron de Manonville et comte de Kœur, naquit à Kœur en 1641. Avocat au Parlement, il fut nommé lieutenant-général au bailliage de Bar (22 février 1698), puis conseiller et maître des requêtes ordinaires de l'hôtel (2 juin). Chargé de négocier avec le comte de Couvonges le mariage de Léopold, il fut attaché à la cour de Versailles, en qualité d'envoyé ordinaire ou extraordinaire, de 1698 à 1718. Il mourut à Saint-Mihiel en 1726. Cf. Lefebre, *Manonville et ses seigneurs* (Mémoires de la Société d'archéologie lorraine, 1891, p. 262-278).

départements en qualité de « conseillers d'État et maîtres des requêtes ordinaires de l'hôtel », avec mission spéciale de recevoir les demandes que les particuliers présenteraient au souverain[1].

Le Conseil d'État, principal organe du pouvoir ducal, comprenait, outre les secrétaires d'État et les maîtres des requêtes, un nombre variable de conseillers[2] (maréchaux de Lorraine, principaux baillis, présidents de la Cour souveraine et des Chambres des comptes, procureurs généraux, etc.). Il était présidé par Léopold ou par le comte de Carlingford[3].

La Cour souveraine et les Chambres des comptes de Lorraine et de Bar avaient été rétablies au mois de février 1698[4].

Issue de la Cour des Grands-Jours[5], ou Parlement de Saint-Mihiel, — devant lequel les ducs de Bar jugeaient en personne ou faisaient juger par leurs officiers, dès le xiiie siècle, les appels du Barrois non-mouvant, — la Cour souveraine datait de 1641. Le duc Charles IV l'avait édifiée sur les ruines de deux institutions jadis toutes-puissantes : les Assises de la chevalerie lorraine et le tribunal des échevins de Nancy[6]. L'ordonnance du

---

1. *Recueil des édits*, I, 62.
2. Il y avait 106 conseillers d'État en 1724. *Almanach de Lorraine* pour 1724.
3. Par ses édits des 2 décembre 1722 et 14 juillet 1733, Léopold autorisa ses fils Léopold-Clément et François à présider tous les conseils. *Recueil des édits*, II, 575, 640.
4. *Ibid.*, I, 3.
5. Sur la Cour des Grands-Jours de Saint-Mihiel, voir Bonnabelle, *Saint-Mihiel, son abbaye*, etc. (Mémoires de la Société philomathique de Verdun, 1890).
6. Cf. Meaume, *Histoire de l'ancienne chevalerie lorraine*, dans les *Mémoires de l'Académie de Stanislas*, 1870 ; Lepage, *Les offices des duchés de Lorraine et de Bar*, dans les *Mémoires de la Société d'archéologie lorraine*, 1869, p. 1880 et suiv. — Les gentilshommes de l'ancienne chevalerie lorraine jouissaient du privilège de juger en dernier ressort, de réformer à leur gré les sentences des justices ducales et seigneuriales, et de ne pouvoir être jugés eux-mêmes que par leurs pairs. Toutefois, en matière criminelle, ils étaient justiciables des échevins de Nancy, dont la compétence, au civil, était limitée au bailliage de Nancy, mais s'étendait, au criminel, sur tout le duché de Lorraine.

26 mars 1661 la divisa en deux chambres, la *Chambre de Nancy* et la *Chambre de Saint-Mihiel*, qui, malgré l'édit de réunion du 8 août 1667, jugèrent séparément jusqu'au moment de l'occupation française[1].

Sous Léopold, la Cour souveraine fut d'abord composée des anciens magistrats encore en vie, — Canon, l'abbé de Riguet, Serre et Bousmard, — à qui l'on adjoignit Rennel d'Andilly et Claude George ; l'avocat Nicolas Lefebvre fut nommé substitut[2]. Quelques mois après, Jean-Léonard Bourcier recevait les provisions d'avocat général et procureur général de Lorraine et Barrois[3]. » Dans les années suivantes, la composition de la Cour fut plusieurs fois modifiée : en 1724, il y avait un premier président et deux présidents, deux conseillers prélats, deux conseillers d'honneur, 29 conseillers de robe, un procureur général, un avocat général et 6 substituts[4].

Les Chambres des comptes de Lorraine et de Bar avaient une origine aussi ancienne que les Grands-Jours de Saint-Mihiel. Il était, en effet, nécessaire aux ducs d'être entourés d'un corps d'officiers, fidèles et éclairés, pour gérer les biens domaniaux et pour surveiller les comptables. Toutefois, on ignore quels furent pendant plusieurs siècles le nombre et la qualité de ces officiers. La Chambre des comptes de Lorraine fut supprimée par Louis XIII, en 1634, puis rétablie par ce prince quelques années après ; Charles IV la réorganisa en 1661 et créa, en 1663, un procureur général pour les deux chambres. Léopold adjoignit à ce magistrat, pour la Chambre de

---

1. Rogéville, I, 422 ; II, 74. — La Chambre de Saint-Mihiel ne devait pas être conservée par Léopold.
2. Ordonnance du 16 février 1698. *Recueil*, I, 3. — Sur Lefebvre, voir ci-après.
3. Au mois d'août 1698. — Cf. *Journal du président Bourcier*, publié par M. de Souhesmes dans les *Mémoires de la Société d'archéologie lorraine*, 1891. — Sur Bourcier, voir ci-après.
4. *Almanach de Lorraine* pour 1724.

Nancy, deux substituts et un avocat général, et pour celle de Bar un avocat général seulement. En 1724, chacune de ces chambres comptait 20 conseillers[1].

En l'absence de tout règlement limitant les attributions de la Cour souveraine et des Chambres des comptes, les conflits qui avaient éclaté déjà à l'époque de Charles IV se renouvelèrent dans les premières années du règne de Léopold. L'édit du 31 janvier 1701 essaya d'y mettre fin : il attribua à la Cour souveraine l'appel de tous les jugements, civils ou criminels, rendus par les bailliages et les prévôtés. Les Chambres des comptes n'étaient pas seulement chargées de vérifier la gestion des comptables des villes et de l'État ; elles connaissaient en dernier ressort de la régie et de l'administration des domaines et droits domaniaux, ainsi que de tous les procès relatifs aux impôts et aux monnaies ; enfin, elles entérinaient les lettres de noblesse et enregistraient les édits bursaux[2].

Mais, néanmoins, la bonne intelligence ne devait pas régner entre ces grandes compagnies : en 1709, le président et deux conseillers sont députés par la Chambre des comptes de Lorraine pour aller à Lunéville se plaindre au duc des entreprises *continuelles* de la Cour souveraine[3]. A la fin de son règne, Léopold lui-même écrivait au président Lefebvre : « Les difficultés journalières qui se rencontrent entre mon Parlement et mes Chambres des comptes, et les bigarrures qui sont dans les juridictions domaniales, causent non seulement du préjudice à mes sujets, mais ne font guère d'honneur à mon gouvernement[4]. »

---

1. La Chambre des comptes de Lorraine avait alors un premier et un second présidents ; celle de Bar, un président, un doyen et un conseiller-né. *Almanach de Lorraine pour 1724*. Cf. Rogéville, I, 155 ; II, 239.
2. *Recueil des édits*, I, 259.
3. Ms. n° 106 de la Bibliothèque de Nancy, f° 34.
4. Lettre du 20 octobre 1727. Rogéville, I, 173. — Léopold songeait alors à réunir ces Chambres en une seule ; en 1714, d'ailleurs, la Chambre des comptes de Lorraine avait sollicité cette fusion. *Ibid.*, I, 171.

L'édit du 11 août 1698 avait divisé les duchés en 17 bailliages et 58 prévôtés.

Les lieutenants-généraux étaient de fait les premiers magistrats des bailliages ; l'édit précité ne mentionne pas les baillis, personnages tout d'apparat, qui demeuraient le plus souvent dans la capitale et siégeaient au Conseil d'État, ou encore étaient chargés à l'étranger de missions politiques. Les lieutenants-généraux n'avaient pas seulement des attributions judiciaires, ils étaient les représentants du prince et faisaient exécuter, chacun dans leur ressort, les ordonnances ducales.

De même que les lieutenants-généraux, les prévôts cumulaient les fonctions civiles et judiciaires. La plupart étaient en même temps gruyers : ils avaient la mission de veiller à la conservation des bois coupés dans l'étendue de leur prévôté et de juger les contestations et procès forestiers, sous la haute surveillance des deux grands gruyers de Lorraine et de Barrois[1].

En 1701, pour remédier aux désordres qui, pendant les guerres du xviie siècle, s'étaient glissés dans la régie des eaux et forêts, Léopold créa, à la place des deux grands gruyers, cinq *commissaires généraux réformateurs* pour la Lorraine et le Barrois, dont le territoire fut divisé en cinq départements ayant pour chefs-lieux Nancy, Épinal, Saint-Mihiel, Pont-à-Mousson et Sarreguemines. Par un nouvel édit, daté du 4 mars 1703, Léopold établit une chambre, — composée de 7 membres du Conseil d'État ou de la Cour souveraine, — pour juger en dernier ressort les matières concernant les eaux et forêts du domaine et celles des communautés. Enfin, le 1er juin 1720, les dé-

---

1. En 1698, M. de Mitry, seigneur de Fauconcourt, était grand gruyer de Lorraine, et M. de Belcastel, seigneur de Permillac, grand gruyer de Barrois. Lepage, *Mémoires de la Société d'archéologie lorraine*, 1869, p. 250.

partements des eaux et forêts reçurent une nouvelle
« distribution », et on en créa un sixième à Bar[1].

Le jugement des délits de chasse appartenait au grand
veneur[2], représenté dans chaque bailliage par un capitaine de chasses. Des gardes furent établis partout où il
le fallut pour assurer l'exécution de règlements compliqués
et sévères : on défendit à la noblesse elle-même de chasser dans un rayon de deux heures autour de Nancy,
Lunéville, Sarreguemines, Mirecourt, Pont-à-Mousson,
Saint-Mihiel et Bar; dans les environs de ces villes, le
gibier, protégé, multiplia et fourmilla pour les plaisirs
du duc. Afin d'indemniser les seigneurs de la perte d'un
privilège qui leur avait toujours été reconnu, Léopold
ordonna de leur faire distribuer annuellement « une certaine quantité de gibier et venaison, dans les temps convenables et qu'ils pourraient en avoir besoin, suivant et
à proportion du ban de leur haute justice et des chasses
qui s'y feraient[3]. »

Si quelques villes eurent des municipalités, du moins
ce ne fut pas au détriment de l'autorité ducale. L'hôtel de
ville de Nancy[4], réorganisé par l'ordonnance du 1er septembre 1698, se composa de neuf officiers et d'un substitut, tous nommés par le prince. Les cinq premiers officiers étaient pris parmi les plus hauts fonctionnaires de la
ville : un substitut du procureur général de l'une des cours
supérieures, un conseiller de la Cour souveraine, un auditeur de la Chambre des comptes de Lorraine, le prévôt et
un conseiller du bailliage de Nancy ; les quatre autres offi-

---

1. Lepage, *Ibid.*, p. 254. — Par l'édit du 3 avril 1727, Léopold supprima
les offices de commissaires généraux réformateurs et créa en titre d'offices
héréditaires six charges de conseillers grands gruyers. *Recueil des édits*,
III, 227.
2. C'est M. de Viange qui fut nommé grand veneur, *directeur général et
surintendant des chasses*. *Ibid.*, I, 27.
3. Édit d'octobre 1693. *Recueil*, I, 92.
4. Cf. Lionnois, II, 75-81.

ciers appartenaient l'un à la noblesse, et les trois autres à la bourgeoisie. L'un de ces officiers avait le titre de *lieutenant-général de police* et jugeait en première instance toutes les contraventions aux règlements de police[1].

A Lunéville, le corps municipal comprenait un prévôt chef de police et cinq conseillers ; les deux premiers conseillers devaient être choisis par le duc, l'un dans le corps des officiers du bailliage, l'autre dans le corps de la noblesse, et les trois autres tirés d'une liste de neuf bourgeois élus à la pluralité des voix dans l'assemblée de la communauté. Il y avait obligation pour tous les conseillers d'accepter leurs fonctions et de les exercer pendant deux ans. L'élection des neuf bourgeois se faisait à l'hôtel de ville où les voix étaient écrites par le greffier, en présence des officiers de police, « pour empêcher et prévenir les fraudes et soutenir la liberté des suffrages ». La première élection eut lieu le dimanche 16 mai 1701 ; bien que les bourgeois y eussent été convoqués l'avant-veille « à son de tambours aux principaux carrefours de la ville », 19 seulement répondirent à cet appel[2].

Les autres corps de ville furent à peu près établis sur les mêmes bases. Nous verrons plus tard le duc de Lorraine trafiquer des charges municipales ; dans les premières années de son règne, il n'eut pas à recourir à cette ressource extraordinaire : ses finances étaient en excellent état.

L'ordonnance du 31 août 1698 avait réduit le nombre des recettes domaniales à 16 pour la Lorraine et le Bar-

---

1. *Recueil des édits*, III, 364 ; Dumont, I, 169. — La Cour souveraine, le bailliage et le corps municipal siégeaient à l'ancien hôtel de ville, démoli en 1752 pour l'agrandissement de la place du Marché. La Chambre des comptes, installée d'abord au Palais ducal, vint loger en 1717 à côté des autres juridictions. Lionnois, III, 31.
2. Arrêt du 5 mai 1701. *Recueil des édits*, I, 233 ; *Archives de Lunéville*, BB, 5.

rois ; elle fut révoquée en 1705, et l'on établit alors 60 recettes particulières[1]. Dans l'intervalle, Léopold donna une certaine organisation au *Conseil des finances*, établi par Charles III et qui n'avait pas fonctionné depuis longtemps : il fut composé de MM. Mahuet, intendant des finances et de l'hôtel, Rennel de Lescut, président de la Cour souveraine, Labbé de Beaufremont, président de la Chambre des comptes de Lorraine, et Vignolles, procureur général des Chambres des comptes[2]. Ce conseil avait reçu plein pouvoir de prendre toutes les mesures que nécessiterait « l'établissement d'une bonne régie, administration et conservation des finances, domaines et fermes générales et particulières[3] » ; mais, en réalité, son rôle se réduisit la plupart du temps à celui d'une simple commission consultative, et c'est seulement après la mort de Léopold que le conseil des finances fut véritablement organisé[4].

En matière de finances, comme dans les autres branches de l'administration, les édits et ordonnances faisaient loi ; Léopold pouvait librement frapper des impôts et en fixer le chiffre. Il conserva la *subvention* et la *ferme générale* introduites en Lorraine par les Français. La subvention correspondait à ce qu'on nomme de nos jours l'impôt foncier ; elle était levée uniquement sur les roturiers. La compagnie financière appelée la *Ferme générale* percevait les droits domaniaux[5], la foraine[6], et exerçait le monopole du

---

1. *Recueil des édits*, I, 57, 192.
2. Mandement du 16 juin 1703. Lepage, *Mémoires de la Société d'archéologie lorraine*, 1869, p. 102.
3. L'ordonnance du 26 mars 1711 attribua à ce conseil les affaires de finances et domaines. *Recueil des édits*, I, 720. Voir aussi l'édit du 5 mai 1714. *Ibid.* II, 26.
4. Édit du 10 décembre 1729. *Ibid.* V, 33.
5. Comme les droits de timbre, de contrôle, de sceau, de tabellionnage. Cf. Mathieu, p. 170.
6. On désignait sous ce nom le droit de haut-conduit, le droit d'entrée et d'issue foraine, le droit de traverse, l'impôt sur les toiles et le droit de marque des fers. Les quatre premiers étaient antérieurs au xviie siècle ; le cinquième avait été établi par Léopold en 1698. *Ibid.*, p. 183.

sel. Les revenus ordinaires du duché s'élevèrent pour la première année à 1,637,366 livres, sans compter le subside de 350,000 livres pour le joyeux avènement, sans compter non plus le produit de la vente des offices de judicature et de finances[1]. Un contemporain évalue ce produit à près de trois millions, et prétend que Léopold, sur les conseils du P. Creitzen, joignit à cette somme environ deux millions qu'un de ses sujets avait reçus en dépôt du duc Charles IV, afin de constituer ainsi une réserve pour l'avenir[2].

Si tous les impôts ne cessèrent pas avec l'occupation française, du moins les plus vexatoires et les plus odieux avaient disparu : les charges militaires établies par l'ordonnance du 9 décembre 1698 étaient en effet bien légères, comparées à celles dont on conservait le souvenir. Les gardes du corps et chevau-légers, — que le duc de Lorraine envoya à cette époque en quartiers dans plusieurs villes, Blâmont, Bruyères, etc., — avaient droit au « lit garni de linceuls », à deux pieds de bois par semaine et à une chandelle par jour; les fourrages étaient fournis par les villes autres que celles où les détachements étaient cantonnés, à l'exception toutefois de Saint-Nicolas et Lunéville, « eu égard, dit l'ordonnance, à la quantité de chariots qu'elles fournissent préférablement à toutes les autres, à cause de la proximité de notre bonne ville de Nancy[3] ». Ces troupes devaient, en absence de la maréchaussée, qui fut organisée seulement par l'ordonnance du 25 décembre 1699[4], prêter main-forte aux officiers de police, réprimer les brigandages, et contenir les esprits dans l'obéissance.

---

1. Édit du 31 août 1698. *Recueil*, I, 4).
2. D'Audiffret, *Mémoire sur le duché de Lorraine*, f° 115.
3. *Recueil des édits*, I, 98.
4. *Ibid.*, I, 210.

V

La Lorraine était alors infestée de vagabonds étrangers, venus on ne sait d'où à la faveur des guerres, se disant Égyptiens ou Bohémiens. Ils voyageaient par troupes, volaient, pillaient, parfois même incendiaient. Les mesures les plus rigoureuses furent prises contre eux. L'arrêt de la Cour souveraine du 5 juillet 1698 leur ordonna de quitter le pays dans la quinzaine, à peine de punition exemplaire[1]. On montra moins de ménagements encore à l'égard des indigents de nationalité étrangère : ils eurent quatre jours seulement pour sortir des deux duchés. Quant aux mendiants du pays, ils durent se retirer dans la huitaine au lieu de leur résidence ou de leur naissance ; défense leur fut faite de mendier, à peine du carcan pour la première fois et de peine plus forte en cas de récidive. Dans chaque paroisse, les délégués des communautés religieuses, les gens de justice, les nobles et « les plus notables » désignèrent des commissaires chargés d'astreindre au travail les pauvres valides et de leur distribuer le nécessaire. C'était un premier pas vers l'organisation de l'aumône publique[2].

La disette de l'année 1698, la dureté des moyens employés par Léopold pour l'atténuer faillirent troubler l'ordre public. L'édit du 24 août défendit le transport des grains hors de la Lorraine et du Barrois, à peine d'amende de 500 fr., et de confiscation des voitures, chevaux et blés ; un tiers de l'amende et du produit de la confiscation était réservé au dénonciateur, un tiers aux pauvres des lieux d'où les grains seraient tirés, et le reste au domaine du-

---

1. *Ibid.*, I, 29
2. *Ibid.*, I, 105.

cal[1]. L'ordonnance du 5 septembre interdisait aux chefs de famille d'acheter ou d'amasser des grains au delà de ce qui leur serait nécessaire jusqu'à la moisson suivante ; les boulangers durent se mettre en garde contre toute accusation d'accaparement. On prohiba même, et d'une façon sévère, la fabrication des bières et eaux-de-vie de grains. Enfin des commissaires furent chargés de procéder chez les particuliers à des visites domiciliaires, et d'envoyer et faire vendre sur les marchés publics tous les grains trouvés en excédant sans qu'ils « pussent être remportés sous quel prétexte ce pût être[2] ».

L'application de cette ordonnance souleva les plus vives plaintes et donna de médiocres résultats ; bien des gens refusèrent en effet de vendre leurs grains à des insolvables et s'ingénièrent à les cacher. En vain le duc autorisa les propriétaires à ne livrer leurs blés qu'argent comptant ; les acheteurs étant la plupart du temps des nécessiteux, les municipalités durent se résoudre, à Lunéville par exemple, à assurer la subsistance des pauvres afin de parer à des extrémités fâcheuses[3].

A Nancy, il y eut des manifestations hostiles, que Léopold menaça de réprimer sévèrement ; le 25 septembre, il faisait publier au son du tambour et afficher dans les carrefours des villes vieille et neuve le placard suivant :

De par Son Altesse Sérénissime,

Le tumulte avec lequel nos peuples se sont portés même aujourd'hui pour nous faire entendre leurs prétendues plaintes étant entièrement opposé au respect qu'ils doivent à nos ordonnances, y ayant d'autres voies ouvertes pour nous représenter leurs raisons, Nous

---

1. *Ibid.*, I, 38.
2. *Ibid.*, I, 67.
3. *Archives de Lunéville*, HH, 15.

avons résolu de prévenir les désordres que pareilles assemblées pourraient causer.

A ces causes, nous faisons très expresses inhibitions et défenses à toutes personnes de quelque condition, sexe et qualité elles soient, de s'assembler tumultuairement, soit dans les rues, carrefours, places de la ville ou devant notre palais, à peine d'être mis dans les prisons des tours Notre-Dame et de punition corporelle, sans aucune distinction de sexe, à l'effet de quoi Nous ordonnons à ceux de nos officiers de justice, police, ou de considération, qui trouveront huit ou dix personnes assemblées à telle fin que dessus, de se faire assister des soldats de la garde, et faire conduire és prisons ceux ou celles qui contreviendront à notre présente défense[1]....

L'ordonnance du 5 septembre fut encore dépassée par celle du 3 décembre. Propriétaires et laboureurs devaient désormais donner tous les huit jours aux curés la déclaration de leurs blés tant anciens que nouveaux, à peine de confiscation et d'une amende de 500 livres à partager par moitié entre les dénonciateurs et les pauvres; il était spécialement enjoint aux domestiques « de déclarer les grains que leurs maîtres pourraient avoir cachés et recélés, leur donnant à eux la confiscation entière desdits grains recélés, avec moitié de ladite amende » : et afin qu'ils pussent le faire d'autant plus librement et qu'ils n'eussent rien à craindre de la colère et du ressentiment de leurs maîtres, le duc déclarait même en propres termes, les prendre sous sa protection, défendant à qui que ce fût « de leur méfaire, leur permettant de sortir du service de leurs dits maîtres et promettant de leur faire payer exactement les gages qui se trouveraient leur être dus[2]. » On ne saurait trop flétrir cette loi immorale, qui excitait la cupidité des domestiques, leur fournissait les moyens de se venger, et introduisait la délation jusqu'au sein des familles.

---

1. Ce placard est conservé dans le ms. n° 392 de la Bibliothèque de Nancy.
2. Recueil des édits, I, 94.

VI

La défense faite aux Lorrains d'exporter leurs grains mécontenta le gouvernement français, qui redoutait la disette dans les Trois-Évêchés. Léopold s'empressa de faire droit aux réclamations de son puissant voisin : « Monseigneur, écrivait-il à Louis XIV, l'obligation de la loi naturelle jointe à l'exemple que Votre Majesté donna il y a quatre ans[1] pour faire connaître à tous les souverains de l'Europe qu'ils ne sont pas moins les pères de leurs peuples que leurs protecteurs et leurs aides, m'avait obligé à cause de la stérilité de cette année de faire quelque ordonnance pour prévenir la famine dont le pays est menacé et conserver les sujets que Votre Majesté m'a rendus. Mais, apprenant par les dernières lettres de M. de Pontchartrain au comte de Couvonges le désir de Votre Majesté, j'ai ordonné qu'on levât les défenses de tirer des grains de mon pays pour les Évêchés. Je l'ai fait, Monseigneur, quelque misère que je prévoie parmi mes peuples, pour faire connaître à Votre Majesté que ma principale attention est celle de lui plaire en toute rencontre et de lui marquer mon profond respect pour sa personne sacrée[2]. »

Depuis qu'il était en Lorraine, Léopold cherchait en effet à gagner les bonnes grâces du roi de France. Le surlendemain de son arrivée à Lunéville, il l'avait remercié avec effusion des politesses du marquis d'Huxelles à Strasbourg : « Ces honnêtetés, lui disait-il, sont pour moi un heureux commencement de la douceur dont je dois jouir dans mes États sous la protection de Votre Majesté. Je tâ-

---

1. Léopold fait allusion aux mesures prises précédemment par Louis XIV pour remédier à la famine de 1692-1693. Cf. Gaillardin, *Histoire de Louis XIV*, V, p. 431 et suiv.
2. Lettre du 11 décembre 1698. *Archives des affaires étrangères*, XLIX.

cherai, Monseigneur, de la mériter par un dévouement entier au service de votre personne sacrée¹. »

Mais Louis XIV, que l'âge et l'expérience avait rendu méfiant, ne croyait pas à l'entière sincérité des sentiments que manifestait à son égard le fils de Charles V. Le marquis de Bouzoles, qui alla en qualité d'envoyé extraordinaire complimenter Léopold de son arrivée dans ses États, devait tout particulièrement s'informer « du caractère d'esprit du duc de Lorraine, de la connaissance que l'on pouvait avoir de ses sentiments, du nombre des troupes qu'il comptait de pouvoir lever, etc.² ».

Si le roi était résolu à surveiller de près son futur neveu et à le maintenir dans une entière dépendance, les instructions données par le duc à son grand chambellan, M. de Couvonges, lorsque celui-ci fut chargé d'une nouvelle mission à la cour de Versailles, au mois de juin 1698, nous montrent d'un autre côté que Léopold comptait tirer de son mariage avec une princesse française « des avantages utiles et honorables³ ».

Et d'abord le duc de Lorraine espérait obtenir du roi, par l'intermédiaire de Monsieur, la qualité d'Altesse royale; les raisons de la prétendre ne lui manquaient pas, disait-il, et c'est en ces termes qu'il les énumérait complaisamment : « Les aïeux de Son Altesse ont porté le titre de roi et nommément le duc René sans remonter plus haut. — La maison de Lorraine a de justes prétentions sur le royaume de Jérusalem, de Naples, de Sicile et d'Aragon. — La cour de Rome, qui est la plus exacte

---

1. Léopold à Louis XIV, 17 mai 1798. *Ibid.*, XLVI, f° 61.
2. Mémoire pour servir d'instruction au sieur marquis de Bouzoles, mestre de camp du régiment de Piémont-Royal. *Ibid.*, f° 86. — M. de Bouzoles était beau-frère de M. de Torcy; il fut bien accueilli à Lunéville, et Léopold lui offrit comme souvenir une boîte à portrait enrichie de diamants d'un grand prix. *Gazette de France*, 1698, p. 300; *Dangeau*, VI, 366.
3. Instructions pour le sieur comte de Couvonges, 7 juin 1698. *Archives des affaires étrangères*, XLVII, f° 144.

en cérémonies, ordonna au cardinal Chighi, lorsqu'il fut envoyé légat *a latere*, de rendre ses visites aux princes de la maison de Lorraine avant que de visiter ceux de la maison de Savoie. — Le duc de Savoie ayant commencé à être traité d'Altesse royale après avoir épousé Christine de France, Son Altesse prétendrait la même chose en vertu de l'alliance qu'elle contracte à présent avec l'auguste maison de Bourbon après plusieurs autres pareilles, etc. »

Mais Léopold ne sacrifiait pas tout à son amour-propre : une fois qu'il aurait obtenu pour son maître le traitement des têtes couronnées, l'envoyé lorrain réglerait toutes les contestations prévues dans le traité de Ryswick, particulièrement la cession de l'équivalent de Longwy et l'évacuation de Nancy ; enfin, après avoir « éclairci les affaires de Lorraine », il ne négligerait rien pour intéresser le roi de France à la défense des droits que le duc élevait sur la succession de la maison de Mantoue.

Il semble que M. de Couvonges n'ait réussi qu'à éveiller les susceptibilités de Louis XIV et à retarder par son zèle un arrangement que le roi avait tout d'abord désiré. Dès le 3 mars 1698, M. Turgot, intendant des Trois-Évêchés, avait en effet reçu l'ordre d'étudier quels territoires on pouvait offrir au duc de Lorraine en échange de Longwy : « Sa Majesté, faisait écrire le roi à l'intendant, est persuadée que personne n'est plus capable que vous de donner un projet convenable sur ce sujet, et lorsqu'elle l'aura reçu, elle vous enverra des ordres pour en conférer avec les commissaires de M. le duc de Lorraine[1]. »

Ces ordres furent bien envoyés le 27 octobre à Turgot, qui eut, le 1er décembre suivant, une entrevue avec M. Mahuet, le commissaire de Léopold : on convint de part et d'autres que les négociations commenceraient le

---

1. *Archives des affaires étrangères*, XLVI, f° 55.

1ᵉʳ février 1699, mais elles ne devaient pas aboutir, ainsi qu'on le verra plus loin.

VII

Du moins le duc de Lorraine sut gré à Louis XIV de ne point intervenir dans les démêlés qu'il avait à la même époque avec les comtes de Nassau au sujet de Bouquenom, et avec le prince de Vaudémont[1] au sujet de Bitche.

Le comté de Bitche avait été donné par Charles IV au prince de Vaudémont (13 novembre 1667), ainsi que les comtés de Falkenstein et de Saarwerden, et la baronnie de Fénétrange. Lorsque, après le traité de Ryswick, les troupes françaises eurent abandonné Bitche, les représentants du prince de Vaudémont prirent possession de cette ville; mais aussitôt Léopold fit partir pour Bitche le sieur Norroy, lieutenant en la maréchaussée de Lorraine, et une compagnie du régiment des gardes : Norroy entra dans la place sans coup férir, arrêta et dirigea sur Nancy les officiers installés par les gens de Vaudémont, et força les bourgeois à reconnaître l'autorité de son maître[2] (juin 1698). La Cour souveraine s'empressa de déclarer nulle et de nul effet, comme contraire aux lois fondamentales de l'État, la donation faite par Charles IV au fils de la princesse de Cantecroix. Or cette donation avait été confirmée par le contrat de mariage de Vaudémont avec Anne-Élisa-

---

1. Charles-Henri, prince de Vaudémont, fils de Charles IV et de la princesse de Cantecroix, naquit à Bruxelles le 17 avril 1649; il épousa, en 1669, Anne-Élisabeth de Lorraine-Elbeuf, dont il eut Charles-Thomas de Lorraine, né le 7 mars 1670, tué à Ostaglia le 12 mars 1704, au service de l'Empereur. Vaudémont avait lui-même servi dans les armées impériales : nommé gouverneur du duché de Milan, il obéit aux dernières volontés du roi d'Espagne, Charles II, et reconnut Philippe V. En 1707, il devint souverain de Commercy, et mourut à Nancy le 14 janvier 1723.
2. Archives de Meurthe-et-Moselle, *Lay. Bitche*, III.

beth de Lorraine-Elbeuf (1669), par plusieurs déclarations de Charles IV, et même par un traité particulier signé à Bonn entre Charles V et le marquis de Grave, ce dernier agissant au nom du prince de Vaudémont (1675); d'ailleurs le prince avait joui paisiblement, depuis 1667, des territoires dont on lui contestait la légitime possession, et notamment de Bitche qui ne fut occupé par les armes de la France qu'en 1679 : malgré tous ses droits, il ne lui resta que la vaine ressource d'en appeler à l'Empereur et à la Chambre impériale de Wetzlar[1].

Bouquenom[2], le chef-lieu du comté de Saarwerden, avait été occupé par les troupes lorraines en même temps que Bitche. Le prévôt et les échevins avaient fait leur soumission sans tenter la moindre résistance, ne demandant qu'une grâce, celle d'être déchargés de la taxe de joyeux avènement; les officiers lorrains la leur ayant refusée, ils prétendirent qu'on ne pouvait lever dans leur ville aucune imposition sans le consentement des États du cercle. Les comtes de Nassau, qui depuis longtemps convoitaient le petit comté[3], ne négligèrent rien pour encourager les esprits à la révolte; leurs efforts n'aboutirent pas, mais l'abornement des territoires de Bouquenom et de Saarwerden, la défense que fit Léopold aux bourgeois de Bouquenom d'aller habiter ailleurs, l'établissement par l'autorité lorraine de poteaux de péage et de haut-conduit, firent naître coup sur coup des différends entre les deux souverainetés. C'est seulement en 1709, après l'échec de plusieurs conférences, que MM. de Bettendorf et Schmidt, envoyés des comtes de Nassau, s'abouchèrent à Lunéville

---

1. *Ibid.* Instruction pour le sieur Jean-Daniel de Meslin de Dalheim, allant à Vienne (8 août 1698); lettre du prince de Vaudémont à l'électeur de Trèves (13 juillet 1709).
2. Aujourd'hui Saar-Union ou Buckenheim.
3. En 1670, ils profitèrent des troubles de la Lorraine et de l'absence du duc Charles IV, pour s'en emparer, mais ils durent bientôt le restituer au prince Henri de Vaudémont. Dom Calmet, *Notice de la Lorraine*, II, 399.

avec les ministres lorrains et réussirent à trancher toutes les difficultés pendantes[1].

VIII

Léopold ne cherchait pas seulement à recouvrer tous les droits de sa couronne ; à peine installé sur le trône de ses ancêtres, il songea à s'affranchir de l'autorité spirituelle des évêques de Toul, Metz et Verdun[2].

Déjà l'un de ses prédécesseurs, le duc Charles III, avait tenté les derniers efforts pour obtenir de la cour de Rome la création d'un évêché dans sa capitale[3] ; l'opposition de la France avait fait échouer cette demande. Léopold crut tourner la difficulté en priant les évêques de déléguer leurs droits de juridiction à des officiaux qui résideraient dans sa capitale. Le procureur général Bourcier composa sur cette matière tout un traité ; il démontra que les lois françaises, notamment l'ordonnance de Moulins (art. 76) et l'édit de 1695 (art. 31), imposaient à tous les évêques du royaume l'obligation d'établir des officiaux dans les lieux de leur diocèse qui relevaient d'un parlement autre que celui dans le ressort duquel était comprise la ville épiscopale ; il ajoutait que plusieurs évêques français, ceux de Grenoble, de Belley et de Glandèves[4] avaient des officiaux dans les terres du roi de Sardaigne dépendant d'eux au spirituel. Les évêques de Metz, Toul et Verdun étaient

---

1. Archives de Meurthe-et-Moselle, *Lay. Saarbrück*, IV.
2. Au spirituel, la Lorraine et le Barrois dépendaient de l'archevêché de Trèves (évêchés de Metz, Toul et Verdun), de l'archevêché de Besançon, des évêchés de Strasbourg, Langres et Châlons-sur-Marne. En outre, la principauté de Lixheim, le val de Saint-Dié, les districts d'Étival, de Senones et de Moyenmoutier relevaient immédiatement du Saint-Siège. *Archives de Meurthe-et-Moselle*, B, 289.
3. Cf. Digot, *Histoire de Lorraine*, IV, 377.
4. Glandèves, petite commune de l'arrondissement de Castellane (Basses-Alpes).

intéressés, — toujours selon Bourcier, — à la création de
ces officialités que désirait le duc de Lorraine : les jugements rendus en leur nom par les officiaux seraient en effet
affranchis de la formalité souvent humiliante et vexatoire
du *pareatis*¹ ; peut-être même serait-il possible d'étendre
la compétence des tribunaux ecclésiastiques aux matières
criminelles, réservées jusqu'alors aux tribunaux laïques².

Ces considérations ne purent vaincre les résistances des
évêques. M. de Toul dépêcha à Versailles l'abbé Chevalier, l'un de ses grands vicaires, et un autre ecclésiastique
pour exposer au ministre à quel point le projet du duc de
Lorraine était capable de porter atteinte aux droits des
prélats français : « S'ils n'étaient pas assez heureux pour
y réussir, écrivait l'évêque de Toul, j'irais plutôt huit
jours en cour, en chaise de poste, pour m'aboucher avec
vous sur cet article important et vous faire connaître que
je ne pourrais consentir à cet établissement d'officialité
qui n'a jamais été en Lorraine, sans renoncer au bon ordre
de mon diocèse et abandonner presque toute la juridiction
de mon évêché³. » Et sans même attendre le retour de ses
délégués, le fougueux prélat adressa à Versailles un long
mémoire dans lequel il développait les dix *raisons d'État*
et les dix *raisons de religion et de conscience* qui s'opposaient
à cette nouveauté⁴.

L'évêque de Toul montrait fort habilement que son official jugeant les curés lorrains, les surveillant, intervenant
dans les difficultés qu'ils pouvaient avoir avec l'autorité
séculière, était pour la France un auxiliaire précieux, qui
perdrait ce caractère du jour où il résiderait à Nancy sous

---

1. On donnait ce nom aux lettres par lesquelles les souverains ordonnaient l'exécution d'un jugement, dans un lieu qui n'était pas du ressort
de la juridiction où ce jugement avait été rendu.
2. Thibault, p. 95 et suiv.
3. L'évêque de Toul à M. de Torcy, 1ᵉʳ août 1698. *Archives des affaires
étrangères*, XLVI, f° 113.
4. Ce mémoire est daté du 15 août 1698. *Ibid*, f° 118.

la dépendance des ducs et cesserait d'être pris dans le clergé français. Tel était d'ailleurs le mépris dont il témoignait pour les ecclésiastiques lorrains, qu'il jugeait impossible d'en trouver deux « qui eussent la capacité, le zèle, la fermeté et le désintéressement nécessaires dans un official et un promoteur[1] ».

Sans doute Dom Calmet lui-même a dit qu'en 1697 les prêtres lorrains étaient « peu instruits, souvent peu réglés et peu respectés de leurs peuples[2] » ; M. de Vaubourg leur reprochait aussi d'avoir « un peu des mœurs du clergé d'Allemagne », mais il reconnaissait du moins que plusieurs étaient remarquables par leur mérite et leurs vertus[3]. On comprend donc que Thibault[4] ait relevé vivement l'accusation portée contre le clergé lorrain, qui comptait alors parmi ses membres l'official même de Toul, le vicaire général de L'Aigle[5], et le digne abbé de Vence[6], prévôt de l'église primatiale de Nancy.

L'ardeur de l'évêque de Toul à défendre les droits de son église contrastait tellement avec la conduite de ses confrères de Metz et de Verdun qu'il jugea bon de s'en expliquer au cabinet de Versailles : « Ayant plus d'intérêt que MM. les évêques de Metz et de Verdun de me ménager avec la cour de Lorraine, — disait-il à M. de Torcy

---

1. Dans son mandement du 29 avril 1699, l'évêque de Toul accusait les curés lorrains d'« immodestie » ; il leur reprochait de porter « des hauts de chausses de velours violet, des vestes de velours noir, des manteaux bleus, des surtouts ou justeaucorps bruns, des cravates, et enfin tout ce qui distingue les laïques des ecclésiastiques ». Durival, IV, 26.
2. *Histoire*, VII, 196. — En 1713, le chapitre de Saint-Dié renouvelait aux chanoines « la défense d'entretenir des concubines, de se livrer à des jeux excessifs et de hasard, où les richesses de l'Église allaient s'engouffrer chaque jour... » Gravier, *Histoire de la ville épiscopale et de l'arrondissement de Saint-Dié*, p. 286.
3. *Mémoire concernant les États de Lorraine et du Barrois*, p. 50.
4. *Histoire des lois et usages*, p. 100 et suiv.
5. Charles-Claude de L'Aigle, né en 1653 dans le Barrois, mort à Toul en 1733.
6. Henri-François d'Orches de Vence, docteur en Sorbonne, né à Parcey-en-Voivre en 1676, mort à Nancy en 1719 ; il est l'auteur d'un grand nombre de dissertations sur l'Ancien Testament.

dans le post-scriptum de sa lettre du 1ᵉʳ août, — je vous supplie quand vous serez obligé de communiquer mes plaintes aux envoyés de M. le duc de Lorraine de leur faire entendre qu'elles viennent des trois évêques, ce qui est très vrai dans le fond, Monsieur ; elles les regardent comme moi, quoique pas tant, les principales villes de Lorraine et Barrois étant de mon diocèse. Je ne fais rien que de concert avec M. de Metz[1] ; et M. de Verdun, qui est à Paris, m'a assuré, Monsieur, qu'il avait eu l'honneur de vous parler, et qu'il l'aurait encore, sur les entreprises de la cour de Lorraine qui nous sont communes[2]. »

IX

Le siège épiscopal de Toul était alors occupé par Messire Henry de Thiard de Bissy, d'une ancienne et illustre famille de Bourgogne. Son père, Claude de Thiard de Bissy, lieutenant général des armées du roi, comman la longtemps en Lorraine[3] ; il fut gouverneur des Trois-Évêchés, et mourut à Metz en 1701 « fort regretté par son équité, sa discipline et la netteté de ses mains[4] ».

Saint-Simon, qui fait l'éloge du père, parle du fils en ces termes : « Bissy, dont l'âme était forcenée d'ambition, sous le pharasaïque extérieur d'un plat séminariste de Saint-Sulpice, était de tout temps abandonné aux jésuites comme à ceux dont il attendait tout pour sa fortune[5]. » Le

---

1. L'évêque de Metz s'était contenté d'écrire à Versailles contre la prétention de Léopold, laquelle, disait-il, n'était pas seulement « nouvelle », mais « défendue par le Parlement de Metz et qui renverserait toute la discipline de nos diocèses. » *Archives des affaires étrangères*, XLVI, f° 116.
2. *Ibid.*, Lettre du 10 août 1698.
3. Voir plus haut, p. 39 et 40.
4. Saint-Simon, III, 235.
5. *Ibid.*, XI, 2. — « Le futur évêque de Toul, raconte encore Saint-Simon. (III, 235), étant allé tout jeune homme, et presque au collège, voir son père à Nancy, ce fut à qui le louerait le plus. Le père, qui était galant

portrait est flatteur, comparé à celui que Madame nous en a laissé : « Le cardinal de Bissy est laid ; il a la mine d'un paysan bien lourd ; il est fier, méchant et faux, plus dissimulé qu'on ne saurait l'imaginer, flatteur jusqu'à la fadeur ; on voit sa fausseté dans ses yeux ; il a des moyens, mais il ne s'en sert que pour faire du mal... Le Bissy ressemble au Tartuffe comme deux gouttes d'eau ; il en a toutes les manières[1]. »

Destiné dès son enfance à l'église, Henri de Bissy fut pourvu de l'abbaye de Noailles à l'âge de douze ou treize ans[2], et devint, jeune encore, docteur en Sorbonne ; le crédit de son père lui fit donner en 1687, — il avait alors trente ans, — l'évêché de Toul, vacant par la mort de M. de Fieux. Les différends de Louis XIV avec le pape Innocent XI retardèrent pendant cinq ans l'envoi de ses bulles, mais M. de Bissy n'en administra pas moins son diocèse avec les pouvoirs du chapitre qui le fit son grand vicaire. Actif et intrigant, il s'était ménagé à Versailles assez d'influence pour que le roi chargeât son représentant à Rome, le cardinal de Janson-Forbin, de solliciter du pape le gratis des bulles : « Sa Sainteté, lui écrivait le cardinal, le 19 février 1692, vous a accordé par un bref *in forma cameræ* une diminution de la moitié de votre taxe, ce qui est une grâce fort particulière, et dont les cardinaux ont fort murmuré, car ordinairement les gratis ne s'accordent que par suffrages dans le consistoire, ce qui vous aurait été presque impossible d'obtenir. Je crois que vous aurez sujet d'être content, puisque c'est là ce que vous souhaitiez, et je sens une joie très sensible d'avoir pu dans

---

homme, bon citoyen et vrai, s'en impatienta : « Vous ne le connaissez pas, « leur dit-il ; voyez-vous bien ce petit prestolet-là qui ne semble pas savoir « l'eau troubler, c'est une ambition effrénée, qui sera capable, s'il peut, de « mettre l'Église et l'État en combustion pour faire fortune. » Ce vieux Bissy n'a été que trop bon prophète. »

1. *Correspondance de Madame*, édit. Brunet, I, 214.
2. Benoît, *Histoire de Toul*, p. 708.

cette occasion vous marquer la considération que j'ai pour votre personne et pour vos intérêts[1]. »

Nommé en 1697 archevêque de Bordeaux grâce à la protection de l'évêque de Chartres et de Mme de Maintenon[2], M. de Bissy remercia le roi. Ce désintéressement apparent produisit un heureux effet à la cour[3]; Louis XIV, peu de temps après, gratifia l'évêque de l'abbaye de Trois-Fontaines[4]. En réalité l'ambitieux évêque ne trouvait pas le siège de Bordeaux propre à le conduire à la fortune qu'il rêvait : « Il en voulait un plus voisin de la cour, d'où il pût intriguer à son aise, et non pas se confiner à Bordeaux, et il se fit un honneur auprès de ses dupes de ne vouloir pas quitter sa première épouse pauvre et d'un gouvernement peu étendu, pour être archevêque d'un beau siège et dans une grande ville. Toul, en attendant mieux, convenait plus à ses vues, et il y demeura[5]. » En dénonçant à Versailles et bientôt à Rome les usurpations de Léopold, M. de Bissy allait se donner des titres à la succession de Bossuet, et préparer du même coup son avènement au cardinalat.

La question de l'établissement des officiaux à Nancy n'était pas, pour l'évêque de Toul, le seul prétexte de faire montre de son zèle. Léopold avait lancé de Blâmont, lors de son entrée en Lorraine, une ordonnance qui commandait à tous les magistrats et officiers des villes d'inviter le clergé régulier et séculier à chanter un *Te Deum* en actions

---

1. *Archives de la Côte-d'Or*, fonds Thiard, 44.
2. Saint-Simon, II, 96 ; XI, 11.
3. « M. l'évêque de Toul, écrit Dangeau (VI, 286), a remercié le roi de l'archevêché de Bordeaux qu'il lui avait voulu donner ; il n'a pas cru qu'il y eût des raisons suffisantes pour la translation ; on a fort loué et fort approuvé son procédé. »
4. Trois-Fontaines, commune du département de la Marne.
5. Saint-Simon, II, 97. — Les historiens du diocèse de Toul ont jugé M. de Bissy avec une grande bienveillance: Thiéry (II, 189) le dit « évêque d'un mérite éminent et d'une modestie extrême » ; l'abbé Guillaume (III, 448) voit en lui un prélat « laborieux... digne de succéder à Bossuet ».

de grâces de son avènement. M. de Bissy prétendait que les évêques seuls avait le droit d'ordonner des prières ; il dénonçait aussi les entreprises de la Cour souveraine, lui reprochant tantôt de défendre à l'autorité ecclésiastique de publier des bulles sans une autorisation expresse, tantôt d'astreindre au *visa* et au *pareatis* les arrêts et jugements rendus par les officiaux et exécutoires dans les duchés.

Nous devons reconnaître d'ailleurs que Louis XIV attachait un grand prix à l'ingérence du prélat français dans les affaires de la Lorraine ; dès le 27 août 1698, il lui adressait, par l'intermédiaire de M. de Torcy, des encouragements officiels : « Le roi, écrivait à M. de Bissy le ministre des affaires étrangères, entre autant que vous pouvez le désirer dans tout ce qui regarde le maintien de vos droits et ne souffrira pas qu'il soit apporté aucun préjudice à l'autorité épiscopale par quelque innovation que ce puisse être[1]. »

La rancune, que les historiens lorrains considèrent à tort comme l'unique mobile de la conduite de M. de Bissy à l'égard du gouvernement lorrain, se joignait, il est vrai, à l'ambition pour accroître l'animosité de l'évêque. Celui-ci était venu avec son père saluer Léopold à son entrée à Lunéville ; d'après Noël, M. de Mahuet voulut qu'on le fît *muser* dans l'antichambre, disant que ce personnage n'était qu'un turbulent qui ne cherchait qu'à nuire ; par égard pour le père, Léopold le reçut, mais ne lui fit offrir qu'une chaise, au lieu du fauteuil auquel il prétendait : « Je ne demandai point, dit au sujet de cette entrevue M. de Bissy lui-même, d'être reçu avec toutes les cérémonies avec lesquelles mes prédécesseurs l'ont été, pour n'opposer aucun retardement aux ordres que j'avais du roi d'assurer de sa part ce prince que je ne pouvais plaire

---

1. *Archives des affaires étrangères*, XLVI, f° 129.

davantage à Sa Majesté qu'en lui rendant tous les respects dont j'étais capable[1]. » Mais l'évêque n'oublia point l'affront et entama même dans la suite des négociations pour obtenir le fauteuil ; le mauvais vouloir des conseillers de Léopold les fit traîner en longueur : « M. l'archevêque de Paris, disait encore l'évêque de Toul à son protecteur et ami, m'ayant mandé que l'intention du roi était que je demandasse d'être reçu, dans la première visite que je rendrais à M. de Lorraine comme son évêque, de la même manière dont mes prédécesseurs l'ont été par les siens, j'ai envoyé un de mes grands vicaires à M. de Carlingford... M. de Carlingford m'a répondu que M. de Lorraine me recevrait comme il se trouverait que mes prédécesseurs l'ont été et qu'il fallait s'en informer. Il y a six semaines passées que j'ai reçu cette lettre... Ce qui les retient, c'est qu'ils ne veulent point que M. de Lorraine me donne le fauteuil... »

Lorsque M. de Bissy écrivait ces lignes, on était à la veille du mariage de Léopold avec Mademoiselle ; l'évêque se demandait si cet événement n'influerait pas sur les dispositions du roi à l'égard du duc de Lorraine. En bon courtisan, il sondait l'horizon, prêt, sur un signe, soit à paraître à la cour de Nancy, soit à s'en tenir plus que jamais à l'écart, selon qu'il plairait à Louis XIV : « Je n'ai pas cru déplaire au roi, lisons-nous dans sa lettre à M. de Torcy, en m'abstenant d'aller dans une cour où l'on veut dégrader ma dignité du rang qu'elle a eu par le passé... Si Sa Majesté persiste à approuver que je ne voie point M. de Lorraine jusqu'à ce qu'il m'ait honoré de la même distinction que mes prédécesseurs, je ne laisserai pas d'aller à Nancy, sitôt que Mademoiselle y sera arrivée, avec mon clergé, pour lui rendre tous les honneurs qui

---

1. M. de Bissy à M. de Torcy, 25 septembre 1698. *Ibid.*, f° 172.

dépendent de l'Église : un sujet aussi zélé que moi ne manquera jamais en rien sur tout ce qu'il doit au sang de France. Ce sera, à la vérité, pour moi un grand désagrément, allant rendre mes très humbles respects à Mademoiselle, de ne pas voir M. de Lorraine, mais ma consolation sera que je ne me le suis attiré par aucun endroit... Toutefois, si le roi changeait de sentiment, et m'ordonne de voir M. de Lorraine sans demander le fauteuil qu'ont eu mes prédécesseurs, j'obéirai aveuglément, quoique cette démarche fera beaucoup de peine à mon église qui a toujours été plus sensible à l'honneur qu'aux biens[1]. »

---

[1]. *Ibid.*, f° 174.

CHAPITRE III

RAPPORTS DE LÉOPOLD AVEC LA FRANCE

I. Mariage de Léopold. — II. Entrée du duc et de la duchesse de Lorraine à Nancy. — III. Malveillance des autorités françaises. — IV. Questions d'étiquette. — V. Léopold va rendre hommage pour le Barrois. — VI. Mission de M. de Callières. — VII. Léopold accepte le Milanais en échange de la Lorraine. — VIII. Cet échange n'a pas lieu.

I

Le mariage de Léopold et de Mademoiselle fut retardé par la mort de la duchesse douairière de Lorraine, et aussi par la demande des dispenses nécessaires aux époux, parents au troisième degré, dispenses auxquelles on n'avait pas tout d'abord songé[1].

MM. de Couvonges et de Torcy avaient été chargés par leurs souverains de trancher toutes les questions préliminaires; ils se mirent sans peine d'accord, Léopold ayant abandonné la prétention qu'il soutenait d'abord[2], à savoir que Mademoiselle ne ferait préalablement au mariage aucune renonciation à ses droits sur la succession de Monsieur et de Madame.

Le roi donna à sa nièce 900,000 livres de dot; Monsieur et Madame offrirent à leur fille 300,000 livres de pierreries et lui assurèrent chacun 200,000 livres payables

---

1. Dangeau, V, 424.
2. « La chose principale à observer, disait Léopold à M. de Couvonges dans ses instructions du 7 juin 1698, est que Mademoiselle soit mariée avec ses droits successifs et sans aucune renonciation aux biens paternels et maternels, étant à observer que Monsieur, pour rendre M. le duc de Chartres plus riche, pourrait exiger de Mademoiselle des renonciations préjudiciables à mon mariage. » *Archives des affaires étrangères*, XLVII, f° 111.

après leur mort ; moyennant quoi Mademoiselle faisait le sacrifice de ses espérances au profit du duc de Chartres[1].

Léopold envoya à sa fiancée un présent magnifique, que Dangeau évalue à 400,000 livres[2], mais il ne fit même pas le voyage de Versailles pour lui présenter ses hommages. Dans l'été de 1698 le bruit avait pourtant couru à plusieurs reprises que le duc de Lorraine viendrait *incognito* voir Mademoiselle. Le duc d'Elbeuf[3] annonça même au roi la visite de son futur neveu ; mais les instances du chef de la branche cadette de la maison de Lorraine ne purent vaincre l'indifférence ou le mauvais vouloir de Léopold : « Si le comte de Couvonges, — mandait le duc, — remarquait que le roi désirât que Son Altesse allât lui rendre ses respects, comme M. d'Elbœuf l'écrit, et qu'une course à Paris pour remercier Sa Majesté et donner à Mademoiselle des marques de son estime fût nécessaire, il dira à Sa Majesté que Son Altesse fera tout ce qu'il croira pouvoir lui attirer son estime, nonobstant qu'il se trouve si occupé des affaires de son État qu'il ne peut quasi s'en éloigner que dans les occasions pareilles et pour plaire au roi. »

Suivant fidèlement ses instructions, M. de Couvonges tint, au sujet de la visite de son souverain, un langage tout différent de celui de M. d'Elbeuf. Ce dernier se vit soupçonné d'avoir parlé « sans aucune mission » ; piqué au vif, il voulut retourner en Lorraine pour dissiper tout malentendu, et, le roi s'y opposant, il fit partir en toute hâte un exprès pour Lunéville : Léopold, nous assure le

---

1. Si le duc de Chartres n'avait pas d'enfants mâles, Mademoiselle devait être, dans ce cas seulement, admise au partage pour les biens de sa mère. — Le contrat de mariage de Mademoiselle se trouve *in extenso* dans Calmet, *Histoire de Lorraine*, VII, *preuves*, col. 468.

2. Ce présent était composé « d'un beau collier et de bracelets de perles, de boucles d'oreilles, de pendeloques, de poinçons et de bagues de diamants. » Dangeau, VI, 431.

3. C'est à son retour de Lunéville, où il était allé saluer Léopold, que le duc d'Elbeuf tint ce langage.

marquis de Sourches, écrivit « au roi tout ce que le duc d'Elbeuf pouvait désirer en explication de ce qui s'était passé. Il avait aussi écrit au duc d'Elbeuf en termes très obligeants, et avait mandé au marquis de Couvonges... de parler fortement pour le duc d'Elbeuf, de sorte qu'on assurait que le roi était très content[1]. »

Le duc de Lorraine, pour mieux témoigner que M. d'Elbeuf n'avait rien perdu de sa confiance et de son estime, le désigna pour épouser en son nom Mademoiselle ; Louis XIV, en agréant ce choix, montrait que, de son côté, il oubliait un incident aussi fâcheux pour Léopold que pour M. d'Elbeuf.

La célébration du mariage se fit à la chapelle du palais de Fontainebleau, le 13 octobre : « Il n'y eut rien de plus extraordinaire, dit le marquis de Sourches, qu'aux mariages des particuliers, sinon que Mademoiselle eut un carreau et que le duc d'Elbeuf n'en eut point. Après la messe, les rois[2] et la reine et le reste de la maison royale s'arrêtèrent à la porte de la chapelle où ils dirent adieu à la nouvelle duchesse de Lorraine, laquelle pleurant à chaudes larmes, il n'y eût aussi personne qui pût s'empêcher de pleurer[3] ». Le roi embrassa plusieurs fois, et « fort tendrement[4] », sa nièce bien-aimée, à qui il savait gré d'avoir vécu dans les meilleurs termes avec les enfants légitimés de Mme de Montespan, comme avec les princes et princesses du sang de France[5].

Élisabeth-Charlotte d'Orléans, — Mademoiselle, comme

---

1. *Mémoires*, VI, 13. Voir aussi Dangeau, VI, 230.
2. Louis XIV et le roi détrôné d'Angleterre, Jacques II.
3. *Mémoires*, VI, 80. — Saint-Simon prétend qu'il y eut un fort petit carreau pour M. d'Elbeuf et s'étend avec complaisance sur les querelles de préséance qui faillirent éclater : « Cette cérémonie enfanta un étrange prodige... Il entra dans la tête des Lorrains de rendre équivoque la supériorité de rang de M. le duc de Chartres sur M. le duc de Lorraine... » *Mémoires*, II, 236.
4. Dangeau, VI, 440.
5. D'Haussonville, IV, 119.

on l'appelait communément, — était née en 1676. Sa mère elle-même reconnaissait qu'elle n'était pas belle, mais assurait qu'elle avait « une jolie taille, et bonne mine, et de bons sentiments[1] ». Spanheim, l'envoyé de l'électeur de Brandebourg à Versailles, la dépeignait ainsi, quelques années avant son mariage : « Mademoiselle... est d'assez petite taille et ramassée pour son âge, d'une beauté médiocre, d'un tour de visage plus carré que rond ou ovale, avec de beaux yeux, la bouche moins belle et le nez un peu camard ; d'ailleurs d'un abord riant et honnête, d'un air vif et animé, et dont l'esprit est à peu près de même caractère[2]. » Son biographe, le P. Collins, ne trouve à lui reprocher que la vivacité de ses reparties[3] ; on connaît sa réponse à la dauphine, qui voulait la marier avec le prince Clément de Bavière, frère de l'électeur : « Je ne suis pas faite, Madame, pour un cadet. »

Le comte et la comtesse de Lobkowitz[4], durant leur séjour en France, avaient songé à lui faire épouser le roi des Romains, qui devait être un jour l'empereur Joseph Ier. D'après Spanheim, parler de ce mariage était causer un « plaisir particulier » à Mademoiselle, et faire habilement sa cour à Monsieur et à Madame, « laquelle dit même un jour là-dessus à la comtesse de Lobkowitz que si on craignait à Vienne l'éducation de la cour de France, on n'avait qu'à y prendre dès à présent sa fille et à la faire élever à l'allemande[5] ». L'opposition de l'impératrice Éléo-

---

1. *Correspondance*, édit. Brunet, I, 25.
2. *Relation de la Cour de France en 1690*. Paris, 1882, p. 69. — Voir *Note sur un portrait d'Élisabeth-Charlotte d'Orléans*, par Renauld, dans le *Journal de la Société d'archéologie lorraine*, 1873, p. 172. Le Musée historique lorrain possède trois portraits d'Élisabeth-Charlotte (n°s 266, 267 et 268 du Catalogue de 1887).
3. *Histoire abrégée de la vie privée et des vertus de S. A. R. Élisabeth-Charlotte d'Orléans*. Nancy, 1762, p. 6.
4. Le comte de Lobkowitz avait été envoyé à la cour de Versailles par l'empereur Léopold Ier.
5. *Relation*, p. 70.

nore[1], qui haïssait la France et ne voulait pas que son fils
« devînt beau-frère d'une double bâtarde[2] », empêcha ces
ouvertures d'aboutir.

Plus tard, lorsqu'il avait été question de son mariage
avec Léopold, Mademoiselle, dit Saint-Simon, « accoutumée aux Lorrains par Monsieur et même par Madame,
fut fort aise, et très peu sensible à la disproportion de
ses sœurs du premier lit[3] ». Mais, durant les jours qui
précédèrent son départ pour Nancy, elle se répandit en
désespoirs et en sanglots, tout comme après la cérémonie
de Fontainebleau. Lorsqu'arriva le moment de prendre
congé de tous ceux qu'elle aimait, sa tristesse redoubla ;
la duchesse de Bourgogne, le roi, Mme de Maintenon elle-
même, versèrent des larmes[4].

La nouvelle duchesse de Lorraine quitta Paris le 16 octobre, accompagnée de Mme de Lillebonne ; après la première journée de voyage, elle avait retrouvé sa gaîté et
sa joie, « ravie de se voir délivrée de la dure férule de
Madame[5] ». Elle arriva le 23 octobre à Vitry-le-François,
et c'est dans cette ville qu'elle vit pour la première fois
son époux. L'entrevue fut des plus cordiales : « Ils se saluèrent, écrit Dangeau, s'embrassèrent, causèrent fort
ensemble. Mme la duchesse royale mande à Monsieur
qu'elle l'a trouvé mieux fait qu'elle ne pensait, qu'il a de
fort beaux yeux et de belles dents et qu'elle espère qu'elle

---

1. Éléonore-Madeleine-Thérèse, princesse palatine de la branche de Neubourg, que Léopold avait épousée en troisièmes noces en 1676.
2. Saint-Simon, II, 234.
3. *Mémoires*, II, 234. — Saint-Simon rapporte ailleurs (II, 80) le mot d'un courtisan que « de ses trois filles, Monsieur en avait marié une à la cour, une autre à la ville, et la dernière à la campagne ». Monsieur avait épousé en premières noces Henriette d'Angleterre, qui lui donna Marie-Louise et Anne-Marie, mariées la première au roi d'Espagne, et la seconde au duc de Savoie. Il eut d'Élisabeth-Charlotte de Bavière, sa seconde femme, Philippe, plus tard régent, et Élisabeth-Charlotte, duchesse de Lorraine.
4. Dangeau, VI, 439.
5. Saint-Simon, II, 235.

sera fort heureuse avec lui. M. de Lorraine a paru charmé d'elle[1]. »

Le 25 octobre, le mariage fut renouvelé à Bar par l'abbé de Riguet[2], grand aumônier de Lorraine et grand prévôt de Saint-Dié. Saint-Simon ne manque pas de dire que c'est sur le refus du diocésain que des « abbés déguisés en évêques » donnèrent la bénédiction nuptiale ; mais M. de Bissy, dont les rapports avec la cour ducale étaient toujours très tendus, n'eut pas à refuser son ministère : « J'ai été bien fâché d'apprendre, — lui écrivait le cardinal de Noailles, son ami et son protecteur, — qu'on ne vous a point prié de faire le mariage ; j'avais espéré que vous pourriez dans cette occasion adoucir les esprits. Je continuerai à faire de ma part, auprès du roi, tout ce qui dépendra de moi pour votre service[3]. »

Saint-Simon nous raconte aussi les puérils débats auxquels donnèrent lieu, à Bar, les prétentions du frère de Léopold, l'évêque d'Osnabrück, qui, recevant à sa table les princes de la branche cadette de la maison de Lorraine, entendait leur donner des chaises et conserver pour lui le fauteuil. Des négociations en règle s'engagèrent ; l'évêque dut capituler et se contenter d'un simple siège à dos. Mais ce qui excite bien plus encore l'indignation du chroniqueur, c'est l'audace criminelle de tous ces princes qui, en présence d'Élisabeth-Charlotte, usaient d'un dossier ! « Le roi, ajoute-t-il, ne laisse pas de trouver ce dossier fort mauvais devant sa nièce, et M. d'Elbeuf, qui alla à Nancy quelque temps après, en sut bien faire sa cour, et dire au roi qu'il se garderait bien, devant Mme de Lorraine, de prendre un autre siège qu'un pliant,

---

1. Dangeau, VI, 149.
2. Cf. sur l'abbé de Riguet l'étude de Digot (Mémoires de la Société royale des sciences, lettres et arts de Nancy, 1846).
3. 2 novembre 1698. Archives de la Côte-d'Or, fonds Thiard, 41.

qui est ce que les petites filles de France donnent ici aux ducs et aux princes étrangers. M. le Grand en fut fort piqué¹. »

II

Cependant le duc et la duchesse de Lorraine avaient quitté Bar et s'acheminaient lentement vers Nancy par Saint-Mihiel et Pont-à-Mousson, suivis d'un cortège imposant, salués par les nobles du pays qui venaient à cheval à leur rencontre, et par de longues processions de paysans et de bourgeois. Le 8 novembre ils s'arrêtèrent à Jarville pour faire le 9 leur entrée solennelle à Nancy²; le mauvais temps la fit ajourner au surlendemain.

Léopold et Élisabeth-Charlotte traversèrent les rues de la ville entre des haies de gardes et de bourgeois en armes, et, au milieu des acclamations de toutes les classes de la population lorraine, ils se rendirent à l'autel qui avait été dressé selon l'usage entre les deux portes Saint-Nicolas. L'abbé Le Bègue, doyen de la Primatiale, s'adressant au duc, lui parla en ces termes : « Monseigneur, les ducs vos prédécesseurs ayant prêté serment à leur entrée dans leur ville capitale de Nancy, Votre Altesse Royale trouverait-elle bon de suivre leur exemple? » Le duc répondit qu'il le ferait volontiers, et, s'agenouillant, il mit la main sur les Évangiles et écouta la lecture du serment fait par le doyen : « Très haut, très puissant, très excellent prince et souverain seigneur, vous jurez et promettez à Dieu, sur les saints Évangiles que vous touchez, que vous conserverez et maintiendrez la pureté

---

1. Saint-Simon, II, 212.
2. Cf. Lionnois, III, 222.

de la religion catholique, apostolique et romaine dans tous vos États, que vous aurez soin de soutenir l'état ecclésiastique et la dignité de votre noblesse, et que vous conserverez les peuples qui vous sont soumis dans les coutumes qui conviennent au bien de votre État. » Léopold l'ayant juré, le doyen ajouta : « Et nous, Monseigneur, au nom de toute cette assemblée et de tous vos sujets, nous promettons à Votre Altesse Royale une fidélité inviolable [1]. »

Cette solennité n'était qu'un vain simulacre du passé. Si, comme le prétend Noël [2], quelques seigneurs de l'ancienne chevalerie avaient un instant songé à solliciter la confirmation de leurs droits et de leurs franchises, les résistances de Léopold, d'une part, et de l'autre l'enthousiasme de la foule prosternée aux pieds de son duc, les firent renoncer bien vite à leurs velléités d'opposition [3].

La Lorraine, que les guerres du xviie siècle semblaient avoir ruinée pour toujours, célébra par des arcs de triomphe, par des illuminations, par des feux d'artifice, par des fêtes de toutes sortes, le mariage de son souverain : « Les divertissements, écrit dom Calmet, se continuèrent depuis l'entrée de Son Altesse Royale jusqu'au commencement du carême de l'année 1699 [4]. » Élisabeth-Charlotte sut, comme Léopold, gagner l'affection de ses sujets par ses manières simples et par son affabilité envers

---

1. *Journal de la Société d'archéologie lorraine*, 1856, p. 105.
2. *Mémoires*, n° 5, I, 16. — Noël assure que l'entrée de Léopold à Nancy fut retardée d'un jour, moins à cause du mauvais temps que par suite des difficultés soulevées par les prétentions de quelques nobles.
3. D'ailleurs Léopold allait imposer silence aux réclamations de la noblesse par ses générosités et ses bienfaits. La plupart des gentilshommes trouvèrent dans son entourage des fonctions honorifiques; ceux qui étaient entrés dans les ordres et pouvaient justifier de trois degrés de noblesse du côté paternel, pouvaient seuls espérer les meilleures prébendes de la Lorraine. Édit du 30 septembre 1698. *Recueil*, I, 75.
4. *Histoire de Lorraine*, VII, 205.

tous; ils parurent tous deux dans les rues de Nancy à la cavalcade du mardi gras, et quelques jours après se mêlèrent au cortège populaire qui parcourait la ville le jour des *brandons*[1].

III

Mais cette alliance qui comblait de joie les Lorrains ne porta pas les fruits qu'en avait espérés Léopold. En vain la nouvelle duchesse, à peine installée au palais ducal de Nancy, assurait Louis XIV que les sentiments du duc de Lorraine étaient les mêmes que les siens propres[2]. Les autorités françaises des Trois-Évêchés montraient une réelle malveillance dans leurs rapports avec le gouvernement lorrain : « J'ai vu, écrivait Léopold à son envoyé à Versailles, deux lettres que l'intendant de Metz a écrites au maréchal de Carlingford, que j'ai ordonné qu'on vous envoyât avec une pièce d'écriture qui y était jointe fort injurieuse. J'ai jugé à propos de vous ordonner de prendre audience de Sa Majesté pour l'assurer que n'ayant rien plus à cœur que de lui marquer en toute rencontre les sentiments de respect et de vénération que j'ai pour sa personne sacrée, j'espère de sa bonté qu'elle ordonnera à l'intendant de Metz de me ménager et de ne me faire pas de si mauvaises chicanes qu'il me fait en toute ren-

---

1. A Nancy, le premier dimanche de carême, les personnes mariées pendant le cours de l'année, allaient par couple présenter leurs hommages au souverain munies de *brandons* (ou flambeaux faits avec de la paille tortillée) et, après la promenade, brûlaient leurs *brandons* au milieu de la cour du palais ducal.
2. « Je me flatte, écrivait-elle, que Votre Majesté voudra bien nous accorder toujours sa protection, et avec cela nous n'avons rien à souhaiter dans le monde, étant au comble du bonheur, pourvu qu'à mon égard j'aie l'honneur de revoir Votre Majesté, car sans cela mon bonheur ne serait parfait. » Élisabeth-Charlotte à Louis XIV. *Archives des affaires étrangères*, LXVI, f° 268.

contre, dont vous pouvez lui faire le détail et de la hauteur dont il en use[1]. »

Or l'intendant de Metz, M. Turgot, était précisément le commissaire désigné par Louis XIV pour régler, de concert avec M. Mahuet, l'affaire des échanges. Nous ne serons donc pas surpris si les deux commissaires, qui se réunirent à Metz le 1er février, ne purent se mettre d'accord. Mahuet voulait tailler dans le territoire des Trois-Évêchés l'équivalent de la prévôté de Longwy; Turgot refusait obstinément de discuter toute proposition de ce genre. Léopold crut tourner la difficulté en envoyant Mahuet à Versailles; voici en quels termes l'évêque de Toul recommanda à M. de Torcy le commissaire lorrain : « Je suis obligé, Monsieur, de vous dire que le président Mahuet qui va à la cour pour terminer l'affaire des échanges, est l'auteur de toutes les entreprises criantes et en très grand nombre que le conseil de M. le duc de Lorraine et sa Cour souveraine ont faites depuis six mois sur la juridiction de nos trois évêchés : c'est le plus entêté de la nation et qui a tout le crédit, avec son frère, de M. de Carlingford qui gouverne la cour de Lorraine, et par là, c'est le plus dangereux ennemi que nos églises aient en Lorraine[2]. »

Les démêlés de M. de Bissy avec Léopold entraient à ce moment dans la période aiguë. La Cour souveraine de Nancy venait de défendre aux curés de Véroncourt et de Lorrey de comparaître devant l'officialité de Toul, où ils avaient été cités pour des affaires purement ci-

---

1. Lettre du 13 janvier 1699. *Ibid.* — Au même moment, Carlingford écrivait au lieutenant-général de Bissy, tout en lui envoyant une *petite provision de thé de fort bonne main* : « La vie d'ici serait fort douce sans la mauvaise humeur de M. Turgot, qui se plaît à nous donner de temps en temps quelque rabat-joie. » Nancy, 23 janvier 1699. *Archives de la Côte-d'Or*, fonds Thiard, 31.
2. Lettre du 4 mars 1699. *Archives des affaires étrangères*, XLIX, f° 38.

viles[1]. L'évêque fut indigné d'un tel affront fait à l'autorité ecclésiastique ; il assaillit M. de Torcy de lettres, de prières, demandant à grands cris l'intervention du roi. Tantôt il insinuait avec perfidie que les « quelques honnêtetés » faites à M. de Couvonges l'année précédente, à Versailles, avaient eu pour conséquence de faire dire au confident de Léopold que le roi ne soutiendrait pas les intérêts des évêques : « Cette seule parole, affirmait-il, nous a fait des torts infinis[2]. » Tantôt il démontrait au ministre, l'histoire en main, comment Henri IV, Louis XIII et Louis XIV lui-même jusqu'en 1670 s'étaient chaleureusement opposés aux entreprises de la maison de Lorraine sur la juridiction des Trois-Évêchés[3]. Le remuant prélat arriva à ses fins : « Le roi, lui écrivait M. de Torcy le 17 mai, approuve entièrement tout ce que vous avez jugé à propos de faire pour porter M. le duc de Lorraine et ses ministres à entrer en conférence avec vous ; elle trouve bon aussi que vous veniez à la cour lorsque vous le jugerez nécessaire pour le bien des affaires de votre diocèse. J'ai fait connaître en toutes occasions à MM. les envoyés de Lorraine que le roi avait fort à cœur les intérêts de vos églises, mais ils n'ont fait nulle proposition[4]. »

Pour comble de malheur, au moment même où l'évêque de Toul signalait les empiétements du gouvernement lorrain, l'avocat général d'Aguesseau dénonçait au Parlement de Paris un abus qui s'était introduit au bailliage de Bar : « Comme si le Barrois, — s'écriait-il dans son ré-

---

1. Le curé de Véroncourt était cité devant l'Official à la requête de deux particuliers qui lui réclamaient certaines sommes. Quant au curé de Lorrey, le promoteur lui reprochait de détenir des terres dont le revenu, prétendait-il, devait être affecté aux pauvres de la paroisse. Rogéville, I, 251.
2. L'évêque de Toul à M. de Torcy, 1 mars 1699. *Archives des affaires étrangères*.
3. Lettre du 10 mai 1699. *Ibid.*
4. Lettre du 17 mai 1699. *Ibid.*

quisitoire, — avait cessé de faire partie du royaume, on affecte de n'y plus parler du roi avec la distinction qui lui est due par tous ceux qui ont l'avantage de vivre sous sa domination : au lieu de lui donner le nom de roi absolument et sans aucune restriction, on ajoute à cette qualité le surnom inutile parmi ses sujets de *Roi Très Chrétien*, et on trouve des Français, qui, osant parler de leur véritable maître comme d'un prince étranger, n'augmentent ses titres que pour diminuer indirectement l'étendue de sa puissance[1]. » Le Parlement défendit aux magistrats, avocats et notaires du ressort de Bar d'ajouter au nom du roi le surnom *très chrétien*, à peine de suspension et d'amende pour la première fois, et de peine plus grande en cas de récidive[2].

Léopold s'empressa de faire des excuses à Louis XIV par la lettre suivante : « Monseigneur, je viens d'apprendre avec beaucoup de déplaisir par la lecture d'un arrêt du Parlement de Paris que mes juges du bailliage de Bar doivent avoir manqué à ce qui est dû à Votre Majesté. Mon premier soin, Monseigneur, a été de les faire appeler pour me rendre compte de leur conduite et prévenir que, désormais, il ne s'y fasse rien qui pût déplaire à Votre Majesté, puisque je n'aurai jamais de plus forte application qu'à marquer dans toute ma conduite le profond respect que je conserve pour votre personne sacrée et la reconnaissance parfaite que j'ai de ses bontés...[3]. »

A la suite de l'enquête faite par ordre du duc de Lorraine, un magistrat du bailliage de Bar fut suspendu. Il est donc injuste de prétendre, comme l'a fait Saint-

---

[1]. Extrait des registres du Parlement de Paris, dans le ms. n° 392 de la Bibliothèque publique de Nancy.
[2]. Arrêt du 27 mai 1699.
[3]. Lettre du 20 juin 1699. *Archives des affaires étrangères*, XLXX, f° 105.

Simon[1], que l'audace des juges barrisiens était excitée par Léopold, ivre de ses grandeurs nouvellement imaginées.

IV

Mais si le duc de Lorraine n'était pas personnellement responsable de cet incident qu'il chercha à faire oublier au roi par l'humilité de son langage, nous devons reconnaître que, dans d'autres circonstances, il afficha des prétentions maladroites ; mal conseillé, peu au courant des choses de la cour de Versailles, il semble avoir sacrifié à la vanité, et de gaieté de cœur, les avantages qu'aurait pu lui donner son titre d'époux d'une petite-fille de France.

Les questions d'étiquette et de préséance, que discute avec tant de gravité le duc et pair de Saint-Simon, nous font sourire aujourd'hui ; elles avaient, au XVIIe siècle, une grande importance, et le duc de Lorraine se conduisait souvent comme s'il l'eût ignoré. C'est ainsi que le jour même de son mariage il remettait à M. de Torcy son portrait, enrichi de diamants, surmonté d'une couronne « fermée par quatre Bar, ce qui, aux fleurs de lis près, ne ressemblait pas mal à celle que le roi avait fait prendre à Monseigneur[2] ». Au même moment il se faisait donner le titre d'*Altesse Royale*[3] par ses sujets et par M. de Meuse,

---

1. *Mémoires*, II, 213.
2. Saint-Simon, *Mémoires*, II, 213. — Saint-Simon raconte aussi que Léopold « écrivant sur ses démêlés avec l'évêque de Toul à l'évêque de Châlons, n'eut pas honte de souscrire : « Très affectionné à vous rendre service. » Le roi, informé de cette étrange lettre, permit à l'évêque comte de Châlons d'y faire la réponse qu'il jugerait à propos, lequel se contenta de n'en faire aucune et de renvoyer la lettre... » *Écrits inédits de Saint-Simon* (Faugère), III, 103.
3. Digot (VI, 29) prétend que Léopold prit ce titre pour effacer l'humiliation de la cérémonie d'hommage du Barrois à Louis XIV. Les premières monnaies que fit frapper le duc, en exécution de l'édit du 27 juin 1700, portent le titre de *Roi de Jérusalem*. Au mois d'octobre de cette même

son envoyé extraordinaire à Versailles ; ce que voyant, le roi fit avertir celui-ci de ne pas traiter son souverain d'Altesse Royale dans les compliments qu'il ferait de sa part à Versailles [1].

Monsieur et Madame devaient aller en Lorraine à l'occasion des couches de leur fille, qui donna naissance, le 26 août, à Nancy, au prince de Bar [2], l'aîné de ses quatorze enfants. Madame nous a dit pour quel motif le voyage projeté, et même annoncé à la cour [3], n'eut pas lieu : « Le duc de Lorraine prétendait avoir devant Monsieur et devant moi une chaise à bras, disant que l'Empereur le lui permet. Le roi répond que chez l'Empereur il y a une étiquette, et que chez lui il y en a une autre.... Le vieux duc de Lorraine, quoiqu'il fût beau-frère de feu Monsieur, n'a jamais eu devant lui et devant sa sœur qu'un tabouret. Monsieur aurait bien accordé une chaise à dos, et le roi y aurait consenti, mais le duc prétend être traité comme un électeur, et c'est ce que le roi ne veut pas admettre. Monsieur avait proposé alors qu'on fît comme chez le roi d'Angleterre, qui ne veut pas nous donner de chaises, tandis que nous prétendons y avoir droit ; alors qu'il nous reçoit, il s'assoit sur un tabouret, et nous en faisons de même, mais le roi n'a pas voulu souffrir non plus cela, et alors, pour ne pas faire un affront au duc, nous avons renoncé à un voyage projeté ; voilà la vérité des choses [4]. »

année, Léopold obtint de l'Empereur la reconnaissance du titre d'*Altesse Royale*, mais c'est le 15 décembre 1700 qu'apparaît pour la première fois dans les actes officiels le titre royal (*Recueil des édits*, I, 536), et c'est à ... de 1703 qu'il s'y trouve régulièrement. Cf. Briard et Lepage, *Les ... et prétentions des ducs héréditaires de Lorraine* (Mémoires de la Société ... d'archéologie lorraine, 1885).

1. Dangeau, VI, 163.
2. Il mourut le 4 avril 1703. La duchesse de Bourgogne fut sa marraine, et l'Empereur son parrain.
3. Dangeau, VI, 81, 113, 123.
4. *Correspondance de Madame*, édit. Brunet, I, 41.

V

Quelques jours après la délivrance de la duchesse de Lorraine, Léopold céda aux sollicitations de cette princesse pour qui Versailles avait tant de charmes[1], et résolut d'accomplir un devoir qui semblait lui coûter beaucoup : il pria Louis XIV de vouloir bien lui indiquer à quelle époque il pourrait s'acquitter des « foi et hommages » qu'il lui devait comme souverain du Barrois[2]. Le roi ayant fait répondre qu'il fallait attendre qu'il eût quitté Fontainebleau, où il passait souvent l'été, Léopold lui adressa une seconde lettre[3], cherchant sans doute à détruire par un zèle apparent le mauvais effet qu'avait produit à la cour de France son peu d'empressement à y paraître.

Mais où éclate l'habileté du duc de Lorraine, ce fut lorsqu'il déclara s'en rapporter entièrement au roi sur toutes les questions d'étiquette que soulevait sa présence à Versailles[4]. Louis XIV, flatté de cette confiance, décida en effet que son neveu serait censé voyager incognito, sauf lorsqu'il prêterait foi et hommage. L'orgueilleux duc de Saint-Simon ne pardonna point à Léopold cet incognito « sans cause ni prétexte », et accusa Monsieur de l'avoir obtenu par un langage « humble et flatteur.[5] »

---

1. Le 16 août, la duchesse écrivit à Louis XIV : « Sire, comme Votre Majesté m'a fait l'honneur de me promettre en partant qu'elle aurait la bonté de marquer à M. le duc de Lorraine qu'il ne lui déplairait pas qu'il me menât en France, quand il ira pour lui rendre ce qu'il lui doit, j'ose supplier très humblement Votre Majesté d'avoir la bonté de s'en ressouvenir. » *Archives des affaires étrangères*, XLIX, f° 125.
2. Lettre du 30 août 1699. *Ibid.*, f° 134.
3. Lettre du 11 octobre 1699. *Ibid.*, f° 163.
4. « Cela fait, dit Dangeau, que Sa Majesté a plus d'attention à ne lui rien faire faire qui puisse l'embarrasser. » *Journal*, VII, 183.
5. *Mémoires*, II, 375.

Le duc et la duchesse de Lorraine arrivèrent au Palais-Royal le 20 novembre 1699, accompagnés de MM. de Carlingford, de Couvonges, de Lenoncourt, du P. Creitzen et d'une suite assez nombreuse. Monsieur et Madame étaient allés à leur rencontre à Bondy. Élisabeth-Charlotte, si heureuse du voyage, était le soir même atteinte d'une forte fièvre, et bientôt la petite vérole se déclara[1].

Le lendemain, Léopold était conduit par Monsieur à Versailles. Louis XIV le reçut « fort gracieusement », mais ne l'embrassa pas, ajoute Saint-Simon, en chroniqueur exact[2]. Puis le roi et le duc s'entretinrent un quart d'heure environ : « Après cette conversation, Monsieur demanda à Sa Majesté si elle trouvait bon que milord Carlingford et les gens considérables qui ont suivi M. de Lorraine lui vinssent faire la révérence. On les fit entrer... Et puis Monsieur demanda s'il trouvait bon que M. de Lorraine vît son petit appartement ; et en passant par le cabinet du conseil, Monsieur présenta les ministres à M. de Lorraine. Après qu'il eut vu le petit appartement du roi, Monsieur le mena dans la grande galerie, où il demeura assez longtemps[3]. »

La prestation de l'hommage se fit le 25 novembre. Saint-Simon nous a donné sur cette cérémonie les plus minutieux détails. Vers les trois heures de l'après-midi, le duc de Lorraine, suivi de ses ministres, traversait la salle des gardes, « sans qu'ils fissent aucun mouvement, non plus que pour le dernier particulier. Le roi l'atten-

---

1. « Une petite vérole bien mal placée, Madame, est celle de Madame la duchesse de Lorraine, qui venait ici avec de grands transports de joie, et à qui la fièvre prit vendredi en arrivant. *Madame* s'est enfermée avec elle, avec ses femmes de chambre seulement, et *Monsieur* et M. le duc de Lorraine ne la voient point. » Mme de La Touche à Mme de Grignan, 25 novembre 1699, dans les *Lettres de Mme de Sévigné*, X, 210.
2. *Mémoires*, II, 376.
3. Dangeau, VII, 193.

dait dans le salon, qui était lors entre sa chambre et le cabinet du conseil... Il était dans son fauteuil le chapeau sur la tête, M. le maréchal de Lorges derrière lui, au milieu de M. le chancelier et du duc de Gesvres, en l'absence de M. de Bouillon[1], grand chambellan, qui était à Évreux ; Monseigneur le duc de Bourgogne, debout et découvert, un peu en avant de M. le chancelier, mais sans le couvrir ; M. le duc d'Anjou de même, de l'autre côté, sans couvrir le duc de Gesvres... M. le duc de Berry, Monsieur, M. le duc de Chartres, les princes du sang et les deux bâtards étaient tous en rang, faisant le demi-cercle, avec force courtisans derrière eux, et après eux. Aucun duc que les deux que je viens de nommer, parce qu'ils étaient en fonction de leurs charges et nécessaires, ni aucun prince étranger. Les secrétaires d'État étaient derrière M. le chancelier et les princes du même côté. Monseigneur ne se soucia pas de voir la cérémonie....

« M. de Lorraine trouva fermée la porte de la chambre du roi qui entre dans le salon, et l'huissier en dedans. Un de la suite de M. de Lorraine gratta, l'huissier demanda :

---

1. M. de Bouillon avait prétexté une absence, dit Saint-Simon, parce qu'il ne voulait pas se trouver à une cérémonie où « des princes du sang, les bâtards et M. de Lorraine se couvriraient, et où il demeurerait découvert. » Les ducs et pairs, en particulier Saint-Simon, conseillèrent à M. de Gesvres de s'absenter également et de laisser exercer ses fonctions par son fils qui avait la survivance de sa charge. M. de Gesvres était disposé à suivre cet avis, mais le roi, prévenu de la cabale, en arrêta le cours en disant la veille de la prestation de l'hommage qu'il avait choisi M. le duc de Gesvres pour recevoir l'épée, le chapeau et les gants du duc de Lorraine, pour les garder et les lui rendre quand la cérémonie serait finie. Le duc de Gesvres déconcerté répondit que Sa Majesté lui faisait honneur d'avoir jeté les yeux sur lui dans cette rencontre ; il raconta même au roi les efforts faits par Saint-Simon pour le détourner d'exercer ses fonctions. Saint-Simon se fit excuser du mieux qu'il put auprès de Monsieur et de Madame ; il ne fit aucune démarche auprès de Mᵐᵉ de Lorraine, qui était *furieuse* contre lui : « Ce n'était qu'un oiseau de passage, dit-il en parlant d'elle, et rien du tout d'ailleurs. » Enfin l'affaire se termina bien pour lui ; le roi ne lui témoigna même aucun mécontentement. *Mémoires*, II, 385 ; *Mercure historique et politique de La Haye*, décembre 1699, p. 661-664.

« Qui est-ce ? » Le gratteur répondit : « C'est M. le duc de Lorraine », et la porte demeura fermée. Quelques instants après même cérémonie. La troisième fois le gratteur répondit : « C'est M. le duc de Bar » ; alors l'huissier ouvrit un seul battant de la porte, M. de Lorraine entra, et de la porte, puis du milieu de la chambre, enfin assez près du roi, il fit de très profondes révérences. Le roi ne branla point, et demeura couvert sans faire aucune sorte de mouvement. Le duc de Gesvres... prit le chapeau, les gants et l'épée de M. de Lorraine qu'il lui remit... M. de Lorraine se mit à deux genoux sur un carreau de velours rouge bordé d'un petit galon d'or qui était aux pieds du roi qui lui prit les mains jointes entre les deux siennes. Alors M. le chancelier lut fort haut et fort distinctement la formule de l'hommage lige et du serment, auxquels M. de Lorraine aquiesça, et dit et répéta ce qui était de forme[1], puis se leva, signa le serment avec la plume que Torcy lui présenta... Pendant ce moment, le roi s'était levé et découvert, et tous les princes du sang et les deux bâtards demeurèrent à leurs places. M. de Lorraine retourné vers le roi, Sa Majesté se couvrit, le fit couvrir ensuite, et en même temps les princes du sang et les deux bâtards se couvrirent aussi...[2]. »

Louis XIV en faisant revivre ce cérémonial antique, digne des plus beaux jours de la féodalité, songeait-il à humilier de parti pris son jeune vassal, ainsi que le prétendent les biographes de Léopold ? Foucault s'écrie dans le langage emphatique de son temps : « Un souverain qu'on humilie devient un ennemi caché... Les chaînes les plus

---

1. D'après le *Mercure* (novembre 1699, p. 286), le roi répondit à M. de Lorraine, lorsque celui-ci eut achevé de prononcer la formule du serment : « Et moi, Monsieur, puisque vous m'en assurez, je vous ferai connaître que vous trouverez en moi un bon ami et un bon voisin. »
2. *Mémoires*, II, 378.

riches et les plus brillantes ne font point oublier qu'on est esclave, et la dignité d'homme autorise à les briser[1]. » Comme si, à ce compte, les sujets n'avaient pas, eux aussi, leur dignité d'hommes à sauvegarder ! Noël affirme d'autre part que le roi de France avait promis à Léopold que l'hommage aurait lieu à huis-clos et sans appareil[2] : c'est bien mal connaître le suzerain du duc de Bar, que de le croire capable de s'être prêté à un tel artifice.

Louis XIV, — Léopold lui-même l'a reconnu, — était « fier et intraitable dans les égards et les droits qu'il croyait dus à sa couronne » tout en se montrant d'ailleurs « humain et honnête dans le commerce de la vie particulière[3] » ; il chercha, avant comme après l'hommage, à adoucir ce que la cérémonie[4] avait d'amer pour son vassal et ne lui ménagea pas ses marques d'amitié. Il ne put, à cause de la goutte, lui faire les honneurs de Versailles, mais à Marly « il le mena partout où il put aller, et envoya Mansard avec lui aux autres endroits. Il lui offrit même de lui faire amener un chariot ; mais le duc lui répondit qu'il avait de bonnes jambes, et qu'il le priait seulement de souffrir que deux infirmes de sa suite prissent des chaises : ce que le roi ayant trouvé bon, Carlingford et le marquis de Couvonges se mirent en chaise[5]. »

---

1. *Histoire de Léopold I*er*, p. 82.
2. *Mémoires*, n° 5, II, 155. — D'après Noël, Léopold, en sortant de la cérémonie de l'hommage, aurait dit à M. de Lenoncourt : « N'avez-vous pas cru que nous étions en Turquie ? »
3. *Mémoires sur Louis XIV*, ms. n° 215 de la Bibliothèque publique de Nancy, f° 27.
4. Le seul reproche que l'on puisse adresser à Louis XIV est d'avoir fait frapper une médaille pour conserver la mémoire de l'hommage ; il y est représenté, sur le verso, couvert et assis dans un fauteuil, tenant entre ses mains celles de Léopold qui est à genoux, avec cette légende : *Hommagium ligium Leop. Loth. D. ob. Ducat. Barri. MDCXCIX*.
5. *Mémoires du marquis de Sourches*, VI, 207. — Le correspondant du *Mercure* écrit : « Il serait difficile d'exprimer combien M. le duc de Lorraine a été pénétré des bontés de Sa Majesté et de ses manières engageantes, puisqu'on remarqua que le prince laissa couler des larmes lorsqu'il dit adieu à ce monarque. » Décembre 1699, p. 258.

Léopold, charmé du cordial accueil qu'il avait reçu à Paris comme à Versailles, témoigna de sa magnificence et de sa générosité par les nombreux présents qu'il distribua avant son départ[1]. Il quitta le Palais-Royal le 1er décembre ; Louis XIV fit doubler à ses frais les chevaux de poste sur la route de Nancy, et, par une dernière attention, envoya à son neveu, en souvenir de sa visite, un lit d'une extrême richesse et une remarquable tapisserie des Gobelins, représentant les *batailles d'Alexandre*[2]. Léopold laissait à Paris la duchesse, qui, à la fin de décembre, à peine rétablie, se hâta de regagner la Lorraine : « Elle en marqua, dit Saint-Simon[3], une impatience qui allait jusqu'à l'indécence. »

VI

Aussitôt qu'il fut de retour à Nancy, le duc de Lorraine songea à réaliser le vœu du duc Charles V qui, à son lit de mort, avait manifesté le désir d'être un jour inhumé dans le tombeau de ses ancêtres. L'abbé Fournier, premier aumônier de la cour ducale, le comte de Custine, premier chambellan, un certain nombre de prêtres et de gentilshommes, suivis d'un détachement de chevau-légers, allèrent recevoir les restes du vaillant général déposés dans

---

1. M. Matarel, premier maître de l'hôtel de Monsieur, reçut un diamant de 1,700 livres ; M. Lusol, contrôleur général de la maison de Monsieur, un diamant de 1,130 livres ; le sieur d'Isigny, écuyer de Monsieur, un diamant de 950 livres ; M. l'abbé de Rabines, premier aumônier de Monsieur, une montre d'or et la chaîne de 336 livres ; les gens de l'écurie, 200 louis d'or ; les officiers de l'office et de la bouche, 300 livres ; les huissiers et garçons de chambre, 100 louis ; les gens de l'opéra, 100 louis ; et ceux de la comédie du roi, une pareille somme. Enfin, M. de la Fare, qui était allé en Lorraine de la part du roi complimenter S. A. R. sur l'heureuse naissance du duc de Bar, eut une bague « d'un prix très considérable ». *Archives de Meurthe-et-Moselle*, B, 1531 ; *Mercure*, décembre 1699.
2. Cette tapisserie avait près de 60 aunes de tour ; Dangeau (VII, 202) l'estime 25,000 écus.
3. *Mémoires*, II, 382.

l'église des jésuites d'Inspruck. Dom Calmet[1] nous a raconté la marche du pieux cortège à travers l'Allemagne, son passage à Strasbourg, son arrivée à Nancy où de solennelles funérailles[2] lui furent faites, le 19 avril. Peut-être Léopold, en faisant transporter avec une pompe magnifique les dépouilles mortelles de son père, avait-il eu l'intention de dérouter les rumeurs déjà répandues d'une prochaine cession de ses États à la France, et de fortifier, aux yeux de ses sujets, les liens qui l'attachaient à l'antique patrimoine de sa famille.

C'est que Louis XIV avait profité du séjour du duc de Lorraine à Versailles pour l'entretenir des pourparlers entamés après la paix de Ryswick entre la France, l'Angleterre et les Provinces-Unies, dans le dessein de partager à l'avance la succession du roi d'Espagne Charles II. Un premier traité, signé à La Haye le 24 septembre 1698, assignait la monarchie espagnole au prince de Bavière, le Milanais à l'archiduc Charles, second fils de l'Empereur, les Deux-Siciles, les ports de Toscane et le Guipuzcoa au Dauphin ; il n'avait pas été question de la Lorraine. La mort du prince électoral de Bavière (février 1699) fit échouer cette combinaison. Louis XIV avait repris immédiatement ses négociations du côté des puissances maritimes et offert à l'archiduc Charles le lot attribué au prince de Bavière ; il réclamait une seule addition à la part du dauphin, le Milanais, et proposait même d'échanger ce duché contre la Lorraine. L'Angleterre et la Hollande accueillirent cette proposition, et le second traité de partage fut signé à Londres, le 3 mars 1700.

---

1. *Histoire de Lorraine*, VII, 210-231.
2. « C'est un proverbe en Lorraine que le couronnement d'un empereur à Francfort, le sacre d'un roi de France à Reims, et l'enterrement d'un duc de Lorraine à Nancy, sont les trois cérémonies les plus magnifiques qui se voient en Europe. » Lionnois, *Histoire de Nancy*, I, 183.

Le 23 mai suivant, M. de Callières[1], l'un des négociateurs du traité de Ryswick, venait à Nancy demander le consentement de Léopold[2]. Avant d'exposer au duc les propositions officielles dont il était porteur, il eut une conférence, le 24 au matin, avec le comte de Carlingford, qui, prévenu la veille, alla le voir dès 7 heures. M. de Callières parla au premier ministre lorrain comme à l'homme le plus capable de « donner au prince des conseils convenables à sa gloire et à ses véritables intérêts » ; il lui fit ressortir toute l'importance du duché de Milan qui rapportait quatorze millions de revenus, tandis que la Lorraine et le Barrois en valaient à peine deux ; il montra l'importance de Milan, « une des premières villes de l'Europe par les richesses, par la magnificence de ses bâtiments tant publics que particuliers, par le grand nombre de ses habitants, qui passent 300,000 âmes ». Enfin il insista particulièrement sur la difficile situation d'un duc de Lorraine, « sans aucune place, et exclu de la faculté d'en faire sur les frontières d'un grand et puissant royaume, dans lequel il a des terres enclavées qui font naître diverses contestations ». — Tout en reconnaissant qu'on ne pouvait comparer la Lorraine au Milanais, Carlingford répondit que son maître « était dans un assez bon pays, au milieu de sujets affectionnés, et qu'il ne savait pas comment seraient à son égard de nouveaux sujets » ; il ajouta qu'à son avis le duc de Lorraine avait tout intérêt à entrer dans les vues du roi de France, mais que, en raison de ses rapports avec

---

1. « C'était, dit Saint-Simon (I, 416), un grand homme, maigre, avec un grand nez, la tête en arrière, distrait, civil, respectueux, qui, à force d'avoir vécu parmi les étrangers, en avait pris toutes les manières, et avait acquis un extérieur désagréable, auquel les dames et les gens du bel air ne purent s'accoutumer, mais qui disparaissait dès qu'on l'entretenait de choses et non de bagatelles. C'était, en tout, un très bon homme, extrêmement sage et sensé, qui aimait l'art et qui était fort instruit, fort modeste et parfaitement désintéressé... »

2. Voir un extrait du *Mémoire pour servir d'instruction à M. de Callières*, 17 mai 1700, dans d'Haussonville, IV, 565.

l'Autriche, il devait suivre en cette affaire une politique passive[1].

Le soir même, à 5 heures, Carlingford présentait M. de Callières à Léopold. L'envoyé français, reprenant la démonstration commencée le matin, exposa fort habilement comment Louis XIV avait voulu, à l'occasion du partage de la succession d'Espagne, donner au duc de Lorraine une preuve de son amitié et du désir de contribuer à l'agrandissement d'un prince qu'il avait « en quelque façon adopté » en lui donnant sa nièce. Léopold, écrivait Callières, « me parut touché de ces expressions, et se baissant profondément de dessus son siège, il me dit d'un air plein de reconnaissance et de sincérité qu'il ne pouvait assez exprimer combien il était sensible aux bontés de Sa Majesté; qu'il me priait de lui aider à l'en bien persuader, et qu'il était convaincu qu'il ne pouvait mieux faire que de se conformer entièrement aux volontés de Votre Majesté; qu'une chose lui faisait de la peine, qui est que l'Empereur à qui il avait de grandes obligations pût lui reprocher d'avoir pris des mesures contraires à ses prétentions et qu'il me priait de lui aider à trouver quelque expédient pour le mettre à couvert de ce reproche ». Le comte de Carlingford, intervenant alors, demanda si le roi de France ne pouvait pas se contenter, pour le moment du moins, de la parole du duc de Lorraine, qui consentait à l'échange proposé, mais jugeait prudent de ne donner sa signature qu'après que l'Empereur aurait adhéré au traité de Londres. — Callières répliqua aussitôt qu'une simple parole ne suffisait pas; que l'Angleterre et la Hollande attendaient, comme le roi de France, l'acceptation par écrit de Léopold « comme faisant une partie nécessaire du traité de par-

---

1. M. de Callières à Louis XIV, 25 mai 1700. *Archives des affaires étrangères*, LI, f°s 30-42.

tage ». Léopold se rendit à cette raison, et pria Callières de le ménager dans le texte du traité et d'y marquer que s'il acceptait la grâce que le roi voulait bien lui faire, du moins il ne l'avait point recherchée.

Le diplomate français était heureux de voir sa délicate mission promptement couronnée d'un succès presque complet.

> Le duc de Lorraine, — écrivait-il à Louis XIV, le surlendemain de son arrivée, — accepte le traité de partage aux conditions ci-dessus, qu'il m'a prié de mander à Votre Majesté après que le comte de Carlingford et moi les avons eu discutées en sa présence :
> 1° Qu'il plaise à Votre Majesté de faire exprimer dans le préambule que c'est de sa pure volonté et à l'insu de lui, duc de Lorraine, qu'elle l'a choisi avec la participation du roi d'Angleterre et des États-Généraux pour le faire duc de Milan ;
> 2° Que Votre Majesté, M⁀ le Dauphin et leurs successeurs, rois de France, seront garants à perpétuité de l'exécution de l'échange, et s'engagent à le maintenir et secourir, lui et ses héritiers et successeurs, contre tous ceux qui entreprendraient de les y troubler ;
> 3° Qu'il ne sera point dépossédé de ses duchés de Lorraine et de Bar, qu'après qu'il aura été mis en pleine et paisible possession du duché de Milan en l'état qu'il est présentement possédé par le roi d'Espagne ;
> 4° Que s'il a besoin de l'investiture de l'Empereur, Votre Majesté s'engagera par des articles du traité d'échange ou par un article séparé de la lui procurer et de ne traiter avec l'Empereur qu'à cette condition ;
> 5° Que tous les princes de sa maison seront appelés à la succession de l'État de Milan, selon l'ordre et le droit de leur naissance... »

Ainsi le premier mouvement de Léopold fut d'accepter en principe les offres de Louis XIV ; il ne témoigna aucune répugnance, quoi qu'en dise Foucault[1], à se séparer de ses sujets : sa seule pensée fut de ménager les susceptibilités de l'Empereur et de demander pour l'avenir toutes

---

1. *Histoire de Léopold*, p. 26.

les garanties désirables. Ses scrupules commencèrent seulement à s'éveiller lorsqu'il apprit que le voyage de M. de Callières s'était ébruité[1]. Le 28 mai, il déclara à l'envoyé français qu'il désirait apprendre lui-même à l'Empereur les propositions que le roi de France venait de lui soumettre ; M. de Lenoncourt, gentilhomme de la chambre, partit dans la soirée pour Vienne, avec le consentement de M. de Callières : « Comme cette résolution, disait ce dernier dans sa dépêche au roi, n'est pas contraire aux intentions de Votre Majesté lorsqu'elle est accompagnée de la parole de signer le traité d'échange sans attendre la réponse de l'Empereur, je dis à M. de Lorraine que Votre Majesté ne trouverait pas mauvais qu'il gardât ses mesures d'honnêteté avec l'Empereur[2]. »

VII

Déjà, avant l'arrivée de M. de Callières, on avait parlé vaguement en Lorraine de l'échange proposé ; plusieurs des principaux de la noblesse étaient même venus, au dire de M. de Carlingford[3], supplier leur prince de ne point les abandonner, offrant de lui augmenter ses revenus s'il les trouvait insuffisants. La présence de l'agent de Louis XIV à Nancy ne laissa plus aucun doute sur les projets de la France, et fit éclater les craintes et l'irritation de tous.

---

1. « Il est arrivé diverses lettres de Paris qui ont rendu public le sujet de mon voyage ainsi que le contenu du traité fait entre Votre Majesté, l'Angleterre et la Hollande, sur le partage de la succession d'Espagne. Cela a fait de la peine à M. le duc de Lorraine. » M. de Callières au roi, 29 mai. *Archives des affaires étrangères*, LI, f° 52. — Dangeau (VII, 310) annonce dès le 17 mai, l'envoi de M. de Callières en Lorraine ; le correspondant parisien de la *Gazette de Hollande* ne donne cette nouvelle qu'à la date du 24.

2. Dépêche du 29 mai 1700.

3. M. de Callières à Louis XIV. Dépêche du 25 mai 1700.

Léopold reçut de nombreuses lettres, signées ou anonymes, dans lesquelles on lui reprochait de trahir un peuple qui lui avait donné tant de preuves de son amour[1].

Les angoisses de ses sujets rendirent le duc inquiet et perplexe ; il regretta bien vite les engagements qu'il avait pris, et, dès le 1er juin, réunit ses conseillers intimes, pour connaître leur avis sur les propositions de Louis XIV. Les gens d'épée, MM. de Couvonges et de Lenoncourt entre autres, opinèrent en peu de mots et conclurent à l'acceptation, tout en émettant le vœu que le roi fût prié « d'accorder au duc pour lui et ses successeurs les sûretés nécessaires et de conserver les trois États des duchés de Lorraine et de Bar dans leurs droits, franchises et privilèges[2]. » Les gens de robe, Mahuet, Rennel, etc., « se jetèrent dans de longs discours et dans des raisonnements de droit tendant à donner à leur prince de grandes craintes pour l'avenir et à lui faire prendre de grandes précautions sur tous les cas qui peuvent arriver ». Mais aucun ne conseilla ouvertement la résistance. Carlingford toutefois fit montre dans cette circonstance d'appréhensions qui allaient fortement agir sur l'esprit de Léopold : il pria le duc de le dispenser de contresigner le traité d'échange, sous prétexte qu'en qualité de chevalier de la Toison d'or il avait prêté serment de fidélité à l'Empereur, ajoutant « qu'il ne pouvait entrer dans aucunes affaires contraires aux intérêts de la maison d'Autriche, que d'ailleurs il ne savait point de quelle manière on recevrait à la cour de l'Empereur ce traité » ; pour ne point être présent à Nancy au moment décisif, il sollicita et obtint l'autorisation d'accompagner le prince Charles, frère de Léopold, dans son évêché d'Osnabrück.

---

1. Noël, *Mémoires*, n° 5, I, 42.
2. M. de Callières à Louis XIV, 1er juin 1700. *Archives des affaires étrangères*, LI, f° 60.

M. de Callières comprit combien le départ de M. de Carlingford pourrait faire languir les négociations ; aussi ne ménagea-t-il rien pour s'assurer l'appui d'un personnage qui partageait avec le premier ministre la confiance du prince.

Les contemporains sont unanimes à reconnaître le crédit extraordinaire dont jouissait le P. Creitzen, l'ancien précepteur de Léopold devenu son confesseur ; on ne prenait aucune décision sans le consulter, et, s'il n'avait pas le titre de ministre, il n'en exerçait pas moins les fonctions. Il ne se passait pas de jour que le duc n'allât le voir trois ou quatre fois[1]. M. de Callières le disait « homme d'un esprit vif et pénétrant, aimant fort le duc et en étant aimé » ; il lui fit une cour assidue, allant le voir au lit où le clouait la goutte : « Ce Père, écrivait-il à Louis XIV, s'est ouvert avec moi sur l'échange ; il m'a fort questionné sur les avantages que le duc y trouverait, et j'ai connu par ses discours que cet échange est fort de son goût, pourvu qu'il se puisse faire avec sûreté pour le duc ; il m'a dit que quoiqu'il soit Allemand il n'est pas Autrichien, et n'a après Dieu d'autre attachement que pour le duc qu'il appelle son maître... Je lui ai représenté l'intérêt qu'a le duc de ne pas prolonger cette négociation afin de ne point faire soupçonner à Votre Majesté qu'il attende les réponses de la cour de Vienne, ce qui diminuerait auprès de Votre Majesté le mérite de sa prompte soumission à ce qu'elle peut désirer de lui ; il est entré dans ma pensée et m'a dit qu'il presserait le duc de conclure, mais qu'il me priait de compatir à sa jeunesse et à son manque d'expérience, qu'il n'est jamais entré dans pareilles affaires et qu'il est entouré de gens qui lui jettent des scrupules dans l'esprit, peut-être pour leurs pro-

---

1. M. de Callières au roi, 7 juin 1700. *Ibid.* — Voir aussi l'Histoire française du Collège de Nancy. *Archives de Meurthe-et-Moselle*, II, 1959.

pres intérêts, mais que je pouvais compter qu'il était déterminé à se soumettre à ce qu'il plairait à Votre Majesté[1]... »

Léopold hésita plusieurs jours encore. Le 14 juin, il vint trouver M. de Callières, se disant « l'homme du monde le plus embarrassé » : il craignait que l'acceptation de l'article 1ᵉʳ du traité[2] d'échange ne l'engageât, ainsi que le pensaient les gens de son conseil, dans une ligue contre l'Empereur ; il suppliait le roi de France de considérer l'état où il se trouvait, « sans places, sans troupes, hors d'état de lui être d'aucun secours pour l'exécution du traité de partage, et de plus chargé de grandes obligations personnelles envers l'Empereur[3] ».

Sans doute le duc de Lorraine voulait gagner du temps et attendre de M. de Lenoncourt des renseignements sur les dispositions de la cour de Vienne. Mais ce n'était point de ce côté que pouvaient venir des conseils fermes et précis. L'Empereur, pressé par l'Angleterre et la Hollande de déclarer s'il accédait au traité de Londres, avait ajourné sa réponse à trois mois et témoigné avec quelque empressement le désir de s'entendre avec la France[4]. Impuissant à préparer seul une nouvelle guerre, et se voyant délaissé par les puissances maritimes, il redoutait de favoriser, par le refus absolu de tout partage, le jeu de son adversaire Louis XIV ; il ne craignait pas moins, en acceptant le

---

1. M. de Callières au roi, 7 juin 1700.
2. Voir le texte de ce traité dans d'Haussonville (IV, 567). L'article 1ᵉʳ disait : « Le traité conclu entre le Roi, le roi de la Grande-Bretagne et les États-généraux des Provinces-Unies sera censé accepté par M. le duc de Lorraine dans tous ses articles, aussitôt qu'il aura signé le présent traité séparé. » Les autres articles (2 à 7) assuraient au duc de Lorraine, à ses enfants et à ses héritiers, la *pleine et paisible possession* du Milanais, et lui promettaient dans le cas où l'exécution de l'échange présenterait des difficultés, de le secourir contre tous ses ennemis.
3. M. de Callières au roi, 17 juin 1700. *Archives des affaires étrangères*, LI.
4. Gaillardin, *Histoire du règne de Louis XIV*, VI. 112.

traité, d'irriter la cour de Madrid, surtout à un moment où le roi d'Espagne moribond, circonvenu par l'entourage autrichien, était prêt à désigner l'archiduc Charles pour son héritier unique. D'ailleurs si la question du Milanais était, comme l'affirme Villars, la plus grande des difficultés soulevées par le traité de partage, il y avait tout lieu d'espérer que le choix du duc de Lorraine comme souverain de cet État devait désarmer la colère de l'Empereur, qui ne pouvait être que satisfait de voir ce fief important « remis entre les mains d'un neveu qu'il avait élevé, et qui avait tant de part à sa tendresse[1] ».

Quoi qu'il en soit, Léopold se décida, le 16 juin[2], à signer le traité qui lui avait été soumis le 24 mai : « Si je n'avais trouvé en M. le duc de Lorraine un aussi bon esprit et un jugement aussi solide, — écrit M. de Callières au roi, — je n'aurais point réussi, ayant eu à détruire tous les conseils opposés qu'il recevait tous les jours par des gens qui se croient intéressés à le garder dans ce pays ici, où il est entouré d'Allemands et de Lorrains qui voient avec déplaisir la résolution qu'il a prise. Il y a cependant parmi eux d'assez honnêtes gens pour convenir qu'il a pris le bon parti[3]. »

Outre le P. Creitzen dont il avouait s'être « servi utilement », l'agent français signalait au roi le zèle de M. de Couvonges « dans toutes les choses qui n'étaient point contraires à ses obligations envers son prince », et aussi celui du procureur général de la Cour souveraine, Bourcier[4], qui

---

1. Mémoires du duc de Villars, *Collection Petitot et Monmerqué*, t. LXVIII, p. 496.
2. Dangeau (VII, 327) écrit à la date du 19 juin : « Sa Majesté est fort contente de la conduite de M. de Lorraine sur toutes les affaires dont il s'agit présentement, et le roi en a parlé sur ce ton-là à Monsieur. »
3. M. de Callières au roi, 17 juin 1700.
4. Bourcier rappela à M. de Callières qu'il avait eu déjà l'honneur de servir le roi de France ; établi à Metz comme avocat, il acheta, en 1681, la charge d'avocat général à la table de marbre et fut nommé en 1684 pro-

lui paraissait « un honnête homme, capable de servir Sa Majesté ». Tous les autres officiers, ajoutait-il, « sont consternés de ce changement dans la crainte qu'ils ont de perdre leurs emplois ; mais si Sa Majesté accorde aux vœux et aux prières de tout le pays la conservation des deux tribunaux de la Cour souveraine et de la Chambre des comptes de Nancy, elle s'attirera mille bénédictions de leur part ».

Louis XIV ratifia le 21 juin le traité d'échange, et, sur la demande du duc de Lorraine[1], consentit à le faire suivre des trois articles dont voici le texte :

Article séparé. — Comme il est dit par l'article 4 du traité signé à Londres et à La Haye... que le comté de Bitche appartient au prince de Vaudémont et qu'il rentrera dans la possession des terres dont il a joui ci-devant, qui lui ont été ou dû être rendues en exécution du traité de Ryswick, Sa Majesté déclare que par cette clause elle n'entend point acquérir audit prince de Vaudémont de nouveaux droits contre M. le duc de Lorraine, promettant seulement de mettre le prince de Vaudémont en possession dudit comté de Bitche et desdites terres, s'il n'y est pas encore lorsque l'échange se fera des duchés de Lorraine et de Bar avec le duché de Milan, et Sa Majesté laissant d'ailleurs audit sieur duc de Lorraine et audit prince de Vaudémont une entière liberté de poursuivre leurs droits et prétentions réciproques par la voie de la justice...

Premier article secret. — On examinera s'il est nécessaire que M. le duc de Lorraine reçoive l'investiture de l'Empereur pour le duché de Milan, et s'il y a seulement lieu de douter qu'il doive l'obtenir pour jouir paisiblement de cet État, Sa Majesté s'engage de ne signer aucun traité d'accommodement avec l'Empereur sans y faire entrer expressément la condition de donner ladite jouissance audit sieur duc de Lorraine. Et Sa Majesté promet ses offices pour porter l'Empereur à comprendre les princes de la maison de Lorraine dans l'investiture de l'État de Milan, de la manière dont mondit sieur le duc de Lorraine le désire,

---

cureur général au Conseil provincial de Luxembourg, charge qu'il vendit en 1695, le climat de cette ville ne lui convenant pas. Bourcier était né à Vézelise le 17 août 1619. Cf. *Journal du président Bourcier* (Mémoires de la Société d'archéologie lorraine, 1891).

1. Léopold à Louis XIV, 16 juin 1700.

qui est d'y appeler tous les mâles selon le rang de leur naissance, tant en ligne directe que collatérale, à l'exclusion des femelles, appelées seulement au défaut des mâles, et cela supposé que l'investiture de l'Empereur soit jugée nécessaire comme il a été dit.

Deuxième article secret. — Sa Majesté ayant égard aux dépenses considérables que M. le duc de Lorraine sera engagé de faire pour son transport et celui de sa maison et suite dans le duché de Milan, elle a bien voulu lui accorder une demi-année du revenu de ses États de Lorraine et de Bar, après sa sortie, pour l'aider à en faire les frais, et lui procurer tous les passages libres et nécessaires pour ledit transport, tant des troupes de ses gardes, qu'officiers et domestiques. Sa Majesté promet encore la continuation des gages et des privilèges dont les officiers qui composent le Conseil d'État jouissent présentement [1].

Léopold aurait voulu que le roi de France promît par un article spécial que, dans le cas où l'exécution du traité d'échange provoquerait une guerre avec l'Autriche, il ne fût pas obligé d'y prendre part [2]; le roi refusa de prendre cet engagement par écrit, mais donna sa parole que tant que le duc serait dans ses États, il ne l'empêcherait pas d'y jouir de la paix la plus complète [3].

Sa mission terminée, M. de Callières quitta la Lorraine, porteur de la lettre suivante que Léopold lui remit pour Louis XIV : « Monseigneur, je suis si sensible aux bontés que Votre Majesté a pour moi que je ne puis laisser partir le sieur de Callières sans lui rendre de nouvelles actions de grâce de toutes les marques de bienveillance qu'elle m'a données dans la conclusion du traité que je viens de faire avec Votre Majesté. Je l'ai prié, Monseigneur, de l'en remercier de ma part, et de l'assurer que je n'aurai jamais plus de joie que de trouver les occasions de lui plaire et de lui marquer par un attachement inviolable à sa personne

---

1. *Archives des affaires étrangères*, LIII, f° 61.
2. *Ibid*, lettre du 16 juin.
3. Lettre de M. de Callières, 29 juin. *Ibid.*, LI, f° 131.

sacrée la plus respectueuse reconnaissance avec laquelle j'ai l'honneur d'être, etc.[1]. »

Léopold envisageait donc avec confiance la perspective de gouverner bientôt un État plus considérable que la Lorraine. Mais les événements allaient détruire les combinaisons diplomatiques de Louis XIV et de Guillaume III.

VIII

Le 18 août l'Empereur faisait savoir qu'il n'acceptait point sa part de l'héritage du roi d'Espagne. Les princes italiens de leur côté se plaignaient de la puissance nouvelle que la France allait acquérir dans la péninsule; le duc de Savoie, principalement, irrité de la faveur que Louis XIV avait accordée au duc de Lorraine, était prêt à se déclarer pour la cour de Vienne.

Aussi M. de Callières revint à Nancy à la fin d'octobre pour négocier quelques changements à la convention du 16 juin : Léopold, nous dit le marquis de Sourches[2], consentait à « céder tout ce qu'on souhaiterait » pour apaiser le remuant et ambitieux duc de Savoie[3]. Sur ces entrefaites éclata la nouvelle de la mort du roi d'Espagne, Charles II (1er novembre 1700). Vingt-huit jours avant, ce prince, indigné que l'on proposât de son vivant et sans le consulter le démembrement de sa monarchie, avait signé un testament : il appelait au trône le duc d'Anjou, deuxième fils du dauphin ; à son défaut ou sur son refus, le duc de Berry, son frère ; à défaut du duc de Berry, l'archiduc Charles ; en dernier lieu, le duc de Savoie (2 octobre 1700).

---

1. Lettre du 19 juin 1700. *Ibid.*, LIII, f° 100.
2. *Mémoires*, VI, 270 et 299.
3. Victor-Amédée II, qui succéda, en 1675, à son père Charles-Emmanuel II, et abdiqua en 1730.

Après de mûres réflexions, Louis XIV se décida à accepter le testament (16 novembre) : « J'ai jugé, — faisait-il écrire le lendemain à M. de Callières, — premièrement que le traité de partage ne pouvait être exécuté sans exciter une guerre universelle dans toute l'Europe, secondement qu'il y aurait peu de justice à cette guerre lorsque le feu roi d'Espagne reconnaissait par son testament les droits d'un légitime héritier et que toute la nation ayant égard à ces dernières dispositions demandait mon petit-fils avec empressement.

« Ainsi j'ai déclaré publiquement que j'acceptais le testament du feu Roi catholique... Vous donnerez part de cette nouvelle au duc de Lorraine. Vous lui rendrez en même temps la lettre[1] que je lui écris sur ce sujet, et vous l'assurerez que je n'oublierai jamais les marques qu'il m'a données de son attachement à servir mes intérêts et de sa promptitude à faire les choses que je pouvais désirer.

« Au reste cet événement changeant entièrement la face des affaires, il est inutile que vous demeuriez plus longtemps à Nancy, et vous prendrez congé de ma nièce et du duc de Lorraine aussitôt que vous aurez reçu cette lettre[2]. »

Léopold dut renoncer, pour le moment du moins, à ses rêves d'Italie ; il le fit de fort bonne grâce : « Monseigneur, écrivait-il au roi le 25 novembre, comme je m'étais moins prêté au traité que Sa Majesté avait désiré de moi par l'espérance des avantages que j'aurais que par le véritable désir que j'ai de lui donner en toute occasion des marques sincères de mon penchant pour tout ce qui peut faire sa satisfaction, M. de Callières, de la sage conduite duquel j'ai

---

1. « Je me souviendrai toujours avec plaisir, écrivait Louis XIV à Léopold, des marques que vous m'avez données de votre attachement à mes intérêts, et je serai bien aise de vous faire connaître en toutes occasions la tendresse et l'amitié véritable que j'ai pour vous. » Lettre du 17 novembre 1700. *Archives des affaires étrangères*, LIII, f° 128.
2. Louis XIV à M. de Callières, 17 novembre 1700. *Ibid.*

tout lieu de me louer, pourra vous dire, Monseigneur, que j'ai appris avec le même esprit d'attachement que je conserverai toute ma vie pour les intérêts de Votre Majesté, la résolution qu'elle a prise de préférer au partage de la monarchie d'Espagne les dispositions du testament du feu roi en faveur de M⁣ le duc d'Anjou, à qui je souhaite toutes les prospérités imaginables[1]. »

Quelques jours après le duc de Lorraine adressait au roi une lettre de félicitations sur l'avènement de son petit-fils et lui renouvelait ses protestations de dévouement : « L'arrivée de Sa Majesté Catholique dans ses États fait aujourd'hui les vœux universels de ses nouveaux sujets. Les miens sont, Monseigneur, pour que l'y voyiez régner très longtemps et très heureusement ; cela nous assurerait en même temps la conservation de Votre Majesté, à laquelle je m'intéresse plus que personne et de qui je serai toute ma vie avec un très profond respect le très humble et très obéissant serviteur et neveu[2]. »

A la nouvelle que Léopold restait en Lorraine, l'allégresse fut générale. On revit les fêtes et les réjouissances qui avaient déjà signalé la prise de possession de ses États : les feux de joie, les feux d'artifices pétillèrent partout en l'honneur du souverain qu'on venait d'accuser d'ingratitude. A Lunéville, le corps municipal fit exécuter des salves de mousqueterie par les hommes de la compagnie bourgeoise et sonner les cloches à toute volée ; non content de donner le signal de ces démonstrations, il les rendit obligatoires et menaça d'une amende tous les particuliers qui ne feraient pas devant leur porte une flambée en l'honneur du prince[3].

---

1. D'Haussonville, IV, 570.
2. Léopold à Louis XIV, 4 décembre 1700. *Archives des affaires étrangères*, LIII, f° 139.
3. *Registre des délibérations du Corps municipal de Lunéville*, séance du 23 novembre 1700.

CHAPITRE IV

OCCUPATION DE NANCY

I. Léopold cherche à conserver sa neutralité. — II. Enlèvement de M. de Varennes; les généraux français demandent l'occupation de Nancy. — III. M. d'Audiffret est nommé résident à Nancy. — IV. Le roi se décide à occuper militairement la Lorraine. — V. Entrée des Français à Nancy et dans les villes de la Sarre. — VI. Embarras de Léopold; mort du P. Creitzen et de Carlingford.

Les négociations entamées par Louis XIV en vue de résoudre pacifiquement la question de la monarchie espagnole ne devaient aboutir à aucun résultat. La guerre commencée entre le roi de France et l'Empereur au printemps 1701, devint générale l'année suivante. Le duc de Lorraine ne pouvait conserver les avantages d'une neutralité absolue à un petit État, presque enclavé dans les terres françaises et comme enchevêtré dans la généralité de Metz. Le moment allait venir où devait se justifier le langage de Villars disant au comte de Kaunitz qu'en cas de guerre la Lorraine ne pouvait donner d'inquiétudes à la France, et que, « soit que son souverain fût dans les intérêts du roi ou qu'il s'en éloignât, son pays ne pouvait se dispenser de loger des troupes et de donner des quartiers d'hiver[1] ».

I

Dès le mois de février 1701, l'intendant de Metz, M. de Saint-Contest, se plaignait que « le bruit de la milice » fît

---

[1]. *Mémoires de Villars*, dans la collection Petitot, LXVIII, 598. — C'est au moment des négociations relatives au traité de partage de Londres que Villars parlait ainsi.

retirer en Lorraine nombre de garçons « fort propres pour la guerre[1] » ; quelques mois après, il constatait avec tristesse que ses administrés, surchargés d'impôts, allaient fréquemment s'établir dans les duchés où ils ne payaient presque rien[2]. Enfin l'année suivante il lançait contre le duc de Lorraine une grave accusation, lui reprochant de faire des magasins considérables de blé : « Messieurs ses officiers, ajoutait-il perfidement, disent que c'est pour en avoir en cas de disette, à laquelle il n'y a nulle apparence[3]. »

De leur côté, les généraux français proclamaient, avant même l'ouverture de la campagne sur le Rhin, la nécessité de trouver en Lorraine les fourrages que ne pouvait fournir l'Alsace. En juin 1701, le maréchal de Villeroy décidait Léopold à permettre aux troupes royales l'usage des prairies qui lui appartenaient tant sur la Moselle que sur la Sarre[4]. Chamlay[5], dont l'influence était si grande dans les conseils du roi depuis la mort de Louvois, invoquait des raisons stratégiques pour établir que le roi ne devait point consentir à la neutralité de la Lorraine, même dans le cas où l'Empereur et les puissances ennemies s'engageraient à l'observer : « Chacun sait, disait-il, l'extrême hauteur des Allemands et particulièrement de la cour de Vienne, lorsqu'elle a le vent en poupe et qu'elle est en prospérité.... Si par hasard ce prince (l'Empereur) avait une fois un pied bien établi en haute et basse Alsace, qui le mit en état de donner la main à la Lorraine, peut-être obligerait-il M. le duc de Lorraine à quitter de gré ou de

---

1. De Saint-Contest au ministre, 26 février 1701. *Dépôt de la guerre*, 1501.
2. Lettre du 28 juillet 1701. *Ibid.*
3. Lettre du 29 février 1702. *Ibid.*
4. Pelet, I, 410.
5. Jules-Louis Baulé, marquis de Chamlay, était maréchal-général des logis de Louis XIV. Ami de Louvois, il fut son homme de confiance, et, à la mort de ce ministre, il obtint que sa charge fût laissée au jeune Barbézieux. Il mourut en 1719.

force le parti de la neutralité[1]. » Loin de supposer un instant que le duc de Lorraine pût rester neutre, Chamlay engageait le roi à exiger de lui, en qualité de vassal pour le duché de Bar, une levée d'hommes qui grossiraient les armées françaises[2].

Mais Louis XIV ne se laissa pas ébranler par ces arguments. En mars 1702, lorsqu'on commença à craindre une attaque des Impériaux sur l'Alsace, M. de Varennes, commandant les troupes des Évêchés, fut chargé d'aller visiter la Sarre et la Moselle et de s'occuper des moyens « d'entretenir le duc de Lorraine dans les sentiments d'une stricte neutralité[3] ».

Cependant les Allemands du prince de Bade passaient le Rhin à Spire et à Germersheim, dès le mois d'avril 1702, et s'avançaient vers la Lauter, menaçant d'assiéger Landau et de tenter un coup de main sur l'Alsace. Villars, qui venait d'être rappelé de Vienne pour servir dans l'armée en qualité de lieutenant-général, fit connaître dans un mémoire à Chamillard la nécessité de secourir Landau, ou, si on ne le pouvait pas, d'avoir un corps sur la Sarre et la Moselle pour empêcher le prince de Bade de s'étendre de ces côtés. Le général en chef de l'armée du Rhin, Catinat, prit même sur lui, pour garantir la Sarre, de placer à Marsal un régiment d'infanterie et à Sarrebourg[4] un régiment de dragons avec sept compagnies de cavalerie; au mois de mai, il reçut l'ordre d'occuper Bitche, Saarwerden et Bouquenom. Le prince de Vaudémont, qui prétendait à la souveraineté sur ces derniers lieux, avait offert

---

1. Mémoire de Chamlay, février 1702. *Ibid.*, II, 768.
2. *Ibid.*, II, 771. Chamlay rappelait à cette occasion que l'évêque d'Osnabrück, frère de Léopold, fournissait à l'Empereur un contingent.
3. *Ibid.*, II, 289. — Joseph-Alexandre de Nagu, marquis de Varennes, était gouverneur des Évêchés depuis le 7 décembre 1701, et lieutenant-général depuis le 29 janvier 1702. Il mourut le 6 juin 1723.
4. La ville de Sarrebourg avait été cédée à la France par le traité de Vincennes (1661).

au roi d'y recevoir ses troupes. Mais Catinat, informé que le duc de Lorraine, non seulement contestait les droits de Vaudémont, mais avait même pris possession de ces postes, hésita et demanda de nouvelles instructions[1].

Léopold sentant combien la situation était grave à ce moment faisait d'actives démarches auprès du général français comme auprès du prince de Bade pour obtenir de tous deux le respect de sa neutralité : « L'approche des armées en deçà du Rhin, écrivait-il à Louis XIV, m'obligeant de penser à la conservation de mes frontières, j'ai cru, Monseigneur, sur les assurances que Votre Majesté m'a fait donner par le sieur de Callières qu'elle ne trouverait pas mauvais que je demeurasse neutre en cas de rupture avec l'Empereur, ne pouvoir me dispenser d'envoyer un gentilhomme vers M. le maréchal de Catinat pour l'informer des bontés que Votre Majesté a eues pour nous à cet égard, et de la résolution que j'ai prise d'observer exactement cette neutralité. J'ai pris le même parti avec M. le prince Louis de Bade, ayant les mêmes assurances de l'Empereur. Je supplie Votre Majesté d'être bien persuadée que mon unique attention sera de ne lui déplaire en rien[2]... »

En même temps le duc de Lorraine prenait des précautions pour empêcher les partis ennemis de traverser ses États, et ses sujets de se joindre à eux. L'ordonnance du 18 mai recommandait aux prévôts et aux maires de surveiller de près la conduite des bourgeois et paysans, défendant très expressément à tous de porter des armes sans une autorisation spéciale; pour rendre les embuscades difficiles, ordre était donné aux communautés d'essarter le long des grands chemins et d'entretenir partout avec le plus grand soin les poteaux indicateurs[3].

---

1. Pelet, II, 313.
2. Lettre du 8 mai 1702. *Archives des affaires étrangères*, LIII, f° 280.
3. *Recueil des édits*, III, 431.

II

Si Louis XIV se montrait disposé à consentir à la neutralité de Léopold, c'était à la condition expresse que les Impériaux la reconnaîtraient eux-mêmes. Or, dès le mois de mai, les partis ennemis faisaient des courses en Lorraine ; ils enlevaient, dans la matinée du 26, entre Delme et Château-Salins, le marquis de Varennes, parti de Metz pour visiter les travaux que l'on faisait afin de mettre la saline de Moyenvic à l'abri d'un coup de main[1]. En même temps M. de Choisy, gouverneur de Sarrelouis, écrivait au ministre de la guerre : « Les peuples des villages de la Lorraine et du comté de Sarrebruck et de Trèves qui nous environnent à deux ou trois lieues, sont tellement intimidés par les défenses que les partis qui courent leur ont faites de rien apporter dans Sarrelouis, que nous ne pouvons plus rien faire voiturer des palissades et des autres bois qui nous sont nécessaires[2]. »

L'enlèvement de M. de Varennes causa une certaine émotion à Versailles. Le marquis de Locmaria, lieutenant-général détaché dans les Trois-Évêchés, reçut l'ordre de se rendre à Nancy et de faire comprendre à « ceux de cette cour-là » l'impossibilité qu'il y avait de conserver sur ce pied la neutralité[3].

Léopold s'empressa d'agir et confia à M. d'Hoffelize le soin de faire une enquête minutieuse : lorsqu'il fut assuré que M. de Varennes avait été pris sur les terres de Lorraine, et non sur celles de France, comme on le prétendait d'abord dans son entourage, il promit de tout mettre en

---

1. Saint-Contest au ministre. *Dépôt de la guerre*, 1583.
2. 29 mai 1702. *Ibid.*, 1574.
3. M. de Locmaria au ministre, 13 juin 1702. *Ibid.*

œuvre pour obtenir la délivrance du général français, « même de payer sa rançon » s'il le fallait[1]. Il écrivit aussitôt au prince de Bade, qui en référa à son tour à l'Empereur : des mois entiers allaient s'écouler avant la mise en liberté de M. de Varennes.

En attendant, M. de Saint-Contest et les hommes de guerre redoublaient d'instances pour décider le roi à faire entrer ses troupes en Lorraine : « On sait, écrivait l'intendant de Metz à la date du 27 juin 1702, que cette nation très mal intentionnée contre la France n'attend que l'occasion de signaler sa mauvaise volonté en favorisant les desseins de la maison d'Autriche » ; et, reprenant l'accusation qu'il lançait déjà dans sa lettre du 28 février, il reprochait à Léopold de faire des amas de blé dans plusieurs villes, alors que la récolte prochaine s'annonçait sous les apparences les plus favorables[2]. « Je n'ai point pu découvrir, disait-il ailleurs, que M. le duc de Lorraine ait dessein de faire aucun mouvement à l'arrivée du roi des Romains sur le Rhin, mais je sais qu'il y a une liaison d'amitié tout entière entre lui et le roi des Romains... Et quoique M. le duc de Lorraine soit fort sage et fort circonspect, je crois qu'on peut tout appréhender de notre côté si l'armée ennemie, aussi supérieure qu'on la publie, se jetait du côté de la Sarre[3]. »

Villars conseillait à M. de Chamillard d'ôter à l'ennemi la pensée de venir s'établir tranquillement sur la Sarre après avoir pris Landau : « Songez de bonne heure, lui mandait-il, à occuper la Lorraine et même Nancy[4] » ; ou encore il faisait ressortir toute l'importance de Bouquenom et de Saarwerden, places qu'il était nécessaire de garnir

---

1. M. de Locmaria au ministre, 20 juin 1702. *Ibid.*
2. M. de Saint-Contest au marquis de Torcy, 27 juin 1702. *Ibid.* 1583.
3. Lettre du 22 juillet 1702. *Ibid.*
4. Lettre du 25 juin 1702. Pelet, II, 802.

si l'on ne voulait pas s'exposer à être rejeté derrière les marais de Dieuze et de Marsal[1].

M. de Guiscard demandait également que les troupes du roi occupassent Nancy au plus tôt si l'on ne voulait pas laisser l'ennemi s'emparer de cette position importante : Nancy lui paraissait nécessaire pour soutenir la ligne de la Sarre, protéger l'Alsace et la Champagne, et assurer des quartiers d'hiver aux troupes sur la frontière[2].

Louis XIV résistait toujours ; il autorisa bien le marquis de Locmaria à poursuivre sur les terres de Lorraine les partis qui attaqueraient les troupes françaises[3], mais son intention arrêtée était de respecter la neutralité de ce pays si les Impériaux la respectaient également. Le 4 juillet, il chargea MM. de Saint-Contest et de Locmaria d'avoir à ce sujet une entrevue avec Léopold ; ces deux personnages vinrent à Nancy démontrer au duc la nécessité où il était d'obtenir de l'Empereur que les corps détachés de l'armée du prince de Bade cessassent désormais de traverser le territoire lorrain pour pénétrer dans les Trois-Évêchés. Le duc promit de faire toutes les démarches nécessaires, mais il parut « fort peiné » des nouvelles qu'il avait reçues des armées, et « marqua aussi beaucoup de chagrin de ce qu'on lui avait mandé de Paris que le roi lui envoyait M. d'Audiffret résident auprès de sa personne[4] ».

III

Louis XIV en effet, ému des avis qui lui arrivaient de toutes parts, craignant de se laisser tromper par de fausses

---

1. Lettre du 10 juillet 1702. Pelet, II, 803.
2. M. de Guiscard au ministre, 28 juillet 1702. Dépôt de la guerre, 1571.
3. Lettre du ministre à M. de Locmaria, 1er juin 1702. Ibid., 1574.
4. Saint-Contest au ministre, 19 juillet 1702. Ibid., 1583.

apparences de dévouement, avait jugé prudent de faire surveiller de près les menées de Léopold : « Il ne serait peut-être pas impossible, — lisons-nous dans le Mémoire pour servir d'instructions au sieur d'Audiffret, — que, les Allemands approchant de la Lorraine, et le roi des Romains étant à la tête de l'armée de l'Empereur, M. le duc de Lorraine ne reprît les premiers sentiments que sa naissance, son éducation lui ont donnés pour la maison d'Autriche, et que, tâchant à faire croire au roi qu'il ne veut point s'éloigner de la règle qu'il a suivie depuis son retour dans ses États, il ne facilitât cependant aux troupes de l'Empereur tous les avantages et toutes les commodités qu'elles peuvent tirer de son pays. » M. d'Audiffret devait donc « pénétrer quel fondement Sa Majesté pouvait véritablement faire sur les intentions du duc de Lorraine et le bien informer de la manière dont la neutralité serait observée dans la Lorraine » ; il avait aussi à suivre avec la plus grande attention les démarches du principal confident de Léopold, le comte de Carlingford, dont la présence à la cour de Nancy était « comme un moyen assuré d'entretenir les liaisons secrètes de ce prince avec la cour de Vienne[1] ».

M. d'Audiffret avait l'ordre de se rendre incessamment à Nancy. M. de Guiscard l'y avait précédé de quelques jours, chargé par Catinat de presser le duc de Lorraine de recevoir des troupes françaises dans ses États[2]. Le roi avait approuvé cette démarche ; mais Léopold ayant représenté avec énergie tous les efforts qu'il faisait pour conserver la neutralité, on se contenta pour le moment de ses assurances, tout en lui représentant fortement les malheurs

---

1. Instructions du 16 juillet 1702. *Archives des affaires étrangères*, LVII, f⁰⁵ 2-16.
2. Dangeau, 4 août 1702, VIII, 471. Voir (sur cette mission de M. de Guiscard), d'Haussonville, IV, p. 182 et suiv.

qu'il devait craindre, et pour toute sa vie, s'il souffrait que les Allemands s'emparassent de quelque poste en Lorraine, « et s'il ne se joignait pas au roi contre eux en cas qu'ils contrevinssent à la neutralité[1] ».

Malheureusement pour Léopold l'agent de Louis XIV à Nancy allait dans ses premières dépêches confirmer les soupçons qu'avait déjà fait naître dans l'esprit du roi la formation de magasins de blé : « Les avis qui avaient été donnés à Votre Majesté, de magasins et des amas de blé qui se sont faits en ce pays sont très certains; il y en a 25,000 sacs, dont la plus grande partie est à Vézelise, à Mirecourt et à Saint-Nicolas. Des ministres de cette cour me voulurent insinuer que c'était pour soulager les peuples de quelques cantons, qui en avaient manqué, ou pour prévenir les besoins qui pourraient arriver. Mais comme ces grains ont été achetés des deniers du prince, on pourrait soupçonner avec quelque fondement qu'ils eussent été destinés à d'autres usages. Il y a un commerce très régulier entre le roi des Romains et le duc de Lorraine; il part d'ici tous les jours un trompette pour l'armée impériale, qui va par la Lorraine allemande. Le marquis de Spada, qui a été envoyé au roi des Romains, et est un favori de l'Empereur, doit instruire ce prince de tout ce qui s'est passé dans la négociation du comte de Guiscard[2]. »

Quant aux courses des partisans, — et c'était là le grief le plus sérieux de Louis XIV, — elles redoublèrent aux mois d'août et de septembre 1702 : « Un parti de hussards, écrit d'Audiffret le 25 août, est venu ces jours passés au village d'Hellimer dans la prévôté de Dieuze, où il n'a point touché aux biens des Lorrains, mais il a rançonné ceux des sujets de Votre Majesté dont le com-

---

1. M. de Torcy à M. d'Audiffret, 6 août 1702. *Archives des affaires étrangères*, LV, 93.
2. D'Audiffret au roi, 20 août 1702. *Ibid.*, LVII, f° 26.

mandant avait une liste[1]. » D'autres bandes apparurent successivement dans les environs de Saint-Dié et de Rambervillers, entre Mirecourt et Plombières, et jusqu'aux portes de Nancy[2], pillant les Français des villages mi-parties, arrêtant les courriers et s'attaquant surtout aux convois d'avoines à destination de l'armée d'Alsace. Saint-Contest désolé se plaint qu'il ne soit plus possible de « rien voiturer » en deçà des Vosges ; il supplie le ministre de « presser vivement et hautement M. le duc de Lorraine, sans quoi l'armée d'Alsace périra[3] ». Et ce cri d'alarme de l'intendant ne tarda pas à être accompagné des doléances des entrepreneurs de vivres qui demandaient à dénoncer un traité qu'ils étaient dans l'impossibilité d'exécuter : les hussards, écrivent-ils dans leur requête, « s'embusquent à portée de la grande route qui va de Rambervillers à Schlestadt et viennent prendre impunément les chevaux des charretiers...; ce qui a tellement alarmé les paysans qu'on ne peut plus trouver de voitures à quelque prix que ce soit[4] ».

Le mécontentement de Louis XIV était d'autant plus vif que M. de Varennes, malgré les bruits officiels répandus par la cour de Lorraine à la fin de juillet[5], restait

---

1. *Ibid.*, f° 29. — Saint-Contest écrivait au ministre de la guerre, à la date du 23 septembre : « Il se passe ici deux choses dont je suis obligé d'avoir l'honneur de vous rendre compte : ce sont des Lorrains qui mènent les partis ennemis, et ce sont des Lorrains qui achètent à vil prix le butin que font les houssards. Il y a même un village, moitié lorrain et moitié français, où les Lorrains indiquaient les Français, et ils ont pillé les uns sans piller les autres. » *Dépôt de la guerre*, 1593.

2. « Un parti ennemi de 260 chevaux et 200 fantassins, commandé par un Lorrain natif de Nancy, a couché cette nuit dans les bois de Haye. » D'Audiffret au Roi, 19 septembre 1702. *Archives des affaires étrangères*. LVII; f° 60.

3. Lettre du 20 septembre 1702. *Dépôt de la guerre*, 1583.

4. Plaintes des entrepreneurs de la fourniture des 100,000 sacs d'avoine pour l'Alsace, septembre 1702. *Ibid.*

5. A cette date, Nahuet avait prévenu Saint-Contest de la mise en liberté du général français. Saint-Contest en avisa le ministre qui lui répondit, le 2 août, que le Roi était très content de la manière dont Son Altesse s'était employée pour procurer la liberté de M. de Varennes. Mais celui-ci ne devait arriver à Strasbourg que le 14 novembre. *Ibid.*

toujours entre les mains des Impériaux : il ne devait être mis en liberté que dans les premiers jours de novembre.

D'ailleurs les dépêches de M. d'Audiffret qui contenaient chaque jour de nouvelles insinuations, n'étaient pas faites pour faciliter les rapports entre le roi de France et le duc de Lorraine : « J'ai été informé de bon lieu, déclarait d'Audiffret le 25 août, que le roi des Romains a écrit au duc de Lorraine que s'il croyait que la présence d'un ministre de l'Empereur fût nécessaire auprès de lui, on le lui enverrait incessamment. Je n'ai pu encore découvrir la réponse qui lui a été faite, mais on dit que ce ministre est désiré en cette cour où les cœurs sont fort allemands ; le comte de Carlingford m'y voit avec beaucoup de peine, et on tâche de m'éloigner de Mme la duchesse de Lorraine par des rapports et des artifices assez grossiers[1]. » Quelques jours après, l'agent de Louis XIV annonçait à son maître que la nouvelle d'une prétendue victoire[2] des Impériaux en Italie avait causé la plus vive satisfaction à Nancy et au palais ducal, et permis de constater les vrais sentiments de Léopold et de son entourage : « Quelque précaution que ce prince voulût prendre pour se composer, écrivit-il, sa joie intérieure ne laissa pas de se faire voir ; elle fut universelle dans cette cour, mais de peu de durée[3]. » Le lendemain en effet une lettre venant de Suisse apprit le succès des armes du roi : « Mme la duchesse prit sa revanche, ajoute d'Audiffret, lut cette lettre hautement et j'eus la satisfaction de voir com-

---

1. D'Audiffret à Louis XIV. *Archives des affaires étrangères*, LVII, f° 29.
2. Il s'agit de la bataille, très disputée, de Luzzara, où Vendôme se mesura victorieusement avec le prince Eugène.
3. Lettre du 30 août 1702. *Ibid.*, f° 31. « Plus j'examine ce prince, — dit encore d'Audiffret dans la même lettre, — plus je découvre qu'il a un fonds de bonnes intentions, qu'il connait parfaitement l'intérêt qu'il a de tenir une conduite qui soit agréable à Votre Majesté, et quoique son inclinaison le porte à la maison d'Autriche, il sait cacher ses sentiments avec une prudence qui est au-dessus de son âge. »

bien elle était sensible à l'avantage et à l'honneur des armes de Votre Majesté. »

Mais Léopold défendait avec énergie sa cause auprès de Louis XIV, soit directement, soit par l'intermédiaire de son envoyé à Versailles, M. Barrois. Le 14 septembre, il protestait encore de son dévouement au roi, marquant « le chagrin » qu'il éprouverait si on lui imputait à crime les courses des ennemis dans les Évêchés, « une chose, affirmait-il, à laquelle je n'ai aucune part et que même il n'est pas en mon pouvoir d'empêcher sans donner atteinte à la neutralité que Votre Majesté a eu la bonté de m'accorder[1] ».

IV

Les déclarations du duc de Lorraine, ses assurances, en admettant même qu'elles fussent sincères, n'empêchaient pas les hussards autrichiens de traverser les duchés dans tous les sens et d'y être reçus partout en amis : « Si les intentions de ce prince sont bonnes, — faisait écrire Louis XIV à M. d'Audiffret, — il est obligé d'avouer qu'il n'a pas assez de forces pour les faire exécuter et qu'il s'est trop flatté quand il a cru que l'Empereur aurait assez de considération pour lui pour le mettre en état de conserver en Lorraine la neutralité qu'il a demandée. Il ne serait pas juste que les égards que j'ai bien voulu avoir fussent cause de la ruine de mes sujets, et je ne pourrai plus différer de pourvoir à leur sûreté de quelque manière que ce soit si les princes allemands continuent de passer et de demeurer en Lorraine[2]. »

On voit que l'idée d'occuper militairement les princi-

---

1. Léopo'd à Louis XIV. *Ibid.*, LVII, f° 56.
2. Lettre du 27 septembre 1702. *Ibid.*, LV, f° 25.

paux points stratégiques des duchés pénétrait peu à peu dans l'esprit de Louis XIV. De son côté, Léopold ne voulait se prêter à aucune transaction ; à la fin de septembre il refusait encore à M. de Locmaria l'autorisation de placer des troupes à Boulay, poste indispensable pour assurer les communications entre Metz et Sarrelouis[1] ; il est vrai que pour corriger le mauvais effet produit à Versailles par ses résistances et témoigner de son désir d'être agréable au roi, il défendit à ses sujets de servir de guides aux partis, d'acheter ou de recevoir en dépôt leurs effets, sous quelque prétexte que ce fût, à peine d'un châtiment exemplaire[2].

Mais cette ordonnance ne réussit pas à satisfaire Louis XIV : « Comme elle n'impose aucune peine précise, mandait-il à M. d'Audiffret, elle sera souvent éludée si ce prince ne donne des ordres bien sévères pour les faire observer[3]. »

D'autre part le maréchal de Villars ne cessait de pousser le roi à prévenir les ennemis sur la Meurthe. Au lendemain de sa victoire de Friedlingen, il craignait que le prince de Bade ne se joignît aux Hollandais pour opérer en Lorraine ; cette crainte semblait d'autant plus fondée qu'il était informé que le général Top, dépêché par les États-Généraux, était venu au camp du général allemand pour combiner avec lui d'importantes opérations[4]. Le corps d'armée de Tallard, appuyé sur Metz, couvrait, il est vrai, la basse Lorraine, mais, disait Villars, « la Sarre est une frontière dangereuse quand on n'a point Nancy[5] ».

Louis XIV, ébranlé cette fois par les raisons de Villars,

---

1. M. de Locmaria au ministre, 30 septembre 1702. *Dépôt de la guerre.* 1571.
2. Ordonnance du 10 octobre 1702. *Ms. n° 392 de la Bibliothèque de Nancy.*
3. Lettre du 23 octobre 1702, *Archives des affaires étrangères*, LV, f° 33.
4. Pelet, II, 428.
5. *Ibid.*, II, 429.

donna l'ordre à Tallard de se porter du côté de Marsal afin d'être à portée de s'opposer aux projets de l'ennemi, et à d'Audiffret de surveiller avec plus d'attention que jamais la conduite du duc de Lorraine[1].

M. d'Audiffret avait employé depuis son arrivée à Nancy tous les moyens qu'autorise une diplomatie cauteleuse, — qui est celle de tous les temps, — pour découvrir des preuves certaines, palpables des intelligences de Léopold avec la cour de Vienne. En vain il fit arrêter les courriers de l'évêque d'Osnabrück, frère du duc de Lorraine ; en vain il se ménageait jusque dans l'entourage du prince des agents secrets : il se voyait en conscience obligé de déclarer à son maître qu'il n'y avait pas lieu de croire à l'existence d'un engagement entre Léopold et les souverains coalisés.

Si les souvenirs de jeunesse poussaient le duc à prêter l'oreille aux propositions des ennemis de Louis XIV, sa « très grande sagesse », au dire de M. d'Audiffret, le retenait dans la neutralité. Ses conseillers d'ailleurs étaient loin de se trouver d'accord sur la politique à suivre. Le P. Creitzen était favorable à la France ; Carlingford et Mahuet, au contraire, restaient tout dévoués à l'Autriche : le comte de Couvonges et M. de Chantereine formaient un tiers parti, plus disposé à se rapprocher du P. Creitzen que de Carlingford, parce que celui-ci protégeait les Mahuet, leurs ennemis déclarés. Cependant, ajoutait Louis XIV, « les liaisons et le commerce avec la cour de Vienne continuent toujours fort régulièrement... Il me semble que l'on est plus retenu par la crainte que par la volonté de cœur[2]. »

Mais le roi venait de prendre une grave résolution, qu'il

---

1. Pelet, II, 439 ; Louis XIV à M. d'Audiffret, 7 novembre 1702. *Archives des affaires étrangères*, LV, f° 37.
2. D'Audiffret à Louis XIV, 23 novembre 1702. *Ibid.*, LXVII, f° 101.

ne différa quelque temps que « par la considération particulière qu'il avait pour M. de Lorraine et par sa tendre amitié pour M.ᵐᵉ de Lorraine¹ ». Le 16 novembre, il donnait à Tallard l'ordre de se tenir prêt à marcher sur Nancy; Saint-Contest, de son côté, devait préparer les vivres et les munitions, et réunir le matériel nécessaire pour un siège : « J'espère, écrivait Chamillard à l'intendant de Metz, que les magasins de Metz pourront fournir à tout... Faites avancer des blés et des avoines à Marsal en toute diligence... Si vous prenez des foins ou des grains sur les terres de Lorraine vous les ferez payer jusqu'à ce que M. le duc de Lorraine se soit déclaré, et garder à son égard les mêmes ménagements que l'on a eus depuis la paix, à moins que par le mauvais parti qu'il prendrait il n'oblige Son Altesse d'ordonner que l'on en use autrement... Sa Majesté ne croit pas qu'il soit besoin pour cette expédition d'un plus grand nombre de pièces de 16 et de 24 que celui de 18 ou 20. Vous avez une partie des affûts et des bois nécessaires pour raccommoder les défectueux ou en faire de nouveaux; faites-y travailler sans perdre un moment, mais en même temps ayez grande attention à cacher tous vos mouvements... Je vous envoie bien de l'argent pour vous mettre en état de payer les troupes et de fournir quelques secours à M. de Tallard en cas de siège pour répandre parmi les soldats et travailleurs; il faudra distribuer de la viande et de l'eau-de-vie libéralement : cette dépense est nécessaire et de peu de durée... Je ferai demain partir 1,600 tentes pour la cavalerie que vous prendrez soin de retirer si on n'en fait aucun usage; faites en faire pour l'infanterie le plus que vous pourrez... Le roi ne regarde point cette affaire comme une grande entreprise; ne vous laissez pas entraîner par des difficultés

---

1. Dangeau, IX, 51.

de voitures ; il faut se charger de choses nécessaires à proportion que l'on en aura et se passer du reste[1]. »

Tallard venait de se rendre maître du château de Trarbach[2] ; après avoir laissé des garnisons dans les petites places de la Sarre inférieure et à Trèves, il concentrait sa cavalerie à Sarrelouis et dans les environs, lorsqu'il reçut l'ordre de se porter en Lorraine. Il trouva de grands inconvénients à cette marche, tant à cause de la mauvaise saison que de la fatigue que ses troupes venaient d'éprouver, et il était d'avis de la remettre à la fin du mois de février. Villars, que le roi consulta, jugea l'opération praticable et absolument nécessaire, non-seulement pour couvrir la Lorraine et les Trois-Évêchés et assurer les communications avec l'Alsace, mais aussi pour sauver cette province qui se trouvait exposée à manquer de subsistances si l'on ne venait pas à son secours[3]. Tallard se rendit d'autant mieux à ces raisons que Villars lui annonça l'envoi d'une partie de ses troupes pour l'aider dans ses opérations ; mais ce secours fut inutile.

V

Le 29 novembre, Tallard mettait son armée en mouvement et envoyait à Toul cinq bataillons et quatre escadrons, tandis que vingt-cinq autres escadrons se portaient à Vic et à Marsal ; l'artillerie et les munitions furent chargées sur cent bateaux qui devaient remonter la Moselle jusqu'à Pont-à-Mousson. Le général en chef se proposait de partir de Metz avec le reste de ses troupes le 1ᵉʳ décembre, d'in-

---

1. Chamillard à Saint-Contest, 16 et 22 novembre 1702. *Dépôt de la guerre*, 1533.
2. Petite ville de la Prusse rhénane, au sud-ouest de Coblentz, sur la rive droite de la Moselle.
3. Pelet, II, 111.

vestir Nancy le lendemain, et d'entamer un siège en règle si le duc de Lorraine refusait d'ouvrir les portes de sa capitale aux soldats du roi.

Depuis que les Français avaient démoli les ouvrages extérieurs de Nancy, cette ville était presque sans défenses; entourée d'une simple muraille, dont la construction était même inachevée[1], elle n'avait ni artillerie, ni garnison, ni approvisionnements. Aussi lorsque M. de Callières[2] vint soudainement de la part du roi demander à Léopold de consentir à l'établissement d'une garnison française dans sa capitale, le souverain de la Lorraine n'eut à opposer au désir de son puissant voisin que d'humbles prières et de vaines protestations : « Votre Majesté, — écrivait-il à Louis XIV dans sa résignation touchante, — est l'arbitre de mon sort, je le remets entre les mains de Dieu et les siennes. Elle peut faire de moi ce qu'il lui plaira; j'ai encore bien moins la volonté que le pouvoir de lui résister. Je m'en vais quitter cette ville et me confiner dans une maison à la campagne avec la duchesse mon épouse qui ne s'attendait pas, à la veille de ses couches, à recevoir une affliction si sensible. Cependant si j'osais faire encore une remontrance très respectueuse à Votre Majesté, je la supplierais très humblement de suspendre pour quelque temps l'exécution des ordres qu'elle a donnés à cet égard, et je me charge envers elle d'avoir de l'empereur un traité de neutralité tel que Votre Majesté le souhaitera pour sa sûreté et à telle condition qu'elle trouvera bon. Si Votre Majesté ne m'accorde pas ce délai, j'aurais sujet de croire que j'ai eu le malheur de lui déplaire, et que j'ai encouru sa disgrâce, sans en savoir le sujet, et comme je ne puis me rien reprocher à cet

---

[1]. Lionnois, III, 51.
[2]. Sur cette mission de M. de Callières, voir d'Haussonville, IV, p. 189 et suiv.

égard, je plaindrai mon sort et ne laisserai pas de conserver pour Votre Majesté le profond respect que je lui dois en qualité, Monseigneur, de Votre Majesté le très humble et très obéissant serviteur et neveu[1]. »

Mais les instructions de M. de Callières étaient formelles; il devait dans sa première audience demander une réponse précise. Léopold refusa de consentir par traité à recevoir les troupes françaises dans Nancy, mais il déclara qu'il ne ferait aucune résistance si le roi persistait dans ses intentions : « Les portes de la ville, disait-il, seraient seulement fermées, mais de façon qu'on pût les enfoncer sans avoir besoin de canon. Il y aurait ordre de ne pas tirer un seul coup de mousquet lorsque les troupes entreraient[2]. »

La plupart des historiens lorrains[3] ont raconté que M. de Callières avait offert à Léopold de convenir qu'il serait fait un semblant de résistance à l'entrée des Français, mais que le duc de Lorraine avait refusé de passer aux yeux de l'Europe « pour un téméraire ou un comédien ». La vérité est que c'est Léopold lui-même qui voulut d'abord fermer les portes de la ville, comptant qu'un simulacre de défense attesterait à Vienne qu'il n'était pas de connivence avec Louis XIV; mais M. de Callières lui représenta « les inconvénients qui arriveraient si on était obligé d'enfoncer les portes, et le désordre que cela pourrait causer[4] ». Léopold le comprit et, ne voulant pas assister à la prise de possession de sa capitale, il quitta Nancy dans l'après-midi du 2 décembre,

---

1. Léopold à Louis XIV, 1er décembre 1702. *Archives des affaires étrangères*, LIII, 322.
2. M. de Callières au roi, 1er décembre 1707; d'Haussonville, IV, 190.
3. Calmet, VII, 226; Noël, *Mémoires*, n° 5, I, 59; Digot, VI, 37; Lionnois, III, 51.
4. M. de Callières au roi, 3 décembre 1702. *Archives des affaires étrangères*, LIII, 336.

par le petit pont du jardin de la cour, et gagna Lunéville, suivi de quelques hommes seulement. La duchesse était partie le matin, souffrante et dans le huitième mois de sa grossesse : « Je la vis, écrit un contemporain, pleurant comme une enfant. Toute sa cour et ses peuples n'en faisaient pas moins ; rien de si touchant [1]. » Un autre témoin oculaire, Sauter, le secrétaire du duc, parle des « hurlements de la ville et de tout le peuple, principalement lorsque Madame Royale sortit et la petite princesse ; tout le monde fondait en larmes, jetant des cris lamentables, et la plupart s'arrachant les cheveux dans les rues publiquement [2] ». M. de Callières lui-même reconnaît, dans sa dépêche à Louis XIV, qu'il y a eu « beaucoup de larmes répandues » au moment du départ de la duchesse, mais « aucun désordre ».

Le 3 décembre, qui était un dimanche, vers les dix heures du matin, les soldats du comte de Tallard, — deux régiments de cavalerie et six bataillons d'infanterie, — parurent à la porte Notre-Dame, et entrèrent après avoir sommé les gardes de leur ouvrir les barrières ; ils occupèrent successivement les portes de la ville vieille, de la ville neuve et de la citadelle. Les troupes lorraines se retirèrent à Lunéville, sauf une centaine d'hommes du régiment des gardes à pied qui furent logés au palais ducal où M. de Callières resta quelques jours encore [3].

Les habitants de Nancy, alarmés à la nouvelle de l'approche des Français, et comme affolés à leur vue, songèrent un instant à abandonner la ville. M. de Callières écrivit au chef du corps municipal, le priant de réunir sans retard les quarteniers, et de faire savoir à tous que

---

1. *Journalier de Pascal Marcol* (Lepage, *Archives de Nancy*, II, 319).
2. D'Haussonville, IV, 577.
3. Lepage, *Archives de Nancy*, II, 319 ; *Journal d'un bourgeois de Nancy*, dans le *Bulletin de la Société d'archéologie lorraine*, 1856, p. 57.

le roi de France entendait les protéger contre toute violence et leur assurer une parfaite tranquillité[1].

Tallard donna des ordres pour qu'on travaillât à remettre en état les remparts de Nancy[2] et reprit la route de Metz, laissant le commandement à M. d'Hautfort, qui le céda quelques jours après à M. d'Avejean, à qui la cour l'avait destiné[3].

Villars apprit avec d'autant plus de satisfaction l'heureuse issue de l'expédition de Tallard qu'il sut bientôt que le prince de Bade avait formé le projet de s'emparer, au commencement de la campagne suivante, de Nancy et de toute la Lorraine, dans l'espérance d'en tirer un très grand nombre de recrues et beaucoup de subsistances[4].

Mais voilà déjà que Nancy ne suffisait plus à assurer la sécurité de la frontière française : Villars regardait maintenant comme indispensable de mettre des garnisons dans les petites places de Sarralbe, Sarreguemines, Bouquenom, et de tenir au moins douze escadrons du côté de Saint-Dié pour protéger le transport des grains qu'on devait faire passer en Alsace. Louis XIV ne permit pas que l'on disséminât des troupes dans l'intérieur des duchés, mais il chargea encore M. de Callières d'aller à Lunéville annoncer au duc l'intention où il était de détacher quelques troupes dans les villes lorraines de la Sarre. Les mouvements des troupes impériales venaient en effet de nécessiter cette nouvelle violation de la neutralité : le prince de Bade était entré à Bitche et à Hombourg[5].

---

1. Callières à Louis XIV, 3 décembre 1703.
2. Pelet, II, 445. — Lionnois (III, 52) déclare n'avoir trouvé aucune preuve que les Français aient fait alors des travaux autour de Nancy.
3. *Mémoires du marquis de Sourches*, VII, 414. — M. d'Avejean mourut à Nancy le 17 septembre 1707.
4. Pelet, II, 417.
5. *Ibid.*, d'Haussonville, IV, 193.

Léopold, douloureusement surpris, s'inclina, comme il l'avait fait à Nancy, devant la loi du plus fort ; il déclara que les troupes de Sa Majesté n'auraient aucun obstacle à surmonter et que, si elles se présentaient devant ses places, les soldats du régiment des gardes se retireraient aussitôt. « Cette déclaration me suffit, faisait écrire Louis XIV à d'Audiffret, je n'en demande pas de plus précise[1]. » Le 24 décembre, Villars faisait entrer ses régiments dans les villes de la Sarre ; quelques jours avant, sans attendre les ordres du roi, il s'était établi à Fénétrange, qui appartenait au prince de Vaudémont[2]. Aussitôt les Impériaux évacuèrent la Lorraine allemande, moins sur les représentations de Léopold, que parce que les mesures prises par Villars venaient d'y rendre leur situation critique[3].

VI

Touché de l'esprit de soumission dont le duc de Lorraine avait fait preuve, Louis XIV cherchait à le rassurer sur l'avenir et lui déclarait par l'intermédiaire de M. d'Audiffret qu'il était satisfait de sa conduite et qu'il n'entendait pas empiéter sur ses droits de souverain[4]. Il eût été content si ces assurances et l'exacte discipline du corps d'occupation de Nancy eussent déterminé le duc à revenir

---

1. Louis XIV à M. d'Audiffret, 21 décembre 1702. *Archives des affaires étrangères*, LV, f° 47.
2. Pelet, II, 152.
3. « Vous avez eu raison de faire connaître au duc de Lorraine que le prince de Bade n'a pas lieu de se faire un mérite de lui avoir abandonné Bitche, et qu'il était impossible aux troupes de l'Empereur de soutenir ce poste. » Louis XIV à M. d'Audiffret, 10 janvier 1703. *Archives des affaires étrangères*, LV, f° 53.
4. Louis XIV à M. d'Audiffret, 7 décembre 1702. *Ibid.* — Le roi autorisa M. d'Avejan à « entrer par ses troupes ou son canon » dans les réjouissances qui se firent pour l'heureux accouchement de la duchesse de Lorraine. *Dépôt de la guerre*, 1571.

dans sa capitale. M. de Callières, et, après le départ de celui-ci, M. d'Audiffret, firent à Léopold des ouvertures en ce sens; elles furent assez mal accueillies : « La lettre que vous m'avez écrite le 17 de ce mois, mandait Louis XIV à M. d'Audiffret, m'informe de ce que vous avez dit au duc de Lorraine pour obliger ce prince à retourner à Nancy. Comme il n'y a pas lieu de croire qu'il en prenne la résolution au moins de quelque temps, il serait présentement inutile de lui en faire de nouvelles instances; il suffit qu'il sache que lorsqu'il y voudra retourner, mon intention est qu'il n'y soit pas moins le maître qu'il l'était avant l'entrée de mes troupes dans cette ville[1]. »

Un instant le bruit courut que Léopold allait quitter Lunéville, mais pour gagner l'Allemagne et se jeter dans les bras de l'empereur. Plus d'un courtisan, secret partisan de l'Autriche, dut lui donner un semblable conseil. Un jour que le comte de Gerbéviller l'en pressait vivement : « Monsieur, — lui répliqua le duc en faisant un cercle autour de sa canne, — il ne me resterait que cela, tant que je serai souverain, j'y demeurerai. S'il ne me restait que mon lit, je n'en bougerais[2]. »

Si le duc de Lorraine était mécontent des procédés du roi de France, il ne pouvait guère être satisfait de l'empereur; les troupes impériales traitaient alors la Lorraine allemande comme un pays ennemi. C'était l'empereur qui, en tardant trop à reconnaître effectivement la neutralité des duchés et en retenant prisonnier six mois un général français que le duc de Bade lui-même ne considérait pas de bonne prise, avait fourni à Louis XIV un prétexte plausible pour se rendre maître de Nancy; c'était

---

1. Louis XIV à M. d'Audiffret, 21 décembre 1702.
2. Noël, *Mémoires*, n° 5, I, 60.

l'offensive prise par les armées impériales qui avait déterminé les Français à s'établir dans les villes de la Sarre. D'ailleurs, écrivait d'Audiffret au roi, « M. le duc de Lorraine est trop sage pour abandonner ses États et se retirer en Allemagne; je n'ai rien vu jusqu'à présent dans ses discours ni dans ses ordres qui puisse en donner le moindre soupçon; il est trop pénétré de la maxime qu'il a plus à espérer de Votre Majesté que de l'empereur... Le P. Creitzen ne lui donnera jamais un pareil conseil. L'amour qu'il a pour Mme la duchesse de Lorraine est encore un motif pour l'empêcher, et quoique cette princesse n'ait aucune part aux affaires, elle ne laisse pas d'avoir un grand crédit sur son esprit. Tout me confirme qu'il fera sa résidence ordinaire à Lunéville jusqu'à ce que les troupes de Votre Majesté soient sorties de Nancy[1]. »

Mais Léopold était loin d'en avoir fini avec les nécessités de la guerre. M. de Varennes, à qui Villars partant pour se rendre à la cour laissa le soin d'assurer la sécurité des troupes pendant les quartiers d'hiver, mit quelques soldats à Saint-Avold et à Boulay, où une compagnie des gardes lorraines tenait garnison : « Cette compagnie, écrivait Varennes au ministre de la guerre, bien loin de nous y servir, nous en avait ôté toute la sûreté, car enfin, Monseigneur, puisque je suis forcé de parler plus clairement pour le service de mon maître, je ne puis plus m'empêcher de vous dire que c'aurait été autant d'espions que nous aurions eus pour avertir les ennemis de nos convois, et de ce qui irait et viendrait, et même se joindre à eux pour tomber dessus; sans cesse leurs partis rôdent dans ce pays-là ; ils venaient prendre

---

[1]. Lettre du 26 janvier 1703. *Archives des affaires étrangères*, LVII, f° 167.

langue à Boulay et à Saint-Avold, et même y étaient reçus et cachés, surtout chez les moines de Saint-Avold. Enfin, Monseigneur, il n'y a personne qui ne voie et ne vous assure que l'on ne saurait trop se défier du peuple lorrain[1]. »

En vain le duc de Lorraine envoyait M. d'Hoffelize auprès du général français, et M. de Couvonges à Versailles pour protester contre l'occupation de Saint-Avold et de Boulay, et obtenir le retrait des garnisons françaises. Le ministre, loin de désavouer son subordonné, répondait qu'il fallait « occuper des postes derrière ceux qui sont le long de la Sarre pour soutenir les premiers », et que le roi s'en remettait sur tout à M. de Varennes. Celui-ci reçut même l'ordre de s'assurer du pont de Flabeuville[2] sur la Chiers, en termes qui montrent le peu de cas que l'on faisait à la cour de France du malheureux duc de Lorraine : « L'intention du roi est que vous fassiez des instances auprès de Son Altesse pour obtenir la permission de le faire garder par les troupes de Sa Majesté, et que vous me mettiez en état de lui rendre compte du succès de cette négociation[3]. » N'était-ce pas autoriser les généraux français à traiter la Lorraine comme avant la paix de Ryswick[4] ?

M. de Couvonges n'était pas plus écouté lorsqu'il se plaignait de l'établissement du service des postes en Lorraine et des réquisitions imposées aux paysans. Varennes reconnaissait pourtant avoir établi à Saint-Avold une poste pour laquelle les villages voisins devaient fournir

---

1. Lettre du 21 janvier 1702. *Dépôt de la guerre*, 1612.
2. Commune de Colmey (canton de Longuyon).
3. Chamillard à Varennes, 2 février 1703. *Dépôt de la guerre*, 1672.
4. Nous devons dire que M. d'Avejean, à Nancy, cherchait à ménager la population et faisait fournir par l'administration militaire le bois et la chandelle aux cavaliers et soldats de la garnison de Nancy, « ce qui a fait un grand plaisir à M. le duc de Lorraine et aux habitants ». M. d'Avejean au ministre, 5 janvier 1703. *Ibid.*

des chevaux à tour de rôle, mais, disait-il, « cela est d'une très petite fatigue »; il affirmait d'autre part que les ustensiles ne passaient pas le « feu et la chandelle de l'hôte » et que les fourrages étaient levés « avec tout l'ordre du monde¹ », invoquant même sur ce point le témoignage de M. de Saint-Contest.

Or la correspondance de l'intendant de Metz avec le ministre nous montre clairement comment on entendait concilier les droits de la guerre et ceux de la neutralité. L'intendant, frappé de la nécessité d'accaparer tous les fourrages de la Lorraine « afin de les ôter aux ennemis », avait demandé des instructions à Chamillard, qui lui fit cette réponse : « Il faut porter honnêtement les ministres de M. le duc de Lorraine à faire fournir le fourrage aux troupes du roi, soit par des entrepreneurs, soit en faisant des répartitions sur le pays..., après quoi, si vous voyez que ce soit une espèce de refus, vous obligerez les habitants à les fournir à un prix raisonnable². » Puis, sachant que les ministres lorrains témoignaient de leur mauvais vouloir, Chamillard n'osa plus conseiller ouvertement l'emploi de la force et recommanda à Saint-Contest « d'engager quelques habitants de Lorraine des endroits où il est nécessaire d'avoir des magasins de fourrages de prêter leurs noms pour faire lesdits magasins moyennant quoi on ne donnerait aucune atteinte à la neutralité puisqu'il paraîtrait que ce sont les habitants qui fournissent de gré à gré en payant³ ».

Mais Saint-Contest s'en tint au premier avis : « Les besoins de la guerre que les Lorrains voient comme nous et d'aussi près, font qu'ils prennent en patience de certaines choses que nous faisons et qu'ils reconnaissent que

---

1. M. de Varennes au ministre, 24 janvier 1703. *Ibid.*
2. Chamillard à Saint-Contest, 2 janvier 1703. *Ibid.*
3. Lettre du 15 janvier 1703. *Ibid.*

nous ne pouvons nous dispenser de faire. Par exemple je vous dirai que j'ai fait quelques répartitions de fourrages en Lorraine cette année et l'année passée, dont on leur a fort bien payé le prix et dont vous n'avez eu nulle plainte, parce qu'ils ont vu que les armées qui y passent ne pouvaient point subsister autrement, et que je leur ai écrit que je n'avais aucun droit de le faire, que c'était le pur besoin absolu qui m'y avait obligé [1]. »

C'est que les événements de la guerre de la Succession d'Espagne avaient leur contre-coup en Lorraine : au lendemain de la prise de Kehl par Villars (12 mars 1703) et des succès de l'électeur de Bavière, l'allié de la France (printemps 1703), M. d'Audiffret signalait *l'étonnement causé à Lunéville par le désordre où paraissaient être les affaires de l'empereur* : « L'inclination autrichienne, disait-il, y domine toujours, mais les discours y sont plus retenus [2] ». Sans doute Léopold cherchait toujours à conserver la confiance de l'empereur [3], mais il ne montrait plus à l'égard de la France la même attitude froide et quasi hostile ; il consentait à discuter, par l'intermédiaire de Protin [4], des propositions qu'en d'autres temps il eût repoussées avec indignation : ainsi il autorisa l'établisse-

---

1. Saint-Contest à Chamillard, 21 mai 1703. *Ibid.*
2. D'Audiffret au roi, 17 avril 1713. *Archives des affaires étrangères*, LVII, f° 188.
3. Au printemps 1703, M. d'Audiffret accusait Léopold de correspondre activement avec Vienne ; il prétendait même qu'un officier des gardes lorraines, Fournier, détaché à Bitche sous prétexte de garantir la frontière des courses des hussards, n'était là que pour recevoir les lettres qui arrivaient d'Autriche par Landau ; il ne se méfiait pas moins des allées et venues d'autres officiers de la maison ducale, lesquels allaient peut-être, disait-il, porter à la poste de Bâle des paquets particuliers qu'on ne voulait pas faire passer par celle de Strasbourg. M. d'Audiffret à Louis XIV, 26 avril et 5 mai 1703. *Ibid*, LVIII, f° 35.
4. Paul Protin, seigneur de Vulmont, conseiller et avocat général au siège présidial de Sarrelouis, fut, depuis le retour de Léopold, secrétaire du cabinet de ce prince, devint conseiller d'État par lettres du 7 mai 1703, puis maître des requêtes ordinaire de l'hôtel, et commissaire ordonnateur en Lorraine et Barrois. Cf. Pelletier, 661.

ment du service des étapes[1] contre lequel M. de Couvonges avait naguère protesté en son nom ; il consentit même à faire commander sous main les voitures nécessaires au transport des 43,000 sacs de blé et d'avoine levés en Lorraine par M. de Saint-Contest pour l'approvisionnement de l'armée du Rhin[2].

Lorsque M. de Varennes vint à Lunéville demander au duc de faire courir sus aux partis ennemis qui traversaient ses États pour aller dévaster les terres du roi[3], Léopold invoqua, il est vrai, les devoirs de la neutralité, mais il ne s'opposa point à ce que les Français occupassent tous les postes nécessaires à leur sûreté : « Il s'abandonne entièrement, écrit M. de Varennes, à la bonté du roi et avec une telle soumission que Sa Majesté doit en être contente.[4] » Un peu plus tard M. de Saint-Contest ayant proposé à Louis XIV de lever des régiments en Lorraine, « cette nation brave et aimant la guerre », le duc déclara que si le roi de France voulait bien admettre ses pages dans ses troupes il leur inspirerait d'y entrer de préférence à tout autre service[5]; M. de Carlingford mécontent fit insinuer aux Irlandais de la compagnie des gardes qu'il donnerait un cheval et cent écus à ceux qui s'enrôleraient dans l'armée impériale[6].

Léopold prêtait de plus en plus l'oreille aux conseils du P. Creitzen, dont on connaît l'indifférence pour les inté-

---

[1]. Saint-Contest au ministre, 19 mai 1703. *Dépôt de la guerre*, 1671.
[2]. Saint-Contest au ministre, 3 juin 1703. *Ibid.*
[3]. En mai 1703, 300 hussards ennemis parurent aux environs de Luxeuil et de Vesoul ; en juillet, M. de Sailly battit près de Raon-l'Étape un autre parti. Pelet, III, 381, 417.
[4]. Lettre du 12 juin 1703. *Dépôt de la guerre*, 1672.
[5]. Saint-Contest au ministre, 4 novembre 1703. *Ibid.* — Louis XIV n'accueillit pas cette idée et engagea seulement Saint-Contest à lui recommander les bons officiers lorrains qui voudraient entrer à son service.
[6]. « Comme ils ont presque tous servi dans les troupes de Votre Majesté pendant la dernière guerre, mandait d'Audiffret au roi, il n'y en a qu'un qui ait accepté ce parti. » Lettre du 19 janvier 1701. *Archives des affaires étrangères*, LVIII, f° 167.

rêts de la maison d'Autriche ; il espérait, d'ailleurs, recueillir à bref délai le profit de ses complaisances à l'égard du roi. Il réclama d'abord la cession de la prévôté de Longwy, ou quelque territoire en échange : on remit le règlement de cette affaire après la paix[1]. Il ne fut pas plus heureux lorsque, à la nouvelle de la victoire que Tallard venait de remporter près de Spire sur le prince de Hesse (14 novembre 1703), il demanda l'évacuation de Nancy ; il eut beau démontrer au roi qu'il n'avait plus rien à craindre pour ses frontières de l'est : Louis XIV ne vit dans les instances du duc qu'un moyen de se justifier auprès de l'empereur de toute accusation de sympathie pour la France[2].

Au commencement de l'année 1704, la mort, attendue d'ailleurs, du P. Creitzen, accrut le crédit de Carlingford. L'ancien précepteur de Léopold rendit le dernier soupir le 2 avril ; il souffrait depuis longtemps d'une excroissance à la bouche, que plusieurs opérations n'avaient pu arrêter. « Ce qui passe tout ce qu'on peut dire, lisons-nous dans un manuscrit de l'époque, c'est que dans un temps où le visage du Père était hideux, sa plaie puante et exhalant une très mauvaise odeur, le prince n'a jamais manqué de le venir voir le matin et le soir, de s'approcher de son lit, examinant ses plaies lorsqu'il s'y trouvait en un temps où on le pansait, et y porter le doigt pour s'assurer de la vérité des choses que le chirurgien lui disait. Enfin, après sa mort, il l'a pleuré comme un fils pleure son père et a marqué une sensibilité qui n'est pas ordinaire aux princes à la mort des sujets qui leur ont été les plus chers[3]. »

---

1. Saint-Contest au ministre, 21 novembre 1703. *Dépôt de la guerre*, 1672
2. Léopold à Louis XIV, 19 novembre 1703 ; Louis XIV à M. d'Audiffret 30 novembre. *Archives des affaires étrangères*, LIII, f° 416.
3. Histoire française du collège de Nancy, f° 125. *Archives de Meurthe-et-Moselle*, B, 1959.

M. de Carlingford ne survécut que peu de mois au P. Creitzen ; il mourut le 30 juillet suivant.

Le moment où Léopold était privé coup sur coup de ses deux conseillers les plus écoutés était précisément celui où le théâtre de la guerre paraissant se rapprocher de la Lorraine, il allait avoir à déployer la plus grande habileté pour calmer les défiances réciproques des puissances en lutte. C'était aussi l'époque où ses démêlés avec l'évêque de Toul et le Saint-Siège donnaient lieu aux négociations les plus délicates et les plus laborieuses.

CHAPITRE V

LE CODE LÉOPOLD

I Démêlés de Léopold avec l'évêque de Toul. — II. L'ordonnance de juillet 1701. — III. Intervention du Saint-Siège. — IV. Les conférences de la Malgrange. — V. Envoi d'une mission lorraine à Rome. — VI. Le prince Charles et l'évêché de Munster. — VII. L'ordonnance de 1707. — VIII. Négociations de Lefebvre à Vienne.

Dans le tête à tête qui suivit la prestation de l'hommage et dans l'entretien de Marly, Louis XIV et Léopold ne s'étaient pas seulement entretenus de l'éventualité d'un partage de la monarchie espagnole ; sans nul doute le duc de Lorraine pria timidement son royal oncle de ne point reculer plus longtemps le règlement de ses démêlés avec l'évêque de Toul, et la solution de toutes les questions de limites restées en suspens depuis le traité de Ryswick. Au commencement de décembre 1699, Louis XIV chargea en effet MM. d'Aguesseau et de Pomereu de reprendre les négociations dont l'intendant des Trois-Évêchés, Turgot, avait été chargé l'année précédente. Les commissaires français s'abouchèrent avec MM. Mahuet et Barrois[1], mais le traité de Londres allait amener une nouvelle rupture de conférences désormais inutiles ; c'est seulement lorsqu'il eut vu le Milanais lui échapper que Léopold pria le roi de lui accorder ses *bontés* et de terminer toutes les contestations pendantes entre les deux cours : « Que Votre Majesté ne permette pas, Monseigneur, — lui marquait-il dans sa lettre du 25 novembre

---

1. Bibliothèque nationale, *Collection lorraine*, ms. n° 55.

1700, — que les prétentions de M. de Toul, dont je ne puis douter que l'on ne connaisse l'excès, arrêtent plus longtemps l'effet de sa justice[1]. »

I

Fort de l'appui qu'il avait trouvé auprès du ministre des affaires étrangères et auprès du roi lui-même, M. de Bissy avait continué à étendre sa juridiction au mépris de la Cour souveraine et de l'autorité ducale; il ne laissait passer aucune occasion de tracasserie.

Dans l'été de 1699, l'official de Toul faisait publier, sans demander le *pareatis* de la Cour, la censure de l'*Explication des Maximes des Saints*, l'ouvrage de Fénelon récemment condamné à Rome. Le procureur général, Bourcier, profita de cette occasion pour rappeler aux curés que les ordonnances des anciens ducs devaient être observées, leur défendant de publier à l'avenir des arrêts de la cour de Rome qui n'auraient pas été visés, au préalable, par le pouvoir séculier; pour cette fois, il les excusait sous prétexte que la contravention qu'ils avaient commise « était sans doute moins l'effet d'une désobéissance de leur part, que de l'oubli dans lequel la longueur des guerres passées avait presque enseveli les ordonnances[2] ». Cette modération ne produisit point l'effet attendu. La guerre, que tout annonçait depuis quelques années, allait éclater, âpre et violente, entre l'ambitieux prélat et le prince jaloux de défendre les droits de sa couronne.

Dans les premiers mois de l'année 1700, M. de Bissy publia un nouveau rituel et convoqua à Toul un synode

---

1. D'Haussonville, IV, 571.
2. Thibault, p. 86.

général, où il distribua à tous les doyens et promoteurs ruraux une instruction dans laquelle il attaquait ouvertement la juridiction laïque. Il prétendait faire valoir en Lorraine tous les règlements portés par la bulle *In Cœna Domini*[1], prononcer des condamnations civiles dans les monitoires[2], connaître par son official de toutes sortes d'oppositions aux mariages, et enfin obliger les ecclésiastiques à décliner la juridiction laïque pour actions personnelles, civiles ou criminelles[3]. Le procureur général demanda à la Cour souveraine la condamnation, non pas du rituel tout entier, mais seulement des passages qui portaient atteinte au pouvoir temporel; il reconnaissait même que cet ouvrage était dans son ensemble « digne du zèle et de la piété » de l'évêque de Toul, qu'il était le « fruit d'un grand travail et d'une forte application », et enfin qu'il contenait des « règles très saintes et des instructions très édifiantes[4] ». Par arrêt du 26 avril, la Cour fit droit aux conclusions du magistrat et permit la publication et l'exécution du rituel à l'exception des articles incriminés, au nombre de quatre.

M. de Bissy, évitant de se mettre personnellement en cause, fit rendre le 8 mai par son official une ordonnance qui déclarait l'arrêt de la Cour nul et attentatoire à l'autorité épiscopale. La Cour souveraine répliqua le 25 mai. L'official lança à son tour une nouvelle ordonnance (9 juin 1700), dans laquelle il prenait vivement à partie le procureur général, et lui reprochait d'avoir dit que les officiers de l'évêque de Toul relevaient de son autorité et

---

1. Bulle donnée par Grégoire XI et renouvelée par Paul III en 1536.
2. On appelait monitoire les lettres qui s'obtenaient des juges ecclésiastiques, et qu'on publiait au prône des paroisses pour obliger les fidèles à venir déposer des faits contenus dans ces lettres sous peine d'excommunication.
3. Rogéville, I, 273. — Cf. abbé Guillaume, *Histoire du diocèse de Toul*, III, p. 461 et suiv.
4. *Ibid.*, I, 274.

de celle de la Cour souveraine : « Il faudrait en conclure, s'écriait l'official, que M⁛ l'archevêque de Trèves et notre Saint-Père le pape leur sont encore subalternes. Car si l'official de Toul, à cause de la juridiction qu'il a l'honneur d'exercer en Lorraine, est official lorrain, et par là subalterne à la Cour souveraine, il en est de même de M⁛ le métropolitain, et même du souverain pontife. L'un sera métropolitain *lorrain*, et l'autre souverain pontife *lorrain*... Que le procureur général trouve bon qu'on lui dise que la véritable raison pour laquelle il doit éviter d'entrer en lice avec les officiers ecclésiastiques de Toul n'est pas la qualité de subalternes qu'il lui plaît de leur donner, et qu'ils n'auront jamais, mais l'impatience et la vivacité avec laquelle il souffre qu'on s'oppose à ses entreprises et qu'on en fasse voir si clairement au public l'injustice. On ne croit pas se tromper en assurant que c'est là la source de cette grande effusion de bile, si contraire à la modération, dont il se rend témoignage[1]. »

II

M. de Bissy attendait pour éclater que Léopold intervint lui-même dans la lutte en approuvant officiellement les opinions des magistrats de la Cour souveraine. La publication de l'ordonnance de juillet 1701 fut pour lui une occasion favorable de dénoncer à Rome les attentats dirigés en Lorraine contre la juridiction ecclésiastique.

A la faveur de l'occupation française, les officialités des trois évêchés de Metz, Toul et Verdun, avaient usurpé

---

1. Rogéville, I, 285.

peu à peu la connaissance de quantités de matières qui relevaient naturellement des juges laïques, comme testaments, blasphèmes, adultères, concubinages, demandes en séparation de corps[1], etc. On vit même, en 1679, Jacques de Fieux, le prédécesseur de M. de Bissy à Toul, fulminer contre le prêt à intérêt, sous prétexte d'atteindre l'usure[2]. Il importait à un gouvernement digne de ce nom de réagir contre de tels envahissements. D'autre part, la suppression de l'ancien tribunal des assises, l'érection d'une Cour souveraine, la réorganisation des juridictions inférieures en Lorraine, exigeaient une refonte complète des anciennes lois et coutumes relatives à la procédure civile et à l'instruction criminelle. Léopold confia cet important travail au procureur général Bourcier. L'éminent magistrat se mit à la tâche avec ardeur, et son projet, d'abord soumis à une commission, puis approuvé par le duc, fut promulgué au mois d'août 1701.

Cette ordonnance[3], connue sous le nom de Code Léopold, se compose de cinq parties distinctes : un règlement des attributions des officiers de justice, un code de procédure civile, un code de procédure criminelle, un règlement général des eaux et forêts, enfin la taxe des salaires et vacations des officiers de justice.

Imité des ordonnances françaises de 1667 et de 1670, le Code Léopold leur est incontestablement supérieur, au dire des jurisconsultes lorrains[4]. Il proclame le droit de l'innocent à une indemnité[5], droit reconnu d'ailleurs

---

1. Thibault, p. 91.
2. Rogéville, II, 665 ; Dumont, I, 268. — M. l'abbé Guillaume (III, p. 122 et suiv.) cherche à légitimer le rôle du clergé dans cette affaire.
3. Elle a été imprimée à Nancy, chez Barbier. 2 vol. in-18.
4. Voir Études sur la législation lorraine, par Louis Lallement, dans le Journal de la Société d'archéologie lorraine, 1858, p. 131.
5. « Les juges pourront condamner aux dommages et intérêts nos procureurs ou ceux des seigneurs, en leur nom, s'il paraît par l'évidence du fait qu'ils ont pris des dénonciateurs inconnus, notoirement insolvables, de foi suspecte, par un esprit de vexation. » Code Léopold, art. 6, titre 2.

en Lorraine dès le xvi° siècle. Il consacre le principe de la défense des accusés en matière criminelle, non pas, il est vrai, avec toute la précision et la clarté désirables : l'accusé devait avoir un conseil lorsque la discussion de l'affaire était difficile, mais on laissait au juge le soin de se prononcer sur ce point. La loi française, plus claire, mais moins libérale, interdisait dans la plupart des cas le ministère de l'avocat, et ne l'autorisait, sous le bon plaisir du juge, que pour les accusations de péculat, de banqueroute, de fraude[1], etc.; en outre elle n'obligeait pas, comme le faisait la loi lorraine, les avocats et procureurs à prêter gratuitement leurs bons offices aux pauvres, à peine, en cas de refus avéré, d'être exclus du barreau.

L'interdiction absolue de *s'obliger par corps* en vertu de convention volontaire, disposition édictée en Lorraine dès 1701[2], n'existe dans la loi française que depuis 1848. Enfin si le Code Léopold admettait encore la question, du moins il ne permettait pas que l'accusé fût plusieurs fois livré à la torture[3].

Mais ce ne sont pas ces innovations hardies et généreuses qui ont attiré sur l'ordonnance de 1701 l'attention des historiens. Dans le dessein d'établir en Lorraine les usages et règlements de l'église gallicane, Bourcier inséra tout au long le titre XV[4] de la loi française de 1667, traitant des procédures sur le possessoire des bénéfices et sur les régales ; il voulut aussi, comme la loi de 1670[5], forcer les officiaux à accorder le monitoire dès que le juge

---

1. Code Léopold, art. 4, titre 7; Ordonnance de 1670, art. 8, titre 14, dans Isambert, *Recueil général des anciennes lois françaises*, XVIII, 399.
2. *Code Léopold*, titre 20, art. 12.
3. *Ibid.*, Procédure criminelle, titre 11, art. 9 et 11.
4. Isambert, XVIII, 125.
5. L'ordonnance criminelle de 1670 enjoint aux officiaux, « à peine de saisie de leur temporel », d'accorder les monitoires que le juge estime nécessaires. *Ibid.*, XVIII, 384.

laïque le leur demanderait, alors qu'en Lorraine ils restaient libres de l'accorder ou de le refuser, les statuts synodaux leur défendant même de le décerner si le cas n'était pas important et l'objet d'une valeur supérieure à trois cents francs[1].

III

Au XVIIe siècle, sous la domination française, la Lorraine avait été régie par les lois du royaume, au spirituel comme au temporel ; mais, rendue à son autonomie, elle ne pouvait logiquement, comme le remarque M. de Saint-Mauris[2], retenir quelque chose du régime contre lequel l'opinion publique avait tant protesté. Or, aucun concordat ne réglait les rapports entre l'Église et l'État lorrain, qui était considéré à Rome comme pays de pure obédience, c'est-à-dire soumis aux constitutions des papes et des conciles. M. de Bissy, secondé d'ailleurs par l'ambassadeur de France auprès de la cour pontificale, n'eut donc aucune peine à démontrer l'usurpation tentée par le gouvernement de Léopold. Il trouva le moyen de faire examiner ses plaintes à la congrégation du Saint-Office, « où il se promettait, dit Lefebvre, d'être moins traversé à cause du secret qu'on y garde pour ainsi dire par excellence, à comparaison des autres tribunaux romains, et quoique cette matière eût naturellement dû être traitée à la congrégation de l'Immunité ou à celle de l'Index[3] ».

Aussi le bref du 23 septembre 1703 produisit en Lorraine une émotion d'autant plus vive qu'elle était moins attendue,

---

1. Dumont, I, 127.
2. *Études historiques sur l'ancienne Lorraine*, II, 330, note.
3. Lefebvre, Ms. n° 123 de la Bibliothèque de Nancy, f° 3.

et, suivant le mot de Lefebvre, « on vit avec étonnement partir la foudre du Vatican avant d'en avoir vu l'éclair[1] »; ce bref mettait à l'index l'ordonnance de juillet 1701, comme attentatoire aux droits de l'autorité ecclésiastique et excommuniait quiconque oserait l'imprimer, la lire, et même la posséder.

Léopold adressa aussitôt au pape Clément XI la lettre suivante, d'un ton digne et fier : « Je ne me serais jamais persuadé que mon nom qui est à la tête de cette ordonnance paraîtrait un jour placardé dans les carrefours de la capitale du monde chrétien, comme si j'étais l'ennemi juré de l'Église et son persécuteur dans mes États... A Dieu ne plaise que j'impute à Votre Sainteté la conduite dont on a usé à mon égard en ce bref dont je me plains ; il porte son nom à la vérité, mais il ne porte pas le caractère de son cœur : on a surpris sa sagesse, sa prudence et sa religion parmi les grands travaux du gouvernement de toute l'Église.....

« Il n'y a point d'exemple qu'un souverain pontife ait traité un prince chrétien et souverain de la sorte ; on n'a pas fait réflexion que cette injure m'est commune avec tous les princes souverains et qu'en m'insultant on insulte à toutes les têtes qui portent la couronne ; les officiers de votre cour ne doivent pas croire que je suis insensible au profond mépris qu'ils ont fait de ma personne et de mon nom, ils se sont fort trompés s'ils se sont persuadés que mon obéissance, de filiale qu'elle est, deviendrait servile entre mes mains. Je suis déjà parvenu, nonobstant ma jeunesse, à un âge qui ne permet pas à un prince

---

1. *Ibid.* — Léopold n'avait eu jusque-là qu'à se louer du Saint-Siège qui, le 27 mars précédent, avait accordé une dispense d'âge à Élisabeth-Charlotte de Lorraine, née le 12 octobre 1700, et élue abbesse de Remiremont à 3 ans. Bibliothèque de Nancy, ms. Noël, n° 483; Guinot, *Étude historique sur l'abbaye de Remiremont.* Paris, 1859, 1 vol. in-8°, p. 284 et suiv.

d'ignorer les devoirs de sa religion et les devoirs de la souveraineté, et je croirais manquer à ce que je dois au rang où Dieu m'a fait naître si je n'étais vivement touché de l'outrage éclatant que j'ai reçu par cette condamnation... Si on avait eu à se plaindre des écrits de quelques particuliers on aurait eu pour eux beaucoup plus de ménagement que pour moi ; j'apprends même que Votre Sainteté a fait depuis peu avertir un religieux français[1], célèbre par sa doctrine, de rétracter certaines propositions insérées dans un de ses ouvrages... Apparemment les officiers de Votre Sainteté lui ont fait connaître qu'il y avait plus de plaisir et de gloire à humilier un souverain qu'un simple religieux... L'Écriture sainte défend d'avoir un poids et un poids, une mesure et une mesure ; cependant dans la main du Père commun des chrétiens il y en a un pour les autres et un pour moi. Je suis traité comme le fils de l'esclave pendant que les autres sont regardés comme les enfants de la femme libre[2]... »

Le duc de Lorraine ne se contenta pas de cette protestation ; il interdit la publication du bref dans ses États, puis, afin de témoigner de sa soumission envers l'Église et assurer la tranquillité religieuse à son peuple, il fit travailler à une déclaration interprétative[3] des articles qui avaient particulièrement encouru les rigueurs du Saint-Siège.

M. de Bissy, pendant ce temps, cherchait à répandre le scrupule et l'alarme dans les esprits ; il condamnait un

---

1. Il s'agit sans doute de l'auteur du *Cas de conscience*, Eustace, confesseur des religieuses de Port-Royal. Léopold paraît ignorer que cet ouvrage, arrivé à Rome le 10 février 1703, fut examiné sur-le-champ et condamné le 12 ; le lendemain 13, le pape écrivait un bref au roi pour lui faire connaître cette condamnation. — Cf. Sainte-Beuve, *Port-Royal*, liv. VI, chap. XII.

2. Léopold au pape, 4 novembre 1703. *Ms. n° 417 de la Bibliothèque de Nancy* ; f° 7 ; d'Haussonville, IV, 580.

3. Rogéville, I, 312. — Voir aussi, sur ces démêlés, M. l'abbé Guillaume (III, p. 471 et suiv.), favorable à M. de Bissy.

factum, paru en 1680, et dans lequel le célèbre avocat Guinet, « un homme de conscience et de talent[1] », mort depuis plusieurs années, avait réfuté la théorie de M. de Fieux sur le prêt usuraire de l'argent. Cette condamnation, rendue le 23 septembre 1703, fut déclarée nulle par la Cour souveraine[2], mais, nonobstant, un grand nombre de prédicateurs tonnèrent du haut de la chaire contre l'usure ; on vit même quelques prêtres refuser l'absolution aux tuteurs coupables de prêter à terme et intérêts les deniers de leurs pupilles. D'après Rogéville[3], un bourgeois de Mirecourt, dans la crainte d'encourir les foudres de l'Église, retira des bœufs qu'il louait à deux fermiers des environs, « ce qui, tout à la fois, réduisit les deux habitants à une extrême indigence, et incommoda beaucoup les propriétaires, qui furent longtemps sans trouver d'autres cultivateurs ».

Aussi le procureur général Bourcier, en interjetant appel à Rome de la censure pontificale, s'élève avec indignation contre ceux qui avaient « sollicité secrètement[4] » l'autorité du Saint-Siège pour « leurs intérêts particuliers » ; il leur reproche d'avoir eu « assez peu d'égard à la dignité et à la majesté du souverain pontife, non seulement pour lui représenter le sujet dont il s'agit sous des couleurs étrangères, mais encore pour l'engager à imprimer une flétrissure de cette qualité sur un ouvrage qui porte le caractère auguste du pouvoir d'un souverain, et qui ne blesse

---

1. Dumont, I, 269. Cf. Vaugeois, *François Guinet, jurisconsulte lorrain* (Mémoires de l'Académie de Stanislas, 1867).
2. Arrêt du 15 octobre 1703.
3. Dictionnaire historique des ordonnances et des tribunaux de la Lorraine et du Barrois, II, 693. Voir sur cette discussion abbé Martin, *L'Université de Pont-à-Mousson*, p. 363.
4. Les *Nouvelles des Cours de l'Europe*, publiant l'acte d'appel de Bourcier, parlèrent des *Courtisans ultramontains* qui avaient obtenu à Rome la censure du Code Léopold ; M. de Bissy publia, le 18 avril suivant, une ordonnance qui défendait de lire le journal (n° de fév. 170.) sous peine d'excommunication. Rogéville, I, 321.

en aucune manière les droits sacrés que Dieu a donnés à son Église¹ ». Si cet acte d'appel, d'une logique serrée, d'une éloquence nerveuse, a pu être appelé, non sans raison, « un monument éternel de la haute capacité et de la généreuse fermeté² » du procureur général, du moins il prouve que le grand magistrat lorrain possédait à un faible degré l'esprit de prudence, et ne connaissait point les subterfuges de la diplomatie : prendre ainsi à partie M. de Bissy, en appeler du pape mal informé au pape mieux informé, était un moyen inévitable d'aigrir l'affaire, loin de la terminer. Louis XIV ne s'y trompait pas, lorsqu'il disait que la cour de Rome ne se ferait aucun scrupule de braver le ressentiment de Léopold, et qu'il n'y avait pas lieu de croire que les souverains de l'Europe regarderaient sa cause comme la leur propre : « Je suis persuadé, ajoutait-il, que la sagesse de ce prince l'empêcherait de s'engager dans des affaires difficiles à soutenir ; mais son conseil est capable de lui en faire entreprendre de mauvaises³. » En même temps le roi recommandait à son envoyé à Nancy de lui rendre compte de tous les incidents du débat, mais d'éviter avec soin d'y jouer lui-même un rôle, de quelque manière que ce fût : « Je puis vous affirmer, ajoutait-il, que le pape a suivi en cette occasion son propre mouvement, qu'il n'a point été excité par le nonce qui est auprès de moi. »

Si Louis XIV n'était pas intervenu en personne, nul doute que son ministre des affaires étrangères, avec qui M. de Bissy entretenait une correspondance suivie, n'ait pesé sur l'esprit du nonce : « Je suis persuadé comme vous, écrivait l'évêque au ministre, que si Sa Sainteté

---

1. Acte d'appel du 8 novembre 1703. Rogéville, I, 313.
2. Thibault, p. 92.
3. Louis XIV à M. d'Audiffret, 6 décembre 1703. *Archives des affaires étrangères*, LV, f° 130.

continue avec fermeté de soutenir ce qu'elle a commencé de faire, M. le duc de Lorraine nous rendra justice. Je vous supplie d'y contribuer en parlant sur cela à M. le nonce, autant que vous le jugerez à propos¹. »

L'évêque de Toul triomphait d'autant plus complètement que Léopold, le premier mouvement de colère passé, ne songeait plus qu'à calmer le courroux du Saint Père. Avant de publier l'acte d'appel, le duc de Lorraine adressa à M. de Bissy une lettre qui étonna fort celui-ci : « Elle ne vous surprendra sans doute pas moins que moi, mandait l'évêque à M. de Torcy, puisque son but et sa fin est de me convier de témoigner à Sa Sainteté qu'il a protégé l'Église dans ses États autant qu'il a pu. Je ne crois pas qu'il y ait aucun de mes confrères qui soit capable de rendre un pareil témoignage à Rome. Quant à moi, comment pourrais-je sur cela le contenter puisqu'il y a six ans que je me plains partout hautement des entreprises de ses officiers, et que j'en ai été quatre hors de mon diocèse pour me défendre contre eux auprès du Roi, souverain fondateur et patron de nos Églises². »

Il n'était ni habile, ni digne, de la part du duc de Lorraine, après avoir écrit au pape sa noble protestation du 4 novembre, de s'humilier en quelque sorte devant l'évêque intrigant qui avait sollicité la censure pontificale. M. de Bissy le lui fit bien voir ; dans une réponse fort longue et pressante, il entreprit de justifier la conduite du Saint-Siège, et démontrait que la Lorraine étant aux yeux de la cour de Rome un pays d'obédience, il était abusif de défendre la publication du bref du 23 septembre ; il rappelait que si le gouvernement lorrain avait accepté

---

1. Lettre du 28 novembre 1703, *Ibid.*, LIII, f° 413.
2. Lettre du 28 novembre 1703, *Ibid.*

les conférences qu'il proposait depuis des années[1], les églises de Metz, Toul et Verdun jouiraient en ce moment d'une paix profonde : « Il y a longtemps, s'écriait-il avec une bonne foi douteuse, que le désir extrême que j'ai de plaire à Votre Altesse et de mériter ses bonnes grâces, m'aurait fait étouffer mes plaintes et dissimuler toutes les entreprises qui en sont cause, si j'avais pu sacrifier les droits que je défends sans manquer à Dieu, sans violer mon serment, sans trahir ma conscience, sans perdre mon honneur. » Il terminait en adjurant Léopold d'écouter la voix du « Père commun des princes et des évêques », voix qui ne se faisait entendre de si loin et avec tant de force que pour achever de former en lui « un prince accompli[2] ».

L'évêque de Toul se fit un nouveau titre, auprès du souverain pontife, de cette épître dont il envoya copie à Rome, en même temps que l'acte d'appel du procureur général de la Cour souveraine. L'acte d'appel fut censuré (11 février 1704) comme l'avait été le code.

Pourtant Léopold espérait que s'il faisait disparaître de son ordonnance les articles qu'il savait désagréables à l'autorité ecclésiastique, on lui saurait gré de ces correc-

---

1. « Le prince, ses ministres, son confesseur, — écrivait M. de Bissy à M. de Torcy, le 4 mars 1699, — m'ont promis coup sur coup des conférences, depuis plus de quatre mois, et j'apprends à présent qu'ils ne sont plus dans le dessein d'en donner, et cependant ils accumulent par la voie de fait leurs entreprises. » — Le 29 mai suivant, M. de Bissy écrivait au même : « Après avoir attendu jusqu'à présent la dernière résolution de M. le duc de Lorraine, pour des conférences touchant nos démêlés, il m'a fait mander qu'il faudrait plus de trois ou quatre mois sans me marquer autre chose. » Ibid., XLIX, f⁰ˢ 36 et 93.

2. Lettre de M⁰ˢ l'évêque de Toul au duc de Lorraine, broch. in-8⁰ de 17 p., Liège, 1701. Bibliothèque nationale, Imprimés, LK², 1016. — Le langage de M. de Toul contrastait avec celui de l'archevêque de Besançon, M. de Grammont, qui avait appris la condamnation de l'ordonnance de juillet 1701 avec d'autant plus de douleur qu'il connaissait la piété de Léopold et son zèle pour la religion. « J'espère, écrivait encore ce prélat au duc de Lorraine, que voulant bien informer elle-même S. S. de la vérité du fait, V. A. R. en recevra toute la satisfaction qu'elle en peut attendre. » Bibliothèque nationale, Manuscrits, collection lorraine, 269.

tions, et qu'elles faciliteraient un accommodement. Mais il n'en fut rien, et l'on condamna l'*Ordonnance ampliative de Son Altesse Royale pour supplément de celles des mois de juillet et août 1701*[1], sous prétexte qu'elle rappelait trop par le titre l'ouvrage précédemment censuré.

IV

Sur ces entrefaites, M. de Bissy fut appelé au siège épiscopal de Meaux, que le décès de Bossuet venait de rendre vacant : « Un diocèse si près de Paris lui parut plus propre à avancer sa fortune que ses querelles avec le duc de Lorraine, qui lui avaient suffisamment frayé le chemin à Rome... Il espéra tout de Meaux qui, en le tenant sans cesse à portée, favorisait son savoir-faire qu'il ne fut pas longtemps à manifester[2]. » Mais, avant de quitter Toul, il voulut, pour se donner les apparences d'une charité évangélique, et aussi pour faire sa cour à Louis XIV[3], tenter un nouvel effort dans la voie de la conciliation. Des conférences, acceptées cette fois par Léopold, s'ouvrirent à la Malgrange, où se rendit l'évêque en compagnie de ses grands vicaires ; il y trouva les commissaires lorrains, le comte de Couvonges, le président Mahuet[4], MM. de Rennel et Bourcier, qui affectèrent d'avoir pour sa personne les plus grands égards, mais ren-

---

1. Donnée à Lunéville le 19 février 1704. Nancy, Barbier, 1 vol. in-18.
2. Saint-Simon, IV, 156.
3. « Je serai bien aise d'apprendre que l'évêque de Toul réussisse, comme il l'espère, avant de quitter cette église, à régler toutes choses de manière que l'union se rétablisse entre le duc de Lorraine et les évêques. » Louis XIV à M. d'Audiffret, 19 juin 1704. *Archives des affaires étrangères*, LV, f° 188.
4. Jean-Baptiste de Mahuet, frère de l'intendant général des finances, était conseiller d'État et premier président de la Cour souveraine ; il fut chargé de plusieurs missions diplomatiques par Léopold, et mourut à Paris, en 1721.

dirent, par leurs exigences et leur opiniâtreté, toute transaction impossible.

Il n'est pas juste, en effet, de rendre M. de Bissy seul responsable de la rupture des négociations[1]. Si nous en croyons d'Audiffret, les torts des conseillers de Léopold ne seraient pas moindres que ceux de l'orgueilleux prélat. L'agent de Louis XIV nous raconte en effet comment l'évêque de Toul, blessé des résistances des commissaires lorrains, alla voir Léopold lui-même à Lunéville : « Il le trouva d'abord, écrit-il, très ferme et très prévenu par son conseil ; les points de dîmes, du privilège clérical, et de l'honoraire des ecclésiastiques furent ceux sur lesquels le prince insista davantage ; il s'émut beaucoup dans la conversation, il dit même qu'il y allait de sa réputation à soutenir ses droits, qu'on accuserait sa jeunesse s'il se relâchait... Néanmoins, persuadé par les fortes raisons de M. l'évêque de Toul, il céda le privilège clérical. Ils convinrent à l'égard des dîmes qu'il jouirait du possessoire à l'égard des grosses dîmes, des dîmes insolites et de la quotité, et que le pétitoire demeurerait à M. l'évêque de Toul, qui se départit de ses prétentions touchant l'honoraire des ecclésiastiques ; ils réglèrent ensuite que l'official de Toul resterait ici pour mettre les articles au net avec le procureur général de la Cour souveraine, que ces articles seraient ensuite signés respectivement, et que l'on formerait un projet de traité qui serait envoyé à Votre Majesté et au pape pour avoir leur appro-

---

1. Ainsi que le fait Noël (*Mémoires*, n° 5, I, 16). — D'après Lefebvre, M. de Bissy apporta à la Malgrange « un grand manuscrit composé de plus de 80 articles de prétentions, sur lesquelles il demanda de conférer, mais protestant de n'en vouloir rien conclure que sous le bon plaisir du pape, du roi de France et de MM. les évêques aussi diocésains des États de S. A. R.... L'on reconnut bien dans la suite que cette tentative de la part de M. de Toul n'était qu'un leurre, et qu'il avait véritablement dessein de porter les choses aux dernières extrémités. » *Ms. n° 154 de la Bibliothèque de Nancy*, f° 2.

bation. Les commissaires ont été fort surpris que le prince ait conclu sans leur participation, et n'ont pu s'empêcher d'en témoigner leur chagrin. Le président Mahuet fut député hier à Lunéville pour faire des remontrances à M. le duc de Lorraine, et lui représenter le tort qu'il se faisait en accordant à M. l'évêque de Toul presque tout ce qu'il avait demandé, mais comme il n'a pas été satisfait de leur conduite dans laquelle il a remarqué trop de passion et trop d'intérêt particulier, je crois qu'il demeurera ferme dans la résolution qu'il a prise; cependant le procureur général a dit ce matin à l'official de Toul qu'il n'avait point eu d'ordre pour travailler avec lui, et je viens d'apprendre qu'il est parti avec le président Mahuet pour aller trouver M. le duc de Lorraine à Frouard où il dîne. Je ne doute point qu'ils ne fassent un dernier effort pour tâcher de le détourner de l'accommodement, sous prétexte qu'il lui est préjudiciable, et qu'en cas que ce prince veuille exécuter ce qu'il a promis, qu'ils ne fassent naître des difficultés pour éloigner le traité, ou qu'ils ne tâchent à l'embarrasser par des termes équivoques; l'affaire est jusqu'à présent dans cet état[1]. »

Mais le duc de Lorraine paraissait bien résolu à passer outre à l'opposition de ces conseillers, dont M. d'Audiffret flétrit ailleurs « l'esprit de chicane et d'aigreur[2] », lorsque tout à coup de nouvelles prétentions de M. de Bissy amenèrent la rupture définitive des négociations. Léopold s'empressa d'annoncer lui-même cette nouvelle au roi et de lui faire connaître la « droiture » de sa conduite ainsi

---

1. M. d'Audiffret à Louis XIV, 9 septembre 1701. *Archives des affaires étrangères*, LXI, f° 59.
2. Lettre à Louis XIV, 18 octobre 1701. *Ibid.* — « M. le duc de Lorraine, — écrivait encore M. d'Audiffret le 28 octobre, — me fit l'honneur de me dire dimanche au soir à la Malgrange qu'il croyait à présent avoir lieu d'espérer que l'affaire qu'il avait eue avec M. l'évêque de Toul était finie, et qu'il avait sacrifié bien des choses pour le bien de la paix. »

que la «sincérité» de ses intentions : « Comme le détail de cette affaire serait peut-être trop long à déduire à Votre Majesté, je la supplie de vouloir bien nommer une personne qui, avec le sieur Barrois, puisse l'examiner et en rendre un compte exact à Votre Majesté afin de la désabuser des mauvaises impressions que je sais que le prélat a tâché de lui donner contre moi et dont j'ai chargé le sieur Barrois de lui porter mes justes plaintes¹. » — De son côté, l'évêque de Toul écrivait à M. de Torcy pour lui demander la continuation de ses *bons offices* auprès du roi : « J'ose vous marquer, Monsieur, ajoutait-il, que le meilleur parti que le roi ait à prendre est de dire ou de faire dire par vous au sieur Barrois que Sa Majesté ne peut pas pour le présent entrer dans le détail de nos différends, se reposant sur ce que fera Sa Sainteté². » Ainsi il repoussait l'arbitrage du roi, alors que le duc de Lorraine se montrait prêt à l'accepter et le sollicitait même ; c'est là une preuve incontestable de son mauvais vouloir et du dessein que lui prête Lefebvre de « porter les choses aux dernières extrémités³ ».

M. de Bissy n'attendit pas longtemps la réponse du ministre ; le 23 novembre, celui-ci annonçait que le roi voudrait bien, par égard pour le duc de Lorraine, écouter M. Barrois, mais qu'il ne prétendait point « décider » et qu'il ne se mêlerait de cette affaire « que de la manière qu'il avait fait jusqu'alors⁴ ».

Ce n'était donc plus qu'auprès du souverain pontife que Léopold avait à défendre sa cause. L'évêque de Toul

---

1. Léopold à Louis XIV, 15 novembre 1704. *Ibid.*, LX, f° 186.
2. M. de Bissy à M. de Torcy, 18 novembre 1704. — Deux jours après, l'évêque de Toul adressait au même une longue lettre dans laquelle il l'informait du détail des conférences, le suppliant de *proposer au roi* d'en entendre la lecture, si Sa Majesté en avait *le temps et la patience. Ibid.*
3. Lefebvre, *Ms.* n° 154 *de la Bibliothèque de Nancy*, f° 2.
4. M. de Torcy à l'évêque de Toul, 23 novembre 1704. *Archives des affaires étrangères*, LX, f° 192.

avait atteint son but; il s'était, selon le mot de Saint-Simon « suffisamment frayé le chemin à Rome[1] »; aussi Madame de Maintenon[2] n'eut pas de peine à faire obtenir à son protégé, par l'intermédiaire du cardinal de Janson-Forbin, le gratis des bulles pour l'évêché de Meaux : « Sa Sainteté, écrivait le cardinal à l'évêque, a voulu marquer dans cette action l'estime qu'elle a faite de votre personne et du zèle que vous avez témoigné pour maintenir les droits de votre église[3]. » Dix ans après, le « prestolet » dont nous avons vu les débuts, recevait la pourpre romaine, dont n'avait pas été honoré Bossuet, et que devait attendre en vain Fénelon.

V

Cependant Léopold s'était décidé à faire partir pour Rome une ambassade composée du marquis de Lenoncourt, du comte de Spada, de l'abbé de Nay du Plateau, grand doyen de la Primatiale, et du procureur général Bourcier[4]. Les envoyés lorrains se rendirent par la Suisse à Milan où le prince de Vaudémont, gouverneur du Milanais, leur fit l'accueil le plus gracieux[5]. A Florence, Bourcier laissa ses compagnons de voyage continuer leur route; il voulait savoir, avant de les suivre, comment le souverain pontife accueillerait l'auteur de l'*acte d'appel*: il apprit bientôt que non seulement sa présence à Rome

---

1. *Mémoires*, IV, 156.
2. Ms. n° 252 de la Société d'archéologie lorraine (*Journal depuis notre arrivée à Rome*, par l'un des envoyés de Léopold, 12 janvier 1705).
3. Le cardinal de Janson à M. de Bissy, 10 février 1705. *Archives de la Côte-d'Or*, fonds Thiard, 44.
4. *Vie de Messire Jean Léonard, baron de Bourcier*, p. 114. — Lefebvre (ms. n° 151 de la Bibliothèque de Nancy, f° 7) ne nomme pas le comte de Spada.
5. Ils apportaient au prince, entre autres présents, des fromages de Gérômé. *Vie de Jean Léonard Bourcier*, p. 117.

rendrait les négociations plus difficiles, mais qu'il n'y serait pas en sûreté, tant était vif le mécontentement soulevé contre lui par le sacré collège. Le procureur général gagna prudemment Venise, pendant que l'agent de Léopold à Rome, l'abbé Valentin, déclarait que, contrairement au bruit qui en avait couru, M. Bourcier ne faisait pas partie de la mission lorraine [1].

L'abbé Valentin reçut, le 4 décembre, le marquis de Lenoncourt et ses collègues; il les présenta quelques jours après au cardinal Nerly, un vieil ami de la maison de Lorraine, et obtint pour eux une audience du pape, fixée au 27 janvier. Clément XI exigeait, antérieurement à toute négociation, que les censures du code, de l'acte d'appel et de l'ordonnance ampliative fussent publiées en Lorraine, et que Léopold prit l'engagement de faire un nouveau code, dans lequel il éviterait d'aborder les matières ecclésiastiques. L'assesseur du Saint-Office, le cardinal Cassoni, à qui le Saint-Père adressa les commissaires, refusa formellement d'écouter les explications qu'ils devaient fournir sur la conduite de leur souverain, tant que celui-ci ne serait pas soumis aux exigences de Clément [2].

Léopold espérant vaincre l'obstination et les lenteurs de la chancellerie romaine envoya, pour remplacer Bourcier comme chef de la mission, le président Lefebvre, qui, sous des apparences très simples, cachait beaucoup de finesse et d'habileté [3]. Mais M. de Bissy ne négligeait

---

1. Le neveu du pape, Annibal Albani, déclara à l'abbé Valentin que le pape *avait paru troublé* lorsqu'il apprit que Bourcier lui était envoyé par le duc de Lorraine, et qu'il en avait parlé *avec amertume*. — Comment voulez-vous, disait au même le cardinal Paulucci, que *l'intention* du Saint-Père et de ses ministres soit *bonne*, « s'il est vrai que vos envoyés aient en leur compagnie le procureur général de Lorraine, qui est excommunié ? » (*Ms. n° 252 de la Société d'archéologie lorraine.*)
2. Mss. n° 151 (f° 9) et 213 (f° 5) de la Bibliothèque de Nancy.
3. Il quitta Lunéville le 20 mars 1705, et arriva à Rome le 2 mai.

rien pour retarder le dénouement d'un drame dont il restait, sans paraître lui-même sur la scène, l'acteur principal. Il avait dépêché à Rome, à la suite des négociateurs lorrains, plusieurs ecclésiastiques, — dont un de ses vicaires généraux, l'abbé Chevalier[1], — sous prétexte de solliciter l'expédition des bulles pour l'évêché de Meaux, en réalité pour le tenir au courant des détails de la négociation et susciter des embarras aux gens de M. de Lorraine[2].

Lefebvre, instruit des dispositions du sacré collège, sentit qu'il fallait transiger, et s'appliqua à trouver une transaction honorable. Il déclara que son souverain était disposé à révoquer l'ordonnance de 1701 et à en faire rédiger une nouvelle, à condition qu'on lui signalerait les articles qui avaient spécialement encouru la condamnation pontificale. Toute une année se passa en échange de notes et de mémoires entre les commissaires de Léopold et la cour vaticane, la plus habile à envelopper ses consultations de formes circonspectes et onduleuses. Enfin Clément XI se décida à répondre aux offres du duc de Lorraine par un bref dont le projet fut communiqué à Lefebvre et à ses collègues : ceux-ci avaient déjà obtenu la suppression d'un passage rappelant que les décrets du concile de Trente avaient toujours été appliqués en Lorraine; ils demandaient encore la suppression de quelques termes obscurs, et surtout la déclaration formelle que le pape approuvait tous les usages suivis dans

---

[1]. Chevalier était encore à Rome au moment du retour des envoyés de Léopold, le 6 août 1707. *Ms. n° 151 de la Bibliothèque de Nancy*, f° 30.

[2]. C'est l'abbé Chevalier et les ecclésiastiques de sa suite qui avaient annoncé avec bruit l'arrivée de Bourcier. « Le 25 décembre 1701, les députés de M. de Bissy, inquiets de savoir ce qu'était devenu M. Bourcier depuis son départ de Lunéville, n'omirent rien pour en avoir quelque connaissance... Quelques-uns vinrent nous voir un soir, à nuit fermée, croyant le trouver au logis; ils demandèrent même à M. le marquis de Lenoncourt où il était. » *Journal depuis notre arrivée à Rome*, par l'un des envoyés de Léopold (*Ms. n° 252 de la Société d'archéologie lorraine*).

les duchés par les prédécesseurs de Léopold, lorsque la mort de l'évêque de Munster les obligea d'en finir, et de se soumettre aux exigences du pape énumérées dans le bref du 16 juin 1706[1] : « Son Altesse Royale, — a écrit Lefebvre à ce sujet, — a été extrêmement gênée par les grâces qu'elle désirait avoir pour MM^{grs} les princes Charles et François ses frères, engagés dans l'état ecclésiastique. Car, pour les obtenir, elle a été obligée de passer sur bien des demandes qu'on lui faisait en la menaçant de refuser ou de retarder ces grâces, si elle ne faisait pas ce qu'on désirait d'elle[2]. »

VI

Des trois frères de Léopold[3], l'un, Joseph, né en 1685, n'avait jamais paru en Lorraine ; l'empereur l'avait conservé auprès de sa personne, et, frappé de ses qualités militaires, songeait à en faire l'un des chefs de son armée[4] : il périt à vingt ans des blessures qu'il reçut à la bataille de Cassano. Le plus âgé, Charles, né en 1680, avait été élu évêque d'Olmütz (1695), puis d'Osnabrück (1698)[5] ; le roi d'Espagne Charles II lui donna, à la recommandation de l'empereur, le grand prieuré de

---

1. Ms. n° 213 de la Bibliothèque de Nancy, f° 6. — Clément XI reconnaissait que la Lorraine n'était pas pays de pure obédience, mais s'opposait à ce qu'il fût fait mention en détail des lois et usages des duchés dans le nouveau code que donnerait Léopold ; en échange de cette concession, il exigeait que le duc révoquât l'ordonnance de 1701 et l'ordonnance ampliative de 1704, qu'il levât tout empêchement à la publication des brefs de censure, et qu'il s'abstînt dans le nouveau code de traiter des matières ecclésiastiques.
2. Ms. n° 151 de la Bibliothèque de Nancy, f° 68.
3. Charles et Marie-Éléonore avaient eu six enfants ; deux moururent très jeunes.
4. Calmet, VII, 230.
5. L'évêché d'Osnabrück valait 500,000 livres, au dire de Dangeau (*Journal*, VI, 331).

Castille. François, le plus jeune, était abbé de Stavelot et de Malmedi[1]; Léopold désirait pour lui la coadjutorerie d'Augsbourg et ne voulait rien ménager pour procurer à Charles le riche évêché de Munster.

Lefebvre avait quitté Rome au mois de juillet 1706; à peine était-il à Lunéville que Léopold l'envoya à Munster, — où le marquis de Trichâteau l'avait devancé depuis quelques semaines, — afin de préparer l'élection du prince Charles. L'évêque de Paderborn, M. de Metternich, sollicitait aussi les suffrages du chapitre : c'était un concurrent redoutable, d'autant plus qu'il était fortement appuyé par les Hollandais, prêts à tous les sacrifices pour assurer le siège de Munster à un prélat qui leur fût dévoué et soumis; l'argent, qu'ils répandirent à profusion, inspira à plusieurs chanoines, dit malicieusement le *Journal de Verdun*[2], « les lumières que les profanes nomment du Saint-Esprit ». La cour de Lorraine, de son côté, envoya à Munster 1,600,000 livres en espèces, sans parler des vins[3] et autres menus cadeaux : « La capacité de M. le duc de Lorraine, écrivait-on à Louis XIV, l'étendue de son esprit et sa fertilité en expédients n'ont jamais tant paru que dans cette affaire ; car il n'y a point de moyen qu'il ne mette en usage[4]. »

L'élection avait été fixée au 30 août; mais plusieurs chanoines, absents de Munster, et ne pouvant par conséquent prendre part à la « moisson » que faisaient leurs confrères, demandèrent à ce que l'élection fût ajournée :

---

1. Stavelot est une petite ville de Belgique, au sud-est de Liège; Malmedi est en Prusse, dans la province du Rhin, non loin d'Aix-la-Chapelle.
2. Novembre 1706, p. 336.
3. Il est question, dans les dépenses de 1706, de 81 pièces de vins de Champagne, de Bourgogne et de Bar, dont l'achat revint à 8,697 livres, et dont le transport jusqu'à Wesel s'éleva à 1,065 livres. *Archives de Meurthe-et-Moselle*, B, 1575.
4. M. d'Audiffret à Louis XIV, 4 septembre 1706. *Archives des affaires étrangères*, LXIV, f° 223.

le pape la retarda d'un mois. Sans avoir égard à cette décision, les partisans de M. de Metternich s'assemblèrent le 30 août et l'élurent par 19 voix ; le 30 septembre suivant, les chanoines du parti adverse, au nombre de 15, proclamèrent Charles de Lorraine. Les uns et les autres chantèrent le *Te Deum* et envoyèrent à Rome leurs protestations[1].

Les États-Généraux des Provinces-Unies défendirent avec la dernière énergie l'évêque de Paderborn et se préparèrent à le soutenir par les armes, dans le cas où son rival emploierait la force[2]; ils agirent fortement à Vienne pour obtenir que l'empereur n'appuyât point auprès du pape l'élection de Charles. Enfin, par l'intermédiaire de Parisot[3], ils prièrent le duc de Lorraine d'exiger le désistement de l'évêque d'Osnabrück à toute prétention sur le siège de Munster. Mais Léopold attachait la plus grande importance au succès de son frère ; il renvoya Lefebvre à Rome, au mois d'octobre 1706[4] : « J'ai supplié l'empereur, lui mandait-il, d'écrire au pape, aux cardinaux et prélats de la Congrégation et cela le plus fortement que l'on peut... Engagez les cardinaux Grimany, Nerly et ceux que vous croirez dans nos intérêts à soutenir cette affaire. Vous pouvez faire entrevoir sans faire semblant de rien que des deux abbayes de mon frère l'une pourrait accommoder dom Annibal et l'autre

---

1. *Journal de Verdun*, novembre 1706.
2. Les États-Généraux firent, en effet, entrer à Münster des troupes à leur solde, au printemps de 1707. *Ms. n° 154 de la Bibliothèque de Nancy*, f° 83.
3. Parisot représentait Léopold en Hollande depuis le mois de décembre 1704 (voir plus loin, p. 193). — Charles Parisot avait d'abord servi dans les armées impériales ; nommé en 1698, par Charles V, conseiller à la Chambre des comptes de Lorraine, il fut envoyé en 1693, par la duchesse douairière de Lorraine, en Espagne, et résida cinq ans en cette Cour; Léopold le chargea de deux missions à Vienne en 1699 et en 1701; dans l'intervalle il l'avait nommé conseiller d'État ; les lettres patentes du 7 septembre 1707 l'élevèrent à la dignité de baron. — Cf. Pelletier, 611.
4. Lefebvre arriva à Rome le 2 novembre 1706.

quelque cardinal.... J'ai écrit au roi Très-Chrétien pour lui demander sa protection auprès des cardinaux de sa dévotion ; je ne sais ce que l'on en fera[1]. »

Après avoir mollement défendu la cause de l'évêque d'Osnabrück, l'Empereur, circonvenu par le prince de Salm[2], l'ennemi irréconciliable de Léopold, sollicité par le représentant des États-Généraux, donna l'ordre au cardinal Grimany, son envoyé à Rome, de déclarer au pape qu'il se désintéressait de cette affaire et lui laissait le soin de décider *secundum æquum et bonum*. Le 10 mai, le pape cassait les deux élections contestées et conférait *ex integro* l'évêché de Munster à M. de Metternich : « Je ne puis m'empêcher de dire, — s'écriait Lefebvre en annonçant cette mauvaise nouvelle à son souverain, — qu'il fallait que le pape fût prodigieusement engagé contre nous... Cela ne peut venir ou que d'un très mauvais cœur contre nous, ou que des instances de la France, qui n'a fait que des grimaces en dernier lieu[3]... Je dois dire à Votre Altesse Royale que tant qu'elle aura des affaires ici où elle se trouvera croisée de la France sous ce pontificat, il y aura des difficultés infinies à surmonter[4]. »

---

1. Léopold à Lefebvre, 4 décembre 1706. *Ms.* n° 154 *de la Bibliothèque de Nancy*, f° 75.
2. Dans une lettre à Lefebvre, Léopold parle de ce ministre « qui ne suit que sa passion et sacrifie, pour parvenir à son but, les intérêts du maître ». *Ibid.*, f° 81. — Sur le prince de Salm, voir *infra*, p. 193, note 1.
3. Lefebvre prétend qu'il y avait eu d'abord des ordres de Louis XIV à son agent à Rome pour soutenir l'évêque de Paderborn, « parce que les Hollandais avaient espéré que par là ils feraient la paix » ; il avait un instant espéré que l'orgueil des États-Généraux déciderait le roi de France à donner des ordres contraires. — Lefebvre à Léopold, 12 mars 1707. *Ms.* n° 165 *de la Bibliothèque de Nancy*, f° 9.
4. Lefebvre à Léopold, 10 mai 1707. *Ibid.*, f° 21. — On avait fait espérer au prince Charles, pour le consoler de son échec, le chapeau de cardinal, mais le duc Léopold ne fut pas d'avis qu'il l'acceptât : « Parez le coup du chapeau rouge, écrivit-il à Lefebvre, car j'ai conseillé à mon frère de le refuser. » Léopold à Lefebvre, 10 mai 1707. *Ms.* n° 154 *de la Bibliothèque de Nancy*, f° 83.

VII

Le duc de Lorraine devait s'en prendre surtout à lui-même de cet échec qui était si sensible à son amour-propre et à ses intérêts. Il avait, il est vrai, accepté le bref du 16 juin pour se concilier l'amitié de celui qui disposait des bénéfices opulents d'Allemagne, mais il ne se hâtait guère de soumettre au pape le nouveau code. M. de Camilly, le successeur de M. de Bissy à l'évêché de Toul, se plaignit de cette lenteur à la cour de Versailles, au nonce et bientôt au Saint-Père : « En vérité, écrivait Léopold à Lefebvre, je prévois que nous n'aurons pas plus de tranquillité avec ce nouvel évêque qu'avec le prédécesseur : ce qui me pique le plus, c'est qu'il veut tâcher d'aigrir la cour de Rome contre nous en faisant courir le bruit que nous ne tenons pas nos promesses. Je puis vous assurer que sans l'incommodité d'un de nos commissaires[1] le nouveau code serait fait. »

François-Blouet de Camilly, originaire de Normandie, avait été pendant de longues années chanoine du chapitre de Strasbourg ; nommé en 1694 grand vicaire du même diocèse, il recevait dix ans plus tard, à l'âge de 80 ans, l'évêché de Toul[2]. Ce prélat souple et conciliant ne demandait qu'à vivre en paix avec la cour de Lorraine ; il proposa d'abord à celle-ci de s'en tenir à l'exécution des

---

[1]. Il s'agit de Bourcier qui fut attaqué « d'une grande fluxion de poitrine et d'un polype aux narines... Il passa dans cet état une partie de l'année 1706, et au printemps de l'année suivante, étant allé prendre par le conseil des médecins les eaux de Bussang.., il en sortit parfaitement guéri ». *Vie de Jean-Léonard Bourcier*, p. 133.

[2]. Il fut nommé évêque « en récompense de tous les tours de souplesse dont il avait si heureusement servi le cardinal de Rohan, longtemps avant la pourpre, pour le faire recevoir dans le chapitre de Strasbourg. » Saint-Simon, XX, 220.

articles convenus à la Malgrange. Mais Léopold refusa sous prétexte que, d'après le bref du 16 juin, la juridiction ecclésiastique devait être rétablie dans ses États sur le pied où elle était avant les troubles du règne de Charles IV[1]. En conséquence M. de Camilly pressa la rédaction du nouveau code, non pour « aigrir » la cour de Rome, mais pour savoir au plus tôt quels seraient à l'avenir les droits de son officialité ; la lettre suivante, écrite par l'évêque, presque au moment où Léopold le jugeait si sévèrement, nous montre qu'il n'avait pas l'intention d'imiter à l'égard de la cour de Lorraine, les allures hautaines et blessantes de M. de Bissy : « Vous verrez, disait le prélat à M. de Torcy, dans les mandements que j'envoie pour les prières[2] publiques en Lorraine, que j'évite de donner le titre d'Altesse Royale à M. le duc de Lorraine, conformément aux ordres que vous avez donnés à M. de Bissy et qu'il nous a laissés ici... Cependant comme tous ses sujets et ceux qui viennent à la cour le lui donnent, je sais que ses courtisans et ses peuples se plaignent de ce que je ne le fais pas et que je le donne seulement à Madame... Je vous avoue que je suis très embarrassé de ces sortes de distinctions, et si Sa Majesté trouvait bon que je donnasse le titre d'Altesse Royale à M. le duc de Lorraine dans les mandements que j'envoie pour les jubilés, les prières publiques et autres, je le ferais très volontiers, afin de leur ôter tout sujet de plainte, car je ne cherche uniquement qu'à mériter la bienveillance du prince dont dépend beaucoup le bien que je puis faire dans mon diocèse[3]. »

La maladie du procureur général Bourcier n'était pas la

---

1. Rogéville, I, 325.
2. A l'occasion de la naissance d'un fils de Léopold, le prince Léopold-Clément.
3. L'évêque de Toul à M. de Torcy, 27 avril 1707. *Archives des affaires étrangères*, LXVI, f° 201. — Le roi approuva la proposition de M. de Camilly.

cause véritable du retard que Léopold cherchait à justifier. En réalité, le duc de Lorraine voulait suivre à l'égard de la chancellerie romaine une politique d'expectative et de garanties; tant que le pape n'aurait pas donné à son frère l'évêché de Munster, il entendait bien ne lui témoigner que par des promesses le désir qu'il avait de lui plaire et de se réconcilier avec lui. C'est la même pensée égoïste qui le guidait lorsqu'il proposa à Clément XI d'être parrain de l'un de ses enfants : « Il s'agit donc, écrivait-il à Lefebvre le 9 avril 1707, qu'en cas que le pape accepte notre démarche, comme il faut l'espérer, de tâcher d'obtenir quelque grâce dudit siège dans nos États pour le présent qu'un parrain est accoutumé de faire à son filleul. J'ai donc envisagé deux choses qui me paraissent ne devoir ni l'une ni l'autre faire de la peine à la cour de Rome... Comme sans doute en cas que ledit Saint-Père accepte notre proposition, il nommerait quelqu'un pour venir dans ce pays-ci tenir l'enfant, il faudrait tâcher que cette commission fût donnée à quelque romain qui viendrait exprès de Rome ici, ou bien qui se trouverait à portée de ce pays ici et surtout prendre garde que cette commission ne fût donnée à quelqu'un de nos évêques ou bien à un Français. Il serait fort à souhaiter que ce pût être quelqu'un qui appartînt en quelque chose au pape ou qui fût ami de sa famille ; par le bon accueil qu'on lui ferait, on s'attacherait une créature de plus à Rome, qui est une attention très nécessaire à nos intérêts dorénavant.

« La première des deux grâces serait un indult pour la nomination des abbayes et bénéfices réguliers de mes États. Je n'ai que faire de vous faire connaître ici l'intérêt que j'y rencontre, le bien que cela ferait à mes États et à ma noblesse, et tous les autres avantages qui regardent le temporel...

« La seconde proposition consiste qu'en cas que cette

première ne réussisse pas, que le pape veuille bien donner un indult pour qu'en faveur de la naissance de ce garçon (en cas que c'en soit un), on pût lever sur le clergé un don gratuit dont on conviendrait.

« Il faudrait en ce cas tâcher de bien faire concevoir que je n'agis pas en cette occasion pour un principe d'intérêt, mais seulement pour faire concevoir dans mes États que l'on a assez de considération pour moi à la cour de Rome pour en obtenir des grâces[1]. »

L'enfant dont on escomptait ainsi la naissance vit le jour le 25 avril[2]. Le pape tardant à faire connaître sa réponse, la duchesse de Lorraine, à peine remise de son indisposition, écrivit elle-même à Rome. Clément XI accorda la faveur qu'on lui demandait ; mais en paraissant l'accorder à la duchesse, et non au duc, il blessa celui-ci[3]. D'ailleurs, d'autres difficultés restaient à résoudre : il fallait se mettre d'accord sur la qualité du personnage qui représenterait le pape et sur les formalités à suivre dans le cérémonial ; ce fut seulement en 1711 que le baptême fut célébré, sans procurer à Léopold aucun des avantages qu'il en avait attendus : le prince François, son frère, fut choisi pour tenir sur les fonds le jeune Léopold-Clément.

Le duc de Lorraine s'était encore vu refuser, en juillet 1707, les bulles de l'abbaye de Remiremont pour sa fille Gabrielle-Charlotte, élue en 1702 ; et pourtant cette faveur eût été pour lui, parmi ses insuccès, « une petite satisfaction[4] ». Aussi était-il mécontent des cardinaux à qui il

---

1. Léopold à Lefebvre, 9 avril 1707. *Ms. n° 151 de la Bibliothèque de Nancy*, f° 79.
2. Le prince Léopold-Clément, mort le 4 juin 1723.
3. « Je vous dirai que je suis très piqué contre la manière et la rigueur de la cour de Rome à mon égard... Il est vrai que la résolution que le Saint-Père semble prendre d'accorder cette grâce à Madame seule, et non pas à moi, m'a avec raison surpris et mis dans un très grand chagrin. » Léopold à Lefebvre, 13 septembre 1707. *Ibid.*, f° 86.
4. Léopold à Lefebvre, 31 juillet 1707. *Ms. n° 151 de la Bibliothèque de Nancy*, f° 81.

avait fait espérer jadis des abbayes, et qu'il accusait maintenant de défendre ses intérêts avec tiédeur ; Lefebvre ayant demandé pour eux des présents, il lui fit cette réponse qui ne manquait pas de sel : « Je crois que pour les services *complimenteurs* que l'on m'a rendus la réciprocité des compliments suffit [1]. » Il commençait à voir qu'il dépensait en pure perte des sommes considérables : le trésorier Gayette reçut l'ordre de serrer les cordons de la bourse ducale, et prévint le banquier de Léopold à Rome de ne plus donner d'argent à qui que ce fût avant d'en avoir reçu un ordre exprès : « D'où il serait arrivé, écrit Lefebvre, si Girard (c'est le nom du banquier) n'avait pas eu confiance en moi comme particulier, que j'aurais été ici sans argent. Je supplie très humblement Son Altesse Royale de donner ses ordres à Gayette d'expliquer à Girard que cette lettre qu'il lui avait écrite ne me concerne pas, et qu'il ait à continuer de m'en donner. Il serait bien dur par un malentendu de se trouver hors de crédit dans un pays étranger, quand on a l'honneur d'y servir son prince... On ne vit point d'air à Rome et il y a peu d'endroits où l'on soit si cher. Je vis ici bien médiocrement et je dépense plus d'un louis par jour [2]. »

Léopold s'empressa de satisfaire Lefebvre, dont il appréciait fort les talents, et qu'il laissait juge de l'opportunité de son retour : « N'y regardez que mon intérêt, lui écrivait-il quelques mois après, et point l'envie de revoir la

---

1. *Ibid.*
2. Lefebvre à Léopold, 23 août 1707. *Ms. n° 165 de la Bibliothèque de Nancy.* — Outre Lefebvre, Léopold avait à Rome son envoyé ordinaire, l'abbé Spada (qui avait remplacé l'abbé Valentin, mort en 1705), et deux secrétaires: Maximilien de Saint-Urbain, chargé surtout de l'expédition des affaires concernant la Lorraine, et François Valentin (frère de l'abbé défunt), qui s'occupait des affaires du prince Charles. L'abbé Spada avait un traitement de 2,000 écus romains; chacun des secrétaires en recevait 600. Il fallait, en outre, *régaler* chaque année plusieurs abbés ou avocats romains. *Mémoire sur l'état des ministres de la Royale maison à Rome. Ibid.*, f° 51.

patrie ; vous ne perdez rien par votre absence et je suis très content de vous[1]. »

Mais l'habile négociateur avait beaucoup à faire pour détruire les accusations portées contre son souverain par l'évêque de Toul ; et comme il affirmait que le nouveau code était prêt à être mis sous presse, le pape demanda qu'il lui fût auparavant communiqué. Léopold y consentit, mais à condition que le pape prendrait personnellement connaissance de ce travail, et n'en ferait faire aucun examen par ses conseillers[2]. L'épreuve ne fut pas favorable aux jurisconsultes lorrains : après avoir lu le nouveau code, le pape déclara à un cardinal, — et le mot fut rapporté à Lefebvre, — que c'était là « un ouvrage de deux heures et qu'il y avait déjà quatorze mois écoulés depuis le bref[3] ».

Léopold ne fit rien pour désarmer les méfiances du Saint-Siège ; et, voyant que les négociations traînaient en longueur, il se décida, le 25 avril 1708, à rappeler subitement Lefebvre ; toutefois, de crainte qu'un départ trop brusque ne surprît et n'irritât la cour de Rome, il ordonna à son fidèle agent de se rendre à Milan où le prince Charles de Lorraine devait passer en conduisant la princesse de Brunswick à son époux l'archiduc Charles, alors en Espagne : « Ma véritable raison pour laquelle je veux que vous alliez à Milan, lui écrivait-il, c'est que vous ne vous trouviez pas à Rome lorsque mon code sera fini et que l'on y enverra, pour que l'on n'ait plus rien à discuter, car je ne crois pas que la cour de Rome sera tout à fait satisfaite de nous, et jamais je ne puis ni ne veux faire davantage[4]. »

---

1. Léopold à Lefebvre, 19 décembre 1707. *Ms. n° 154 de la Bibliothèque de Nancy*, f° 91.
2. Léopold à Lefebvre, 13 septembre 1707. *Ibid.*, f° 32.
3. *Ibid.*, f° 33.
4. Léopold à Lefebvre, 25 avril 1708. *Ibid.*, f° 92. — Lefebvre arriva à Milan le 26 mai ; il y reçut, le 2 juin, une lettre de Léopold, datée du 23 mai, et le rappelant en Lorraine.

Néanmoins, en adressant au pape le code¹ dont le projet avait déplu, Léopold n'en protestait pas moins avec énergie de son respectueux attachement au Saint-Siège et de l'exactitude scrupuleuse avec laquelle il s'était attaché à ne rien laisser insérer dans l'ordonnance « qui touchât le moins du monde les droits de l'Église » ; j'espère, ajoutait-il, que Sa Sainteté recevra « avec les mouvements d'un cœur paternel cet effet de mon obéissance, et qu'elle voudra bien être persuadée que n'ayant point d'autre règle dans mes actions que mon devoir, ma religion et ma parole sont plus chères que cette vie² ».

Cette phraséologie sous laquelle le duc de Lorraine cherchait à dissimuler la sincérité de ses sentiments ne produisit aucun effet à la cour de Rome. L'ordonnance de 1707 ne reçut point l'approbation pontificale ; elle allait bientôt donner naissance à de nouvelles négociations.

VIII

Annibal Albani, le neveu du pape, était arrivé à Vienne au mois d'octobre 1709, en qualité de nonce extraordinaire ; il y trouva Lefebvre, venu auprès de l'empereur pour défendre les intérêts de son souverain et des princes Charles et François. Prié de solliciter pour ceux-ci des brefs d'éligibilité aux grands bénéfices d'Allemagne, Mgr Albani répondit qu'il n'y avait pas lieu d'espérer cette faveur tant que Léopold n'aurait pas donné pleine satisfaction au pape sur l'affaire du code ; il remit même à Lefebvre un mémoire qui fut envoyé à Lunéville, et dans lequel étaient exposées les plaintes du Saint-Père.

---

1. Ce code, daté de novembre 1707, fut publié en Lorraine au mois de mai 1708.
2. Ms. n° 151 de la Bibliothèque de Nancy, f° 36.

Ces plaintes portaient sur trois chefs principaux. On reprochait au duc de Lorraine d'avoir fait imprimer dans la préface de l'ordonnance de 1707 que pour les cas non exprimés on suivrait les usages du pays ; ce passage devait être supprimé, le Saint-Siège n'entendant pas reconnaître tous les usages, mais ceux-là seulement qui étaient suivis dans les duchés avant le règne de Charles IV. L'ordonnance révoquait bien, comme l'avait demandé le pape, les empêchements apportés en Lorraine à la publication des censures, mais en laissant à entendre qu'on ne levait ces empêchements que parce que le pape avait promis, — ce qui était vrai, — de ne point faire publier les censures ; cette insinuation était considérée comme injurieuse pour la cour de Rome qui exigeait une « révocation pure et simple ». Enfin l'autorité pontificale se plaignait que l'on continuât à appliquer dans les duchés les édits et décrets précédemment portés par Léopold ou la Cour souveraine contre l'immunité et les libertés ecclésiastiques[1].

Le duc de Lorraine répondit d'abord qu'il ne voulait faire aucune concession nouvelle[2] ; mais son amour-propre fléchit devant les instances de Lefebvre. Celui-ci écrivait à Bourcier : « Il est fâcheux à un souverain de faire tant de pas désagréables à la fois, mais les têtes couronnées même qui ont de quoi faire craindre ou espérer à Rome ne se font ni honte, ni scrupule d'y fléchir dans certaines occasions[3]. » D'ailleurs le prudent négociateur espérait bien obtenir quelque tempérament aux exigences du Saint-Siège ; il « ferrailla » avec M⁰ʳ Albani, mais pas aussi longtemps qu'il en avait l'intention, lorsqu'il sut que le cardinal tenait en mains le bref d'éligibilité du prince

---

1. Ms. n° 213 de la Bibliothèque de Nancy, f° 8, v°.
2. Léopold à Lefebvre, 10 janvier 1710. *Ibid.*, f° 8.
3. Lefebvre à Bourcier, 31 mai 1710. *Manuscrit n° 165 de la Bibliothèque de Nancy*, f° 82.

Charles à la coadjutorerie de Trèves. L'archevêque de Trèves étant fort âgé, Léopold attachait une grande importance à ce que le bref fût délivré au plus tôt ; il le fut le 15 juin 1710, « soit de bonne foi, écrit Lefebvre à Léopold, dans l'espérance d'une fin prochaine à l'affaire du code, soit de dessein prémédité pour nous engager plus fortement par la nécessité d'obtenir la confirmation de l'élection qui serait faite de M. le prince Charles[1] ».

Le 24 septembre suivant, le prince Charles était élu par le chapitre coadjuteur de Trèves[2]. Lefebvre se hâta de signer, le 4 octobre, l'arrangement qui allait rétablir la bonne entente entre les cours de Rome et de Nancy. Il était convenu que le duc de Lorraine ferait publier deux ordonnances : par l'une, il déclarerait que la réserve énoncée dans la préface de l'édit de novembre 1707 ne devait s'entendre que des lois et coutumes observées à l'avènement de Charles IV ; par l'autre, il révoquerait l'acte d'appel signifié par son procureur général. Le pape, de son côté, adresserait au duc un bref de remerciements, dont les termes furent arrêtés d'un commun accord.

Léopold ratifia cet arrangement, le 17 octobre, et rendit en conséquence les deux ordonnances du 18 novembre 1710[3]. Quelques jours après, Clément XI félicitait le duc de suivre docilement ses conseils paternels et de montrer à l'égard du Saint-Siège un dévouement vraiment filial[4] ; il laissa éclater devant tous, au consistoire du 1er dé-

---

1. Ms. n° 154 de la Bibliothèque de Nancy, f°° 39 et 68.
2. Saint-Simon écrit au sujet de cette élection : « Les prières et les menaces furent employées par la cour de Vienne ; M. de Lorraine traita et répandit l'argent à pleines mains ; l'archevêque, qui était un baron d'Oorgbreicht, et qui avait 75 ans, fut gagné ; la brigue emporta les chanoines. » *Mémoires*, IX, 38. — A la nouvelle de l'élection du prince Charles, on fit des feux de joie à Nancy pendant trois jours. *Bulletin de la Société d'archéologie lorraine*, 1856, p. 62.
3. Rogéville, I, 326 et suiv.
4. Bref du 30 novembre 1710. *Manuscrit n° 154 de la Bibliothèque de Nancy*, f° 66.

cembre, la joie qu'il ressentait de l'heureuse issue de cette affaire[1].

En Lorraine, on n'avait aucune illusion sur le peu d'importance des concessions faites par Léopold : « Enfin, écrivait un magistrat de l'époque[2], le pape ne se plaindra plus de nous, nous avons supprimé ce qui lui déplaisait et nous savons à quoi nous en tenir. A Rome, c'est la lettre qui choque ; l'esprit nous reste : l'on ne touche pas à nos usages[3], et nos bulles pour Trèves seront expédiées[4]. »

---

1. Il prononça un discours pathétique rapporté dans l'édition de ses œuvres faite après sa mort par Annibal Albani. Rogéville, I, 329.
2. Lettre de M. Bardin. *Ms.* n° 213 *de la Bibliothèque de Nancy*, p. 1.
3. « L'officialité de Toul s'est soumise à ce concordat parce qu'elle n'a pas pu en empêcher l'exécution ; depuis ce temps ses officiers se sont bornés à la connaissance des causes spirituelles et ont requis des *pareatis* pour faire exécuter leurs jugements en Lorraine, mais ils protestent chaque fois contre leur demande. Enfin l'usage a repris au Barreau d'y citer les dispositions de l'ordonnance de 1701, comme d'une loi en vigueur, et il est autorisé par la Cour souveraine. » Rogéville, I, 329.
4. L'élection du prince Charles à la coadjutorerie de Trèves fut validée le 15 janvier 1711, mais à la condition qu'il prendrait les ordres dans un temps donné, et qu'il renoncerait à l'évêché d'Olmütz à la mort de l'archevêque de Trèves. Ce dernier étant mort le 6 du même mois, l'évêché d'Olmütz vaqua aussitôt.

CHAPITRE VI

LA GUERRE DE LA SUCCESSION D'ESPAGNE

I. Rapports de Léopold avec les belligérants. — II. Léopold propose sa médiation. — III. Villars et Malborough. — IV. L'année 1706. — V. La succession de Mantoue. — VI. Négociations de Léopold avec les puissances coalisées. — VII. Affaire d'Arches et de Charleville. — VIII. L'hiver de 1709 en Lorraine ; misère des troupes françaises. — IX. Louis XIV demande la paix. — X. Mission de Lefebvre. — XI. Les préliminaires de La Haye. — XII. Défaite de Mercy.

Pendant qu'il luttait à Rome avec tant de ténacité pour défendre les droits de sa couronne ou assurer la grandeur de sa maison, le duc de Lorraine ne négligeait rien pour gagner la confiance des généraux des deux camps et préserver ses États des maux de la guerre.

I

Le désastre d'Hochstædt (août 1704) avait rejeté en deçà du Rhin les débris des armées de Marsin et de Tallard ; les généraux de la coalition, Malborough et le prince Eugène, libres du côté de l'Allemagne, venaient menacer Landau et Trarbach[1], les portes de la France sur le Rhin et la Moselle. Marsin fit à la cour les plus fortes instances pour que le roi donnât l'ordre de s'emparer de la Lorraine et de relever avec diligence les fortifications de Nancy ; il ne s'agissait pas seulement pour ce général de prévenir

---

1. Trarbach fut assiégé par Malborough à la fin d'octobre, et capitula le 18 décembre 1704. Pelet, IV, 649, 671.

les ennemis sur la Meurthe, Marsin regardait encore comme absolument nécessaire de faire hiverner dans cette province une grande partie de sa cavalerie[1]. Villeroy était du même avis, et représentait à Louis XIV qu'il fallait pour soutenir l'Alsace « user » de la Lorraine « comme d'une province du royaume », en tirer librement fourrages, grains, voitures, pionniers[2].

Saint-Contest alla, sur l'avis qu'il en eut de Versailles, prier Léopold de consentir à l'établissement de quartiers d'hiver dans ses États ; il ne demandait pour les cavaliers du roi que le logement et le feu de l'hôte. Les plaintes et les remontrances du duc de Lorraine et de ses ministres ne parurent à l'intendant de Metz « qu'une cérémonie... pour avoir de quoi dire aux Allemands que c'est malgré eux, et qu'ils n'y ont point consenti[3] ». Rien n'était plus vrai. En même temps qu'il adressait à Louis XIV d'officielles protestations[4], le duc chargeait Protin de s'entendre avec Saint-Contest sur tous les détails concernant l'établissement des quartiers, et en particulier sur le prix des denrées[5] : une vingtaine d'escadrons furent bientôt cantonnés sur les bords de la Sarre pour surveiller les troupes du prince de Hesse qui occupait Trèves. Le marquis d'Alègre ne tarda pas à faire rompre les ponts de Sarrelouis à Sarrebourg, afin de fermer les passages aux hussards qui paraissaient chaque jour sur la rive gauche de la Sarre[6].

---

1. Marsin à Chamillard, 13 septembre 1704. Pelet, IV, 631, 649.
2. Pelet, IV, 636. — En janvier 1705, Villars insistait encore sur la nécessité de remplir la Lorraine de troupes pendant l'hiver. Pelet, V, 385.
3. Saint-Contest au roi, 30 octobre 1704. *Dépôt de la guerre*, 1751. — M. de Couvonges m'a dit, déclarait encore Saint-Contest dans cette lettre : « Le roi n'est-il pas le maître? Mais nous ne pouvons consentir à rien, parce que nous devons soutenir notre neutralité au moins par notre volonté personnelle. »
4. Léopold à Louis XIV, 11 novembre 1704. *Archives des affaires étrangères*, LX, f° 185.
5. Saint-Contest au ministre, 30 novembre 1704. *Dépôt de la guerre*, 1751.
6. Pelet, VI, 671.

Le duc de Lorraine entretenait, par l'intermédiaire de quelques officiers fidèles, des rapports suivis avec Malborough et les généraux allemands : « Monsieur, — écrivait-il le 25 octobre 1704 à Malborough, — le sieur de Martigny m'ayant rendu compte de la manière obligeante avec laquelle vous l'avez écouté et m'ayant en même temps averti que vous devez passer près de la frontière de mes États, j'ai cru ne pouvoir me dispenser de vous en faire témoigner ma joie et de vous demander la continuation de vos bons offices pour la conservation de mon pays. Le sieur Fournier, qui vous rendra cette lettre, vous informera plus amplement de la situation des lieux qui m'appartiennent et que j'espère que vous voudrez bien ménager, comme je vous en prie, et d'être persuadé de ma parfaite reconnaissance et de l'estime particulière que j'ai pour votre personne[1]. »

Fournier devait déclarer au général anglais que le duc de Lorraine n'avait aucun sujet de plainte contre les Français et que ceux-ci payaient bien tout ce qu'ils achetaient aux particuliers. Pour mieux gagner ce personnage avide, l'envoyé de Léopold avait aussi l'ordre de s'informer de « ce qui lui pourrait faire plaisir de ces côtés-ci, soit en vin ou autres choses » : c'est nous indiquer suffisamment la destination de deux voitures de vin que le duc fit parvenir quelques semaines après à Fournier avec entière liberté à celui-ci d'en faire tel usage qu'il trouverait bon[2].

Le général Hompesch, de la garnison de Trèves, voulant faire contribuer les communautés du bailliage de Schambourg[3] à des fournitures de blé et d'avoine, l'agent

---

1. Ms. Noël, n° 187 (Bibliothèque de Nancy).
2. Léopold à Fournier, 22 novembre 1704. Ibid.
3. Le chef-lieu de ce bailliage était le château de Schambourg, dont les ruines dominent la petite ville de Tholey (Prusse rhénane), au nord-est de Sarrelouis.

de Léopold lui représenta que les Lorrains avaient toujours fourni de gré à gré des vivres à l'armée française et que « cette règle ne s'observerait plus dès qu'on en pratiquerait une autre à l'égard des hauts alliés »; cependant, faisait écrire Léopold dans ses instructions à Fournier, « le prix du blé et de l'avoine paraissant à Son Altesse Royale assez raisonnable, vous ferez très bien, par vous-même ou par des gens qui ont du crédit parmi les paysans, de leur persuader, sous main et sans aucune autorité ni commandement, de ne pas faire difficulté de leur en vendre de gré à gré, leur étant libre par la neutralité du commerce avec l'une et l'autre partie belligérante, à quoi vous tiendrez la main, et même vous le faciliterez[1] ».

On voit que Fournier jouait à peu près à l'armée de la coalition le rôle dont s'acquittait si bien, auprès de M. de Saint-Contest et des généraux français, M. Protin, cet « honnête homme et fort judicieux », ainsi que le qualifiait l'intendant de Metz[2].

II

Léopold s'efforçait de maintenir la balance égale entre les belligérants; son intérêt évident le conviait à se faire l'intermédiaire d'un rapprochement entre la France et ses ennemis. De bonne heure il avait envié ce rôle : dès le mois de juin 1703, il offrit son entremise aux cours de Versailles et de Vienne. Mais M. d'Audiffret pensa que cette démarche était inspirée par l'Empereur. Telle fut aussi l'impression de Louis XIV : « Il faut que l'état des affaires de l'Empereur soit bien mauvais, — faisait-il

---

1. Lettre du 20 novembre 1704. *Ms. Noël*, n° 187.
2. Lettre de Saint-Contest, 21 mai 1704. *Dépôt de la guerre*, 1611.

écrire à son agent de Nancy, — pour qu'il commence à faire des ouvertures pour une paix dont il a rejeté toujours jusqu'aux moindres apparences[1] » ; et il recommandait en même temps à M. d'Audiffret de ne pas répondre aux avances de Léopold et de garder sur cette question un silence absolu : « Ce que vous diriez de plus donnerait lieu de croire que je cherche les moyens d'entrer en négociation ; rien ne serait plus contraire à mes intérêts, ni plus éloigné de mes intentions. »

M. d'Haussonville, qui signale cette première démarche du duc de Lorraine[2], passe sous silence les pourparlers repris au commencement de 1705 par l'intermédiaire de M. de Saint-Contest. Celui-ci étant allé dans les premiers jours de janvier présenter, comme il le faisait chaque année, ses hommages au duc de Lorraine, fut tout étonné d'entendre ce prince lui déclarer « que si Sa Majesté agréait qu'il sondât comme de lui-même les dispositions de l'Empereur[3] », il le ferait très volontiers. Cette fois Louis XIV montra moins de hauteur que précédemment ; la prise de Landau et de Trarbach (décembre 1704) était d'un mauvais augure pour la campagne prochaine : il chargea Saint-Contest d'encourager Léopold à persévérer dans son louable dessein, lui rappelant toutefois que le duc de Lorraine devait agir de sa propre initiative à Vienne et ne point mettre en avant le nom du roi de France.

Léopold fut très sensible à la confiance dont le roi l'honorait en matière si importante[4], et commença sans retard, par le canal de M. des Armoises, — son envoyé auprès de l'Empereur, — des négociations que ne connut pas d'Audiffret lui-même. La cour de Vienne accueillit les ouver-

1. Louis XIV à M. d'Audiffret, 20 juin 1703. D'Haussonville, IV, 579.
2. Voir *Histoire de la réunion de la Lorraine à la France*, t. IV, p. 211.
3. Saint-Contest au ministre, 2 février 1705. *Dépôt de la guerre*, 1851.
4. Saint-Contest au ministre, 13 février 1705. *Ibid.*

tures de Léopold avec une satisfaction marquée, mais sous prétexte qu'elle n'était pas seule intéressée à la paix, elle déclara qu'elle ne ferait une réponse précise qu'après avoir sondé les dispositions des puissances alliées, promettant d'ailleurs de garder jusque-là un secret inviolable. C'est à Pont-à-Mousson, où il lui donna rendez-vous, que Léopold lut à Saint-Contest les dépêches de M. des Armoises : « Comme je crois, — écrivait Saint-Contest au sortir de cet entretien, — que M. le duc de Lorraine travaille avec droiture à cette grande affaire et que sa gloire et son intérêt sont attachés au succès, je croirais qu'il faudrait s'en rapporter à sa prudence et l'assurer que le roi approuvera toutes les démarches qu'il fera pour donner ouverture à cette négociation, pourvu qu'elles paraissent toujours venir de lui et qu'elles ne commettent le roi en rien[1]. »

Sur ces entrefaites le ministre Kaunitz, ami de M. des Armoises[2], et l'empereur Léopold lui-même étaient morts à quelques mois d'intervalle (janvier et mai 1705); le comte des Armoises n'en continua pas moins à Vienne ses démarches, mais avec peu de succès. Le nouvel empereur, Joseph, n'avait pas hérité des sentiments de son père envers le duc de Lorraine ; il répondit net à l'agent du duc qu'il « ne pouvait l'écouter, ni faire la moindre chose que de concert avec ses alliés[3] ».

---

1. Saint-Contest au ministre, 9 avril 1705. *Ibid.*
2. « V. A. R. perd un ministre, — écrit des Armoises à la mort de Kaunitz, — qui était à sa dévotion depuis longtemps, et qui avait de l'honneur et de la solidité ; j'agissais proprement avec lui seul, me voilà bien démonté, et je n'en vois pas à qui je puisse faire les mêmes confidences. » Lettre du 12 janvier 1705. *Archives impériales de Vienne.*
3. Saint-Contest au ministre, 10 août 1705. *Dépôt de la guerre,* 1851.

III

Un instant Léopold, frappé de la lenteur des négociations qu'il avait commencées à la cour impériale, avait songé à obtenir de la France et des puissances coalisées la reconnaissance d'une « exacte neutralité ». Les États-Généraux étaient tout disposés à l'observer, si Louis XIV retirait ses troupes des villes et postes qu'elles occupaient en Lorraine[1]. Mais le moment était des plus mal choisis pour adresser une telle demande au roi : les ennemis de la France avaient pris, pendant les premiers mois de 1705, toutes les dispositions militaires sur la Moselle et la Sarre pour attaquer l'Alsace à revers et entrer dans les Trois-Évêchés. Villars, posté près de Sierck, en face de Malborough, se préparait à couvrir Sarrelouis ou Thionville ; il comptait tirer de la Lorraine la majeure partie de ses subsistances, et réquisitionner au besoin les chariots de ce pays, ceux des Évêchés étant « en perpétuel mouvement[2] ».

Pour mieux veiller à la conservation de ses États, Léopold détacha M. de Martigny à l'armée du duc de Malborough, le comte du Han à celle de Villars, le comte de Custine[3] à celle du prince de Bade. Il craignit un

---

[1]. Léopold à Louis XIV, 9 mars 1705. *Archives des affaires étrangères* LXI, f° 230.
[2]. Saint-Contest au ministre, 30 mai 1705. *Dépôt de la guerre*, 1851.
[3]. En 1702, M. de Custine, déjà détaché à l'armée impériale, avait reçu les instructions suivantes : « Il est d'une très grande conséquence d'empêcher que les commissaires de S. M. I. n'obligent les sujets de S. A. R. de fournir à leur armée aucunes voitures, pionniers, vivres, ni fourrages, pour les raisons suivantes : L'armée de l'Empereur et de ses alliés ne pourrait tirer de la Lorraine qu'un très petit avantage, parce qu'il n'y a au delà de la Sarre que le comté de Bitche, l'office de Schambourg et cinq ou six villages de l'office de Siersberg, qui dépendent de la Lorraine, ce qui en tout ne fait pas 60 mauvais villages ou hameaux, desquels on ne peut tirer qu'un faible secours. Au lieu que si la France apprend que les sujets de Lorraine

moment que l'action décisive ne s'engageât sur ses terres :
« J'appris d'une personne de cette cour assez bien informée
de ce qui s'y passe, écrivait alors d'Audiffret, que les ennemis ont eu dessein d'occuper Pont-à-Mousson, que milord Malborough avait fort insisté pour qu'on s'emparât
de ce poste pour couper à M. le maréchal de Villars la
communication de la Moselle et de la Lorraine, que M. le
duc de Lorraine en avait été averti et fort alarmé dans la
crainte que les alliés ne s'établissent dans ses États, mais
que le prince de Bade avait détourné le coup sur ce qu'il
jugeait ce poste inutile jusqu'à ce qu'on fût en état de le
soutenir[1]. »

Après être resté plusieurs semaines en vue des retranchements français, Malborough décampa dans la nuit du
16 au 17 juin, à la nouvelle que le prince de Bade ne lui
amenait pas les renforts qu'il attendait pour risquer une
attaque ; il se retira sur Trèves et reprit la route des
Pays-Bas. A cette occasion Louis XIV mandait à M. d'Audiffret : « Je suis persuadé de la sincérité de ce que le
duc de Lorraine vous a dit, lorsqu'il vous a témoigné
avec quelle satisfaction ce prince a vu la retraite de l'armée des alliés et le peu de succès des grands projets qu'ils
avaient formés pour agir sur la Moselle. Il est certain que
leurs troupes n'auraient pas eu pour leurs États les mêmes

---

aient fourni à ladite armée des voitures, etc., elle tirera de la Lorraine et
du Barrois, qui est un pays d'une grande étendue, et fort abondant, tous les
secours dont elle aura besoin. Quoique lesdits pays de Lorraine et Barrois
soient environnés des provinces et villes de France, les officiers du Roi
T. Ch. ont gardé tant de mesures pour les États de S. A. R., qu'ils n'en ont
encore exigé, depuis le commencement de la présente guerre jusqu'à présent, aucuns pionniers, vivres, fourrages, etc... Les Français ne demanderaient pas mieux que de se sentir dégagés de garder toutes ces mesures,
ce qui arriverait infailliblement... » *Mémoire pour servir à M. le comte de
Custine, colonel du régiment des gardes de S. A. R. et son envoyé extraordinaire à la cour du roi des Romains en l'armée devant Landau.* Archives
impériales de Vienne.

1. M. d'Audiffret à Louis XIV, 20 juin 1705. *Archives des affaires étrangères*, LXII, f° 76.

égards que les miennes font paraître depuis qu'elles y demeurent[1]. »

Villars décampa à son tour de Sierck le 29 juin et se porta par Bouquenom et la Petite-Pierre sur l'Alsace, pour débusquer l'armée du prince de Bade des lignes de la Lauter. Prévoyant ce mouvement, Léopold avait annoncé à Fournier, toujours détaché à Bitche, le passage prochain de M. de Villars : « Il ne tient pas trop bon ordre, disait le duc en parlant du général français ; aussi vos soins seront très nécessaires à la conservation de mes sujets[2]. » Les troupes du roi causèrent en effet à l'envoyé lorrain plus d'un embarras ; plusieurs villages furent pillés par l'armée ou par des maraudeurs. L'intendant de Metz promit au duc que l'on dédommagerait intégralement les populations, qui dressèrent, par les soins des prévôts des lieux et de Fournier, des états de tout ce qui avait été pris. Toutefois la somme de 140,000 livres que le gouvernement ducal réclama parut exorbitante ; Saint-Contest la réduisit à 70,000 livres, et le roi, tout en voulant bien, « sans tirer à conséquence pour l'avenir », indemniser les paysans lorrains, demanda à Saint-Contest de faire une nouvelle réduction[3].

Léopold accorda de son côté quelques exemptions ou diminutions de taxes à celles des communautés des prévôtés de Freistroff[4], Siersberg[5] et Boulay qui avaient particulièrement souffert du séjour des armées. Il fit remise d'une partie de la subvention de 1706 aux habitants de

---

1. Louis XIV à M. d'Audiffret, 2 juillet 1705. *Ibid.*, f° 85.
2. Léopold à Fournier, 25 juin 1705. *Ms. Noël*, n° 187 (Bibliothèque de Nancy).
3. Chamillart à Saint-Contest, 29 mars 1706. *Dépôt de la guerre*, 1951.
4. Commune du canton de Bouzonville (Moselle), à l'Allemagne depuis 1871.
5. L'ancien château de Siersberg se dresse entre la Sarre et la Nied, à deux kilomètres en amont du confluent de ces deux rivières, dominant le bourg de Büren (Prusse rhénane).

Saint-Menge, de l'office de Neufchâteau, qui s'étaient également plaints des désordres qu'occasionna le passage de la gendarmerie du roi : « Les plus pauvres desdits habitants, — lisons-nous dans leur requête, — furent obligés de loger dans leurs maisons jusqu'à 50 et 60 gendarmes, et de mettre hors leurs femmes et enfants, et bétail, et dans cette confusion lesdits gendarmes et valets prirent chez plusieurs desdits habitants, pour faire litière à leurs chevaux et mulets, des grains, froment et avoine en gerbe, et du foin[1]... »

Au moment où Villars prenait l'offensive au delà des Vosges, Louis XIV, satisfait de l'heureuse issue d'une campagne qui s'était mal annoncée, se montrait disposé à la paix. Le bruit courant que les cantons suisses allaient offrir leur médiation aux puissances belligérantes, le roi s'empressa d'en avertir M. d'Audiffret, et donna l'ordre à celui-ci d'engager Léopold à se joindre aux médiateurs : « Son interposition, disait-il à ce sujet, ne me serait point suspecte, non seulement par la connaissance que j'ai de sa sagesse et de ses sentiments pour moi, mais encore par le pressant intérêt qu'il a de souhaiter la fin de la guerre[2]. »

Les dispositions bien connues de Joseph Ier rendaient inutile toute tentative nouvelle en vue de la paix. Mais Léopold, pour mériter la confiance de Louis XIV, fit les plus louables efforts afin de mettre un terme aux courses des hussards. Le prince de Bade répondit à une de ses lettres pressantes en lui disant qu'il n'avait qu'à faire arrêter les cavaliers impériaux et les envoyer sous bonne escorte à l'armée. Ce moyen n'était pas praticable. Léopold en effet n'avait pas assez de soldats pour protéger ses fron-

---

1. Archives de Meurthe-et-Moselle, B, 1570.
2. Louis XIV à M. d'Audiffret, 23 juillet 1705. *Archives des affaires étrangères*, LXII, f° 106.

tières, et d'autre part il n'osait permettre à ses sujets de prendre les armes : « Vous savez, écrivait-il à Fournier, que nos paysans sont assez portés d'eux-mêmes à prendre les armes et à se faire brigands ; et encore si on leur permettait de courir après les partis, ce serait pire et autrement : il y aurait plus à craindre pour lors les paysans que les partis[1]. » Il supplia en conséquence le général allemand de prendre d'autres mesures ; Fournier alla lui représenter de vive voix les désordres qui commençaient à faire grand bruit en France, et qui pouvaient attirer sur la Lorraine de terribles représailles : les partis ennemis venaient enlever jusque dans leurs villages les officiers lorrains qui servaient la France, ou, faute de les trouver, pillaient leurs demeures. Le prince de Bade céda alors aux instances de Léopold : il transmit à son lieutenant, le général Thungen, qui commandait près de la frontière, des ordres formels pour interdire à l'avenir les courses sur les terres du duc de Lorraine[2].

IV

L'année 1706 semblait s'ouvrir pour la France sous les meilleurs auspices. La ligne de la Sarre, si menacée l'année précédente, était solidement occupée par les troupes de Villars[3] : M. de Druys, qui commandait à Bouquenom, était entièrement rassuré au sujet des fourrages et des vivres que la Lorraine lui fournissait en abondance[4]. Saint-Contest annonçait même que l'on pourrait facilement

---
1. Léopold à Fournier, 18 septembre 1705. *Ms. Noël*, n° 487 (Bibliothèque de Nancy).
2. Saint-Contest au ministre, 10 décembre 1705. *Dépôt de la guerre*, 1851.
3. Pelet, V, 515.
4. Saint-Contest au ministre, 28 décembre 1705. *Dépôt de la guerre*, 1851.

faire des levées pour le service du roi dans les deux duchés : « Voici trois personnes, écrivait-il à Chamillard, qui ont l'honneur de vous demander permission de faire un régiment de cavalerie ; l'une est M. de Saint-Félix..., l'autre M. de Salles-Rorté, qui a servi neuf ans dans le régiment d'Ourches, et ne l'a quitté qu'à la paix, l'autre est M. de Ficquelmont qui demanderait cette grâce pour son fils, qui a servi depuis six ans avec distinction dans le régiment des dragons d'Asfeld[1]. » Mais telle était la confiance du roi dans l'avenir qu'il refusa les offres des trois gentilshommes lorrains.

C'est qu'en effet les nouvelles que l'on recevait d'Autriche étaient bien capables de dissiper toute inquiétude. M. Surian, premier maître d'hôtel de Léopold, de retour de Vienne où il était allé porter à l'Empereur des présents, annonçait que la cour impériale était bien changée, qu'il y régnait une confusion extrême, « qu'il n'y avait point d'argent, que tous les officiers murmuraient beaucoup de n'être pas payés, que l'Empereur avait entièrement perdu son crédit dans Vienne, où les marchands ne voulaient plus rien fournir de ce qu'il leur faisait demander, qu'on voyait même des sentiments peu affectionnés dans les peuples, que depuis le dernier tumulte il s'y répandait des pasquinades fort outrageantes, que les désordres occasionnés par la guerre de Hongrie avaient extrêmement aliéné ses sujets des pays héréditaires, et qu'il y avait lieu de craindre quelque fâcheux événement si les charges et les malheurs de la guerre duraient encore quelque temps[2]. »

---

1. Le .ro du 29 janvier 1706. *Ibid.*, 1951.
2. M. d'Audiffret à Louis XIV, 20 février 1706. *Archives des affaires étrangères*, LXIV, f° 51. — « J'ai encore reçu, écrivait d'Audiffret le 24 avril 1706, des lettres de plusieurs officiers lorrains qui sont au service de l'Empereur, dont ils sont extrêmement dégoûtés, se plaignant de n'être pas payés et de manquer même de subsistance, de sorte qu'ils sont tous résolus de se retirer. » *Ibid.*, f° 90.

Joseph Iᵉʳ, aussi incapable que son père comme souverain, lui était bien inférieur comme homme : violent et débauché, livré à de vulgaires maîtresses et à d'obscurs favoris, il jouissait à sa cour d'une faible considération[1]. Ennemi irréconciliable de Louis XIV, il fallut les revers de la coalition et les embarras de l'intérieur pour lui faire accepter les offres que l'envoyé de Léopold lui avait vainement proposées à plusieurs reprises ; à la fin de février 1706, il déclara de son propre mouvement au comte des Armoises « qu'il voulait bien accepter son entremise et entendre les propositions raisonnables qu'on lui pourrait faire[2] ».

Le résultat de la campagne de 1706, la défaite des armées du roi à Ramilies (mai) et à Turin (septembre) modifièrent brusquement les dispositions de l'Empereur et accrurent les exigences des alliés.

Les cantons catholiques de la Suisse, dont Louis XIV avait espéré l'intervention l'année précédente, cherchèrent, au lendemain des désastres de la France, à éteindre « les flammes » de la guerre « horriblement allumées » dans presque toute l'Europe ; ils écrivirent à la plupart des puissances pour les exhorter à la paix. Comme l'entrée de la cour impériale leur était difficile, ils prièrent le duc de Lorraine de faire parvenir leur missive à Joseph Iᵉʳ, comptant bien que le duc serait heureux de contribuer « avec sa naturelle et haute prudence à l'avancement d'un si salutaire et juste projet[3] ».

Léopold transmit à l'Empereur, et sans tarder, les propositions des cantons suisses : « Nous souhaitons de bon cœur, répondait-il à ceux-ci, que le Tout-Puissant, qui est

---

1. D'Haussonville, IV, 216.
2. Saint-Contest à Chamillard, 19 mars 1706. *Dépôt de la guerre*, 1954.
3. Lettre des cantons suisses à Léopold, 6 septembre 1706. *Journal de Verdun*, janvier 1707.

seul dans le pouvoir d'achever un si grand ouvrage, dispose les esprits des puissances qui sont en guerre, en sorte qu'il s'ensuive une paix satisfaisante, et que l'on épargne le sang qui a été répandu dans la chrétienté¹. » Il n'était pas seulement poussé par le désir de la paix à seconder l'action des Suisses; M. d'Audiffret l'engageait vivement à mériter par une telle conduite « une gloire infinie² ».

Mais Louis XIV, loin d'encourager son agent, lui recommanda « d'agir dans cette occasion comme dans une circonstance indifférente ». Il venait de se résoudre à demander lui-même des conférences pour la paix : « Toutes les démarches que je verrai faire pour y contribuer, — faisait-il savoir à Nancy, — me seront agréables, et M. le duc de Lorraine ne doit pas douter que je ne sois bien aise qu'il ait part à ce grand ouvrage. Mais il ne se fera pas par la voie des cantons si la proposition que j'ai faite est acceptée. Toutefois, on trouvera moyen de leur faire honneur de l'empressement qu'ils ont témoigné, et le duc de Lorraine s'unissant avec eux partagerait aussi le même honneur³. »

Les cantons catholiques reçurent des réponses, plus ou moins favorables, de toutes les puissances, sauf de l'Empereur⁴. Ils s'étaient singulièrement mépris s'ils pensaient que leur demande serait bien accueillie à Vienne parce qu'elle arrivait par le canal du duc de Lorraine. Dès le mois d'avril précédent, les relations entre la cour de Lunéville et celle de Vienne s'étaient refroidies. M. d'Audiffret devina d'abord⁵, et apprit ensuite de source cer-

---
1. Léopold aux cantons, 16 septembre 1706. *Ibid.*
2. D'Haussonville, IV, 214.
3. Louis XIV à M. d'Audiffret, 2 novembre 1706. *Archives des affaires étrangères*, LXIV, f° 320.
4. *Gazette de Hollande*, n° 103.
5. D'Audiffret à Louis XIV, 22 mai 1706. *Archives des affaires étrangères*, LXIV, f° 119.

taine¹ que la cause de cette sorte de rupture était la ferme intention de Léopold de prétendre à la succession du Montferrat, et le refus formel de l'Empereur de reconnaître les droits du duc de Lorraine.

V

Le duc était par sa mère, — fille d'Éléonore de Gonzague, — le plus proche héritier de Ferdinand-Charles de Gonzague, duc de Mantoue et de Montferrat. Or le duc de Savoie avait depuis longtemps convoité ces États, fort à sa convenance; et l'Empereur, pour attirer « le portier des Alpes » dans la grande alliance contre Louis XIV, les lui avait promis par le traité de Turin (8 novembre 1703), s'engageant, il est vrai, par une clause expresse, à indemniser à la mort de Ferdinand de Gonzague les héritiers légitimes de ce prince.

Aussitôt qu'il connut ce traité, resté pendant plusieurs années secret, Léopold ne cacha point son mécontentement; il supplia Joseph Iᵉʳ de ne pas permettre qu'il fût dépouillé d'une principauté sur laquelle il avait tout lieu de compter à la mort de Ferdinand, ou que tout au moins il plût à l'Empereur de suspendre l'investiture promise au duc de Savoie jusqu'à la désignation d'un équivalent de valeur proportionnée². Mais l'Empereur répondit par de vaines promesses aux appels pressants de Léopold; et, au lendemain de la bataille de Turin, il mettait le duc de Savoie en possession de Casal et du Montferrat³.

---

1. D'Audiffret à Louis XIV, 9 avril 1707. *Ibid.*, LXIX, f° 131.
2. *Mémoire sur le duché de Lorraine*, par M. d'Audiffret, f° 61.
3. D'Audiffret à Louis XIV, 22 janvier 1707. *Archives des affaires étrangères*, LXIX, f° 52. — La citadelle de Casal cédée à Louis XIV par le traité du 8 juillet 1681, avait été occupée par les Français de 1681 à 1706. Cf. Rousset, *Histoire de Louvois*, III, 199.

Cette nouvelle porta au comble l'irritation de Léopold, qui ne tarda pas, il est vrai, à s'effrayer des conséquences que pouvait avoir pour sa maison une rupture avec la cour de Vienne, surtout au moment où les succès de la coalition s'affirmaient d'une façon inquiétante pour les amis de Louis XIV. Il ne songea bientôt plus qu'à faire oublier sa mauvaise humeur passée, et, grâce aux « instantes prières » de son frère, l'évêque d'Osnabrück, réussit à apaiser Sa Majesté Impériale[1]. Dans les premiers jours d'avril 1707, le marquis de Lunati allait renouer avec la cour impériale les cordiales relations d'autrefois ; d'Audiffret, qui nous signale ce voyage, nous apprend en même temps que l'envoyé de Léopold portait de « très riches présents en habits et en pierreries venus de Paris pour celle des maîtresses de l'Empereur qui était le plus en faveur, une bourgeoise de Vienne[2] ». Les démarches de l'évêque d'Osnabrück, les présents de M. de Lunati valurent au duc de Lorraine une nouvelle promesse, plus solennelle que les précédentes, mais aussi inutile : l'Empereur consentait à indemniser Léopold de la cession de Montferrat, mais lorsque la succession de Ferdinand-Charles de Gonzague serait vacante.

Ce n'est pas seulement à Vienne que le duc de Lorraine dépensait en pure perte des sommes considérables. Au lieu de se renfermer dans une scrupuleuse impartialité, il avait fait partir, en décembre 1704, Parisot pour la Hollande et d'Haussonville pour l'Angleterre, en qualité d'envoyés extraordinaires. Cette détermination, prise presque subi-

---

1. Cette réconciliation fut traversée par le prince de Salm, dont le crédit était grand à Vienne, et qui n'avait pas pardonné à Léopold son intervention en faveur de l'abbaye de Senones, que le prince avait voulu placer sous sa juridiction peu de temps après le traité de Ryswick. Sur ces prétentions de la maison de Salm, voir *Archives de Meurthe-et-Moselle*, Lay. Salm, IV.

2. D'Audiffret à Louis XIV, 9 avril 1707. *Archives des affaires étrangères*, LXIX, f° 131.

tement, excita la méfiance des hommes d'État français¹. A Lunéville, on disait que les deux ministres avaient l'unique mission de demander à la reine d'Angleterre et au gouvernement des États-Généraux des ordres pour la « conservation » de la Lorraine ; mais à Versailles on accusait Léopold de se mettre en mesure de profiter des événements. Aussi Louis XIV, sans contester aux princes souverains le droit d'accréditer des représentants à l'étranger, se plaignait que dans la conjoncture présente le duc de Lorraine envoyât des plénipotentiaires chez les ennemis de la France².

D'ailleurs le langage de Parisot à La Haye était peu conforme à celui que devait tenir le ministre d'une puissance neutre ; d'Audiffret reçut l'ordre, au mois de mars 1705, d'en faire des remontrances à Léopold³, qui promit de rappeler son imprudent envoyé. Nouvelles remontrances lorsque le roi sut que le bruit courait à La Haye que la Lorraine aurait à la paix prochaine les Trois-Évêchés : « Comme il n'y a pas d'autre envoyé de Lorraine en Hollande que M. Parisot, mandait M. de Torcy à M. d'Audiffret, le roi ne doute pas qu'il n'ait donné lieu par ses discours à un tel bruit, et Sa Majesté est bien persuadée qu'il l'a fait de lui-même, non seulement sans ordre, mais encore contre l'intention de M. le duc de Lorraine. Elle sera cependant bien aise que ce prince rappelle le

---

1. Chamillard écrivait à Torcy, en apprenant cette nouvelle : « Comme il pourrait y avoir des raisons cachées, S. M. désire que vous écriviez au sieur d'Audiffret de faire en sorte de les découvrir. » 26 décembre 1714. Ibid., f° 321.

2. « J'en ai fait parler, mais seulement en général, à son envoyé auprès de moi. » D'Haussonville, IV, 209.

3. « On prétend que le sieur Parisot assure les États-Généraux que si la situation de son maître lui permettait de consulter seulement son inclination et de la suivre, il ne balancerait pas à prendre le parti de l'Empereur. On a ajouté beaucoup d'autres discours peu convenables de la part d'un envoyé du duc de Lorraine. » Louis XIV à M. d'Audiffret, 4 mars 1705. Ibid., IV, 20.

plus tôt qu'il sera possible un homme qui donne en toutes occasions des marques de sa mauvaise volonté contre la France¹. » Léopold ne voulant pas paraître obéir à une injonction du roi, manda à Parisot de se rendre à Osnabrück, auprès du prince Charles, et c'est de là qu'il revint à Lunéville².

Certes il eût été préférable pour le duc de Lorraine de s'attirer par une conduite exempte de tout reproche des droits sérieux à la protection de la France. C'est en vain qu'il cherchait à gagner les bonnes grâces de l'Angleterre et de la Hollande, et à intéresser ces puissances à la défense de sa cause dans l'affaire de la succession de Mantoue : on le paya de belles paroles et de vaines déclarations. Seul Louis XIV, dans cette première moi[tié] de la guerre, avait accordé au duc des preuves certaines de son désir de lui plaire.

Le 25 août 1704, l'intendant de la Franche-Comté et M. Sarrazin, conseiller d'État de Léopold, signèrent une convention qui répartissait entre la France et la Lorraine les terres de surséance voisines et un certain nombre de villages mi-parties : Fougerolles, Fresne-sur-Apance, Alaincourt, Corre, Bousseraucourt, Montdoré appartinrent désormais en toute souveraineté au roi; Fontenoy-la-Ville, Monthureux-sur-Saône, Ruaux, Blondefontaine restaient au duc. Le roi renonçait à toutes prétentions sur les bans de Longchamp et de Ramonchamp et sur le Val-d'Ajol; le duc abandonnait ses droits sur Saint-Loup et les villages voisins, Francalmont, Aillevillers, Jussey, etc.³.

---

1. Lettre du 6 décembre 1706. *Archives des affaires étrangères*, LVIII.
2. M. D'Audiffret à Louis XIV, 24 décembre 1706 et 29 janvier 1707. *Ibid.*, LXIV, f° 382; LXIX, f° 40.
3. *Recueil des édits*, I, 465. — Tous ces lieux appartiennent au département de la Haute-Saône, sauf Fresne-sur-Apance (Haute-Marne), Monthureux, Ruaux, Longchamp, Ramonchamp, le Val-d'Ajol (Vosges).

Un traité analogue fut négocié avec l'intendant de Champagne pour distinguer les habitants français et lorrains de quelques villages mi-parties dépendant des prévôtés de Gondrecourt et de Foug[1].

La ville et la seigneurie de Commercy avaient été cédées à Léopold[2] par le prince de Commercy[3], petit-fils de Charles IV, dans le cas où il mourrait sans héritier mâle. Ce prince ayant succombé à la bataille de Luzzara, en 1702, Louis XIV prit d'abord possession de Commercy, sans tenir compte des droits du duc de Lorraine. Mais le 7 mai 1707, un traité passé à Metz entre M. de Saint-Contest, commissaire du roi, et MM. Mahuet et Protin, commissaires du duc, rétablit Léopold dans la pleine possession de la seigneurie. Celui-ci ne conserva pas longtemps cette acquisition ; dès le 31 décembre 1707, il échangea « cette ombre de souveraineté », comme l'appelle d'Audiffret, contre la terre de Fénétrange et le comté de Falkenstein[4], auxquels renonça le prince de Vaudémont, qui devint ainsi seigneur de Commercy. Cet arrangement mit fin au procès qui durait depuis longtemps à la Chambre impériale entre Vaudémont et le duc de Lorraine[5].

---

1. *Ibid.*, I, 171. Traité des 2 octobre 1704 et 21 mars 1705.
2. Par le traité signé à Vienne le 11 avril 1699. Dumont, *Histoire de la ville et des seigneurs de Commercy*, II, 224.
3. Charles-François de Lorraine, prince de Commercy, était fils d'Anne de Lorraine (fille de Charles IV et de la princesse de Cantecroix) et du prince de Lillebonne ; il naquit en 1661, et était, lorsqu'il mourut, général de cavalerie des armées de l'Empereur.
4. *Recueil des édits*, I, 617.
5. Ce traité avait en outre l'avantage d'annuler le pacte fait à Bonn en 1667, entre Charles V et le prince de Vaudémont, pacte dans lequel les deux princes traitaient d'égal à égal, et où Charles V cédait à Vaudémont, en dédommagement des droits et prétentions de celui-ci, tout le pays situé le long de la Sarre. *Mémoire de M. d'Audiffret* (Ms. n° 133 de la Bibliothèque de Nancy, p. 45).

VI

A mesure que les difficultés de la guerre augmentaient, Louis XIV sentait la nécessité de renoncer au grand projet qu'il avait eu l'ambition d'accomplir : l'union de toute la monarchie espagnole sous le sceptre de son petit-fils. Après Ramilies et Turin, il avait cherché à fléchir l'orgueil des États-Généraux ; déçu de ce côté, il se hâta de saisir la première occasion pour tenter un accommodement avec l'Empereur.

Au printemps 1707, Léopold avait l'intention d'aller à Vienne, afin de faire disparaître toute trace du nuage qui avait assombri l'année précédente les relations des deux cours. Loin de s'opposer au voyage de son neveu, — voyage qui à tout autre moment lui eût paru dangereux, — Louis XIV écrivit à M. d'Audiffret les lignes suivantes : « Le duc de Lorraine peut contribuer plus que personne au bien général de la chrétienté et à celui de la maison d'Autriche en particulier, en profitant de la disposition présente des affaires, et de la confiance que l'Empereur prend en lui pour l'engager à convenir secrètement avec Sa Majesté des mesures à prendre pour leur satisfaction réciproque et pour établir à l'avenir sur des fondements solides une alliance perpétuelle entre la maison de France et celle d'Autriche[1]. »

Une lettre de l'évêque d'Osnabrück fit ajourner indéfiniment le projet du duc de Lorraine[2] ; mais celui-ci, frappé des aspirations pacifiques du roi, confia une fois de plus au comte des Armoises le soin de pressentir l'Empereur,

---

1. Lettre du 6 juin 1707. *Archives des affaires étrangères*, LXVIII, f° 99.
2. D'Audiffret au roi, 21 juin 1707. *Ibid.*, LXIX, f° 170.

qui refusa net d'entrer seul en pourparlers avec la France :
« Il suffit, — mandait à M. d'Audiffret Louis XIV surpris
et indigné, — de savoir le sentiment de l'Empereur ; mais
peut-être ce prince aura-t-il lieu de se repentir un jour de
l'eloignement qu'il témoigne aujourd'hui pour la paix[1]. »

Les mêmes événements qui avaient fait la sagesse de
Louis XIV causaient maintenant l'entêtement et l'insolence des coalisés.

Que les temps étaient changés ! Le roi de France qui,
quatre ans auparavant, refusait l'intervention officieuse
de Léopold auprès de la cour de Vienne, en était réduit,
en 1707, à la solliciter humblement. Et bien que le refus
de l'Empereur d'écouter toute ouverture eût causé à son
amour-propre une blessure cuisante, telle était la nécessité de la situation qu'en mars 1708 il s'abaissa encore
à recourir à l'entremise du petit prince, son voisin, alors
même qu'il n'avait plus cette fois le prétexte du voyage
de celui-ci à Vienne : « Il me paraît, — faisait-il écrire
par M. de Torcy, — que M. le duc de Lorraine a perdu
entièrement l'idée qu'il avait encore l'année dernière de
travailler à la paix du côté de l'Empereur. Je crois cependant qu'il y trouverait assez d'ouverture, et le roi m'a
permis de vous confier qu'on écrivait de Vienne par une
voie sûre que, quoique l'Empereur craignît d'entrer dans
aucun traité séparément de ses alliés, il serait cependant
bien aise que l'on pût faire un projet de convenance
mutuelle entre le roi et lui pourvu que le secret en fût
exactement gardé; il le serait certainement de Sa Majesté.
Et comme Elle est toujours persuadée qu'il n'y aurait
point de voie plus propre que celle de M. le duc de Lorraine pour faire conduire sûrement cette négociation,
dont il pourrait faire la proposition comme de lui-même,

---

1. D'Audiffret au roi, 7 juillet. D'Haussonville, IV, 217.

Elle veut que vous sachiez de lui s'il est présentement à portée d'en faire quelque ouverture¹. »

Tout en paraissant touché de la confiance du roi, le duc de Lorraine ne montra point le même empressement que par le passé; il exigea de M. d'Audiffret la promesse d'un secret absolu, ne voulant pas, disait-il, « s'attirer des reproches des Anglais ni des Hollandais », bien qu'il « n'eût pas d'intérêts à démêler avec eux² ». Et pourtant il ne s'agissait plus de demander à l'Empereur un accommodement particulier, mais, comme M. de Torcy le répéta dans une nouvelle dépêche, « de convenir avec lui des conditions raisonnables qu'il voudrait obtenir dans un traité de paix générale³. »

Joseph Iᵉʳ, que le comte des Armoises entretint de ces négociations secrètes avec la France, se contenta de répondre « qu'il y penserait »; son premier ministre ne fit pas à l'envoyé lorrain un meilleur accueil. Léopold attribua cet échec à la réserve excessive de Louis XIV qui, disait-il, aurait dû faire connaître à l'Empereur sur quelles bases il était prêt à entrer en pourparlers⁴; mais le roi ne l'entendait pas ainsi, lui qui faisait à son agent à Nancy cette déclaration catégorique : « Les propositions en forme que l'on pourrait faire à l'Empereur pour la paix seraient présentement aussi inutiles que l'ont été les insinuations générales sur la même matière. Mais cette démarche serait plus dangereuse que la première parce que l'Empereur ne manquerait pas de communiquer à ses alliés les offres qu'on lui aurait faites⁵. »

Le duc de Lorraine trouvait alors dans les embarras de

---

1. M. de Torcy à M. d'Audiffret, 1ᵉʳ mars 1708. *Archives des affaires étrangères*, LXX, fº 69.
2. D'Audiffret au roi, 10 mars 1708. *Ibid.*, fº 82.
3. M. de Torcy à M. d'Audiffret, 15 mars. *Ibid.*
4. D'Audiffret à Louis XIV, 12 mai 1708. *Ibid.*, fº 147.
5. Louis XIV à d'Audiffret, 17 mai. *Ibid.*, fº 152.

la France une occasion d'agir sans crainte auprès des cabinets de la coalition, et d'envoyer, à Londres comme à La Haye, des ministres qui y défendraient ses intérêts sans éveiller les susceptibilités de Louis XIV. Il voulait obtenir de la Hollande et de l'Angleterre, — en vue de l'ouverture prochaine de la succession du duc de Mantoue, — une promesse semblable à celle que l'Empereur avait eu tant de peine à lui accorder. Le ministère anglais insinua à Le Bègue, l'agent de Léopold à Londres, que « si le duc son maître voulait contribuer à l'exécution d'un projet des alliés, qui était d'avoir une entrée facile en Lorraine et de leur y ménager des subsistances aisées, il devait y trouver son agrandissement »; mais le duc de Lorraine s'excusa habilement de ne pouvoir entrer dans ce projet en raison des mesures qu'il avait à garder avec la France[1]: pour le moment c'était un tout autre but qu'il poursuivait.

La reine de la Grande-Bretagne s'engagea, par le décret du 6 septembre 1708, à contribuer en tout ce qui dépendrait d'elle pour indemniser Léopold de la perte du duché de Montferrat et lui en procurer un équivalent convenable. L'archiduc Charles, en qualité de roi d'Espagne, donna la même assurance le 19 juin 1709. Les États-Généraux firent attendre leur déclaration jusqu'au 24 août de la même année[2].

VII

Sur ces entrefaites, le duc de Mantoue était mort (5 juillet 1708). Léopold crut pouvoir prendre immédiatement possession d'Arches et de Charleville, qui avaient

---

1. D'Audiffret (*Ms.* n° 133 *de la Bibliothèque de Nancy*, f° 63).
2. Dumont, *Corps diplomatique*, VIII, 1re partie, p. 209, 237, 242.

aussi appartenu au prince défunt. M. de Lenoncourt alla à Versailles démontrer au roi la légitimité des droits de son maître à cet héritage[1], mais il se heurta aux prétentions du prince de Condé, dont la femme était cousine germaine de Charles de Gonzague[2].

Louis XIV fit aussitôt déclarer au duc de Lorraine que son intention était de laisser les deux compétiteurs agir par les voies de la justice : « Comme je ne prétends faire tort à aucune des deux parties, il est aussi juste que je n'abandonne pas mes droits ; celui de la prétendue souveraineté de Charleville n'est pas fondé sur des titres assez solides pour convenir que cette souveraineté doive subsister dans mon royaume, sans en examiner auparavant quel en est le fondement. Si les titres sont bons, je n'apporterai nul changement à ce qui s'est pratiqué depuis plusieurs années ; si l'on trouve au contraire que ce droit soit une usurpation, aucune des parties intéressées ne doit être surprise que je veuille rentrer dans mes droits[3]. »

---

1. Léopold à Louis XIV, 14 juillet 1708. *Archives des affaires étrangères*, LXVI, f° 326.
2. Voir Briard et Lepage, *Des Titres et prétentions des ducs héréditaires de Lorraine* (Mémoires de la Société d'archéologie lorraine, 1885). Le duc de Mantoue était grand-oncle de Léopold :

Charles de Gonzague.

Anne de Gonzague, épouse : Édouard de Bavière.
|
Anne de Bavière, épouse : Henri-Jules de Bourbon, prince de Condé.

Charles de Gonzague.

Charles-Ferdinand de Gonzague, *de cujus*.

Éléonore de Gonzague, épouse : l'empereur Ferdinand.
|
Marie-Éléonore d'Autriche, épouse : le duc Charles V.
|
Le duc Léopold.

3. Louis XIV à M. d'Audiffret, 25 juillet 1708. *Archives des affaires étrangères*, LXVIII, f° 194.

Sans attendre que les tribunaux se fussent prononcés, Léopold chargea le marquis de Trichâteau et le procureur général Bourcier d'aller recevoir le serment de fidélité de ses nouveaux sujets; procès-verbal de la prise de possession des deux villes fut dressé le 3 août, et un arrêt de la Chambre des comptes du 13 du même mois, ordonna qu'il fût ajouté désormais aux « qualités de Son Altesse Royale » celles de « duc de Montferrat, de prince souverain d'Arches et de Charleville ». Combien de princes, s'écrie Durival avec une pointe de douce ironie, « ont de ces richesses-là[1] ! »

Quelques jours après, le 21 août, un arrêt du Parlement de Paris adjugeait Arches et Charleville à la princesse de Condé, qui abandonna sur-le-champ à la couronne de France sa petite souveraineté, s'en réservant seulement l'usufruit. Le 7 septembre, le lieutenant-général et le procureur du roi au bailliage de Sainte-Menehould se rendirent dans les villes en litige et délièrent les habitants de leur serment envers le duc de Lorraine. Il fallut s'incliner devant la force. Au dire de Noël[2], quelques courtisans auraient alors engagé Léopold à prendre parti pour l'Empire afin de se venger de la France : « Il y a deux ans, aurait répondu le duc, que l'occasion eût été favorable ; mais pourquoi faire souffrir la Lorraine pour mes intérêts seuls ? Le mauvais exemple ne doit pas influer sur la bonne foi des souverains. »

C'est là un de ces mots composés après coup par les admirateurs du prince, et dont l'invraisemblance éclate aux yeux. Le duc de Lorraine n'avait qu'à s'en prendre à lui d'un affront qu'il ressentit cruellement, mais qu'il

---

1. Durival, I, 101.
2. *Mémoires*, n° 5, I, 83.

avait provoqué de gaieté de cœur par son empressement à mettre la main sur Arches et Charleville[1]; sa conduite devait sembler d'autant plus étrange à Louis XIV que le même souverain qui revendiquait avec ardeur une faible partie de l'héritage du duc de Mantoue, semblait ne montrer aucune impatience à en recouvrer la majeure partie : « On a peine à comprendre, écrivait Louis XIV à M. d'Audiffret, que l'Empereur aimant le duc de Lorraine, étant aussi étroitement uni avec lui par le sang, lui fasse une injustice aussi grande que celle de disposer d'un État qu'il croit lui devoir appartenir. Mais il n'est pas moins étonnant que dans une telle occasion le duc de Lorraine garde le silence et qu'il souffre patiemment de se voir dépouillé, et la possession de l'État qu'il prétend transférée au duc de Savoie[2]. »

Cette quiétude faisait croire au roi que Léopold attendait des puissances alliées, en dédommagement du Montferrat, quelque territoire pris sur les dépouilles de la France : « On m'a nouvellement assuré, écrivait Louis XIV, qu'il sollicitait en Angleterre pour obtenir à la paix générale la possession et la propriété de toutes les parties enclavées dans la Lorraine qui m'appartiennent. On parle aussi de l'Alsace, mais j'ai peine à croire qu'un prince aussi sage ait de pareilles vues et qu'il

---

1. Quelques historiens lorrains, pour excuser Léopold, ont dit que Louis XIV avait déclaré qu'il n'interviendrait pas dans la contestation (Noël, n° 5, I, 82 ; Digot, VI, 51). La lettre de Louis XIV à M. d'Audiffret, du 25 juillet, nous montre ce qu'il faut penser de cette assertion. — M. de Torcy, écrit Barrois à Léopold, le 17 octobre 1703, « me dit que M. le procureur général du Parlement de Paris avait examiné à fond la question, qu'il n'avait trouvé aucun titre pour établir la souveraineté de Charleville et que la possession de M. de Mantoue et de ses prédécesseurs n'était qu'une simple tolérance, parce qu'étant éloignés de Charleville, il n'y avait rien à craindre, mais que V. A. R. était puissant et voisin, que pendant la vie du roi et de V. A. R., il n'y avait rien à craindre, et que le roi pourrait sans risque abandonner à V. A. R. la moitié de la Champagne, mais que les choses pourraient changer... » *Archives de Vienne*.

2. Louis XIV à d'Audiffret, 25 juillet 1703. *Archives des affaires étrangères*, LXVIII, f° 194.

veuille s'exposer à perdre l'État tranquille dont il jouit[1]. »

Ainsi, bien avant le voyage de M. de Torcy en Hollande[2], Louis XIV se défiait des démarches et des intentions de son neveu ; il recommandait à M. d'Audiffret d'approfondir « la vérité des avis » venus de divers côtés « que M. le duc de Lorraine pourrait entrer dans la grande alliance ». En vain l'agent français redoublait de zèle et faisait suivre Léopold dans ses voyages, même à la chasse, par deux personnes « fort alertes pour l'observer », il ne découvrait aucune preuve des intrigues qu'on lui signalait et faisait savoir au roi que le duc allait « son train ordinaire, sans aucune nouveauté et sans aucune entrevue avec aucun étranger, encore moins à Lunéville où l'incognito serait presque impossible[3] ».

VIII

Pendant qu'à l'extérieur il négociait activement avec les ennemis de la France, Léopold donnait, à l'intérieur, tous ses soins pour remédier aux désastres d'un hiver exceptionnellement rigoureux.

La température s'abaissa brusquement en Lorraine dans la nuit du 5 au 6 janvier 1709 ; jusqu'au 25, sévit le froid le plus intense que l'on eût observé d'âge d'homme. Après quelques semaines d'une température relativement douce, de fortes gelées reprirent du 16 février au 2 mars, et firent périr les arbres fruitiers, les vignes, les blés :

---

1. Lettre du 8 août 1705. *Ibid.*, f° 201.
2. M. d'Haussonville (IV, 222) dit que M. de Torcy, pendant son séjour en Hollande, apprit qu'il était question de donner à Léopold l'Alsace comme dédommagement pour le Montferrat.
3. M. d'Audiffret à Louis XIV, 8 décembre 1708. *Archives des affaires étrangères*, LXX, f° 390.

« Les chênes, a écrit un contemporain[1], se fendaient avec bruit par le milieu... Les noyers qui au tronc avaient quatre ou cinq pieds de tour, se fendaient de même... La terre était gelée de trois à quatre pieds de profondeur, en sorte qu'on était obligé d'inhumer les corps dans l'église, parce que la terre était gelée trop profondément dans le cimetière.... La plupart des puits étaient gelés... Les petits enfants nouvellement nés mouraient quelques jours après leur naissance, ne pouvant résister à la rigueur du froid. Les fleurs dans les jardins furent partout bien maltraitées ; il n'y eut que les tulipes qui ne gelèrent point... De toutes les herbes potagères, il n'y eut que l'oseille qui résista et qui servit quelque temps après à donner le goût au potage... Les corbeaux, pressés de faim, venaient s'abaisser sur les fumiers dans le village, pour y trouver quelque chose à se nourrir. »

Les tribunaux suspendirent leurs séances ; les prêtres abrégèrent le service divin, le vin gelant dans les burettes ou dans le calice[2]. A Nancy, les Jésuites durent retarder l'heure de l'entrée à la classe du matin, ce qui n'empêcha pas un assez grand nombre de parents de retirer leurs enfants et de les garder à la maison ; et pourtant les Pères avaient poussé l'attention jusqu'à envoyer à un chauffoir établi dans l'une des salles du Collège les enfants qui souffraient le plus du froid[3].

La conséquence immédiate de cet hiver excessif fut le renchérissement des céréales. Léopold fit de grandes dépenses pour subvenir aux besoins de ses peuples : il

---

[1]. Le curé de Velaines, dans les *Mémoires de la Société d'archéologie lorraine*, 1881, p. 271. — Voir aussi *Journal d'un bourgeois de Nancy*, dans les *Bulletins de la Société d'archéologie lorraine*, 1856, p. 61.
[2]. Durival, IV, 28.
[3]. Histoire française du collège de Nancy. *Archives de Meurthe-et-Moselle*, B, 1939, f° 144.

acheta chez les cultivateurs et les négociants une immense quantité de grains dont il paya, en guise d'arrhes, le dixième du prix, et qu'il revendit aux plus nécessiteux à un taux déterminé[1]. Il défendit à tous d'exporter des grains, « à peine de la vie », et de les débiter autrement qu'en détail ; il interdit même aux brasseurs de fabriquer de la bière avec du blé et de l'orge. L'avoine fut taxée à 12 francs le resal, mesure de Nancy[2].

Quelques boulangers seulement reçurent l'autorisation de cuire du pain blanc, — et encore ce pain était-il de qualité médiocre, — mais pour les malades et pour «certaines personnes de distinction »; le pain fabriqué pour tous se composait d'un tiers de farine de blé et des deux tiers d'avoine[3]. Les pâtissiers ne purent confectionner ni vendre « aucunes sortes de pâtisseries pour quelque prétexte, pas même pour les baptêmes », à part toutefois les biscuits qu'ils devaient réserver aux malades. Enfin bourgeois et gens de qualité, tous furent sommés de détruire dans la huitaine leurs volières et de ne plus élever de pigeons[4].

Le gouvernement ordonna des perquisitions[5] pour connaître ce qu'il restait de grains dans les duchés, et témoigna à l'égard des cultivateurs la plus vive sollicitude. Beaucoup de ces malheureux envoyant, l'été venu, leur bétail pâturer dans les champs qu'ils avaient renoncé à moissonner, un édit rappela qu'au milieu des herbes il ne laissait pas de rester quelque blé qu'il convenait « de faire recueillir avec le dernier soin et ménage-

---

1. Édit du 4 avril 1709. *Recueil*, I, 653.
2. Édits des 12, 13 et 23 avril. *Ibid.*, I, 654, 655, 656.
3. Édit du 23 mai. *Ibid.*, I, 663.
4. Ordonnance du 21 juin 1709. *Ibid.*, I, 670.
5. Une perquisition faite le 9 avril à Gerbéviller constata l'existence de 1.117 resaux de blé ; 751 personnes avaient une provision suffisante ; 609 était dans le besoin. Piérot-Olry, *Notice historique et descriptive de Gerbéviller*, p. 155.

ment pour aider à resemer les blés à l'automne prochain »; en conséquence, les propriétaires reçurent l'ordre de « ramasser soigneusement à la main » les rares épis qui avaient survécu au froid et de faucher ensuite les champs comme des prairies¹.

Toute maigre qu'elle était, la récolte de l'été 1709 dut être protégée contre les maraudeurs : les seigneurs hauts justiciers et les maires des communautés doublèrent et même triplèrent le nombre des messiers et bangards, à partir du 1ᵉʳ juillet; défense fut faite à toutes personnes de quelque qualité et condition qu'elles fussent d'entrer dans les champs ensemencés, sous prétexte de chasse, et même d'y laisser pénétrer leurs chiens².

Une déclaration ducale accorda aux débiteurs insolvables un sursis jusqu'à la Saint-Martin pour payer leurs dettes : Léopold, protecteur des faibles, flétrit à cette occasion la « dureté » des créanciers qui, « au lieu de concourir par des motifs charitables au soulagement des pauvres qui sont dans l'impossibilité de les payer quant à présent, affectent au contraire d'exercer contre eux ou leurs cautions des poursuites rigoureuses pour des sommes modiques, dont les frais seraient capables d'en ruiner quantité³ ».

C'est également à la demande du duc que les évêques permirent à leurs diocésains, — à la réserve des ecclésiastiques et des religieux, — de faire gras quatre jours par semaine, pendant le Carême⁴.

Enfin les magistrats et les curés des villes et bourgs

---

1. Édit du 29 mai 1709 (Ms. n° 391 de la Bibliothèque de Nancy).
2. *Recueil des édits*, I, 665. — A Nancy le corps de ville ordonna l'achat de grains et la construction de fours pour cuire le pain destiné aux nécessiteux ; il fit tuer les chiens, à l'exception de ceux des bouchers, laboureurs, jardiniers, pâtres et bergers. Lepage, *Archives de Nancy*, II, 12, 329.
3. *Ibid.*, I, 668.
4. *Journal de Verdun*, mars 1709, p. 227 ; abbé Guillaume, IV, 11.

de la Lorraine furent invités à se réunir pour dresser la liste des pauvres et pourvoir autant que possible à leur subsistance ; mais à l'égard des mendiants étrangers, Léopold fut impitoyable et viola même les lois de l'humanité : il leur enjoignit de quitter sans retard le pays, les menaçant de la prison, du carcan, et même de peines plus grandes[1]. Le prince, écrit à cette occasion Noël, « ressemblait à un aigle sur ses petits, prêt à dévorer le téméraire qui aurait voulu enlever une parcelle de la nourriture de ses enfants[2]. »

En France, surtout dans les provinces de l'est épuisées par la fourniture des troupes, la disette se faisait encore plus cruellement sentir que dans les duchés ; les paysans, de crainte de manquer de subsistances, arrêtaient les grains sur les grands chemins[3]. Les soldats du roi, privés de solde et quelquefois de pain, faisaient entendre des murmures et se livraient à de graves désordres ; dans les environs de Strasbourg, ils pillèrent des jardins et des boulangeries[4]. A Marsal, les hommes du régiment de Pas dévastèrent le marché : « Il est vrai, — écrivait Saint-Contest en transmettant au ministre le rapport de M. d'Arques, commandant la place, — que depuis trois mois les troupes n'ont point de prêt en ce pays-ci, et qu'il y en a dix que les officiers n'ont reçu d'appointements. Mais néanmoins il est d'une nécessité indispensable de punir ces sortes de pillages, sans quoi on tomberait dans le désordre[5]. » A Bitche, la garnison, manquant d'argent et de viande fraîche, réquisitionna du bétail dans les environs, avec promesse de le payer aussitôt qu'elle le pour-

---

1. *Recueil des édits*, I, 662.
2. *Mémoires*, n° 5, I, 81.
3. En juin 1709, 4 bataillons étaient chargés d'assurer le transport des grains sur les routes de Champagne à Vitry et à Vic. Pelet, IX, 227.
4. Pelet, IX, 219.
5. Saint-Contest au ministre, 16 juin 1709. *Dépôt de la guerre*, 2161.

rait. Tous les villages lorrains placés sur les routes que suivaient les armées endurèrent les plus grandes souffrances; et c'est en vain que l'agent de Léopold à Paris, M. Barrois, transmettait au roi les plaintes répétées de son souverain. Saint-Contest, questionné par le ministre sur les désordres des gens de guerre, avouait son impuissance à maintenir la discipline des troupes en marche : « Les retenues, disait-il, leur deviennent indifférentes à cause du non-payement [1]. »

Les officiers étaient plus malheureux encore que les soldats. Ils n'avaient pour vivre que leurs billets d'ustensile, qu'ils négociaient jusqu'à trente-cinq pour cent de perte; et comme cette ressource était bien insuffisante, ils étaient réduits à faire des emprunts ruineux : quelquefois même ce triste expédient leur manquait. Au mois de juin 1708, M. de Saint-Contest [2] écrivait au ministre de la guerre: « L'argent manque toujours absolument dans tout ce département; nous n'avons pu jusqu'ici à l'armée faire payer que le simple prêt : l'officier subalterne y meurt de faim... J'ai aujourd'hui assemblé les Juifs [3], mais ils m'ont tous dit qu'ils n'avaient point d'argent, et que d'ailleurs ne leur étant point permis d'aller à Paris [4], ils ne pouvaient point nous en prêter, puisque l'on ne pouvait leur donner en payement que des

---

1. Saint-Contest au ministre, 18 juillet 1709. *Ibid.*
2. Lettre du 5 juin 1708. *Ibid.*, 2095.
3. Les Juifs de Metz ne prêtaient pas seulement de l'argent aux officiers; ils contribuaient dans une large mesure à assurer l'approvisionnement et la remonte des armées. Voir Cahen, *Les Juifs de Metz*, dans les *Mémoires de la Société d'archéologie lorraine*, 1875.
4. Le roi avait défendu l'année précédente aux Juifs de Metz de venir à Paris, afin de mettre un terme au « commerce usuraire des billets de monnaie » : « Comme S. M. n'a que trop reconnu que l'escompte desdits billets a toujours diminué par leur départ et augmenté par leur retour, elle est persuadée qu'il est bien nécessaire de prendre des mesures pour prévenir les suites de ce mauvais commerce, et elle m'ordonne de vous dire qu'elle ne veut point leur laisser la liberté de venir à Paris, à moins qu'ils n'en aient obtenu la permission par écrit... » Chamillard à Saint-Contest, 2 octobre 1707. *Dépôt de la guerre*, 2033.

assignations, ou des lettres de change qui les obligeraient d'aller faire le recouvrement à Paris. Il est certain que cette défense aux Juifs d'y aller détruit absolument le crédit en ce pays-ci... ». Les doléances de M. de Saint-Contest ne furent pas écoutées, et, le 11 avril 1709, il se plaignait au ministre du mauvais vouloir qu'il rencontrait chez les Juifs de Metz : « Plus la conjoncture devient difficile, écrivait-il, plus il paraît qu'ils s'éloignent des tempéraments qu'ils trouvaient par le passé pour commercer avec les officiers. Je vous prie de leur en parler fortement, d'appuyer sur le peu de secours qu'on tire d'eux présentement[1]. »

L'intendant d'Alsace, M. de la Houssaye, ne trouvait d'autre moyen de faire vivre les troupes de sa province que de saisir tous les grains qui se trouvaient chez les particuliers. Et encore lui fallait-il 50,000 sacs d'avoine qu'il espérait trouver en Lorraine; mais Léopold refusa obstinément de lever les défenses qu'il avait faites d'exporter des subsistances de ses États[2]. L'intendant de Metz ne fut pas plus heureux que son collègue dans la démarche qu'il tenta à Lunéville pour obtenir qu'on laissât « couler les grains à Sarrelouis »; tout ce qu'on lui accorda, ce fut la permission pour les étapiers établis dans les duchés d'acheter sur place les denrées nécessaires[3].

1. *Ibid.*, 2167.
2. Polet, IX, 219. — Chamillard à Saint-Contest, 30 avril 1709. *Dépôt de la guerre*, 2167. — C'est seulement le 15 mars 1710 que Léopold rendit une ordonnance pour la liberté du commerce des grains.
3. Et encore pour arracher cette concession, Saint-Contest dut exposer à Mahuot qu'aux termes du traité de Ryswick, les troupes qui passeraient en Lorraine avaient droit d'y vivre en payant, et que d'ailleurs, si elles manquaient de subsistances, elles « feraient du désordre » dans les villages. Saint-Contest au ministre, 18 juillet 1709. *Ibid.*

IX

Les nouvelles désolantes qui arrivaient de tous les théâtres de la guerre décidèrent Louis XIV à demander la paix, à l'acheter au prix des sacrifices les plus pénibles. Le président Rouillé d'abord, puis le ministre des affaires étrangères lui-même, M. de Torcy, se rendirent à La Haye. Des conférences s'y ouvrirent. Aussitôt le bruit se répandit que le roi de France, pour se plier aux volontés de la coalition, allait céder au duc de Lorraine Toul et Verdun; le maire et les échevins de Toul s'empressèrent d'envoyer à Louis XIV l'assurance de leur fidélité et du désir extrême qu'ils avaient de rester ses sujets : « Les alarmes que nous eûmes à la paix de Nimègue, disaient-ils, se renouvellent aujourd'hui... La paix qui doit faire la félicité de ceux qui la souhaitent deviendrait pour nous, Monseigneur, la cause d'une affliction mortelle si par elle nous avions le malheur de passer sous une domination étrangère[1]. »

Léopold se montra vivement piqué contre l'évêque de Toul à qui il attribuait la première idée de cette requête. Il affirma qu'il était étranger à ces racontages que des malintentionnés faisaient courir, et déclara à Saint-Contest, — chargé par Louis XIV de sonder ses intentions, — que la seule indemnité qu'il demandait pour le Montferrat était le duché de Mantoue, « qu'il s'en tiendrait là, et que le roi pouvait compter avec sûreté sur cette conduite, qu'il ne chercherait jamais qu'à plaire au roi[2] ». A La Haye, Le Bègue faisait à M. de

---

1. 21 mars 1709. *Archives des affaires étrangères*, LVIII, f° 143.
2. Saint-Contest à Torcy, 1er mai 1709. *Ibid.*, LXXIII, f° 45.

Torcy, au nom de son souverain, une déclaration identique[1].

Mais Louis XIV commençait à juger sévèrement le duc de Lorraine, et recommandait à M. de Torcy d'éviter, autant qu'il le pourrait, de comprendre dans les préliminaires de paix les articles qui regarderaient ce prince :

« Si vous étiez obligé de le faire, lui disait-il, vous refuseriez absolument de consentir à la permission qu'il voudrait obtenir de fortifier Nancy ou quelque autre place. Cet article ne serait pas moins contraire aux traités qui ont décidé à cet égard qu'il le pourrait devenir à mes intérêts.

« Je consentirais à donner même dès à présent un équivalent de la ville et de la prévôté de Longwy; mais je ne puis admettre en aucune manière la proposition de donner pour cet équivalent la ville de Toul et le Toulois. L'indemnité que ce prince peut prétendre pour le Montferrat ne peut me regarder en aucune manière, et il ne doit pas en être question non plus que de la prétendue souveraineté de Charleville[2] ».

M. de Torcy s'ingéniait en vain à satisfaire les convoitises des alliés; elles croissaient de jour en jour. Le prince Eugène ne se contentait pas de l'abandon de l'Espagne, de la restitution de Strasbourg; il réclamait l'Alsace, tantôt pour la rendre à l'Empereur, tantôt pour servir au dédommagement demandé par le duc de Lorraine : « Sire, — écrivait de La Haye Torcy indigné, — on épouse ici la querelle de tous ceux qui forment quelque prétention contre Votre Majesté : alliés ou non,

---

1. Le Bègue disait que Léopold demandait le duché de Mantoue « comme celui dont l'Empereur disposerait présentement le plus aisément. » *Mémoires du marquis de Torcy*, collection Petitot, LXVII, 239.
2. Louis XIV à M. de Torcy, 14 mai 1709. *Ibid.*, 310.

ils sont amis, pourvu qu'ils aient un sujet de se plaindre. Je crois présentement pouvoir dire à Votre Majesté que, suivant les discours que le Pensionnaire, M. le prince Eugène et M. le duc de Malborough m'ont tenus depuis que je suis ici, il est très nécessaire de veiller aux desseins de M. le duc de Lorraine, dont les intentions et les démarches sont certainement très mauvaises[1]. »

X

Les renseignements de M. de Torcy étaient sûrs. Le duc de Lorraine, après bien des hésitations, se décidait à profiter des désastres de la France et demandait sa part de la curée.

A la nouvelle du départ de Rouillé pour La Haye, Lefebvre avait quitté brusquement Lunéville pour se rendre à Osnabrück; il était chargé d'informer le prince Charles des projets de Léopold, et, — comme lors du dernier voyage à la cour de Lorraine les deux frères ne s'étaient pas quittés en excellents termes[2], — de disposer le prince à aller défendre à Vienne les intérêts de sa maison. Telle était l'importance que Léopold attachait à la mission de son frère, que, pour lever tous les obstacles qui pourraient l'empêcher ou la retarder, il avait donné à Lefebvre 1,000 louis[3], l'autorisant à faire toutes

---

1. Torcy au roi, 22 mai 1709. *Ibid.*, 271.
2. Voir plus loin, chap. VIII.
3. « On mettra és mains du sieur Lefebvre 1,000 louis d'or, dont il ne parlera à personne, et les gardera jusqu'à ce qu'il verra nulle possibilité que le prince puisse avoir de quoi fournir à la dépense du voyage; dans ce cas-là seul, plutôt que de laisser péricliter les affaires, il pourra fournir autant d'argent qu'il sera nécessaire pour arriver jusqu'à Olmütz; mais s'il peut se dispenser du débourser l'argent de S. A. R., il tâchera de faire tenir cette somme sûrement au sieur Lebègue à La Haye. » *Mémoire de S. A. R. servant d'instruction pour M. Lefebvre* (Ms. n° 151 de la Bibliothèque de Nancy, f°¹ 151 et suiv.).

les dépenses nécessaires pour que le prince Charles pût se mettre immédiatement en route. Pour mieux dépister les agents de Louis XIV, le prince devait s'arrêter à Olmütz, dont il était l'évêque, et où sa présence ne pouvait par conséquent surprendre personne : ne convenait-il pas à un bon prélat, disait Léopold, de partager ses soins entre les deux églises dont il était chargé? D'Olmütz, le frère du duc de Lorraine devait se rendre à Vienne aussi fréquemment qu'il serait nécessaire, mais en évitant, — toujours par prudence, — d'y faire un long séjour ; dans la première entrevue, il déclarerait à l'Empereur que « les affaires de Son Altesse Royale » étaient « la cause unique de son voyage » et qu'il ne quitterait pas son évêché d'Olmütz avant la conclusion de la paix : « Il est même à propos de publier ce dessein », écrivait Léopold dans ses instructions à Lefebvre, « afin de marquer l'empressement que Son Altesse Sérénissime a d'assister dans cette occasion importante Son Altesse Royale ». Le duc priait en effet, et instamment, son frère, de négliger pendant la négociation qui allait s'ouvrir ses intérêts personnels pour ne s'occuper que de ceux de la Lorraine : « On ne peut avoir trop d'application pour réussir dans une affaire de si grande importance et qui doit faire le bonheur et l'éclat de la maison royale pour les siècles à venir. »

L'évêque d'Osnabrück avait à attirer l'attention de l'Empereur sur trois questions principales, qui étaient ainsi exposées dans le mémoire de Léopold :

« 1° L'inexécution du traité de Ryswick à l'égard de la Lorraine où la France n'a pas seulement manqué de bonne foi à Son Altesse Royale, mais même et principalement à l'Empereur, puisque c'est avec le feu Empereur qu'il a conclu le traité...

« 2° L'indemnité du Montferrat... Les deux décrets que

l'Empereur a donnés font assez connaître qu'on est persuadé à la cour de Vienne du droit de Son Altesse Royale sur ce duché et de la justice qu'il y a de lui faire avoir une indemnité à la paix. Mais il est toujours nécessaire de renouveler les instances, puisqu'on ne peut trop faire ni trop prendre de peine pour obtenir qu'on y ait les égards qu'on peut souhaiter, cette affaire étant la plus importante et à laquelle on doit le plus s'attacher.

« Le 3ᵉ grief de Son Altesse Royale regarde la principauté de Charleville que la France lui retient, malgré son droit de succession et les preuves d'indépendance justifiées clairement et sans qu'on puisse alléguer aucune raison, sinon celle de dire impérieusement : « La France ne veut point de souverain dans le royaume. » Pour ce qui est de l'occupation de Nancy et des postes sur la Sarre, c'est un accessoire à l'inexécution du traité de Ryswick. »

L'Alsace, le Luxembourg ou la Franche-Comté, une partie des Trois-Évêchés[1], telles étaient les compensations que Léopold réclamait pour le Montferrat et les terres que le roi de France détenait, suivant lui, injustement. Il comptait ainsi former avec ses possessions une barrière semblable à celle que les Pays-Bas songeaient à opposer à Louis XIV du côté du nord ; le prince Charles devait tout particulièrement démontrer que cette barrière de l'est serait capable « d'opérer la tranquillité de tout l'empire ».

Le Bègue, l'agent du duc de Lorraine à La Haye, reçut

---

[1]. Dans une dépêche du 19 avril 1709, M. des Armoises écrit de Vienne à Léopold qu'il a demandé à M. de Sinzendorf le duché de Lorraine, comme le duc Henri en jouissait en 1621 avec les Trois-Évêchés, « et comme cela ne suffisait pas pour un juste dédommagement, qu'il faudrait y ajouter le duché de Luxembourg, ou le comté de Bourgogne, qui ne ferait pas encore la juste valeur, dont cependant l'on pourrait se contenter par la convenance, qu'outre cela il faudrait lui donner la Haute et Basse-Alsace, pour la rendre en état de servir utilement S. M. I., et pour faire une barrière qui serait la sûreté de l'Empire... » *Archives impériales de Vienne.*

les mêmes instructions que Lefebvre, et l'ordre de correspondre directement avec l'évêque d'Osnabrück; le procureur général Bourcier lui fut adjoint pour défendre au congrès, qui allait s'ouvrir, les intérêts de son souverain[1].

L'Empereur et les ministres autrichiens accueillirent avec beaucoup de prévenances le prince Charles, et lui donnèrent l'assurance que la Lorraine serait comprise dans les préliminaires de paix[2]. Lefebvre, qui accompagnait le prince, envoyait à Léopold les meilleures nouvelles : « Cette cour-ci, écrivait-il à la date du 24 mai, ne paraît pas disposée à s'émouvoir des empressements que la France témoigne pour la paix. On ne craint pas dans l'Empire la disette des grains comme en France. Il n'y a rien de si beau à voir que les campagnes dans tous les pays où j'ai passé, hors celui de Trèves et un peu celui de Cologne[3]. »

XI

Le duc de Lorraine attendait avec impatience le « dénouement de cette grande pièce », espérant tout de l'assistance de la cour impériale, envisageant au contraire l'avenir avec inquiétude dans le cas où cette assistance lui ferait défaut[4]. Aussi laissa-t-il éclater son désespoir lorsqu'il apprit que, contrairement aux promesses que l'on avait faites à Vienne au prince Charles et à Lefebvre,

---

1. Lefebvre à Le Bègue, 21 avril 1709. *Ms. n° 165 de la Bibliothèque de Nancy*, f° 74.
2. Lefebvre à Léopold, 29 mai 1709. *Ibid.*, f° 75.
3. *Ibid.*, f° 75.
4. « Votre bon sens vous fait assez connaître la fâcheuse situation où je vois mes intérêts, ce que j'ai à craindre pour l'avenir et ce que je puis espérer si je suis bien soutenu. » Léopold à Lefebvre, 4 juin 1709. *Ibid.*, f° 75.

il n'était pas fait mention de la Lorraine dans l'écrit officiel, présenté par le grand-pensionnaire Heinsius, et qui réunissait en corps toutes les prétentions des alliés. Bien plus, cet écrit, connu dans l'histoire sous le nom de *Préliminaires de La Haye*, laissait au roi de France la possession de l'Alsace « dans le sens littéral du traité de Westphalie[1] ». Léopold se plaignit d'avoir été joué et écrivait avec amertume à Parisot : « Le Bègue s'est laissé donner de bonnes paroles en Angleterre, et M. de Malborough et le prince Eugène avaient promis des merveilles à votre fils pour ce qui regarde la compensation du Montferrat. La cour de Vienne était dans le sentiment de me faire avoir des compensations et satisfactions dans l'Allemagne, mais tout leur dessein n'a été que de m'endormir. Le comte des Armoises s'est laissé tromper des ministres de l'Empereur avec ces assurances qu'il vous a écrites, car il n'y a dans le fond de l'affaire que des tromperies et il ne faut pas s'endormir. Soyez alerte de votre côté[2]... »

Lefebvre, tout en déclarant que c'était un malheur d'avoir été omis dans les *Préliminaires du 28 mai*, conservait encore quelque espoir d'obtenir au congrès de grands avantages ; la question du rétablissement de l'électeur de Bavière, — le seul allié de Louis XIV en Allemagne, — les « cris » que les cercles allaient pousser pour avoir leur barrière du côté de l'ouest, étaient, de l'avis du diplomate lorrain, des occasions favorables d'obtenir que ces préliminaires fussent modifiés d'une façon sérieuse. Et dans le cas où il faudrait renoncer à quelques-unes des provinces convoitées, il rappelait à Le Bègue que

---

1. Article 8 des préliminaires. *Actes, mémoires, etc., concernant la paix d'Utrecht*, I, 17.
2. Léopold à Parisot, 2 juillet 1709. *Archives des affaires étrangères*, LXXIII, f° 80.

le duc de Lorraine n'avait pas seulement des avantages territoriaux à rechercher : « Souvenez-vous, Monsieur, lui écrivait-il, de la pensée que je vous proposai à Osnabrück pour des grands vicaires et officiaux nationaux, si les Évêchés demeurent à la France; car nous sommes en droit d'en faire une affaire politique et temporelle, puisque la France, sous le titre de protection de ses évêques, nous a refusé à cause de nos difficultés ecclésiastiques l'exécution du traité de Ryswick pour Longwy... Communiquez-en avec M. le procureur général Bourcier[1]. »

On sait comment Louis XIV accueillit les Préliminaires de La Haye. Indigné des prétentions de ses ennemis, il envoya à Rouillé l'ordre de révoquer toutes les offres qu'il avait faites tant aux États-Généraux qu'à leurs alliés, et, s'adressant à son peuple, lui demanda de nouveaux sacrifices pour sauver l'honneur national.

La guerre allait continuer, à la grande joie de la coalition, qui croyait la France épuisée et espérait s'en partager les lambeaux à bref délai. L'Empereur déclarait hautement qu'il exigerait désormais la formation d'une barrière composée de la Franche-Comté, de l'Alsace, des Trois-Évêchés, du Luxembourg et de l'ancienne Lorraine sur le pied de 1624[2]; il promettait de traiter généreusement Léopold, sans dire, il est vrai, si le duc de Lorraine serait l'unique souverain de ce vaste État. Le Bègue se montrait peu satisfait de déclarations aussi vagues, mais Lefebvre lui démontrait qu'on ne pouvait attendre mieux : « Comment voudriez-vous, Monsieur, qu'on nous y promît quelque chose de précis, puisque par les événements des armes on pourrait se trouver réduit à d'autres

---

1. Lefebvre à Le Bègue. Vienne, 12 juin 1709. *Ms. n° 163 de la Bibliothèque de Nancy*, f° 76.
2. Lefebvre à Le Bègue, 17 juillet 1709. *Ibid.*, f° 77.

systèmes... Car de mettre aujourd'hui nos affaires sur le tapis, comme vous le dites, c'est disputer de la peau de l'ours qui n'est pas pris... Ce serait donner une belle carrière aux Français de se ressentir de la défiance qu'ils n'ont déjà que trop prise contre nous, et dont ils n'auraient pas manqué de se venger s'ils avaient la fortune favorable comme autrefois. Vous connaissez les maximes de cette cour-là, et, à propos de cela, je vous dirai qu'il faudrait bien trouver moyen de faire parler plus modérément sur notre chapitre le gazetier de Hollande, qui encore dans le supplément de sa *Gazette* venue ici par la dernière poste, dit que M. de Forstner est allé dans les cours d'Empire solliciter la restitution de l'Alsace et de la Lorraine avec des forteresses. Quoique ce soit un gazetier qui parle, cependant cela peut produire de très mauvais effets ; quand on ne peut retenir la plume de ces gens-là en leur faisant peur, il faut le faire en les payant. — Il doit nous suffire que, sans paraître vouloir dépouiller la France, d'autres que nous, qui ont droit et pouvoir de le tenter ouvertement, comme l'Empereur et l'Empire, le fassent. Ils ont le prétexte plausible de la nécessité d'une barrière à l'Empire, où, selon leurs vues, nous trouverions notre compte. C'est assez pour nous quant à présent [1]. »

Mais les recommandations de Lefebvre étaient bien tardives. Les démarches et les propos indiscrets des agents lorrains, de Le Bègue principalement, avaient excité la colère de Louis XIV, qui adressa à Barrois des reproches si vifs que Léopold jugea nécessaire de se justifier auprès de M. d'Audiffret et lui affirma « que ce qui avait été proposé au sujet de l'Alsace avait été fait sans sa

---

1. Lefebvre à Le Bègue. Vienne, 17 juillet 1709. *Ms. n° 165 de la Bibliothèque de Nancy*, f° 77.

participation et que ses ministres n'en avaient eu aucun ordre de sa part¹. »

Les excessives précautions que le duc de Lorraine prenait dans sa correspondance avec ses hommes d'État, son habitude de confier le moins possible ses secrets au papier², lui permettaient d'espérer que le roi ne pourrait avoir aucune preuve évidente de ses intrigues personnelles. Mais il allait être pris dans un piège auquel il n'avait pas songé. Puisque ses ministres l'avaient compromis par excès de zèle, ne pouvait-il pas les désavouer, et déclarer ouvertement qu'il ne consentirait jamais à recevoir des mains de la coalition, comme dédommagement, un territoire pris sur la France? D'Audiffret fit de vains efforts pour obtenir cette déclaration; c'est en ces termes qu'il exposait à Louis XIV le résultat de ses entrevues avec Léopold : « M. le duc de Lorraine m'a témoigné qu'on se moquerait de lui et qu'on le tournerait en ridicule de prévenir les alliés sur une demande dont il n'avait jamais été question; qu'il désirait de conserver les bonnes grâces de Votre Majesté, mais qu'il voulait aussi ménager l'amitié des puissances dont il pourrait avoir besoin ; que sa grande maxime était de se maintenir dans la neutralité et de ne s'engager dans aucune démarche qui la pût blesser... Il me parla d'abord d'un air si embarrassé, et dans la suite avec tant de chaleur, que

---

1. D'Audiffret à Louis XIV, 13 juin 1709. *Archives des affaires étrangères*, LXXI, f° 253. — « M. de Torcy, — écrivait Barrois à Léopold, le 6 juin 1709, — me soutint avec vivacité qu'il savait que V. A. R. avait fait solliciter l'Empereur, que M. Le Bègue, tout réservé qu'il était, lui avait avoué à La Haye qu'il avait ordre, supposé que l'on rendît l'Alsace à l'Empereur, de la demander pour l'indemnité du Montferrat, et qu'il espérait que le roi aimerait mieux qu'elle fût à V. A. R. qu'à un autre... » *Archives impériales de Vienne.*

2. « Je vous assure, — écrivait Léopold à Parisot, le 2 juillet 1709, — que personne ne sait mes prétentions, car je ne fais sûrement que ce que je pense. C'est par cette raison que vous ne trouverez dans les lettres que vous recevez rien de ce qui regarde le fond de vos affaires. » *Archives des affaires étrangères*, LXXIII, f° 80.

cette conversation m'aurait découvert ses véritables intentions si je n'en avais, depuis longtemps, d'autres preuves. Ce prince est aveuglé par la conjoncture et croit de n'en trouver jamais une si favorable pour s'agrandir. C'est le fond de son cœur, et les ministres qu'il a à La Haye continuent à l'en flatter. Ce prince, mieux conseillé par ses réflexions, vient de m'envoyer dire par M. Protin qu'il fera tout ce que Sa Majesté désirera, hors ce qui pourra blesser la neutralité de ses intérêts[1]. »

On comprend les embarras de Léopold, ses angoisses; il sentait tout le danger qu'il y avait pour lui de rompre définitivement avec la France à un moment où le succès des alliés, probable il est vrai, était loin d'être certain. D'autre part Louis XIV, abattu par le malheur, vieilli, se résignait à tolérer les sourdes machinations d'un prince qu'il avait d'ailleurs intérêt à ne point pousser à bout : « Il suffit, — répondait-il à la lettre précédente de son agent de Nancy, — d'avoir fait connaître mes intentions au duc de Lorraine; ce que vous lui diriez de plus ne le persuaderait pas s'il est assez mal conseillé pour se flatter de l'espérance de profiter de la conjoncture présente pour s'agrandir. Une pareille idée est ordinairement la plus pernicieuse que les petits princes puissent former pour leurs propres intérêts ; vous continuerez de me rendre compte seulement de ce qui aura quelque rapport à mon service[2]. »

---

1. M. D'Audiffret à Louis XIV, 6 juillet 1709. D'Haussonville, IV, 591.
2. Louis XIV à M. d'Audiffret, 9 juillet 1709. *Archives des affaires étrangères*, LXVIII, f° 295.

XII

Les alliés ne menaçaient pas seulement par leurs armées les frontières de la France : un complot séparatiste, qui s'ourdissait en Franche-Comté depuis l'été précédent, devait éclater au premier succès nouveau de la coalition. A la tête des conspirateurs, recrutés dans toutes les classes de la société, figuraient un maître de forges de Loulans, un cabaretier des Verrières, et les sieurs Lampinet et Neveu, le premier conseiller au Parlement de Besançon, le second professeur de droit à l'Université de cette ville[1]. Le prince de Montbéliard était accusé de favoriser les projets de l'ennemi, tout comme le duc de Lorraine, dont les États étaient journellement traversés par de hardis partisans, qui menaçaient de prendre à revers la Franche-Comté ou l'Alsace[2].

Au commencement d'août, M. d'Audiffret, se rendant de Nancy à Lunéville, fut prévenu, au sortir de Saint-Nicolas, qu'une quarantaine de cavaliers ennemis étaient embusqués depuis vingt-quatre heures dans le bois voisin que traverse la route : « Cette aventure, écrivait-il au roi, à laquelle je ne me serais pas attendu presqu'à la porte de la résidence du prince, m'obligea d'écrire à un ministre du duc de Lorraine, et de lui mander tout ce que

---

1. Correspondance de MM. de Grammont, gouverneur, et Le Guerchois, intendant de la Franche-Comté, avec Chamillard, janvier-juin 1709. *Dépôt de la guerre*, 2168. — Par mesure de prudence, le ministre envoya à Besançon, dégarni depuis le commencement de la guerre, deux bataillons d'infanterie et un régiment de dragons, pour *contenir le petit peuple* et prévenir les surprises de l'ennemi (19 avril 1709). *Ibid.*
2. En août 1709, 6 compagnies d'infanterie et 50 dragons furent répartis en Franche-Comté, sur les confins de la Lorraine, à Luxeuil, Fougerolles, Faucogney, Corravillers, Vauvillers, etc. Pelet, IX, 451.

vous m'avez ordonné de lui représenter tant au sujet des partis ennemis qui courent en ce pays, que du carrosse de Paris qui a été pillé¹. »

Mais les remontrances, les menaces du roi exaspérèrent Léopold, dont la hauteur croissait à mesure que le sort des armes semblait se décider en faveur de la coalition ; dans la première entrevue qu'il eut avec d'Audiffret, il s'écria « qu'on l'avait menacé mal à propos ; qu'on n'avait qu'à s'expliquer si on en voulait à sa personne ou à ses États ; que si c'était à sa personne, son parti serait bientôt pris ; que si c'était à ses États, il était persuadé qu'on serait obligé de les rendre à lui ou à ses enfants ; que si on lui faisait ces menaces pour l'obliger à se déclarer, on n'y réussirait jamais, et que si c'était par un effet de méchante humeur à cause du mauvais état des affaires de France, il n'en devait pas souffrir². »

Le roi, ému de cette résistance qu'il n'avait pas encore rencontrée chez le duc de Lorraine, se faisait informer avec la plus grande exactitude des amas de blé que Léopold formait sur divers points du duché. Il redoutait quelque projet du prince Eugène qui, disait-on, devait, après la prise de la citadelle de Tournay, se porter avec 30,000 hommes sur le Rhin ou sur la Moselle³. Aussi, sur un ordre venu de Versailles, le maréchal d'Harcourt, commandant l'armée d'Alsace, arrêta du côté de Hombourg

---

1. D'Audiffret au ministre, 10 août 1709. *Dépôt de la guerre*, 3167. — Saint-Contest fut aussi chargé à ce moment d'une mission auprès de Léopold. D'Audiffret, jaloux de l'intendant de Metz, profita de ce que celui-ci, à son retour de Lunéville, n'était pas venu lui rendre visite à Nancy, pour rapporter ce mot qu'il attribue à l'évêque de Toul : « Qu'il fallait que M. de Saint-Contest eût plus d'esprit qu'un autre, puisqu'il voulait faire l'emploi de l'évêque, de l'intendant et de l'envoyé. » D'Audiffret ajoutait : « Ce n'est pas mon intention de m'en plaindre, mais je croirais, Monseigneur, qu'un peu plus de considération et d'harmonie serait plus utile. » D'Audiffret au roi. *Archives des affaires étrangères*, LXXIV, f° 147.
2. D'Audiffret à Louis XIV, 17 août 1709. D'Haussonville, IV, 596.
3. Louis XIV à M. d'Audiffret, 25 août 1709. *Archives des affaires étrangères*, LXVIII, f° 319.

les grains que les Lorrains tiraient depuis quelque temps d'Allemagne[1].

Pendant que d'Harcourt veillait sur les lignes de Lauterbourg, menacées par l'électeur de Hanovre, le comte du Bourg, son lieutenant, protégeait la Haute-Alsace.

Mercy, le général de l'Empereur, venait de passer le Rhin à Rheinfelden ; du Bourg marcha à sa rencontre et l'assaillit à Rümersheim[2] (26 août). Mercy blessé se réfugia à Bâle, laissant entre les mains des Français près de 3,000 prisonniers, tous ses canons, ses drapeaux, son carrosse et sa cassette où l'on trouva l'exposé des desseins de l'ennemi sur la Franche-Comté et plusieurs lettres de Léopold. Saint-Simon nous dit que « sans fournir de preuves positives contre M. de Lorraine » cette découverte « ne laissa pas douter qu'il n'y fût entré bien avant, et qu'il n'eût fomenté ce projet de toutes ses forces[3] ». Noël[4] se rapproche plus de la vérité lorsqu'il affirme que ces lettres n'étaient que de « simples honnêtetés » faites à Mercy[5], né en Lorraine, et par conséquent sujet du duc.

Voici en effet ce qu'écrivait à Léopold M. Barrois, chargé par son souverain, au lendemain de la prise de la fameuse cassette, de faire des démarches auprès des secrétaires d'État de la guerre et des affaires étrangères : « Je vis hier

---

1. Pelet, IX, 263. — L'administration française avait d'abord toléré ce commerce : « Je ne vois aucun inconvénient, écrivait Saint-Contest, à laisser passer les blés en Lorraine, parce que toutes les fois que l'abondance pourra s'établir en ce pays-là, indirectement les Trois-Évêchés s'en ressentiront. » Saint-Contest au ministre, 28 mai 1709. *Dépôt de la guerre*, 2167.

2. Village voisin d'Ensisheim (ancien département du Haut-Rhin); Rheinfelden appartient au canton d'Argovie (Suisse).

3. *Mémoires*, VII, 368. — La *Gazette de Rotterdam* (4 novembre 1709, supplément) affirme que, d'après les papiers de la cassette de Mercy, le général allemand devait être « joint par 4,000 hommes du duc de Lorraine, déguisés en paysans, en cas que son expédition eût réussi. »

4. *Mémoires*, n° 5, I, 86.

5. Florimond-Claude de Mercy, petit-fils du célèbre général de la guerre de Trente ans, né en Lorraine en 1666, offrit ses services à l'empereur Léopold en 1682, devint feld-maréchal des armées impériales, et fut tué à la bataille de Parme, le 29 juin 1734.

à Versailles M. Voisin... Je tâchai de lui faire connaître que le bruit que l'on avait fait répandre à Paris était sans fondement et n'avait pas l'ombre de la moindre apparence... Toute ma rhétorique fut fort inutile. Il méprisa ce bruit, dit qu'il n'avait aucun fondement, qu'il n'en avait pas ouï parler et n'était pas venu au roi. Que le roi était bien informé que Votre Altesse Royale n'avait point de troupes et que ce bruit ne devait lui donner aucune inquiétude. Il me dit seulement que l'on était informé que Votre Altesse Royale avait envoyé plusieurs courriers... Je fus ensuite à l'audience de M. le marquis de Torcy. Je crus ne devoir pas traiter cette affaire sérieusement ; je lui demandai en souriant des nouvelles de la cassette de M. de Mercy... Il m'avoua qu'il ne s'y était rien trouvé qui regardât Votre Altesse Royale. Je lui représentai que l'auteur de ce bruit était bien ignorant de l'état de la Lorraine et bien mal intentionné contre Votre Altesse Royale. Il convint qu'il n'y avait aucun fondement, pas même de la vraisemblance[1]... »

Si Léopold fut assez prudent pour ne point adresser à Mercy des dépêches compromettantes, il ne s'ensuit pas qu'il n'ait pas songé à lui tendre la main au delà des Vosges, pendant que les émissaires de l'Empereur chercheraient à soulever la Franche-Comté. M. d'Audiffret fut en effet informé après coup que Léopold, dans l'été de 1709, donnait au bailli des Vosges l'ordre de tout préparer pour une grande chasse, et de commander aux paysans des montagnes de se pourvoir de poudre et de plomb qu'on leur devait payer[2]. Le temps était singulièrement choisi, on le reconnaîtra, pour se livrer au plaisir de la chasse.

---

1. Dépêche du 18 septembre 1709. *Archives de Vienne.*
2. D'Audiffret à Louis XIV, 5 octobre 1709. *Archives des affaires étrangères*, LXXII, f° 126. — D'Audiffret dit tenir ce détail rétrospectif d'un de ses amis à qui l'avait confié le bailli des Vosges.

Noël prétend qu'après la défaite de Mercy Louis XIV, pour se venger de la conduite de Léopold, « donna l'ordre à 20,000 hommes d'entrer en Lorraine et d'y vivre à discrétion¹ » ; le roi, montrant à la fin de son règne une modération qui contraste avec son orgueil des premières années, se contenta de permettre au maréchal d'Harcourt de faire poursuivre en Lorraine les partis ennemis².

La défaite de Villars à Malplaquet (septembre 1709) compensa largement aux yeux des coalisés l'échec de Mercy. Aussi Léopold et ses conseillers envisageaient toujours l'avenir avec espoir. Protin disait à l'abbé des Chanoines réguliers de Lunéville, son intime ami, qu'il fallait prier Dieu pour la prospérité du souverain, « que ses affaires étaient dans une situation à devenir un des plus puissants princes de l'Europe, ou à être réduit dans un état pire qu'aucun de ses prédécesseurs³ ».

Mais ce n'était pas seulement les prières que le gouvernement attendait des ordres religieux : « La fidélité que je dois au roi, écrivait l'évêque de Toul, ne me permet pas de vous laisser ignorer que M. le duc de Lorraine demande aux grands ordres des religieux qui sont dans son État un secours prompt et abondant, aux Bénédictins de la Congrégation de Saint-Vanne, 60,000 livres ; aux Révérends de l'Ordre de Cîteaux, 40,000 ; aux Chanoines réguliers de la Congrégation de Mattaincourt, 25,000. Voilà tout ce qui est venu jusqu'à présent à ma connaissance...; il ne paye point les dettes de l'État ni ses officiers, quoiqu'il lève les impositions affectées à ces sortes de paiements. Vous avez des lumières supérieures et vous con-

---

1. *Mémoires*, n° 5, I, 86.
2. Pelet, IX, 245.
3. D'Audiffret à Louis XIV, 7 janvier 1710. *Archives des affaires étrangères*, LXXV, f° 25. — L'abbé de Lunéville était alors François Huguin, élu le 28 janvier 1700, transféré à l'abbaye de Chaumouzey en 1726.

naîtrez mieux que moi les desseins qu'il pourrait avoir, mais j'ai cru que je ne pouvais me dispenser de vous donner cet avis[1]. »

Les notes que Louis XIV recevait de ses agents à l'étranger n'étaient pas faites non plus pour le rassurer sur les sentiments du duc de Lorraine : « On prétend, mandait le roi à M. d'Audiffret, qu'il porte présentement ses vues sur la Franche-Comté, sur les Trois-Évêchés, et sur les pays enclavés dans la Lorraine ; on lui attribue peut-être des vues qu'il n'a pas. Mais s'il ne donnait pas lieu à ces bruits, par les démarches qu'il fait et qu'il croit secrètes, je doute qu'il fût question de songer aux moyens d'agrandir la Lorraine sans sujet, et sans que ce prince ait la moindre part à la guerre présente[2]. »

Les misères du royaume étaient bien capables d'encourager les convoitises de Léopold. Saint-Contest écrivait, au lendemain de la moisson de 1709 que l'on « mourrait de faim » dans les Trois-Évêchés si les défenses du gouvernement lorrain, relatives à la circulation des blés, étaient maintenues[3]. Et pourtant cette province qui, de l'aveu même de l'intendant, ne pouvait suffire aux besoins de ses habitants, était obligée de fournir d'un seul coup 28,000 sacs d'orge pour la subsistance des troupes : comme les magasins militaires étaient vides, M. de Saint-Contest n'hésita pas à faire appel aux gouverneurs des villes pour leur demander main-forte et enlever aux malheureux habitants leurs dernières ressources[4].

Les soldats, condamnés au maraudage, continuaient à se payer de leurs propres mains aux dépens des paysans et

---

1. François, évêque de Toul, à M. de Torcy. *Ibid.*, LXXIII, f° 138.
2. Louis XIV à M. d'Audiffret, 15 janvier 1710. *Ibid.*, LXXVII, f° 3.
3. Saint-Contest au ministre, 19 septembre 1709. *Dépôt de la guerre*, 2:67.
4. Saint-Contest au ministre, 19 octobre 1709. *Ibid.*

des bourgeois. Une chronique rimée du temps nous montre les officiers de le garnison de Nancy

> .... obligés d'aller la nuit
> Tendre les mains dans les maisons
> Et aux couvents des environs [1].

On annonçait de Vic au ministre de la guerre que les troupes de Marsal dévastaient les villages voisins et avaient dans leurs casernes « de la viande de toute espèce pour trois mois et des meubles comme dans une friperie [2] ». M. d'Arques, qui commandait à Marsal, n'osait empêcher ses hommes de sortir de la place « parce qu'ils pilleraient la ville et le Gouvernement ». Enfin Saint-Contest déclarait ne pouvoir répondre de rien si on ne lui envoyait pas au plus tôt quelque argent [3].

Mais l'argent manquait. M. d'Audiffret, en janvier 1710, n'était pas encore payé de son traitement de l'année 1707, ni des fonds qu'il avait avancés depuis cette époque pour le service du roi : « J'ai emprunté tant que je l'ai pu, disait-il à M. de Torcy, et je le ferais encore s'il m'était possible, ce qui m'oblige de vous supplier humblement de m'accorder votre appui pour être au moins payé d'une partie de mes appointements [4]. »

---

1. *Journal historique* de Barthélemy Philibert, publié par M. des Robert (*Mémoires de la Société d'archéologie lorraine*, 1881, p. 235).
2. Lettre du 5 janvier 1710. *Dépôt de la guerre*, 2211.
3. Saint-Contest au ministre, 7 janvier 1710. *Ibid.*
4. Outre les frais de correspondance, M. d'Audiffret avait dépensé des sommes importantes pour acheter un certain nombre de courtisans lorrains, à qui il ne faisait point de visite qui « ne leur portât utilité ». D'Audiffret au ministre, 25 janvier 1810. *Archives des affaires étrangères*, LXXV, f° 62.

CHAPITRE VII

LES TRAITÉS D'UTRECHT ET DE RASTADT.

I. Négociations de MM. Forstner et Le Bègue. — II. Préliminaires de Londres. — III. Deuils de Léopold. — IV. Conférences d'Utrecht. — V. Déceptions du duc de Lorraine. — VI. Les Impériaux traversent les duchés. — VII. Le chevalier de Saint-Georges à Bar. — VIII. Léopold s'interpose entre la France et l'Empire. — IX. Conférences de Rastadt. — X. Évacuation de la Lorraine.

I

Malgré la lassitude de tous, la guerre s'éternisait. Après la défaite de Villars à Malplaquet, Louis XIV s'était résigné à s'abaisser de nouveau devant ses ennemis et à envoyer en Hollande le maréchal d'Huxelles et l'abbé de Polignac. Les plénipotentiaires français furent reçus dans un village isolé, à Gertruydenberg (juin 1710), où commencèrent de nouvelles conférences.

De son côté Léopold envoyait en Angleterre le baron de Forstner, pendant que Le Bègue, en Hollande, mettait la plus grande activité à défendre les intérêts de son maître.

Forstner ne devait rien épargner pour obtenir des hommes d'État anglais l'évacuation de Nancy et des autres villes lorraines occupées par les soldats du roi, la restitution de Longwy et de Charleville, la levée de l'hommage du Barrois, et enfin une indemnité pour le Montferrat. La dernière question était délicate à discuter : il fallait, disait Léopold, « ne point choquer » la maison d'Autriche qui avait pris l'engagement formel de lui procurer cette indemnité, et ensuite ne pas inquiéter la même maison en demandant un équivalent dans le voisinage du Rhin. Si la France était obligée d'abandonner les territoires réunis par les traités de Munster, de Nimègue et de Ryswick, Forstner pouvait en toute confiance afficher les prétentions de son souverain sur l'Alsace ; si au contraire la France conservait intactes ses frontières, le duché de Luxembourg serait le seul dédommagement que l'on fût en droit d'espérer : « Mais en ce cas, faisait écrire Léopold, il serait fort à souhaiter que l'on pût faire rendre à la France des démembrements de ce duché comme Thionville et Montmédy, et nous faire rendre toutes les parties de la Lorraine qui ont été démembrées, comme le Clermontois, Stenay, Marsal, Phalsbourg et Sarrelouis, et nous consentirions volontiers à la démolition de ces trois dernières places, pourvu que nous eussions la permission de fortifier Nancy et la place de Luxembourg. A l'égard de cette dernière place, nous consentirions aussi que l'Empereur et les alliés y missent la moitié de la garnison qu'ils entretiendraient, et Son Altesse Royale l'autre moitié comme aussi le gouverneur[1]... »

Le Bègue était moins optimiste encore que Léopold, et craignait que la réunion du Luxembourg ne fût contrariée par la cour de Vienne[2]. Les dépêches de M. des Armoises lui donnaient raison sur ce point, et laissaient clairement entrevoir au duc qu'il ne pouvait compter sur la bienveillance impériale qu'à la condition expresse de se déclarer pour la coalition ; la dépêche suivante, plus explicite que les autres, allait plonger Léopold dans un cruel embarras :

---

1. Mémoire donné à M. le baron de Forstner allant en Angleterre. *Archives de Vienne.*
2. Le Bègue à Léopold, 22 janvier 1711. *Ibid.* — En ce qui concerne l'Alsace, Le Bègue redoutait que la maison d'Autriche ne la prétendît comme une dépendance de son ancien patrimoine, et ne crût pourvoir suffisamment à l'indemnité du duc de Lorraine en lui procurant les Trois-Évêchés et la restitution de son domaine.

« Comme on me presse aujourd'hui de disposer Votre Altesse Royale à se déclarer contre la France afin de se mettre en état de mériter les avantages qu'on serait bien aise de lui procurer au traité de paix, je ne puis me dispenser de lui proposer les raisons les plus plausibles qui semblent l'inviter à ce parti, laissant à sa sagesse d'en faire tel usage qu'il lui conviendra.

« Votre Altesse Royale sait très bien que si elle a ses amis en cette cour, elle y a aussi ses ennemis. Ceux-ci, qu'elle connaît assez par les antécédents, tâchent d'insinuer sous main que sa neutralité, qu'ils disent être si contraire à son véritable intérêt dans une conjoncture si favorable, ne peut que couvrir une partialité manifeste pour la couronne de France ; qu'en effet une partie de sa noblesse est à son service, et qu'au lieu qu'il en vienne plus ici, l'on voit que de ceux qui y servent depuis longtemps, beaucoup s'en retournent chez eux. Ils ajoutent que si Votre Altesse Royale a ses alliances avec la maison d'Autriche, elle en a présentement de plus étroites, et de plus unies avec celle de France ; en un mot, que sa prétendue neutralité n'est qu'un jeu joué pour donner lieu à cette puissance de faire ses levées chez elle, et pour en tirer de quoi remplir ses magasins. Je serais trop long si je voulais m'étendre ici sur ce que j'ai dit et fait contre ces sortes d'insinuations...

« D'un autre côté les amis de Votre Altesse Royale désapprouvent qu'elle néglige mal à propos la plus belle occasion qui fût jamais de se tirer du joug de la France, ajoutant que non seulement elle n'a rien à en attendre, mais même qu'elle en a tout à craindre, comme elle et ses ancêtres ne l'ont que trop éprouvé. Ils m'assurent que cette cour et ses alliés seraient ravis de lui procurer toutes sortes d'avantages au traité de paix ; ce qu'ils disent ne pouvoir faire tant qu'elle voudra garder sa neutralité ; que dans l'amélioration de frontière que l'on y doit stipuler pour l'Empire, il y aura divers endroits qui pourront l'accommoder pour la réintégration de ses États, et peut-être pour l'équivalent du Montferrat ; que les choses sont dans une situation que la perte qu'elle ferait de ses États, et qui durerait très peu, serait compensée avec usure tant par les accroissements que par un rétablissement qui servirait à l'y affermir pour toujours moyennant les mesures qui se prendraient entre les hauts alliés pour sa défense[1]... »

Mais le duc de Lorraine sentait tout le danger qu'il y avait à abandonner la neutralité dans des circonstances aussi graves : Barrois d'ailleurs profitait de toutes les occasions pour démontrer à son maître qu'il était de la plus haute importance de ménager la cour de Versailles et « d'être bien avec le roi[2] ». Aussi Le Bègue n'eut pas de peine à faire adopter au duc une politique faite de duplicité et de mensonges ; tout en évitant avec soin de rompre avec la France, tout en gardant les apparences d'une stricte neutralité, Léopold va désormais tenir les coalisés au courant des mouvements des troupes royales[3], les aider de ses subsides, et leur promettre pour l'avenir son concours.

Voici en quels termes Le Bègue rendait compte à son souverain d'une entrevue avec Malborough : « Mylord duc me fit entrer dans son cabinet ; il me demanda d'abord quelles nouvelles j'avais de Votre Altesse Royale, quels mouvements faisaient les Français, et si je croyais qu'ils pussent continuer la guerre ; pour nous, me dit-il, nous venons de prendre une résolution qui fera connaître à la

---

1. M. des Armoises à Léopold, 11 février 1711. *Archives de Vienne.*
2. Barrois à Léopold, 2 mai 1711. *Ibid.*
3. « J'ai confié à Malborough, au comte Sinzendorf et au pensionnaire, ce que V. A. R. me mande dans son billet séparé, et l'on vous sait bon gré de tous les avis que vous donnez. » Le Bègue à Léopold, 21 avril 1711. *Ibid.*

France que nous sommes en état de soutenir les efforts que nous avons faits... Je lui parlai des intérêts de Votre Altesse Royale, lui disant que notre plus grande confiance était dans la protection de la reine et de ses bons offices, que la situation où vous êtes ne vous permettrait pas de prendre aucun autre parti que celui de la neutralité. Et me serrant la main, il me dit : « Votre maître fait bien. Je ne lui conseillerai autre chose jusqu'à ce que nous soyons avec l'armée sur la Meuse, et mandez-lui de ma part de demeurer dans cette situation; » d'où je pris occasion de lui dire que tout ce que Votre Altesse Royale pouvait faire était entre mes mains, que l'affaire de Trèves avait un peu dérangé vos finances, mais que cependant il pouvait compter sur ce que je lui avais promis de votre part, n'ayant point jugé à propos de passer à la gratification que Votre Altesse Royale m'ordonne, parce que suivant les dispositions de la campagne cela se pourra toujours faire à la fin comme au commencement et j'ai cru en cela bien faire de ménager vos finances, car, dans les occasions où je le croirai utile, je n'épargnerai rien sous le bon plaisir de Votre Altesse Royale. Il a reçu mon compliment avec les marques ordinaires de sa bienveillance et de sa docilité, mais, pour ne point m'écarter de ce que j'ai si souvent mandé à Votre Altesse Royale, je crois que l'espérance d'une récompense à venir fera plus d'impression sur son esprit que toutes les gratifications que vous lui feriez faire quant à présent[1]... »

Mais Léopold ne se contenta pas d'envoyer de simples promesses à l'homme vénal dont la voix était alors prépondérante dans les conseils de la coalition, et il eut bientôt à s'en repentir. Lorsque la disgrâce de Malborough fut connue, Le Bègue rappela à son souverain qu'il ne

---

1. Le Bègue à Léopold, 21 mars 1711. *Ibid.*

fallait pas « se presser ni payer d'avance », e que cet exemple devait « servir de direction à l'avenir[1] ».

Le Bègue avait fait à M. de Sinzendorf une cour aussi assidue qu'à Malborough, et cherché à gagner la protection du représentant de l'Empereur en laissant entrevoir la possibilité d'une union entre les maisons de Lorraine et d'Autriche. Le prince Louis de Lorraine, fils aîné de Léopold, n'avait encore que sept ans, et l'on rêvait déjà, à Lunéville, de le marier à l'héritière de la monarchie des Habsbourg ! Sinzendorf, en bon diplomate, prit au sérieux ce projet et ne trouva qu'une critique à formuler : le prince royal de Lorraine avait quelques années de moins que la princesse autrichienne : « Je l'interrompis sur l'âge, écrit Le Bègue à Léopold, et lui dis que l'Impératrice et Mme Royale avaient toutes les deux deux ou trois ans de plus que leurs maris et que cela ne faisait rien pour les enfants, puisque, Dieu merci ! vous en aviez un bon nombre, tous vigoureux et bien nés... Il m'ajouta que le duc de Savoie avait des vues pour son fils. D'où je pris occasion de lui dire que cela pouvait fort bien se concilier avec nos intérêts et que si par malheur le roi[2] Charles n'avait point d'enfants on pourrait donner au prince de Piémont l'archiduchesse que l'on destine pour l'Espagne, et à notre prince royal celle à qui on laisserait les pays héréditaires. — Vos vues sont grandes, me dit-il[3]. » Quelques semaines après, le prince Louis n'était plus[4].

Afin de gagner l'affection de l'Empereur, Léopold était

---

1. Le Bègue à Léopold, 21 juin 1711. *Ibid.* — Milord, écrivait Le Bègue le 12 février suivant, a été condamné par la Chambre basse, qui a jugé qu'il n'était point permis aux généraux anglais de prendre 2 ¹/₂ p. 100 de la paye des troupes, non plus que de tirer rétribution des magasineurs. *Ibid.*

2. L'archiduc Charles venait de succéder à son frère, l'empereur Joseph, mort le 17 avril 1711 ; il avait été proclamé *roi* d'Espagne à Madrid par les Portugais et les Anglais en 1706.

3. Le Bègue à Léopold, 23 avril 1711. *Ibid.*

4. Voir plus loin, p. 225.

prêt à tous les sacrifices, même à ceux qui coûtaient le plus à son amour-propre : c'est ainsi qu'il songea un moment à solliciter la transformation de son duché en électorat. Heureusement Le Bègue sut l'en dissuader : « Je ne crois pas, lui écrivait-il, qu'il soit à propos présentement de parler d'électorat, pour deux raisons : la première est que c'est à l'Empereur à vous rechercher par ce que c'est l'intérêt de la maison d'Autriche d'augmenter le nombre des électeurs catholiques, et, lors de la promotion de l'électeur de Hanovre[1], feu l'Empereur s'étant réservé la liberté de créer un dixième électorat, on ne peut trouver de maison plus attachée aux intérêts de la cour impériale que celle de Lorraine. La seconde raison, Monseigneur, est que jamais les ducs vos prédécesseurs ne l'ont cédé aux électeurs, et que Votre Altesse Royale venant présentement à être électeur, vous perdriez cette prérogative ; et si vos États sont mis en quelque sûreté, je préférerais la qualité de duc de Lorraine indépendant suivant le recès de Nuremberg de 1542 à celle de dernier électeur[2]... »

II

Les négociations de Gertruydenberg ne devaient pas aboutir. Les ennemis de Louis XIV exigèrent les mêmes conditions que l'année précédente, se réservant en outre, pour eux et pour leurs alliés, des « demandes ultérieures ».

L'une de ces demandes fut l'abandon de l'Alsace entière au duc de Lorraine, ce que M. de Torcy appelait « le

---

[1]. Le duc Ernest-Auguste de Hanovre avait obtenu, en 1692, pour récompense des secours qu'il avait prêtés à l'empereur Léopold Iᵉʳ, contre la France et les Turcs, le titre d'électeur de Hanovre ou de Brunswick-Lunebourg.
[2]. Le Bègue à Léopold, 17 mai 1711. *Ibid.*

comble du sacrifice¹ ». Louis XIV consentit à tout, à condition toutefois que les électeurs de Bavière et de Cologne seraient rétablis dans leurs États; à ce prix seulement « il fermerait les yeux sur l'indigne procédé du duc de Lorraine et sur les dispositions que les alliés pourraient faire en sa faveur² ». Mais l'insolence des Hollandais croissait à chacune des concessions du roi de France. Nous ne raconterons pas dans quelles circonstances Louis XIV, outré de l'ultimatum qui le forçait à combattre seul et à chasser Philippe V, rappela sans délai ses envoyés et se prépara à la défense du royaume.

La glorieuse victoire de Vendôme à Villaviciosa (10 décembre 1710) allait d'ailleurs ranimer le courage des Français. Soit dépit, soit désir de donner aux alliés une nouvelle preuve de dévouement, Léopold défendit au curé de Marsal de chanter le *Te Deum* ordonné par le roi dans toute la France, sous prétexte que l'intérieur de la place étant à lui et les fortifications seules appartenant au roi, la ville devait être considérée comme neutre : « Ainsi, — mandait M. de Torcy à M. d'Audiffret³, — l'entrée de l'église a été interdite à la garnison pour y remercier Dieu des avantages remportés par le roi d'Espagne. Il n'aurait pas été bien difficile de rendre inutiles les défenses de M. le duc de Lorraine, mais Sa Majesté ne l'a pas voulu ; elle ne veut même pas que vous portiez aucune plainte à ce prince d'un pareil procédé, dont elle m'a cependant recommandé de parler au sieur Barrois. »

Le duc de Lorraine avait tout lieu de croire que les

---

1. *Mémoires de Torcy*, collection Petitot, LXVII, 409.
2. *Ibid.*, p. 411.
3. Lettre du 19 février 1711. *Archives des affaires étrangères*, LXXVII, f° 135. — En 1698, à l'occasion des prières publiques ordonnées par Léopold dans ses États, Louis XIV avait fait rappeler au gouverneur de Marsal que l'on ne devait prier dans les églises de cette ville que pour Sa Majesté, et non pour d'autres souverains. Barbézieux au lieutenant-général de Bissy. *Archives de la Côte-d'Or*, fonds Thiard, 20.

avances qu'il faisait à la même époque à Louis XIV étaient capables de faire oublier cet incident : en février 1711, il lui proposait d'employer tous ses soins pour le rétablissement de la paix. Mais le roi pensa sur-le-champ que Léopold ne faisait que suivre en cette occasion les conseils des Hollandais : « Je crois, écrivait-il à M. d'Audiffret, qu'il a trop de ménagements pour eux pour entreprendre une pareille démarche sans leur aveu[1]. » Toutefois, il ne se départit pas de la modération et de la dignité qui rachètent les torts de sa jeunesse ; son envoyé à Nancy reçut l'ordre de féliciter le duc de Lorraine du désir qu'il manifestait de contribuer à la paix, tout en lui faisant savoir que le roi ne présenterait plus de propositions parce qu'il savait par expérience que plus il marquait son empressement de rétablir le repos général de la chrétienté, plus ses ennemis abusaient de sa sincérité et se servaient de « ce même empressement pour décider leurs peuples à continuer la guerre[2]. »

Louis XIV cachait à M. d'Audiffret lui-même une forte raison qu'il avait de décliner les offres du duc de Lorraine. En janvier 1711, un Français résidant à Londres, l'abbé Gautier, était venu trouver M. de Torcy, lui demandant sans préambule s'il voulait la paix : « Interroger un ministre du roi s'il souhaitait la paix, c'était demander à un malade attaqué d'une longue et dangereuse maladie, s'il veut guérir[3]. » Des négociations secrètes commencèrent aussitôt ; la mort de l'empereur Joseph Ier (17 avril 1711) vint les favoriser : l'Angleterre, qui faisait depuis dix ans

---

1. D'Haussonville, IV, 599. — Sans parler du mouvement que se donnaient ses envoyés à Vienne, à La Haye, à Londres, Léopold avait l'imprudence de recevoir à Lunéville un aide de camp de Marlborough, lequel, écrivait M. d'Audiffret indigné, avait passé hardiment par les places de France sans passe-port. D'Audiffret à Louis XIV, 28 février 1711. *Archives des affaires étrangères*, LXXVIII, f° 94.
2. Louis XIV à d'Audiffret, 9 avril 1711. *Ibid.*, LXXVII, f° 160.
3. *Mémoires de M. de Torcy*, loc. cit., LXVIII, 18.

la guerre pour séparer l'Espagne de la France, ne pouvait la continuer pour réunir sur la tête de l'archiduc Charles, l'unique héritier de Joseph Ier, les deux couronnes d'Espagne et d'Autriche. Des préliminaires de paix ne tardèrent pas à être signés à Londres (8 octobre 1711).

Léopold voyait ses espérances s'évanouir peu à peu. Il avait bien réussi jadis à obtenir de la reine d'Angleterre de vagues promesses au sujet de son indemnité pour le Montferrat, mais la réserve suivante n'était pas de nature à le satisfaire : « Pour ce qui regarde la désignation d'un équivalent dès à présent, il est évident que la situation des affaires est devenue si incertaine à cause de la mort de feue Sa Majesté Impériale, et d'autres incidents, qu'on ne saurait rien faire à cette heure sur ce sujet[1]. » Et, de fait, il n'était pas question de cet équivalent dans les préliminaires de Londres[2].

L'arrivée de l'archiduc Charles au trône impérial avait d'abord été considérée à Lunéville comme un heureux événement : « Jamais je n'ai vu prince plus gracieux envers Son Altesse Royale, — écrivait Des Armoises à la sortie d'une de ses premières entrevues ; — je peux dire avec vérité qu'il m'a parlé en grand prince, plein de bonté et de clémence pour ce qui regarde la maison de Lorraine pour laquelle il m'a dit en général qu'il ferait tout ce qu'il pourrait à la paix prochaine, et qu'il donnerait des ordres précis à ses ministres de travailler tout de leur mieux à faire rendre justice à Votre Altesse Royale[3]... » Mais le comte des Armoises ne tarda pas à revenir de cette impres-

---

1. Second décret de la reine de la Grande-Bretagne, touchant l'indemnité promise au duc de Lorraine pour le duché de Montferrat, 14 mai 1711. Dumont, *Corps diplomatique*, VIII, 1re partie, p. 271.
2. Par une dernière clause de ces préliminaires, le roi de France consentait pourtant à ce que l'on formât sur la frontière de l'est une « barrière sûre et convenable pour l'Empire et la maison d'Autriche ». D'Haussonville, IV, 213.
3. M. des Armoises à Léopold, 13 octobre 1711. *Archives de Vienne.*

sion favorable ; quelques mois s'étaient à peine écoulés qu'il écrivait à son souverain, impatient de tirer de la cour impériale autre chose que des paroles en l'air, cette lettre peu rassurante : « Le système de cette cour est si différent de celui du passé que les choses qui étaient autrefois les plus faciles à savoir sont devenues impénétrables ; tout le monde est aux écoutes, et sur ses gardes, et universellement appliqué à faire sa cour au nouveau maître, et à en étudier le génie pour mieux lui plaire. Il aurait été très difficile dans cette unique attention de me donner l'honneur d'écrire quelque chose qui en méritât la peine, et je crois que je ne pourrai le faire qu'après quelque temps écoulé et que l'on aura mis en ordre les affaires dont Sa Majesté a pris quelque légère connaissance pendant son voyage, et sur lesquelles elle n'a encore rien délibéré[1]. »

III

Cette année 1711 atteignit même Léopold dans ses affections de famille. Les travaux qu'il fit entreprendre aux Bosquets de Lunéville causèrent, s'il faut en croire le *Journal* de l'avocat Baudoin, une « fatalité » telle que la princesse aînée, attaquée de ce « mauvais air » mourut en moins de deux jours[2]. D'après Durival[3], cette « fatalité » ne serait autre chose que la petite vérole, qui enlevait à la même époque, et après une courte maladie, le Dauphin, fils de Louis XIV. Le fléau frappa à coups redoublés autour de Léopold : après la princesse Élisabeth-Charlotte, abbesse de Remiremont, morte le 4 mai, le prince Louis

1. Des Armoises à Léopold, 10 février 1712. *Ibid.*
2. *Journal d'un bourgeois de Nancy* (Bulletin de la Société d'archéologie lorraine, 1856, p. 69).
3. *Description de la Lorraine et du Barrois*, I, 191.

succomba le 10, et la princesse Gabrielle le 11 : « Ce prince et ces princesses morts, s'écrie avec émotion le chroniqueur cité plus haut, étaient des fleurs naissantes, des plus belles qui se soient jamais vues ; à peine ont-elles commencé à paraître, qu'elles sont escloses, au grand regret de la nation lorraine. Bénissons la main du Seigneur qui nous frappe[1]!... » Les deux autres enfants de Léopold, les princes Clément et François, transportés à Léomont, échappèrent au terrible mal. Le duc, la duchesse et leur suite quittèrent à leur tour précipitamment Lunéville, à la nouvelle qu'une dame de la cour, jeune et d'une complexion des plus robustes, était morte presque subitement ; ils se réfugièrent au château de Houdemont, à peu de distance de Nancy, et y demeurèrent plusieurs semaines.

Léopold désespéré s'émut des bruits qui circulaient en Lorraine ; on racontait partout que la perte qu'il venait de faire n'était que le châtiment de ses fautes. Il manda auprès de lui le procureur général Bourcier qu'il interrogea sur cette question délicate : « Parlez-moi franchement, lui dit-il, et ne me déguisez rien. » Bourcier eut beau s'élever contre les scrupules de son souverain ; il dut commencer une enquête, « faire autant de visites que les plus cérémonieux en acquittent au nouvel an », s'enquérir ainsi de ce que disait l'opinion publique et en faire part à Léopold[2].

IV

Cependant des conférences allaient s'ouvrir à Utrecht, le 12 janvier 1712. Léopold, mécontent de Le Bègue, qu'il accusa de « s'être laissé amuser », songea à lui adjoindre,

---

1. *Journal d'un bourgeois de Nancy*, p. 60.
2. *Vie de messire J.-L. baron de Bourcier*, p. 278, 282. — On ne connaît pas les résultats de cette singulière enquête.

pour la défense de ses intérêts, le baron de Forstner et Bourcier.

L'Empereur hésitant à suivre l'exemple de l'Angleterre, et manifestant son intention de continuer la guerre, le frère de Léopold, le prince Charles, électeur de Trèves, conseilla au duc de Lorraine de retarder de quelques jours le départ de ses diplomates, afin de subordonner sa conduite à celle de la cour de Vienne[1]. Mais aussitôt qu'on sut que l'Empereur avait signifié aux États-Généraux qu'il ne s'opposerait point à la paix, et nommé ses plénipotentiaires, Le Bègue se rendit à Utrecht où il loua un hôtel à raison de 200 louis par mois ; afin de représenter dignement le duc de Lorraine, il avait fait faire à La Haye, avant son départ, 30 livrées[2].

Homme d'étude et d'intérieur, Bourcier vécut à Utrecht dans la même retraite qu'à Nancy. Son fils, qui alla lui tenir compagnie en Hollande, nous a laissé quelques lignes curieuses sur le genre de vie des membres du congrès : « Bien des gens, écrit-il, qui n'ont point vu ces sortes d'assemblées se persuadent que tout s'y passe en conférences et en délibérations ; qu'on y est dans une agitation continuelle, et que nuit et jour chaque plénipotentiaire n'est occupé que de la gloire de son maître et de l'intérêt de ses États. Mais point du tout; l'application et le travail paraissent au contraire n'y faire que le moindre objet du ministère. La meilleure partie du temps y est employée en repas, en promenades, en galanteries, au jeu, au bal et aux spectacles ; et c'est pourquoi l'on passe souvent tant d'années sans en voir la conclusion[3]. »

1. D'Audiffret au roi, 16 janvier 1712. *Archives des affaires étrangères*, LXXXI, f° 17.
2. D'Audiffret au roi, 30 janvier 1712. *Ibid.*, f° 32. — Bourcier quitta Nancy au mois de février 1712 et fut élevé l'année suivante à la dignité de baron de Moineville (lettres du 26 février 1813, Pelletier, p. 71).
3. *Vie de J.-L. baron de Bourcier*, p. 179.

Le magistrat que Léopold ne put jamais attirer à la cour[1], l'anachorète qui se repentit amèrement d'avoir joué trois fois au pharaon avec les plénipotentiaires d'Utrecht, était bien dépaysé dans ce milieu que nous peint son fils. Mais le baron de Forstner avait à un haut degré les qualités d'homme du monde qui manquaient à Bourcier; malgré son air grave, son visage froid et imposant, ce diplomate « aimait infiniment la joie, et ne négociait presque que chez les dames, avec qui il prétendait mieux faire les affaires dont il était chargé qu'avec leurs maris : il était de toutes les parties de plaisir ; il se couchait fort tard, et se levait de même ; en un mot, ses fonctions ne commençaient qu'à la nuit et ne finissaient qu'à l'heure où mon père entamait les siennes[2] ».

Les plénipotentiaires lorrains établirent dans un assez long mémoire les droits de leur souverain et ses espérances. Ils rappelèrent les engagements « solennels » pris par l'Empire, l'Angleterre et les Pays-Bas, « ces augustes puissances si religieuses dans l'observation de leurs promesses », et demandèrent que le duc de Lorraine obtînt une entière satisfaction pour le Montferrat « tant pour le fond que pour les non-jouissances ». En ce qui concernait la France, ils réclamaient une indemnité pour l'occupation de Nancy, l'évacuation de cette ville et le droit de la fortifier à l'avenir ; Bitche, Hombourg, Sarreguemines, Sarralbe, Boulay et tous les postes occupés par Louis XIV pendant la guerre seraient rendus à la Lorraine en l'état où ils étaient, ainsi que la principauté d'Arches et Charleville, la ville de Saint-Hippolyte, la ville et la préfecture

---

1. Quelque temps après le congrès d'Utrecht, Léopold ayant demandé à Bourcier de venir s'établir à Lunéville, le procureur général se logea au couvent des Minimes, et obtint après bien des instances la liberté de revenir à Nancy : « Ce magistrat à la cour était un poisson hors de l'eau. » *Ibid.*, p. 261 et 266.
2. *Ibid.*, p. 176.

de Longwy. Enfin le duc de Lorraine se réservait d'ajouter à ces demandes ce qu'il jugerait « convenable » dans la suite des négociations[1].

Les prétentions des agents lorrains causèrent à Versailles le plus vif mécontentement : « On commence à voir présentement, écrivait Louis XIV à M. d'Audiffret, l'effet de tant d'intrigues et de négociations secrètes dont je doute cependant que M. le duc de Lorraine retire beaucoup. Il était plus sage à lui et à l'électeur de Trèves de songer que leur maison a besoin de ma protection, et que ce n'est pas un moyen de l'acquérir d'entretenir des liaisons aussi étroites avec mes ennemis et de les faire agir ouvertement pour soutenir les prétentions mal fondées du duc de Lorraine. Je veux bien qu'il sache que je suis très mécontent de son mémoire[2]. »

V

La destitution de Malborough avait privé le duc de Lorraine d'un puissant protecteur. Mais Léopold, au moment où il jetait le masque dont il se couvrait depuis si longtemps, se croyait sûr de l'appui de la Hollande et de l'Empereur ; il savait que les cercles allemands, réunis à Francfort[3] pour l'élection de Charles VI, avaient émis le vœu que l'on enlevât à Louis XIV l'Alsace et les Trois-Évêchés,

---

1. Mémoire touchant les intérêts de S. A. R. Monseigneur le duc de Lorraine et de Bar, à la paix future. *Actes, Mémoires et autres pièces authentiques concernant la paix d'Utrecht*, I, 84-99.
2. Lettre du 17 mars 1712. D'Haussonville, IV, 602. — Le duc de Lorraine, écrivait encore Louis XIV à M. d'Audiffret, « recueillera peu de fruit de toutes les peines qu'il se donne pour grossir ses demandes aux conférences d'Utrecht. Sa conduite achève seulement de découvrir beaucoup de mauvaise volonté qu'il avait mal déguisée pendant le cours de cette guerre, et qu'il était de sa prudence de cacher avec plus de soin. » 24 mars 1712. *Ibid.*, 603.
3. Le baron de Forstner s'y trouvait. *Ibid.*, 695.

sous prétexte que « la France était trop près du Rhin » et qu'il était indispensable à la sûreté de tous de prendre ce qui avait appartenu jadis à l'Empire¹. Aussi il recommandait à ses envoyés de « parler haut² » avec la France.

Le Bègue était, en Hollande, l'un des adversaires les plus acharnés du roi et poussait de toutes ses forces à la continuation de la guerre : « Dans l'état où sont les alliés, disait-il un jour au pensionnaire Heinsius, il n'y a de salut pour eux que dans la fermeté et dans l'union, et il faut que tout le monde fasse de nouveaux efforts pour obliger la France à des conditions de paix justes et raisonnables. Et j'ai ordre de vous offrir tout ce que j'ai en main pour vous aider à payer les troupes auxiliaires pendant le reste de la campagne; et, en cas de la continuation de la guerre, mon maître fera tout ce qu'il pourra pour payer quelques troupes de celles que vous aurez à votre service³. »

A Lunéville, Léopold se montra « d'une gaieté et d'un enjouement surprenants⁴ » pendant les premiers mois de l'année 1712 ; il se disait qu'après tout si la paix se faisait à l'avantage de Louis XIV il lui restait une ressource : échanger la Lorraine contre un État plus considérable et dont la situation fût plus indépendante. Le Bègue jugea habile de lancer cette idée, qui fut froidement accueillie. Non que Louis XIV l'ait combattue ; dans une dépêche à M. d'Audiffret, il souhaite même que Léopold puisse trouver le moyen de faire cet échange : « Si ces projets sur cet article étaient raisonnables, disait-il, je contribuerais volontiers à les faciliter, bien loin d'en traverser le succès⁵. » Et à la nouvelle que Léopold espérait le vicariat général des Pays-Bas, que lui promettait l'Empereur,

---

1. Gaillardin, *Histoire du règne de Louis XIV*, VI, 511.
2. Noël, *Mémoires*, n° 5, I, 102.
3. Le Bègue à Léopold, 26 juillet 1712. *Archives de Vienne.*
4. D'Audiffret au roi, 26 mars 1712. D'Haussonville, IV, 605.
5. Lettre du 21 mars 1712. *Ibid.*, 603.

le roi écrivait avec un grand sens : « Quoique ce soit un médiocre avantage, aussi peu proportionné à ses prétentions qu'aux promesses dont la cour de Vienne l'avait toujours entretenu, je doute cependant que les Hollandais consentent à le voir occuper ce poste; la même raison qu'ils ont de craindre qu'un prince de la maison de Lorraine ne soit élu à quelque évêché voisin des pays de leur domination leur ferait appréhender que le gouvernement des Pays-Bas catholiques ne fût confié au duc de Lorraine[1]. »

Léopold ne tarda pas à avoir conscience de la gravité de la situation ; dans le courant de l'été de 1712, les dépêches de ses ministres lui apprenaient les plus mauvaises nouvelles, tantôt que la paix entre la France et l'Angleterre était imminente, tantôt que les États-Généraux n'appuyaient pas les réclamations de la Lorraine, tantôt enfin que le zèle du comte de Sinzendorf et des autres plénipotentiaires de l'empereur se refroidissait de jour en jour.

Aussi la consternation régna bientôt dans la petite cour de Lunéville. Les courtisans étaient mornes et silencieux; Léopold montait à cheval, seul, pour « promener son chagrin », ou, subitement irrité, s'en prenait à tous ceux qui pouvaient le traverser dans ses prétentions, disant qu'il avait affaire « à des fourbes et à des ingrats qui l'avaient trompé jusqu'au dernier moment ». Le *pharaon* ne battait plus que d'une aile ; le trésor ducal était presque à vide : les billets au porteur[2], signés de la main de Léopold, absorbaient dans une seule semaine 100,000 livres « ramassées avec beaucoup de peine ». Il était dû plusieurs quartiers aux gens de la cour. Des banquiers complaisants

---

1. Louis XIV à M. d'Audiffret, 23 mars 1713. *Archives des affaires étrangères*, LXXXV, f° 139.
2. Obligations souscrites par Léopold et négociées par les banquiers de la cour. On verra plus loin, que le duc de Lorraine eut fréquemment recours à cet expédient pour satisfaire ses besoins d'argent.

fournissaient bien de temps en temps quelques mille louis, mais l'argent qui n'allait pas à Mme de Craon[1], était envoyé aux agents lorrains à l'étranger. Bourcier, à son départ de Nancy, avait emporté 1,200 louis et une lettre de change de 30,000 florins. D'après Mahuet, les seuls plénipotentiaires de Léopold à Utrecht coûtaient 500 écus par jour. Lorsque le prince François alla à Vienne, au mois d'août 1712, afin de tenter un suprême effort auprès de l'Empereur, il reçut 3,000 louis en espèces pour sa dépense, et des pierreries — représentant une valeur de 100,000 livres — pour distribuer comme il le jugerait convenable. C'est ainsi, selon le mot de M. d'Audiffret, que le duc de Lorraine « jetait sa poudre aux moineaux[2] ».

VI

Pendant que les négociations continuaient entre la France et l'Angleterre, le prince Eugène ouvrait la campagne entre l'Escaut et la Sambre, et investissait le Quesnoy. Un détachement autrichien de quelques milliers de chevaux, commandé par le comte de Growenstein, traversa la Champagne, mettant tout à contribution, pillant et emmenant des otages ; il s'avança jusqu'aux portes de Sedan et de Verdun, passa ensuite la Meuse à Saint-Mihiel, la Moselle à Pont-à-Mousson (15 juin) et gagna la Sarre à Trarbach, sans rencontrer aucune troupe du roi[3]. Or ce parti ne commit pas le moindre désordre sur les terres du duc de Lorraine et paya partout les subsistances qui lui furent nécessaires ; on raconta

---

1. Sur Mme de Craon, voir le chapitre suivant.
2. *Passim*, dans la correspondance de M. d'Audiffret, du 9 avril au 2 août 1712. *Ibid.*
3. Pelet, XI, 193, note.

même que, dans les environs de Pont-à-Mousson, le propriétaire d'une prairie où les cavaliers impériaux avaient fait pâturer leurs montures, reçut une indemnité de cinquante écus[1].

D'autres partis étaient signalés sur plusieurs points, et partout les habitants des duchés les recevaient en libérateurs. Louis XIV, fatigué de faire des remontrances à l'envoyé de Léopold à Versailles, chargea M. de Qualt, avec huit escadrons, de purger le pays[2].

Les courses audacieuses des hussards pouvaient encore faire espérer à Léopold que la coalition était de force à continuer la guerre sans les Anglais. Mais la nouvelle de Denain, qui éclata comme un coup de foudre en Lorraine, fut une cruelle désillusion pour la petite cour ducale. Écoutons plutôt d'Audiffret, tenu au courant des moindres faits et gestes de Léopold par un correspondant mystérieux qu'il appelle *la personne connue* ou *l'ami*[3] de Lunéville : « Les glorieux avantages que les armes de Votre Majesté viennent de remporter en Flandre ont causé dans cette ville une consternation qu'il serait difficile d'exprimer... M. le duc de Lorraine, qui était encore à Houdemont lorsqu'il reçut des lettres de l'armée ennemie, par lesquelles on lui écrivait qu'un régiment de cuirassiers qui était dans les retranchements de Denain avait d'abord plié : « Voilà de grands chiens ! » dit-il hautement. Je pourrais ajouter d'autres discours qui ne font pas honneur à sa prudence...

---

1. M. d'Audiffret à Louis XIV, 16 juin 1712. *Archives des affaires étrangères*, LXXXII, f° 55.

2. Pelet, XI, 201. — Un peu plus tard, le comte de Saillant mettait en prison deux Lorrains qui avaient servi de guides aux Impériaux, et rendait les communautés responsables des dommages que les partis pouvaient causer aux Français. Malgré tout, le carrosse de Strasbourg était pillé en septembre 1713, près de Bénaménil. Lettre de M. d'Audiffret, du 1 juillet 1713. *Archives des affaires étrangères*, LXXXVI, f° 121.

3. C'était un M. de Bosque ; il servait le roi en qualité d'agent secret moyennant un traitement annuel de 1,800 livres ; et encore ce traitement ne lui était-il pas payé d'une façon régulière : on lui devait en mars 1714 toute une année.

La *personne connue* m'écrit de Lunéville du 9 que M. le duc de Lorraine continue d'être d'un chagrin et d'une mauvaise humeur qui embarrasse tout le monde, et qu'il ne saurait m'en donner une plus forte preuve qu'en me disant qu'il ne peut demeurer un quart d'heure chez M*°* de Craon, où il passe ordinairement depuis deux heures jusqu'à huit[1]. »

VII

Ce n'était pas par haine de Louis XIV que Léopold se montrait attristé de la défaite du prince Eugène; l'intérêt de sa maison inspirait tous ses actes et il croyait que le succès de l'Empire pouvait seul assurer sa fortune. Mais l'occasion allait bientôt s'offrir pour lui de prouver qu'il désirait vivement plaire à l'oncle de la duchesse de Lorraine.

Une des conditions de la paix négociée activement entre la France et l'Angleterre était l'éloignement du chevalier de Saint-Georges, fils de Jacques II. Louis XIV voulant assurer à ce prince un asile peu éloigné de Versailles, songea à la ville de Bar; après s'être assuré du consentement de la reine d'Angleterre[2], il chargea M. d'Audiffret de connaître les dispositions de Léopold. Non seulement celui-ci ne souleva pas la moindre objec-

---

1. D'Audiffret à Louis XIV, 9 et 11 août 1712. *Archives des affaires étrangères*, LXXXII, f°ˢ 192 et 202.
2. « Il y a déjà longtemps que le roi d'Angleterre a pris la résolution de sortir de mon royaume... Il ne peut dans la conjoncture présente choisir un lieu convenable, pour cet effet, ailleurs que dans les États du duc de Lorraine, et la ville de Bar est celle où il peut demeurer le plus commodément; non seulement la reine de la Grande-Bretagne y consent, mais elle en fera parler au baron de Forstner pour en écrire de sa part au duc de Lorraine... » Louis XIV à M. d'Audiffret, 25 août 1712. *Ibid.*, LXXVII, f° 366.

tion, mais il répondit à l'agent français « d'une manière très gracieuse qu'il était bien aise d'avoir cette occasion de pouvoir faire quelque chose qui fût agréable à Votre Majesté, que sa recommandation suffisait, sans qu'il fût besoin de savoir les sentiments de la reine de la Grande-Bretagne, que le roi d'Angleterre pouvait non seulement demeurer à Bar, mais même disposer des autres villes de ses États[1] ». Louis fut très touché de l'empressement du duc de Lorraine et chargea M. d'Audiffret de lui en exprimer toute sa satisfaction ; puis, craignant que le chevalier ne fût pas dans une sécurité complète à Bar, il songea à lui donner Nancy pour retraite, tant que durerait la guerre. D'Audiffret fit part de cette nouvelle détermination à Léopold, qu'il trouva *fort agité :* « J'en ai eu l'éclaircissement, écrit-il au roi, après qu'il m'eut répondu qu'il s'était employé avec chaleur pour procurer des sauf-conduits au roi Jacques, — c'est ainsi qu'il le nomme, — dès que Votre Majesté lui avait fait en témoigner le désir, et qu'il était fâché de voir que ses soins fussent inutiles par ce changement[2]. » Ces excellentes dispositions du duc de Lorraine firent revenir Louis XIV à sa résolution première, et il fut définitivement arrêté que le chevalier de Saint-Georges établirait son séjour à Bar, sur la foi des sauvegardes que Léopold lui procurerait[3].

Le chevalier fut accueilli avec les plus grands égards par le duc de Lorraine, qui alla au-devant de lui jusqu'à Gondreville, et, avant de l'installer au château de Bar qu'il avait fait meubler à grands frais, lui fit les honneurs de sa cour de Lunéville ; la duchesse elle-même l'accompagna à Nancy, où Léopold évitait de paraître tant qu'il y aurait une garnison française. A Commercy, le prince

---

1. D'Audiffret à Louis XIV, 6 septembre 1712. *Ibid.*, LXXXVIII, f° 1.
2. D'Audiffret à Louis XIV, 16 février 1713. *Ibid.*, LXXXV, f° 81.
3. Louis XIV à M. d'Audiffret, 23 février 1713. *Ibid.*, XCV, f° 85.

de Vaudémont le reçut avec la même distinction et les mêmes prévenances. Partout on lui donna des fêtes somptueuses, des dîners qui coûtèrent jusqu'à 15,000 francs, au dire de Noël[1].

A l'exemple de leur souverain, les seigneurs lorrains s'empressèrent près de l'illustre étranger, qui, encouragé par la bienveillance qu'on lui témoignait de tous côtés, ne se contenta pas de faire appel à la générosité de Léopold, et puisa largement dans toutes les bourses qu'on lui ouvrit. Il aimait les plaisirs, le jeu, et délaissa fréquemment Bar pour Lunéville. L'évêque de Toul voulut même lui faire des remontrances à ce sujet, mais il mit tout le monde contre lui, les Lorrains, M. d'Audiffret, et le roi lui-même : « M. l'évêque de Toul, écrivait M. d'Audiffret, s'est fort barbouillé à la cour de Lorraine par la légèreté de ses discours et par son trop grand empressement à vouloir se mêler de toutes choses. Mme la duchesse de Lorraine se déchaîna publiquement sur son indiscrétion il y a quelques jours ; M. le duc de Lorraine m'a dit tout ce qu'il avait voulu persuader au roi d'Angleterre contre lui, et la mauvaise satisfaction que M. le prince de Vaudémont avait aussi lieu d'en avoir. Je sais depuis longtemps qu'il a écrit mille fadaises à M. de Pontchartrain sur son prétendu crédit à la cour de Lorraine, et sur les connaissances secrètes qu'il a de tout ce qui s'y passe. Il y sera mal reçu s'il s'avise d'y venir à son retour[2]. » Louis XIV approuva complètement la conduite du chevalier de Saint-Georges, et reconnut que l'évêque de Toul avait fait à la cour de Lorraine un « mauvais personnage » et tenu des discours imprudents au chevalier : « Je vous assure, ajoutait-il, que mon intention n'a jamais

---

1. *Mémoires*, n° 5, I, 98.
2. D'Audiffret au roi, 13 novembre 1713. *Archives des affaires étrangères*, LXXXVII, f° 211.

été d'empêcher ce prince de voir M. le duc de Lorraine et de chercher à cette cour les amusements qu'il ne trouve pas à Bar¹. »

De bonne heure les chambres anglaises avaient prié la reine de faire des instances auprès du duc de Lorraine pour qu'il éloignât de ses États le prétendant², mais Léopold tint ferme et fit au cabinet britannique une réponse qu'approuva fort Louis XIV : « Je vois avec beaucoup de plaisir, mandait celui-ci à M. d'Audiffret, l'attention du duc de Lorraine à consoler le chevalier de Saint-Georges dans la triste situation où il se trouve³. »

Le roi de France encourageait d'ailleurs la résistance du duc de Lorraine, soit en lui laissant entendre que c'était uniquement « pour imposer silence aux malintentionnés » que la reine de la Grande-Bretagne avait cru devoir faire cette démarche auprès de lui, soit en l'assurant que sa conduite ne lui causerait aucun embarras et qu'il n'avait pas à craindre « qu'un refus aussi juste de sa part lui attirât le moindre préjudice⁴ ».

VIII

Cependant les traités d'Utrecht avaient été signés. Léopold n'en manifesta aucune surprise, lui qui connaissait par les rapports de ses envoyés les dispositions des puissances. Mais, après avoir reçu tant de promesses des coalisés, après avoir dépensé en cadeaux cinq millions, il avait des raisons de se plaindre que son nom n'eût même

---

1. Louis XIV à M. d'Audiffret, 1ᵉʳ décembre 1713. *Ibid.*, f° 223.
2. Juillet 1713. Dangeau, XIV, 447.
3. Lettre du 1ᵉʳ décembre 1713. *Archives des affaires étrangères*, LXXXVII, f° 222.
4. *Ibid.*, f° 229, LXXXIX, f° 17.

pas été prononcé dans les diverses conventions entre la France, l'Angleterre, la Hollande, le Portugal, la Prusse et la Savoie (11 avril 1713) : il ne lui restait plus que l'espoir d'être compris dans la paix séparée que feraient avec la France l'Empire et les cercles allemands, et encore les dépêches de M. des Armoises n'étaient pas de nature à le rassurer. Tantôt le représentant de Léopold à Vienne parle de la « tiédeur » de la cour impériale, qui devrait pourtant « selon Dieu et la raison » soutenir les intérêts du duc de Lorraine à mesure que les autres puissances les négligent : « C'est son train ordinaire, ajoute-t-il en forme de conclusion ; quand il s'agirait même de s'acquérir des royaumes, elle est toujours lente à se résoudre, à plus forte raison pour les autres. C'est pis que jamais, et je ne m'y connais plus[1]. » Tantôt l'envoyé lorrain déclare franchement à son maître que l'Empereur ne lui accordera aucun des dédommagements qu'il propose[2].

Pour le moment on se préparait, sur les deux rives du Rhin, à la continuation de la guerre. Au mois de mai 1713, Villars allait prendre le commandement de toutes les forces françaises réunies sur la Moselle et se disposait à investir Landau. Les seules difficultés qu'avait à surmonter le maréchal, en face d'une armée inférieure en nombre, étaient relatives aux subsistances et aux charrois. M. de Saint-Contest alla trouver le duc de Lorraine et lui fit connaître la nécessité où l'on était de lui demander des ordres pour que les voituriers de ses États consentissent à conduire au delà des Vosges les grains et les farines que l'administration militaire réunissait à Verdun.

1. Des Armoises à Léopold, 28 mars 1713. *Archives de Vienne.*
2. Lettre du 22 avril 1713. *Ibid.* Léopold demandait alors le duché de Mantoue, ou le Milanais, ou le Brisgau avec d'autres terres en Autriche, ou la Bavière, ou le Brabant.

Léopold refusa d'abord, invoquant sa neutralité, puis promit que si M. de Saint-Contest s'engageait à payer les voitures, il ferait dire sous-main à ses prévôts et baillis de fournir toutes celles que l'on voudrait, à condition qu'elles ne seraient pas affectées au transport des munitions de guerre. L'intendant de Metz se soumit à ces conditions[1] et la cour de Versailles approuva sa conduite[2].

A la veille de l'ouverture des hostilités entre la France et l'Empire, Léopold avait fait une dernière tentative pour empêcher la continuation d'une guerre longue et sanglante. Dans un entretien qu'il eut avec M. d'Audiffret à Notre-Dame de Bon-Secours, il dit à l'agent français « que l'archiduc était si fort irrité d'avoir été abandonné de ses alliés qu'il ne voulait absolument plus traiter de la paix en Hollande, et encore moins par la médiation de la reine de la Grande-Bretagne, de qui il croyait avoir encore plus de sujets de se plaindre, qu'il le connaissait assez pour être persuadé qu'il n'en démordrait jamais, que cependant il croyait que l'intention de ce prince n'était pas de continuer la guerre, quoiqu'il ne doutât point que les armées n'entrassent en campagne, mais de se dégager entièrement de ses anciens alliés par cette démonstration, et d'être plus en liberté de lier une négociation particulière avec Votre Majesté...; qu'il paraissait que les grandes successions dont les droits et l'espérance divisaient depuis si longtemps les maisons

---

1. Quelque temps après, M. Barrois demandait le paiement de 121,863 livres pour le transport de 47,252 sacs de blés et farines pour le siége de Landau. *Archives des affaires étrangères*, LXXXVII, f° 103.

2. Louis XIV s'était d'abord montré irrité des résistances de Léopold, et avait donné l'ordre de faire marcher de force les chariots des paysans lorrains; Villars chargea même M. Quadt de veiller à l'exécution de cet ordre et à l'escorte des convois. Mais, quand on connut à Versailles le traité tacite que Saint-Contest passa avec Léopold, on se montra satisfait de la solution. Pelet, XI, 151, 265.

de France et d'Allemagne se trouvant présentement réglées entre elles, une union qui rendrait la paix plus solide tiendrait toute l'Europe dans leur dépendance, et particulièrement ceux qui avaient excité et entretenu une division continuelle pour en profiter et s'agrandir à leurs dépens; que comme il s'agissait d'un bien si avantageux pour la tranquillité générale, il voudrait pouvoir contribuer à cette paix par ses soins et ses offices; qu'il souhaiterait fort que l'offre qu'il fait de son entremise pour y travailler fût agréable à Votre Majesté, qu'ayant l'honneur de lui appartenir de si près, comme aussi à l'archiduc, à qui il faisait la même offre, il serait assez heureux pour y réussir, et que si Votre Majesté ne jugeait pas à propos de l'accepter, il la suppliait de vouloir la regarder comme une marque de sa bonne volonté et du désir qu'il avait de mériter par son zèle et par ses sentiments la continuation de ses bonnes grâces[1]. »

Louis XIV ne pouvait considérer que comme chimérique cette alliance dont Léopold lui faisait entrevoir la possibilité et les avantages; il lui était difficile de croire que l'Autriche avait rompu les conférences d'Utrecht par pur ressentiment contre les Anglais et les Hollandais: si l'Empereur voulait sincèrement la paix, qu'attendait-il ? « J'ai fait assez voir, écrivait Louis XIV, le désir que j'avais de contribuer en même temps au parfait rétablissement du repos général de l'Europe. Toute démarche que je ferais présentement, dans la vue de renouer une négociation, ne ferait que l'éloigner. Je connais assez le génie et les maximes de la cour de Vienne pour savoir qu'elle imputerait à faiblesse toutes ces dispositions que je ferais désormais paraître pour la paix[2]. »

1. D'Audiffret à Louis XIV, 23 mai 1713. *Archives des affaires étrangères*, LXXXVII, f° 56.
2. Louis XIV à M. d'Audiffret, 1ᵉʳ juin 1713. D'Haussonville, IV, 607.

Léopold sentait, comme au début de la guerre, que ses intérêts véritables le poussaient à jouer le rôle de médiateur. Le roi de France refusant de faire les premiers pas vers l'Empereur, c'est à Vienne qu'il concentra tous ses efforts pour obtenir des déclarations pacifiques. Le comte des Armoises fit de nombreuses démarches auprès des ministres autrichiens ; il attendit jusqu'au mois d'octobre une réponse, peu favorable du reste : « M. le comte de Sinzendorf, faisait-il savoir à son souverain, m'envoya chercher hier au soir pour me déclarer que l'Empereur était très obligé à Votre Altesse Royale des soins qu'elle se donnait pour parvenir à un pourparler sur la paix générale, mais que l'on ne pouvait faire aucune réponse positive : 1° que l'Empereur prétendait être le dernier à avoir fait des propositions à Utrecht, qu'ainsi c'était à la France à en faire ; 2° qu'il était inutile de proposer un lieu de congrès, ni de nommer des ministres, de part et d'autre, avant que l'on fût convenu des principaux articles ; 3° qu'il avait ordre de vous faire témoigner que l'Empereur serait fort aise, si la France veut sérieusement penser à faire quelques propositions, qu'elles passassent par votre canal... Je ne sais si une confidence qu'on m'a faite qu'à la fin de la campagne le prince Eugène devait avoir une entrevue avec le maréchal de Villars n'a pas donné lieu à me faire une telle réponse vague[1]. »

IX

L'agent de Léopold à Vienne ne se trompait pas. Les succès de Villars sur le Rhin et la prise de Landau (19 août

---

[1]. M. des Armoises à Léopold, 13 octobre 1713. *Archives des affaires étrangères*, LXXXVIII, f° 110.

1713) avaient vaincu l'obstination de Charles VI : la paix allait se faire sans que l'on eût besoin de l'intermédiaire du duc de Lorraine. Quelques jours après la capitulation de Fribourg (13 novembre), Villars et le prince Eugène eurent une première entrevue à Rastadt (26 novembre). Aussitôt Léopold envoya dans cette ville M. de Martigny, heureux s'il pouvait obtenir quelque profit d'une guerre dont tout annonçait la fin ; mais l'Empereur refusa d'appuyer ses demandes.

D'autre part, le duc de Lorraine n'avait pas à attendre de la France de bien grandes faveurs. Si, durant l'automne 1713, il manifestait par quelques-unes de ses ordonnances[1] l'intention qu'il avait d'assurer la subsistance des troupes que le roi allait mettre en quartiers d'hiver dans les duchés, on n'oubliait pas à Versailles que, dans les moments les plus critiques, il avait entretenu avec la coalition des rapports suspects. D'ailleurs, Léopold n'était pas capable d'une attention soutenue, de persévérance dans ses résolutions ; nous le voyons, en novembre 1713, exposer avec amertume, dans un mémoire destiné à Barrois, ses griefs contre la France, au risque de blesser le roi : « Dans ce qui regarde les convois, disait-il, j'ai principalement une plainte à faire qui me tient infiniment à cœur, qui est que l'on laisse absolument un intendant de Metz ou d'Alsace le maître de me demander ce qu'ils jugeront à propos, et cela sous prétexte que le roi lui a donné plein pouvoir... Je ne puis me résoudre à consentir de faire ce que l'on me demandera quand je ne verrai rien du roi, ni du ministre. »
Il rappelait ensuite à son agent que nul officier français

---

1. Notamment les ordonnances des 22 octobre et 11 novembre 1713. La première défendait de faire des amas de foin et de paille, sinon à l'entrepreneur des fourrages et aux étapiers ; la seconde interdisait le commerce des grains et cassait les marchés faits jusqu'à ce jour, afin de permettre aux munitionnaires de fournir le pain aux troupes du roi. *Recueil des édits*, II, 13.

n'avait été puni pour abus de pouvoir commis dans ses États, malgré de fréquentes plaintes au roi ; il se plaignait de la conduite des soldats logés en quartiers d'hiver jusqu'aux portes de Lunéville, demandant au moins un lieu dans les duchés où il pût « fermer les portes la nuit » et être à l'abri d'une « escalade ». Il réclamait un dédommagement pécuniaire pour l'occupation de Nancy, la cession immédiate de Ligny et le paiement intégral des fourrages fournis aux troupes du roi : il affirmait en effet perdre cinq sols sur chaque ration de fourrage, achetée douze sols par ses commissaires, et payée sept sols par le roi[1].

La façon dont Louis XIV accueillit cette dernière réclamation dut laisser peu d'espoir au duc de Lorraine sur le sort réservé aux autres : « J'ai répondu à M. Barrois, — mandait le roi de France à M. d'Audiffret, — que la Lorraine était traitée plus favorablement qu'aucune des provinces de mon royaume, puisque la ration de fourrage était payée à raison de sept sols et qu'il n'y a point de provinces dans mon royaume où elle soit payée au delà de cinq sols ; que même dans la dernière année de la guerre précédente elle n'a été payée en Lorraine qu'à raison de trois sols. Je suis très porté à faire plaisir au duc de Lorraine et fâché que la continuation de la guerre m'oblige à faire demeurer quelques-unes de mes troupes dans son pays, mais il faut aussi qu'il ait égard à la nécessité des conjonctures et qu'il soit persuadé que je ferai de mon côté tout ce que je pourrai faire pour le soulager. C'est en cette considération que je veux bien consentir à ne point demander la fourniture du bois et de la chandelle pour les corps de garde, exceptant toutefois les villes où cette fourniture a toujours été faite, comme Marsal, Nancy, Bitche[2]. »

---

1. *Archives des affaires étrangères*, LXXXVII, f⁰ˢ 121 à 111.
2. Louis XIV à d'Audiffret, 5 novembre 1713. *Ibid.*, f⁰ 113.

A la raison du plus fort Léopold n'avait rien à répondre. Il chercha à gagner les faveurs de M. d'Audiffret, se faisant humble devant l'agent de Louis XIV, affectant de désirer sa compagnie et le priant de se rendre plus souvent à Lunéville. Cette évolution n'aboutit à rien ; et le roi, informé des nouveaux sentiments de son neveu, se borna à faire répondre à M. d'Audiffret : « Il me paraît que M. le duc de Lorraine connaît que le seul bon parti qu'il ait à prendre désormais est de tâcher de mériter et d'acquérir les bonnes grâces de Sa Majesté[1]. »

Les conférences de Rastadt se prolongèrent plusieurs mois. En février 1714, Léopold, désespérant d'obtenir le moindre avantage territorial, sollicita à la fois du roi de France et de l'Empereur la reconnaissance de la neutralité perpétuelle de la Lorraine. Malgré l'intervention favorable du prince de Vaudémont, et bien que le passage des troupes françaises en Lorraine fût formellement réservé, Louis XIV hésitait ; le cabinet de Vienne le tira d'embarras en refusant le premier[2].

X

Aussitôt que le traité de Rastadt fut signé (6 mars 1714), Léopold envoya à Versailles M. de Craon, en apparence pour complimenter le roi sur la paix avec l'Empereur[3], en réalité pour solliciter l'évacuation de Nancy et l'exécu-

---

1. Louis XIV à d'Audiffret, 11 décembre 1713. *Ibid.*, f° 241.
2. « Il paraît que M. le duc de Lorraine n'aura pas satisfaction de la part de l'Empereur au sujet de la neutralité perpétuelle qu'il demandait et qu'il me proposait. Si malheureusement la guerre que je viens de terminer se renouvelait, cette proposition ne pourrait me convenir, mais comme je n'avais point rendu jusqu'à présent de réponse définitive, je ne suis pas fâché que le premier refus vienne de la part de l'Empereur. » Louis XIV à M. d'Audiffret, 26 avril 1714. *Ibid.*, LXXXIX, f° 209.
3. Dangeau, XV, 109. Le roi donna la première audience à M. de Craon le 27 mars.

tion du traité de Ryswick. Voilà quelles étaient désormais les modestes prétentions du prince qui rêvait naguère d'être le rempart de l'Empire contre la France. Il ne lui était même plus permis de chercher quelque consolation dans la pensée d'un échange de ses États patrimoniaux contre d'autres dont les revenus fussent plus abondants : « Le temps en est présentement passé, écrivait Louis XIV, et le parti le plus sage qu'il puisse prendre est de se conformer à son état et de se conduire avec la prudence que ses intérêts demandent[1]. »

Léopold n'avait en effet plus rien à attendre, du moins pour le moment, de la cour impériale, et les dépêches de M. des Armoises ne lui laissaient aucun doute à ce sujet; ce vieux et dévoué serviteur, désespéré de n'avoir pu secouer la torpeur et vaincre les hésitations des ministres autrichiens, demandait instamment son rappel : « Votre Altesse Royale, écrivait-il le 9 août 1714, peut avoir reconnu par ses dernières dépêches toutes les difficultés qui se rencontrent ici à la satisfaire sur ses justes demandes, quelques assurances que l'on continue à me donner de la bonne intention de Sa Majesté Impériale, comme en effet je l'ai toujours trouvée telle, et aussi qu'à y vouloir presser les ministres sur ces mêmes demandes, c'est s'attirer un rebut de la part des uns, et du chagrin de la part des autres, qui ne songent qu'à gagner du temps pour pouvoir, disent-ils, la servir avec plus de succès. Une situation si fâcheuse, où je ne puis payer que d'un zèle infructueux, ne peut que m'affliger véritablement, et redoubler en conséquence le désir que j'ai depuis longtemps de retourner à sa cour, pour lui rendre compte de ma conduite[2]... »

Léopold ne jugea pas à propos de rappeler M. des Ar-

---

1. Louis XIV à M. d'Audiffret, 16 août 1714. *Archives des affaires étrangères*, XC, f° 121.
2. M. des Armoises à Léopold, 9 août 1714. *Archives de Vienne.*

moises, dont il appréciait fort le zèle. Le bienveillant accueil qu'avait reçu M. de Craon à la cour de Versailles pouvait d'ailleurs, jusqu'à un certain point, faire oublier au duc de Lorraine les déboires de son représentant à Vienne. Louis XIV promit en effet de retirer ses troupes des duchés aussitôt que l'Empire aurait adhéré aux conventions de Rastadt; et, dès que les ratifications du traité de Bade, signé le 7 septembre, eurent été échangées, il fit mander au prince de Vaudémont que M. de Lorraine pourrait aller passer à Nancy la Saint-Léopold, le 15 novembre suivant, et que, le 12, il ne resterait pas un seul soldat français dans la ville[2].

Le comte de Ruffey, maréchal de camp, commandant les 40 bataillons et les 14 escadrons qui avaient pris leurs quartiers dans les duchés à l'automne précédent, quitta Nancy au commencement de juin pour se mettre à la tête de ces troupes réunies sur la Meuse, près de Commercy[3]; Léopold lui avait offert, la veille de son départ, un diamant de mille pistoles en témoignage des rapports courtois que ce général n'avait cessé d'entretenir avec la cour de Lorraine[4]. Le régiment de l'Aigle quitta Nancy le 23 septembre; celui de Fontange, le 25; enfin, le dernier, celui de Nivernais, le 11 novembre, après avoir rasé quelques ouvrages en terre élevés récemment pour la sûreté de la place. Le gouverneur, M. de Barbazan, remit les clefs de la citadelle au chevalier de Custine, et, le 12 novembre, les gardes lorraines en reprenaient possession[5].

---

1. Louis XIV dit à M. de Craon que le duc de Lorraine serait un de ceux qui ressentiraient le plus « les douceurs de la paix ». *Journal de Verdun*, mai 1714, p. 330.
2. Dangeau, XV, 269.
3. Noël parle de ce corps d'armée réuni près de Commercy et des mouvements qu'il exécuta devant le chevalier de Saint-Georges. *Mémoires*, n° 5, I, 93.
4. D'Audiffret à Louis XIV, 7 juin 1714. *Archives des affaires étrangères*, XC, f° 45.
5. Noël, *Mémoires*, n° 5, I, 103.

Quelques jours après, Léopold parut à Nancy : il ne permit pas, dit Calmet[1], que les bourgeois de la ville « suivissent le penchant de leur cœur, en lui faisant une réception proportionnée à leur joie ». D'ailleurs son séjour ne fut pas de longue durée : jusqu'en 1766, le château de Lunéville devait être la résidence ordinaire des ducs de Lorraine.

1. *Histoire de Lorraine*, VII, 244. Léopold, dit ailleurs Calmet (*Notice de la Lorraine*, II, 163), passa l'hiver à Nancy, « ce qu'il continua pendant quelques années de suite ».

CHAPITRE VIII

LA COUR DE LUNÉVILLE

I. Le château de Lunéville. — II. La maison civile de Léopold. — III. La maison militaire et l'armée; écoles militaires. — IV. Distractions de la cour; le théâtre. — V. La galanterie; passion de Léopold pour Mme de Craon. — VI. Mme de Lunati et Mme de Craon. — VII. Le jeu.

I

C'est la veille de l'occupation de Nancy par les troupes du comte de Tallard, le 2 décembre 1702[1], que la famille ducale s'était installée à Lunéville, où l'avaient suivie les principales familles lorraines. On s'était d'abord logé provisoirement, comme on l'avait pu, dans les pièces encore habitables du château[2], à l'hôtel de ville et chez divers particuliers.

Comme presque tous les petits souverains de l'époque, qui se piquaient d'imiter Louis XIV, Léopold avait le goût des constructions. Dès son arrivée en Lorraine, il se trouvait mal à l'aise dans le palais ducal de Nancy[3]; peu de temps après son mariage, il priait instamment le roi de France de lui envoyer Mansard : il voulait consulter le grand architecte, alors à l'apogée de sa gloire, sur tous les embellissements qu'il rêvait. Mansard fit pour le palais de Nancy et pour la maison de campagne de la Malgrange

---

1. Voir plus haut, p. 121.
2. Le château avait été démantelé, en 1678, par le maréchal de Créqui; en 1690, Louis XIV y avait ordonné de légères réparations. Cf. Joly, *Le Château de Lunéville.*
3. Cf. Lepage, *Palais ducal de Nancy.*

de magnifiques projets[1] : « Il va nous loger partout à merveille, écrivait dans sa joie la duchesse à Louis XIV, et c'est de quoi j'ose dire à Votre Majesté que nous avions grand besoin[2]. » Mais Léopold ajourna ces travaux, dans l'espoir où il était alors d'échanger sous peu la Lorraine contre le Milanais. Chassé de sa capitale par les événements de la guerre, il songea à faire de Lunéville son Versailles, et chargea Germain Boffrand, l'élève de Mansard, d'élever un palais sur l'emplacement du vieux château, construit à la fin du xe siècle par les premiers comtes de la ville, et plusieurs fois transformé dans la suite des temps, principalement par les ducs René II et Henri II.

En 1706, le château actuel était debout. Il se compose d'un principal corps de logis, de forme rectangulaire, dominé au centre par un élégant donjon ; ce corps de logis fait face, à l'ouest, à une vaste cour que limitent à droite et à gauche des constructions en ailes, et que divisaient jadis deux belles grilles en fer forgé. Les bâtiments de l'avant-cour, si lourds sur leurs assises pyramidales, servaient, au rez-de-chaussée, d'écuries et, dans les étages, de logement aux officiers de la maison ducale ; les bâtiments de la cour intérieure étaient réservés, l'un aux filles d'honneur, l'autre à divers seigneurs et aux princes étrangers. Sur la façade est du corps central se développe, mais à droite seulement, un vaste pavillon en aile, occupé au rez-de-chaussée par les souverains et au premier étage par les princes et princesses du sang ; le pendant, que Boffrand avait pourtant prévu, ne fut jamais construit,

---

1. « Le roi a permis et ordonné même à Mansard de recevoir le présent que lui veut faire M. de Lorraine ; ce présent est un diamant de 1,000 pistoles et une belle calèche avec huit chevaux que M. de Lorraine lui enverra incessamment. Ceux qui avaient donné à M. de Lorraine des dessins pour ses bâtiments et ses jardins demandaient deux millions. M. Mansard a fait les dessins beaucoup plus beaux, et il en coûtera les trois quarts moins. » Dangeau, 5 février 1700 ; VII, 216.
2. *Archives des affaires étrangères*, LIII, f° 212.

sans doute pour ne pas priver les appartements ducaux de la vue sur la vallée de la Vezouse et les riants coteaux de Huviller[1].

Boffrand attachait le plus grand prix à l'effet extérieur d'un édifice, et estimait que l'attention de l'architecte doit se porter d'une façon toute particulière sur le choix d'un bel emplacement[2]. De là les efforts de l'artiste pour tirer le meilleur parti d'un terrain naturellement peu favorable; mais il lui était impossible de donner au château de Lunéville un dégagement suffisant au midi, où les maisons de la ville le dominent et l'encaissent. C'est de ce côté, et contiguë aux appartements ducaux, que s'élève la chapelle, qui rappelle celle de Versailles, de même d'ailleurs que l'ordonnance générale de l'édifice évoque vaguement le souvenir de la demeure préférée de Louis XIV.

A l'intérieur, on admirait la richesse des décorations, les toiles de Claude Jacquart et de Louis Chéron, les tapisseries des Gobelins, présents du roi de France, et aussi les remarquables travaux de Charles Mitté, le « tapissier de l'hôtel ».

Les jardins de Lunéville, les *Bosquets* comme on les appelait déjà, ne furent dessinés que plusieurs années après l'achèvement du château; on y travailla surtout en 1711 et 1712, sous la direction d'Ives des Hours, qui, pour récompense de ses services, fut anobli en 1715. Nicolas Renard les orna de statues; mais c'est seulement au temps de Stanislas, lorsque Héré eut fait sortir du sol un peuple de dieux et de déesses du paganisme, des bas-

---

1. Appelé Jolivet depuis Stanislas.
2. Boffrand, *Livre d'architecture contenant les principes généraux de cet art*. Paris, 1749, in-f°, p. 10. Voir dans cet ouvrage la description des châteaux de la Malgrange, de Lunéville, d'Haroué, de l'hôtel de Craon et du palais de Nancy. — Cf. Morey, *Notice sur la vie et les œuvres de G. Boffrand* (Mémoires de l'Académie de Stanislas, 1865).

sins, des kiosques, des constructions de toutes formes, qu'on put sans trop de flatterie comparer Lunéville à Versailles.

II

Les nobles avaient abandonné les manoirs de leurs ancêtres pour vivre auprès du souverain et dans l'espoir d'obtenir quelque office à la cour; ils suivirent Léopold de Nancy à Lunéville.

A côté de M. de Carlingford, qui, en sa qualité de grand maître de l'hôtel, était le plus haut dignitaire de la maison du prince, nous trouvons, en 1702, parmi les principaux officiers, le comte de Couvonges, grand chambellan; le comte de Tornielle et le marquis de Lambertye, maréchaux de Lorraine et de Barrois[1]; le marquis de Lenoncourt, grand écuyer; les marquis de Blainville et de Rorté, premiers gentilshommes de la chambre; le comte de Brionne, grand maître de la garde-robe; MM. de Custine, de Craon, de Ludres, de Ligniville de Tumejus, de Martigny, etc., chambellans; M. de Hoffelize de Valfrocourt, maître d'hôtel; M. de Raigecourt, grand veneur; M. de Curel, grand louvetier.

La maison civile de Léopold comptait, en 1702, environ 350 serviteurs de tout rang[2]; il y avait une quinzaine d'officiers du cabinet, trésoriers, contrôleurs, secrétaires, dont un secrétaire allemand; 33 officiers de la chambre, chambellans, gentilshommes ordinaires, valets de chambre, huissiers; 4 médecins et apothicaires; 8 aumôniers ou prédicateurs, dont un prédicateur allemand; 19 trom-

---

1. C'est à tort que MM. Lepage et Bonneval disent que les offices des maréchaux avaient disparu à la cour de Léopold (*Mémoires de la Société d'archéologie lorraine*, 1869, p. 319).
2. Il y en avait près de 500 en 1729. Voir Lepage et Bonneval, *ibid.*

pettes et instrumentistes ; 40 à 50 officiers de cérémonies, valets de pied, coureurs, porteurs de chaise, heiduques ; 38 chefs de cuisine, rôtisseurs, marmitons, porteurs de bois, maîtres des caves, etc. Le service de l'écurie occupait 94 hommes, cochers, muletiers, postillons ou palefreniers, sans compter les 5 écuyers[1] ; celui de la vénerie, 47 gentilshommes, capitaines des chasses, piqueurs, chasseurs, valets de limiers, valets de chiens, valets de dogues, etc.

Les pages, au nombre de 24, avaient un gouverneur, M. du Menil ; un précepteur, le sieur Phi‥ert[2] ; un « maître à danser », un « maître de langues et mathématiques », un « maître écrivain » et quatre valets pour les servir.

Outre la maison de Léopold, il y avait celle de « Madame Royale » (c'est ainsi qu'on appelait d'ordinaire la duchesse de Lorraine) comprenant en tout 32 dames, officiers ou domestiques. La marquise d'Haraucourt était dame d'honneur ; la marquise de Lenoncourt-Blainville, dame d'atour ; Mme de Nettancourt, gouvernante, et Mme de la Marche, sous-gouvernante des 7 filles d'honneur ; le comte des Armoises remplissait les fonctions de chevalier d'honneur.

Enfin 9 personnes étaient destinées au service unique de « Mme la princesse » Élisabeth-Charlotte, qui avait alors deux ans[3], et dont la gouvernante était Mme d'Heudicourt ; 15 officiers ou domestiques étaient attachés au plus jeune frère de Léopold, le prince François, qui avait pour gouverneur le marquis de Trichâteau, pour confesseur et précepteur, M. Le Grand de Mont.

---

1. « Le duc de Lorraine a d'aussi beaux chevaux qu'aucun prince de l'Europe en puisse avoir ; mais son écurie est trop nombreuse, il lui suffirait de la moitié et cela lui épargnerait une dépense considérable. » D'Audiffret, *Mémoire sur le duché de Lorraine*, f° 322.
2. Nommé gouverneur en 1709, lorsque M. du Menil devint écuyer de Madame Royale. *Archives de Meurthe-et-Moselle*, B, 127, f° 65.
3. Née le 12 octobre 1700, elle mourut, comme on l'a vu plus haut (p. 214), le 4 mai 1711.

Il eût été impossible à Léopold de soutenir un tel état de maison si les traitements avaient été aussi élevés que dans la plupart des cours. Mais, à part M. de Carlingford, qui touchait 36,000 livres, les « gages » des officiers lorrains étaient des plus modiques[1]. Le grand chambellan et le grand écuyer avaient chacun 1,500 livres ; le grand maître de la garde-robe, 1,200 livres ; les chambellans et écuyers, 900 livres ; les valets de chambre, 500 livres ; le « maître de langues et mathématiques » des pages émargeait au budget ducal pour une somme de 400 livres, bien moins favorisé que le « maître à danser », qui recevait annuellement 1,050 livres.

Ces traitements, au dire de M. de Turgot[2], étaient proportionnés aux revenus des Lorrains du temps et suffisaient aux courtisans pour vivre avec aisance dans un pays abondant en denrées de toute sorte : « C'est une sagesse à eux, écrivait-il, de se tenir dans cette retenue nécessaire à leur état. »

Les dépenses de l'hôtel ne s'élèvent, en 1702, qu'à 285,000 livres, et encore dans cette somme figurent les pensions, bien faibles, il est vrai, servies par le prince, ainsi que les traitements des six professeurs de l'Université de Pont-à-Mousson (1,380 livres en tout !), une allocation de 130 livres pour l'entretien du jardin botanique de la Faculté de médecine, et 600 livres octroyées à Brugnot, « géographe[3] ».

---

1. Au xviiie siècle, le voyageur allemand Keysler faisait déjà cette remarque. *Neuste Reisen.* Hanover, 1751, 2 vol. in-4°, p. 1179.
2. *Idées générales du département de Metz*, ms. n° 111 de la Bibliothèque de Nancy, f° 225. — M. de Turgot évalue la fortune du plus riche propriétaire de la Lorraine, M. de Viange, à 15,000 livres. — M. de Vaubourg écrivait de son côté : « En général, toute la noblesse lorraine n'est pas riche ; les plus puissants, au nombre de deux ou trois, ont 10,000 à 12,000 livres de rentes, dix ou douze autres ont depuis 4,000 jusqu'à 6,000 livres de rentes, et le reste au-dessous de 4,000 livres. » *Mémoire concernant les États de Lorraine et du Barrois*, p. 72.
3. Archives de Meurthe-et-Moselle, B, 1559. — Les dépenses de l'hôtel sont de 289,182 livres en 1703, de 315,726 livres en 1725. *Ibid.*, B, 1584. Ms. n° 605 de la Bibliothèque de Nancy.

III

La maison militaire de Léopold était une simple garde d'honneur, destinée à faire le service des résidences ducales et à rehausser l'éclat des cérémonies publiques. Elle comprenait deux compagnies de gardes du corps, deux compagnies de chevau-légers et les gardes suisses. Les compagnies des gardes du corps comptaient chacune 60 hommes, tant officiers que simples gardes ; elles avaient pour capitaines MM. de Beauvau et de Choiseul-Stainville. Les compagnies de chevau-légers, fortes de 50 hommes chacune, étaient placées sous le commandement de MM. de Ficquelmont et de Rorté. Gardes du corps et chevau-légers étaient vêtus de l'habit écarlate, à parements jaunes et brandebourgs d'argent pour les premiers, à brandebourgs d'or pour les seconds. La compagnie des Cent-Suisses, créée par le duc Charles II lorsqu'il eut renouvelé le traité d'alliance de René II avec les cantons confédérés, et rétablie par Léopold peu après son avènement, avait le marquis de Lunati pour colonel [1].

Chevau-légers et gardes du corps furent d'abord logés chez les bourgeois de Nancy. Léopold fit bâtir pour eux, en 1699, près de la porte Saint-Jean, une caserne qui fut occupée en 1701 [2] ; lorsqu'il quitta Nancy, il les établit momentanément à Saint-Nicolas, en attendant la construction du château de Lunéville et des bâtiments qu'il éleva dans cette ville en 1707 et en 1711 [3].

[1]. Le colonel des Suisses et les capitaines des gardes du corps avaient chacun une solde de 1,890 livres.
[2]. Lionnois, II, 503. — Cette caserne (Hôtel de la gendarmerie ou Quartier Saint-Jean) a été démolie récemment.
[3]. Un décret du Conseil d'État du 19 décembre 1702 ordonne la levée de 39,000 livres, « sur les remontrances qui ont été faites à S. A. R. par les

Le régiment des gardes formait avec ces compagnies privilégiées presque toute l'armée lorraine. Il avait été créé en 1698 à seize compagnies de 42 hommes et 3 officiers, et fut augmenté, en 1700, de 20 soldats par compagnie[1]. Logé dans les casernes de la citadelle de Nancy, puis à Saint-Nicolas, il détachait trois compagnies à Lunéville et deux autres à Épinal et à Bar; c'est pour ce corps que furent bâties en 1717 de grandes casernes à l'extrémité du faubourg Saint-Nicolas, à Nancy[2].

Voulant sans doute se faire illusion sur sa faiblesse, Léopold s'était occupé dès le début de son règne des détails de l'organisation militaire et avait rétabli quelques anciens offices. M. Villemin de Hedenfeld cumulait avec les fonctions d'introducteur des ambassades et de maître des cérémonies, celles de commissaire-ordonnateur[3] : il était spécialement chargé de « faire les montres et revues nécessaires » et de veiller sur l'exacte discipline des troupes lorraines. Jean-Ignace de Cléron, comte d'Haussonville, était grand maître de l'artillerie; Norroy, lieutenant de la maréchaussée, fut élevé à la dignité de « payeur des troupes ». Charles Le Bègue, ancien lieutenant-colonel de cuirassiers impériaux, fut nommé en même temps bailli du comté de Vaudémont et capitaine du château de ce nom. Il y eut un major et un aide-major des villes et citadelle de Nancy[4].

---

habitants de Saint-Nicolas et des lieux voisins, où Elle a trouvé à propos de loger sa gendarmerie et son régiment aux gardes, en ce qu'ils se trouvent seuls chargés de leurs ustensiles. » *Bibliothèque de Nancy*, ms. n° 392. Voir aussi *Recueil des édits*, I, 393.

1. Voir l'ordonnance du 12 décembre 1698 concernant ce régiment. *Ibid.*, I, 103.
2. Lepage, *Institutions militaires de la Lorraine*, p. 299. Ce quartier devint, en 1727, la *Maison de force*. Lionnois, III, 219.
3. Il eut pour successeur, dans ces dernières fonctions, Paul Protin (1701), conseiller d'État.
4. Il est fait mention, en 1727, d'un état-major de la ville de Bar, lequel comprenait un commandant, un major et un aide-major. Lepage, *Institutions militaires de la Lorraine*, p. 318.

Léopold eut même des écoles militaires. Il fonda à Nancy, dès 1699, une académie où les jeunes gentilshommes pouvaient apprendre « tous les exercices et se rendre habiles à tous les emplois dignes de leur extraction[1] ». Le règlement des études, publié la même année[2], faisait la plus large part à l'équitation, à l'hippologie, à la danse et aux exercices militaires. Il consacrait à l'enseignement théorique des mathématiques une heure chaque jour ; l'après-midi du jeudi était réservé aux applications : ce jour-là, dit le règlement, les académistes « iront tous hors de la ville avec le maître des mathémathiques, qui leur montrera comment il faut tracer sur le terrain ce qu'ils savent faire sur le papier ; ils apprendront à remuer la terre en faisant des forts, lesquels étant achevés, les uns les défendront pendant que d'autres en feront les approches, ouvriront la tranchée et en feront les attaques ». Ces exercices pratiques étaient suivis le jeudi soir de conférences faites par deux élèves sur un sujet scientifique, mais où tous pouvaient prendre la parole à tour de rôle : des « savants » devaient être convoqués à ces conférences que le règlement avait la prétention de convertir en « une espèce d'académie des sciences ».

On donnait à l'histoire cinq heures par semaine ; en outre, pendant les mois d'été, le dimanche, le professeur résumait son cours dans des entretiens familiers, répondait aux questions des académistes et même à leurs objections. Ces entretiens étaient remplacés, durant l'hiver, par des discours sur les matières les plus variées, faits soit par les professeurs soit par d'autres personnes : « Les uns parleront de l'histoire profane ou ecclésiastique, les autres parleront des sièges, de la manière qu'il faut attaquer ou dé-

---

[1]. Lettres patentes du 12 août 1699. *Archives de Meurthe-et-Moselle*, B, 121.
[2]. *Règlement pour l'Académie* (Ms. n° 392 de la Bibliothèque de Nancy).

fendre une place, d'autres parleront de la géométrie, du blason, de la sphère et de la géographie ; le dernier discours sera toujours moral et fait par l'aumônier de l'Académie ou par quelque autre ecclésiastique. »

Plus tard Léopold jugea bon d'adjoindre aux deux professeurs de mathématiques et d'histoire un « lecteur en droit » et un maître de langue allemande[1].

L'Académie eut pour gouverneur le baron de Secaty, un Franc-comtois qui avait dirigé pendant plusieurs années l'Académie royale de Bruxelles, un « très honnête homme, bien fait, poli, galant, bon écuyer, mais très passionné contre les Français[2] ». Installée d'abord à Nancy, à *l'hôtel de la Primatie*, elle fut transférée à Lunéville vers 1709, puis revint à Nancy en 1715. Le prix de la pension s'élevait à près de 3,000 livres pour les internes, à 650 livres pour les externes : seuls les riches gentilshommes lorrains pouvaient donc faire suivre à leurs enfants les cours de cette école qui attira un assez grand nombre d'étrangers, des Allemands surtout.

Pour la noblesse pauvre de ses États, Léopold forma en 1704 une compagnie de 50 cadets, établie à Gerbéviller, puis à Einville, et qu'il songeait à ramener à Lunéville[3] lorsqu'il la supprima en 1713, sans doute par raison d'économie. Quelques années après, il la rétablit et la mit à la suite de son régiment des gardes : les cadets devaient être originaires de la Lorraine et faire preuve de quatre générations de noblesse du côté de leur père, avoir quinze ans au moins et servir pendant trois années ; ils étaient entretenus aux frais du duc et recevaient une solde de 10 sols

---

1. Lepage, *Institutions militaires de Lorraine*, p. 303 et 301.
2. D'Audiffret, *Mémoires sur le duché de Lorraine*, f° 322.
3. Le 30 juillet 1711, Léopold achetait à Christophe André, intendant de ses bâtiments, un terrain situé sur la place Saint-Léopold, à Lunéville, afin de faire les bâtiments nécessaires au logement des gardes-suisses et des cadets-gentilshommes. *Archives de Meurthe-et-Moselle*, B, 796.

par jour. M. de Custine, colonel du régiment des gardes, avait pour instructions « de leur faire faire le service avec la dernière exactitude, de les tenir assidus aux leçons de leurs maîtres de mathématiques, d'armes et de danse, et de punir sévèrement ceux qui manqueraient à leur devoir[1] ». D'excellents officiers, au dire de M. d'Audiffret, sortirent de cet établissement[2].

Les dépenses militaires de Léopold s'accrurent régulièrement; elles s'élevaient déjà à 372,056 livres en 1706, pour atteindre 465,223 livres en 1720, et 620,665 livres en 1725[3]. C'était beaucoup pour un prince dont les courtisans disaient, au lendemain de son mariage avec la nièce de Louis XIV, qu'ils n'avaient besoin de gardes que pour l'ornement de la cour et qu'il n'y avait État mieux gardé que le leur grâce aux troupes que le roi de France tenait en garnison dans les provinces voisines[4].

Tel n'était pas l'avis de Léopold, qui s'efforçait d'augmenter le nombre de ses troupes, comme si elles eussent pu, un jour, lui servir autrement que pour la parade. C'est ainsi qu'il réorganisa les milices bourgeoises des villes : celle de Nancy comprenait une compagnie de *buttiers*, laquelle avait le pas sur les compagnies des quartiers et ne devait pas compter plus de 70 hommes; cette sorte de garde nationale, supprimée pendant l'occupation de la ville par les Français, fut rétablie en 1717, et recevait encore, en 1719, du grand maître de l'artillerie, 110 livres de poudre pour ses exercices. Lunéville, Dieuze, Épinal, etc., avaient aussi leurs compagnies, et l'ordonnance du 28 avril 1726 porta règlement pour la milice bourgeoise des duchés[5].

---

1. Lettres patentes du 1ᵉʳ mai 1718. *Ibid.*, B, 142, f° 125.
2. Nous ne savons pas avec quel grade on entrait dans l'armée en sortant de cette école. Lepage, *Institutions militaires*, p. 327.
3. *Archives de Meurthe-et-Moselle*, B, 1575, 12,452, 12,453.
4. Turgot, *Idées générales du département de Metz*, f° 221.
5. *Recueil des édits*, I, 500, III, 153. *Archives de Meurthe-et-Moselle*, B, 1618.

IV

L'étiquette, qui enlevait aux courtisans français toute liberté d'allure et de parole, et condamnait Louis XIV lui-même à une sorte de servitude, était soigneusement bannie de la petite cour de Lorraine. A l'intérieur du château, comme au dehors, Léopold se montrait simple, également affable envers les différentes classes de ses sujets ; il écoutait les plaintes des petits comme celles des grands, et permettait à tous des familiarités qui scandalisaient les étrangers[1]. Il invitait à ses fêtes, à ses spectacles, de simples bourgeois, et poussait la courtoisie jusqu'à leur envoyer ses carrosses pour les chercher ou les reconduire[2].

Le théâtre était un plaisir d'autant plus apprécié que les représentations dramatiques avaient été longtemps interrompues en Lorraine à cause des calamités auxquelles ce malheureux pays fut en proie au XVII° siècle. Mais, dès 1698, les élèves du collège des jésuites de Nancy rivalisaient d'ardeur avec les comédiens de profession pour célébrer l'arrivée de Léopold dans ses États ; les pièces que faisaient jouer les Pères étaient ordinairement des tragédies latines, coupées d'intermèdes français, afin de ne pas ennuyer les spectateurs, pleines d'allusions flatteuses et de plats compliments[3]. Plusieurs fois aussi les écoliers

---

1. D'Audiffret, *Mémoires sur le duché de Lorraine*, f° 297.
2. Foucault, p. 168. — Duval dit que la cour et le public fréquentaient gratuitement le théâtre du souverain. *Œuvres* de Valentin Jameray Duval. Londres, 1784, 3 vol. in-16; I, 150.
3. Voir Lepage, *Études sur le théâtre de Lorraine*, dans les *Mémoires de la Société des sciences, lettres et arts de Nancy*, 1843. — La première pièce, jouée le 28 août 1698, avait pour titre : *Serenissimo Lotharingiæ Duci Leopoldo felicem adventum allegorica pastorali gratulabuntur selecti alumni Collegii Nanceiani Societatis Jesu, in aula theatrali principio*. C'était un drame en trois actes et 3 ballets ; Léopold, figuré par le génie de la Lorraine, était montré rétablissant la justice, faisant régner l'abondance et fleurir les sciences et les beaux-arts.

de l'Université de Pont-à-Mousson vinrent déposer aux pieds du souverain leur tribut d'éloges[1] ; en 1704, pour manifester la joie qu'ils ressentaient « de l'heureuse naissance du prince que le ciel avait donné à Leurs Altesses Royales », ils déclamèrent, le jour de la distribution des prix, un grand drame, *Quintus Fabius,* et dansèrent un ballet dont le titre seul nous donne la signification : *La Félicité de la Lorraine, perpétuée par la naissance de Louis, prince de Lorraine*[2].

Gentilshommes et filles d'honneur paraissaient également sur la scène, à côté des princes de la famille ducale et de Mme Royale, confondus souvent avec les comédiens, auxquels étaient confiés sans doute les rôles les plus difficiles, ainsi que la direction des chœurs et des danses. Le duc de Lorraine lui-même figura en 1710 dans les ballets d'*Armide.*

Bien que les registres du comptable fassent mention dès 1699 d'une somme de 13,166 livres 13 sols 4 deniers payée aux « comédiens de la cour[3] », il est à remarquer que pendant longtemps Léopold n'eut pas de comédiens attitrés et subventionnait simplement des troupes de passage. Suivant Noël, la célèbre tragédienne Adrienne Le-

---

[1]. En 1698, pour la première visite de la duchesse Élisabeth-Charlotte, ils jouèrent une pièce de théâtre dont le titre ne nous est pas connu et qui était mêlée d'intermèdes, ornée de machines, de musique, de symphonie et d'entrées de ballet. Abbé Martin, *L'Université de Pont-à-Mousson*, p. 442.

[2]. Lepage, *loc. cit.*, p. 310. — En 1701, la duchesse de Lorraine, accompagnée du prince François, de Carlingford et de plusieurs dames de la cour, se rendit de Pont-à-Mousson à Metz, pour y entendre l'opéra. « Je chargeai M. Mahuet, son intendant, — écrit le lieutenant-général de Bissy, qui commandait à Metz, — de lui dire que si elle avait agréable qu'après être sortie de la ville, le masque de l'incognito fût levé, je lui ferais lâcher après elle 40 volées de canons que j'avais fait disposer sur les bastions et ouvrages de la citadelle, sous laquelle elle passe pour prendre son chemin de Pont-à-Mousson ; et, pour qu'elle en ressentit plus de plaisir et les dames de sa cour, je les ai fait charger à boulets pour faire une *sifflade* passant sur les carrosses à une heure de la nuit que les dames n'ont pas accoutumé de l'entendre, ce qu'elle a trouvé bon... » M. de Bissy à Barbézieux, 19 février 1701. *Archives de la Côte-d'Or*, fonds Thiard, 21.

[3]. *Archives de Meurthe-et-Moselle*, B, 1536.

couvreur aurait, en 1710, au début de sa carrière, obtenu sur le théâtre de Lunéville des succès qui facilitèrent son entrée à la Comédie-Française[1].

C'est principalement au temps du Carnaval que l'on s'amusait dans l'entourage du duc de Lorraine. Le Carnaval de 1702, dont on a conservé une relation officielle, ne fut « qu'une suite continuelle et qu'un enchaînement agréable de plaisirs[2] » : repas gigantesques, comédies, bals, opéras[3]. Les *Fêtes de la Malgrange* y furent représentées pour la première fois, mais on les joua souvent dans la suite au château de Lunéville ; la musique est de Regnault, « maître de musique de Son Altesse Royale », les ballets, de Magny, « valet de chambre et maître à danser » de la famille ducale. La pièce s'ouvre par une apostrophe élégiaque d'Endymion (le chevalier de Vitrimont) venu dans la forêt de la Malgrange pour rêver en paix à la déesse qu'il aime :

> Ruisseaux qui murmurez, qu'avez-vous à vous plaindre ?
>   Rien ne s'oppose à votre cours,
>   Vous le suivez sans vous contraindre.
> Si comme vous, hélas ! dans mes tendres amours
> En suivant mon penchant je n'avais rien à craindre,
> Ruisseaux qui murmurez, m'entendrait-on me plaindre ?
> Mais l'objet de mes vœux s'en offense toujours
> Et loin que dans mes maux je trouve du secours,
>   Sa fierté me force de feindre :
> Ruisseaux qui murmurez, c'est à moi de me plaindre.
>   (*On entend un bruit de chasse.*)
>
> Qu'entends-je ? De quel bruit retentissent ces lieux ?
>   (*Le bruit continue.*)

---

1. Noël, *Mémoires*, n° 5, I, 83.
2. Relation envoyée à S. A. S. Mgr le prince Charles, dans Lepage, *Le Palais ducal de Nancy*.
3. Ces fêtes eurent lieu à Nancy, et attirèrent toute la noblesse et les gens riches des Trois-Évêchés et de l'Alsace. Les Jésuites se mêlèrent à ces spectacles et firent représenter à la cour, par les écoliers de leur collège de Nancy, les 22 et 24 février, une tragédie intitulée : *Abdolonyme*. Noël, *Mémoires*, n° 5, I, 57 ; Lepage, *loc. cit.*, p. 397.

Sans doute Diane s'avance.
Quel trouble m'agite, grands dieux !
(*Le bruit de chasse recommence.*)

Mais forçons ma bouche au silence,
Puisque le moindre aveu l'offense.
Ne laissons parler que mes yeux ;
Souvent aussi disent-ils mieux
Ce qu'un cœur a d'amour et de constance[1].

La comédie-ballet se déroule en conversations sentimentales, en éloges de la beauté et de ses séductions, en appels aux plaisirs furtifs. Citons encore ces vers, chantés par Céphise, la nymphe de Diane :

L'amour va nous surprendre,
Prévenons ses désirs ;
Un cœur qui diffère à se rendre
Perd de vrais plaisirs.
Gardons-nous d'attendre.
Ce Dieu s'offre à nous,
Suivons-le tous
Sans nous contraindre.
Quand on sent ses coups,
Loin de les craindre,
Loin de s'en plaindre,
On les trouve doux !

Parmi les autres pastorales ou « tragédies en musique » composées pour les fêtes de la cour, nous pouvons nommer la *Fête galante*[2], jouée en 1704 ; *Diane amante*[3], représentée en 1708 sur le canal d'Einville ; le *Temple d'Astrée*[4], donné l'année suivante à Nancy ; l'*Armide*, remaniée par Desma-

---

1. Bibliothèque nationale, Manuscrits, *Collection lorraine*, XLII, 8.
2. Paroles de Biancolelli, comédien de Léopold ; musique de Regnault, ballets de Magny.
3. Pastorale italienne en musique de Barthélemy Bernardi, *académicien philharmonique et compositeur de musique de S. M. le roi de Danemark et de Norvège*; elle fut traduite en français. Les ballets sont de Magny.
4. Paroles de M. du Tremblay, musique de Desmarets, *surintendant de la musique de S. A. R.*, et ballets de Magny.

rets et Magny, et dont le prologue se passe sur les bords de la Vezouse ; le *Divertissement*, composé en 1717 par J.-B. Cusson, imprimeur à Nancy, pour la fête de Léopold. Toutes ces pièces ont la même fadeur, la même allure emphatique et prétentieuse que les *Fêtes de la Malgrange*; elles sont émaillées de louanges excessives, de grosses flatteries à l'adresse du prince. La *Fête galante* se termine par ce chœur :

> Faisons tous ressentir notre bonheur extrême,
> Un héros chaque jour nous comble de bienfaits,
> Chantons Léopold à jamais,
> Nous chanterons la vertu même.

Dans un récitatif de *Diane amante*, le fleuve *Sainon* (le Saôno) tient ce langage étonnant : « Auguste héros, depuis que le Dieu des ondes a permis à mes flots argentés d'arroser cette délicieuse retraite, mes yeux, tout antiques qu'ils sont, n'ont jamais vu sur le trône un plus digne monarque... Je sors exprès de l'humide sein de mes ondes pour en faire éclater ma joie[1]. »

Les opéras de Quinault et Lulli, *Fêtes de l'Amour et de Bacchus*, *Thésée*, *Amadis*, etc., les tragédies de Corneille et de Racine[2], les comédies de Molière[3], la pastorale héroïque de Campistron et Lulli, *Acis et Galatée*, complétaient, avec les farces de Biancolelli[4], le répertoire du théâtre de la cour de Lorraine.

Dans son désir de varier le programme des réjouis-

---

1. Lepage, *Études sur le théâtre en Lorraine*, p. 316.
2. Foucault, p. 167.
3. Le *Bourgeois gentilhomme* fut représenté à Lunéville le 15 novembre 1703, entrecoupé de dialogues langoureux, de danses et de chansons. *Intermèdes de la comédie du Bourgeois gentilhomme avec tous ses agréments de danses et de musique*. Lunéville, Bouchard, 41 pages in-4°.
4. En 1704, il joua les *Amours d'Arlequin*, pièce bouffonne, dont la scène se passe à Lunéville ; les principaux personnages sont Arlequin, Pierrot, Argentine et Colombine.

sances[1], Léopold imagina, en 1706, à l'occasion de sa fête, un spectacle barbare que ne dédaigna pourtant pas la société polie et raffinée de Lunéville. Il fit lâcher aux chiens, dans la cour du palais, un taureau dont on avait scié les cornes : « Cet animal se mit en furie, creva et tua plusieurs chiens, et, se sentant poursuivi par d'autres, sauta la barrière, et monta par l'escalier sur une galerie où était Son Altesse Royale avec tous les seigneurs et dames de la cour, qui eurent à peine le temps de se sauver dans les appartements[2]. »

V

Léopold goûtait peu les agréments de la société, les douceurs de la conversation ; il aimait « la nourriture et les plaisirs allemands[3] ». Le jour de la Saint-Léopold de l'année 1703, fêtée avec magnificence à la cour, le duc se trouva mal « pour avoir trop mangé » ; il fallut lui donner des remèdes afin de soulager son estomac : un de ses médecins, Alliot, racontait que « pendant cet accident ce prince appréhendait d'avoir mangé de chose empoisonnée, et qu'il lui avait répondu que sans doute il s'empoisonnerait lui-même s'il continuait à manger si fort et avec si peu de règle[4] ».

En revanche, la galanterie ne tint d'abord aucune place à la cour de Lunéville. Le duc de Lorraine, écrivait Madame, « a l'air de beaucoup aimer ma fille. Si seule-

---

1. En 1721, le comptable fait mention de sommes payées à un marchand de Lunéville pour fourniture pour la « noce de village qu'on a faite à la cour au mois de février ». *Archives de Meurthe-et-Moselle*, B, 1672.
2. *Gazette de Hollande*, n° 99. De Paris, 30 décembre 1705. — Il n'y eut d'autre accident, ajoute le gazetier, « sinon que l'effroi a fait faire des fausses couches à plusieurs dames ».
3. D'Audiffret, *Mémoire*, f° 291.
4. D'Audiffret à Louis XIV, 18 novembre 1703. *Archives des affaires étrangères*, LVIII, f° 105.

ment cet amour pouvait durer, ils seraient tous deux assez heureux[1]. » Cet amour dura pendant plusieurs années ; en 1702, un observateur, d'ordinaire peu favorable à Léopold, écrivait qu'il n'y avait point à la cour « d'intrigues amoureuses par rapport au prince[2] ».

« *Mais, hélas ! il n'est point d'éternelles amours,* comme on dit dans Clélie, et d'ordinaire il se trouve dans les cours beaucoup de méchantes gens qui prennent plaisir à brouiller les maîtres. Il m'est donc impossible de croire que le bonheur de ma fille soit assuré[3]. » Les tristes pressentiments de la Palatine devaient se réaliser. Quelque temps après la mort du P. Creitzen, le jeune duc de Lorraine, sans renoncer aux « plaisirs allemands », suivit l'exemple que lui donnait l'oncle de sa femme ; il eut sa Montespan.

Un fils de M. de Beauvau, le comte de Craon, l'ami et le confident de Léopold, avait épousé, en 1704, Mlle de Ligniville, alors âgée de dix-huit ans et douée des grâces les plus ravissantes. La duchesse d'Orléans, qui ne la vit qu'en 1718, nous a laissé d'elle ce portrait flatteur : « Ce n'est pas une beauté régulière ; mais elle est remplie d'agrément ; elle en a même plus que si sa beauté était plus parfaite. Elle a la plus belle taille du monde, une très belle peau, de très belles couleurs, et elle est très blanche. Ce qu'elle a d'enchanteur, c'est la bouche : ses dents sont admirables. On a de plus beaux yeux ; mais son regard est si doux, si modeste, elle a, en général, un air si décent, qu'elle n'a qu'à se montrer pour plaire[4]. »

---

1. *Correspondance de Madame, duchesse d'Orléans.* Traduction et notes par E. Jaeglé, I, 211.
2. D'Audiffret. *Mémoire,* f° 323.
3. *Correspondance de Madame,* I, 211.
4. *Mélanges historiques,* p. 333. — En 1739, le président de Brosses, qui fut reçu par elle à Florence, écrivait : « C'est une femme qui me plaît beaucoup par son air et ses manières ; et quoiqu'elle soit grand'mère d'ancienne date, en vérité, je crois qu'en cas de besoin je ferais bien encore avec elle le petit duc de Lorraine. » *De Brosses en Italie.* Paris, 1860, 2 vol. in-12, t. Ier, p. 309.

Léopold s'éprit pour Mme de Craon d'un fol amour, qui n'était un mystère pour personne, et que les panégyristes du duc de Lorraine ont voulu transformer en un sorte de culte platonique. Les lettres de la Palatine, la correspondance d'Élisabeth-Charlotte, les dépêches de M. d'Audiffret, enfin des documents émanés du prince lui-même attestent la passion coupable du duc de Lorraine.

Un chercheur infatigable[1], mort il y a quelques années, nous a montré l'amant couronné célébrant son *Iris* dans un langage qui, à défaut d'élégance, a je ne sais quel accent de passion forte et naïve :

> Tous les jours cependant une force secrète
>   M'entraîne dans d'agréables lieux
>   Où je me fais une retraite
>   Qui me dérobe à tous les yeux.
> Là vous m'occupez seule, et, dans ce doux silence,
>   Absente, je vous vois, je suis à vos genoux,
> Je vous peins de mes feux toute la violence ;
> Si quelqu'un m'interrompt, j'ai le même courroux
>   Que s'il venait par sa présence
> Troubler un entretien que j'aurais avec vous[2].

La Palatine ne faisait que peindre avec sa franchise et sa brutalité habituelles l'empire extraordinaire qu'avait pris Mme de Craon sur son gendre, lorsqu'elle écrivait à ses correspondantes : « Je crois que la guenipe... lui a donné un philtre, comme a fait la Neidschin à l'électeur de Saxe, car lorsqu'il ne la voit pas, il est trempé d'une sueur froide, et pour que le c... de mari reste tranquille et calme, le duc fait tout ce qu'il veut » ; ou encore : « Le

---

1. Meaume, *La Mère du chevalier de Boufflers*, p. 99. — Le manuscrit de Léopold contient 6 pièces de vers intitulées: *Le Temps et l'Amour, Sur un clair de lune, la Macreuse, l'Horoscope, les Deux Courriers, Caurice*.
2. Vers extraits de la pièce n° 2, *Sur un clair de lune*.

duc a pour la Craon la plus grande passion que j'aie vue de ma vie ; quand elle entre dans la chambre, sa figure change ; tant qu'elle n'y est pas, il est inquiet et regarde toujours du côté de la porte ; quand elle est venue, il rit et il est tranquille ; c'est un drôle de spectacle. » C'est en vain que Léopold cherchait à dissimuler ses sentiments et à donner le change à l'opinion publique : « Lorsqu'on croit qu'il doit regarder devant lui, sa tête se tourne sur ses épaules et ses yeux restent fixés sur Mme de Craon ; c'est drôle à voir [1]. »

La duchesse de Lorraine laissa plus d'une fois éclater combien elle souffrait intérieurement de cette liaison, mais sa tendresse pour le duc la rendait crédule, au dire de sa mère : « Dans les moments où ma fille est au désespoir, le duc lui dit qu'il est prêt à renvoyer Mme de Craon, qu'il n'a que de l'amitié pour cette dame, qu'il n'aime que ma fille, mais il lui observe qu'il serait fâché qu'un éclat fit tort à Mme de Craon ; il ajoute cependant que si ma fille l'exige, il n'est rien qu'il ne fasse pour la tranquilliser ; alors ma fille sollicite elle-même la grâce de Mme de Craon, et le duc rit, sûrement, sous cape [2]. » Toutefois, les choses ne se passaient pas toujours comme le dit Madame, et souvent de vives querelles s'élevèrent entre le duc et la duchesse au sujet de Mme de Craon. Un jour même, il fallut se servir, pour apaiser la princesse, « du canal de son confesseur [3] ».

---

1. *Correspondance complète de Madame*, édit. Brunet, I. 214 ; II, 75 ; I, 395. — Madame écrivait encore : « Mon confesseur s'est donné toutes les peines du monde pour me faire croire qu'il ne se passe pas le moindre mal entre le duc de Lorraine et Mme de Craon ; je lui ai répondu : « Mon père, tenez ces discours dans votre couvent, à vos moines, qui ne voient le monde que par le trou d'une bouteille, mais ne dites jamais ces choses-là aux gens de la cour ; nous savons trop que quand un jeune prince, très amoureux, est dans une cour où il est le maître, quand il est avec une femme jeune et belle vingt-quatre heures, qu'il n'y est pas pour enfiler des perles, surtout quand le mari se lève et s'en va sitôt que le prince arrive... » *Ibid.*, II, 72.
2. *Mélanges historiques de Madame*, p. 339.
3. D'Audiffret à Louis XIV, 22 août 1709. Meaume, p. 211.

Il arrivait aussi à Léopold d'entrer dans une de ces colères, auxquelles il était sujet, vite apaisées, mais d'une grande violence : « Il ne fait pas bon auprès de lui dans ces temps d'orage, disait M. d'Audiffret. Le caractère allemand se montre tout au naturel et personne n'en est exempt[1]. »

Timide et douce, la duchesse de Lorraine s'efforçait d'ordinaire de cacher aux yeux des courtisans et des sujets la conduite de son mari ; elle acceptait avec une résignation admirable le sort qui lui était réservé : « Sa conduite et ses manières à l'égard de Mme de Craon ne sauraient être assez louées et j'ose même dire peu imitables[2]. » Mais, dans ses lettres intimes, elle laissait échapper des plaintes qui, malgré bien des réserves et des réticences, attestent qu'elle n'oubliait point : « Monsieur votre frère, — répondait-elle à la marquise d'Aulède[3], qui demandait pour le comte de Lenoncourt l'appui de la duchesse, — a auprès de Son Altesse de meilleurs protecteurs que moi. Je crois que vous entendez assez de qui je veux parler... Madame sa femme est la sœur bien-aimée de Mme de Craon, et il ne peut jamais avoir de meilleurs protecteurs que cela » ; ou bien elle écrivait à cette amie : « Mme de Craon me paraît assez bien soutenir la naissance de sa douzième

---

1. D'Audiffret à Louis XIV, 2 février 1709. D'Haussonville, IV, 590. — « Il est arrivé ces jours passés une aventure sur laquelle je prendrai la liberté de vous supplier que le secret en soit gardé. Mme la duchesse de Lorraine, mécontente d'une personne qu'on n'a pas voulu nommer, en faisait des plaintes à M. le duc de Lorraine. Il se mit en colère, et s'avançant brusquement vers elle, il la pinça si fort au bras qu'il la fit crier. Il n'y avait qu'un valet de chambre allemand, en qui ce prince a beaucoup de confiance, qui le suivit, et prit son temps pour lui représenter qu'il avait été surpris de son emportement et qu'il avait tort d'en user si durement avec une princesse si bonne et si digne d'être aimée. Il revint à lui, et une demi-heure après il passa dans l'appartement de Mme la duchesse de Lorraine et lui fit bien des amitiés. » D'Audiffret à Louis XIV, 28 juin 1710. *Archives des affaires étrangères*, LXXV, f° 327.

2. D'Audiffret à Louis XIV, 1er avril 1710. *Ibid.*, f° 180.

3. Antoinette-Charlotte de Lenoncourt avait épousé (1715) François Delphin, marquis d'Aulède, seigneur de Margaux en Médoc.

fille ; il ne lui en coûte pas beaucoup pour les marier ; je n'en dis pas davantage[1]. »

La malheureuse duchesse revient fréquemment dans sa correspondance sur les prodigalités de son mari, qui, sans songer aux siens, puisait à pleines mains dans le trésor pour satisfaire les exigences de son altière maîtresse[2]. Aucun motif, sinon la passion du duc de Lorraine, n'explique la profusion d'honneurs et de largesses répandues sur la famille de M. de Craon. Léopold ne se contenta pas de faire obtenir à ce personnage, — d'abord l'un de ses chambellans, puis son grand écuyer, — les titres de prince du Saint-Empire, de grand d'Espagne de première classe, de chevalier de la Toison d'or ; il ne se contenta pas d'obliger la Chambre des comptes à l'appeler « très cher féal et cousin[3] » ; à ces avantages purement honorifiques s'en joignirent beaucoup d'autres qui ne laissaient pas d'être utiles. On sait que M. de Craon, « naguère pauvre comme Job », selon le mot de la Palatine, acheta pour 1,100,000 fr. la terre de Hadonviller, érigée en marquisat par lettres patentes du 21 août 1712[4], y éleva un assez vaste bâtiment, et que le même seigneur fit construire à Nancy, sur les dessins de Boffrand, un hôtel magnifique, entièrement achevé et meublé en 1713[5]. Le favori du prince reçut encore, comme menus cadeaux, les étangs de Buissoncourt, le bâtiment de l'ancienne vénerie de Lunéville[6],

---

1. Lettres des 25 février 1719 et 24 juillet 1727.] — Je crois inutile de reproduire, — ainsi que l'a fait l'éditeur des lettres d'Élisabeth-Charlotte, — les fautes d'orthographe, qui sont d'ailleurs perpétuelles dans les lettres de la plupart des personnes de qualité de ce temps.
2. « Ma fille souffre intérieurement, et il ne peut en être autrement ; elle chérit tendrement ses enfants. La femme que le duc aime et son mari ne lui laissent pas un liard ; ils le ruinent entièrement. » *Correspondance de Madame*, édit. Brunet, I, 239.
3. Ms. n° 106 de la Bibliothèque de Nancy, f° 113.
4. *Correspondance de Madame*, II, 82. — Durival, I, 106.
5. Morey, *Mémoires de l'Académie de Stanislas*, 1865, p. 226.
6. Lettres patentes des 21 juillet et 29 août 1717. Des lettres de jussion furent adressées à la Chambre des comptes pour l'entérinement de ces patentes. Ms. n° 174 de la Bibliothèque de Nancy.

et, comme don de conséquence, le marquisat d'Haroué[1], où s'éleva bientôt une demeure princière. La duchesse de Lorraine, dans une lettre à la marquise d'Aulède, constate avec tristesse et résignation que les constructions de M. de Craon sont poussées avec rapidité et très bien achevées : « Pour les nôtres, disait-elle, je crois qu'elles ne le seront jamais ; mais je n'en veux rien dire de plus[2]. »

Aussi Léopold ne consentit jamais à se séparer de la femme qui était à ses yeux le plus bel ornement de la cour de Lunéville. Au printemps 1711, lorsqu'il fut une première fois question de rappeler de Paris M. Barrois, âgé et souffrant, le prince de Vaudémont engagea le duc à accréditer auprès du roi de France M. de Craon ; le duc répondit qu'il ne le croyait pas capable de remplir cette mission, « parce qu'il était trop dissipé par le jeu et par la bagatelle », mais tel n'était pas l'avis de M. d'Audiffret : la principale raison de ce refus, écrivait l'agent de Louis XIV, est « qu'il ne voudrait pas perdre Mme de Craon dont il est toujours fort amoureux ; je lui aurais mal fait ma cour d'insister sur ce choix qui serait sans contredit le meilleur à faire parmi la noblesse où il y a très peu de sujets capables de cette commission[3]. »

C'est avec une sollicitude vraiment paternelle que Léopold veilla pendant tout son règne sur les enfants de Mme de Craon ; il maria Anne-Marguerite à Jacques-Henri de Lorraine[4], à qui il donna la principauté de Lixheim et

---

[1]. Arrêt du Conseil du 20 février 1720. — Noël, *Mémoires*, n° 5, II, 186.
[2]. Lettre du 20 février 1725. — En 1727, Léopold fit de très vives instances pour faire donner au mari de Mme de Craon un duché-pairie en France. Voir M. d'Haussonville, IV, 312.
[3]. D'Audiffret à Louis XIV, 21 mars 1711. *Archives des affaires étrangères*, LXXVIII, f° 111.
[4]. Jacques Henri de Lorraine, dit le chevalier de Lorraine, était le second fils de Charles de Lorraine, comte de Marsan ; né le 21 mars 1694, il fut tué au siège de Philippsbourg, le 2 juin 1734. — Anne-Marguerite de Beauvau épousa en secondes noces Pierre-Louis de Levis, marquis de Mirepoix (1739).

qu'il fit grand-maître de sa maison ; Gabrielle-Françoise épousa le prince de Chimay, gouverneur d'Oudenarde, feld-maréchal-lieutenant des armées de l'Empereur; Louise-Eugénie devint abbesse d'Épinal, et Charlotte, coadjutrice, puis abbesse de Poussay. Enfin Léopold s'occupa activement d'obtenir pour le chevalier de Beauvau une commanderie de Malte. Nous comprendrons après cela la lettre suivante de la duchesse de Lorraine : « L'on peut dire que leur fortune à toute cette famille va bon train dans le monde, et que l'on ne songe qu'à établir cette race, sans songer à la sienne propre. Je n'en dis pas davantage, mais je le ressens bien vivement. Je vous prie que ce que je vous mande là ne soit que pour vous seule, Madame, en quoi j'ai toute confiance[1]. »

Quant à M. de Craon, il laissait faire : « Il ferme les yeux à tout, écrit d'Audiffret, et compte que le plaisir de s'enrichir dédommage abondamment du point d'honneur[2]. »

VI

La présence, à la cour de Lorraine, du frère de Léopold, le prince Charles, était pour les honnêtes gens une nouvelle cause de scandale.

L'évêque d'Osnabrück voyageait presque continuellement, sans souci des doléances de son chapitre, qui le pressait de faire de son palais épiscopal sa demeure ordi-

---

1. Lettre à la marquise d'Aulède, 16 août 1723. — Rappelons le mot attribué à la duchesse de Lorraine, alors retirée à Commercy, après la mort de Léopold: « Ah! la coquine ! — aurait-elle dit de Mme de Craon, — son cotillon l'a bien servie. » Courbe, *Promenades historiques à travers les rues de Nancy*, p. 333.
2. D'Audiffret à Louis XIV, 15 janvier 1709. *Archives des affaires étrangères*, LXXI, f° 21. — M. de Craon, écrit la Palatine, est « le plus grand coquin que l'on puisse trouver au monde ». *Correspondance*, édit. Jæglé, II, 310.

naire, et lui reprochait de « manger tout son revenu » à l'étranger. Une « galanterie » le retint à Lunéville une bonne partie de l'hiver 1708 à 1709 : il aimait la marquise de Lunati[1], qui, par sa beauté et ses charmes, disputait à Mme de Craon l'admiration des courtisans lorrains.

Mme de Lunati n'en était pas à sa première « effronterie »; c'est d'elle que nous parle la duchesse d'Orléans lorsqu'elle nous conte certain séjour à Metz de l'électeur de Bavière, qui, trouvant la marquise « bien gentille », pour « voir la femme », avait fort « caressé le mari » et l'avait prié de rester auprès de lui tant qu'il serait à Metz : « Je vous laisse à penser, — s'écrie Madame avec humour, — quel agrément ce devait être pour un Italien d'être caressé pour sa femme. »

La passion de l'évêque d'Osnabrück fit éclater à la cour de fréquentes brouilleries : « Je vois naître, écrivait d'Audiffret dès le 3 novembre 1708, une grande froideur entre M. le duc de Lorraine et l'évêque d'Osnabrück, à cause de deux femmes qu'ils aiment et qui se haïssent extrêmement[3]. » En vain les trois chanoines qui accompagnaient le prince Charles cherchaient à le décider à quitter la cour;

---

1. Jeanne-Thérèse de Roquefeuille, fille de Jean de Roquefeuille, capitaine des gardes du maréchal de Créquy, et d'Antoinette-Thérèse Bannerot (fille de Didier Bannerot, seigneur d'Herbéviller), épousa Ferdinand de Lunati-Visconti, marquis de Frouard, colonel des gardes-suisses du duc Léopold.
2. Lettre du 27 septembre 1701. *Correspondance de Madame*, édit. Jaglé, I, 319. — En 1718, Mme de Lunati et sa sœur, Mme de Martigny, allèrent à Paris « sans l'agrément de leurs maris », celle-ci pour revoir l'abbé de Sécherne, qu'elle aimait comme « une folle », celle-là pour « donner dans la vue » du Régent. *Lettres d'Élisabeth-Charlotte*, p. 91. — Marais nous parle d'un *présent* fait par Mme de Lunati aux dames de la cour par l'intermédiaire de leurs maris, et relate sa mort dans les termes suivants : « 3 juillet 1723. — Il y a plusieurs malades de la petite vérole. Beaucoup meurent. L'abbé de Saint-Gervais, le comte de Bissy en sont morts, et Mme de Lunati; mais on dit qu'elle a péri dans le combat des deux sœurs qui l'ont emportée en même temps : la grande et la petite. » *Journal et Mémoires de Mathieu Marais*. Didot, Paris, 1863, 4 vol. in-8°; t. II, p. 443 et 477.
3. D'Audiffret à Louis XIV. D'Haussonville, V, 223.

à bout d'arguments, ils s'adressèrent à Léopold, lui représentant le grand tort que son frère se faisait « par une galanterie aussi publique et aussi peu conforme à son état et dont toute l'Allemagne était informée[1] ». Léopold, « se trouvant dans le même cas et encore pis pour Mme de Craon », n'osait hasarder le moindre reproche à son frère, tant il redoutait quelque réponse désagréable. Mme de Lunati, qui appréhendait avec raison d'être sacrifiée quand l'évêque serait parti, le retenait de tout son pouvoir; de son côté, Mme de Craon, dont l'empire était hautain et absolu, travaillait à faire éloigner l'amant de sa rivale : « C'est une pitié, Monseigneur, écrivait d'Audiffret, que tout ce qu'on voit et ce qu'on fait en cette cour[2]. »

L'évêque d'Osnabrück rivalisait de générosité avec son frère[3]; il offrit à Mme de Lunati, entre autres cadeaux, un diamant de mille louis qui lui avait été jadis donné par la princesse de Wolfenbuttel : « M. le duc de Lorraine en a été fort en colère et a fait pressentir à son frère qu'il était temps de s'en aller; on prétend qu'il avait souhaité que ce présent eût été fait à Mme de Craon. Elle n'a pas cependant tout perdu, car elle a eu un assortiment de toilette en écaille montée sur or, que l'évêque d'Osnabrück avait destiné à la princesse aînée. » Léopold d'ailleurs, pour dédommager Mme de Craon des succès de sa rivale et « faire dépit à la cabale contraire », lui prodiguait les plus riches présents[4].

Lorsque, à la fin de février, le prince Charles prit enfin

---

1. *Ibid.*, IV, 228.
2. Dépêche du 15 janvier 1709. *Archives des affaires étrangères*, LXXI, f° 21.
3. Madame écrit à ce sujet : « La Lunati lui a soutiré jusqu'au dernier liard; elle l'a totalement ruiné. » Lettre du 17 mars 1717. *Correspondance*, édit. Jæglé, II, 203.
4. Le duc de Lorraine « n'a point encore fait à cette dame de si beaux présents que depuis quinze jours ». D'Audiffret à Louis XIV, 26 février 1709. *Ibid.*, f° 70.

le parti de quitter Lunéville, les deux frères se séparèrent « le cœur plein d'aigreur l'un contre l'autre ».

Il fallut plusieurs semaines pour rétablir le calme dans la petite cour. La nouvelle que l'évêque d'Osnabrück, non content de dépenser dans les derniers mois seulement de son séjour plus de 3,000 pistoles pour la marquise de Lunati, avait pris congé d'elle en lui souscrivant un billet de 2,000 louis, excita au plus haut degré la colère de Léopold ; celui-ci menaça la marquise de l'exiler si elle ne rendait pas le billet : la marquise refusa net et ne fut point exilée. Le duc oublia le lendemain, et pour cause, ses menaces de la veille : il se contenta de parler de la Lunati « avec beaucoup de mépris et d'indignation », pendant que la duchesse de Lorraine « en disait encore plus sur la Craon ». Seul le marquis de Lunati sortit de cette aventure « entièrement perdu[1] ».

Ces détails sur la vie privée de Léopold détonnent singulièrement dans le concert de louanges dont ce prince a été longtemps l'objet[2]. Ses panégyristes nous le représentent absorbé par les détails de son gouvernement, soit qu'il s'occupe de fermer la porte de ses États à la guerre, soit qu'il veuille donner à ses sujets des lois, des « mœurs[3] », un caractère. Ils ne disent pas que, dans les dernières années de la guerre de la succession d'Espagne, ce « vrai sage » n'avait guère moins d'attention et de peine à conjurer les bouderies de Mme de Craon qu'à éloigner de lui l'orage qu'il voyait se former à Versailles.

La noble dame était jalouse ; elle accusait Léopold, « l'époux tendre et fidèle » que célèbre le comte de Foucault[4],

---

1. D'Audiffret à Louis XIV, 12 mars 1709. *Ibid.*, f° 97.
2. M. d'Haussonville, le premier, a révélé, du moins en partie, les faiblesses de ce souverain.
3. Gilbert, *Éloge de Léopold Ier*, dans les *Œuvres complètes*. Paris, 1823, p. 397.
4. *Histoire de Léopold*, p. 151.

de ne point être le modèle des amants. Au mois de février 1709, lors du séjour que la duchesse de Mantoue[1] fit à Lunéville, elle fut très mécontente des attentions dont le duc de Lorraine honora la jeune veuve, et menaça de ne plus le voir si cette femme reparaissait en Lorraine : « Elle a boudé pendant trois jours avec des airs de hauteur étonnants... 2,000 pistoles que le duc lui envoya ne la remirent en grâce qu'à la condition que Mme la duchesse de Mantoue ne viendrait plus à la cour[2]. » Quelque temps après, elle exigeait l'éloignement d'une jeune dame d'honneur de la duchesse de Lorraine, Mlle d'Agencourt, que Léopold avait mariée au marquis de Spada, alors chevalier d'honneur d'Élisabeth-Charlotte : Mme de Spada accoucha quelques mois après et le bruit courut à Lunéville « que c'était le fruit d'une galanterie secrète qu'elle avait eue avant son mariage avec M. le duc de Lorraine... L'on ajoutait que le marquis de Spada en avait eu quelque soupçon et qu'il trouva un jour sur le lit de la demoiselle un bouton d'or qu'il reconnut être d'une veste du prince[3] ». Pour calmer « les accès de fièvre » de la Craon, le duc relégua momentanément Mme de Spada dans une terre de 2,000 livres de rente dont il gratifia le complaisant mari.

La moindre résistance exaspérait l'irascible maîtresse de Léopold. Un jour elle voulait avoir la charge de dame d'honneur que ne remplissait plus la marquise de Trichâteau, depuis longtemps souffrante. Le duc refusait par égard pour cette dame et pour son mari, capitaine d'une com-

---

1. Suzanne-Henriette de Lorraine-Elbeuf, fille de Charles de Lorraine, IIIe du nom, duc d'Elbeuf, et de sa troisième femme, Françoise de Montault, née le 1er février 1686, épousa à Milan, le 8 novembre 1704, Charles de Gonzague, duc de Mantoue ; elle mourut à Paris le 16 décembre 1710.
2. D'Audiffret à Louis XIV, 8 février 1709. — D'Haussonville, IV, 599.
3. D'Audiffret à Louis XIV, 19 octobre 1709. *Archives des affaires étrangères*, LXXII, f° 142.

pagnie des gardes du corps : « Il crut adoucir M*me* de Craon par des présents magnifiques venus depuis peu de Paris. Mais sa fierté n'en a voulu rien rabattre, et depuis quelque temps elle ne se montre plus et fait la malade, ressource toujours assurée pour elle, quand elle veut obtenir ce qu'elle désire. On prétend que M. le prince de Vaudémont, qui doit venir à Lunéville dans deux jours, sera le médiateur de ce différend... M*me* la duchesse de Lorraine, quoique engagée à soutenir sa dame d'honneur, ne veut point s'en mêler[1]. »

M*me* de Trichâteau conserva sa charge, mais Léopold, pour rentrer en grâce, crut devoir généreusement octroyer à M. de Craon une somme de 20,000 livres, sous prétexte de le dédommager de ses pertes au jeu[2].

VII

C'est qu'on jouait beaucoup à Lunéville, et même gros jeu. Personne, homme ou femme, ne résistait à l'entraînement de l'exemple, pas même la duchesse de Lorraine qui avait une vraie passion pour le lansquenet[3]. Les autres jeux à la mode étaient le pharaon et le biribi.

Léopold risquait de grosses sommes et les perdait d'ordinaire ; en raison du mauvais état de ses finances, il se trouva de bonne heure embarrassé pour payer comptant et fit des dettes. En 1709, d'Audiffret écrivait au roi :

---

1. D'Audiffret à Louis XIV, 1er avril 1710. *Ibid.*, LXXV, f° 187.
2. D'Audiffret à Louis XIV, 3 avril 1710. *Ibid.*, f° 187.
3. En 1731, Élisabeth-Charlotte aimait encore le jeu, et le voyageur allemand Keysler, — de passage à Lunéville, — écrit que le premier venu pouvait tenter la fortune dans les salons de la régente. *Neuste Reisen*, p. 1180. — Le 15 septembre 1730, la duchesse écrivait de Commercy à la duchesse d'Aulède : « L'on se divertit ici très bien avec le jeu, les chasses et les pipées. » *Lettres d'Élisabeth-Charlotte.*

« Les créanciers de ce prince pour le jeu murmurent fort de ce qu'il ne les paie pas. Ils l'ont fait prier de vouloir bien leur en donner quelque partie, ayant bien payé quand ils ont perdu. Mais il n'a pas fait de réponse. Il doit près de 300,000 écus. Il joue depuis trois jours sans argent et même sans payer à la bourse. Tout le monde est enragé contre Mme de Craon qui absorbe tout[1]. » L'agent de Louis XIV évalue à 1,100,000 livres les pertes subies par le duc jusqu'en 1711[2]. L'année suivante, la duchesse, effrayée des dépenses de toutes sortes de son mari, s'écriait en pleurant qu'on renonçât au jeu qui la ruinait, ainsi que Son Altesse, pour enrichir cinq ou six *gredins* : « Mais, ajoute d'Audiffret, comme Mme de Craon et son mari *disent* avoir perdu 20,000 à 25,000 livres, Son Altesse veut qu'on continue à jouer pour tâcher de leur faire regagner quelque chose[3]. »

M. d'Audiffret avait raison de suspecter la bonne foi de ce couple éhonté; la fortune trahissait rarement M. de Craon qui trouvait dans le jeu un complément aux générosités de Léopold[4].

---

1. D'Audiffret à Louis XIV, 21 décembre 1709. D'Haussonville, IV, 233, note.
2. *Ibid*., IV, 236, note.
3. D'Audiffret à Louis XIV, 1er mai 1712. *Archives des affaires étrangères*, LXXXI, f° 153.
4. Keyssler, p. 1139. *Der Herzog unterliess nichts, ihn (M. de Craon) reich zu machen, zu welchem Ende er ihm nicht nur die Herrschaft Craon, sondern auch die Bedienung von grand écuyer gab, ihn öfters im Billard und andern Spielen dreissig und mehr tausend livres auf einmal gewinnen, auch sonst nichts an andern Geschenken ermangeln liess.*

CHAPITRE IX

LE TRAITÉ DE PARIS

I. Les conférences de Metz. — II. Négociations du prince Charles à Vienne. — III. Léopold et le régent; expulsion du chevalier de Saint-Georges. — IV. Le régent suit la politique de Louis XIV. — V. Léopold reste favorable à l'Autriche. — VI. Nouvelles conférences pour le règlement des difficultés entre la Lorraine et la France. — VII. Traité du 21 janvier 1718. — VIII. Saint-Simon et la maison de Lorraine. — IX. Voyage de Léopold et d'Élisabeth-Charlotte à Paris.

I

A peine les troupes françaises avaient-elles complètement évacué la Lorraine, que M. de Saint-Contest recevait des pouvoirs pour entrer en conférence avec les plénipotentiaires que nommerait Léopold, et régler les difficultés soulevées par le traité de Ryswick, dont Louis XIV n'avait fait suspendre l'effet, disait-il, qu'afin d'engager le duc de Lorraine « à rendre justice aux évêques de Metz, Toul et Verdun, et à ne pas troubler l'exercice de leur juridiction épiscopale[1] ».

Au mois de mai 1715, l'intendant de Metz s'abouchait avec Mahuet[2] : « Cette affaire, écrivait le premier, ne laissera pas d'être longue, parce qu'il y a un très grand nom-

---

[1]. Louis XIV à Saint-Contest, 15 janvier 1715. *Archives des affaires étrangères*, XCIII, f° 10.
[2]. M. d'Haussonville ne parle pas de ces conférences et ignore même qu'elles aient eu lieu. Voir t. IV, p. 263. — Ces conférences commencèrent le 20 mai et durèrent « jusqu'à la mort du feu roi et au temps que M. de Saint-Contest a été rappelé de son intendance pour exercer le nouvel emploi que ses services lui ont mérité. » *Mémoire des commissaires de Lorraine*, Bibliothèque nationale, collection lorraine, ms. 55.

bre de papiers à voir, et que M. Mahuet est d'une très grande exactitude et d'une discussion peu facile¹. »

La ferme intention du roi de France de mêler à des questions, déjà nombreuses et délicates pour la plupart, le règlement du différend relatif à la juridiction des évêques², n'était pas pour accélérer les choses. Léopold s'en plaignit amèrement à M. d'Audiffret : « Je croirais faire tort au duc de Lorraine, répondit Louis XIV, si je doutais qu'il voulût faire justice aux évêques, dans le temps qu'il me la demande pour lui et que je veux examiner ses demandes et tenir ce que je lui ai promis. Bien loin de se plaindre, il doit juger que je veux faire cesser tout sujet de différend et que je suis si persuadé de sa probité que je ne puis croire qu'il veuille faire aucun préjudice à des évêques dont je suis obligé de soutenir les droits³. »

Le duc de Lorraine ne refusait pas au roi le droit d'intervenir dans ses démêlés avec les évêques, mais il prétendait que ces démêlés n'avaient aucun rapport avec les contestations issues du traité de Ryswick. Il s'en expliqua à M. de Saint-Contest dans un entretien qu'il eut avec lui à Pont-à-Mousson, le 21 juin 1715 ; il ne parlait rien moins que de renoncer à la revendication de ses droits si Louis XIV persistait à lier deux causes distinctes et étrangères : la seule concession qu'il se montrait disposé à faire, était, — une fois ses difficultés avec le roi tranchées, — d' « écouter lui-même » les prétentions des évêques, de s'informer des rapports qui existaient dans les

---

1. Saint-Contest à Louis XIV, 25 mai 1715. *Archives des affaires étrangères*, XC, f° 269.
2. « J'ajouterai, Monsieur, que le roi m'a commandé de vous avertir d'avoir une attention particulière à ce qui regarde les droits de MM. les évêques et de ne rien oublier dans votre négociation pour maintenir leur juridiction dont l'exercice a été troublé si souvent par les officiers de M. le duc de Lorraine. » Lettre du ministre à M. de Saint-Contest, 15 janvier 1715. *Ibid.*, f° 23.
3. Louis XIV à M. d'Audiffret, 21 février 1715. *Ibid.*, LXXXVIII, f° 282.

différents pays entre l'autorité laïque et l'autorité ecclésiastique, et de présenter au roi un projet conforme aux usages et à l'équité. Dans son impatience d'obtenir quelques rectifications de frontières, il priait Saint-Contest de résoudre sans tarder les questions sur lesquelles on se trouvait d'accord, sauf à continuer plus tard la discussion des autres. Saint-Contest dut lui rappeler que dans tous les traités « il était de règle de finir tout dans un même acte et d'exécuter le tout respectivement en même temps [1] ».

II

Au lendemain des traités d'Utrecht et de Rastadt, il semble que le duc de Lorraine, déçu dans toutes ses espérances, abandonné de ceux-là même qui l'avaient le plus complaisamment entretenu dans ses rêves, ait dû profiter des cruelles leçons de l'expérience. Mais, au lieu de consacrer toutes ses forces et ses ressources à la recherche d'avantages modestes et immédiats, il poursuivait comme par le passé, pour lui ou pour les siens, des profits lointains et chimériques. Au moment même de la mort de son frère François (27 juillet 1715), il se disposait à faire passer en Allemagne l'argent[2] nécessaire pour assurer l'élection de ce prince à la coadjutorerie d'Eichstädt[3] ; il songeait aussi, prétend Bourcier[4], à lui faire quitter l'état ecclésiastique, et préparer son mariage avec une fille de l'empereur Léopold, Marie-Madeleine.

La visite que le prince Charles fit à la cour de Vienne

---

1. Saint-Contest à Louis XIV, 21 juin 1715. *Ibid.*, XCI, f° 164.
2. D'après M. d'Audiffret, le prince Charles devait à son frère aîné, en avril 1712, 1,700,000 livres. *Ibid.*, LXXXI, f° 140.
3. Ville de Bavière, sur l'Altmühl, affluent de de gauche du Danube.
4. *Vie de Bourcier*, p. 271. — Noël, *Mémoires*, n° 5, I, 96.

dans l'été de 1715 n'était pas un acte banal de courtoisie à l'égard de la cour impériale. Tout porte à croire que l'électeur de Trèves travailla de son mieux en vue des intérêts de sa famille et chercha à atteindre un double but : cimenter par un mariage l'alliance entre les maisons de Habsbourg et de Lorraine, et obtenir pour son frère aîné la vice-royauté des Pays-Bas autrichiens.

Il est à peu près certain, en effet, que l'empereur Charles VI consentit à un projet d'union entre la cadette des archiduchesses, ses nièces, et le prince Léopold-Clément, né en 1707 ; cette nouvelle, confirmée à Louis XIV par des avis venant de divers lieux, faisait dire au vieux monarque que l'âge du prince lorrain était « si peu avancé qu'il pourrait survenir encore bien des difficultés à cette affaire[1] ». Par une cruelle dérision du sort, au moment même où cette alliance, désirée depuis bien des années, allait être, dit-on, notifiée aux cours, Léopold-Clément fut presque subitement enlevé par la petite vérole (4 juin 1723).

Le duc de Lorraine ne négligeait rien pour rendre sa maison digne de l'honneur qu'il sollicitait avec une incroyable insistance[2]. Le correspondant de M. d'Audiffret à Lunéville écrivait à la date du 3 septembre 1715 : « Le P. Hugo, historiographe de Son Altesse, est de retour... Une personne qui peut savoir le sujet de sa commission m'a dit qu'il venait de refouiller quelques anciennes archives en Flandre pour soutenir un vieux titre récupéré depuis peu, daté du VIIe siècle, dans lequel Gérard d'Alsace prend la qualité de duc de Lorraine ; et comme le duc de ce nom qui règne aujourd'hui s'efforce de prouver qu'il descend de la branche aînée de ce prince, et la maison

---

1. Louis XIV à M. d'Audiffret, 1er août 1715. *Archives des affaires étrangères*, XCI, f° 161.
2. Voir plus haut, p. 230.

d'Autriche de la cadette, Son Altesse n'épargne rien pour rendre cette preuve authentique, afin d'ôter tout sujet de jalousie aux maisons de Bavière, Saxe et Brandebourg qui auraient bien de la peine de souffrir qu'un cadet de la maison de Lorraine épousât l'héritière de la maison d'Autriche à l'exclusion de leurs aînés[1]. »

Le prince Charles parut également réussir dans son autre négociation et l'on s'attendit un moment en Lorraine à ce que Léopold quittât Nancy pour Bruxelles[2]. Mais si les dispositions de l'Empereur à l'égard du duc de Lorraine étaient excellentes, celles des ministres autrichiens ne laissaient pas d'être empreintes d'un mauvais vouloir évident ; ces derniers entendaient subordonner le gouverneur des Pays-Bas à un Conseil d'État tout-puissant, ne lui laisser la nomination d'aucune charge civile ni militaire, enfin conserver le commandement des troupes au prince Eugène, fort hostile alors à la maison de Lorraine : « M. le duc de Lorraine, affirme d'Audiffret, fut extrêmement piqué de la dureté de ces conditions lorsqu'elles lui furent proposées, et voyant bien que la fermeté des ministres à cet égard était une exclusion qu'ils voulaient lui donner, il écrivit à l'électeur de Trèves qu'il déshonorerait trop sa dignité s'il la sacrifiait à une dépendance aussi honteuse à un prince souverain, qu'il ne lui convenait pas d'accepter à ce prix le gouvernement des Pays-Bas, et que s'il ne l'avait avec le titre de vicaire général et perpétuel, et avec tout le pouvoir qui devait y être attaché, il remerciait l'Empereur de la grâce qu'il voulait lui faire[3]. »

Tout espoir de triompher, à la cour impériale, de l'opposition des ministres n'était pas irrémédiablement perdu lorsqu'on apprit tout à coup à Nancy que le prince Charles

---

1. Lettre du sieur de Bosque. *Archives des affaires étrangères*, CXII, f° 73.
2. D'Audiffret à Louis XIV, 5 décembre 1715, *Ibid.*, f° 255.
3. D'Audiffret à Louis XIV, 2 janvier 1716. *Ibid.*, XCV, f° 13.

venait de succomber, à Vienne, au terrible mal, si fatal à la famille de Léopold, et qui avait enlevé quelques jours auparavant le prince François. Cette mort allait déranger toutes les combinaisons du duc de Lorraine : « Elle le prive, écrivait d'Audiffret, de son principal appui auprès de l'Empereur contre le ministère de Vienne, qui l'a toujours traversé dans ses demandes, aussi bien que le duc son père, et lui fait perdre le fruit qu'il aurait lieu d'attendre des sommes employées aux établissements considérables que ce prince avait en Allemagne[1]. »

III

A ce moment, Louis XIV n'était plus. Dangeau, le chroniqueur consciencieux, nous a décrit dans les moindres détails les derniers jours du grand roi, les hésitations des médecins, qui, dans leur impuissance à arrêter les progrès de la gangrène, essayaient de tous les remèdes dont on parlait autour d'eux. Le duc de Lorraine, prié de faciliter le transport d'eaux minérales des Vosges, donna des ordres pour mettre les meilleurs chevaux du pays dans les relais établis sur la route de Versailles : « Plût à Dieu, — écrivait M. de Torcy en annonçant à M. d'Audiffret la mort de Louis XIV, — que j'eusse été en état de faire connaître au roi l'attention que M. le duc de Lorraine a témoignée pour sa santé[2]! »

L'élévation du frère d'Élisabeth-Charlotte, Philippe

---

1. D'Audiffret à Louis XIV, 19 décembre 1715. *Ibid.*, f° 277. — « Il a été examiné dans le conseil de M. le duc de Lorraine, écrivait encore M. d'Audiffret au roi, s'il prendrait la succession du feu électeur de Trèves comme premier créancier, ou comme héritier par bénéfice d'inventaire; il a été résolu que ce serait en la dernière qualité. » 9 janvier 1716. *Ibid.*, XCV, f° 26.

2. Lettre du 1er septembre 1715. *Ibid.*, XCII, f° 65.

d'Orléans, à la régence du royaume, causa un sensible plaisir à Léopold. Celui-ci se flattait de jouir dès lors d'une certaine influence à la cour de Versailles, au point d'offrir à M. d'Audiffret de le recommander à son beau-frère[1]; il commença par solliciter pour lui-même l'exécution, — qu'il attendait depuis si longtemps, — du traité de Ryswick. M. de Craon, qu'il avait envoyé à Paris[2] pour exprimer à la cour de France ses sentiments de condoléance et défendre par la même occasion ses droits, obtint du régent la promesse que le duc de Lorraine jouirait immédiatement des revenus de la prévôté de Longwy, en attendant le règlement des autres questions en litige. Cette concession, que le régent considérait comme une marque de ses bonnes intentions, ne réussit point à satisfaire le duc de Lorraine, qui se plaignit à M. d'Audiffret de ce que son beau-frère voulait « par ce moyen se préparer un prétexte de différer plus longtemps à rendre une entière justice sur le reste de ses prétentions[3] ».

Élisabeth-Charlotte, qui aimait fort son frère et en était aimée, lui écrivait des lettres fréquentes, ayant sans cesse quelque faveur à demander pour son mari ou pour quelqu'un des siens. Ainsi elle sollicitait un jour sa recommandation auprès du roi et de la reine d'Espagne, afin d'obtenir pour l'un de ses fils le grand prieuré de Castille, vacant par la mort de l'électeur de Trèves : « Comme l'affaire presse un peu, lui disait-elle, j'oserais vous supplier, mon très cher frère, d'envoyer un courrier, et cela marquerait aussi l'envie

---

1. D'Audiffret au ministre, 29 août 1715. *Ibid.*, f° 60. — Ce jour-là, la nouvelle de la mort du roi avait déjà couru à Craon, où était le duc.
2. « La plus grande application de M. de Craon, — lisons-nous dans les instructions de Léopold, — doit être d'établir une liaison plus étroite entre M. le duc d'Orléans et moi, et il faudra non seulement bien faire sa cour avec assiduité, mais chercher le moyen de pouvoir parler à fond et en détail à M. le duc d'Orléans sur ma situation, sur mes demandes et sur l'avenir... » *Archives de Vienne.*
3. Lettre du 6 décembre 1715. *Archives des affaires étrangères*, XCII, f° 218. Voir Dangeau, XVI, 238.

que vous avez de nous servir, et l'amitié que vous avez pour moi[1]. » C'est Élisabeth-Charlotte qui demandait à la cour de France des conseils sur la politique que le duc devait suivre à l'égard du chevalier de Saint-Georges.

Ce prince fugitif avait reçu dans les États du duc de Lorraine une généreuse hospitalité. Après la mort de la reine Anne, il crut le moment favorable pour ressaisir la couronne d'Angleterre et lança de Plombières, où il était aux eaux, un manifeste à ses partisans (29 août 1714). La cour de Londres laissa éclater son mécontentement et demanda l'éloignement du prétendant, et lorsque le marquis de Lambertye fut nommé pour aller féliciter le nouveau roi, Georges Ier, sur son avènement à la couronne, il ne put obtenir une audience sous prétexte que son souverain avait favorisé la publicité, en Angleterre, du manifeste de Plombières[2]. Dans le courant de l'année 1715, le chevalier put, grâce à l'aide du cabinet français et à la complicité de Léopold, préparer une descente en Angleterre; à la nouvelle qu'un certain nombre de chefs écossais avaient déployé l'étendard de la révolte dans les Highlands, il quitta la Lorraine, non, comme le dit Noël[3], sans prévenir le duc : « M. le duc de Lorraine, écrivait d'Audiffret à la date du 24 octobre, a eu la bonté avant-hier de me confier que dans la conférence qu'il avait eue avec M. le chevalier de Saint-Georges à Commercy, ce prince lui avait paru déterminé de passer la mer et d'aller se mettre à la tête de son parti... Je dois vous dire aussi qu'il a envoyé à ce

---

1. Élisabeth-Charlotte au régent, 17 décembre 1715. *Archives des affaires étrangères*, XCIII, f° 109. — Il fallait que la duchesse fût bien mal renseignée pour demander un tel service à son frère : le roi d'Espagne, Philippe V, qui croyait à tous les crimes imputés au duc d'Orléans et songeait à lui disputer la France, en cas de mort du jeune roi Louis XV, n'était pas homme à plaire au régent.

2. Foucault, 117; *Gazette de Hollande*, n° 8, supplément du 25 janvier 1715.

3. *Mémoires*, n° 5, I, 100.

prince 25,000 louis d'or à Bar, où ils ont été mis dans une cassette que M. le chevalier de Saint-Georges a fait mettre sous son lit, et qu'il n'y a qu'une personne de sa suite qui en ait connaissance. » Quelques jours après, d'Audiffret annonçait au régent que le chevalier venait de prendre congé, par lettre, de Léopold, « le remerciant de l'asile qu'il lui avait accordé et de toutes les marques d'amitié qu'il lui avait données¹ ».

Le 22 décembre, le prétendant débarquait à Peterhead, sur la côte orientale d'Écosse ; mais, au bout de six semaines, il abandonnait lâchement ses partisans et s'embarquait sous un déguisement pour le continent : « J'espère, mon cher frère, écrivait Élisabeth-Charlotte au régent, que vous donnerez votre avis à Son Altesse Royale sur ce qu'il aura à faire si ce prince voulait revenir dans nos États. Car je vous avouerai que je crains fort que cela nous attire quelque méchante affaire avec l'Angleterre et la maison de Hanovre, et, comme bien vous savez, mon très cher frère, nous ne sommes pas les plus forts. Ainsi le meilleur serait pour nous de n'avoir point ici ce pauvre prince, ne pouvant lui donner nul secours. Cela ne ferait que nous attirer quelque méchante affaire qui ne lui ferait nul bien et à nous un grand mal... Je ne vous en dirai pas davantage, mon très cher frère, me flattant que vous me faites assez de justice pour être bien persuadé que mon extrême tendresse ne finira pour vous qu'avec ma vie². »

Jacques III ne fit que traverser la Lorraine. Léopold, aussitôt qu'il sut que ce prince était arrivé à Commercy, le 9 mars 1716, s'y rendit en toute hâte pour lui annoncer

---

1. D'Audiffret au régent, 21 et 31 octobre 1715. *Archives des affaires étrangères*, XCII, f⁰⁵ 155 et 164.
2. 28 janvier 1716. *Ibid.*, XCIII, f° 151. — A ce moment, la nouvelle du retour de Jacques III sur le continent était prématurée ; c'est le 30 janvier seulement qu'il abandonna les Écossais.

qu'il ne pouvait le recevoir dans ses États[1]. Le prétendant se réfugia à Avignon, où il ne se plut pas, et d'où il écrivit plusieurs fois au duc de Lorraine, tantôt lui disant que l'air d'Avignon était contraire à sa santé, tantôt qu'il n'était pas en sécurité dans la cité papale ; une fois même il s'enhardit à lui demander s'il pouvait retourner à Bar, attendu qu'il avait « une extrême répugnance d'aller en Italie, et particulièrement à Rome, où il savait que le pape ne le verrait pas volontiers, qu'il serait exposé en Suisse aux mauvaises intentions des cantons protestants qui étaient entièrement dévoués au gouvernement présent d'Angleterre, et qu'il n'avait point reçu de réponse du roi de Suède sur la demande qu'il lui avait faite de demeurer à Deux-Ponts ». Léopold répondit sans ambages qu'il était surpris du dessein que formait le prince de quitter Avignon, « qu'il ne pouvait choisir un lieu qui lui convînt davantage », et que, « à l'égard de son retour à Bar, puisqu'il désirait avoir ses sentiments, il le priait de considérer que ce serait le commettre et le jeter dans de nouveaux embarras, sans pouvoir espérer d'être soutenu, n'y voyant aucune disposition en nulle part[2] ».

IV

Léopold en cette circonstance n'avait pas hésité à conformer sa conduite aux désirs de son beau-frère ; toutefois, ce serait une grande erreur de croire que les rapports entre les deux cours de Versailles et de Nancy furent toujours empreints de cordialité pendant les premières années de la régence.

---

1. Dangeau, XVI, 337.
2. D'Audiffret au régent, 16 juillet 1716. *Archives des affaires étrangères*, XCVI, f° 30.

La politique de Philippe d'Orléans et de l'abbé Dubois, leurs concessions au gouvernement anglais, leurs avances à la Hollande, devaient également mécontenter l'Espagne et l'Empereur. Et Léopold, au lendemain de la mort de l'électeur de Trèves, ne négligeait rien pour se rendre favorable la maison d'Autriche. M. d'Audiffret chargé, comme du vivant de Louis XIV, de renseigner le gouvernement français sur les dispositions du duc de Lorraine, signalait les démarches de celui-ci, son attention pour tout ce qui venait de la cour de Vienne, les distinctions qu'il témoignait aux gentilshommes allemands, et surtout ses fréquents entretiens avec le comte de Mercy, qui fit à cette époque un assez long séjour en Lorraine[1].

Les levées d'hommes et de chevaux, l'achat d'armes à Liège, tout éveillait les méfiances de l'agent français et lui faisait croire que Léopold se préparait à de graves événements : « Vous ne pouvez donner trop d'attention, écrivait de son côté le régent, aux insinuations que le comte de Mercy et quelques-uns des ministres de M. le duc de Lorraine lui font pour le disposer à prendre avec l'Empereur des engagements contraires à mes intérêts[2]. »

M. d'Audiffret suivait toutes les démarches de Mercy, et sut bientôt que le feld-maréchal des armées impériales cherchait à éloigner Léopold de la France : « Il a représenté à M. le duc de Lorraine, faisait-il savoir à Paris, que la puissance de l'Empereur étant présentement supérieure à toutes les autres, c'était à lui qu'il devait s'attacher, parce que c'était de lui seul qu'il pouvait attendre des avantages qu'il ne fallait jamais espérer de la France qui s'opposerait toujours à son agrandissement, qui ne chercherait qu'à le tenir dans la dépendance dont il ve-

---

1. D'Audiffret au régent, 23 janvier 1716. *Ibid.*, XCV, f° 41.
2. Le régent à d'Audiffret, 28 février 1716. *Ibid.*, f° 119.

nait de ressentir de si tristes effets ; qu'il trouverait au contraire du côté de la maison d'Autriche, si fort intéressée à ce qui le regardait par la proximité du sang, tout l'appui qu'il pouvait désirer pour faire valoir ses droits et pour le rendre plus respectable à ses voisins[1]. »

Lorsque Mercy eut été rappelé par une nouvelle prise d'armes des Turcs qui menaçaient Peterwardein, une correspondance très suivie s'échangea entre l'Empereur et Léopold ; d'Audiffret découvrit aussi qu'il s'ourdissait quelque machination contre le roi de Sicile : « Un homme de confiance, mandait l'agent français à son gouvernement, vient d'être envoyé à Gênes, où il doit s'aboucher avec des Montferrins et passer ensuite à Milan. L'abbé de Sals, qui demeure à Milan, est venu à Lunéville où il a eu des conversations particulières avec M. le duc de Lorraine, et il partit avant-hier pour aller à Bruxelles et de là à La Haye[2]. »

Léopold ne pardonnait pas à la maison de Savoie d'avoir reçu en 1703 le Montferrat des mains de l'Empereur ; d'autre part, on sait que la maison d'Autriche convoitait la Sicile, — donnée à la Savoie par le traité d'Utrecht, — et voulait échanger cette île contre la Sardaigne que lui avait cédée le traité de Rastadt. Rien de plus vraisemblable par conséquent que l'entente, dont parlait d'Audiffret, entre le duc de Lorraine et l'Empereur contre la maison de Savoie. La dépêche suivante montre que d'ailleurs le gouvernement français partageait de tout point les appréhensions de son représentant à Nancy : « Les secours que l'Empereur accorderait au duc de Lorraine en cette occasion contre la maison de Savoie seraient une contravention formelle aux derniers traités qu'il a signés avec moi. Il est vraisemblable que les événements et la fin de la guerre

---

1. D'Audiffret au régent, 12 mars 1716. *Ibid.*, f° 141.
2. D'Audiffret au régent, 13 août 1716. *Ibid.*, XCVI, f° 82.

de Hongrie influeront beaucoup sur les résolutions de la cour de Vienne à cet égard. Il est bon cependant d'être plus attentif que jamais aux liaisons que le duc de Lorraine pourrait prendre avec l'Empereur, soit à cette occasion, ou dans d'autres vues[1]. »

Léopold avait formé avec les levées faites au printemps deux régiments d'infanterie, destinés à l'Empereur, et qui excédaient, — Noël lui-même en convient, — « la cotisation du duc dans la landfried[2] ». Il joignit à ce secours en hommes l'envoi de sommes considérables[3], alors que ses finances étaient dans le plus triste état. Était-ce par pur « effet de son zèle pour la religion » que le duc de Lorraine secondait ainsi l'Empereur dans la guerre contre « les ennemis du nom chrétien[4] » ? Il chercha à le faire croire à Rome, afin d'obtenir du pape l'autorisation de lever une taxe sur le clergé lorrain ; mais on en doutait fort à Paris, à en juger par cette lettre du régent à M. d'Audiffret : « Tout confirme ce que vous remarquez depuis longtemps de l'union étroite qui est entre ces deux princes et qui paraît se fortifier tous les jours. Comme le duc de Lorraine fonde entièrement le succès des vues dont il se flatte sur la conformité qu'elles peuvent avoir avec les projets de la cour de Vienne, je ne serai pas surpris que, quoiqu'il ait un intérêt sensible au maintien de la tranquillité publique et qu'il le connaisse parfaitement, il ne voie avec quelque peine la conclusion de l'alliance que je

---

1. Le régent à M. d'Audiffret, 23 août 1716. *Ibid.*, XCVI, f° 226.
2. *Mémoires*, n° 5, I, 123.
3. Il envoya d'abord 40,000 écus en louis d'or en décembre 1716 et, en avril 1717, 500,000 livres suivant les uns, le double suivant les autres. « J'apprends aujourd'hui de bonne part, — écrivait d'Audiffret le 3 août 1718, — que sans la grosse somme que M. le duc de Lorraine envoya à l'Empereur au commencement du mois d'avril de l'an dernier 1717, les choses nécessaires au siège de Belgrade auraient manqué ou ne seraient pas arrivées à temps. » D'Audiffret au régent. *Archives des affaires étrangères*, CIII, f° 246.
4. *Journal de Verdun*, février 1718.

suis prêt de signer avec l'Angleterre et la Hollande pour assurer la paix sur le fondement des derniers traités. C'est le seul objet que je me suis proposé dans cette négociation, et, si le duc de Lorraine est bien conseillé, il ne pensera désormais qu'à jouir tranquillement du repos et il abandonnera des idées moins solides qu'il ne pourrait suivre que dans des temps de troubles[1]. »

Le pape Clément XI accorda le 13 mars 1717 un bref qui permettait à Léopold de faire lever trois *décimes* sur tous les biens et revenus ecclésiastiques des duchés de Lorraine et de Bar ; seuls étaient exemptés les curés dont les revenus n'excédaient pas 250 livres. Pour faciliter le paiement de cette imposition, on la répartit sur six années consécutives ; le nonce de Cologne, exécuteur apostolique du bref, nomma des ecclésiastiques pour la percevoir : un chanoine de Bar-le-Duc, M. de Vassimont, commissaire pour le Barrois, fit publier le 12 novembre son mandement et ordonna à tous les bénéficiers, ainsi qu'aux particuliers possesseurs de biens appartenant à l'église, de lui fournir avant le 1ᵉʳ janvier 1718 une déclaration exacte de leurs rentes[2]. Aussitôt M. d'Audiffret signala à son gouvernement ce qu'il appelait « une entreprise sur l'autorité de Sa Majesté » ; il représenta que le nonce de Cologne ne saurait avoir de juridiction dans le ressort du Parlement de Paris : « Je n'ai point encore appris, ajoutait-il, que le clergé du Barrois se soit soulevé contre cette nouveauté ; il me revient seulement qu'il en murmure fort, et qu'il y a des curés qui paraissent disposés à remuer[3]. »

Le régent encouragea son envoyé à Nancy à suivre, avec

---

1. Le régent à d'Audiffret, 13 décembre 1716. *Archives des affaires étrangères*, XCVI, f° 226.
2. *Recueil des Édits*, II, 135 ; *Journal de Verdun*, février 1718.
3. Lettre du 3 décembre 1717. *Archives des affaires étrangères*, XCIX, f° 161.

« toute l'attention qu'il y avait faite », cette affaire qui pouvait porter préjudice à la souveraineté du roi sur le duché de Bar; il lui recommanda en outre de continuer à s'instruire de la manière dont le mandement de M. de Vassimont serait accueilli par les curés et par les autres ecclésiastiques du Barrois[1]. C'était assez clairement laisser à entendre que l'on désirait à Paris un conflit; d'Audiffret s'entremit-il pour le faire naître? Nous ne pouvons l'affirmer, mais toujours est-il que, peu de jours après, cinq curés du Barrois en appelaient au Parlement de Paris, et de l'acte du bailliage de Bar portant enregistrement du bref pontifical du 13 mars 1717, et du mandement du sieur de Vassimont. Le Parlement appuya leur résistance par l'arrêt du 18 janvier 1718. Un chanoine de Bar, encouragé par ce succès, adhéra aux appellations des curés et demanda même la restitution de la taxe qu'il avait acquittée en partie; le Parlement fit droit à cette demande et menaça d'envoyer des huissiers à Bar pour mettre ce nouvel arrêt à exécution. Bourcier, Lefebvre et l'avocat Arrault furent chargés de combattre les prétentions de la France; Léopold, de son côté, s'efforça, mais vainement, d'obtenir du conseil de régence qu'il fût fait défense au Parlement de connaître de telles matières. Le régent n'intervint pas[2].

Léopold avait également rencontré les résistances du gouvernement français lorsque, au lendemain de la mort de Louis XIV, il voulut ériger un évêché à Saint-Dié. Et

---

1. Lettre du 31 décembre 1717. *Ibid.*
2. Cette affaire traîna en longueur. Le Parlement ne passa pas de la menace à l'exécution; l'eût-il fait que le duc de Lorraine, à qui son entourage avait conseillé d'abord de répondre à la violence par la violence, se fût bien gardé d'emprisonner les huissiers du Parlement. Dans une lettre du 6 novembre 1722, Lefebvre entretenait Léopold de cette affaire, et lui montrait les dangers de provoquer une rupture avec la France. *Bibliothèque de Nancy*, ms. n° 151, f° 139. — Nous ne savons pas sur quels documents s'appuie Noël pour dire que le Conseil de la couronne annula les arrêts du Parlement et contraignit les ecclésiastiques récalcitrants au paiement du décime. *Mémoires*, n° 5, I, 125.

pourtant son ambition paraissait modeste : il ne demandait pas le démembrement des diocèses dont l'autorité s'étendait sur la Lorraine, mais il désirait simplement l'érection de la grande prévôté de Saint-Dié en siège épiscopal, et l'adjonction au diocèse ainsi créé du territoire des abbayes de Senones, Étival, Moyenmoutier et Domèvre, exempt, comme le district de Saint-Dié, de la juridiction de l'évêque de Toul[1].

Le régent comprit que Léopold cherchait à s'affranchir pour l'avenir de l'immixtion des évêques français, et partant de la France, dans la direction spirituelle des duchés ; le 22 avril 1717, il faisait écrire, au nom du jeune roi, aux chanoines de Toul, les prévenant des démarches que le duc de Lorraine faisait à Rome pour obtenir l'érection d'un évêché et les engageant à s'y opposer et à se conformer à ce que l'intendant de Metz, Harlay de Cély, leur ferait savoir de ses intentions[2]. Le maréchal d'Huxelles, président du Conseil des affaires étrangères, traçait en même temps à M. d'Audiffret la ligne de conduite qu'il devait suivre : « Quoique l'affaire de l'érection d'un évêché à Saint-Dié ne soit pas aussi avancée qu'on l'a publié à la cour où vous êtes, elle ne mérite pas moins d'attention, et le roi a donné ses ordres à M. l'évêque de Toul, à son chapitre et à M. de Cély, de prendre les mesures nécessaires pour s'opposer à cette nouveauté ; s'ils ont recours à vous pour avoir quelques éclaircissements, il sera bon que vous les aidiez en ce qui pourra dépendre de vos soins. Mais il n'est pas encore temps que vous parliez sur ce sujet à M. le duc de Lorraine ni à ses ministres, et Sa Majesté vous donnera ses instructions et ses ordres pour le faire lorsqu'elle le jugera à propos. Si cependant ce

---

1. Cf. P. de Lallemand de Mont, *Mémoires de la Société d'archéologie lorraine*, 1886, p. 370 ; Thiéry, II, 193.
2. Journal de la Société d'archéologie lorraine, 1861, p. 145.

prince vous en parlait de lui-même, vous pouvez vous charger de rendre compte de ce qu'il vous dirait, et lui faire remarquer en même temps, comme de vous-même, qu'il ne doit pas douter que le roi ne s'oppose fortement à une prétention aussi préjudiciable aux droits de sa couronne¹. »

Léopold se gardait bien d'entretenir de cette affaire M. d'Audiffret ; il craignait de se voir contrarié par la France dans les démarches qu'il faisait activement à Rome : « Je sais certainement, mandait M. d'Audiffret, que les présents à la maison Albany ne sont pas épargnés et que les cardinaux attachés à la maison d'Autriche et particulièrement le cardinal Imperiale y employent tout leur crédit². »

Le pape semblait assez bien disposé. M. de Firrao, nonce apostolique en Suisse, délégué pour étudier sur place la mesure demandée par Léopold, arriva à Saint-Dié au mois d'octobre 1717 et conclut à l'adoption du projet. Léopold, satisfait, voulut marquer sa reconnaissance au cardinal et lui offrit une croix de topaze, d'une valeur de 2,000 livres, que le cardinal refusa, non « par délicatesse sur sa commission », mais parce qu'il trouva ce présent « trop médiocre³ ».

Nous verrons plus tard comment l'intervention de la France paralysa la bonne volonté du souverain pontife ; il suffit pour le moment de remarquer que, dès le courant de l'année 1717, le gouvernement du régent se préparait à empêcher la réussite d'un projet que Léopold avait fort à cœur.

---

1. Dépêche du 7 mai 1817. *Archives des affaires étrangères*, XCVII, f° 92.
2. D'Audiffret au régent, 22 mai 1717. *Ibid.*, XCVIII, f° 118.
3. D'Audiffret au régent, 13 janvier 1718. *Ibid.*, CIII, f° 10.

V

Ainsi les relations entre le duc de Lorraine et son beau-frère n'étaient pas toujours « affectueuses et toutes pleines d'une confiance réciproque », comme l'affirme un historien d'ordinaire mieux informé[1]. Philippe d'Orléans suivait dans sa politique à l'égard de la Lorraine les traditions du passé ; cet homme dont la plupart des écrivains ont flétri la paresse et l'inertie, fit souvent preuve d'une réelle clairvoyance et même d'une certaine activité dans la défense des intérêts français. Un mois après la mort de Louis XIV, à la nouvelle que Léopold s'occupait activement à rétablir l'ordre dans les finances et à encourager l'industrie dans ses États, il faisait écrire à M. d'Audiffret, au nom du jeune roi, cette lettre significative : « Quoique l'on ne puisse que louer cette résolution, il est bon d'être attentif au progrès qu'il fera dans l'un et dans l'autre de ces desseins, et particulièrement sur le point qui regarde les manufactures. Il est vraisemblable que s'il veut en établir de nouvelles, ce projet ne peut être fondé que sur l'espérance de tirer de mon royaume des ouvriers capables de les soutenir, et il est nécessaire que je sois averti de ce qui se passera à cet égard pour prévenir le préjudice que mes sujets pourraient en souffrir[2]. »

Lorsque le duc de Lorraine, pour activer le billonnage, eut fait paraître l'arrêt du 28 décembre 1715, qui autorisait l'hôtel de la Monnaie à recevoir les espèces à un taux supérieur au taux normal[3], le régent fit renouveler

---

1. M. d'Haussonville, IV, 264.
2. Dépêche du 1er novembre 1715. *Archives des affaires étrangères*, XCII, f° 160.
3. Cet arrêt fixait la valeur du Léopold d'or à 18 livres, celle du Léopold

par son Conseil d'État, le 18 janvier 1716, les défenses portées contre les espèces de Lorraine. Léopold s'en montra blessé ; il se plaignit à M. d'Audiffret de cette mesure, la « plus préjudiciable » qu'on pût prendre à son égard ; il lui déclara amèrement « qu'il semblait qu'on voulait anéantir le commerce de ses sujets, qu'il y avait une si grande liaison entre les Trois-Évêchés et la Lorraine qu'à moins d'y vouloir causer un dérangement général, il fallait y donner cours aux espèces des deux États[1] ». Le régent tint ferme et ne prit pas en considération les remontrances de son beau-frère.

En revanche, le régent, nous l'avons dit, résolut, au lendemain de son arrivée au pouvoir, de mettre immédiatement le duc de Lorraine en possession des revenus de la prévôté de Longwy, en attendant la reprise des négociations commencées à Metz, et que la mort de Louis XIV avait interrompues. Mais il ne faisait ainsi que rendre à Léopold la justice qui lui était due[2]. On jugea même à Nancy la réparation insuffisante : le refus du duc d'Orléans de précipiter la conclusion d'un accord définitif excita chez son beau-frère une mauvaise humeur à laquelle celui-ci donna d'autant plus volontiers cours qu'elle n'était point pour déplaire au cabinet de Vienne ; c'est ainsi qu'il retarda son voyage à Paris, annoncé d'abord pour le mois de janvier 1716, et qu'Élisabeth-Charlotte désirait « passionnément[3] ». Ce voyage fut remis à l'été suivant, puis

---

d'argent à 4 livres 10 sols, jusqu'au 31 janvier 1716 ; mais jusqu'au 31 mars ces espèces étaient reçues au même taux à l'hôtel des Monnaies, tandis qu'elles ne valaient plus dans le public que 16 livres et 4 livres. *Recueil des édits*, IV, 126.

1. Lettre du 20 février 1716. *Archives des affaires étrangères*, XCV, f° 193.
2. « J'ai toute espérance en la justice de mon frère ; il serait cruel qu'il n'y eût qu'à nous qu'il ne la rendît pas, dans le temps qu'il paraît qu'il la rend assez à tout le monde. » Élisabeth-Charlotte à la marquise d'Aulède, 12 décembre 1716.
3. D'Audiffret au régent, 23 janvier 1716. *Archives des affaires étrangères*, XCV, f° 43.

au mois de février 1717, puis indéfiniment ajourné. Le prince de Vaudémont, chargé par le régent d'exprimer au duc et à la duchesse de Lorraine combien il désirait leur visite, reçut cette réponse : « Je me suis acquitté, Monseigneur, de ce que vous m'avez ordonné pour Son Altesse Royale Madame votre sœur et pour M. le duc de Lorraine au sujet de l'envie que vous auriez de les voir. Je puis assurer Votre Altesse Royale que M. le duc de Lorraine n'a pas moins d'envie que Madame votre sœur d'avoir l'honneur de vous aller voir, mais il voudrait bien qu'auparavant ses affaires fussent finies pour n'être plus obligé de vous en importuner, et pour vous être plus agréable. Voilà, Monseigneur, ce qu'on me charge de vous dire[1]. »

Nous doutons fort que le mobile véritable de la conduite de Léopold ait été le désir de ne point importuner son beau-frère en l'entretenant de vive voix de ses intérêts. Lui qui faisait écrire par sa femme lettre sur lettre au régent n'eût pas reculé devant un voyage à Paris pour mieux défendre sa cause s'il n'eût craint d'éveiller les méfiances de l'Empereur, avec qui, durant tout le cours de l'année 1717, il continua les rapports intimes que nous lui avons vu nouer l'année précédente. N'était-ce pas d'ailleurs pour s'en faire un titre à la reconnaissance de l'Empereur qu'il levait, en janvier, un nouveau régiment d'infanterie, — appelé *du Han*, du nom de son colonel, — et qu'il faisait exercer les milices de ses principales villes ? « Ces mouvements, écrivait d'Audiffret, paraissent hors de raison à ceux de ses sujets qui lui sont bien affectionnés et craignent qu'il ne se jette dans quelque embarras[2]. » Qu'eût dit d'Audiffret s'il eût connu la demande que Léopold adressa directement au régent pour obtenir l'au-

---

1. Lettre du 6 février 1717. *Ibid.*, XCIII, f° 317.
2. D'Audiffret au régent, 23 janvier 1717. *Ibid.*, XCVIII, f° 12.

torisation d'envoyer à Coblentz, afin de les y refondre, les pièces de canon (une trentaine environ) qui lui avaient été rendues lors de l'évacuation de ses États par les Français[1]?

Le duc de Lorraine était entré à ce point dans les intérêts de la maison d'Autriche qu'à la nouvelle de l'arrivée à Paris de Pierre le Grand, sachant que ce voyage inquiétait fort le cabinet viennois, il donna ordre à son représentant de veiller attentivement sur les démarches du tzar et des ministres qui l'accompagnaient[2].

Il espérait être récompensé à bref délai de son ardeur à soutenir les projets autrichiens : « On m'a assuré, écrivait d'Audiffret le 17 février 1717, que M. le duc de Lorraine avait formé un projet d'établissement en Italie, que l'Empereur avait approuvé, mais que la guerre contre les Turcs en avait suspendu la décision. Je sais, de bonne part, que ce prince travaille à avoir des informations exactes du Milanais et des autres pays de la Lombardie par le résident qu'il a à Milan, et qu'il continue d'entretenir les intelligences qu'il a dans le Montferrat[3]. » Six mois après, d'Audiffret était plus précis : « On m'a confié sur la foi du serment le plus sacré, mandait-il à son souverain, que l'Empereur a fait offrir à M. le duc de Lorraine la qualité de vicaire général de l'empire en Italie et le gouvernement perpétuel du Milanais[4]. »

Mais la rivalité de l'Espagne et de l'Autriche en Italie venait d'entrer dans une nouvelle phase ; l'arrestation du grand inquisiteur d'Espagne dans le Milanais (mai 1717), par ordre du gouvernement impérial, avait exaspéré Philippe V et rendu une rupture imminente. A la fin

---

1. *Ibid.*, XCIII, f° 102.
2. D'Audiffret au régent, 4 mai 1717. *Ibid.*, f° 157.
3. D'Haussonville, IV, 611.
4. Dépêche du 10 août 1717. *Archives des affaires étrangères*, XCIX, f° 19.

d'août 1717, un corps de troupes espagnoles débarquait en Sardaigne et chassait les Autrichiens de cette île. Le duc de Lorraine ordonnait, « dans la première chaleur de l'espérance d'une prochaine guerre en Italie[1] », la fabrication de carabines pour armer un nouveau régiment qu'il se préparait à lever. Mais l'Empereur, dont les armées étaient alors occupées contre les Turcs, avait fait appel à la Triple alliance : des négociations s'ouvrirent à Londres, à la fin de l'année 1717. Léopold contremanda ses préparatifs. Ses rêves d'Italie allaient encore une fois s'évanouir; du moins il allait trouver dans le traité du 31 janvier 1718 quelques compensations à ses déboires.

VI

Depuis le mois d'août 1716, Léopold avait remis entre les mains de MM. Mahuet, Protin et Lefebvre, la défense de ses intérêts en litige avec la France. D'Audiffret annonçait en ces termes le départ pour Paris de ces trois commissaires : « Le premier est un très honnête homme, mais opiniâtre, difficultueux, et qui a tout l'esprit du palais dans lequel il a vieilli; le second a été admis dans cette députation parce qu'il est des amis de M. de Saint-Contest. Le sieur Lefebvre est un homme habile, d'un esprit aisé et insinuant, et qui est joint aux deux autres pour leur servir de correctif. Ils partent avec une prévention sur leurs droits qui leur donne une confiance dont il sera difficile de les désabuser[2]. »

M. de Saint-Contest, l'ancien intendant de Metz, que le régent avait fait entrer au conseil de la guerre, et à qui il

---

1. D'Audiffret au régent, 3 décembre 1717. *Ibid.*, 161.
2. D'Audiffret au régent, 27 août 1716. *Ibid.*, XCVI, f° 96.

allait ouvrir les portes du Conseil d'État, fut chargé avec M. Le Febvre d'Ormesson, conseiller en l'hôtel des finances, de défendre les intérêts du roi. La cour de Lorraine accueillit fort mal le choix de Saint-Contest, qui précédemment, aux conférences de Metz, avait résisté avec énergie aux prétentions de Léopold : « C'est, entre nous, écrivait la duchesse à la marquise d'Aulède, un homme bien faux ; je le sais mieux que personne, parce qu'il tripote contre nous dans nos affaires, et, si elles ne sont pas terminées, c'est bien sa faute... Je sais bien que cet homme gâte le plus qu'il peut nos affaires, sous prétexte d'être attaché au roi, et, sous ce prétexte-là, on fait bien des injustices criantes[1]. »

En réalité M. de Saint-Contest se montra animé d'intentions conciliantes ; mais les concessions qu'il faisait, jugées insuffisantes en Lorraine, passaient pour excessives aux yeux de ceux qui, comme Saint-Simon par exemple, lui ont reproché d'avoir favorisé les intérêts de Léopold et sacrifié ceux du roi : « Saint-Contest, a-t-il écrit, avait de la capacité, de l'esprit, infiniment de liant, et sous un extérieur lourd et simple, beaucoup d'adresse, un désir de plaire au-dessus de tout et partout. Cela était l'homme qu'il fallait au régent pour faire tout, ne regarder à rien de ce qu'il fallait pour faire réussir cette affaire[2]. » Saint-Contest était trop habile pour ne pas comprendre combien était ingrat le rôle que la confiance de son souverain l'avait appelé à jouer ; il n'ignorait pas qu'il risquait de s'aliéner tout le monde. Dès le début des négociations il se plaignit dans une entrevue secrète qu'eurent les commissaires français avec M. Lefebvre, des bruits qui couraient à

---

1. Lettre du 12 décembre 1717. — Voir les lettres des 1 janvier et 18 décembre 1717. Dans la dernière, Élisabeth-Charlotte écrit que M. de Saint-Contest leur fait « tout du pis qu'il peut ; mais l'on ne doit pas être surpris de cela, étant un Normand de basse naissance ; il ne vaut pas grand'chose ».
2. Addition de Saint-Simon, dans *Dangeau*, XVII, 207.

Nancy sur sa prétendue hostilité à la maison de Lorraine : « Il dit n'espérer rien de cette négociation, et avoir à craindre les criailleries des gens de Metz, auxquels il s'agit d'ôter une partie de leurs possessions ; il ajoute avec M. d'Ormesson qu'il n'y a pas de plaisir d'être employé à des traités dont il ne doit résulter que des abandonnements et nul profit à la France ; que les longueurs de nos affaires les ennuient ; que nous proposons tout avec des termes secs de certitude infaillible de nos droits, sans vouloir plier sur aucun article[1]. »

La duchesse douairière d'Orléans s'employait activement à soutenir auprès de son fils la cause de son gendre ; le maréchal d'Huxelles, président du Conseil des affaires étrangères, désirait mettre fin au plus tôt aux difficultés pendantes : « J'ose dire, écrivait Lefebvre à Léopold, que ces dispositions favorables doivent nous faire hâter ; car s'il arrivait quelque accident ou à Madame ou à M. le maréchal, qui sont fort âgés, ou quelque changement d'État, Votre Altesse Royale ne pourrait jamais retrouver de pareilles conjectures. Elle a à faire avec une puissance supérieure ; il ne faut pas en attendre une justice scrupuleuse, et c'est beaucoup pour vous, Monseigneur, de tirer de ses mains des pays qu'elle vous retient depuis si longtemps, et même de lui ôter le moyen sûr et facile de vous chagriner tous les jours par sa supériorité sur Nomeny, Hombourg, Saint-Avold et les six villages de Commercy[2]. »

Mais Léopold avait beau dire, dans un moment d'impatience, qu'il ne souhaitait rien plus que de terminer ses démêlés avec la France « quand on devrait y couper avec la hache[3] » ; ses irrésolutions, les fautes de sa politique

---

1. Lefebvre à Léopold, 4 janvier 1717 (Ms. n° 165 de la Bibliothèque de Nancy).
2. Lefebvre à Léopold, 4 janvier 1717. *Ibid.*
3. Léopold à Lefebvre, 2 janvier 1717. *Ibid.*

et de sa diplomatie allaient contribuer à rendre longues et laborieuses des négociations qui auraient pu rapidement aboutir.

Lefebvre n'engageait pas seulement son souverain à la modération, il le rappelait quelquefois à la raison, alors que le duc donnait libre carrière à ses désirs, et rêvait de se dédommager sous la régence de toutes ses humiliations passées. Un jour Léopold ne parlait rien moins que de renoncer à ses prétentions sur Longwy et les autres territoires contestés s'il pouvait à ce prix acheter l'indépendance du Barrois ; et encore eût-il même consenti à la servitude de l'hommage pour délivrer seulement le Barrois de la juridiction du Parlement de Paris. Lefebvre dut lui représenter que sous un roi mineur, comme l'était Louis XV, il y avait fort à craindre qu'un conseil de régence ne consentît point à faire des changements essentiels dans l'État : « Or, continuait-il, il y a une différence considérable entre exécuter un traité de paix fait avec le roi défunt et faire les choses dont le traité ne donne aucune idée. Le traité de Ryswick veut qu'on donne à Votre Altesse Royale l'équivalent de Longwy dans l'un des Trois-Évêchés ; qu'on vous rende ce que Charles IV possédait, et qu'on exécute les concordats faits pour le Barrois. Mais pour suivre l'idée de la nouvelle proposition, il faudrait qu'on vous donnât votre équivalent ailleurs que dans les évêchés ; qu'on vous donnât librement un pays que Charles IV ne possédait que sous l'hommage et le ressort, et qu'on abolît par conséquent les concordats comme inutiles dans la suite. Ce serait renverser le système du traité de paix, et non pas l'exécuter[1]. »

D'autres fois Léopold donnait à des frivolités l'attention qu'il eût dû concentrer sur les questions importantes. C'est

---

1. Lefebvre à Léopold, 9 janvier 1717. *Ibid.*

ainsi qu'il sollicitait instamment, par la plume d'Élisabeth-Charlotte[1], le titre d'Altesse Royale ; une première réponse du régent n'étant point favorable : « Je vois bien, écrivit de nouveau la duchesse, que je ne me suis pas bien expliquée puisque vous avez répondu qu'il n'y avait jamais eu de traitement pareil en France. Car ce que je demande est les mêmes honneurs que l'on donna à M. de Savoie l'année de mon mariage..., que le feu roi m'avait fait espérer qu'il m'accorderait si nous les avions de l'Empereur qui nous les a accordés il y a seize ans. Mais la vieille Maintenon qui nous hait tout comme le diable empêcha le roi de tenir la promesse qu'il m'en avait donnée[2]. » Aux prières d'Élisabeth-Charlotte se joignirent les sollicitations des plénipotentiaires lorrains ; le duc leur avait recommandé il est vrai « de faire en sorte par leur habileté que ce titre ne tint pas lieu d'un équivalent considérable » ; mais l'extrême importance que Léopold attachait à cette question d'étiquette n'échappa à personne. Le marquis d'Huxelles demanda que l'on retînt les fruits des lieux, autres que Longwy, qui seraient restitués à la Lorraine, en considération de l'*Altesse Royale*, disant que les grands princes « ne font pas de pareilles grâces pour rien[3] ».

Vain et présomptueux, Léopold affectait au début des négociations d'attendre les offres du gouvernement français : « Il faut bien se garder de rien découvrir de notre part », écrivait-il, le 2 janvier 1717, à ses commissaires, arrivés depuis plusieurs mois à Paris. Ce n'est qu'en juin qu'il se décida, à la demande du régent, à soumettre aux commissaires du roi des propositions d'arrangement :

---

1. La lettre du 29 juin 1717 est particulièrement pressante. *Archives des affaires étrangères*, XCIII, f° 413.
2. Lettre du 17 juillet 1717. *Ibid.*, XCIII, f° 439.
3. Lefebvre à Léopold, 8 août 1717. *Ms. n° 165 de la Bibliothèque de Nancy*. Le maréchal d'Huxelles parlait même de retenir encore Saint-Hippolyte.

« La fin de notre grande affaire s'approche, annonçait Lefebvre le 21 juillet, et MM. les commissaires vont répondre sous peu au projet général que nous avons donné. Je crois toujours que si nous l'avions fait plus tôt nous serions de retour il y a longtemps[1]. » Lefebvre, dans la même dépêche, priait le duc d'envoyer à ses collègues et à lui plein pouvoir pour traiter : « Car enfin, disait-il, s'il faut à chaque pas écrire en Lorraine et attendre réponse, nous donnerons dans le temps que les gens d'affaires vont à la campagne et nous voilà retardés jusqu'à la Saint-Martin. »

Certes Léopold avait pleine confiance dans le zèle et les talents de ses envoyés, mais, à part le traitement d'Altesse Royale qu'il désirait vivement, ses idées n'étaient nettes et arrêtées que sur un point : il ne voulait à aucun prix discuter avec la France les droits de juridiction des évêques, ni même qu'il fût parlé de ceux-ci, directement ou indirectement, dans le traité. Saint-Contest, — et la duchesse de Lorraine[2] ne le lui pardonnait pas, — défendit longtemps la prétention contraire, à laquelle le feu roi n'avait jamais voulu renoncer ; mais voyant l'impossibilité de vaincre les résistances du duc de Lorraine, il chercha quelque expédient capable de satisfaire tout le monde : « M. de Saint-Contest, écrit Lefebvre, me dit que le roi étant protecteur de ses églises épiscopales, il devait procurer aux évêques la manutention de leurs droits, que Sa Majesté savait bien qu'il était juste que leurs prétentions fussent discutées en Lorraine, mais qu'elle se voyait obligée de stipuler dans le traité à faire qu'il serait inces-

---

1. Lefebvre à Léopold. *Ibid.*, f° 127.
2. « Il n'a cherché, — écrivait-elle en parlant de Saint-Contest, — qu'à nous nuire en toutes choses et à empêcher la fin de nos affaires, ayant même voulu que l'on mêlât les affaires que nous avons avec les évêques avec celles que nous avions avec le roi, quoiqu'elles n'aient aucun rapport ensemble. » Lettre à la marquise d'Aulède, 31 décembre 1717.

samment nommé des commissaires par Votre Altesse Royale et les évêques...; que dans le traité de Munster on a bien parlé du droit métropolitain de M⁰ʳ l'archevêque de Trèves, et dans celui de Ryswick du droit de M. l'évêque de Strasbourg. Ainsi rien n'empêcherait qu'on ne parlât aussi dans le nôtre de cette réserve des évêques¹. »

Pas plus que Louis XIV, le régent n'était disposé à abandonner la cause de l'Église; il proposa toutefois, à titre d'accommodement, que le duc de Lorraine s'engageât dans un article secret, s'il ne voulait pas le faire dans le corps du traité, à rendre justice aux évêques². Mais Léopold tint ferme; le 15 décembre, il écrivait encore à son beau-frère : « Je suis dans le plus grand chagrin du monde de devoir déclarer à M. le duc d'Orléans que je ne puis en façon quelconque accepter le traité qui doit se faire, si on y insère, avec quelque modification que l'on puisse y vouloir apporter, un article qui les concerne³. »

Les commissaires lorrains, il est vrai, prétendaient que cette difficulté, qui pouvait retarder longtemps encore la signature d'une convention arrêtée sur tous les autres points, était de pure forme; ils affirmaient que leur souverain rendrait volontiers justice aux évêques lorsqu'on lui aurait donné d'abord à lui-même les dédommagements qu'il attendait depuis vingt ans. Le passage suivant d'une dépêche de Lefebvre à Léopold ne laisse subsister aucun doute à cet égard; Lefebvre, rendant compte d'un entretien avec Saint-Contest, continue en ces termes : « La conversation finit de sa part en me disant que Votre Altesse Royale l'avait assuré qu'elle avait dessein d'écouter les évêques et de leur rendre justice. Je lui répondis que je

---

1. Lefebvre à Léopold, 31 juillet 1717 (Ms. n° 165 de la Bibliothèque de Nancy).
2. Lefebvre à Léopold, 6 octobre 1717. *Ibid.*
3. Léopold au régent, 15 décembre 1717. *Ibid.*

le savais et que j'étais sûr que Votre Altesse Royale persisterait toujours dans le même sentiment et que je croyais qu'elle ne refuserait pas d'en donner parole d'honneur au régent[1]. »

On comprend que le régent ait cédé. Dangeau, notant dans son *Journal* la signature du traité du 21 janvier 1718, écrit que l'on remettait à un autre temps la discussion de tout ce qui regardait les affaires ecclésiastiques et la juridiction des évêques, et que pour cela le roi et M. de Lorraine nommeraient des commissaires[2].

Mais Léopold ne devait tenir aucun compte des engagements pris en son nom par Lefebvre, pas plus que de ses propres promesses; il allait s'appliquer à restreindre les privilèges du clergé, à diminuer la juridiction des officialités, à soumettre au contrôle de ses officiers tous les actes de l'autorité ecclésiastique. C'était bien, comme le remarque Noël[3], sa première victoire sur les évêques français, mais une victoire dont tout autre que Noël ne saurait lui faire honneur, puisqu'il l'avait achetée à un prix excessif même pour un souverain, l'oubli de sa propre parole. Quant au duc d'Orléans, il avait montré, en s'opposant à la création d'un évêché à Saint-Dié, qu'il entendait bien sauvegarder les intérêts essentiels des trois prélats qui se partageaient la souveraineté de la Lorraine; on ne saurait lui reprocher de ne pas en avoir fait plus : lui appartenait-il de rouvrir les débats terminés à Rome en 1710 et de se montrer plus jaloux que le souverain pontife lui-même des droits de l'Église?

1. Lefebvre à Léopold, 31 juillet 1717. *Ibid.*
2. *Journal* de Dangeau, XVII, 132. — Élisabeth-Charlotte écrivait à la marquise d'Aulède : « J'espère que mon frère nous fera, malgré sa méchante volonté, rendre une justice que nous attendons depuis 20 ans, sans qu'il soit question de l'affaire des évêques, qui est une chose à part et dont l'on pourra parler dans la suite. » Lettre du 31 décembre 1717.
3. *Mémoires*, n° 5, I, 118.

VII

Les stipulations territoriales font l'objet de la plupart des articles du traité du 21 janvier 1718.

L'article 2 confirmait l'arrangement provisoire conclu après le traité de Ryswick et qui laissait à la France, avec la forteresse de Sarrelouis, les villages de Lisdorf, Ensdorf, Fraulautern, Roden, Beaumarais et l'emplacement de Vaudrevange[1], au lieu de la zone d'une demi-lieue fixée par ledit traité.

L'article 3 restreignait la prévôté de Longwy, donnée à la France en 1697, aux villes haute et basse de ce nom, et aux villages voisins de Mexy, Herserange, Long-la-Ville, Mont-Saint-Martin, Autrux, Piedmont, Romain, Lexy, Rehon[2].

Le duc de Lorraine renonçait à tous droits et prétentions de souveraineté sur Niderviller[3] et quelques autres lieux voisins de Sarrebourg et de Phalsbourg, ainsi que sur les abbayes de Saint-Epvre et de Saint-Mansuy[4] (près de Toul), et les villages de Xousse, Thonville et Brulange[5], composant le ban de Rotte (art. 6 et 7).

Pour prévenir toutes difficultés relativement aux droits que plusieurs villages, dépendant de Sierck et cédés à la France en 1661, avaient de temps immémorial dans la forêt de Kaldenhoven, « pour chauffage, marnage et pâtu-

---

1. Vaudrevange ou Valderange (aujourd'hui Vallerfangen) souffrit beaucoup des guerres du XVIIe siècle, et n'eut plus d'importance après l'établissement de Sarrelouis.
2. Ces villages sont aujourd'hui des communes du canton de Longwy, sauf Autrux et Piedmont, qui dépendent de Mont-Saint-Martin.
3. A quelques kilomètres de Sarrebourg.
4. Saint-Epvre et Saint-Mansuy sont aujourd'hui deux faubourgs de Toul.
5. Xousse dépend du canton de Blâmont; les deux autres communes sont à l'Allemagne depuis 1871.

rage », le duc abandonnait au roi 5,000 arpents de cette forêt (art. 8), mais recouvrait la forêt de Manderen (art. 17).

Le village, resté lorrain, de Früching[1], enclavé dans le territoire français, était donné au roi, en échange d'Evendorf[2], dépendant de Sierck (art. 9).

Les villages mi-parties de Vilcey-sur-Mad, Hagéville, Jonville, Arnaville, Olley[3] étaient attribués, les trois premiers au roi et les deux autres au duc (art. 10).

Léopold renonçait à ses droits sur la rue *de Bar*, du village de Guénétrange, près de Thionville ; en retour, le roi de France abandonnait sa souveraineté, assez illusoire du reste, sur l'emplacement du château de Beauzemont[4] (art. 11).

En échange de la prévôté de Longwy, le duc de Lorraine obtenait la ville et une partie de la prévôté[5] de Rambervillers, lesquelles avaient appartenu jusque-là à l'évêché de Metz (art. 13) ; il recouvrait Saint-Hippolyte (art. 17) et en outre (art. 18 et 19) plusieurs villages des environs de Nomeny[6] et des prévôtés de Gondreville[7] et d'Amance[8].

Louis XV faisait remise au profit du duc de tous droits de juridiction sur plusieurs villages de la prévôté de Saint-Avold ; les villages de la terre et seigneurie de Commercy

---

1. Commune de Kerling-lès-Sierck.
2. Commune de Kirschaumen, dans les environs de Sierck.
3. Jonville est du département de la Meuse (canton de Vigneulles) ; Arnaville dépend de l'arrondissement de Toul (canton de Thiaucourt), et les autres villages de l'arrondissement de Briey (cantons de Chambley et de Conflans).
4. Commune du canton de Lunéville (Nord) ; ce château était détruit depuis les guerres du xviie siècle.
5. Les villages de Jeanménil, Housseras, Autrey, Saint-Benoît, Bru, Xaffévillers, Doncières, Nossoncourt, Mesnil, Sainte-Barbe, Anglemont, Bazien et Ménarmont (aujourd'hui communes du canton de Rambervillers).
6. Mailly, etc.
7. Bulligny, Bagneux, Colombey, Allain-aux-Bœufs, etc.
8. Vexy, Gerbécourt, Lubécourt (aujourd'hui à l'Allemagne, district de Château-Salins).

et l'abbaye de Riéval[1] étaient déchargés du ressort au bailliage de Vitry et de l'appel au Parlement de Paris (art. 14 et 15).

Enfin le duc et ses successeurs devaient, mais « seulement à l'avenir », prêter serment aux évêques de Metz, Toul et Verdun, pour les terres et fiefs provenant du temporel de ceux-ci, et dont lesdits évêques justifieraient que les ducs Henri II ou Charles IV leur avaient rendu foi et hommage (art. 28).

VIII

La nouvelle de la conclusion de cet arrangement causa une vive joie à la cour de Lorraine et dans tout le pays. Léopold donna l'ordre de faire des illuminations à Nancy : « Je ne m'attendais pas, écrit d'Audiffret, à une pareille réjouissance, et cette démonstration publique peut faire espérer dans les Lorrains une conversion à laquelle je les ai vus jusqu'à présent très peu disposés[2]. »

Assurément le duc d'Orléans fit preuve, dans le cours des négociations qui venaient de finir, d'un réel désir de trancher les difficultés pendantes depuis 1697 ; il montra une complaisance à laquelle les procédés diplomatiques de Louis XIV n'avaient pas habitué Léopold. Mais il y a loin de là à prétendre, comme le fait Saint-Simon, que le régent favorisa outre mesure les intérêts de la maison de Lorraine et qu'il sacrifia en quelque sorte les droits de la couronne par déférence pour Madame et par amitié pour

---

[1]. Ancienne abbaye de Prémontrés, située à peu de distance de Void (Meuse), sur le territoire de la commune de Ménil-la Horgue.
[2]. D'Audiffret au régent, 25 janvier 1718. *Archives des affaires étrangères*, CII, f° 130.

Élisabeth-Charlotte : « Jamais, a-t-il écrit, M. de Lorraine ne gagna tant, ni si gros, ni à si bon marché... Dans le temps du monde le plus mort pour lui, où l'on n'en avait pas le plus léger besoin pour quoi que ce pût être, il sut étendre ses domaines et sa souveraineté fort loin aux dépens de la frontière de France[1]. » Ne croirait-on pas, à lire ces lignes, que la Lorraine venait de s'agrandir de la meilleure partie de la Champagne et de l'Alsace ?

N'en déplaise au célèbre auteur des *Mémoires*, le traité du 21 janvier 1718 n'était pas seulement un acte de justice ; s'il ne donnait pas un allié au régent, du moins, comme l'a fait remarquer Rousset, il ôtait à un prince que la situation de ses États pouvait rendre nuisible, tout prétexte de remuer[2].

Aussi bien, ce qui excitait la colère de Saint-Simon, ce n'était point la cession à la Lorraine de Rambervillers et de quelques villages médiocres. L'orgueilleux pair ne pouvait se contenir à la pensée que Léopold jouirait désormais du traitement d'*Altesse Royale* que lui accordait un article secret du traité[3] ; il nous fait ressortir, dans une dissertation prolixe, l'insuffisance des titres de Léopold à un si grand honneur ; il nous rappelle que Léopold « n'était pas autre que ses pères, ni plus grandement marié[4] », et que pourtant ceux-ci n'avaient jamais « prétendu l'Altesse Royale » ; il réfute avec le plus grand sérieux le *sophisme* sur lequel s'appuyait Léopold en invoquant l'exemple du duc de Savoie, beau-frère comme lui de Philippe d'Orléans, et qui pourtant avait été gratifié

---

1. Dangeau, XVII, 206 (addition de Saint-Simon).
2. *Recueil historique d'actes, négociations, mémoires et traités.* La Haye, in-12, 1728, t. Ier, p. 102.
3. « Quand ce prince (Léopold) aura signé le traité, les ministres du roi auront ordre de le traiter d'Altesse Royale. » Dangeau, XVII, 206.
4. Le duc Charles III de Lorraine était gendre du roi de France Henri II ; le duc Henri II avait épousé en premières noces Catherine de Bourbon, sœur de Henri IV.

sans peine du titre tant désiré : les ducs de Lorraine, dit-il, « n'influaient en rien dans l'Europe, dont aucune cour n'avait besoin d'eux. Le duc de Savoie au contraire pouvait beaucoup à l'égard de l'Italie et de tous les princes qui y avaient ou y voulaient posséder des États et qui y voulaient porter ou en éloigner la guerre ; c'est ce qui fit toute la différence entre les chimères d'ailleurs pareilles de Chypre et de Jérusalem[1]. » Il fallut, au dire de Saint-Simon, « les discours et les supplications » du duc de Lorraine, « les ruses et les ressorts de gens qui y étaient maîtres en dessous, tels que M. de Vaudémont et ses deux nièces », « les prières et les amitiés continuelles de Mme la duchesse de Lorraine », enfin « l'impétuosité impérieuse de Madame » pour faire succomber « la faiblesse » du duc d'Orléans.

Et encore de nouvelles intrigues furent-elles nécessaires pour gagner les principaux membres du conseil de régence ; elles nous ont valu un admirable tableau de cet artiste incomparable qui, dans les petits comme dans les grands sujets, distribuait sans discernement les richesses de sa palette : « Les princes du sang, avides pour eux-mêmes, et d'ailleurs n'entendant rien et ne sachant rien, n'étaient pas pour lui résister ; les bâtards pincés de si frais et redoutant pis, encore moins...; le garde des sceaux, à peine en place[2], ne songeait qu'à s'y conserver ; le maréchal de Villeroy, qui aurait eu là de quoi exercer dignement son amertume, était tenu de court dans cette affaire par son beau-frère[3] le grand écuyer, devant lequel de sa vie il n'avait osé branler. Tallard, son protégé, était d'ailleurs tenu aussi de court par les Rohan, soumis à Mme de

---

1. *Mémoires*, XV, 412.
2. D'Argenson avait été nommé garde des sceaux en janvier 1718.
3. Louis de Lorraine, comte d'Armagnac, de Brionne, etc., grand écuyer de France, né en 1641, mort le 13 juin 1718.

Remiremont[1] et à Mme d'Espinoy. Le duc de Noailles et son ami d'Effiat n'avaient garde de résister quand il ne s'agissait ni du parlement ni de la robe. Le matamore Villars était toujours souple comme un gant. Le maréchal d'Estrées sentait, savait, lâchait quelque demi-mot, mais mourait de peur de déplaire, et se dédommageait, ainsi que le maréchal d'Huxelles, en blâmant tout bas ce qui se faisait aux uns et aux autres, à quoi ils n'avaient pas la force de contredire le régent... D'Antin était trop bas courtisan et trop mal en selle auprès du régent pour oser souffler. Pour la queue du conseil, elle n'osait donner le moindre signe de vie, sinon Torcy, quelquefois pressé de lumière et de probité, mais si rarement et avec tant de circonspection, que cela passait de bien loin la modestie[2]. » Seul, le bouillant ennemi de la maison de Lorraine présenta à plusieurs reprises des remontrances qui embarrassèrent le régent, et, affirme-t-il, l'attristèrent; il fut prié de ne point assister au conseil de régence le jour où Saint-Contest apporterait le traité; il le promit, sachant que son avis n'empêcherait rien et ferait « du bruit et grand'peine » au duc d'Orléans. Et c'est ainsi, — conclut Saint-Simon, non sans laisser percer une forte pointe d'orgueil, — que le traité passa au conseil « sans la plus légère contradiction, quoique sans l'approbation de personne, où mon absence ne laissa pas d'être doucement remarquée[3] ».

La haine que Saint-Simon avait vouée à la famille de Léopold, celle-ci la lui rendait bien. Élisabeth-Charlotte,

---

1. Béatrix-Hiéronyme de Lorraine-Lillebonne, fille du comte de Lillebonne et d'Anne, princesse légitimée de Lorraine (fille de Charles IV et de Béatrix de Cusance); elle naquit à Paris le 1er juillet 1662, fut élue abbesse de Remiremont le 1 août 1711, et mourut à Paris le 9 février 1738.
2. *Mémoires*, XV, 111.
3. *Ibid.*, XV, 115 et 119.

dans sa correspondance, parle avec un mépris marqué de cet « indigne petit monsieur », ou de « ce vilain mâtin-là¹ ». La Palatine donna un jour à ce prétentieux personnage une leçon qui dut être fort sensible à son amour-propre : « Comme il se mettait à la table du roi, devant le prince de Deux-Ponts, je dis tout haut : « D'où vient que M. le « duc de Saint-Simon presse tant le prince de Deux-Ponts? « A-t-il envie de le prier de prendre un de ses fils pour « page? » Tout le monde se mit si fort à rire, qu'il fallut qu'il s'en allât². »

IX

A peine le traité de Paris fut-il signé que Léopold se prépara, — non sans avoir obtenu l'approbation de la cour de Vienne³, — au voyage qu'il avait subordonné au règlement de ses difficultés avec la France.

Le 25 janvier, Élisabeth-Charlotte écrivait toute joyeuse à la marquise d'Aulède qu'elle était occupée à tout ordonner pour son départ; quelques jours après, elle mettait en route ses gens de service et sa garde-robe⁴. Au milieu de février, le duc et la duchesse de Lorraine quittèrent leurs États; d'Audiffret⁵ nous a parlé des grandes « tracasseries » qu'il y eut à la cour, et des « scènes étonnantes »

---

1. Lettres à la marquise d'Aulède, p. 5, 21, 26.
2. Correspondance de Madame, édit. Brunet, I, 339.
3. Léopold avait même sollicité de l'Empereur la faveur d'être « honoré de ses ordres » pour la France, disant « que la moindre commission dont Sa Majesté voudrait le charger lui ferait un sensible plaisir, et que personne au monde ne s'en acquitterait avec plus de zèle, de fidélité, de secret, d'exactitude... » Lettre de M. des Armoises, 7 février 1717. Archives de Vienne.
4. Lettres des 25 janvier et 1ᵉʳ février 1718.
5. D'Audiffret au régent, 18 février 1718. Archives des affaires étrangères, CII, f° 48. — Il ne raconte pas ces scènes en détail, dit-il, par « respect » pour leurs auteurs.

qui s'y passèrent peu de temps auparavant ; mais Léopold, malgré les prières de sa femme, ne consentit pas à se séparer de M°™ de Craon, qui fut du voyage, ainsi que M. de Craon et quelques dames d'honneur. Le régent avait eu la prévenance de faire disposer plus de 60 chevaux de poste sur la route de Nancy[1] ; il vint lui-même, le 18 février, au-devant de son beau-frère jusqu'à Bondy, accompagné de Madame, de la duchesse d'Orléans, de M. de Chartres et de Mlle de Valois.

Le comte de Blâmont, — c'est sous cet incognito que voyageait Léopold, — et le duc d'Orléans se firent de grandes démonstrations d'amitié, si l'on en croit la relation écrite par une personne de la suite du comte : « Le beau temps que l'on eut ce jour-là, joint à la curiosité naturelle des Parisiens, avait conduit une foule surprenante de carrosses et de peuples. M. le comte de Blâmont et M. le régent sortirent de leurs carrosses pour se chercher, et comme ils n'étaient pas sortis du même côté, ils tournèrent avec empressement pour se prévenir, et, s'étant joints, ils s'embrassèrent et se tinrent serrés assez longtemps entre leurs bras. » D'un autre côté, il y eut entre la duchesse de Lorraine et sa mère « une scène de larmes et de joie qui attendrit toute l'assemblée. M. le régent revint à M°™ sa sœur, et fit couler de nouvelles larmes, tandis que M. de Blâmont était mangé de caresses et des yeux de Madame[2]. »

On arriva à Paris vers les quatre heures de l'après-midi ; les rues, les fenêtres étaient remplies d'une foule de curieux[3]. Au Palais-Royal, où furent conduits le duc et la duchesse de Lorraine, les courtisans se pressaient pour saluer les hôtes du régent. Élisabeth-Charlotte

---

1. Dangeau, XVII, 233.
2. Bibliothèque nationale, collection lorraine, ms. 42, f° 11.
3. Voir une relation du voyage de Léopold dans le *Journal de la Société d'archéologie lorraine*, 1869, p. 124.

trouva dans l'appartement qui lui fut réservé une commode pleine de belles étoffes, d'écharpes magnifiques, de rubans et autres objets de parure ; c'était un présent de Mme de Berry. La duchesse d'Orléans gratifia aussi sa belle-sœur de riches dentelles[1].

Saint-Simon avoue lui-même que pendant les six ou sept semaines que Léopold et Élisabeth-Charlotte passèrent à Paris, « le concours fut grand au Palais-Royal...; on en crut faire sa cour au régent ». L'intraitable duc se vante de n'avoir pas mis le pied chez le duc de Lorraine, mais reconnaît être allé deux fois chez la duchesse, croyant « avec cela avoir rempli tout son devoir[2] ».

Représentations de gala à l'Opéra, dîners, bals, réceptions, rien ne fut omis pour égayer le séjour des visiteurs lorrains ; le duc d'Antin, le maréchal de Villeroy, la duchesse de Berry et d'autres encore rivalisaient d'empressement avec le régent et avec Madame : c'était à qui donnerait la fête la plus magnifique. L'auteur anonyme de la relation inédite que nous avons citée précédemment décerne la palme à la duchesse de Berry, qui fit « quelque chose de si prodigieux qu'on aura peine à le croire » ; on peut juger de la fête par ces quelques détails sur le repas qui la précéda, et auquel furent employés 100 cuisiniers : « Ils eurent chacun 6 plats à faire. Il n'en fallait pas moins, puisque les principales tables furent servies à 80 plats. Il y fut consommé 6,000 livres de viande de boucherie, et autant de pièces de gibier. Douze femmes furent occupées pendant plusieurs jours à faire les bouquets dont les plats étaient ornés. Le fruit fut d'une beauté surprenante. Il y avait des poires monstrueuses qui coûtaient jusqu'à 50 livres l'une[3]. »

---

1. Dangeau, XVII, 249.
2. Saint-Simon, XV, 129.
3. Bibliothèque nationale, ms. 12.

Nul doute que ce festin pantagruélique ne plût extrêmement à Léopold, bien que, au dire de Saint-Simon, toujours mordant, le duc de Lorraine ait été « plus dans son centre » au dîner que lui offrit l'ambassadeur de l'Empereur[1].

Tous les matins le comte de Blâmont se rendait à la toilette de Madame : « Il n'y paraît pas plus tôt qu'il semble que toute la conversation n'est plus que pour eux deux, toujours en allemand, et l'on voit une joie inexprimable dans les yeux et dans les manières de Madame pour son gendre. » Le régent venait d'ordinaire l'y rejoindre, et tous deux allaient à la toilette de la duchesse de Lorraine, où se donnait rendez-vous « tout le brillant de la Cour ». « M. le régent et M. le maréchal de Villeroy étaient hier d'un côté, environnés de M. le duc de Chartres, de Mlle de Valois, des princesses de Conty, des princes, princesses, ducs, cordons bleus et rouges...; tandis que de l'autre M. le comte de Blâmont avec grand nombre de princes de sa maison, entretenait le tapis avec les cardinaux de Noailles, Rohan, Polignac, quantité d'archevêques et évêques, M. le chevalier d'Orléans et nombre d'ambassadeurs, après quoi marquis, comtes, chevaliers et autres fourmillaient sur les derrières[2]. »

Par ses manières obligeantes, le comte de Blâmont avait su gagner « le peuple » en même temps que « la cour » : « On ne voit plus que des vers et de la prose à sa louange; tous les endroits où il peut être vu sont remplis d'un monde infini[3]. » Toutefois, l'officieux historiographe ne juge pas à propos de nous parler de l'étonnement qu'éprouvait « le peuple », sinon « la cour », à voir sans cesse Mme de Craon et son mari aux côtés du duc et de la duchesse, et,

---

1. *Mémoires*, XV, 105.
2. Bibliothèque nationale, ms. 12.
3. *Ibid.*

suivant le mot de Marais, « tout cela » aller ensemble « à la manière des princes, mari, femme, maîtresse, amant¹ ». Madame nous a raconté à ce sujet une piquante anecdote. Un jour que Léopold passait avec Mme de Craon dans une salle remplie de curieux, « le peuple se mit à dire tout haut : « Tiens, tiens, voilà le duc de Lorraine avec sa maîtresse. » Mme de Craon se mit à pleurer à chaudes larmes, et voulut que le duc s'en plaignît à mon fils. Mon fils ne put s'empêcher de sourire de ces plaintes, et dit que c'étaient de ces choses que le roi lui-même n'avait jamais pu empêcher ; qu'il fallait les mépriser, et faire semblant de ne pas les entendre² ».

Le motif prétendu du voyage de Léopold à Paris était la prestation d'hommage à Louis XV. Dom Calmet³ rapporte que le lendemain de son arrivée, c'est-à-dire le 19 février, le duc de Lorraine alla voir le roi et remplit ce devoir. Mais Saint-Simon s'indigne que le comte de Blâmont soit demeuré près de deux mois à Paris, « logé et défrayé de tout au Palais-Royal, y ait paru au spectacle, au cours, dans tous les lieux publics, ait été voir Versailles et Marly, ait visité la reine d'Angleterre à Saint-Germain, ait paru publiquement partout, ait reçu plusieurs fêtes, et que le roi étant dans les Tuileries pendant ces deux mois, ce beau comte de Blâmont ne l'ait pas vu une seule fois, ni un prince, ni une princesse du sang ; que cette audace ait été soufferte... ; il ne fut pas moins étonnant qu'il n'y ait pas été seulement question de son hommage de Bar au roi⁴... »

Il est certain que Saint-Simon, qui avait relevé avec tant de malignité les moindres incidents de l'hommage à

---

1. *Journal et Mémoires de Mathieu Marais*. Paris, 1864, 4 vol. in-8°; II, 76.
2. *Mélanges historiques de Madame*, p. 337.
3. *Histoire de Lorraine*, VII, 255.
4. Saint-Simon, XV, 419.

Louis XIV, se fût fait un plaisir de raconter pour la seconde fois une cérémonie bien capable de mortifier l'orgueil de Léopold. Il est donc probable que, par complaisance pour son beau-frère, le duc d'Orléans consentit à ce que l'hommage fût prêté dans une simple entrevue, sans l'appareil déployé en 1699 ; et cette circonstance suffit pour expliquer la mauvaise humeur de Saint-Simon.

Nous rejetons également, comme contraire à la vraisemblance, cette étrange accusation que Léopold n'aurait même pas rendu au roi une simple visite de convenance. Assurément le duc de Lorraine ne pouvait faire une cour assidue à l'enfant de douze ans qui n'avait que l'apparence du pouvoir ; il chercha surtout à plaire au régent et aux personnages influents du temps[1]. Ainsi il alla rendre visite au premier président du Parlement de Paris et exprima le désir d'entendre plaider « une jolie cause » ; le premier président fut sensible à cette démarche et fit annoncer au comte de Blâmont qu'il allait réunir la grande chambre et faire préparer « une des lanternes pour l'y recevoir dans son incognito[2] ».

C'est qu'une dernière formalité restait à accomplir pour que le traité du 21 janvier fût valable, l'enregistrement au Parlement de Paris.

Léopold avait longtemps combattu cette formalité comme inutile, puisque l'accord qu'il avait signé avec le régent n'était que la suite et l'exécution, — en ce qui concernait la Lorraine, — du traité général de Ryswick ; or, disait-il,

---

1. On peut d'ailleurs prendre dans ce sens la boutade de Saint-Simon : « Il semble arrêté que tout ce voyage serait uniquement consacré à la honte et au grand dommage du roi et du royaume. » *Mémoires*, XV, 120. — Dangeau ne mentionne pas de visite de Léopold au roi ; il écrit seulement à la date du 25 mars : « Mme de Lorraine était au cours, qui fit arrêter son carrosse devant le roi, qui lui fit beaucoup d'honnêtetés. » XVII, 271.
2. Bibliothèque nationale, ms. 42.

personne n'avait songé à consulter le Parlement au sujet de ce traité : « Les princes, écrivait Lefebvre, qui transigent immédiatement ensemble par les traités de paix le font d'une autorité et d'une puissance absolue et indépendante des tribunaux qu'ils ont dans leurs États¹. » Le jeune âge d'un roi mineur ne justifiait point, aux yeux du conseiller de Léopold, le contrôle du Parlement, attendu que « la régence sous un roi mineur a le même pouvoir qu'aurait un roi majeur ».

Mais, il faut bien le dire, la formalité de l'enregistrement était jugée, à la cour de Lorraine, pleine de dangers ; on craignait l'opposition de la haute magistrature française à une convention que l'on avait eu tant de peine à élaborer : « Si le Parlement de Paris, disait encore Lefebvre, voulait entrer en connaissance de cause, examiner les motifs et la valeur des cessions respectives, en disant que si l'on veut que son autorité intervienne, il ne peut la donner qu'après avoir connu s'il est expédient ou non pour le bien du royaume que ces cessions se fassent, pour après cet examen faire ou non des remontrances à Sa Majesté, où en serions-nous ? Ou bien s'il venait à insérer quelques restrictions ou protestations, soit sur son registre public, soit sur son registre secret, ou à demander le renvoi de cet enregistrement à la majorité à cause de l'abandonnement du gros de la prévôté de Longwy contre la teneur du traité de Ryswick, cela nous serait un obstacle perpétuel et un moyen évident pour renverser à une majorité tout ce que nous aurions fait. Si nous avons cela à craindre du Parlement de Paris, nous l'avons encore bien plus de celui de Metz, qui est dans le chagrin de se voir si fort retrancher son ressort par ce traité². »

1. Lefebvre à Léopold, 21 juillet 1717. Bibliothèque de Nancy, ms. n° 115.
2. Ibid.

Mais le duc d'Orléans tenait à témoigner sa reconnaissance au Parlement qui lui avait, à la mort de Louis XIV, décerné la régence pleine et entière. Obligé de se plier aux circonstances, Léopold voulut du moins profiter de son séjour à Paris pour terminer une affaire à laquelle il attachait le plus grand prix. Trois fois il recula la date de son départ pour la Lorraine, en raison des lenteurs du Parlement, qui n'était pas d'accord sur le cérémonial de l'enregistrement. La grande chambre, ayant dans ses attributions le jugement des questions relatives aux droits de la couronne, prétendait examiner seule le traité du 21 janvier, pendant que les chambres des enquêtes et des requêtes soutenaient qu'il était impossible de se passer de leur sanction. Enfin le 7 avril, la grande chambre mettant fin à ses débats, procéda seule à l'enregistrement sans faire la moindre représentation sur le fond du traité [1].

Les magistrats des deux autres chambres manifestèrent une vive animosité à l'égard de leurs collègues; ils allèrent même en corps, le 12 avril, à la grand'chambre, remettre au président leurs protestations, que, d'ailleurs, le greffier du Parlement eut ordre de ne point mentionner [2].

Le duc et la duchesse de Lorraine avaient quitté Paris le 8 avril, le lendemain même de l'enregistrement. La duchesse avait su, par ses « honnêtetés et ses politesses [3] », se concilier les sympathies de toutes les dames de sa connaissance, bien que la chaste épouse de Léopold se trouvât mal à l'aise dans ce monde mêlé et corrompu de la régence :

---

1. Duclos, *Mémoires secrets*, dans la collection Petitot, LXXVI, 301. — Le traité du 21 janvier, dit Saint-Simon, « blessait fort le roi et l'État, mais il ne touchait ni à la bourse, ni aux chimères, ni aux prétentions de ces prétendus tuteurs de nos rois mineurs et protecteurs du royaume et de ses peuples. » *Mémoires*, XV, 119.
2. Dangeau, XVII, 285, 297.
3. *Ibid.*, p. 271.

« Elle ne peut s'habituer à voir, écrivait Madame, en plein Opéra, les dames qui portent les plus grands noms, traiter les hommes avec une familiarité qui indique tout autre chose que la haine ; elle me dit : « Madame ! Madame ! » Je lui réponds : « Que voulez-vous, ma fille, que j'y fasse ? Ce « sont les manières du temps. — Mais ces manières sont « fort vilaines, réplique-t-elle avec raison[1]. »

Quant à Léopold, il avait plu à sa belle-mère, non seulement parce que la duchesse douairière d'Orléans était « passionnée pour tout ce qui tenait à l'Allemagne[2] », mais aussi parce qu'elle savait gré à son gendre de mettre quelque discrétion dans ses amours illicites et de ne point suivre l'exemple du roi défunt. Elle avouait d'ailleurs que Mme de Craon valait bien la peine d'être aimée, et constatait avec une réelle satisfaction que cette belle dame était « très respectueuse » vis-à-vis de sa fille : « Si cela continuait toujours comme cela, ajoutait-elle même avec condescendance, il n'y aurait rien à dire à cet égard[3]. » Et puis, elle appréciait fort chez Léopold une certaine raideur dans les principes qui contrastait, paraît-il, avec l'indifférence commune aux maris de ce temps sur le sentiment de l'honneur : « Il n'entendrait pas raillerie du tout, s'écriait-elle avec fierté, si l'on devait faire quelque historiette à ma fille[4]. »

Le duc de Lorraine avait eu moins de peine encore à s'assurer de l'estime et de l'amitié du régent. Tous les historiens lorrains ont rapporté ces paroles, que le duc d'Orléans aurait adressées aux membres du conseil de régence : « Qu'entre tous les souverains de l'Europe, il n'en

---

1. *Correspondance de Madame*, édit. Brunet, I, 381.
2. Duclos, *loc. cit.*, p. 301.
3. *Mélanges*, p. 316.
4. Lettre du 18 février 1718. *Correspondance de Madame*, édit. Jæglé, II, 200.

connaissait aucun qui fût supérieur au duc de Lorraine en expérience, en politique et en sagesse. »

Comme si cet éloge n'était pas suffisamment exagéré, Noël[1] dépasse encore la mesure en octroyant à son héros deux autres qualités, l'économie et la générosité, d'ordinaire incompatibles, et dont l'une fut sans conteste étrangère à Léopold[2].

---

1. *Mémoires*, n° 5, I, 137.
2. Voir ci-dessous le chapitre XII.

CHAPITRE X

POLITIQUE EXTÉRIEURE (1718-1723)

I. Rapports de Léopold avec le régent. — II. Léopold convoite le Luxembourg. — III. Élisabeth-Charlotte et Dubois. — IV. Causes de refroidissement avec la France. — V. Mémoire pour servir d'instruction à Lefebvre. — VI. Nouvelle mission de Lefebvre à Vienne. — VII. Léopold se jette dans les bras de l'Autriche. — VIII. Le prince François à la cour impériale.

Pendant son séjour à Paris, le duc de Lorraine avait été mis au courant par le régent du projet de la quadruple alliance que l'abbé Dubois était alors en train d'ébaucher à Londres, et qui, en réunissant la France, l'Angleterre, les Provinces-Unies et l'Empire, devait avoir pour but de faire la loi à l'Espagne, et d'amener, au détriment de celle-ci, une nouvelle distribution du territoire italien. La France et l'Angleterre se montraient disposées à garantir aux enfants de Philippe V et d'Élisabeth Farnèse la réversibilité des duchés de Parme et de Toscane, à condition que l'Espagne consentît à voir la Sicile passer dans les mains de Charles VI. Dans le cas où le roi d'Espagne n'accepterait point ces propositions, le régent estimait qu'il serait peut-être possible d'assurer la Toscane à Léopold, comme indemnité du Montferrat [1].

---

1. D'Haussonville, IV, 263, 613.

I

Les confidences et les promesses du duc d'Orléans achevèrent d'opérer dans l'esprit du duc de Lorraine l'évolution dont le traité de Paris avait été le point de départ. C'est au régent comme à son protecteur et à son ami que s'adresse désormais Léopold, heureux de voir naître une occasion de se procurer quelque établissement considérable en Italie. Les engagements que plusieurs puissances avaient pris de l'indemniser de l'abandon du Montferrat au duc de Savoie, lui étaient un prétexte tout trouvé de mettre en mouvement sa diplomatie et d'attirer sur lui l'attention de la Quadruple-Alliance. Il implora l'appui de l'Angleterre; on lui répondit de ce côté qu'il « fallait attendre un temps plus favorable, la conjoncture présente ne permettant pas d'agir pour les intérêts du duc de Lorraine si le duc de Savoie n'y donnait occasion par sa résistance à souscrire au traité[1] ». Mais, loin de résister, le prudent Victor-Amédée accéda le 2 novembre à la Quadruple-Alliance[2].

Les États-Généraux, à qui s'adressa Léopold[3], ne lui firent même pas de réponse, et l'on ne connut sa demande que par la révélation que le marquis Beretti-Landi, ambassadeur d'Espagne à La Haye, en fit à l'agent du roi de Sicile. Beretti disait « que, comme le duc de Lorraine ne remuait pas la prunelle sans la volonté de l'Empereur, on devait regarder les lettres qu'il avait écrites en Angleterre et en Hollande comme une insinuation procédant de quel-

---

1. Saint-Simon, XVI, 215.
2. Rousset, *Recueil historique d'actes, etc., depuis la paix d'Utrecht jusqu'au second congrès de Cambrai*, I, 230.
3. Lettre du 30 mai 1718. *Archives des affaires étrangères*, CIII, f° 128.

que stratagème politique de la cour de Vienne, soit pour faire peur au roi de Sicile, soit pour se venger de lui, supposé qu'elle crût que ce prince se conduisît de bonne foi à l'égard du roi d'Espagne[1] ». Beretti se trompait. Ce n'était pas pour faire le jeu de l'Empereur, mais uniquement pour satisfaire ses propres convoitises que Léopold s'agitait ainsi : de bonne heure il avait manifesté au duc d'Orléans son désir d'accéder à la Quadruple-Alliance afin d'obtenir plus sûrement que son indemnité fût réglée, et, depuis le commencement de l'année, il suivait les conseils qui lui venaient de la cour de France : « Je ne puis que continuer, écrivait-il le 10 octobre 1718, à remercier M. le duc d'Orléans des bontés qu'il me témoigne, et l'assurer d'un attachement inviolable qui ne finira qu'avec ma vie, pouvant même dire qu'il n'y a personne au monde sur qui il puisse compter plus sûrement que sur moi. J'exécuterai exactement ce que M. le duc d'Orléans me prescrit touchant l'accession à la Quadruple-Alliance, et je resterai dans une entière inaction, dans l'espérance que, lorsqu'il sera temps, M. le duc d'Orléans voudra bien avoir la bonté de me faire avertir et de prendre à cœur mes intérêts, mettant mon unique confiance en ses bontés et en son amitié[2]. »

La Quadruple-Alliance avait alors de trop graves préoccupations pour s'intéresser aux affaires du petit duc de Lorraine. La conquête de la Sicile (juillet 1718) par les troupes de Philippe V, et surtout l'écrasement de la flotte espagnole par l'amiral anglais Byng à la hauteur de Syracuse (11 août), rendaient imminente une déclaration de guerre que l'on n'osait faire ni à Londres, ni à Paris, par crainte de l'opinion publique. L'abbé Dubois, l'an-

---

1. Saint-Simon, XVI, 215.
2. Léopold au régent. Archives des affaires étrangères, CIII, p. 351.

cien précepteur du régent, devenu son confident et son favori, fut nommé secrétaire d'État aux affaires étrangères (24 septembre); il se chargea de fournir un prétexte pour la lutte fratricide qu'on allait entamer contre le petit-fils de Louis XIV, et fit le plus grand bruit qu'il put autour du complot peu dangereux tramé par Albéroni contre le régent; le duc de Cellamare, ambassadeur d'Espagne à Paris, fut arrêté, ainsi que le duc et la duchesse du Maine.

Léopold saisit avec empressement cette occasion de faire montre de son zèle. Il donna l'ordre d'arrêter dans tous ses États les étrangers qui n'auraient pas de passeport[1], et écrivit au régent les lignes suivantes : « Je me flatte que M. le duc d'Orléans est assez persuadé de mon attachement pour lui, pour ne pas douter de la part que je prends à ce qui peut le regarder. La nouvelle que l'on a reçue ici qu'il ait fait arrêter le prince de Cellamare, a donné à sa sœur et à moi une juste inquiétude ; elle en écrit à M. le duc d'Orléans, et pour moi je ne puis en cette occasion que lui renouveler les assurances d'un attachement inviolable et le prier de ne m'épargner en aucune occasion où, par les effets, je puisse le convaincre de mon zèle, l'assurant qu'il n'y a rien que je ne fasse pour son service[2]. »

La guerre fut déclarée à l'Espagne par le conseil de régence le 10 janvier 1719; l'Angleterre avait devancé cette déclaration le 27 décembre. Le duc de Lorraine envisageait l'avenir avec confiance et, dans l'attente de quelque grave éventualité, amassait de l'argent, augmentait les effectifs de ses deux régiments, et faisait dresser l'état de ses sujets les plus propres à porter les armes[3]. Le baron Le Bègue fut envoyé à Londres pour y veiller aux

---

1. D'Audiffret au régent, 15 décembre 1718. *Ibid.*, f° 417.
2. Lettre du 13 décembre 1718. *Ibid.*, f° 422.
3. D'Audiffret au régent, 10 et 23 janvier 1719. *Ibid.*, CIV, f°° 35 et 65.

intérêts de son maître; en passant à Paris, il eut plusieurs audiences du régent, à qui il devait dire « bien des choses, qui ne se peuvent écrire[1] ». A en croire d'Audiffret, il ne s'agissait rien moins que de l'échange de la Lorraine contre la Toscane : « Je n'ai plus aucun lieu de douter, écrivait l'agent français le 25 avril 1719, que M. le duc de Lorraine ne travaille fortement, en cas que le Roi catholique persiste à refuser, à se faire subroger à la succession des États des duchés de Toscane, de Parme et de Plaisance, mais particulièrement de celui de Toscane, sur lequel il a des vues depuis longtemps... La connaissance qu'une longue résidence en cette cour m'a donnée des sentiments et des affaires de M. le duc de Lorraine me confirme tous les jours dans l'opinion qu'il désirerait fort de se transplanter, par le peu de goût qu'il a pour les Lorrains, dont il connait parfaitement le caractère, et surtout pour se tirer de la sujétion où le met la situation de ses États, presque environnés de ceux de Votre Majesté, à laquelle son ambition répugne, mais que la prudence retient. Il serait à désirer que cette transmigration fût possible par le juste fruit que Votre Majesté peut espérer de cette guerre. Il lui en reviendrait de pouvoir unir à sa couronne les duchés de Lorraine et de Bar, union la plus avantageuse qu'elle pourrait faire, considérée par tous les motifs de politique par lesquels elle peut être envisagée[2]. »

Élisabeth-Charlotte ne ménageait pas ses lettres à Dubois, et bien que dans l'intimité elle jugeât assez sévèrement ce personnage[3], elle le priait coup sur coup, invo-

---

1. Élisabeth-Charlotte à Dubois, 27 novembre 1718. *Ibid.* — La Bègue arriva à Londres à la fin de janvier. *Journal de Verdun*, avril 1719.
2. D'Audiffret au régent, 25 avril 1719. *Archives des affaires étrangères*, CIII, f° 212.
3. Elle écrivait le 27 mars 1717 à la marquise d'Aulède : « Je ne suis pas surprise de l'avancement de l'abbé Dubois, connaissant il y a longtemps

quant « leur ancienne connaissance », de défendre les intérêts de sa famille ; c'était elle qui servait d'intermédiaire à Léopold auprès du tout-puissant ministre : « Son Altesse Royale, lui écrivait-elle le 27 mai, m'a chargée de vous adresser sa lettre pour mon frère et de vous en envoyer la copie, Monsieur, que voilà ! Je l'ai lue, et l'intérêt que je prends, comme vous pouvez bien croire, au bien de mes enfants, me fait désirer avec passion notre indemnité de Montferrat, mais je comprends que la France n'ayant en rien agi comme ont fait les deux autres puissances, je veux dire l'Angleterre et la Hollande, pour le faire donner au duc de Savoie, que mon frère n'oserait se mêler directement de cette affaire auprès de l'Empereur comme Son Altesse Royale l'espérait, mais il pourrait nous y servir, et vous aussi, pour nous recommander à ces deux puissances[1]. »

Le duc d'Orléans et Dubois ne se contentèrent pas de promettre leurs bons offices à la maison de Lorraine ; deux occasions allaient s'offrir à eux de montrer leur bonne volonté à l'égard de Léopold.

Au milieu de l'été de 1719, les habitants de Longeville, près de Bar, s'étaient révoltés contre l'autorité de leur souverain et refusaient de payer la subvention. On envoya pour les réduire six compagnies d'infanterie. Mais les rebelles eurent recours au Parlement de Paris et le prièrent d'examiner les prétendus titres du duc Charles III, sur lesquels ils fondaient leur exemption. Le gouvernement lorrain craignit un moment que le Parlement n'intervînt, comme il l'avait fait dans d'autres occasions, et qu'un

---

l'amitié de mon frère pour lui, qu'il n'a pourtant jamais guère méritée, en ayant toujours abusé et lui ayant fait faire des choses dont il n'est, je crois, pas à se repentir, témoin son sot mariage. » Le régent avait épousé Mlle de Blois, fille légitimée de Louis XIV et de Mme de Montespan.

1. Élisabeth Charlotte à Dubois, 27 novembre 1718. *Archives des affaires étrangères*, CIV, f° 235.

« arrêt de défense » ne permit aux coupables de se soustraire au châtiment. Mais le duc d'Orléans fit arrêter à Paris et renvoyer à Longeville les habitants qui étaient venus présenter aux magistrats les requêtes de la communauté. Léopold se hâta de remercier son beau-frère de sa « bonté » et de la « justice » qu'il lui avait rendue[1].

Quelques mois après, le 6 novembre 1719, le duc de Lorraine achetait au duc de Montmorency la ville et le comté de Ligny, pour le prix de 2,600,000 livres ; mais, à peine le lieutenant-général du bailliage de Bar avait-il pris possession de l'acquêt, que le duc de Châtillon, frère du vendeur, prétendit exercer le retrait lignager, et saisit le Parlement de Paris. Sur les conclusions du procureur général, M. de Châtillon obtint la permission de faire assigner le duc de Lorraine ; mais celui-ci se plaignit au régent[2] de l'irrégularité de cette procédure qui portait atteinte, disait-il, aux concordats entre la France et la Lorraine ; un arrêt du Conseil d'État, rendu le 7 mai 1720, déclara le Parlement de Paris incompétent et renvoya le demandeur au bailliage de Bar. Alors les parties s'arrangèrent, et le duc de Châtillon abandonna ses prétentions moyennant une somme de 100,000 livres[3].

II

Mais Léopold n'était pas aussi heureux en Italie. Après une courte guerre, l'Espagne s'était réconciliée avec ses ennemis et avait adhéré à la Quadruple-Alliance (17 fé-

---

1. Léopold au régent, 18 juin 1719. *Ibid.*, CV, f° 90.
2. Léopold au régent, 18 janvier et 7 février 1720. *Ibid.*, CVII, f°ˢ 22, 101.
3. Noël, *Mémoires*, n° 5, I, 152. — Voir *Études sur la seigneurie de Ligny de la maison de Luxembourg*, par Bonnabelle, dans les *Mémoires de la Société des lettres, sciences et arts de Bar-le-Duc*, 1889, p. 92.

vrier 1720). La Toscane échappait au duc de Lorraine qui, déçu, mais non découragé, songea désormais à obtenir une indemnité ailleurs qu'en Italie : il désirait le duché de Luxembourg. Certes, il ne se faisait pas illusion sur les difficultés qu'il aurait à surmonter pour obtenir de la cour de Vienne un territoire de cette importance, mais avec l'appui du régent il croyait tout possible : « Je supplie M. le duc d'Orléans de bien vouloir se souvenir de la prière que je lui ai faite en dernier lieu au sujet de mon indemnité pour le duché de Montferrat... Je lui demande seulement sa protection avec laquelle j'ai tout à espérer et sans laquelle j'ai tout à craindre après les remises que l'on m'a faites depuis tant d'années, malgré les promesses les plus fortes et les plus solennelles. J'ose dire même que Monsieur doit en quelque façon la protection que je lui demande, à sa gloire de soutenir les intérêts de qui a le bonheur de lui appartenir de si près, et de faire rendre justice, sans aucune obligation, par ceux qui l'ont promise solennellement. J'espère tout de la bonté de M. le duc d'Orléans et le prie de considérer que ce n'est que la violente situation où je me trouve à la veille d'une paix générale qui m'oblige à l'importuner comme je fais, lui en demandant mille excuses et l'assurant de l'attachement le plus sincère et qui ne finira qu'avec mes jours [1]. »

Le duc de Lorraine comptait d'autant mieux sur l'appui du régent qu'il savait que la France avait tout intérêt à ce que le duché de Luxembourg lui appartînt plutôt qu'à la maison d'Autriche ; d'ailleurs, il était prêt à se soumettre à toutes les garanties que les puissances désireraient relativement à la ville même de Luxembourg : « On pourrait, disait-il, y mettre garnison de la part de tous les hauts

---

[1]. Léopold au régent, 7 février 1320. *Archives des affaires étrangères*, CIV, f° 101.

alliés de la Quadruple-Alliance, pourvu que cela ne soit
pas à la charge de la province qui, ne rapportant que
200,000 et tant de florins, ne la pourrait pas supporter.
Ou on pourrait accorder à cette ville une neutralité,
comme il y en a des exemples de Liège, d'Aix-la-Chapelle
et encore d'autres. Enfin, on pourrait la faire raser[1]... »

Un congrès devait s'assembler pour discuter et régler
tous les différends entre les puissances. Léopold, sachant
que le duc d'Orléans souhaitait que ce congrès se tînt à
Paris, mais prévoyant qu'il y aurait peut-être quelques
difficultés à ce sujet, offrit de faire des démarches auprès
des puissances pour que Nancy fût désigné; cette ville,
écrivait-il à son beau-frère, lui devait convenir, « tant par
la proximité de Paris que parce que nul endroit de l'Europe ne lui est si sûrement attaché ». Mais l'important, aux
yeux de Léopold, était que le gouvernement français prît
en main la défense des droits de la maison de Lorraine,
avant même la réunion du congrès : « Si M. le duc d'Orléans n'a la bonté d'avance de marquer à ses hauts alliés,
et surtout à la cour de Vienne, qu'il souhaite, si j'ose le
dire, avec fermeté, que l'on me procure mon indemnité,
je cours grand risque d'être renvoyé à la solliciter à Vienne,
et au plus à recevoir de belles paroles[2]. »

III

Aux lettres pressantes de Léopold le régent répondait
par de vagues promesses; Dubois gardait le silence, évitant ainsi de s'engager à l'égard de la Lorraine : de là
l'indignation de la duchesse qui rappelle à l'ordre, crû-

---

1. Léopold au régent, 19 février 1720. *Ibid.*, CVII, f° 46.
2. Léopold au régent. *Ibid.*

ment, l'ancien précepteur de son frère : « Comme je vous ai écrit, Monsieur, plusieurs lettres depuis que vous êtes ministre des affaires étrangères, sans avoir eu aucune de vos réponses, et que je n'en puis pas comprendre la raison, car à l'égard des dessus, je les ai écrits tels qu'ils sont dans mon protocole de petite-fille de France, dont, comme vous savez, nous ne perdons jamais le rang ; ainsi, je vous dirai avec la franchise que vous me connaissez, que j'ai été fort surprise de votre silence à mon égard. Je l'ai même mandé à mon frère, car j'avais tout lieu de me flatter que vous seriez dans mes intérêts, après les lettres que vous m'avez écrites, où vous m'en assurez, et votre silence ne répond pas à vos promesses. Voici pourtant une occasion qui se présente, où vous m'en pouvez donner des marques[1]. »

Cette lettre resta encore sans réponse. Mais la duchesse avait trop besoin du ministre pour le bouder bien longtemps ; à la nouvelle qu'il venait d'être promu à l'archevêché de Cambrai, elle s'empressa d'écrire à l'indigne prélat et de solliciter une fois de plus sa haute protection : « Je viens d'apprendre avec bien du plaisir, Monsieur, que mon frère vous a nommé à l'archevêché de Cambrai, et malgré votre silence à mon égard, je ne laisse pas de vous en faire mon compliment. Son Altesse Royale m'a chargée de vous marquer aussi la part qu'elle y prend. Je me sers de cette même occasion pour vous prier de vous ressouvenir un peu de nos intérêts, pour ce qui peut regarder notre indemnité du Montferrat, comme aussi notre affaire du comté de Ligny, dont je crois que le président Mahuet vous aura instruit. Vous m'avez tant donné autrefois de marques de votre envie à me faire plaisir dans ce qui pourrait regarder nos intérêts, Monsieur, que je me

---

1. Élisabeth-Charlotte à Dubois, 29 février 1720. *Ibid.*, f° 16.

flatte que vous ne nous oublierez pas dans ces deux affaires qui nous sont de la dernière importance. Je vous prie de croire que vous ne pourrez jamais vous intéresser pour personne qui en soit plus reconnaissante que moi [1]. » Dubois fut sourd à cet appel.

IV

Pourquoi le zèle du ministre français, en qui Élisabeth-Charlotte avait naguère tant espéré, se refroidissait-il brusquement pour les intérêts lorrains ? C'est que l'ambition de Léopold, enhardie par les promesses récentes du cabinet de Paris, grandissait de jour en jour. Après s'être déclaré satisfait s'il obtenait le Luxembourg, le duc de Lorraine manifestait maintenant son intention de solliciter du futur congrès la souveraineté d'Arches et de Charleville et même l'émancipation du Barrois[2].

On comprend que de telles prétentions aient été bien capables d'émouvoir le régent et son premier ministre. Le 12 août 1720, Dubois faisait dire au duc de Lorraine « qu'il se flatterait vainement de faire entrer dans les conférences du congrès de Cambrai, et encore moins dans les traités qui en seraient la suite, des matières étrangères aux affaires générales qui donneraient lieu à cette assemblée[3] ».

Les instances du duc de Lorraine auprès du Saint-Siège pour obtenir un évêché à Saint-Dié étaient également fort mal vues à Paris. M. d'Haussonville[4] insinue que l'abbé

---

1. Élisabeth-Charlotte à Dubois, 12 mars 1720. *Ibid.*, f° 56.
2. Lefebvre à Léopold, 8 septembre 1720. *Bibliothèque de Nancy*, ms. n° 165.
3. Dubois à d'Audiffret. *Archives des affaires étrangères*, CVII, f° 144.
4. *Histoire de la réunion de la Lorraine à la France*, IV, 267.

Dubois, candidat au siège archiépiscopal de Cambrai, n'avait épousé les intérêts de l'évêque de Toul que pour se ménager la faveur du haut clergé français. Il nous semble que Dubois, qui ne convoitait pas moins le chapeau de cardinal que l'archevêché de Cambrai, avait plus à ménager le pape, pour arriver à ses fins, que le haut clergé de France. Or il est incontestable que l'opposition qu'il fit, à Rome, à l'érection d'un évêché à Saint-Dié n'était pas pour plaire au Saint-Père : un premier décret, rendu par la Congrégation du concile, avait admis en principe la demande du duc de Lorraine[1] ; M. de Camilly ayant fait opposition au décret, un second débouta l'évêque de Toul. Léopold touchait donc au but ; déjà il venait de constituer une rente annuelle de 300 ducats d'or[2] à prendre sur les revenus domaniaux des prévôtés de Bruyères et d'Arches, afin de grossir la mense de la la grande prévôté de Saint-Dié et assurer au futur évêque une dotation suffisante, lorsque le chargé d'affaires à Rome, l'évêque de Sisteron, reçut l'ordre de présenter à la cour pontificale les remontrances de son gouvernement, et de rompre tout commerce si elles n'étaient point écoutées. « Le pape épouvanté envoya dire à la Congrégation de faire un *dilata*, et il ajouta au décret que le duc de Lorraine eût à confirmer les preuves alléguées. Cela renvoie l'affaire à une autre année[3]. »

Dubois n'avait aucun profit personnel à retirer de cette

---

1. Thibault, p. 113. — C'est à propos de ce décret que Dubois écrivait à M. d'Audiffret : « Si obscurs que paraissent être les termes de ce décret, on approuve les causes qui ont porté M. le duc de Lorraine à demander l'érection d'un évêché dans ses États ; ce qui est un préjugé bien considérable que les raisons que l'on a alléguées contre cette érection n'ont pas été jugées valables ; le surplus du décret paraît ambigu comme les anciens oracles et aura tel sens que l'on voudra : *Et ad mentem mens si quod requirantur nori consensus liberi...* » D'Haussonville, IV, 616.
2. Environ 1,862 livres tournois. Lettres patentes du 11 mai 1719. *Archives de Meurthe-et-Moselle*, B, 145.
3. *Journal et Mémoire de Mathieu Marais*, I, 370.

opposition, mais un motif de haute politique l'obligeait à empêcher le duc de Lorraine de soustraire à l'avenir ses États à la juridiction des évêques français[1] : la prétention du duc de Lorraine, écrivait-il à M. d'Audiffret, « n'est pas nouvelle, et nos rois l'ont combattue comme contraire à leurs intérêts dans le temps même qu'ils n'avaient qu'un droit de protection sur les Trois-Évêchés ; le roi a donc des raisons bien plus fortes que ses prédécesseurs, puisqu'il est souverain des Trois Évêchés depuis qu'ils lui ont été cédés par le traité de Westphalie[2] ».

Les déclarations officielles que Dubois chargea't le représentant de la France à Nancy de faire à Léopold ne pouvaient assurément laisser aucun doute à celui-ci sur l'importance que le gouvernement royal attachait à cette affaire : « Je ne doute point, mandait le ministre à M. d'Audiffret, que M. de Lorraine, après avoir bien pesé toutes les conséquences d'une pareille entreprise, ne connaisse combien le succès le plus favorable serait dangereux pour lui, et que la considération de ses véritables intérêts ne le porte à abandonner absolument cette vue ; » — ou encore : « M. le duc de Lorraine s'abuserait, s'il se persuadait que les affaires que le roi peut avoir à ménager à Vienne dans les circonstances présentes, pussent ralentir l'opposition que Sa Majesté apportera toujours à ce projet. C'est la disposition générale de toutes les personnes qui entrent au conseil de régence[3]. »

Léopold dut céder devant une opposition aussi ferme ; il renonça à son projet, mais non pas pour toujours. Après la mort du régent et de Dubois, Bourcier fut envoyé à

---

1. Dubois, écrit Saint-Simon, « ne crut pas devoir salir son ministère d'une tolérance si préjudiciable et qui ferait crier contre lui ». *Mémoires*, XVII, 408.
2. D'Haussonville, IV, 616.
3. Dubois à M. D'Audiffret, 13 août et 8 novembre 1720. *Archives des affaires étrangères*, CVII, f° 144 ; CVIII, f° 66.

Paris afin d'entretenir le comte de Morville, ministre des affaires étrangères, de cette vieille question ; on le reçut assez mal : « Le peu de conférences, mandait M. de Morville à M. d'Audiffret, qu'il a eues avec moi, ne se sont pas passées à sa satisfaction. Il s'y est agi de sa part d'obtenir le consentement du roi à l'érection de l'évêché de Saint-Dié, et de la mienne d'un refus absolu de parler à Sa Majesté d'une affaire dont M. de Lorraine avait donné la parole qu'il ne serait plus question. Au reste, je n'ai pas laissé ignorer au sieur Bourcier qu'il n'y aurait jamais d'adoucissement à l'opposition que cette entreprise trouverait en tout et partout ; voilà tout ce qui s'est passé entre lui et moi [1]. »

Les résistances de Dubois avaient vivement blessé l'amour-propre de Léopold, qui n'allait pas tarder à s'éloigner de la France comme d'une protectrice peu sûre et d'une humeur difficile. Au mois d'octobre 1720, le gouvernement français ne voyait déjà plus d'autre moyen de « retenir » le duc de Lorraine, que de caresser le rêve ambitieux que ce prince venait de confier à M. d'Audiffret ; le duc aspirait en effet à devenir le beau-père du jeune roi de France : « Vous ne pouvez, écrivait l'archevêque de Cambrai à son agent, parler avec trop de circonspection sur cette matière, ni éviter avec trop de soin de confirmer et de fortifier ses espérances, ou de donner lieu à des ouvertures qui ne pourraient produire qu'un effet opposé à l'objet que vous avez en vue, et faire connaître à M. le duc de Lorraine qu'il trouverait des obstacles insurmontables à l'accomplissement de ce qu'il désire. Ainsi c'est à vous à vous ménager de manière à ne pas tomber dans cet inconvénient [2]. »

---

1. Lettre du 21 décembre 1724. *Ibid.*, CVIII, f° 214.
2. Lettre du 11 octobre 1720. *Ibid.*, CVII, f° 121.

Si Léopold avait à se plaindre du régent, avait-il eu beaucoup à se louer de l'Empereur? N'était-ce pas l'Empereur qui avait donné le Montferrat au duc de Savoie, l'Empereur qui depuis douze ans berçait le souverain de la Lorraine de vaines espérances?

Mais Léopold n'était pas homme à persévérer bien longtemps dans une même politique, à résister aux impulsions du moment. Il avait flatté la France tant qu'il comptait sur elle pour obtenir les avantages qu'il désirait; maintenant qu'il perdait tout espoir d'arracher à un voisin équitable et même accommodant de nouvelles concessions, il était prêt à saisir la première occasion pour se jeter dans les bras de l'Autriche. Et cette occasion s'était offerte à l'instant même où il se heurtait, à Rome, à l'opposition du gouvernement français.

V

Dans le courant de l'année 1720, l'empereur Charles VI se décidait brusquement à répondre aux sollicitations réitérées du duc de Lorraine et lui offrait pour indemnité du Montferrat un duché en Silésie de 50,000 florins de revenu; il comptait ainsi faire pièce à la politique de rapprochement que le duc d'Orléans suivait depuis quelques années, et avec succès, à l'égard de la Lorraine.

En réponse aux propositions de l'Empereur, Léopold fit partir pour Vienne le plus avisé de ses diplomates, Lefebvre, à qui il remit des instructions précises et détaillées sur toutes les affaires concernant la maison de Lorraine[1].

---

[1]. Mémoire servant d'instruction pour M. le comte des Armoises et M. Lefebvre, donné à Lunéville à Lefebvre le vendredi 27 septembre 1720. *Bibliothèque de Nancy*, ms. n° 165, f° 149.

Et d'abord Léopold trouvait bien faible le revenu de 50,000 florins que lui proposait l'Empereur; il ne jugeait pas exagéré de demander le double et, en outre, la somme d'un million de florins, une fois payée, pour le dédommager de la non-jouissance du Montferrat pendant douze ans. Toutefois, il recommandait à son plénipotentiaire de ne « rien gâter, ni rien demander avec trop de chaleur », de crainte de « s'attirer un refus tout plat ou de faire trop traîner cette affaire », qu'il était, pensait-il, de la « dernière conséquence de faire terminer incessamment ». Il espérait aussi que l'Angleterre, qui ne lui avait pas ménagé dans le passé ses protestations de dévouement, voudrait bien lui fournir également, à titre d'indemnité, un subside extraordinaire qu'il fixait à 15,000 livres sterling, mais sans grande confiance d'être écouté, décidé qu'il était à « passer par où voudrait » la cour impériale. Il jugeait d'ailleurs d'autant plus prudent de ne pas irriter l'Empereur par des prétentions excessives, qu'il comptait sur son appui pour en finir avec l'affaire de Falkenstein.

Le petit comté de Falkenstein[1], acheté par Charles IV en 1665, avait été donné, deux ans après, au prince de Vaudémont, avec réversibilité au duché de Lorraine, dans le cas où le prince ne laisserait pas d'héritier mâle. En 1707, Vaudémont échangea ce comté et différentes autres terres contre la principauté de Commercy[2]. Léopold, croyant pouvoir désormais disposer librement de Falkenstein, en investit le comte de Schomborn. Mais la cour aulique intervint sous prétexte que le comté était un fief impérial, qui devait faire retour à l'Empereur à la mort du prince de Vaudémont; elle donna l'ordre, en 1719,

---

1. Falkenstein est un bourg de la Bavière rhénane, à peu de distance de Kaiserslautern. — Cf. Briard, *Le Comté de Falkenstein dans la maison de Lorraine* (Journal de la Société d'archéologie lorraine, 1885).
2. Voir plus haut, p. 182.

aux directeurs du cercle du Haut-Rhin de déposséder le comte de Schomborn, mais cet ordre resta lettre morte. Léopold, qui ne pouvait nier l'engagement qui le liait à la maison de Schomborn, trouva un moyen fort simple de trancher toute difficulté : il fit prier l'Empereur de déclarer le territoire en litige réuni pour toujours au duché de Lorraine, insinuant à Lefebvre de « tâcher de faire en sorte que cela parût venir en droiture de l'Empereur ».

L'accession de la Lorraine à la Quadruple-Alliance, l'insertion du traité de Paris dans le futur traité général, préoccupaient davantage Léopold ; cette dernière formalité lui paraissait même « absolument nécessaire », car, disait-il, « quoique nous n'ayons pas trouvé de forts grands avantages, et que nous ayons cédé nous-même plusieurs choses pour parvenir à une fin, nous avons lieu de craindre qu'à moins que ce traité ne soit confirmé par un article particulier au futur congrès, on pourrait peut-être, à la majorité du roi de France, changer ce qui s'est fait pendant la régence ».

Le duc de Lorraine, qui dévoilait naguère à M. d'Audiffret son désir secret d'unir une fois de plus sa maison à celle de France, songeait toujours vaguement à obtenir pour son fils la main d'une archiduchesse et du même coup la couronne impériale : « Il me serait très important, — lisons-nous dans le mémoire remis à Lefebvre, — si on pouvait savoir ce que la cour de Vienne pense sur la succession, en cas que l'Empereur vienne à manquer d'avoir des enfants mâles. »

Enfin Lefebvre avait à s'occuper avec le comte de Mercy de diverses questions concernant les trois régiments levés en Lorraine pour l'Empereur :

1° Je souhaite, — écrit Léopold dans le mémoire cité plus haut, — que le traité que j'ai fait avec l'Empereur pour les trois régiments,

qui ne doit durer que dix ans[1], soit prolongé au moins de dix, de
vi.. de trente, si cela se pouvait; plus cela sera prolongé, mieux
cela sera;

2° Que M. Lefebvre voie un peut comment se pourront faire à l'avenir les paiements qu'en vertu de mon traité je suis obligé de faire. La difficulté des remises est immense à cette heure;

3° Si, en renouvelant le traité, on pouvait diminuer les charges, cela serait bon; mais il ne faut pas faire cette demande si elle pouvait attirer un rebut;

4° Il serait bon que l'on pût convenir d'un prix fixe par année avec le général Mercy, qui en a demandé un différent toutes les années, et les gages des colonels, qui sont trois, ne laissent pas que de faire une somme considérable qui y entre;

5° Il faudrait que les trois régiments fussent traités également, celui d'Italie n'étant pas sur le même pied;

6° Je souhaiterais fort que ces trois régiments pussent venir en Allemagne pour se raccommoder;

7° J'ai recommandé au prince Eugène le comte de Ligniville pour être colonel; cela me ferait un sensible plaisir, ou du moins que l'on n'en mette pas à ce régiment;

8° Il faut que le général Mercy tâche de faire placer des Lorrains dans ces régiments, et ne pas remplacer sitôt, parce qu'on pourrait lui envoyer de bons sujets[2].

VI

Lefebvre était à Vienne le 12 novembre 1720. Les démarches qu'il y fit pendant plusieurs mois ne furent pas couronnées d'un plein succès; s'il obtint sans grande diffi-

---

[1]. Nous ne pouvons dire à quelle époque ce traité fut signé, sans doute dans les dernières années de la guerre de la succession d'Espagne.

[2]. On voit par là que Madame n'exagérait guère, lorsqu'elle écrivait, à la date du 27 février 1718: « Je ne veux pas de bien à Mercy; il a joué un vilain tour au duc de Lorraine, son maître: il vint à Nancy, et il persuada au duc de lever 3 régiments, qui devaient rester sa propriété. Le duc les recruta, persuadé qu'il en serait propriétaire; mais quand ils furent levés, Mercy pria l'Empereur de les lui donner; il les obtint en effet, et il n'a pas été permis au duc d'y placer un seul officier. » *Correspondance*, édit. Brunet, I, 376.

culté le consentement de l'Empereur, soit à l'accession du duc de Lorraine à la Quadruple-Alliance, soit à l'insertion du traité de Paris[1], il dut céder sur la question capitale et se contenter d'une indemnité inférieure même à celle que Léopold avait trouvée d'abord insuffisante.

Le duché de Teschen, désigné par l'Empereur pour dédommager le duc de Lorraine de la perte du Montferrat, rapportait en effet 50,226 florins, d'après les évaluations de la Chambre impériale; mais, écrivait Lefebvre, « ayant examiné cette déclaration, nous trouvâmes qu'il n'y avait rien de certain en apparence, c'est-à-dire en supposant la vérité des faits énoncés dans cette déclaration, que pour 31,126 florins... On nous fait valoir des augmentations de revenus que l'on dit être possibles. Nous répondrons que la Chambre doit être présumée trop bonne économe pour avoir manqué de faire valoir ce domaine de l'Empereur autant qu'il a été possible d'en tirer... L'imputation qu'on veut nous faire de l'épargne qu'on dit que Son Altesse Royale pourra faire en retranchant le nombre et les gages des officiers, est une idée. Nous devons présumer de l'exactitude et du zèle de la Chambre qu'elle n'y en a point mis qui ne soient utiles ou nécessaires, et qu'elle n'aura pas prodigué les revenus de l'Empereur à les salarier[2]. »

Lefebvre insinua que l'on pourrait réunir à Teschen des terres voisines, afin d'élever le revenu du duché de 18,874 florins; M. de Sinzendorf paya le diplomate lorrain de belles paroles, et pour attirer l'attention de celui-ci sur un autre point, s'entremit auprès de l'ambassadeur d'Angleterre, afin d'obtenir de Sa Majesté britannique une in-

---

1. Lefebvre à Léopold, 19 janvier 1721. *Bibliothèque de Nancy*, ms. 1.° 165, f° 171.
2. Lefebvre à Léopold, 26 avril 1721. *Ibid.*

demnité sur laquelle Léopold avait raison de peu compter. Milord Cadogan nous dit, écrivait Lefebvre, « que Votre Altesse Royale souffrait une perte considérable, qu'il était persuadé de la justice de votre droit, qu'il en parlerait au roi d'Angleterre; mais qu'il avait cru devoir déclarer à M. de Sinzendorf que l'état des finances de Sa Majesté britannique, qui ont été épuisées par les guerres qu'elle a soutenues, tant contre le prétendant que contre l'Espagne, ne lui permettrait peut-être pas de faire de grands avantages à Votre Altesse Royale, quoiqu'il fût très persuadé de la bienveillance du roi d'Angleterre pour elle; qu'il accompagnerait le rapport qu'il ferait de la proposition de M. de Sinzendorf des meilleurs offices qu'il pourrait, souhaitant de vous rendre service[1] ».

Les raisons ne manquaient pas non plus pour traîner en longueur l'affaire du comté de Falkenstein. Tantôt le premier ministre autrichien affirmait à Lefebvre que l'Empereur s'était engagé à inféoder cette terre au comte de Lœwenstein; tantôt il prétextait la nécessité de satisfaire la maison de Schomborn[2]. La décision de l'Empereur était encore attendue au moment de la mort de Vaudémont; c'est alors seulement que la cour aulique adjugea ce fief au duc de Lorraine[3].

Celui-ci accepta le duché de Teschen, tout insuffisante que lui parût cette compensation, non seulement parce qu'il avait hâte de mettre fin à des difficultés si anciennes, mais aussi parce que ce qu'il devait connaître alors des projets testamentaires de Charles VI lui permettait d'entrevoir de vastes espérances. L'Empereur était dominé par l'idée fixe d'assurer son héritage intact à ses filles; dès

---
1. Lefebvre à Léopold, 1ᵉʳ novembre 1720. *Ibid.*
2. Lefebvre à Léopold, 29 avril et 2 mai 1721. *Ibid.*
3. La paix de Vienne réserva la propriété du comté de Falkenstein à la maison de Lorraine, de sorte qu'en 1789 ce comté appartenait à l'Autriche; en 1815, il devint partie intégrante de la Bavière rhénane.

1713, avant même d'avoir des enfants, il prescrivait l'indivisibilité de ses États et ordonnait que son héritage passât à la ligne féminine à défaut d'enfant mâle. Ce décret dérogeait aux lois particulières de la plupart des États autrichiens, qui ne reconnaissaient point la succession féminine; il méconnaissait en outre les droits des filles de Joseph Ier, le fils aîné de Léopold Ier. Longtemps tenu secret, il ne fut publié que le 6 décembre 1724 sous le nom de Pragmatique Sanction, mais Lefebvre dut en révéler l'existence à Léopold dès la fin de 1720, à voir la solennité avec laquelle le duc de Lorraine fit célébrer, le 25 avril 1721, la déclaration de majorité de son fils aîné, le prince Léopold-Clément : « Je me confirme avec vous, mandait Dubois à d'Audiffret, dans la pensée que cette démonstration a pour but de satisfaire la délicatesse de la cour de Vienne, dans la vue d'un mariage, la maison d'Autriche ayant depuis longtemps affecté de ne donner de princesses qu'aux souverains [1]. »

Il ne semble pas que deux ans auparavant, lorsqu'il chargea le procureur général Bourcier de rédiger l'édit qui fixait à quatorze ans la majorité des princes [2], Léopold ait songé à associer de son vivant le prince royal à l'exercice du pouvoir; il voulait simplement prévenir ou abréger les régences, « souvent orageuses, agitées de troubles et de divisions par les intrigues et les cabales qui se forment

---

[1]. Lettre du 23 mai 1721. D'Haussonville, IV, 272.
[2]. Édit du 14 juillet 1719. *Recueil*, II, 278. — Dans un mémoire qu'il envoya à Bourcier le 27 avril 1719, le duc de Lorraine expliquait par les considérations suivantes la possibilité de fixer à un âge si peu avancé la majorité des princes : « Outre que l'on peut dire sans flatterie que les princes communément sont plutôt formés pour l'esprit et le jugement que les autres hommes, soit pour la pureté et excellence du sang dont ils sont sortis, soit pour la bonne éducation qu'on leur donne ordinairement, soit pour les grands exemples qu'ils ont devant les yeux, étant sans cesse environnés de tout ce qu'il y a de plus dignes sujets de toute condition dans leur État, soit que Dieu qui les a mis à la tête des autres hommes leur donne des lumières supérieures pour les gouverner, comme il fit à Salomon... » (Bibliothèque de Nancy, ms. n° 215, f° 33.)

pendant leur cours ». Or, depuis le 25 avril 1721, le jeune prince eut part au gouvernement, et le duc promulgua, le 2 décembre 1722, un édit[1] qui autorisait son fils aîné à présider les conseils en son absence, à en signer tous les arrêts, à autoriser tous les actes de chancellerie. N'était-ce pas aussi pour faire connaître au delà des frontières de ses États les grandes qualités du prince Clément, que le duc de Lorraine les énumérait avec tant de complaisance dans le préambule de ce dernier édit? Il est difficile en effet d'admettre que le jeune héritier de la couronne ducale ait pu, avant sa seizième année, donner des preuves de « la force de son jugement », de la « solidité de son raisonnement », de « sa prudence », de « la justesse de ses décisions ».

VII

Divers symptômes attestaient qu'une entente parfaite était rétablie entre l'Empire et la Lorraine. C'est assurément pour plaire à la cour de Vienne que l'on fit démentir la nouvelle, annoncée dans l'été de 1722, que le duc se rendrait à Reims avec sa famille pour le sacre de Louis XV.

Léopold, il est vrai, souffrait, depuis le printemps de cette année, d'une fistule qu'un empirique, du nom de Munier, soigna inutilement par des purges et des saignées[2]; mais Élisabeth-Charlotte écrivait à sa confidente, la marquise d'Aulède, qu'il y avait encore « d'autres raisons » pour empêcher le voyage : « Je vous avoue, disait-elle, que je ne laisse pas que d'en être très touchée, mais il faut se soumettre à ce que Dieu veut, ou, pour mieux dire,

---

1. *Recueil*, II, 575.
2. Élisabeth-Charlotte à la marquise d'Aulède, 25 avril 1722.

les hommes[1]. » Toutefois, les instances de Madame, dont la santé était débile depuis quelque temps, et qui désirait voir une dernière fois sa fille et embrasser ses petits-enfants, firent fléchir l'opposition de Léopold. La duchesse de Lorraine conduisit ses enfants à Reims, où elle arriva le 16 octobre; le duc lui-même y parut, mais incognito, et vint attendre à Commercy le retour de sa famille.

La cour était à peine rentrée à Nancy, que l'on apprit la mort de Madame (8 décembre 1722); la duchesse de Lorraine ressentit douloureusement cette perte, d'autant plus que l'état de son mari avait brusquement empiré et nécessitait une grave opération que réussit fort bien d'ailleurs le célèbre chirurgien français La Peyronie[2].

Quelques semaines après Madame, disparaissait le prince de Vaudémont, décédé à Nancy, le 14 janvier 1723. Léopold renvoya à l'Empereur l'ordre de la Toison d'or du défunt, « ce qui a paru extraordinaire », écrit un contemporain, « puisqu'une des grandes disputes du congrès de Cambrai est de savoir à qui demeurera cet ordre, ou de l'Empereur, ou du roi d'Espagne... On saura les raisons qu'il a eues de faire cette démarche, car c'était du roi d'Espagne que M. de Vaudémont tenait sa Toison[3]. »

Le congrès de Cambrai s'était en effet réuni en 1721; à côté des plénipotentiaires de l'Empire, de la France, de l'Espagne, de la Grande-Bretagne, étaient venus siéger les ministres du pape et de plusieurs princes d'Italie, ainsi que le représentant du duc de Lorraine, Le Bègue[4].

---

1. Lettre du 25 septembre 1722. « Pour à Paris, écrivait encore la duchesse à la marquise, je ne crois pas que j'y retournerai jamais. » Lettre du 8 octobre 1722.
2. Foucault dit que La Peyronie reçut pour cette opération 50,000 livres, don auquel la duchesse ajouta un diamant de 21,000 livres, et la ville de Nancy un présent de 200 florins d'or. *Histoire de Léopold*, p. 181.
3. *Journal de Marais*, II, 403.
4. Les lettres donnant à Le Bègue plein pouvoir pour représenter la Lorraine au congrès sont du 10 mars 1722. *Archives de Meurthe-et-Moselle*, B, 156.

Les conférences que l'on ne consacra point à la discussion de futiles questions de cérémonial et de préséance, se passèrent en altercations entre les diplomates autrichiens et espagnols, et il fallut toute l'habileté et la prudence de leurs collègues français et anglais, qui jouaient le rôle de médiateurs, pour empêcher une rupture éclatante. Mais du moins il leur fut impossible de trouver des expédients capables de satisfaire l'amour-propre du roi d'Espagne et de l'Empereur, chacun de ces souverains voulant avoir le titre de *Roi catholique* et créer des chevaliers de la Toison d'or[1]. L'Empereur revendiquait cette dernière prérogative comme souverain des Pays-Bas; le roi d'Espagne prétendait conférer seul à l'avenir une dignité dont tous ses prédécesseurs, depuis Philippe II, avaient librement disposé. La démarche du duc de Lorraine, au lendemain de la mort du prince de Vaudémont, attestait donc avec une parfaite évidence l'inclination de Léopold pour la maison d'Autriche[2].

Le ministre de France à Nancy, frappé des attentions qu'avaient l'une pour l'autre les deux maisons d'Autriche et de Lorraine, ne douta pas un seul instant que le projet d'alliance caressé par Léopold ne fût favorablement accueilli par Charles VI. Au mois de mai 1723, on parlait déjà d'un prochain voyage du fils aîné du duc de Lorraine auprès de l'Empereur. Une catastrophe soudaine menaça de détruire l'œuvre à peine ébauchée : le prince Léopold-Clément, atteint de la petite vérole, expira le 4 juin 1723, après quelques jours seulement de maladie.

Dans la visite de condoléance que lui fit d'Audiffret, Léopold affirma à celui-ci que les bruits répandus d'un

---

1. Rousset, I, 307.
2. Précédemment, en 1721, le duc de Lorraine avait déjà autorisé son fils à recevoir de l'Empereur cette Toison d'or, objet de contestations si vives.

grand établissement pour le fils qu'il venait de perdre étaient dénués de fondement, que le séjour du prince Clément à Vienne ou à Prague n'aurait été que de trois semaines ou d'un mois, « qu'il fallait bien peu connaître les intérêts de l'Empereur pour croire qu'il voulût déjà marier sa fille ou prendre des engagements à cet égard, et encore moins faire élire un roi des Romains ». — « J'aurais été persuadé de ce que M. le duc de Lorraine venait de me dire, ajoute d'Audiffret, si je n'avais été informé que le comte de Ligniville, qui arriva de Vienne la semaine passée, lui a rapporté que l'Empereur était dans des dispositions très favorables pour le prince son fils; qu'il avait témoigné désirer fort le voir, et qu'il lui offrait telle maison qu'il la voudrait avoir sans s'embarrasser du menu des équipages, parce qu'il y trouverait tout ce qui serait nécessaire[1]. »

L'événement allait démontrer que les informations de M. d'Audiffret étaient puisées à bonne source, et que l'Empereur avait déjà l'idée bien arrêtée de marier sa fille aînée à un prince lorrain.

VIII

Quelques semaines après les funérailles de Léopold-Clément, François, le second fils de Léopold, partait pour l'Allemagne, non sans avoir été proclamé solennellement majeur et muni des mêmes pouvoirs que ceux qui avaient été naguère donnés à son frère[2].

François était accompagné de M. de Craon, de plusieurs autres gentilshommes et d'une suite nombreuse ; il por-

---

1. D'Audiffret à Louis XIV, 17 juin 1723. D'Haussonville, IV, 617.
2. Édit du 11 juillet 1723. Recueil, II, 659.

tait des présents magnifiques destinés aux personnages influents de la cour de Vienne. Le duc et la duchesse accompagnèrent leur fils jusqu'au delà de Blâmont et ne le quittèrent qu'après lui avoir prodigué leurs conseils et leurs recommandations. Tout annonçait qu'il ne s'agissait point d'une simple visite à la famille impériale. On avait expressément ordonné aux gentilshommes de la suite du prince de n'entrer en commerce avec qui que ce fût sans la permission de M. de Craon. A Lunéville et à Nancy, on menaça d'exil quiconque oserait parler du mariage de François avec une archiduchesse ou faire allusion à ses espérances d'être un jour roi des Romains [1]. Mais personne ne s'y méprenait. Élisabeth-Charlotte était d'ailleurs la première à trahir ses sentiments secrets, lorsque, parlant à son amie de l'arrivée de son fils dans la petite ville de Brandeiss, aux environs de Prague, — où Charles VI se livrait à sa distraction favorite, la chasse, — elle ajoutait : « C'est aujourd'hui un grand jour pour lui, et je vous assure que le cœur m'en bat, car c'est aujourd'hui qu'il aura l'honneur de faire sa première révérence à l'Empereur [2]. »

Charles VI accueillit le prince lorrain avec les plus grands égards, et la joie de l'heureuse mère déborde dans ses confidences à la marquise d'Aulède : « L'Empereur l'a reçu, le 10, dans la dernière perfection et lui a fait plus d'honneurs que Son Altesse Royale n'en a jamais reçus à cette cour, lui faisant même la grâce de l'appeler mon fils. Il a eu l'honneur de dîner seul avec l'Empereur en public ; toute la cour de l'Empereur lui a fait tous les honneurs du monde, le grand chambellan lui a donné la serviette à laver les mains pour la présenter à l'Empereur, et le grand écuyer l'a mis à cheval, ce qu'il n'a jamais fait pour Son

---

1. D'Haussonville, IV, 275.
2. Lettre à la marquise d'Aulède, 10 août 1723.

Altesse Royale. Tous les ministres l'ont été voir; enfin, Madame, nous ne nous attendions pas à une aussi favorable réception ; du reste, nous ne savons encore rien sur son sort, mais cette bonne réception nous donne de bonnes espérances, Dieu surtout!...[1]. »

La duchesse de Lorraine approuvait donc entièrement les projets de son mari[2]. Dans une autre lettre à son amie, elle s'explique avec une parfaite clarté sur une union qu'elle désirait de tout cœur : « Il n'y a encore rien de décidé sur sa fortune », écrit-elle, toujours au sujet de son fils, « car l'on n'a pas encore parlé de son mariage avec l'archiduchesse, qui n'a encore que six ans et demi ; c'est toujours plus que l'infante[3]. »

Nous croyons volontiers que Léopold avait formellement recommandé à M. de Craon de ne point laisser percer à Vienne les prétentions de la maison de Lorraine[4]. Le jeune âge de l'archiduchesse Marie-Thérèse rendait prématurées des démarches que ne permettaient pas, d'ailleurs, les habitudes prudentes et discrètes de la cour impériale. Et puis, Charles VI ne désespérait pas d'avoir un héritier mâle : « L'Empereur, écrivait Élisabeth-Charlotte, ne se déclare sur rien, et comme l'impératrice est grosse de trois mois, je doute que l'on marie si tôt l'archiduchesse[5]. » Cette grossesse venait bien mal à propos, et causait à la duchesse de Lorraine les plus vives inquiétudes ; dans un moment d'irritation, la mère impatiente demandait même le rappel de son fils : « Pour moi, d'a-

---

1. Lettre à la marquise d'Aulède, 19 août 1723.
2. M. d'Haussonville (IV, 281) est d'un avis contraire, la correspondance de la duchesse de Lorraine avec la marquise d'Aulède ayant été publiée postérieurement au tome IV de l'*Histoire de la réunion de la Lorraine à la France*.
3. Lettre à la marquise d'Aulède, 26 août 1723. — Il s'agit de la fille du roi d'Espagne, Philippe V, née en 1718, et qui venait d'être fiancée à Louis XV.
4. D'Haussonville, IV, 278.
5. Lettre à la marquise d'Aulède, 7 septembre 1723.

bord que l'impératrice est grosse, je suis fort pour qu'il revienne, mais malheureusement je n'en suis pas la maîtresse... Je voudrais pourtant bien savoir son sort, car il en est temps, ce me semble, l'Empereur partant les premiers du mois prochain pour s'en retourner à Vienne; mais ils sont aussi longs dans leurs décisions dans ce pays-là que dans celui-ci; je vous assure que c'est tout dire[1]. » La nouvelle de la naissance d'une archiduchesse vint bientôt rassurer la duchesse de Lorraine.

Quelque temps avant la délivrance de l'impératrice, Charles VI avait quitté Prague et emmené avec lui, à Vienne, le prince François; il lui donna les appartements de la feue impératrice douairière, qui étaient tout proches des siens, et manifesta son intention d'élever ce prince qu'il affectionnait déjà comme un fils. Les gentilshommes et serviteurs lorrains qui avaient suivi le fils de Léopold furent renvoyés, à part son précepteur, le baron de Pfutschner, trois valets de chambre, deux pages, autant de valets de pied, de coureurs et d'heiduques. L'Empereur plaça auprès de lui des gens à sa discrétion : le comte de Cobentzel, grand maréchal de la cour, remplaça M. de Craon dans les fonctions de gouverneur; le feld-maréchal comte de Neipperg devint premier chambellan. Des chambellans, pages, domestiques allemands, entourèrent le prince et le servirent « en grande cérémonie », ce qui, au dire d'Élisabeth-Charlotte, l'étonna d'abord, « mais à présent, ajoute-t-elle, il est tout accoutumé[2] ».

---
1. Lettre à la marquise d'Aulède, 18 septembre 1723.
2. Lettre à la marquise d'Aulède, 4 janvier 1724.

CHAPITRE XI

LES DERNIÈRES ANNÉES DE LÉOPOLD. — LA RÉGENCE

I. Ministère du duc de Bourbon; le mariage de Louis XV. — II. Marie Leczinska et la cour de Lorraine. — III. Renvoi des lettres d'Élisabeth-Charlotte au roi et à la nouvelle reine. — IV. Fleury accorde la neutralité perpétuelle de la Lorraine. — V. L'abbé d'Étival et l'évêque de Toul. — VI. Le duc François. — VII. Élisabeth-Charlotte.

Plusieurs événements survenus en France, la mort de Dubois (août 1723) et surtout celle du duc d'Orléans (2 décembre 1723), avaient désespéré Élisabeth-Charlotte, qui déclarait que les nouvelles de Vienne étaient désormais celles qui lui tenaient le plus au cœur, car « pour en France », disait-elle, « je ne compte plus y avoir personne, surtout depuis que je vois que les gens à qui je me serais intéressée tirent tout du mauvais côté et rien de celui de mon frère, ce qui était le seul auquel je m'intéresse [1] ».

I

Le duc de Bourbon, qui avait succédé au régent dans la direction des affaires publiques, était en effet hostile à la maison d'Orléans et ne négligea aucune occasion de manifester son mauvais vouloir contre Léopold.

Lorsque celui-ci envoya Le Bègue à Paris pour obtenir du gouvernement français la confirmation de la promesse

---

[1]. Lettre à la marquise d'Aulède, 30 décembre 1723.

qu'avait faite le duc d'Orléans de consentir à l'accession de la Lorraine à la Quadruple-Alliance, voici comment M. de Morville rendait compte à d'Audiffret du résultat de cette démarche : « M. le duc de Lorraine aurait pu épargner à M. Le Bègue la peine de venir ici d'où il n'emportera certainement qu'un refus si ce ministre, avec ses sollicitations, nous produit les lettres de feu M. le duc d'Orléans. On lui fera entendre que les espérances dont Son Altesse Royale voulait bien flatter un beau-frère et au moyen desquelles elle cherchait peut-être à se délivrer des instances trop pressantes et trop continuelles de M. de Lorraine, ne prouvent point un engagement pour le roi, et qu'au pis aller, si feu M. le duc d'Orléans était résolu à faire éprouver son amitié à M. le duc de Lorraine en lui procurant son accession, Sa Majesté est aujourd'hui résolue à marquer sa bienveillance pour ce prince par d'autres voies. Au reste, j'ai pris et je prends, par ordre du roi et de Monseigneur le duc, les mesures propres à nous assurer que la prétention dont il s'agit n'aura pas plus de succès à Londres et à Madrid [1]. »

Dans les négociations qui précédèrent le mariage de Louis XV, M. le Duc trouva le moyen de blesser cruellement le duc et la duchesse de Lorraine. On sait que le régent, vers la fin de sa vie, s'était rapproché de l'Espagne et avait demandé pour Louis XV la main d'une infante. La jeune princesse, âgée de quatre à cinq ans, fut amenée à Paris pour être élevée au milieu de la cour où elle devait régner. Mais le duc de Bourbon vit avec mécontentement un mariage dont il n'avait pas eu l'idée, et qui d'ailleurs, ne devant s'accomplir que bien tard, laisserait longtemps encore le trône sans héritier. Un accident pouvait y faire monter le nouveau duc d'Orléans, premier

---

1. Lettre du 8 mars 1721. *Archives des affaires étrangères*, CVIII.

prince du sang, l'ennemi déclaré de M. le Duc ; aussi ce dernier, à la suite de la maladie qui mit pendant quelques jours la vie du roi en danger (janvier 1725), prit le parti de renvoyer l'infante à la cour d'Espagne.

Aussitôt que cette nouvelle fut connue de l'Europe, les souverains, grands et petits, s'empressèrent de faire leurs offres à Paris ; le nombre des princesses à marier parmi lesquelles le jeune roi de France pouvait alors choisir, montait à une centaine[1] : « Bien heureuse sera la princesse qui l'aura, s'écriait Élisabeth-Charlotte, car il est bien aimable, outre le poste de reine de France, qui, à mon gré, est le plus aimable et le plus grand de tous[2]. »

On annonça d'abord que la seconde fille du prince de Galles avait les plus grandes chances d'être distinguée par le roi ; sa sœur cadette, disait-on encore, épouserait le duc de Bourbon. La duchesse de Lorraine ne pouvait, à cette occasion, contenir son dépit : « Mes filles, écrivait-elle à son amie, ne sont qu'à un an près de ces deux princesses et ont l'avantage d'être de même religion que le roi, et j'ose dire que leur généalogie n'a rien qui cloche comme aux autres, dont la grand'mère n'est pas des meilleures[3] ; mais nous ne sommes ni riches ni heureux, et l'argent fait beaucoup dans ce temps-ci[4]. »

Léopold, qui dès 1720 caressait l'espoir de faire épouser une de ses filles à Louis XV, n'avait pas attendu le renvoi de l'infante pour étudier avec ses hommes d'État les conséquences d'une alliance dont le jeune âge et la santé délicate de la princesse espagnole permettaient de prévoir

---

1. D'Haussonville, IV, 390.
2. Lettre à la marquise d'Aulède, 5 avril 1725.
3. Sophie-Dorothée de Zelle, épouse de Georges Ier, roi d'Angleterre, avait été accusée d'une passion coupable pour le comte de Kœnigsmarck. Georges fit tuer ce seigneur et enfermer la reine pendant 32 ans dans un château fort.
4. Lettre à la marquise d'Aulède, 5 avril 1725.

l'éventualité. Nous avons sous les yeux la réponse de M. Lefebvre à cette importante question : « S'il conviendrait à Son Altesse Royale, à sa maison et aux États de de Lorraine d'accorder Madame, la princesse aînée, pour épouse au roi de France Louis XV[1]. »

Le confident de Léopold, dans sa consultation datée du 19 juin 1724, expose le pour et le contre. Il montre que la France ayant toujours soutenu que la loi salique n'était pas applicable à la Lorraine, une des conséquences éloignées du mariage serait peut-être la réunion des duchés au royaume voisin et la fin de l'indépendance nationale ; à son avis, il n'y avait aucun moyen de prévenir ce danger: « Les renonciations qu'on pourrait demander à la princesse et au roi servent de peu, disait-il avec raison, après ce que nous avons vu pour les renonciations des infantes mariées en France, quand il s'est agi de la succession d'Espagne. » D'autre part, ajoutait Lefebvre, « par ce mariage Son Altesse Royale se rend amie l'une des plus formidables puissances de l'Europe qui lui est contraire en toutes occasions. Et comme Son Altesse Royale se trouve déjà l'avantage de donner un époux à l'héritière présomptive de la maison d'Autriche, elle s'attirera la considération de toutes les autres puissances, ce qui lui procurera sans doute l'entrée dans la Quadruple-Alliance, ou même une neutralité perpétuelle qui serait le plus grand bonheur qui pût arriver pour la maison de Lorraine et ses États. » Enfin, — et telle était la conclusion de Lefebvre, — comme la France « tôt ou tard envahira la Lorraine, soit que notre princesse épouse le roi, ou qu'elle ne l'épouse pas, il vaut mieux choisir le parti le meilleur pour le présent, puisque l'avenir est également incertain dans les deux cas ».

---

1. Bibliothèque de Nancy, ms. n° 165, f° 256.

Le 4 avril 1725, dans une entrevue qu'il eut avec M. d'Audiffret[1] au couvent des Capucins de Saint-Nicolas, Léopold déclara que tant qu'il n'avait été question que du mariage du roi avec la princesse de Galles, il n'avait pas songé à faire des démarches ; mais que depuis qu'on parlait des princesses de Danemark, de Prusse, de Hesse-Rhinfeld et même de la fille du roi Stanislas, il croirait manquer à ce qu'il devait à lui-même et à l'honneur de sa famille, s'il ne mettait sur les rangs sa fille aînée, Élisabeth-Thérèse[2].

Cette ouverture fut accueillie avec une froideur marquée. Les conseillers du duc de Bourbon ne s'opposaient pourtant pas tous au mariage du roi avec la fille aînée de Léopold. Le comte de La Marck avait même des vues, pour le premier ministre, sur Anne-Charlotte[3], sœur cadette d'Élisabeth : comme les princesses étaient deux sœurs également séduisantes par la jeunesse et par les grâces, il pensait que M. le Duc pouvait en donner une au roi et lui-même épouser l'autre[4].

Mais la favorite de M. le Duc, la marquise de Prie[5], entendait, et pour cause, marier seulement le roi ; elle voulait lui donner une épouse qui n'eût pas d'appui en France, et qui, devant tout au ministre, lui promît reconnaissance et docilité. Or l'union proposée par Léopold n'était capable, à ses yeux, que d'augmenter le crédit de la maison d'Orléans.

---

1. D'Haussonville, IV, 618.
2. Née à Lunéville le 15 octobre 1711 ; elle devint abbesse de Remiremont en 1734 et épousa trois ans après le roi de Sardaigne Charles-Emmanuel III. Elle mourut à Turin en 1741.
3. Née à Lunéville le 17 mai 1714 ; abbesse de Remiremont en 1739, elle mourut à Mons en 1773.
4. Lémontey, *Histoire de la Régence*. Paris, 1832, t. II, p. 175.
5. « C'est elle à présent, à ce qui se dit dans les pays étrangers, qui gouverne la France ; je l'en plains de tout mon cœur, car elle la ruinera, et ne fera que bien piller. Les créatures comme elle ne sont pas propres à autre chose. » Lettre de la duchesse de Lorraine à la marquise d'Aulède, 20 février 1725.

Aussi on ne chargea même pas M. d'Audiffret de répondre aux avances du duc de Lorraine, et lorsque ce dernier, piqué au vif, eut renouvelé sa demande (28 avril), le duc de Bourbon fit adresser à son agent à Nancy la dépêche suivante : « Je ne me suis point trompé lorsque j'ai jugé qu'en proposant la princesse sa fille, M. le duc de Lorraine n'a eu d'autre objet que de se plaindre de la France, car il y a en ceci deux choses également vraies : l'une, qu'il n'a pu manquer de sentir que pour toute sorte de cas sa démarche était superflue, puisqu'il n'avait pas lieu de supposer ni que dans l'examen qui se ferait des princesses convenables pour le roi, l'aînée de celles de Lorraine échappât à l'attention de Sa Majesté, ni qu'elle pût appréhender de voir sa recherche rejetée, si elle avait voulu en honorer cette princesse ; et l'autre, que quand par fatalité ou par de justes raisons des propositions de la nature de la sienne ne peuvent être admises, on les laisse tomber dans le silence plutôt que d'y répondre par un refus. Cependant, nous voyons bien qu'il faut que vous rompiez ce silence, quelques difficultés qu'il y ait à le faire d'une manière satisfaisante pour le prince à qui vous avez à parler. Vous lui direz que comme le roi reconnaît dans la proposition l'envie qu'il aurait eue de s'attacher de plus en plus à Sa Majesté, il doit de son côté reconnaître l'amitié qu'il a pour lui dans la peine qu'elle a eue à se résoudre à lui faire savoir qu'elle ne peut dans cette occasion répondre à ses désirs, mais que cela n'empêchera pas qu'elle ne se fasse un plaisir de lui donner à tous autres égards et en tout temps des marques de cette amitié. Si, sans courir risque de rendre le refus plus sensible, vous trouvez le moyen de placer des témoignages de la justice qu'on rend en France au mérite de la princesse proposée, faites-le, mais souvenez-vous que ce point demande beaucoup de délicatesse et de ménagement, parce qu'il ne convient guère de louer avec trop d'affectation ce qu'on n'accepte pas[1]. »

II

On savait à Lunéville depuis plusieurs semaines que Mme de Prie avait jeté les yeux sur la plus pauvre et peut-être la plus laide des princesses qui pouvaient aspirer à l'honneur du mariage royal, sur Marie Leczinska, la fille du roi Stanislas, plus âgée de sept ans que Louis XV.

La cour de Lorraine connaissait de longue date Stanislas Leczinski, ce palatin de Posnanie que Charles XII avait fait élire roi de Pologne en 1704, que le désastre de Pultava avait brusquement précipité du trône, et qui était allé partager en Turquie la captivité de son protecteur. Revenu dans ses États, Charles XII donna à son ami fidèle le gouvernement de Deux-Ponts. En 1714, Stanislas allant prendre possession de ce petit pays, passa une première fois à Lunéville sous le nom de comte de Cronstein ; tel était son dénuement qu'il fut obligé de vendre des bijoux de grand prix, sa dernière ressource. Le marquis de Beauvau l'ayant appris prévint Léopold, qui les fit rendre au comte avec leur valeur en argent, sous la condition du plus grand secret; mais Stanislas tint à célébrer la générosité d'un tel procédé et, en partant, il laissa tout ouverte, à l'hôtel où il était descendu, une lettre de remerciments à son bienfaiteur. « Stanislas, dit Durival, se plaisait à rappeler cette circonstance de sa vie comme un motif de reconnaissance envers la maison de Lorraine, et de son attachement pour celle de Beauvau[2]. »

---

[1]. M. de Morville à M. d'Audiffret, 17 mai 1725. *Archives des affaires étrangères*, CVIII, f° 253.
[2]. *Description de la Lorraine*, I, 107. Voir aussi Noël, n° 5, t. Ier, p. 106

En 1718, à la mort de Charles XII, Stanislas, dépouillé de son gouvernement, avait songé d'abord à se retirer en Lorraine[1], mais le régent lui ayant accordé une pension et l'autorisation de s'établir en Alsace, c'est à Wissembourg qu'il alla vivre obscurément.

A ce moment il fut question du mariage de Marie Leczinska avec le prince de Bade, mariage dont la nouvelle fut mal accueillie à Vienne, et qui échoua pour cette raison. Le ministre autrichien Sinzendorf déclarait au comte des Armoises que, s'il avait un fils à marier, il ne voudrait pas lui donner la fille de ce roi détrôné; il engageait même Léopold à refuser tout secours d'argent à un prince avec qui il n'avait jamais eu de relations[2]. Mais le duc de Lorraine, n'écoutant que ses instincts généreux, avança néanmoins à Stanislas, en 1719, 30,000 livres prises sur sa cassette[3].

On comprend la surprise que dut causer en Lorraine la nouvelle incroyable que la fille de Stanislas allait devenir reine de France. « J'aurais cru, écrit Élisabeth-Charlotte, que cette demoiselle, étant alliée à quantité de simples gentilshommes et à nul prince, n'aurait pas été digne du roi, son père même n'étant que gentilhomme, et qu'elle aurait mieux convenu à M. le Duc, s'il avait voulu quelque alliance avec les Polonais[4], mais je vois que je me trompe en cela. Si le feu roi pouvait voir ce qui se passe en France, je crois qu'il ne laisserait pas d'en être surpris. Je n'en dis rien de plus, la volonté du Seigneur soit faite en toutes choses! Je ne suis pas née pour être heureuse

---

[1]. Avant de lui répondre, Léopold avait jugé à propos de demander l'avis du régent. Léopold au régent, 31 janvier 1719. *Archives des affaires étrangères*, CIV, f° 96.
[2]. Des Armoises à Léopold, 3 février 1719. *Archives de Vienne*.
[3]. Archives de Meurthe-et-Moselle. B, 1641.
[4]. La czarine Catherine avait offert sa fille Élisabeth à Louis XV et Marie Leczinska au duc de Bourbon, garantissant à celui-ci le trône de Pologne à la mort du roi Auguste.

dans ce monde, le bon Dieu me fasse la grâce de l'être dans l'autre, aussi bien que toute ma famille[1]! »

La fortune extraordinaire de cette « simple demoiselle polonaise » indignait Élisabeth-Charlotte ; comme mère, elle eût peut-être oublié le méprisant refus qu'on avait fait de son enfant ; comme petite-fille de France, elle ne pouvait se défendre de rougir pour le roi de ce qu'elle appelait une mésalliance. Et c'est avec un accent de profonde conviction et de fierté contenue que, parlant à son amie de ce mariage qui, suivant elle, excite la risée de « ceux qui ne sont pas attachés à la France », elle ajoute : « Pour moi, j'ai plus d'envie d'en pleurer que d'en rire, non seulement pour mon propre intérêt, mais pour celui que je prends à la gloire du roi et à l'honneur de ma maison dont il est le chef[2]. »

Aussi, dans sa correspondance, la duchesse de Lorraine donne libre cours à sa colère ; elle accueille les moindres racontages ; elle insiste avec une complaisance marquée sur toutes les circonstances capables de rendre plus manifeste la conduite coupable, à son avis, du duc de Bourbon et de Mme de Prie. Elle affirme que Marie Leczinska a dix ans de plus que le roi, et qu'on la rajeunit de trois ans, lui donnant l'âge d'une sœur cadette morte depuis quelque temps[3] ; elle s'étonne qu'on marie ainsi le roi « à une particulière dont on ne connaît nullement la race, ni de côté de père, ni de celui de mère, sans s'informer auparavant bien exactement de la santé de cette demoiselle, qui ne passe pas pour être bonne dans tout le voisinage de Deux-Ponts, où elle a demeuré plus longtemps qu'à Wissembourg. L'on pouvait s'informer aussi de quelle maladie sa sœur est morte, car on prétend qu'elle a été

---

1. Lettre à la marquise d'Aulède, 10 avril 1725.
2. Lettre à la marquise d'Aulède, 12 mai 1725.
3. Lettre à la marquise d'Aulède, 19 avril 1725.

aussi attaquée... Je ne puis vous en dire davantage sur cela, sinon que bien des seigneurs allemands, à commencer par le prince de Furstenberg d'à cette heure, l'a refusée, s'étant informé de sa santé, et aussi, à la vérité, parce qu'elle ne pouvait pas prouver en chapitre. Il n'est pas le seul en Allemagne qui n'en a pas voulu[1]. »

Le bruit courut à cette époque à Paris que la fiancée de Louis XV était sujette à des attaques d'épilepsie. Et si le mariage du roi ne fut publiquement déclaré que le 27 mai, c'est que le duc de Bourbon jugea à propos d'envoyer à Wissembourg un habile médecin qui donna les meilleurs renseignements sur l'état de santé de Marie Leczinska. Nous ignorons si la marquise d'Aulède fut la seule à divulguer la nouvelle qu'un écrit anonyme et très circonstancié avait apprise à M. le Duc. Villars[2] accuse l'abbesse de Remiremont d'avoir annoncé la prétendue maladie de la future reine dans une lettre adressée à une personne précédemment attachée au prince de Vaudémont. Or, l'abbesse, qui vivait dans les meilleurs termes avec la famille ducale, était le 18 avril à Lunéville, où elle fit un séjour de deux mois[3]. Il est donc possible que le cabinet de Versailles ait été amené à soupçonner de malveillance la cour de Lorraine, et à penser que la fable absurde, si désobligeante pour la reine, avait pris naissance à Lunéville.

Quoi qu'il en soit, M. de Morville annonçait officiellement à M. d'Audiffret, le 29 mai, l'union prochaine de Louis XV et de Marie : « La considération des vertus éminentes et des grandes qualités de cette princesse, lui

---

1. Lettre à la marquise d'Aulède, 1ᵉʳ mai 1725. — Dans une lettre antérieure (21 avril), la duchesse de Lorraine faisait déjà allusion à la mauvaise santé de Marie Leczinska. Voir aussi les lettres des 21 mai et 5 septembre 1726.
2. *Mémoires*, collection Petitot et Mon., t. LXX, p. 214.
3. Lettre à la marquise d'Aulède, p. 199 et 206.

écrivait-il, et celle de son âge qui fait espérer le prompt accomplissement des vœux de la nation étant ce qui a principalement déterminé Sa Majesté, c'est dans ce sens que vous devez vous en expliquer toutes les fois que vous aurez lieu d'en parler¹. »

Stanislas de son côté s'empressa d'informer le duc de Lorraine du mariage de sa fille, et envoya à cet effet à Lunéville un gentilhomme, « qui est, je crois, — écrit malicieusement la duchesse, — le seul qu'il ait² ». En réponse à cette politesse, le marquis de Lambertye alla porter à Wissembourg les compliments de Léopold et de sa femme, qui se proposèrent, en outre, d'aller saluer Marie Leczinska lorsqu'elle traverserait leurs États pour gagner Fontainebleau où devaient être célébrées les noces royales³. On demanda même à Paris des détails sur le cérémonial à observer dans l'entrevue avec la future reine ; mais telle était la mauvaise humeur de M. le Duc et de Mme de Prie, qu'ils firent le plus mauvais accueil à cette attention : « Vous direz à M. le duc de Lorraine, écrivait M. de Morville à M. d'Audiffret, que je vous ai mandé que la route de la reine n'était point par Château-Salins, mais par Marsal, qui ne peut être regardé comme faisant partie de la Lorraine ; qu'ainsi je ne vois pas que le projet de M. le duc de Lorraine puisse s'exécuter, ce qui dispense de songer à convenir de cérémonial... Vous ajouterez, s'il le faut, que vous avez sujet de croire que si l'entrevue avait eu lieu, Leurs Altesses Royales auraient été contentes du traitement, mais le mieux sera de traiter cette matière le plus légèrement et le plus brièvement qu'il sera possible ; et vous vous appliquerez à faire en

---

1. *Archives des affaires étrangères*, CVIII, f° 259.
2. Lettre à la marquise d'Aulède, 9 juin 1725.
3. Une première cérémonie eut lieu à Strasbourg, où le duc d'Antin vint demander officiellement la main de Marie Leczinska. M. de Craon y fut envoyé pour représenter le duc et la duchesse de Lorraine.

sorte qu'en disant que la reine ne passera point à Château-Salins, comme M. le duc de Lorraine le supposait, la discussion ne puisse porter au delà, et tout au plus à quelques témoignages que vous donnerez du gré que le roi lui sait et à Madame de Lorraine de la démarche que Leurs Altesses Royales se proposaient[1]. »

III

Peu de temps après, une visite que fit le duc d'Orléans à la cour de Lorraine contribua à aigrir davantage encore les rapports entre Léopold et la France. M. d'Audiffret se plaignit à Paris de la froideur et du peu d'attention qu'on lui témoignait, et particulièrement du parti qu'avaient pris les princes lorrains, sujets du roi, de ne point lui donner la main : « Comptez qu'on s'en souviendra ici, lui fut-il répondu, et qu'aussi longtemps que le duc de Lorraine n'apportera pas plus de soin qu'il n'en apporte à plaire au roi, les demandes et les propositions qu'il fera à Sa Majesté ne seront pas écoutées favorablement[2]. »

En attendant, on renvoya à Élisabeth-Charlotte les lettres qu'elle écrivit à son royal neveu et à Marie Leczinska à l'occasion de leur mariage, sous prétexte que la souscription n'en était pas suffisamment respectueuse[3] : c'était bien venger les affronts dont M. d'Audiffret se prétendait victime.

« Avant que d'examiner le passé, écrivait M. de Morville, on peut dire que c'est quelque chose de très bizarre

---

1. Dépêche du 11 juillet 1725. *Archives des affaires étrangères*, CVIII, f° 263.
2. M. de Morville à M. d'Audiffret, 18 septembre 1725. *Ibid.*, f° 273.
3. La duchesse se disait la *très humble et très affectionnée tante et servante du roi*, tandis que le duc de Lorraine s'en déclarait le *très humble et très obéissant oncle et serviteur*.

que cette princesse emploie un cérémonial moins respectueux que celui du duc son mari, car il n'y a nul motif qui puisse l'y autoriser, puisque la qualité de petite-fille de France, qui en beaucoup d'occasions lui attire de la part des Français plus de marques de respect qu'elle n'en recevrait comme duchesse de Lorraine, est d'un autre côté ce qui devrait porter les preuves du sien pour le roi à l'infini.

« Voyons maintenant ce qu'elle a fait ci-devant. Il est vrai qu'en l'année 1719 elle a commencé d'user de l'*affectionnée*. En 1720, elle a repris celui *d'obéissante*, et en 1721 elle est revenue à l'*affectionnée*. Quelle que soit la cause du silence gardé là-dessus, le roi ne veut point aujourd'hui tolérer ce manquement à son égard, manquement qui du moment qu'elle y fait attention est d'autant plus grand que Mme la duchesse de Lorraine, en variant plusieurs fois son cérémonial, l'a toujours fait en s'écartant de plus en plus[1] de ce qu'elle devait et de ce qu'elle doit au roi...

« Le roi veut que vous vous adressiez soit à un ministre de M. le duc de Lorraine, soit à quelque personne de confiance de Mme la duchesse de Lorraine, si vous le jugez plus à propos, pour lui faire entendre qu'il convient et même qu'il est nécessaire qu'elle écrive d'autres lettres au roi et à la reine, dans lesquelles elle se serve de la même souscription qu'emploie M. le duc de Lorraine... Vous emploierez d'abord les voies amiables et sans éclat. Si ces voies douces ne réussissent point, vous en viendrez à une déclaration formelle soit à M. le duc, soit à Mme la duchesse de Lorraine, soit à l'un et à l'autre, que le roi et la reine ne recevront jamais d'elle de lettres où il n'y

---

1. M. de Morville rappelait que de 1699 à 1701 elle se disait la *très humble, très obéissante et très soumise nièce et servante du roi*.

ait la *très humble et très obéissante tante et servante*, et dans tous les cas vous remettrez celles que je vous adresse que Leurs Majestés ne veulent point garder[1]. »

Cette lettre permet d'apprécier dans toute son étendue la brutalité du cabinet français. Il était parfaitement ridicule de donner à une toute petite question de cérémonial l'importance d'une grave affaire d'État.

La duchesse de Lorraine fut vivement blessée dans son amour-propre de la leçon hautaine qui lui était faite, mais elle eut l'esprit de l'accepter sans se plaindre ; elle consentit volontiers à mettre sur le compte d'une « simple inadvertance » ce qu'il y avait de « défectueux » dans la souscription de ses lettres, et le ministre, après cet aveu, chargea M. d'Audiffret d'assurer la duchesse que « toute justice était rendue à ses sentiments pour le roi et pour la reine[2] ».

IV

La chute du duc de Bourbon, l'arrivée au pouvoir de Fleury (juin 1726), allaient rétablir promptement le bon accord entre les cours de Versailles et de Nancy. Élisabeth-Charlotte, qui avait eu particulièrement à souffrir des procédés violents du ministère tombé, laissait éclater toute sa joie à la pensée que le ministère nouveau allait « rendre à la France la paix et l'abondance », et à la Lorraine « la tranquillité[3] » ; elle ne regrettait qu'une chose, c'est que le roi n'eût pas arrêté Pâris-Duverney et saisi ses papiers, car dans sa haine contre le confident de M. le

---

1. M. de Morville à M. d'Audiffret, 2 octobre 1725. *Archives des affaires étrangères*, CVIII, f° 277.
2. *Ibid.*, f° 285. Dépêche du 30 octobre 1725.
3. Lettre à la marquise d'Aulède, 15 juin 1726.

Duc, elle l'accusait d'avoir, de complicité avec Mme de Prie, favorisé l'exportation du numéraire français en Allemagne[1]. Elle jugeait Fleury une « personne très juste et équitable », un « parfait honnête homme... qui ne veut que le bien du roi et de l'État » ; dans son enthousiasme elle s'écriait : « Il serait à souhaiter que des ministres tels que lui fussent immortels[2] ! »

Léopold se prépara à profiter des bonnes dispositions du gouvernement français. Depuis que les attentions de l'Empereur pour son fils lui permettaient d'espérer que la couronne impériale passerait un jour dans sa maison, il avait renoncé à l'idée d'échanger ses États héréditaires contre une principauté plus importante en Italie[3] ; il se montrait disposé à finir ses jours au milieu de son peuple, non certes par pur attachement à ses sujets, mais bien plutôt par crainte de s'éloigner de l'Allemagne : « Je vois un prince, écrivait d'Audiffret, opiniâtrement décidé à vouloir demeurer dans ses États ; vous n'en serez pas surpris, sachant qu'il y a eu depuis quelque temps des missives concertées entre l'Empereur et lui, qui doivent cimenter une union très étroite entre leurs maisons qui ne se regardent plus que comme une seule famille[4]. »

Mais l'Europe était depuis quelque temps divisée en deux camps. L'Espagne, indignée du renvoi de l'infante fiancée à Louis XV, s'était rapprochée de l'Autriche par

---

1. C'était chez Mme de Prie, écrit-elle, « que l'on donnait tous les ordres pour faire passer tout l'argent hors du royaume ; et marque qu'il y en est bien passé, c'est que l'on n'a vu, à la dernière foire de Francfort, que des louis, et que le roi de Prusse et celui de Pologne en payent leurs troupes ; cela est très sûr, sans compter qu'il y en a en Hanovre et en Hollande. » Lettre à la marquise d'Aulède, 22 juin 1726.
2. Lettres à la même, 22 juin 1726, 29 avril et 12 juillet 1727.
3. Dans une dépêche, M. d'Audiffret attribuait aussi cette détermination de Léopold à la crainte de « s'éloigner d'une dame de cette cour qu'il aime depuis vingt ans, comme on n'a jamais fait, ou de la voir dépouillée, dans un changement, de grands biens qu'il lui a donnés aux dépens de son domaine et de ses finances. » D'Haussonville, IV, 333, note.
4. Dépêche du 9 avril 1726. Ibid., IV, 334, note.

le traité de Vienne, et d'autre part la France avait signé une alliance avec l'Angleterre et la Prusse (traités de Hanovre, 1725). Une guerre générale semblait donc sur le point d'éclater. On n'ignorait pas à Lunéville à quels dangers serait exposée la Lorraine « agglomérée entre deux grandes puissances[1] », surtout depuis que ses liaisons avec l'Empire devaient éveiller à bon droit la défiance du gouvernement français : « Le bon Dieu veuille, écrivait Élisabeth-Charlotte, nous préserver de la guerre ! car il ne manquerait plus que cela pour tout abîmer[2]. »

Aussi Léopold songea à obtenir de la France la neutralité perpétuelle de ses États et à la faire reconnaître de toute l'Europe. Cette négociation, commencée par l'intermédiaire de M. de Choiseul-Stainville[3], — le père du futur ministre de Louis XV, — qui représentait à Paris le duc de Lorraine depuis la fin de l'année 1725[4], fut continuée par Léopold lui-même : « Je ne puis assez marquer à M. le cardinal Fleury, écrivait-il le 25 janvier, ma reconnaissance de la réponse qu'il m'a faite à la lettre que j'ai pris la liberté d'écrire au roi pour marquer à Sa Majesté la résolution inébranlable que j'ai prise de conserver mes États dans une parfaite neutralité en cas de guerre, et cela fondé sur les obligations infinies que j'ai aux deux maisons de Bourbon et d'Autriche, jointes à l'honneur de leur

---

1. Lettre d'Élisabeth-Charlotte à la marquise d'Aulède, 2 novembre 1726.
2. Lettre à la même, 21 mai 1726.
3. François-Joseph de Choiseul, marquis de Stainville, baron de Beaupré, épousa en 1717 Mlle de Bassompierre, dame d'honneur d'Élisabeth-Charlotte, dont il eut Étienne-François de Choiseul de Stainville, né à Nancy le 28 juin 1719, et qui devint ministre de Louis XV. — M. de Stainville avait succédé à Paris à M. de Rolinville, qui avait remplacé lui-même M. Barrois en 1718. Élisabeth-Charlotte lui reprochait de correspondre avec M. de Craon et de ne lui écrire que lorsqu'elle écrivait la première : de là cette boutade dans une de ces lettres à la marquise d'Aulède (16 septembre 1728): Stainville « est devenu grand politique depuis qu'il est à Paris ; il ne l'était pas tant ici ».
4. Les instructions de Léopold à M. de Stainville sont du 28 novembre 1725. *Archives de Vienne.*

appartenir de si près. L'assurance que le roi approuve ma résolution me rend très tranquille ; et ayant jugé nécessaire, avant de rien solliciter des autres puissances qui pourraient se trouver engagées dans la guerre, de faire à l'égard de l'Empereur la même démarche que j'ai faite envers le roi, j'en ai reçu la réponse dont M. le marquis de Stainville donnera copie à M. le cardinal de Fleury. » Le duc priait ensuite le ministre français de vouloir bien lui obtenir du roi une lettre semblable à celle qu'il venait de recevoir de l'Empereur : « Je prie M. le cardinal de Fleury, ajoutait-il, d'être persuadé qu'il n'y a dans ma demande ni inquiétude ni méfiance, et de ne pas avoir d'inquiétude lui-même sur l'état de nécessité indispensable qui pourrait arriver et empêcher qu'on ne me laissât plus longtemps dans cette neutralité[1]. »

Ainsi Léopold ne contestait pas au roi le droit de prendre, s'il le fallait, des sûretés en Lorraine. Ce n'était pas une neutralité absolue qu'il demandait, mais, — ainsi que Lefebvre le rappelait dans un projet de mémoire destiné au roi, — une neutralité semblable à celle qu'avait accordée Louis XIV pendant la guerre de la Succession d'Espagne, et qui avait préservé la Lorraine « de la désolation que la guerre entraîne ordinairement » ; Lefebvre laissait habilement à entendre que la France seule profiterait des avantages de la situation nouvelle que ferait à Léopold la reconnaissance officielle de sa neutralité en cas de guerre : seule, disait-il, la France aura le passage libre dans les duchés, et pourra y trouver les denrées nécessaires à ses armées et à ses places[2].

Néanmoins Fleury fit d'abord quelques objections, mais

---

1. Dépêche du 8 janvier 1727. D'Haussonville, IV, 620.
2. Projet de mémoire à présenter à la cour de France pour demander la neutralité perpétuelle des États de S. A. R. de Lorraine. 9 septembre 1726. *Bibliothèque de Nancy*, ms. n° 165, p. 295.

les lettres nombreuses et pressantes de Léopold décidèrent le complaisant cardinal à accorder ce qu'on lui demandait[1] : « Je vous assure, écrivit le roi au duc de Lorraine, que j'approuve le dessein que vous formez de garder une entière et constante neutralité, et que, dans le cas où l'entrée, le passage ou le séjour de mes troupes en Lorraine deviendraient nécessaires, vous éprouverez que j'aurai toute l'attention possible à empêcher que rien ne puisse troubler la tranquillité dans laquelle je souhaite qu'un prince, qui m'est aussi cher que vous l'êtes, possède ses États[2]. »

Bientôt le duc de Lorraine trouva qu'une simple lettre du roi de France n'était pas une garantie suffisante, et enhardi par son premier succès, il insista auprès de Fleury pour une déclaration publique et officielle; le roi la lui accorda le 14 octobre 1728 : « En cas de rupture, y était-il dit, infraction, invasion, guerre ou hostilité de quelque nature et pour quelque raison que ce soit entre nous et les autres puissance de l'Europe, notredit frère le duc de Lorraine et de Bar et ses successeurs jouiront d'une neutralité pleine et entière, perpétuelle et irrévocable pour tous leurs États, terres, villes, bourgs, villages, hommes et sujets sans aucune exception ni réserve..., le tout sans préjudice du traité de paix de Ryswick... et notamment l'article 34...[3]. » En retour, M. de Choiseul-Stainville s'engagea à remettre incessamment une contre-déclaration, destinée à demeurer secrète, par laquelle Son Altesse Royale déclarerait accepter pour ses États l'acte de neu-

---

[1]. D'Haussonville, IV, 336. — Léopold, dit M. d'Haussonville, « avait eu l'art d'amorcer adroitement sa vanité en lui transmettant force compliments de l'Empereur, en lui donnant à entendre que le cabinet impérial n'était pas éloigné de le choisir pour médiateur dans ses démêlés avec l'Espagne. C'était prendre le vieux ministre de Louis XV par son faible. »
[2]. Dépêche du 12 février 1727. Ibid., IV, 622.
[3]. Ibid., IV, 622.

tralité perpétuelle et reconnaîtrait que ce ne serait pas déroger à cette neutralité de la part de Sa Majesté « si, dans le cas de nécessité absolue, comme il arrive dans presque toutes les guerres, et comme il s'en est présenté en différents temps de la dernière, Sa Majesté était obligée d'en user autrement[1]. »

M. d'Haussonville[2] a dévoilé le caractère étrange de cette politique qui consistait à s'engager officiellement, devant l'Europe entière, à respecter la neutralité de la Lorraine, tandis qu'on se faisait donner par le duc lui-même l'autorisation secrète de la violer. Nous n'examinerons pas si Fleury, comme le dit l'éminent historien, pensait surtout à l'Empereur en traitant avec le duc de Lorraine, si c'était la cour de Vienne, et non celle de Nancy, qu'il voulait persuader de sa modération. Il nous semble plus utile de rechercher à quel mobile obéissait Léopold en sollicitant avec instance un arrangement « sans vérité ni bonne foi ».

On ne saurait prétendre, — la contre-déclaration donnée par M. de Stainville le prouve suffisamment, — que le duc de Lorraine eût l'unique préoccupation de préserver ses sujets des maux de la guerre. Il sentait, comme ses conseillers les plus avisés, que sa dynastie ne pouvait tenir bien longtemps dans un pays ouvert de tous côtés à la France, uni à elle par de secrètes affinités ; peut-être espérait-il qu'en proclamant solennellement la neutralité de la Lorraine il placerait en quelque sorte ce petit État sous la sauvegarde des puissances européennes, et l'empêcherait de se fondre dans le grand royaume voisin. De là cette joie qu'il laissa éclater au lendemain de la conclusion du traité du 14 octobre ; de là son ardeur à publier

---

1. *Ibid.*, IV, 621.
2. *Ibid.*, IV, 338.

partout l'heureuse nouvelle, à la célébrer par des fêtes, et à provoquer chez ses sujets des manifestations de toutes sortes[1].

Ainsi Léopold avait su gagner complètement la confiance de Fleury ; M. d'Haussonville[2] nous a appris par quels moyens : tantôt il faisait parvenir au cardinal les nouvelles qu'il recevait des cours étrangères, tantôt il le complimentait avec effusion sur les succès de ses négociations au dehors, lui indiquant les moyens d'augmenter « une influence qui ne pouvait jamais, disait-il, devenir trop considérable pour le bonheur de l'Europe ». Après le rapprochement des deux ligues formées à Vienne et à Hanovre, et la signature des *Préliminaires de Paris* (1727), il le priait de réunir à Nancy le congrès qui allait régler tous les différends européens « suivant ses sages desseins et grâce à l'ascendant de sa toute-puissante autorité[3] ».

V

Enhardi par les manières faciles et aimables de Fleury, Léopold allait renouveler, en 1728, les efforts qu'il avait inutilement faits jusque-là pour diminuer l'étendue de la juridiction des évêques français en Lorraine.

Après la mort de Dubois, désespérant de vaincre les résistances qu'opposait le cabinet de Versailles à la création d'un siège épiscopal, il avait songé à tourner la difficulté. Il obtint du pape Benoît XIII pour l'abbé Sommier, curé de Champs[4], le titre d'archevêque de Césarée *in par-*

---

1. Cf. d'Haussonville, IV, 319.
2. *Ibid.*, IV, 341.
3. *Ibid.*, IV, 342. — C'est à Soissons que le congrès s'ouvrit, le 14 juin 1728 ; Léopold s'y fit représenter par M. de Stainville. Rousset, V, 174.
4. Aujourd'hui Champ-le-Duc, canton de Bruyères (Vosges). Sur Sommier, voir ci-après.

tibus infidelium, avec plein pouvoir pour le nouveau prélat d'exercer pendant sa vie les fonctions épiscopales dans les églises lorraines soumises immédiatement au Saint-Siège, c'est-à-dire dans les territoires relevant au spirituel de la Collégiale de Saint-Dié, des abbayes de Senones, Moyenmoutier, Étival et Domèvre. Léopold s'empressa d'élever le curé de Champs à la dignité de grand prévôt de Saint-Dié.

Le P. Hugo, abbé d'Étival, pria l'archevêque de venir donner la confirmation dans son église, et, dans un mandement fameux, invita les fidèles du pays à cette solennité que « la délicatesse des évêques, ou leur peu de sensibilité aux besoins des peuples soumis à sa juridiction et à ses prières » l'avait jusque-là empêché de célébrer[1]. L'évêque de Toul condamna aussitôt ce mandement, comme attentatoire à ses droits, « scandaleux et contenant des propositions respectivement fausses, calomnieuses et injurieuses à ses prédécesseurs » (novembre 1725). Le P. Hugo riposta, et la querelle ne tarda pas à s'envenimer.

L'assemblée générale du clergé de France entra en lice (décembre 1726) et menaça de refuser les ordres et les pouvoirs de prêcher et de confesser à tous les Prémontrés, si dans l'espace de trois mois le P. Hugo n'avait pas donné satisfaction à l'évêque de Toul, et si, en cas de refus, le général des Prémontrés n'usait pas de tous les moyens pour l'y contraindre.

Le général des Prémontrés s'empressa de blâmer la conduite du P. Hugo, et lui enjoignit de reconnaître sa faute et de faire sans délai à l'évêque de Toul toutes les répara-

---

1. Cf. Calmet, VII, 359 et suiv.; Gravier, *Histoire de la ville épiscopale et de l'arrondissement de Saint-Dié*, p. 290-292; Guillaume, IV, p. 152 et suiv.; Digot, *Éloge historique de Charles-Louis Hugo* (Mémoires de la Société royale des sciences, lettres et arts de Nancy, 1842).

tions qu'il pourrait exiger ; mais l'abbé d'Étival tint ferme et déclara qu'il devait attendre les décisions de la cour de Rome, où l'affaire avait été portée (mars 1727).

Léopold hésitait, tout pressé qu'il était par le gouvernement français d'intervenir : il ne voulait se brouiller ni avec Versailles ni avec Rome. Mais, sur les instances de M. de Stainville[1], il se décida à envoyer par lettre de cachet le P. Hugo à l'abbaye de Rangeval[2]. En même temps il cherchait habilement à profiter de cette querelle, dont il n'avait pas prévu la durée, pour reprendre ses anciens projets sur la réorganisation ecclésiastique de la Lorraine. Lefebvre rédigea un mémoire destiné au cardinal Fleury, et dans lequel le duc demandait que les évêques français fussent tenus d'établir à Nancy des officiaux forains pour faciliter à l'avenir l'exercice de leur juridiction ; le roi était prié de lever l'opposition qu'il avait faite à l'établissement d'un évêché à Saint-Dié, et s'il donnait au duc cette preuve de bon vouloir, celui-ci s'engageait à restreindre au Val de Saint-Dié la circonscription du nouveau diocèse, sans jamais appuyer les prétentions des abbés des Vosges contre l'évêque de Toul[3].

Nous ne pouvons dire comment ce mémoire fut accueilli par Fleury. Nous doutons fort que le cardinal, tout conci-

---

1. M. de Stainville racontait en ces termes un entretien avec M. de Morville : « Pourquoi, me dit M. de Morville, le duc de Lorraine n'impose-t-il pas silence à un petit drôle comme cela ? Ou, s'il ne peut pas le faire taire, pourquoi ne le fait-il pas mettre dans un cul de basse-fosse ? — A quoi je lui répondis que ce serait le moyen de se brouiller pour jamais avec la cour de Rome. — Et comment, m'a-t-il dit, on aime donc mieux se brouiller avec le roi ? Après cela, a-t-il continué, cela ne brouillerait point avec la cour de Rome, puisqu'un souverain est toujours le maître de punir un sujet, sans être obligé de dire pourquoi... » M. de Stainville à Léopold, 21 mai 1727. *Archives de Vienne.*
2. Dans les environs de Commercy.
3. Bibliothèque de Nancy, ms. n° 165, p. 281. — Léopold s'engageait aussi, dans le cas où le roi consentirait à la création d'un évêché lorrain, à laisser à l'évêque de Metz l'autorité ecclésiastique sur la principauté de Lixheim.

liant qu'il était, ait jamais consenti à céder soit sur la question des officiaux, soit sur celle de l'évêché; l'eût-il voulu, que le clergé de France, qui relevait si vigoureusement en 1726 l'offense faite à l'évêque de Toul, n'eût pas manqué, le cas échéant, de défendre les droits de l'un des siens, et le prudent ministre n'était pas homme à pousser les choses à cette extrémité. Néanmoins Léopold conservait quelque espoir, à en juger par la réserve qu'il montra dans la suite : lorsque le P. Hugo obtint de Rome le titre d'évêque de Ptolémaïde (décembre 1728), ce qui équivalait à la condamnation de ses ennemis, le duc ne s'opposa pas, il est vrai, au retour du prémontré à Étival, mais il déclara ne pas approuver cette promotion « faite à son insu et sans sa participation[1] ».

VI

Entièrement rassuré du côté de la France depuis l'avènement de Fleury, Léopold n'éprouvait plus le besoin de chercher auprès des princes allemands des protections coûteuses et peu efficaces, surtout depuis que les attentions[2] chaque jour plus marquées de Charles VI et de l'impératrice pour le prince François ne lui laissaient aucun doute sur les destinées de sa maison. En 1720, il avait sollicité son admission au corps germanique et offert d'acquitter la contribution nécessaire ; en 1726, lorsque le cercle du Haut-Rhin lui demanda de payer sa quote-part en qualité

---

1. Calmet, VII, 354. — Le P. Hugo vécut dès lors tranquillement dans son abbaye, où il mourut en 1739.
2. Élisabeth-Charlotte écrivait à Mᵐᵉ d'Aulède, en parlant de son fils : « Il est, Dieu merci, mieux que jamais avec leurs MM. II., et même l'impératrice lui fait la grâce de le faire entrer quand elle garde le lit, qui est une très grande distinction, que n'ont jamais eue que les archiducs, et mon fils a les mêmes entrées. » Lettre du 27 mars 1727.

de marquis de Nomeny, de comte de Bitche, de Saarwerden et de Salm, il refusa et chargea Lefebvre de réfuter les prétentions des princes[1].

Il est vrai qu'à ce moment Léopold, pressé par la nécessité, abandonné des courtisans[2], qu'il ne pouvait plus retenir autour de lui par ses bienfaits, semblait décidé à restreindre ses dépenses et à mettre un peu d'ordre dans les finances. Le 9 février 1729, dans une ordonnance fameuse, il se proposait de dresser désormais une sorte de budget, afin, disait-il, de pouvoir, à l'avenir, proportionner ses dépenses à ses revenus, « et trouver dans une économie possible et convenable, des réserves pour acquitter en peu d'années les dettes de l'État[3] ».

Cette ordonnance contient la dernière grande pensée de Léopold. Peu de semaines après, le 22 mars 1729, le duc se refroidit dans une promenade qu'il fit à Ménil[4], où M. de Craon bâtissait un château ; la nuit, il se sentit subitement indisposé et, le lendemain, il fut pris de frissons, puis d'une forte fièvre : une fluxion de poitrine se déclara. Le 27 mars, après avoir reçu le viatique, il s'éteignit doucement : « Je meurs, dit-il dans un dernier effort, sans autre douleur que de n'avoir pas servi Dieu avec autant de fidélité que je le devais, et de n'avoir

---

1. Noël, *Mémoires*, n° 5, I, 153 ; *Mémoire qui servira pour une réponse de S. A. R. à la résolution que le cercle du Haut-Rhin prit à Hort, le 16 novembre 1728, au sujet des contributions impériales* (Ms. n° 165 de la Bibliothèque de Nancy).
2. « Je vous dirai qu'à la procession d'aujourd'hui il y avait si peu de Lorrains que les chambellans, dont il y en avait plus d'étrangers que du pays, ont été obligés de porter trois fois le dais, n'en ayant point pour relever. Depuis que S. A. R. a tout fini et n'a plus rien à donner, aucun des Lorrains, or quelques-uns qui demeurent ici, n'y viennent ; il est même souvent sans chambellan, quoiqu'il en ait près de 200, parce qu'ils ne veulent pas servir, et, sans l'Académie, l'on ne verrait pas un homme ici... » Élisabeth-Charlotte à Mme d'Aulède, 11 juin 1727.
3. *Recueil des édits*, III, 354.
4. Aujourd'hui faubourg de Lunéville. Le château de Ménil fut acheté en 1735 par les Bénédictins, qui y transférèrent en 1737 le prieuré de Léomont, et l'habitèrent jusqu'à la Révolution.

pas travaillé au bonheur de mon peuple avec autant de soins que je pouvais¹. »

Le 29 mars, les entrailles du duc de Lorraine étaient déposées dans l'église des Carmes de Lunéville ; et, la nuit, le corps fut transporté en grande pompe à Nancy, « suivi d'un peuple immense en pleurs » ; il resta dans la chapelle des Jésuites jusqu'au 7 juin, jour des funérailles officielles².

VII

Au moment de la mort de Léopold, son fils aîné François était à Vienne depuis six ans. Le feu duc avait prévu ce cas et établi par son codicille du 16 décembre 1726 un conseil de régence composé du grand maître d'hôtel, du grand chambellan, du grand écuyer, du plus ancien des maréchaux de Lorraine, du garde des sceaux, des premiers présidents de la Cour souveraine et de la Chambre des comptes, ainsi que du secrétaire d'État et du maître aux requêtes qui seraient alors de quartier ; la présidence en était attribuée au prince Charles³ et, en son absence, au grand maître d'hôtel⁴.

---

1. Voir Durival, I, 133 ; Noël, n° 5, I, 183. M. Chapellier a publié dans le *Journal de la Société d'archéologie lorraine* (année 1888, p. 115) l'acte de décès de Léopold, et (année 1892, p. 63-69) le procès-verbal du transport du corps de ce prince en la chapelle des Jésuites de Nancy.

2. Voir *Relation de la pompe funèbre faite à Nancy le septième jour de juin 1729, aux obsèques de très-haut, très-puissant et très-excellent prince Léopold*. Nancy, Cusson, 1730, 396 pages in-4°. Cet ouvrage renferme trois oraisons funèbres en français prononcées à Nancy par des Pères de la Société de Jésus, une quatrième en latin, prononcée à l'Université de Pont-à-Mousson par un Père de la même Société, et deux pièces en vers latins : *Leopoldi I Epicedium* et *Leopoldi I Apotheosis*.

3. Né à Lunéville le 2 décembre 1712, mort à Bruxelles le 4 juillet 1780.

4. Dans son testament du 8 septembre 1719, Léopold avait exprimé la volonté que s'il venait à mourir avant que son fils aîné eût atteint l'âge de la majorité, la duchesse prît la tutelle et le gouvernement de ses enfants, ainsi que la régence de ses États, avec l'assistance d'un conseil qu'il se réservait de nommer ultérieurement.

Mais les dernières volontés du duc de Lorraine ne furent pas respectées, et la duchesse douairière n'eut aucune peine à se faire donner la régence dans une assemblée des principaux officiers et hommes d'État lorrains. La Cour souveraine enregistra même cette délibération, tout en témoignant quelque mauvaise humeur qu'on ne lui eût pas demandé de pourvoir elle-même à la régence, « prérogative naturellement attachée à son autorité[1] ».

Élisabeth-Charlotte réagit contre les prodigalités de son époux, éteignit toutes les lettres de survivance données par lui, annula les aliénations des biens du domaine, frappa d'une taxe de 1,500 livres tous les nouveaux anoblis, et résolut de rétablir l'équilibre entre les recettes et les dépenses. La dette publique s'élevait à près de 9 millions, et le Trésor était vide. Le directeur général des finances Masson[2], accusé de complaisances excessives pour les favoris du feu duc, fut arrêté et gardé à vue. Cette rigueur contraste avec la mansuétude dont la régente fit preuve à l'égard de M. de Craon[3], qui fut suspendu de ses fonctions de grand écuyer, mais nullement inquiété. Le premier président de la Chambre des comptes, Lefebvre, fut exclu du Conseil d'État, dont il avait été autrefois « l'oracle », et l'on mit les scellés sur ses papiers[4].

Sur l'ordre venu de Vienne, la régente préleva sans délai le don de joyeux avènement, qui fut fixé à 380,000 livres pour la Lorraine, et à 174,000 pour le Barrois; mais cette somme ne resta pas dans les duchés : François indifférent aux besoins de ses sujets, dépensait beaucoup, et

---

1. *Recueil des édits*, V, 1.
2. Jacques Masson était Français; le duc le nomma, en 1726, directeur général de la régie des fonds affectés au paiement des dettes de l'État, et en 1728, directeur général des finances.
3. De l'enquête faite à cette époque, il résulte, affirme M. d'Audiffret, que Léopold donnait annuellement à M. de Craon, 800,000 à 900,000 livres. Cf. d'Haussonville, IV, 365, note 2.
4. *Ibid.*, IV, 364, note 1.

adressait à sa mère de continuelles demandes d'argent : « Ma douleur, écrivait Élisabeth-Charlotte désespérée, va toujours en augmentant de la cruelle perte que j'ai faite, et l'incertitude où je suis du retour de mon fils dans ce pays-ci, me l'augmente encore, car il est gouverné là-bas par des gens qui, assurément, ne connaissent pas ce qui est de son bien et de ses véritables intérêts, ce qui me fait mourir ; et, s'il pouvait être ici, on lui ferait connaître. Outre cela, cela retarde toutes les affaires, car il ne veut pas que l'on fasse la moindre chose qu'il n'en soit averti auparavant, et la réponse est longue à venir[1]. »

C'est seulement le 29 novembre 1729 que le nouveau duc arriva à Lunéville, en médiocre équipage, escorté de quelques officiers allemands. Il fit regretter à tous par ses manières réservées et hautaines l'affabilité de son père : il affectait de ne saluer que les princesses de sa maison, supprima les réceptions, et fit évacuer les logements occupés dans les ailes du château par quelques familles nobles du pays. La cour, jadis si animée, devint presque déserte. Peu accessible aux seigneurs lorrains, François passait son temps à faire de la musique avec les étrangers qu'il avait amenés de Vienne, ou à chasser avec eux dans les environs. Cependant si le prince était « naturellement dur et peu compatissant[2] », il ne manquait pas d'un certain fonds de bonté et de droiture ; il permit à Lefebvre de lui lire un écrit dans lequel le fidèle et zélé serviteur de Léopold, indigné d'une disgrâce qui atteignait la mémoire de son maître, s'efforçait de réfuter les griefs produits contre l'administration du feu duc : « Pendant que vos peuples, disait le vieux ministre, accablés de la perte qu'ils firent de leur auguste souverain, le 27 mars dernier, ne songeaient qu'à lui rendre les derniers devoirs ;

1. Lettre à la marquise d'Aulède, 27 juin 1729.
2. D'Audiffret, *Mémoire sur le duché de Lorraine*, f° 285.

pendant que les prédicateurs s'efforçaient de rendre à sa mémoire les louanges qu'elle mérite, et que les étrangers universellement lui faisaient la même justice, vos bons sujets ont eu le chagrin de voir que les personnes qui, abusant de la bonté naturelle de Son Altesse Royale Madame Régente, se sont emparées du gouvernement, ont fait toutes sortes de démonstrations publiques, non seulement pour diminuer l'estime et la bonne opinion que tout le monde avait du défunt, mais aussi pour rendre autant qu'ils ont pu sa mémoire absolument et généralement odieuse. Ces gens-là n'ont rien omis pour le faire regarder comme un dissipateur dont la prodigalité outrée a causé la ruine de l'État et de sa famille, et comme un imprudent jusque dans la distribution même de ses grâces[1]. »

François écouta tout au long le réquisitoire de Lefebvre contre la régente, et le vieux ministre parlant de le brûler s'il déplaisait au jeune souverain, celui-ci répondit que, bien qu'il fût « trop fort », il voulait le garder « parce qu'il y avait du bon ». Et si Lefebvre ne fut plus, comme sous le règne précédent, une sorte de premier ministre, du moins on prit plus d'une fois son avis sur les affaires importantes de l'État, et François répara l'injustice dont il avait eu à se plaindre de la régente.

Le prince de Craon lui-même rentra en faveur : « Le duc, écrit d'Audiffret à la date du 24 juillet 1730, vient de lui donner une pension de 10,000 livres qui passe sur la tête de la princesse de Craon, une de 6,000 livres à son fils, 50,000 livres en indemnité de paiements faits sur des terres réunies, la restitution de la terre de Jarville, la jouissance de son dividende dans la ferme générale qui lui vaudra bien 400,000 fr., l'exercice de grand écuyer, etc.... Ces grâces obtenues contre toute sorte de vraisem-

---

1. Ms. n° 417 de la Bibliothèque de Nancy, f° 9.

blanco ont assommé les courtisans...., mais la sage conduite qu'il a tenue dans l'adversité, sa parfaite soumission à la volonté de son maître, et le sacrifice qu'il a fait en lui remettant volontairement les lettres patentes de tous ses dons, méritaient bien cette récompense[1]. »

François partit pour Versailles le 26 janvier 1730, afin de rendre à Louis XV l'hommage qu'il lui devait pour le Barrois. Malgré l'accueil empressé qu'on lui fit, et bien qu'il parût fort goûter les plaisirs de la vie de Paris, il se hâta de revenir à Lunéville. Un an après (avril 1731), il déféra la régence à sa mère et se rendit à Bruxelles, d'où il gagna Vienne. Plus autrichien[2] que lorrain, il se consacra tout entier aux fonctions de vice-roi de Hongrie que lui donna, le 28 mars 1732, l'empereur Charles VI, dont il devait être le gendre et le successeur.

VIII

Élisabeth-Charlotte restait à Lunéville, entourée de ses deux filles, les princesses Élisabeth-Thérèse et Anne-Charlotte, et de son second fils, le prince Charles; mais la famille ducale n'était pas unie, et la princesse Charlotte, tout allemande comme le prince François, ne témoignait à sa mère qu'une assez froide affection : « La cour

---

1. D'Haussonville, IV, 374, note 3.
2. « Il est devenu fort allemand depuis qu'il fut envoyé à la cour de Vienne, sur les instances que le feu duc son père en fit à l'Empereur, et il s'y est étudié à ne prendre pour les autres nations que les sentiments d'amitié ou d'aversion qu'il a cru devoir convenir à la place qu'il s'est flatté d'occuper un jour par son mariage avec l'archiduchesse aînée, et croyant se rendre agréable, il a pris une si grande antipathie pour les Français que, dînant un jour à la chasse avec des Allemands, il dit qu'il ne faisait pas plus de cas d'un Français que d'un c...; l'affectation qu'il eut, moi présent, d'avoir peu d'empressement de voir le portrait du roi que Sa Majesté lui avait fait l'honneur de lui envoyer, en est encore une preuve non équivoque. » D'Audiffret. *Mémoire*, f° 248.

de Lorraine, écrit d'Audiffret en 1732, est partagée en deux factions; l'une est composée de Mme la duchesse de Lorraine, de M. le prince Charles et de Mme la princesse aînée, qui vivent dans une parfaite union et qui ont tous les mêmes sentiments; la princesse aînée n'est pas belle, mais parfaitement bien faite, d'une humeur fort douce, généreuse, d'une grande piété, toujours empressée à protéger les malheureux et à leur procurer du bien, et qui mérite d'être heureuse, parce qu'elle a tout ce qu'il faut pour rendre un mari heureux. La princesse Charlotte, qui est la cadette, est à la tête de l'autre faction, qui est à présent la plus forte, parce qu'elle est fort soutenue par M. le duc de Lorraine, qui l'a toujours si fort aimée, et avec tant d'empressement qu'on aurait pu se laisser séduire par des apparences qui sont néanmoins aussi frivoles que mal fondées; ce prince entretient un commerce de lettres fort régulier avec elle, et, pour ne le rendre pas public, les lettres passent par le canal de Mlle de Martigny, fille d'honneur de Mme la duchesse de Lorraine, qui est dans leur confidence, et c'est par ce c   que la princesse l'informe de tout ce qui se passe jusqu'au moindre détail comme il l'a souhaité; on la soupçonne de ne point épargner sa mère, son frère, sa sœur, dans tout ce qu'elle écrit sur leur compte; ce n'est pas sans fondement qu'on croit qu'elle a beaucoup de part à la mésintelligence qui règne entre la mère et le fils[1].... »

Élisabeth-Charlotte n'était pas seulement affligée du peu de déférence de son fils à son égard; elle avait un autre sujet de plainte. Tout en pleurant son époux, elle regrettait amèrement qu'il eût établi la loi salique en Lorraine.

En 1713, Léopold avait chargé le procureur général Bourcier de composer un *Traité sur la nature et la mascu-*

---

1. D'Audiffret, *Ibid.*, f° 293.

linité du duché¹, et, dans son testament, il régla que les femmes seraient exclues du trône, sauf en cas d' « extinction entière de tous les mâles tant en ligne directe qu'en ligne collatérale ». La duchesse écrivait dans l'intimité que l'on avait « coupé la gorge » à ses filles en exigeant d'elles qu'elles renonçassent à toute prétention sur l'héritage de leur père² ; elle craignait que cette « nouveauté » ne devînt un obstacle à leur « établissement » : « J'avoue, s'écriait-elle, qu'il m'est cruel que cela commence par mes filles, et cela me met toujours la mort au cœur quand j'y pense³. » A son amie, qui lui demandait des nouvelles de sa santé devenue chancelante, elle répondait découragée : « Les maux du corps me sont venus ensuite de ceux de l'esprit, je ne sais quand j'en guérirai⁴. »

Dans sa douleur, la malheureuse duchesse ouvrit même une fois son cœur au maréchal de Belle-Isle, qui commandait alors à Metz, et venait chaque année présenter officiellement ses respects à la souveraine : « J'ai été à Lunéville, écrit le maréchal le 20 juin 1733, et j'en revins hier. J'y ai trouvé une grande solitude, n'y ayant absolument auprès d'elle que sa domestique indispensable, toute la noblesse très mécontente et fort appauvrie.... Madame la duchesse m'a entretenu fort au long de ses sujets de plainte qu'elle a contre son fils qui n'a aucune considéra-

---

1. Ouvrage publié en 1718, in-4°, sans nom d'auteur ni d'imprimeur. D'Audiffret le réfuta par le livre publié à Paris et intitulé : *Réflexions sur le traité de la nature du duché de Lorraine*. C'est le duc Charles IV qui avait le premier fait déclarer le duché de Lorraine masculin, et, dans le traité d'échange du Milanais contre la Lorraine, Léopold lui-même avait demandé, entre autres garanties, la succession du duché par ordre de primogéniture de mâle en mâle, et à défaut de mâle, en faveur des filles. — Cf. Digot, *Mémoire sur la masculinité du duché de Lorraine*, dans les *Mémoires de l'Académie de Stanislas*, 1853 ; Noel, *Mémoires*, n° 5, II. p. 17 et 91.
2. Léopold, dans son testament, promettait, moyennant cette renonciation, une dot de 200,000 francs barrois à chacune de ses filles.
3. Lettre à la marquise d'Aulède, 5 juin 1730.
4. Lettre à la marquise d'Aulède, 25 février 1731.

tion pour elle.... Elle fut la première à me dire qu'il ruinait entièrement la Lorraine dont il tirait tout l'argent ; qu'elle n'imaginait pas ce qu'il en pouvait faire, vivant à Presbourg comme un simple particulier, où il ne pouvait pas dépenser 100,000 écus par an.... Cependant il tire tout l'argent de ses revenus[1]. »

A ce moment, la guerre de la succession de Pologne éclatait, et mettait aux prises la France et l'Empire. La régente sut conserver la neutralité, mais sans pouvoir éviter l'occupation d'une partie de la Lorraine par les troupes françaises (octobre 1733). Il n'entre pas dans notre sujet de raconter en détail les campagnes de 1734 et 1735, et les négociations compliquées et imprévues qui les suivirent. Nous nous contenterons d'indiquer brièvement comment le beau-père du roi de France, Stanislas Leczinski, évincé du trône de Pologne, allait trouver dans les duchés de Lorraine et de Bar un dédommagement à ses malheurs passés.

Les succès de Berwick sur le Rhin, de Villars et de Coigny en Italie, avaient décidé l'Empereur à répondre autrement que par de dédaigneux refus, aux avances de Fleury, toujours prêt à sacrifier les plus grands avantages au rétablissement de la paix. Dès les premiers jours de juillet 1735, le comte de Sinzendorf fit savoir indirectement au débonnaire cardinal que le cabinet de Vienne était prêt à entrer en négociation avec lui. Fleury accueillit cette ouverture avec le plus grand empressement et fit aussitôt partir pour Vienne M. de la Baune[2], un diplomate qui avait été autrefois employé dans des missions secrètes en Espagne et en Hollande, et qui allait s'acquitter de celle-là avec une grande habileté.

---

[1]. *Journal de la Société d'archéologie lorraine*, 1843, p. 375.
[2]. Voir d'Haussonville, IV, p. 194 et suiv.

M. de la Baune, bien que les instructions du cabinet de Versailles lui eussent recommandé de ne point se donner pour un homme « chargé d'aucune proposition précise », communiqua aux ministres de l'Empereur « une idée qui lui était venue en route », assurait-il, et qu'il exposait en ces termes : « Depuis qu'il était dans les affaires, il avait entendu parler du règlement que l'Empereur voulait faire de sa succession ; c'était, aux yeux de tous ceux qui s'en étaient entretenus, le plus grand et peut-être l'unique intérêt de la maison d'Autriche. L'Empereur avait invoqué, pour maintenir ces arrangements, les garanties de beaucoup de princes qui, par leur situation ou leur puissance, ne pouvaient, en vérité, ni contribuer à son succès, ni lui nuire. Ces garanties étaient par elles-mêmes de bien peu d'utilité, tant que la France ne parlerait point. Il n'avait aucun ordre de parler de cette garantie, encore moins de l'offrir. Mais enfin, si pour prouver qu'il était bien loin de vouloir la dispersion d'une maison qui pouvait être redoutable à la France, le gouvernement de Sa Majesté venait à consentir que tous ces domaines fussent réunis sur une même tête, cela ne pouvait-il point faciliter un dédommagement pour le roi de Pologne ? — Je ne vous demande pas votre secret, disait-il aux ministres autrichiens, ni quel est celui que vous destinez pour être l'heureux possesseur de tant d'États. Cependant il faudra bien que vous le confiiez, ce secret, si vous voulez que le roi garantisse cet arrangement.... Supposons, avec toute l'Europe, que le duc de Lorraine épouse la fille aînée de l'Empereur ; pensez à tout ce qu'un si grand établissement peut un jour lui procurer d'avantages ; croyez-vous que le roi consente à voir devenir Empereur un prince déjà souverain, presque au milieu de la France ? Ce serait un événement dont vous sentez vous-même la contradiction... En un mot, Messieurs, ou la France n'existera plus en corps de nation, ou jamais un empereur d'Allemagne ne sera duc de Lorraine et de Bar. — Si le duc actuel voulait parvenir à une si grande dignité, il fallait donc qu'il renonçât à son petit État ; cet État devenu vacant pouvait être cédé au roi de Pologne. Peut-être la satisfaction d'être voisin de sa fille fermerait-elle les yeux à ce prince sur la différence de l'équivalent¹... »

Cette ouverture fut écoutée avec plaisir par les ministres autrichiens, qui trouvèrent le moyen de régler une dernière difficulté grâce à une succession qui allait bientôt devenir vacante : Jean-Gaston de Médicis, grand-duc de Toscane, n'avait pas d'enfant ; on convint d'adjuger, lui mort, la Toscane au duc François de Lorraine. Des préliminaires furent signés à Vienne le 3 octobre 1735. Mais les défaillances de la diplomatie de Fleury, les perplexités de François firent traîner les choses en longueur.

Cependant les Lorrains étaient en proie à la plus vive inquiétude. Élisabeth-Charlotte se demandait avec anxiété si le duc François consentirait à quitter un pays qui, pendant des siècles, avait donné tant de preuves de sa fidélité, de son attachement à la maison de Lorraine ; elle écrivait que son fils « se coupait la gorge à lui et à toute sa famille en signant ce malheureux traité..., que s'il était assez sot pour consentir à ce que l'Empereur voulait, il fallait qu'il fût ensorcelé² » ; elle savait gré au prince Charles, appelé récemment à Vienne et destiné à épouser la seconde des archiduchesses, de n'avoir pas voulu donner son consentement à un pareil abandon³ ; enfin elle prétendait que la main de Marie-Thérèse était trop

---

1. M. de la Baune à Fleury, 16 août 1735. D'Haussonville, IV, 106.
2. Cf. d'Haussonville, IV, 125.
3. Lettre à la marquise d'Aulède, 11 juin 1738, 2 janvier 1738.

chèrement payée au prix de la cession de la Lorraine à la France[1].

Néanmoins, le 12 février 1736, au moment où l'on célébrait en grande pompe, à Vienne, le mariage du duc François avec l'archiduchesse Marie-Thérèse, le château de Lunéville était en fête. La régente réunissait dans un repas de quatre cents couverts les ministres étrangers et les seigneurs du pays ; le soir, les bosquets s'illuminaient de mille feux.

Le surlendemain, les officiers municipaux de Lunéville firent de grandes réjouissances publiques. L'architecte Jadot[2] éleva dans la principale cour du château un temple de l'Hymen, de 80 pieds de hauteur, terminé par une coupole, que surmontait un aigle gigantesque ; l'édifice présentait huit façades décorées de peintures allégoriques qu'exécutèrent Chaman et Girardet : autour se dressaient quatre pyramides ornées des armoiries des maisons d'Autriche et de Lorraine, semées de devises et d'inscriptions. Sous un portrait de François, on lisait ces vers prétentieux :

> Écoutez, peuples, les oracles ;
> En faveur de François les destins sont ouverts,
> Contemplez ici les miracles
> Que cet astre nouveau prépare à l'univers.

Des génies, personnifiant la Lorraine, célébraient les vertus des nouveaux époux et annonçaient à l'univers la joie des Lorrains :

---

[1]. « Je vous assure, Madame, que le mariage de mon fils, bien loin de me donner du contentement, m'accable de douleur, si la cession de la Lorraine en est le prix. » Lettre à la marquise d'Aulède, 9 janvier 1736.

[2]. Jadot (Jean-Nicolas), né à Lunéville le 2 janvier 1710, mort au château de Ville-Issey (près Commercy), le 1ᵉʳ juin 1761. Il devint directeur général des bâtiments de François en Toscane, et fit construire à Florence un bel arc de triomphe.

Les plus écartés rivages
Retentiront de nos voix ;
Les peuples les plus sauvages
Chanteront : Vive François ! !

Les habitants de Nancy et des autres villes des duchés ne négligèrent rien non plus pour donner des preuves de leur affection et de leur dévouement au souverain qui, peu de jours après, allait les abandonner : le 11 avril 1736, François renonçait solennellement à l'ancien patrimoine de ses ancêtres, mais ce fut seulement le 15 février 1737 que fut signé le traité qui attribuait les duchés de Bar et de Lorraine au roi Stanislas, et les réunissait après sa mort à la France.

A Paris on apprit cet événement avec la plus vive satisfaction. Marie Leczinska, disait d'Argenson, allait se trouver ainsi dotée « de la province la plus désirable pour la France qu'on eût eue en vue depuis longtemps, même plus que la Bretagne, que nous avait apportée Anne[2]... »

Élisabeth-Charlotte, indignée de la conduite de François, avait refusé d'aller finir ses jours à Vienne ou à Bruxelles, comme on le lui conseillait, et demandé au roi qu'il lui fût permis de ne jamais quitter le château de Lunéville ; on lui promit d'abord cette faveur : « Je reçois votre compliment, écrivait-elle à la marquise d'Aulède, sur la grâce que le roi veut bien me permettre de rester ici... D'abord que le roi le permette, je n'en sortirai sûre-

---

1. *Inscriptions, vers et devises pour servir aux réjouissances que la ville de Lunéville fait faire le 14 février 1736.* Lunéville, Galland, 8 pages in-4°.
2. *Journal et Mémoires du marquis d'Argenson.* Paris, Renouard, 1859, I, 256. — L'historien allemand Ranke écrit que la Lorraine complétait le système de défense des frontières françaises : « Que serait-il arrivé en 1792, si l'armée allemande avait pu prendre pour base de ses opérations, le haut Rhin et la Lorraine, au lieu du Rhin moyen ?... L'acquisition définitive de la Lorraine par la France est l'œuvre des circonstances et de l'habileté. Ce n'est pas une grande action, mais c'est un grand événement... » *Histoire de France,* traduction Miot, VI, 351.

ment pas, et je ne suis pas comme mon fils, qui préfère d'être simple sujet de l'Empereur à être souverain. Je ne reconnais en rien mon sang dans tout ce qu'il vient de faire contre lui-même, son frère et ses sœurs, et je lui aurais cru plus de fermeté... J'aime fort la Lorraine et les Lorrains ; je n'en suis point haïe, et, par conséquent, je resterai avec eux jusqu'à la fin de mes jours ; mais, pour l'Empereur, j'aimerais mieux mourir tout à l'heure que d'être sous sa domination. Je vivrai de ma vie, car je serai ici, ou bien à Paris, si le roi le veut. Pour à lui, il est le chef de ma maison, et je lui obéirai toujours, mais à nulle autre puissance [1]. »

Aussi lorsque le ministère français lui fit savoir que le château de Lunéville était la seule résidence où pussent se loger convenablement Stanislas et sa famille, la veuve de Léopold ne fit entendre aucune plainte, et accepta avec reconnaissance le château de Commercy qu'on lui offrit sa vie durant [2].

Avant de quitter Lunéville, la duchesse douairière y reçut l'ambassadeur du roi de Sardaigne, le prince de Carignan, chargé de demander, au nom de son maître, la main d'Élisabeth-Thérèse, l'aînée des princesses lorraines. La cérémonie des fiançailles fut célébrée le 5 mars 1737. Le lendemain, Élisabeth-Charlotte et ses filles s'éloignaient pour toujours du château qu'avait bâti Léopold : « Ce serait tenter l'impossible, écrit un contemporain, que de vouloir dépeindre la consternation, les regrets, les sanglots et tous les symptômes de désespoir auxquels le peuple se livra à l'aspect d'une scène qu'il regardait comme le dernier soupir de la patrie. Il est presque inconcevable que des centaines de personnes n'aient pas été

---

1. Lettre du 11 juin 1736, écrite de Lunéville.
2. Convention signée à Versailles le 1er décembre 1736.

écrasées sous les roues des carrosses, ou foulées sous les pieds des chevaux, en se jetant aveuglément, comme elles firent, à travers les équipages, pour en retarder le départ. Pendant que les clameurs, les lamentations, l'horreur et la confusion régnaient à Lunéville, les habitants de la campagne accouraient en foule sur la route par où la famille royale devait passer, et la conjuraient de ne pas les abandonner[1]. »

Quelques mois après 9 (juillet 1737), Jean-Gaston de Médicis rendait le dernier soupir. François entra aussitôt en possession de la Toscane, et Élisabeth-Charlotte eut encore la douleur de voir M. et Mme de Craon accompagner son fils à Florence et conserver sous lui l'influence qu'ils avaient exercée à Lunéville. Du moins la dernière duchesse de Lorraine trouva des consolations dans le respect affectueux de ses anciens sujets, pour qui elle était désormais la vivante personnification de l'indépendance nationale, et qui laissèrent éclater de profonds regrets lors de ses funérailles à Commercy (décembre 1744)[2].

---

1. *Vie de Vayringe*, dans Calmet, *Bibliographie lorraine*, col. 995. Cf. Louis Lallement, *Le départ de la famille ducale de Lorraine*. Nancy, Wiener, 1860, brochure in-12.

2. Les historiens lorrains ont reproché à Stanislas de ne pas être allé une seule fois à Commercy saluer la veuve de Léopold. Noël, *Mémoires*, n° 5, I, p. 276 et suiv.; Durnast, *Nancy*, p. 93.

CHAPITRE XII

LES FINANCES DE LÉOPOLD

I. Ressources financières de Léopold. — II. Créations d'offices; abolition de la mainmorte; refontes des monnaies. — III. Établissements de banquiers juifs à Nancy; Samuel Lévy, receveur général des finances. — IV. Taxe sur les nobles. — V. Banqueroute de Samuel Lévy. — VI. Remboursement des billets de liquidation. — VII. Nouvelles créations d'offices; emprunts. — VIII. Dépenses en bâtiments. — IX. La compagnie de Lorraine. — X. Regard d'Aubonne. — XI. Taxe sur les biens domaniaux aliénés depuis 1699. — Anoblissements et donations; opposition de la Chambre des comptes. — XIII. Expédients pour acquitter les dettes de l'État. — XIV. Dernières créations d'offices.

I

De bonne heure Léopold avait songé à accroître ses ressources, soit en créant de nouveaux impôts, soit en tirant un meilleur parti de ceux qui existaient déjà. Dès 1702, sous prétexte que le payement des rentes dues aux créanciers de l'État épuisait ses revenus ordinaires, il imposa une contribution de 100,000 livres sur la Lorraine et de 50,000 livres sur le Barrois, à répartir sur le même pied que la subvention [1].

Par lettres patentes du 26 juin 1699 [2], les sieurs Willemin de Heldenfeld et Marc-Antoine Bocconi avaient eu le privilège de la vente et de la culture du tabac; cette ferme rapportait 12,000 livres en 1700, 21,000 livres en

---

1. *Recueil des édits*, I, p. 326; 1ᵉʳ avril 1702. — Des commissaires avaient été nommés le 15 février 1700 pour vérifier et liquider les dettes de l'État; ils furent révoqués le 3 avril 1705. *Ibid.*, I, 491.
2. Archives de Meurthe-et-Moselle, B, 12).

1706, 48,000 en 1710 lorsqu'elle eut été adjugée à des Français « plus attentifs à leurs intérêts et moins timides à entrer dans les avances », 75,000 livres en 1715[1].

Le produit des domaines, droits domaniaux, gabelles et salines, s'éleva de 884,283 livres en 1698 à 1,150,000 livres en 1710, à 1,300,000 en 1716[2]. Les postes rapportèrent, à partir de 1704, 12,000 livres, c'est-à-dire 2,000 livres de plus que les années précédentes.

En 1706, le budget ducal était de 3,260,916 livres pour les recettes, y compris, il est vrai, une somme de 979,203 livres, représentant l'excédent des recettes des années précédentes; les dépenses atteignirent 2,552,091 livres[3].

Les embarras financiers ne tardèrent pas à se faire sentir. Au mois d'avril 1706, Léopold enjoignait aux contribuables de ses États de payer dans le courant du mois la subvention qu'ils n'acquittaient d'ordinaire qu'après les récoltes, en octobre[4]. La même année il envoyait des commissaires dans toutes les parties de la Lorraine et du Barrois pour faire un dénombrement exact de la population, étudier la nature et les productions du sol, estimer les revenus de chacun. Ce travail, dont le résultat fut le *pied-certain*, n'avait-il d'autre but que de répartir d'une façon plus équitable la subvention d'abord entre les diverses

---

1. D'Audiffret, *Mémoire*, f° 218. — La compagnie française avait pris la ferme pour cinq ans sous le nom de Gauthier. En 1715, la ferme des tabacs fut adjugée à Barbarat et à La Garde; en 1720 on la réunit à la ferme générale dont Roussel s'était rendu adjudicataire.

2. Archives de Meurthe-et-Moselle, B, 10.162. — Il s'agit toujours, moins d'indication contraire, de *livres de Lorraine*; la livre de Lorraine ne valait que 15 sous 6 deniers de France. — Le *franc barrois*, qui était une monnaie de compte fort en usage, valait 8 sous 6 deniers 6/7 de Lorraine.

3. Archives de Meurthe-et-Moselle, B, 1,575.

4. « Cette anticipation fait beaucoup murmurer ses sujets et donne lieu à divers raisonnements, dont le plus commun est de dire que ce prince prévoit bien qu'il sortira de ses États par un échange à la paix et veut tirer tout ce qu'il pourra. Mais pour faire cesser ces discours, on a répandu qu'on allait rebâtir le palais de cette ville. » D'Audiffret à Louis XIV, 19 avril 1706. *Archives des affaires étrangères*, LXIV, f° 83.

communautés, puis entre les individus de chaque communauté? Nous ne le croyons pas. Durival lui-même, qui pourtant fait honneur au gouvernement ducal de cette enquête, constate que la subvention, qui de 680,000 livres pour les premières années du règne avait été portée à 823,000 livres en 1706, s'éleva à 1,113,000 livres en 1707, pour être encore augmentée plus tard[1].

La correspondance de M. d'Audiffret établit que l'intention réelle du duc de Lorraine était de faire produire à la subvention des sommes plus fortes, à un moment où ses conseillers s'opposaient énergiquement à l'établissement de nouvelles taxes : « La plupart des ministres de M. le duc de Lorraine, — écrit l'agent de Louis XIV, à la date du 5 février 1707, — et particulièrement M. Mahuet, lui ont représenté qu'il achèverait de ruiner ses peuples qui étaient déjà plus chargés qu'ils ne devraient l'être, que ce serait le plus pernicieux parti qu'il pourrait prendre, qu'il fallait nécessairement qu'il renonçât au jeu, et que les pertes continuelles qu'il y faisait avaient mis un si grand désordre dans ses affaires qu'on avait été obligé de retrancher le payement du premier quartier de cette année, ce qui faisait murmurer toute sa maison[2]. »

La situation ne tarda pas à empirer. Les prodigalités de Léopold à ses maîtresses et aux courtisans, ses énormes

---

1. Durival, I, 94, 323. En 1721, la subvention était de 1,606,913 livres, dont 988,325 pour la Lorraine. *Archives de Meurthe-et-Moselle*, B, 1659. — La ville de Nancy, déchargée de la subvention peu de temps après l'arrivée de Léopold dans ses États, fut imposée en 1711 pour la somme de 20,000 livres, plus 4 sols 6 deniers par livre. Le duc ayant égard au zèle des officiers municipaux qui avaient contribué en 1709 à l'achat des blés d'Allemagne pour 30,000 livres, déchargea la ville du payement de la subvention moyennant une somme annuelle de 18,000 livres à prendre sur les revenus de la ville. Voir *Recueil des édits*, I, 771; Lionnois, II, 58; Lepage, *Archives de Nancy*, II, 355; Ms. n° 174 *de la Bibliothèque de Nancy*, t. Ier, f° 71.
2. D'Audiffret à Louis XIV, 5 février 1707. *Archives des affaires étrangères*, LXIX, f° 54. — Les ministres de Léopold opposèrent la même résistance au prince dans le conseil tenu à la Malgrange le 18 février suivant. *Ibid.*, f° 71.

dépenses au jeu, ses constructions, ses folles largesses à l'égard des plénipotentiaires et des généraux étrangers, vidèrent le Trésor et réduisirent le duc de Lorraine à recourir à toutes sortes de moyens pour se faire de l'argent. Déjà l'édit de février 1707, concernant les municipalités, n'était qu'un expédient fiscal : les magistrats municipaux, primitivement élus, furent supprimés dans trente villes ou bourgs, et remplacés par des fonctionnaires permanents à la nomination directe du gouvernement. Léopold avait beau invoquer les avantages des administrés ; une autre considération l'avait guidé : les nouveaux officiers municipaux payaient leurs offices au prince et touchaient une rente sur les deniers des communes [1].

En février 1711, le Conseil faisait au souverain des remontrances sur le nombre excessif des billets au porteur, alors en circulation : « Ils absorbent, dit M. d'Audiffret, tout ce qui vient de comptant des revenus dans le mois ; il y en a eu dans celui de décembre dernier pour 100,000 livres. L'usage secret et inconnu de ces sommes fait faire bien des jugements ; ce qu'il y a de plus constant, c'est que personne n'est payé et que tout le monde murmure. Le remède à ce désordre est très difficile. Le prince et son Conseil sont fort opposés sur les moyens. Le prince veut qu'on mette des impositions extraordinaires ; le Conseil a représenté que le pays est déjà trop chargé pour pouvoir les supporter [2]. » A ce moment, il était dû trois quartiers aux officiers de la maison ducale, deux années d'arrérages aux pensionnaires de l'État ; les anti-

---

1. *Recueil des édits*, I, 533. — Les trente villes ou bourgs qui eurent des conseils municipaux salariés sont : Nancy, Saint-Nicolas, Rosières, Château-Salins, Marsal, Saint-Dié, Lunéville, Blâmont, Mirecourt, Charmes, Bruyères, Épinal, Châtel, Vézelise, Sarreguemines, Dieuze, Boulay, Bouquenom, Saint-Mihiel, Briey, Etain, Pont-à-Mousson, Thiaucourt, Bar, Gondrecourt, Bourmont, Lamarche, Neufchâteau, Nomeny, Saint-Avold.
2. M. d'Audiffret à Louis XIV, 21 février 1711. *Archives des affaires étrangères*, LXXVIII, f° 82.

cipations s'élevaient à un million et demi : « A mesure qu'il arrive quelque fonds, il est diverti à des usages de complaisance, sans aucun égard aux besoins pressants ni aux remontrances sur cette dissipation[1]. »

Dans son dénûment, Léopold passa outre à l'opposition de ses conseillers : « Les grandes dépenses, — lisons-nous dans le préambule de l'édit du 5 juillet 1710, — que nous avons été obligé de faire pour prévenir la famine dont nos États étaient menacés par la stérilité de l'année dernière et de la précédente, et celles que nous sommes encore dans l'obligation de continuer pour conserver et maintenir nos peuples dans la tranquillité dont ils jouissent, nous mettent dans la nécessité de recourir à quelques moyens extraordinaires pour subvenir à nos besoins pressants. » En conséquence Léopold garantissait les privilèges de l'ordre nobiliaire aux personnes anoblies depuis 1624 et aux « secrétaires ordinaires des commandements et finances », moyennant le payement d'une taxe spéciale[2].

II

Une nouvelle cour de justice, la « Chambre des requêtes du Palais », fut créée à côté de la Cour souveraine pour se prononcer sur toutes les affaires concernant les princes et les princesses du sang, les princes et princesses étrangers résidant dans les deux duchés, et tous les officiers de la couronne. Les titulaires de ces charges avaient à verser des sommes variant pour chacun de 500 livres à

---

1. M. d'Audiffret au roi, 14 mars 1711. *Ibid.*, f° 116.
2. Archives de Meurthe-et-Moselle, B. 129. — Bibliothèque de Nancy, ms. n° 393 ; 35 conseillers-secrétaires furent taxés à 1,000 livres chacun, et en sus à trois deniers par livre.

1,500, ce qui devait faire entrer 145,600 livres dans le Trésor ducal[1].

Presque au même moment on érigea en maîtrise la profession de perruquier (édit du 24 juillet 1710)[2]. Léopold chercha à justifier cette création en établissant que « l'art » du perruquier contribuait beaucoup non seulement « à la propreté et à l'ornement, mais encore à la santé des hommes », et qu'il était nécessaire « pour le bien public » d'en avoir un nombre suffisant. Tous les perruquiers étaient obligés de prendre, dans un temps donné, des provisions qui leur coûtaient de 150 à 300 livres, selon qu'ils résidaient dans de simples bourgs ou dans les villes; mais ils trouvèrent la somme exagérée et s'en plaignirent au duc qui accorda à quelques-uns l'exemption et à tous les autres une assez forte modération de la taxe fixée[3].

D'ailleurs, à en croire M. d'Audiffret, les perruquiers lorrains ne faisaient que suivre l'exemple qui leur était donné par la plupart des titulaires des nouveaux offices : « Le prince, écrit ce personnage, est fort irrité du peu d'effet que les édits publiés pour avoir de l'argent ont produit jusqu'à présent. Il paraît que ses sujets, animés contre ces nouveautés, y résistent avec fermeté et que passant du murmure à la cabale, ils veulent rendre ces édits inutiles. Je les vois s'éloigner de plus en plus de l'affection qu'ils lui portent et souhaiter une autre domination, rappelant le temps où ils vivaient sous celle de Votre Majesté. Son conseil s'est trouvé fort embarrassé entre la vivacité du prince et le mécontentement des peuples. Il a cru y remédier en temporisant. Mais M. le

---

1. Ms. n° 392 de la Bibliothèque de Nancy; *Recueil des édits*, I, 701. — Cette cour de justice fut supprimée par édit du 16 novembre 1713.
2. *Recueil des édits*, I, 705.
3. Bibliothèque de Nancy, ms. n° 392.

duc de Lorraine a répondu qu'on devait le laisser faire ou qu'il fallait qu'il ne fût plus souverain[1]. »

Assurément il est plaisant de voir l'envoyé de Louis XIV reprocher à Léopold d'emprunter à la France quelques-unes de ses inventions fiscales ; ce courtisan pousse la flatterie un peu trop loin lorsqu'il affirme que les Lorrains regrettaient leur ancien joug. Si les sujets de Léopold avaient à se plaindre de leur sort, ils n'ignoraient pas que leurs voisins étaient bien autrement malheureux et beaucoup plus maltraités sous le triste gouvernement des Chamillard et des Desmarets. Mais il est incontestable, d'autre part, que le duc de Lorraine, qui, avec de l'économie, eût pu facilement équilibrer son budget, avait les plus grandes peines du monde à compenser des insuffisances qui renaissaient sans cesse. Un jour même, — c'est encore M. d'Audiffret qui nous l'apprend, — la duchesse était entrée au Conseil et avait « fort déclamé » sur la dissipation des finances et sur la nécessité d'une grande réforme : « On ne doute point que ce ne soit de concert avec le duc qu'elle a parlé aussi fortement, parce qu'il n'a pas osé le faire[2]. »

L'édit de mars 1711 porta création de 133 offices nouveaux de tabellions et de gardes-notes, tant en Lorraine que dans le Barrois[3]. Le 27 mai suivant fut publiée une déclaration qui établissait une capitation annuelle sur tous ceux qui ne payaient pas la subvention. Les ecclésiastiques seuls étaient exempts de ce nouvel impôt,

---

1. M. d'Audiffret à Louis XIV, 30 août 1710. *Archives des affaires étrangères*, LXXVI, f° 75.
2. D'Audiffret à Louis XIV, 18 novembre 1710. *Ibid.*, f° 239.
3. *Recueil des édits*, I, 715. — Les attributions des notaires d'aujourd'hui étaient réparties entre trois classes d'officiers : les *notaires* recevaient les actes et dressaient les minutes ; les *tabellions* avaient pour fonction de délivrer les grosses ; à la mort d'un notaire, les minutes de ce dernier devaient être remises au *garde-notes*, chargé de les conserver. Le plus souvent les notaires étaient en même temps gardes-notes.

mais on attendait de leur zèle un *don gratuit* proportionné à leurs ressources, d'autant plus qu'ayant les mêmes privilèges que la noblesse, ils ne pouvaient concourir que de leur bourse au soutien de l'État[1]. Les officiers de la maison ducale furent répartis en trois classes : la première, taxée au huitième des appointements, comprenait les grands officiers, les secrétaires d'État, les écuyers, l'historiographe, les professeurs de l'Académie des arts, les valets de chambre, les dames de la cour, les filles d'honneur, etc. ; dans la deuxième, taxée au douzième, étaient placés les huissiers, les valets de la garde-robe, les courriers du cabinet, les valets de pied, coureurs et heyduques, les musiciens et les quatorze comédiens payés sur la cassette ducale ; enfin, à la troisième classe, taxée seulement au vingt-quatrième des gages, appartenaient les bas officiers, garçons d'offices, porteurs de bois ou de chaise, jardiniers, etc. Tous ceux à qui le souverain servait, à des titres divers, une pension annuelle, formaient une catégorie spéciale, et devaient verser le quart de cette pension.

L'abolition de la mainmorte fut aussi un moyen tenté par Léopold pour se procurer des ressources extraordinaires. Par l'édit du 20 août 1711, les mainmortables des terres domaniales et des diverses seigneuries lorraines recouvraient leur liberté pleine et entière moyennant une redevance annuelle d'un bichet d'avoine ou de 4 francs par ménage[2]. Mais telles furent les réclamations qu'élevèrent les intéressés que Léopold jugea à propos de surseoir à l'exécution de l'édit ; il le fit dans les termes suivants : « Quoique, par l'examen qui en a été fait, nous soyons persuadés que ces remontrances sont plutôt fondées sur la

---

1. *Ibid.*, I, 726.
2. *Recueil des édits*, I, 755. — Le bichet, mesure de Nancy, valait environ 40 litres.

répugnance que causent ordinairement les nouveautés, quoique avantageuses, que sur des raisons de justice et d'utilité solide ; cependant nous avons bien voulu y faire quelque considération et laisser ressentir aux uns et aux autres pour un temps la continuation des incommodités que le droit de mainmorte entraîne après soi, pour leur faire mieux connaître les avantages qu'ils auraient reçus de la prompte exécution de notre édit et leur faire naître ensuite le désir de voir éteindre pour toujours une sujétion si contraire à leur repos et à leur franchise naturelle[1]. »

Si les mainmortables refusaient l'affranchissement que leur souverain leur offrait à bon compte, c'est que leur situation en Lorraine, au xviiie siècle, était assez douce : la mainmorte immobilière n'existait que comme une exception assez rare ; la mainmorte mobilière était de beaucoup la plus commune. Les paysans préféraient une taxe casuelle, qui ne se percevait que rarement, à une redevance annuelle et fixe. Aussi, lorsque Léopold, par son édit du 26 mai 1719, abolit de nouveau la mainmorte tout en réduisant la redevance à un imal de froment ou de seigle et à un imal d'avoine, payables en nature ou en argent, au gré des familles, l'opposition des paysans se renouvela, et le duc prit alors le généreux parti de déclarer les mainmortables « francs, libres et exempts de tous droits et servitude de mainmorte ainsi que de toute taxe », du moins sur les terres domaniales ; il laissait toutefois ses vassaux libres de percevoir la redevance fixée par le dernier édit[2].

On connaît le mot attribué à Léopold, qui aurait dit à un courtisan blâmant en cette circonstance la libéralité

---

1. Édit du 5 septembre 1713. *Recueil*, II, 9.
2. *Recueil*, II, 306. Édit du 30 décembre 1719. — M. Guyot a établi que la mainmorte persista en Lorraine après 1719, bien qu'elle fût rare. Cf. *Journal de la Société d'archéologie lorraine*, 1884, p. 159.

du prince : « Mes revenus seront diminués de peu, dont je puis me passer ; la Lorraine sera enrichie de beaucoup par de nouveaux citoyens : je n'y peux que gagner moi-même[1]. » Si Léopold, prodigue à l'ordinaire, avait longtemps hésité avant de faire aux plus pauvres de ses sujets une libéralité fort modeste, c'est qu'il considérait que tous les moyens devaient être mis en œuvre pour raffermir son crédit ; il était même réduit à profiter des variations du cours des espèces pour réaliser de minimes bénéfices.

A la fin du xviie siècle, les anciennes monnaies lorraines étaient devenues rares, par suite de la longue occupation des duchés par les troupes françaises ; les espèces de France restaient à peu près seules en circulation. Léopold, dans l'espoir d'attirer chez lui le numéraire frappé par les ducs ses prédécesseurs ou par les souverains étrangers, donna cours à ces différentes espèces, par son ordonnance du 6 juillet 1698[2], sur le même pied que celles de France. Puis il songea à faire fabriquer dans ses États des léopolds d'or et d'argent, ayant le titre, le poids et la valeur des louis d'or et des écus d'argent, et dont la circulation en France fut autorisée par arrêt du Conseil du 3 août 1700[3].

Les hausses et les baisses alternatives des monnaies françaises, — et l'on sait combien elles furent nombreuses de 1689 à 1715[4], — devaient naturellement avoir leur contre-coup en Lorraine. Le gouvernement de Léopold se contenta pendant quelque temps de suivre ces fluctuations

---

1. Noël, *Mémoires*, n° 5, I, 94.
2. *Recueil des édits*, IV, 3. — L'édit en question évaluait les charles d'or et les louis d'or neufs à 32 francs 8 gros, les pistoles d'Espagne et les louis d'or vieux à 30 francs 4 gros, la pistole d'Italie à 26 francs 3 gros, etc.
3. Archives nationales, K, 1185. — L'ordonnance de Léopold du 27 juin 1700 (*Recueil des édits*, IV, 12) autorisait la fabrication de doubles léopolds, de léopolds et de demi-léopolds d'or, — de léopolds, demi-léopolds et quarts de léopold d'argent.
4. Cf. Vuitry, *Les Abus du crédit et le désordre financier à la fin du règne de Louis XIV* (Revue des Deux-Mondes, 15 décembre 1883 et 15 janvier 1884).

et de faire en sorte que les deux livres de Lorraine et de France fussent sensiblement égales. Mais, en juillet 1704, il fit à son profit une première réforme des espèces : l'édit du 10 de ce mois interdisait l'exportation des matières d'or et d'argent, et invitait le public à déposer toutes les monnaies à l'hôtel de Nancy. Les léopolds d'or ayant cours à 12 livres 15 sols depuis le 29 mai précédent[1], montaient une fois refondus ou simplement marqués d'un coin, à 15 livres 5 sols ; l'écu passait de 3 livres 10 sols à 4 livres 2 sols. Pour mieux engager les particuliers à obéir à l'édit du 10 juillet, le duc de Lorraine leur faisait entendre qu'il partageait avec eux les bénéfices de l'opération annoncée et recevait à la Monnaie leurs espèces « à un plus haut prix que dans le commerce ordinaire », à savoir les léopolds d'or à 13 livres 7 sols 6 deniers, ceux d'argent à 3 livres 13 sols.

Le duc de Lorraine s'engagea de plus en plus dans cette voie. Au mois de mai 1709, Louis XIV avait ordonné une refonte générale des espèces ; il réduisit la valeur intrinsèque de la livre afin de relever les billets donnés en échange de l'or et de l'argent versés à la Monnaie de Paris, et dont le discrédit était devenu un embarras considérable pour le gouvernement. Léopold suivit cet exemple : il fabriqua des léopolds d'or et d'argent, les premiers au même titre de 22 karats que les anciens et dont la valeur fut portée à 20 livres au lieu de 14 ; les léopolds d'argent valurent 5 livres au lieu de 3 livres 17 sols[2]. « Il parut d'autant moins convenable de favoriser une telle entreprise en Lorraine, — lisons-nous dans un mémoire du temps, — que le duc en pouvait plus facile-

---

1. *Recueil*, IV, 40.
2. Édits des 15 et 30 octobre 1709. *Recueil*, IV, 7x, 80. — Afin d'accélérer cette réforme, les léopolds d'or (anciens) furent reçus à la Monnaie de Nancy à 15 livres 5 sols, puis à 16 livres ; les léopolds d'argent à 4 livres 2 sols, puis à 4 livres 5 sols.

ment abuser en faisant fondre dans l'hôtel de la Monnaie de Nancy les vieilles espèces qui devaient être converties dans les hôtels des Monnaies de Metz, Strasbourg et autres; c'est pourquoi on rejeta toutes les propositions et instances réitérées que fit le duc de Lorraine pour obtenir la continuation du cours de sa monnaie dans le royaume[1]. »

La rupture de la convention monétaire qui existait entre la France et la Lorraine depuis 1700 s'explique d'autant mieux que Léopold, dès 1704, avait tenu la livre de Lorraine plus faible de huit à neuf pour cent afin d'attirer le numéraire français dans ses États[2]. D'ailleurs l'achat des fourrages et du bétail nécessaires aux troupes du roi amenait tout naturellement dans les duchés des sommes considérables en espèces de France que Léopold convertissait en espèces de Lorraine et qu'il cherchait à écouler au mépris des défenses du Conseil du Roi. Samuel Lévy et quelques autres juifs de Metz initièrent de bonne heure le duc à ce singulier trafic.

III

La politique religieuse[3] suivie par Léopold dans les premières années de son règne pouvait laisser espérer au clergé lorrain que le nouveau duc aurait à cœur de combattre, à l'exemple de ses prédécesseurs, le progrès de l'hérésie. Aussi, grande fut la surprise et l'indignation des ecclésiastiques et des fidèles lorsque le bruit courut dans les duchés, à la fin de novembre 1707, que plusieurs

---

1. Archives nationales, K, 1181.
2. Voir l'étude de M. de Riocour, sur les *Monnaies lorraines* (Mémoires de la Société d'archéologie lorraine, 1883).
3. Voir chapitre XIII, § VIII.

banquiers juifs¹ avaient obtenu l'autorisation de s'établir
à Nancy. Les curés de cette ville adressèrent leurs remontrances au souverain : « Ce qui nous a toujours si heureusement distingués des royaumes les plus florissants,
lui écrivaient-ils, nous échapperait-il dans quelques moments et serions-nous réduits à pleurer, comme les peuples qui nous environnent, les plaies funestes qu'un commerce toujours contagieux peut faire à l'État et à la
religion? Ce n'est donc point ici, Monseigneur, de vaines
alarmes ; combien de marchands ruinés, de campagnes
désolées, de familles oppressées et sans ressource se présentent par avance à nos yeux…? Ce que vous avez refusé
avec tant de fermeté à des hérétiques, qui n'ont rien oublié
pour s'établir dans vos États, l'accorderez-vous à des juifs,
les plus mortels ennemis de Jésus-Christ, de son Église
et du nom chrétien? Ce peuple si visiblement maudit et
réprouvé de Dieu, banni de presque tous les États, trouverait-il, Monseigneur, un asile dans le vôtre? Le défenseur et l'appui de la religion deviendrait-il le protecteur
de ses plus cruels ennemis…²? »

L'évêque de Toul faisait, de son côté, les plus grands
efforts pour détourner le duc de Lorraine d'une résolution
qu'il jugeait fort préjudiciable à la religion et aux fidèles
de son diocèse ; il s'était d'abord adressé au gouvernement
français³, le suppliant, mais inutilement, d'intervenir en
sa faveur; on approuvait, à Versailles, la manière de voir
de M. de Saint-Contest, qui n'était pas opposé à l'établissement des juifs en Lorraine⁴. L'évêque fit alors appel aux

---

1. Samuel Lévy, Jacob Schwob, Isaac Lambert, Moïse Alcan.
2. Lettre du 12 décembre 1707. *Mercure*, mai 1708, p. 243.
3. Lettre du 8 décembre 1707. *Archives des affaires étrangères*, LXVI f° 219.
4. « La Lorraine est tellement enclavée dans la France que tout l'argent qui y est nous revient sans cesse par la circulation, et les juifs étant à Metz commerçaient également en Lorraine. Ainsi les juifs établis à Nancy

sentiments chrétiens de Léopold ; il lui écrivit, le 23 décembre, une lettre pressante dont copie fut envoyée à Rome, puis il profita de la visite officielle qu'il fit à Lunéville dans les premiers jours de janvier, pour réitérer ses instances auprès du duc de Lorraine : « Il m'a témoigné faire quelque attention, mandait aussitôt l'évêque à M. de Torcy, et m'a dit que quoique la permission fût signée pour admettre les juifs à Nancy, il ferait cependant examiner la chose de nouveau... J'ai trouvé dans l'intérieur de sa cour beaucoup de personnes qui y sont opposées... [1] »

Bien des laïques, en effet, se joignaient aux gens d'église pour combattre la politique libérale du souverain : « L'établissement des juifs à Metz, écrivait Lefebvre à Léopold, n'a d'abord été que pour quatre ou six familles, et aujourd'hui il y en a une infinité, qui sont autant de pirates, ou de sangsues aux gens de la campagne. Comme j'ai vu quantité de leurs affaires étant avocat à Metz, je sais par expérience qu'ils ne valent rien que pour désoler le pauvre peuple par des usures[2]. » Le correspondant du *Mercure* déclarait que la requête des curés de Nancy avait reçu de « grands applaudissements » de tous ceux qui avaient eu « le plaisir » de la lire[3].

Léopold n'osa braver ouvertement l'opinion publique ; il craignit aussi de donner à la cour de Rome un nouveau sujet de mécontentement. Son secrétaire, Sauter, après avoir écrit à Lefebvre, alors à Rome, qu'un établissement de juifs à Nancy venait d'être autorisé, lui faisait savoir

---

commerceront également avec l'Alsace et les Trois-Évêchés. Je ne m'opposerai point à cet établissement, à moins que je ne reçoive là-dessus des ordres contraires que vous me fassiez l'honneur de me donner. » Saint-Contest au ministre de la guerre, 20 décembre 1707. *Dépôt de la guerre*, 2033.

1. Lettre du 6 janvier 1708. *Archives des affaires étrangères*, LXVI, f° 269.
2. Lettre du 17 mars 1708. *Bibliothèque de Nancy*, ms. n° 165, p. 56.
3. *Mercure*, mai 1708, p. 251.

deux mois après qu'il n'y avait nulle apparence désormais que cet établissement fût permis¹.

Mais la résolution du duc de Lorraine était irrévocable: pour remédier à une pénurie toujours renaissante, il venait d'entrer en relations suivies avec Samuel et Salomon Lévy, Jacob Schwob, Moïse Alcan, Isaïe Lambert, etc. Salomon Lévy fit pour le prince d'importants achats de grains dans l'Électorat de Trèves en 1709, et offrit, l'année suivante, de lui procurer en peu de temps 600,000 écus et même 2 millions, s'il le fallait².

Ces banquiers juifs firent de fréquentes apparitions en Lorraine, en attendant le jour où plusieurs devaient s'y fixer complètement. En 1711, à Nancy même, Moïse Alcan et plusieurs de ses coreligionnaires étaient dénoncés à l'autorité municipale comme coupables de s'être montrés pendant la procession du Saint-Sacrement aux fenêtres du rez-de-chaussée de l'hôtel du Sauvage, « fumant et ayant le chapeau sur la tête » au lieu de « se renfermer ou se mettre à genoux, chapeau bas ». Le lieutenant de police fit une enquête qui aboutit à la constatation des faits avancés, et, sur l'ordre de Léopold « de traiter cette affaire sans éclat », les coupables furent condamnés à 300 livres d'amende « pour être employées à la décoration de l'église de la paroisse Saint-Sébastien, avec défense à eux de récidiver, à peine d'emprisonnement et de punition corporelle, comme aussi audit Aubry (le propriétaire du *Sauvage*) et tous autres de loger des juifs dans les chambres qui prennent jour sur les rues publiques, à peine de 100 francs d'amende et de punition plus grande s'il échet³. »

---

1. Lettre des 19 décembre 1707 et 23 février 1709. *Ms.* n° 165 *de la Bibliothèque de Nancy*.
2. Archives de Vienne.
3. Lepage, *Archives de Nancy*, II, 46. — Ce jugement ne fut rendu que le 13 février 1712, à cause de l'absence de Moïse Alcan, qui voyageait « sur les passeports de S. A. R. »

En 1712, Moïse Alcan et son fils habitaient Nancy, ainsi que Samuel Lévy et Jacob Schwob, et les autorités françaises de Metz ne tardèrent pas à s'en émouvoir. On n'en sera pas surpris, lorsque l'on saura que dans les premiers mois seulement de 1712, ces commerçants, devenus les agents monétaires de Léopold, vendirent à l'hôtel de la Monnaie de Nancy pour plusieurs millions d'espèces françaises d'or et d'argent[1]. Le 14 juin 1712, l'intendant de Metz signifiait à la synagogue de cette ville de les rappeler tous dans le plus bref délai, et, s'ils n'obéissaient pas, de les exclure de leur domicile[2].

Cet ordre, au dire de M. d'Audiffret, « mit la puce à l'oreille » aux ministres lorrains. Nous savons en effet que M. Barrois fut chargé de faire de vives instances pour en obtenir la révocation, mais il échoua complètement : « Le ministre, — écrivait l'agent de Léopold, à la date du 2 juillet 1712, — prétend que les traités et déclarations faits par le roi et Votre Altesse Royale concernant le commerce réciproque entre les Français et les Lorrains, la suppression du droit d'aubaine et la liberté de changer de domicile et s'établir dans l'un ou l'autre des États, ne regardent pas les juifs dont il n'est pas parlé, lesquels le roi ne considère pas comme ses sujets, mais comme une nation étrangère qu'il tolère, et ne souffre même pas qu'ils viennent à Paris sans une permission expresse[3]. »

Les banquiers de Léopold cherchèrent alors à obtenir directement du roi une faveur qui avait été refusée au duc de Lorraine. Moïse Alcan, dans sa requête à Louis XIV, sollicitait l'autorisation de rester deux ans encore à Nancy, attendu qu'il avait avancé au duc 25,000 livres,

---

1. Archives de Meurthe-et-Moselle, B, 10905.
2. Lettre de Robin, commissaire provincial des guerres, ordonnateur en l'absence de M. de Saint-Contest. *Archives de Vienne.*
3. Barrois à Léopold. *Ibid.*

et fait avec lui, six mois auparavant, un traité par lequel il s'engageait à fournir à la Monnaie, durant trois années, des matières d'argent qu'il tirait d'Allemagne et de Hollande avec de « bons certificats » des villes d'origine[1]. M. d'Audiffret, qui jugeait Alcan « honnête homme, bon Français, habile et incapable d'avoir fait la conversion des espèces[2] », transmit lui-même cette requête et la recommanda à la bienveillance du roi ; la réponse ne se fit pas attendre, mais défavorable, Louis XIV jugeant « de la dernière importance » de traverser « l'entreprise » de Léopold[3].

Quant aux coreligionnaires de Moïse Alcan, ils avaient d'autant moins de chance de fléchir le cabinet de Versailles qu'ils ne pouvaient pas compter eux-mêmes sur la protection de M. d'Audiffret ; mais Samuel Lévy ne se découragea pas. Ce personnage intrigant et habile employa tous les moyens pour gagner la confiance de l'agent français à Nancy : il le renseigna sur « l'excessif billonnage » des espèces françaises, ainsi que sur les intrigues diplomatiques de Léopold ; il proposa même à M. d'Audiffret d'envoyer à Vienne, à ses frais, un homme adroit et capable de s'informer de tout ce qui s'y passait, ne demandant en retour qu'un passeport afin de pouvoir se rendre de temps en temps à Metz, où il avait des affaires importantes à régler. Dans sa dépêche du 25 août, M. d'Audiffret priait le ministre de lui accorder la faveur demandée : « C'est, Monseigneur, disait-il, une petite grâce qui fructifiera beaucoup, et je le connais assez pour assurer qu'il fera peut-être encore mieux qu'il ne promet[4]. » Quel-

---

1. Archives des affaires étrangères, LXXXII, f° 18.
2. Lettre du 10 mai 1712. *Ibid.*, LXXXI, f° 153.
3. Louis XIV à M. d'Audiffret, 23 juin 1712. *Ibid.*, LXXXII, f° 53.
4. *Ibid.* — Dans sa dépêche du 1ᵉʳ mai 1712, M. d'Audiffret avait pourtant expressément déclaré que, dans l'intérêt du roi, il fallait empêcher ce juif de se rendre à Metz.

ques mois après, M. d'Audiffret répondait en propres termes de la fidélité de Samuel, et affirmait « qu'on ne saurait avoir plus de zèle qu'il n'en a pour le service du roi[1] ».

Ainsi le riche financier que Léopold allait honorer de sa confiance au point d'en faire bientôt son trésorier général n'avait pas hésité à trahir le débonnaire souverain pour gagner l'appui de M. d'Audiffret : « C'est à lui, écrivait plus tard ce dernier au roi, que je dois ce qu'il y a de meilleur dans un mémoire (sur le billonnage) auquel je travaille, et je dois l'envoyer à M. Desmarets qui me l'a demandé pour lui en donner une entière connaissance et le mettre mieux en état de remédier à un mal aussi préjudiciable. M. Desmarets a déjà des marques de la bonne volonté et de la capacité dudit Samuel[2]. » D'ailleurs la lettre suivante achèvera de nous édifier complètement sur la conduite astucieuse et peu digne de Samuel : « Dans le dernier voyage que j'ai fait à Lunéville, mande M. d'Audiffret, le juif Samuel Lévy me dit qu'ayant trouvé le moyen d'avoir de bon lieu des nouvelles, il souhaiterait de les envoyer à M. Desmarets, et qu'il me priait de vouloir me charger de ses lettres qu'il me ferait remettre en cette ville (à Nancy), afin qu'elles pussent aller plus sûrement. J'ai cru, Monseigneur, devoir vous en informer, et j'espère que vous ne désapprouverez pas que je rende ce service à ce juif qui m'est d'un grand secours pour savoir tout ce qui se passe en cette cour et en ce pays, au sujet du commerce et des monnaies...; je sais qu'il a ces nouvelles par M. Kertz, secrétaire du cabinet de l'électeur de Trèves, qui lui communique plusieurs lettres que ce prince reçoit[3]. »

1. Dépêche du 26 octobre 1712. *Ibid.*, LXXXIII, f° 117.
2. Dépêche du 1er juillet 1713. *Ibid.*, LXXXVI, f° 123.
3. M. d'Audiffret à Louis XIV, 14 juin 1711. *Ibid.*, CX, f° 69.

Les résultats immédiats que Léopold retirait de la collaboration de tels auxiliaires étaient bien capables de l'éblouir; son hôtel des Monnaies, qui ne lui avait donné pour les deux exercices réunis de 1710 et 1711 qu'un excédent de recettes de 32,510 livres, produisit en 1712, grâce à la transformation d'une somme de 4 millions de numéraire, un bénéfice net de 268,127 livres[1], — ressource d'autant plus appréciée qu'elle était la seule, avec le produit des forêts que d'Audiffret évalue à 200,000 livres, sur laquelle le duc de Lorraine pût compter[2]. Tels étaient les besoins du moment que nous voyons Léopold réduit, en mars 1714, à emprunter 200,000 écus à Nancy, et encore ne les trouva-t-il pas, « le peu d'exactitude à payer ses dettes par le mauvais état de ses finances ayant rebuté ceux qui pouvaient fournir cette somme[3]. » Il ne fut pas plus heureux auprès d'un banquier de Francfort: les juifs, écrit M. d'Audiffret, qui devaient lui servir de cautions moyennant un gros intérêt « n'ont point voulu de la garantie de l'électeur de Trèves sans être payés de ce qu'il leur doit. Il n'est pas en état de le faire. M. le duc de Lorraine cherche présentement à vendre une croix de diamant qui est estimée 800,000 à 900,000 livres et dont le modèle doit être envoyé aux principaux joailliers de l'Europe[4] ».

Léopold sentait plus que jamais l'absolue nécessité de rétablir ses finances: en 1714, ses dettes s'élevaient à près de 6 millions; les nombreux billets en circulation

---

1. Archives de Meurthe-et-Moselle, B, 10,351; 10,905.
2. M. d'Audiffret écrivait à la date du 11 septembre 1713: « La subvention est devenue un fonds de non-valeur, à force d'être surchargée. Le revenu qu'il tire de la ferme générale ne peut être en règle, parce qu'il est toujours anticipé... La disette d'argent est aussi grande à la cour que les plaintes de n'y être point payé. La contagion du murmure a passé dans tout le pays, où il (le duc) vient de défendre aux hôtels de ville de disposer de leurs revenus. » *Archives des affaires étrangères*, LXXXVII, f° 5.
3. D'Audiffret à Louis XIV, 29 mars 1714. *Ibid.*, LXXXIX, f° 155.
4. D'Audiffret à Louis XIV, 17 mai 1714. *Ibid.*, XC, f° 19.

ne laissaient aucune ressource pour les dépenses urgentes. Fatigué des remontrances de ses conseillers[1] qui n'avaient pas, au dire de M. d'Audiffret, « la science des finances », et qui s'opposaient de toutes leurs forces à l'établissement de nouveaux impôts, il prêta l'oreille aux promesses séduisantes de Samuel Lévy ; bravant les murmures de ses sujets et l'opposition des grands corps de l'État, il confia au « banquier de la cour » les fonctions de receveur général des finances par lettres patentes du 8 octobre 1715[2].

La Chambre des comptes de Lorraine, invitée à recevoir le serment de Samuel Lévy, répondit au duc par la lettre suivante :

« Ce n'est point par un esprit d'orgueil, de cabale, de contradiction ou de rébellion que la Chambre arrête et suspend l'exécution des ordres de son souverain, ce sont des mouvements d'une liberté également respectueuse et généreuse qui la font agir dans cette occasion, où la gloire de Votre Altesse Royale, son intérêt, celui de ses peuples, l'honneur et la religion de la Chambre se trouvent évidemment compromis....

« La Chambre, aussi ancienne que votre monarchie, est établie pour rendre la justice entre le souverain et ses peuples, et la liberté de lui faire de très humbles remontrances pour le bien de son service n'est pas tant un privi-

---

1. Dès 1703, Léopold avait institué un conseil des finances, présidé par Marc-Antoine de Mahuet, et composé de MM. Rennel de Loscut, l'abbé de Beaufremont et Vignolles. L'édit du 5 mai 1714 réorganisa ce conseil, chargé de connaître, juger et décider en dernier ressort toutes les affaires non contentieuses qui concerneraient la bonne régie et administration des domaines et des fermes ; les membres de ce conseil furent les deux Mahuet, l'abbé de Beaufremont, Nicolas Marchal, Lefebvre, François de Rutant et Dominique Mathieu. L'édit du 3 juin 1720 réorganisa encore ce conseil qui prit le titre de conseil des finances et des eaux et forêts de S. A. R. *Recueil des édits*, II, 2e, 361 ; Lepage et de Bonneval, *Mémoires de la Société d'archéologie lorraine*, 1869, p. 197 et suiv.

2. Archives de Meurthe-et-Moselle, B, 133, f° 85, v°.

lège qu'un attribut essentiellement attaché aux compagnies souveraines....

« Votre Chambre est saisie d'effroi quand elle se présente Samuel Lévy, juif, revêtu de l'office de trésorier général de vos finances, car elle considère qu'un juif par nature, par éducation, par les préjugés de sa religion porte une haine implacable au nom chrétien et à tout le genre humain.... Que si Votre Altesse Royale, par des raisons secrètes et réservées à elle seule, demeure inflexible aux remontrances de la Chambre, elle la supplie très humblement de dispenser ce juif de sa réception à la Chambre et de l'exempter absolument de sa juridiction, soit pour ses comptes ou autrement, sans aucune exception.

« Enfin votre Chambre, plutôt que d'être contrainte à recevoir ce juif, trouverait plus supportable la suppression de sa compagnie; elle aurait du moins la satisfaction intérieure d'avoir dans cette remontrance donné les dernières marques de sa fidélité, de son attachement pour la gloire de son souverain, pour l'intérêt de son peuple, d'avoir rempli les devoirs de son honneur et de sa conscience; les membres épars de cette compagnie ne laisseraient pas en particulier de conserver les mêmes sentiments d'un zèle et d'un dévouement les plus respectueux que la compagnie a toujours eus pour Votre Altesse Royale[1]. »

Léopold tint compte dans une certaine mesure de ces remontrances; s'il ne renonça pas à la collaboration financière de Samuel, du moins il dispensa la Chambre de recevoir le serment de son nouveau receveur général et de procéder à l'audition de ses comptes[2].

Tourmenté du désir de devenir un personnage, Samuel

---

[1] Remontrances du 18 décembre 1715. *Ms. n° 166 de la Bibliothèque de Nancy.*

[2] Les comptes furent examinés par deux commissaires seulement, désignés parmi les membres de la Chambre.

Lévy ne devait pas se contenter longtemps du rôle que le duc de Lorraine l'appelait à jouer. Comme s'il se fût trouvé, à Nancy, sur un théâtre trop étroit, il continuait à offrir ses services au gouvernement français : la veille déjà de sa nomination de ministre des finances de Léopold, il avait proposé à M. d'Audiffret d'établir en Allemagne des correspondances et de donner les nouvelles qu'il en recevrait « sans aucune vue d'intérêt[1] ». Cette offre fut acceptée.

D'Audiffret, qui se connaissait en hommes, croyait Samuel capable de sacrifier ses écus à la vanité, et tout disposé à trahir les intérêts du duc de Lorraine : « Samuel Lévy, écrivait-il au régent, est un galant homme que M. le duc de Lorraine vient de faire trésorier général de sa maison, et fort au fait des affaires de cette cour. On en peut tirer de bons services comme j'ai fait en plusieurs occasions, mais comme il n'agit que par zèle et sans intérêt, il faut le prendre du côté de l'honneur, et s'il vous plaisait de mettre dans votre lettre un article un peu obligeant sur l'offre qu'il a faite, cela produirait un bon effet et l'engagerait encore davantage à bien servir[2]. »

IV

Le nouveau trésorier général réussit pendant quelque temps à faire face aux dépenses par des emprunts. Mais ce remède ne pouvait que soulager pour un moment sans guérir ; il fallait de nouvelles ressources.

Par l'ordonnance du 30 novembre 1716, Léopold ar-

---

1. D'Audiffret au régent, 7 octobre 1715. *Archives des affaires étrangères*, CXII, f° 105.
2. Lettre du 24 octobre 1715. *Ibid.*, f° 153.

rêta que tous ses sujets, anoblis depuis 1624, ou qui avaient obtenu des lettres de réhabilitation et repris la noblesse de leurs mères, payeraient au Trésor, les premiers la somme de 6,000 livres, et les seconds celle de 3,000 : l'ordonnance rappelait les édits antérieurs, non exécutés depuis 1624, et qui exigeaient de tous ceux qui sollicitaient des titres nobiliaires l'abandon, au profit du domaine, du tiers de leurs biens ; elle citait aussi les coutumes de Bar et de Saint-Mihiel qui ne permettaient aux roturiers d'hériter de la noblesse maternelle qu'au prix du tiers ou de la totalité des biens paternels. Les roturiers anoblis par les évêques de Metz, Toul et Verdun, ou par les damoiseaux de Commercy, depuis le 1er janvier 1616, conservaient leurs titres en versant pour chaque famille issue de ces anoblis la somme de 6,000 livres[1].

La Chambre des comptes de Lorraine refusa de procéder à l'enregistrement de cette loi, et présenta au duc des remontrances assez vives : à son avis, l'ordonnance du 30 novembre n'avait pas seulement le tort d'être contraire à la justice et au bien de l'État, elle était encore d'une exécution difficile, sinon impossible. Les magistrats rappelaient que le duc Charles IV n'avait donné des lettres d'anoblissement qu'en récompense d'actions de guerre ; que Charles V en avait rarement usé, et que « cet illustre héros était un bon estimateur du mérite ». « Quant aux nouveaux anoblis par Votre Altesse Royale, continuaient-ils, votre Chambre est obligée d'avouer que leur nombre devenait trop grand ; elle a trop souvent pris la liberté de lui en faire des remontrances respectueuses sans aucun succès.... Jusqu'à présent vos peuples ont eu raison de croire que c'était un effet de l'extrême bonté de Votre Altesse Royale qui ne refuse les grâces

---

1. Cf. Lepage et Germain, *Complément au Nobiliaire de Lorraine*, p. 23.

qu'avec peine et qui, de même que cet empereur, appelé les *délices du genre humain*, ne veut que personne se retire triste de sa présence. Mais, Monseigneur, si cette taxe vient à s'exécuter, vos peuples et les étrangers ne pourraient-ils pas dire que cette bonté facile à accorder les lettres de noblesse n'a été qu'un appât pour jeter les anoblis dans un engagement fatal qui ne leur permet pas de reculer, étant fort vraisemblable que la plupart n'auraient pas ambitionné ni accepté la noblesse à si haut prix, de sorte que votre justice et votre gloire semblent concourir également à vous faire retirer cette déclaration.... La Chambre ne peut omettre à Votre Altesse Royale que la taxe de 6,000 livres est exorbitante. Les familles des nobles sont communément pauvres. Il y a même des maisons où les filles n'ont pas tant pour leur dot, et si ces nobles optaient de rentrer dans la roture, il y en aurait trop peu qui fussent en état de supporter une cote de 100 livres de subvention[1]. »

L'ordonnance du 30 novembre ne devait pas être promulguée, non que les raisons invoquées par la Chambre des comptes eussent agi fortement sur l'esprit de Léopold ; c'est à une tout autre considération qu'obéit le duc en cette occurrence. Redoutant en effet les embarras que pourrait faire naître l'opposition, très probable du reste, des nobles du Barrois mouvant, il s'avisa au dernier moment de consulter MM. Mahuet et Barrois[2], qui combattirent avec force une mesure capable, disaient-ils, d'amener l'intervention du Parlement de Paris, alors qu'il était de la dernière importance de ne pas compliquer leur

---

1. Bibliothèque de Nancy, ms. n° 106.
2. Lettre du 5 décembre 1715. *Archives de Meurthe-et-Moselle*, Ivy. Ordonnances, V, 2. — Léopold recommande aussi à MM. Mahuet et Barrois de conférer, s'ils le jugent à propos, avec MM. Arrault et Leroy, ses avocats à Paris, et non avec d'autres. Craignait-il l'opposition de MM. Protin et Lefebvre? Il est permis de le croire.

mission, déjà si difficile[1]. Léopold surpris et visiblement contrarié, fit aussitôt à ses conseillers, en guise de réponse, l'exposé de sa situation financière, et leur montra en ces termes les nécessités de l'heure présente :

« Il serait inutile de m'étendre sur les dépenses exorbitantes que j'ai été obligé de faire depuis plusieurs années, soit par rapport à la situation de mes États, ou à celle de ma famille, et je ne serais nullement embarrassé de m'en justifier dans le public et de faire connaître que ces sommes exorbitantes n'ont point été employées pour de mauvaises occasions, mais pour des sujets très convenables, et même nécessaires tant au bien de mes États que de ma famille. Ce sont pourtant elles qui m'ont jeté dans une nécessité indispensable de chercher les moyens non pas de contribuer à ma dépense journalière, laquelle j'espère, Dieu aidant, par les précautions que je prends et la restriction que je m'impose sur toutes mes dépenses ordinaires suffira pour le courant, mais pour les dépenses faites et ce que je dois et principalement pour trouver les moyens de me tirer de l'engagement auquel j'ai été nécessité comme vous savez mieux que personne à me lier au juif...

« Votre seconde lettre est encore arrivée à temps pour que je n'aie pas fait publier cet édit ; je l'avoue cependant avec regret, quoique vos raisons soient fortes, elles ne m'ont pas convaincu assez pour me détourner, mais assez pour suspendre jusqu'à ce que j'aie réponse à la présente....

« Si je ne puis exécuter ce projet qui, à quelques modifications près, me paraît le plus sage, je serais obligé d'en venir à d'autres, sur lesquels le Parlement de Paris

---

1. Lettres des 12 et 14 décembre 1716. *Ibid.* Mahuet et Barrois négociaient alors le traité de Paris.

ne pourra rien dire, mais que je serai obligé de faire, quoique avec plus de peine, puisque je suis persuadé qu'ils en feront davantage dans la province ; si vous pouvez me suggérer d'autres moyens, j'en serai ravi[1]. »

MM. Barrois et Mahuet, tout en continuant à s'opposer à la publication de l'ordonnance du 30 novembre, avouèrent que « leur profession » ne leur avait pas appris de « moyens extraordinaires » pour fournir au duc de Lorraine l'argent qui leur faisait défaut ; ils laissaient à entendre, il est vrai, que Léopold pourrait peut-être rétablir ses finances avec les sommes qu'ils cherchaient à obtenir du gouvernement français à titre d'indemnité : ils réclamaient un million pour la non-jouissance pendant vingt ans de l'équivalent de Longwy, et 750,000 livres pour les fourrages fournis aux troupes du roi pendant la guerre de la succession d'Espagne[2]. Mais il leur fallut rabattre beaucoup de ces prétentions et ce ne sont pas les quelques centaines de mille francs qu'on obtint de ce côté qui pouvaient tirer d'affaire le duc de Lorraine.

Celui-ci d'ailleurs, généreux comme à l'ordinaire, dépensa dans son voyage à Paris 100,000 écus[3]. C'était beaucoup pour un prince qui, peu de jours après son arrivée au Palais-Royal, écrivait au duc d'Orléans : « C'est avec le plus grand regret du monde que je suis obligé par la situation de mes affaires et pour soutenir mon crédit à Paris de prier M. le duc d'Orléans de donner des ordres précis pour que l'on me délivre un acompte de 100,000 écus sur ce qui m'est dû[4]. » Le régent étant resté sourd à cet appel, Léopold laissa à Paris, c'est lui-même qui nous

---

1. Lettre du 19 décembre 1716. *Ibid.*
2. Lettre du 31 décembre 1716. *Ibid.*
3. *Correspondance de Madame*, I, 376. — Il remit aux gens du duc d'Orléans une gratification de 100,000 livres.
4. Léopold au régent, 23 février 1718. *Archives des affaires étrangères*, CIII, f° 86.

l'apprend, de « véritables dettes criardes », et fit un nouvel appel, plus pressant que le premier, à son beau-frère, qui donna l'ordre de lui délivrer l'acompte demandé[1].

V

Pourtant Léopold avait cherché, dès le commencement de l'année 1717, à réaliser des économies en diminuant le nombre des officiers de sa maison et leurs traitements, ainsi qu'en réduisant les pensions. Il battit monnaie en rendant héréditaires et perpétuels tous les offices de receveurs des finances, tabellions, gardes-notes et notaires, à la seule condition que les titulaires de ces offices payeraient le prix de leurs charges dans le délai de deux mois; pour donner une raison plausible à cette mesure, il invoquait la nécessité d'« assurer le repos des familles » et de faciliter à ses sujets « les moyens d'élever leurs enfants[2] ». Nous ne savons à quel chiffre s'élevèrent toutes ces taxes, mais il est certain qu'elles ne permirent pas de faire face aux besoins et que Samuel Lévy fut, plus que jamais, mis à contribution. La somme considérable que ce dernier fit parvenir à l'Empereur dans les premiers jours d'avril acheva même, — au dire du sieur de Bosque, agent secret à la solde de M. d'Audiffret, — de ruiner le crédit du célèbre financier[3].

Une perte d'un million que lui causa la faillite d'une maison de banque de Francfort, entraîna sa chute (juillet 1717). Peu de temps auparavant, le 24 décembre 1716[4],

---

1. Léopold au régent, 29 juillet 1719 ; le régent à Léopold, 13 août 1719. *Ibid.*, CV, f⁰⁸ 131 et 170.
2. *Recueil des édits*, II, 123.
3. *Archives des affaires étrangères*, CIII, f⁰ 216. — Sur l'envoi de cette somme à l'Empereur, voir plus haut, p. 290, note 3.
4. Lettre du sieur de Bosque, 28 décembre 1716. *Ibid.*, XCIII, f⁰ 289.

Léopold lui avait retiré son brevet de trésorier général. Mais bien que le banquier juif ne dirigeât plus officiellement l'administration des finances ducales, ses créanciers disaient tout haut que ce n'était pas lui qui faisait banqueroute[1].

M. d'Audiffret parlait avec une désinvolture étonnante du personnage déchu qu'il recommandait jadis à la bienveillance du régent : « Le conseil de M. le duc de Lorraine est occupé depuis plusieurs jours à l'examen d'une banqueroute de trois millions qui a été faite par *un juif nommé* Samuel Lévy... ; et contre la règle ordinaire de payer les créanciers au sol la livre, il a été fait un arrangement par lequel les Lorrains doivent être payés d'un quart à chaque terme, et les étrangers seulement d'un huitième, ce qui les fait fort murmurer, particulièrement les juifs de Metz, à qui il est dû 1,200,000 livres, ce qui ruine la communauté. Ils m'avaient demandé d'appuyer leurs intérêts en cette cour ; mais comme je sais que Samuel Lévy est fort protégé, je n'ai pas cru devoir me mêler de cette affaire sans en avoir un ordre de Votre Majesté[2]. »

Pourtant Léopold feignit d'abord de ne point entraver l'action de la justice. Samuel et sa femme furent arrêtés et jetés dans les prisons de Nancy (août 1717) : au bout de quelques semaines ils recouvraient leur liberté[3].

Mais l'opinion publique était hostile à l'ancien trésorier général : il avait été riche ; on lui reprochait d'étaler un grand luxe, on enviait le magnifique hôtel[4] qu'il avait

---

1. Lettre du même, 3 août 1718. *Ibid.*, CIII, f° 216.
2. D'Audiffret au régent, 8 juillet 1717. *Ibid.*, XCIX, f° 18.
3. Les archives de Vienne possèdent une lettre écrite par Samuel Lévy pendant cette première captivité, et datée du 25 août : « V. A. R. disait-il, sait par elle-même la conduite que j'ai tenue dans ses finances pendant qu'elle me les a confiées, si elle en a été satisfaite. Je peux assurer que mes créanciers ne le seraient pas moins, si on me laissait la liberté de la mettre dans son jour... »
4. C'est aujourd'hui le n° 27 de la rue Stanislas.

naguère fait bâtir à Nancy. La Cour souveraine, la Chambre des comptes, tous les corps de l'État ne lui pardonnaient pas la faveur dont il avait joui un instant auprès du souverain. Tous cherchaient à profiter du désastre qui venait de l'accabler, et qui n'était pas irrémédiable, pour le perdre, lui et ses coreligionnaires.

Samuel fit le jeu de ses adversaires en ne gardant point la prudence et la réserve que commandait la situation. A peine sorti de prison, il réunit ses parents et ses amis, et célébra en grande pompe la fête du nouvel an (15 septembre) ; deux jours après, le procureur général saisissait la Cour souveraine de cet « attentat criminel aux lois de l'État », et l'assemblée déclarait la réunion du 15 septembre « illicite, scandaleuse et téméraire », faisant « de très expresses défenses audit Samuel Lévy et à tous autres juifs de récidiver, et de faire aucun exercice public de leur religion, à peine de 10,000 livres d'amende[1] ».

Bientôt Samuel et sa femme étaient de nouveau incarcérés. Cette fois, leur captivité fut longue : elle dura quatre ans, malgré les nombreuses lettres[2] de prières et de supplications que le financier malheureux adressa au duc de Lorraine. En vain il rappela à Léopold le zèle qu'il avait montré à son service, affirmant que c'était la cause véritable de ses malheurs[3] ; en vain il chercha à prouver, avec des chiffres à l'appui, qu'il n'avait rien détourné de sa fortune et qu'il lui serait facile de désintéresser, s'il était libre, les cinq créanciers chrétiens qui seuls refusaient tout accommodement[4]. Il dépensa son éloquence en pure perte.

---

1. *Recueil des édits*, II, 133.
2. Nous en avons trouvé plus de vingt aux archives de Vienne.
3. Lettre du 30 mai 1718. *Archives de Vienne.*
4. Dans un mémoire imprimé chez Cusson (Nancy), et qu'il fit publier sans doute après sa première mise en liberté, Samuel établissait que le total de ses dettes s'élevait à 2,999,709 livres, que celui des nantissements

Les archives de la cour de Nancy renferment peut-être sur cette affaire des pièces curieuses ; malheureusement il n'y a dans ce dépôt ni inventaire, ni classement, et il ne nous a pas été possible d'y rechercher la clef de cet obscur procès. Nous savons seulement, par les lettres de Samuel, que les magistrats de la Cour souveraine firent publier deux monitoires et entendirent 150 témoins.

Nous regrettons pour la mémoire de Léopold qu'un jugement motivé n'ait pas couronné cette longue procédure. Tout en effet nous porte à croire que le duc de Lorraine était un débiteur intéressé à prolonger la détention de Samuel, et qu'il ne se fit aucun scrupule de profiter de l'occasion favorable qui s'offrait de se libérer envers « le juif » : il crut s'acquitter généreusement à son égard en lui ouvrant les portes de son cachot et en lui donnant les moyens de quitter la Lorraine[1].

Voici en quels termes Élisabeth-Charlotte nous apprend ce que devint l'homme qui s'était ruiné pour la maison ducale : « Je ne suis point surprise que Samuel Lévy ait fait banqueroute à Paris ; il y a fort longtemps que nous le connaissons pour un grand fripon[2]. »

VI

Les historiens lorrains prétendent que les résultats brillants produits en France par les combinaisons finan-

---

donnés, des payements faits, y compris les effets qui lui restaient, montait avec ses maisons à 2,231,192 livres. — Dans sa requête du 30 septembre 1719, Samuel évaluait à 179,116 livres le montant de la somme due à ses cinq créanciers intraitables. *Archives de Vienne.*

1. C'est au commencement de novembre 1721 que Samuel fut mis en liberté ; dans une lettre du 29 octobre, il demandait à Léopold la permission de rester en Lorraine autant de temps qu'il lui en faudrait pour régler ses affaires. Il est probable que cette permission ne lui fut pas accordée. *Archives de Vienne.*

2. Lettre à la marquise d'Aulède, 26 octobre 1721.

cières de Law n'avaient pu séduire Léopold, qui refusa d'autoriser dans ses États l'introduction et le cours des billets de la banque royale. On raconte à ce sujet que le régent, pour vaincre les résistances de son beau-frère, lui offrit inutilement une somme de neuf millions : « J'aime mon peuple, aurait répondu Léopold ; j'en suis aimé et je me rendrais indigne de lui si je sacrifiais sa fortune à mes intérêts ; s'il est pauvre, je ne serai jamais riche[1]. »

Nous avons d'autant plus lieu de mettre en doute l'authenticité de ce mot que nous allons voir Léopold se lancer de plus en plus, de 1718 à 1720, dans la voie des expédients, et mettre tout en œuvre pour payer ses dettes et remplir ses coffres vides depuis un long temps.

Il y avait plusieurs années déjà que le duc de Lorraine ne pouvait plus fournir régulièrement les intérêts de ses nombreux créanciers ; en janvier 1719, M. de Rutant, contrôleur général des finances, donnait l'ordre à M. Fallois, receveur des dettes de l'État, de payer les rentes dues pour l'année 1717 ; mais, ajoutait-il, à l'égard de celles qui venaient d'échoir, « gardez-vous bien d'en payer aucune sans distinction, à moins d'un ordre contraire, à la réserve cependant de M. le marquis de Gerbéviller[2]. »

Les officiers de la maison du prince, les pensionnaires et les fournisseurs de l'État, les fonctionnaires, tous beaucoup plus à plaindre que les rentiers, n'avaient touché que de faibles acomptes depuis trois ou quatre ans ; il est vrai qu'on leur donnait, pour le surplus, des promesses de payement désignées sous le nom de « billets de liquidation ». Le nombre de ces billets augmentant régulièrement, Léopold nomma par l'ordonnance du 28 avril 1718[3]

---

1. Digot, VI, 92.
2. Archives de Meurthe-et-Moselle, *Dettes de l'État*, lay. I, 5.
3. *Recueil des édits*, II, 162.

des commissaires pour en dresser un état complet ; puis, profitant des altérations réitérées que l'on faisait alors subir en France à la monnaie, il ordonna une refonte générale des espèces lorraines et annonça que les particuliers qui se présenteraient à l'hôtel de la Monnaie de Nancy avec les quatre cinquièmes d'une somme en ancien numéraire et un cinquième en billets de liquidation, seraient payés intégralement en nouvelle monnaie [1].

Léopold estimait qu'en procurant ainsi aux billets un débouché prompt et certain il permettrait à ses sujets de participer à ses opérations financières et d'en tirer un bénéfice considérable. Mais il n'avait pas prévu la difficulté qu'éprouveraient tous les petits créanciers de l'État, à moitié ruinés, à trouver le complément de numéraire nécessaire pour écouler leurs billets ; il ne restait donc à ces malheureux qu'une ressource : vendre leurs créances à perte à des spéculateurs. Ému de cet état de choses, Léopold déclara le 6 septembre 1718, que les intérêts des sommes couchées sur les « états de liquidation » seraient payés à raison de quatre pour cent à partir du 1er janvier suivant [2]. Toutefois les billets continuèrent à être reçus à la Monnaie ; l'arrêt du Conseil du 30 octobre éleva même la proportion des billets au tiers de la somme totale, en fixant la valeur du marc d'or à 680 livres ou à 849 livres, et celle du marc d'argent à 45 livres ou 56 livres [3], suivant que les espèces anciennes échangées contre les nouvelles seraient accompagnées ou non de billets. Ainsi en échange d'une somme en vieille monnaie représentant deux marcs d'or, et d'un billet de liquidation de 680 livres, on recevait trois fois 680 livres en pièces neuves, soit

---

1. Édit du 7 juin 1718. *Ibid.*, IV, 161.
2. *Ibid.*, II, 214.
3. *Ibid.*, IV, 170. — Exactement 680 livres 9 sols 2 deniers et 849 livres 13 sols 1 denier 1/5 pour le marc d'or ; 45 livres 8 sols 8 deniers et 56 livres 8 sols 6 deniers 1/2 pour le marc d'argent.

2,040 livres ; la même quantité de numéraire sans billets était payée 1,698 livres, soit 342 livres seulement de moins que dans le premier cas. D'autre part, les léopolds en or frappés en vertu de l'édit de 1718, étaient à la taille de 25 au marc au lieu de 20, et ne valaient réellement que 30 fr. 91 au lieu de 38 fr. 64[1]. De sorte que les particuliers, dont les billets étaient déjà dépréciés presque exactement de moitié, perdaient encore par l'effet du surhaussement environ 21 p. 100 sur la valeur de leur numéraire. On reconnaîtra que Léopold avait trouvé un moyen ingénieux, sinon honnête, de rembourser ses billets de liquidation.

VII

A la même époque le duc de Lorraine se procurait quelques fonds en créant des offices alternatifs et héréditaires de conseillers, trésoriers et receveurs généraux des finances : « L'administration de nos finances, lisons-nous dans le préambule de l'édit du 29 août 1718[2], étant un des principaux objets du gouvernement, nous aurait engagé à n'établir que des commis aux recettes principales de nos deniers, dans l'espérance que des officiers amovibles en tout temps auraient plus d'exactitude dans l'exercice de leurs emplois ; mais ayant été informé que l'état incertain où ils se voient les excite peu à se donner toute l'application que requiert l'importance de leurs offices ; que d'ailleurs l'étendue de leurs recettes et dépenses jointe à la nécessité de rendre compte de leur gestion d'une année, dans le temps même qu'ils sont occupés de la recette et dépense de l'année courante, ne leur permet

---

1. De Riocour, *loc. cit.*, p. 100.
2. *Recueil des Édits*, II, 205.

pas d'y donner tous les soins nécessaires et les empêche de pouvoir vaquer à leurs affaires particulières ; nous avons cru qu'il serait plus expédient de rendre ces offices d'une exploitation plus facile en les divisant, en les rendant alternatifs, d'en créer un plus grand nombre, et les rendre héréditaires. »

On invoquait les mêmes raisons pour expliquer la suppression de cinq offices de receveur général des finances, de trésorier des troupes, de payeur des rentes et charges de l'État, d'argentier de l'hôtel, de trésorier des parties casuelles, — et leur remplacement par seize charges nouvelles : on créa deux conseillers généraux des finances, quatre conseillers receveurs généraux de la subvention, deux receveurs généraux des domaines, gabelles et fermes, deux receveurs et payeurs des rentes, deux trésoriers de l'hôtel, deux trésoriers des troupes, deux trésoriers des parties casuelles. Les finances de ces seuls offices furent portées d'abord à 1,130,000 livres, puis modérées d'un tiers environ par la déclaration du 11 juin 1719[1].

Tout n'était pas bénéfice pour le Trésor. Ces nouveaux officiers recevaient des traitements, de sorte que la finance qu'ils payaient n'était qu'un emprunt dont il fallait verser l'intérêt. En outre, comme les receveurs des rentes, les trésoriers de l'hôtel, des troupes et des parties casuelles étaient autorisés à retenir pour droit de quittance dix sols par cent livres sur tous les payements qu'ils faisaient, on peut dire que la création de ces offices était à la fois un emprunt pour l'État et une imposition pour le pays.

La Chambre des comptes de Lorraine avait déjà signalé ces inconvénients à son souverain et formulé des remontrances au sujet de l'édit du 4 février 1718 concernant la

---

1. *Ibid.*, II, 211, 263.

création ou l'hérédité des offices de procureurs, huissiers et curateurs en titre : « L'augmentation du nombre des offices, faisait-elle remarquer à Léopold, et celle de leurs finances, ne peut être qu'à charge à vos États et aux familles en particulier. Il faut que tous ces bas-officiers subsistent aux dépens du pays ; ils ne servent qu'à multiplier et allonger les procès.

« L'augmentation de finance ruinera la plupart de ces officiers et les rendra plus avides ; ils se croiront bien fondés à reprendre en détail ce qu'ils auront déboursé en gros....

« La Chambre ne peut dissimuler le sensible déplaisir qu'elle a de voir introduire l'hérédité de ces offices subalternes. Toute nouveauté est de soi dangereuse dans un État. Cette hérédité est une aliénation formelle d'une casualité d'offices qui par une circulation ordinaire apportait des sommes considérables dans les parties casuelles.

« Votre Altesse Royale tirera pour une fois une somme modique ; après l'emploi des deniers le mal restera à votre État et à vos successeurs ducs : que s'ils prennent un jour le parti de révoquer cette hérédité, ils ne pourront le faire sans rembourser les particuliers[1]. »

Le recteur, les doyens et professeurs de l'Université de Pont-à-Mousson s'élevèrent aussi dans une requête au duc contre les « praticiens avides » qui poursuivaient l'établissement « pernicieux » d'offices de procureurs : « Ceux de vos sujets, Monseigneur, qui destinent leurs enfants dans le

---

[1]. Bibliothèque de Nancy, ms. n° 106. — La Chambre ne s'attaquait pas seulement à l'objet de l'édit, mais à sa forme : « Il est conçu, disait-elle, avec une hardiesse étonnante, en termes bas, populaires ; le style en est obscur et embarrassé, tout y manque, jusqu'à l'orthographe. La simple lecture suffit pour connaître qu'il est indigne de la majesté du souverain, qui doit s'expliquer noblement dans ses édits et déclarations. Celui dont il s'agit avilirait la dignité de V. A. R. aux yeux de ses peuples et des étrangers. »

monde à quelque condition plus relevée que celle des arts mécaniques, les élèvent au collège et, après les humanités, les portent ordinairement à l'étude de la jurisprudence ; c'est un moyen pour remplir dignement et les barreaux et les offices de judicature. Les jeunes gens s'appliquent par émulation à acquérir de la science et à posséder les belles-lettres.... Mais, Monseigneur, si l'on établit des procureurs, comme ils auront l'honneur de porter l'ornement de la justice, la plupart de vos sujets, éblouis par cet éclat extérieur,... seront assez lâches pour mépriser les études et la science, puisque sortant de l'école d'un simple écrivain, avec le secours de la lecture d'un praticien français, ils seraient en état d'être nécessaires au public. La Faculté de droit se trouve la plus intéressée à ce projet d'établissement ; comme elle ne peut plus espérer depuis la paix aucuns écoliers étrangers, et qu'en créant des procureurs on ôterait les trois quarts des écoliers de la province, il faudrait dans peu de temps la supprimer.

« Si l'intérêt public n'était joint, Monseigneur, à celui de votre Université, elle aurait pris le parti du silence, et aurait plutôt souffert une diminution considérable et dans son lustre et dans ses émoluments, que d'importuner Votre Altesse Royale par des remontrances ; mais le bien des peuples.... donne lieu aux suppliants de se faire entendre[1]. »

Léopold se laissa toucher par ces raisons, et, loin de rendre héréditaires les offices de procureurs, il les supprima par l'édit du 11 décembre 1718[2], attendu que ces magistrats, qu'il avait institués en 1704, étaient « onéreux

---

1. Bibliothèque de Nancy, ms. n° 392. — Plaquette de 4 pages in-4° ; elle est accompagnée d'un mémoire également imprimé, intitulé : *Motifs qui doivent faire regarder le prétendu rétablissement des procureurs en Lorraine, comme une chose pernicieuse au bien des peuples*, 4 pages in-4°.
2. Recueil des édits, II, 218.

aux parties qui plaident par la multiplicité et la longueur des procédures superflues qui les ruinent »; il est vrai que par une contradiction frappante, il créait en même temps auprès de chacun des tribunaux de ses États des « greffes de présentation » où toutes les parties devaient se présenter et se faire inscrire moyennant certains droits, sans parler du « papier timbré de l'expédition ».

La Chambre des comptes avait été moins heureuse dans la guerre qu'elle fit aux « contrôleurs des actes et contrats de notaires et tabellions », créés par édit du 11 décembre 1718, et dont les attributions furent précisées par la déclaration du 27 juillet 1719[1]. Elle s'efforça pourtant de démontrer que cette institution pèserait lourdement sur le pays[2]; elle protesta contre l'obligation imposée aux notaires de faire contrôler leurs actes dans la huitaine, ce délai étant surtout insuffisant pour les notaires des Vosges et de la Lorraine allemande; elle exposa combien il était difficile dans la pratique de faire payer autant de droits de contrôle, — ce qu'ordonnait l'édit, — qu'il y aurait de différentes dispositions portées dans le même acte, affirmant avec raison que les plus habiles jurisconsultes eux-mêmes s'y pourraient tromper : « On a vu à Nancy, disait-elle, de pauvres tabellions de la Bresse, de Gérardmer, du ban de Vagney, implorer la clémence de nos fermiers par l'intervention de personnes de crédit et se croire fort heureux d'en être quittes pour des amendes modérées et pour les dépens actifs et passifs, faute par eux

---

1. *Ibid.*, II, 233, 281.
2. « Pour un contrat de vente d'immeubles à crédit, — disait-elle, — dont le prix serait de 10,000 francs, le droit du sceau à 10 gros pour 100 francs monte à 83 fr. 4 gr.; le droit de contrôle est de 50 fr.; celui de quittance de remboursement est encore de 50 fr. Ces trois sommes montent à celle de 183 fr. 4 gr., non compris les salaires du notaire, qui montent de droit à 5 gros par 100 francs, sans compter les autres *agio* du métier. Il est évident que ce pays par sa situation, par sa consistance, par le défaut du commerce, est trop pauvre pour supporter des droits si onéreux. » *Bibliothèque de Nancy*, ms. n° 106.

d'avoir entendu l'énergie de certains mots français nouveaux ou insolites pour eux[1]. »

Le duc de Lorraine maintint le contrôle des actes notariés ; par l'édit du 10 janvier 1719, il rendit héréditaires et perpétuels tous les offices des bailliages, prévôtés et grueries ; pour augmenter le prestige de ces magistrats subalternes, et partant pour élever d'autant leur finance, il révoqua à leur profit toutes les aliénations, faites depuis 1608, des droits de juridiction sur le domaine ducal[2].

Mais Léopold n'avait ni le caractère assez ferme, ni la volonté assez persévérante pour se tirer de la crise financière où il se débattait depuis bien des années. Il était trop esclave de ses passions pour diminuer ses dépenses dans une proportion considérable et changer les habitudes de la cour ; d'autre part son cœur, naturellement bon et compatissant, répugnait à faire peser sur ses sujets des charges nouvelles. De là cette politique de tergiversations et de demi-mesures ; de là ces nombreux édits fiscaux, promulgués un jour et rapportés le lendemain, aussitôt que le débonnaire souverain entrevoyait de nouveaux moyens de faire face à ses besoins urgents.

C'est ainsi qu'il révoquait, le 21 mars 1720, l'hérédité de tous les offices créés précédemment en raison des « nécessités de l'État », sous prétexte que ces nécessités avaient disparu[3]. En réalité les nécessités restaient les mêmes, mais le duc venait de faire un appel direct à la bourse de ses sujets et cet appel avait été écouté au delà de toute espérance.

Par l'édit du 10 décembre 1719, Léopold, afin de permettre aux propriétaires lorrains de « faire des emplois utiles de leurs deniers » et pour leur « fournir l'occasion

---

1. *Ibid.*
2. *Recueil des édits*, II, 243.
3. *Ibid.*, II, 321.

de subsister plus commodément », leur demanda un capital de 3 millions, dont les intérêts « au denier vingt » seraient payés au moyen d'une somme de 150,000 livres prise sur la ferme générale[1]. La Chambre des comptes fit faire par son président de « très humbles remontrances verbales », mais le duc déclara « que sa volonté était que la Chambre procédât incontinent à l'enregistrement et publication de cet édit[2] ». Ce premier emprunt, considérable pour l'époque, fut rapidement couvert ; aussi Léopold se hâta de donner à ses sujets « une nouvelle marque » de son « attention au soutien et à la conservation de leur fortune » : un deuxième emprunt fut annoncé par l'édit du 15 avril 1720, un troisième dix jours après[3], chacun d'un million de livres. Ils furent souscrits en si peu de temps que les habitants des villes éloignées de Nancy, — disait le duc dans sa sollicitude pour ses sujets, — « n'ont eu connaissance de ces créations de rentes que lorsqu'il n'était plus temps d'en acquérir ; en sorte que les deniers qu'ils avaient destinés à ces acquisitions restent infructueux entre leurs mains ou entre celles des dépositaires, et exposés aux variétés continuelles qui arrivent sur les espèces, sans pouvoir trouver moyen de les placer utilement ». C'était encore pour favoriser ces capitalistes que Léopold se décidait à demander un sixième million[4].

Une mine si activement exploitée devait s'épuiser bien vite. Aussi, lorsque dans le courant de l'année suivante le duc de Lorraine s'adressa une dernière fois à l'épargne, le zèle de ses sujets s'était tellement refroidi qu'il jugea nécessaire de leur fournir quelques explications sur les

---

1. *Ibid.*, II, 301.
2. Bibliothèque de Nancy, ms. n° 105.
3. *Recueil des édits*, II, 331, 339.
4. Édit du 8 juillet 1720. *Ibid.*, II, 377.

besoins sans cesse croissants du Trésor : « Les acquisitions de nouveaux fonds de terre que nous avons cru devoir faire pour être joints à nos anciens domaines, et celles que nous projetons de faire encore incessamment nous engagent nécessairement à prendre des mesures convenables pour en acquérir le prix. Nous avions espéré le faire en y employant une partie de nos revenus ordinaires, cependant les dépenses considérables que nous avons été obligé de supporter dans différentes occasions indispensables, et pour le bien de nos États, nous en ont empêché, de manière que nous aurions pu légitimement faire supporter par nos sujets une partie du prix desdites acquisitions ; mais comme une de nos principales attentions a toujours été de les exempter, autant qu'il nous a été possible, de toutes charges et impositions extraordinaires, nous avons mieux aimé supporter en entier et par nous-même celle dont il s'agit, et à cet effet, créer sur nos domaines et gabelles 50,000 livres de rente, au delà des 300,000 que nous avons déjà créées[1]. »

Léopold fit en effet, le 11 septembre 1721, l'acquisition de la baronnie d'Ancerville payée au duc d'Orléans 750,000 livres. S'il ne s'était endetté que pour étendre son domaine, qui songerait à lui adresser le moindre blâme ? Mais, sans parler de ses prodigalités et de toutes les dépenses inutiles que nous avons précédemment signalées, que de fantaisies coûteuses ! que de gaspillages !

VIII

En 1711, on avait commencé à la Malgrange, tout près de l'ancien château, un nouvel édifice beaucoup plus

---

1. Édit du 23 août 1721. *Ibid.*, II, 503.

vaste et plus beau, sur les dessins et la direction de Boffrand, qui fut, cette même année, nommé premier architecte de Léopold[1] ; les travaux, poussés avec activité jusqu'en 1715, furent arrêtés à la suite d'une simple réflexion de l'électeur de Bavière, qui trouva le château trop éloigné de Nancy pour être la résidence du souverain, et trop près de la ville pour n'être qu'une maison de campagne[2].

Le palais ducal de Nancy avait été abandonné en partie pendant l'occupation française, de 1702 à 1714, mais on ne cessa d'y faire, dans les années suivantes, d'importantes réparations : on mit en état les appartements de la famille ducale ; on éleva d'un étage, pour y loger les princes, l'aile touchant aux Cordeliers et faisant face à la Grande-Rue. Puis Léopold trouva que le palais avait une forme trop irrégulière ; il prit brusquement le parti de le faire démolir et de construire sur son emplacement un magnifique édifice qui lui coûta, de 1717 à 1720, 416,000 livres, et dont il fut obligé de suspendre l'achèvement[3]. C'est à cette interruption des travaux que l'on dut la conservation d'une partie du vieux palais et du beau portail voisin de la collégiale Saint-Georges.

Le duc Charles III avait jeté, en 1603, les fondements de l'église primatiale ; Léopold reprit le projet formé par son ancêtre de doter Nancy d'une basilique, sans se demander si l'état de ses finances lui permettrait de mener à bien cette grande entreprise. Le 3 septembre 1703, le prince François, son frère, posa solennellement la première pierre de la cathédrale actuelle, dont Man-

---

1. Lettres patentes du 11 novembre 1711. *Archives de Meurthe-et-Moselle*, B, 131.
2. Cf. Louis Lallement, *Le Château de la Malgrange*. (Bulletin de la Société d'archéologie lorraine, 1853.)
3. Lepage, *Palais ducal de Nancy*, p. 130-138. — Boffrand avait été chargé de la construction de ce palais.

sant[1] et Boffrand avaient fourni les plans ; mais le travail se ralentit au bout de quelques années, cessa tout à fait en 1716, reprit en 1719 : la toiture ne fut terminée qu'en 1721, les tours en 1723, les flèches en 1726. Le pauvre souverain n'eut même pas la satisfaction de voir achever ce monument, qui lui coûta 610,000 livres, et dont la décoration architecturale a soulevé avec raison de vives critiques[2].

La construction de l'hôtel de Craon (1713) et de la Monnaie (1720) à Nancy, du château d'Haroué (1713), l'entretien du parc et de la demeure ducale d'Einville, les embellissements continuels apportés au palais de Lunéville engloutirent des sommes considérables.

A Lunéville seulement, sans parler des travaux d'entretien ou d'amélioration, on achète chaque année des jardins, des maisons contiguës, pour agrandir soit les Bosquets, soit la ménagerie de Son Altesse Royale Madame, soit l'orangerie[3]. Nous laissons de côté, bien entendu, les dépenses, indispensables celles-là, faites pour assurer en ville le logement des académiciens, des pages ou de la gendarmerie[4]. En 1719, la réédification d'une partie du château, consumée par l'incendie[5], nécessita de

---

1. Le projet primitif de Mansard comportait un dôme magnifique qui « aurait dépassé de toute sa hauteur le faîtage des toitures ». Cf. Auguin, *Monographie de la cathédrale de Nancy*. Nancy, 1882, p. 127.
2. L'église ne fut terminée qu'en 1743, et coûta encore, de 1730 à cette date, 135,000 livres. Le total de la dépense est donc de 745,000 livres, et, dit Lionnois, « dans ces sommes ne sont point compris plusieurs ouvrages qui y ont été faits depuis ». Lionnois, III, 271.
3. On dépense ainsi 13,000 livres en 1712, 8,285 livres en 1714, 5,463 livres en 1716, 18,000 livres en 1717, etc. *Archives de Meurthe-et-Moselle*, B, 795.
4. De ce chef seulement, Léopold dépense 18,000 livres en 1707, 50,000 livres en 1709, 138,000 livres en 1711, etc. *Ibid.*
5. Le feu prit le 3 janvier, vers les 5 heures du matin, « par le moyen d'un tonneau de cendres mal éteintes, dans une espèce de grange près du Jeu de Paume ». *Journal de Verdun*, février 1719. — L'aile sud et la chapelle furent la proie des flammes. Tous les historiens ont raconté que Léopold montra beaucoup d'inquiétude au sujet d'une cassette qu'il n'avait pas eu le temps d'enlever, et qui contenait des papiers importants, sans doute sa correspondance avec Mme de Craon ; il ne fut rassuré que lorsqu'il sut qu'elle avait été consumée et qu'on lui en eût rapporté la serrure et les ferrements. Joly, *Le Château de Lunéville*, p. 55.

nouveaux frais que Léopold ne songea pas un instant à limiter, ainsi que la situation de ses finances lui en faisait un véritable devoir : dans son optimisme incroyable, il continuait ses acquisitions, et nous le voyons, tant en 1719 qu'en 1720, consacrer 100,000 livres à l'achat de diverses propriétés et d'un vaste terrain destiné à devenir une *remise de perdrix*[1]. En 1724, le château de Lunéville absorbe encore 164,614 livres[2].

En revanche Léopold montrait peu d'empressement à payer les intérêts dus à ses créanciers ; à mesure que les charges du Trésor augmentaient, la somme payée annuellement aux rentiers diminuait : elle tombe de 189,000 livres en 1719, à 92,000 en 1721, à 58,000 en 1723[3].

IX

Dans l'état de gêne où le mettait son incurie, le duc de Lorraine devait être fatalement conduit à prêter l'oreille aux spéculateurs.

En 1720, il autorisa la formation d'une société qui, sous le nom de « Compagnie de Lorraine », devait s'employer à favoriser le développement du commerce et de l'industrie, « à augmenter les arts et la culture des terres », à permettre aux « personnes oisives » de contribuer à l'accroissement de leur fortune privée et des ressources publiques[4]. Ce programme flatteur était bien capable d'allécher les plus indifférents.

Le capital de la société était fixé à trois millions, divisés en actions de 500 livres. Le gouvernement ducal garan-

---

1. Archives de Meurthe-et-Moselle, B. 795.
2. Lepage, *Les Communes de la Meurthe*, I, 619.
3. Archives de Meurthe-et-Moselle, B. 10,119.
4. Édit du 23 août 1720. *Recueil*, II, 392.

tissait aux porteurs de ces titres un intérêt de quatre pour cent. Il cédait à la Compagnie les postes et messageries, ainsi que la ferme du contrôle, moyennant une redevance annuelle de 120,000 livres; il lui abandonnait les mines découvertes ou à découvrir, — sauf les mines de la Croix[1], — sans autre obligation pendant dix ans que celle de conduire à l'hôtel de la Monnaie les métaux précieux, qui lui seraient payés d'après les tarifs; il l'autorisait à faire construire en toute liberté sur les terres du domaine toutes sortes d'usines et de manufactures, l'exemptait de tous droits de péage, de passage, de douane, enfin l'autorisait même à établir en franchise des magasins et entrepôts où bon lui semblerait, sur les rivières navigables comme sur les grandes routes.

La Compagnie était administrée par six directeurs, sous la surveillance suprême d'un sieur Roussel, qui recevait le titre de « directeur général du commerce ». Ces directeurs seraient à l'avenir nommés par les actionnaires porteurs de cinquante actions au moins, réunis en assemblée générale; mais Léopold se réservait exceptionnellement le droit de désigner les six premiers[2], laissant à la Compagnie le soin de renouveler la moitié d'entre eux au bout de trois ans ou de leur adjoindre trois nouveaux directeurs. Deux conseillers d'État, MM. de Rutant et de Girecourt furent spécialement chargés, en qualité de commissaires, de contrôler tous les actes de la Compagnie, d'assister aux délibérations des assemblées générales et d'autoriser, s'ils le jugeaient à propos, les projets qui y seraient arrêtés[3].

---

1. Elles furent un peu plus tard abandonnées à la Compagnie. Déclaration du 16 janvier 1721. *Recueil des édits*, II, 532.
2. Ce furent MM. de Beauve, payeur des rentes; Saur, banquier à Nancy; Grisot, payeur de rentes et charges de l'État; Fromantau, ancien receveur général des domaines; Vincent et Lombard, négociants. *Ibid.*, II, 107.
3. Arrêt du Conseil, 12 janvier 1711. *Ibid.*, II, 431.

On voit par là combien Léopold entendait tenir étroitement la Compagnie sous sa tutelle. Son désir était d'appliquer, sur un théâtre infiniment plus petit, les hardies conceptions qui venaient d'aboutir en France à un désastre colossal : la « Compagnie de Lorraine » constituait à ses yeux un merveilleux instrument de crédit, capable de lui fournir des ressources nouvelles et de rembourser la dette publique. Un instant, Léopold songea à lui donner la ferme générale, à condition qu'elle émettrait encore 2,000 actions à 500 livres[1]. Mais l'effet produit en Lorraine par la chute du système de Law allait contribuer, avec les imprudences du duc, à tuer le crédit.

Des dissentiments éclatèrent entre Roussel et les ministres. Un grand nombre d'actionnaires se plaignirent de ce que la Compagnie ne poursuivait pas uniquement son but commercial ; pour leur donner une satisfaction apparente, Léopold promit d' « éclairer l'état des affaires de la Compagnie ».

L'enquête annoncée dura plusieurs mois : la déclaration du 8 novembre expliquait qu'en raison de « l'excès du change » la Compagnie avait été obligée de « placer provisionnellement certains fonds autrement qu'en un commerce effectif » ; on avouait 614,000 livres consacrées en achat de grains pour prévenir la disette, et 150,000 livres employées au profit du Trésor[2]. Le mal était grand, pour que Léopold jugeât nécessaire, — lui qui six mois plus tôt voulait demander à l'épargne un quatrième million, — de réduire le capital de la Compagnie à 1,564,225 livres partagées en 4,813 actions de 325 livres chacune. Il révoqua les commissaires et directeurs, remplaça les pre-

---

1. Lettre de cachet à la Chambre des comptes de Lorraine, 14 juillet 1721. *Bibliothèque de Nancy*, ms. n° 174.
2. *Recueil des édits*, II, 512.

miers par le conseiller d'État Barbarat[1], et laissa à la société le soin de choisir deux actionnaires pour directeurs.

La « Compagnie de Lorraine » devait végéter quelques mois encore ; elle fut supprimée le 31 mars 1722, et les sommes dues aux actionnaires liquidées par arrêt du Conseil du 10 mars 1723[2].

Puis Léopold eut un instant l'idée de recourir à un expédient, — décoré du nom de loterie, — dont Lefebvre déclarait ne point comprendre les avantages, et qui devait donner au duc 5 millions, remboursables en 30 ans : « Ce serait abîmer votre État, s'écriait le fidèle conseiller, que de le charger de 5 millions de nouvelles dettes, avec plus de 6 qu'il doit déjà[3]. » Ému de cette opposition, le duc de Lorraine se contenta de transformer en offices à vie un grand nombre de charges de finance et de judicature ; tel fut l'objet de l'édit du 26 mars 1722 : « Ayant été informé, lisons-nous dans le préambule de cette loi, que plusieurs desdits officiers, considérant que leurs commissions sont révocables selon notre bon plaisir, ont de la répugnance à s'établir par acquisition de maison, par mariage ou autrement dans les lieux où les fonctions desdits offices demandent résidence, et que dans l'incertitude de leur sort ils financeraient volontiers leurs emplois pour être assurés de les posséder pendant leur vie, nous avons résolu de lever les obstacles qui s'opposent à leur établissement et à leur repos, en les faisant jouir pendant leur vie naturelle des offices ci-après spécifiés[4]... »
Ainsi Léopold, n'osant pas invoquer cette fois les « nécessités de l'État », disait n'avoir en vue que les avantages

---

1. Ancien fermier général de Lorraine.
2. *Ibid.*, II, 545, 603.
3. Lefebvre à Léopold, 16 décembre 1721. *Archives de Vienne.*
4. *Recueil des édits,* II, 533.

d'une catégorie de ses sujets ; nous doutons que ceux-ci aient été bien flattés de la faveur dont on les honorait.

Les greffiers des sièges de judicature de la Lorraine et du Barrois furent taxés à une somme totale de 255,862 livres, pour 75 offices[1] ; les tabellions, notaires et gardes-notes payèrent environ 170,000 livres[2] ; les trésoriers et receveurs particuliers des finances, 418,490 livres[3]. On créa au bailliage de Nancy un office de conseiller d'épée, dont le titulaire devait compter au moins trois degrés de noblesse et acquiter une finance de 12,000 livres ; un office semblable, institué au bailliage d'Épinal, rapporta 2,000 livres[4]. Les secrétaires-greffiers, ainsi que les receveurs des deniers patrimoniaux et d'octrois des villes importantes devinrent également titulaires d'offices et eurent pour « gages » la rente de leurs finances, payée par les villes à raison de 10 p. 100 ; de ce chef il entra au Trésor 67,500 livres[5]. Bientôt même on établit dans 33 localités des offices de procureurs-syndics des hôtels de ville, et finalement l'édit d'octobre 1723 créa à titre d'hérédité tous les offices municipaux, ce qui produisit sur-le-champ plus d'un demi-million de livres[6].

Dans cette même année 1723, Léopold put encore disposer, pour « le bien de ses affaires », d'une somme de 232,000 livres, dont Élisabeth-Charlotte venait d'hériter

---

1. Bibliothèque de Nancy, ms. n° 392. — Le greffier de la Cour souveraine dut payer 42,856 livres (100,000 fr.) ; celui de la Chambre des comptes de Lorraine, 17,143 livres (40,000 fr.) ; celui des bailliage, prévôté et gruerie de Nancy, 30,000 fr.
2. *Ibid.* — Le rôle comprend 271 tabellions ou notaires, dont les plus imposés sont : le conseiller de S. A. R., tabellion de Nancy et garde-notes pour le bailliage de la ville, qui paye 5,000 livres ; les 29 tabellions de Nancy, à 1,300 livres l'un ; le garde-notes du bailliage de Lunéville, à 1,200 livres ; les 6 tabellions de la prévôté de Lunéville, à 600 livres l'un, etc.
3. *Ibid.* — Sont compris dans ce rôle 5 trésoriers, en même temps conseillers de S. A. R., et 60 receveurs particuliers des finances.
4. Édits des 8 mai 1722 et 21 avril 1723. *Recueil*, II, 553, 618.
5. Bibliothèque de Nancy, ms. n° 392.
6. *Recueil des édits*, II, 638, 662, 670, 676.

de sa mère, la Palatine, morte le 8 décembre 1722 ; par lettres patentes du 4 août 1723, il s'engageait à rembourser cette somme à sa « très chère et très aimée épouse » ou à ses héritiers lorsqu'il en serait sollicité, promettant de servir jusque-là un intérêt annuel de cinq pour cent : capital et intérêts étaient garantis par une hypotèque privilégiée sur les salines de Rosières [1].

Mais Élisabeth-Charlotte augurait défavorablement de l'avenir des finances ducales ; à la nouvelle qu'en France le maître des requêtes Talhouet et l'abbé Clément avaient été condamnés à mort par la Chambre de l'Arsenal pour des détournements considérables, elle écrivait à la marquise d'Aulède : « Cet exemple fera marcher les gens de robe plus droit qu'ils n'avaient fait jusqu'à présent, car les robins se croient tout permis, et qu'ils peuvent friponner impunément. Dieu veuille que l'exemple de ces gens-là puisse corriger, non seulement en France, mais ici ; mais je crains bien que cela n'y fera rien, car Son Altesse Royale est trop aveugle pour eux, et cependant ils ne lui accommodent assurément pas ses finances, ni ses affaires, et si on leur rendait justice, ils mériteraient bien le même sort que Talhouet ; mais je n'en veux rien dire davantage [2]. »

X

Quelques mois après, Léopold écoutait les propositions séduisantes du sieur Regard d'Aubonne. Cet aventurier, au dire de M. d'Audiffret, demanda une entrevue au duc de Lorraine par l'intermédiaire de M. de Lunati, dont la femme avait été en relations d'intérêt avec lui à Paris ; le

---

1. Archives de Meurthe-et-Moselle, B, 160.
2. Lettre du 31 août 1723.

duc, « avide de nouveautés, et encore plus de moyens d'avoir de l'argent, moins pour remédier au désordre de ses affaires que pour contenter l'insatiabilité de son favori, lui fit répondre qu'il vînt incessamment à Lunéville sans se faire connaître[1] ».

D'Aubonne demandait pour quatorze années le bénéfice du change et de la fabrication des monnaies, le privilège d'établir en Lorraine des loteries, des foires franches et des monts-de-piété à l'instar de celui de Rome, enfin la concession de la fabrique de draps de Nancy et de toutes les usines et manufactures ducales. Moyennant de tels avantages, il se chargeait de créer une Compagnie qui donnerait au commerce lorrain un essor inouï, de sorte, disait Léopold dans son édit du 8 juin 1724, que « nous et nos sujets trouverions dans nosdits États toutes les choses utiles et nécessaires à la vie, dont la plus grande partie nous est jusqu'à présent venue des pays étrangers ; que, par les soins et les travaux de ladite Compagnie, nous verrions naître et fleurir l'industrie, les arts et métiers, que les fruits qu'elle en tirerait se répandraient sur le général de nos sujets, augmenteraient les richesses des uns et fourniraient le nécessaire aux autres. Qu'un tel commerce général faciliterait et soutiendrait ceux qui en font de particuliers, qu'il augmenterait la consommation des denrées dans nos États, notamment de celles dont le volume en rend le transport difficile, et qu'il occasionnerait la réalisation du prix des fonds de terre, malgré la diminution de celui des espèces...; que pour nous marquer la sincérité des intentions avec lesquelles sa Compagnie voulait travailler au bien général, elle se soumettait à ne faire qu'une seule refonte générale, ou fabrication nouvelle, et à diminuer insensible-

---

1. D'Audiffret, *Mémoire sur le duché de Lorraine*, f° 223.

ment le prix des espèces, en sorte que dans l'espace des quatorze années celui du marc d'or se trouverait avoir été imperceptiblement réduit à 600 livres[1]. Que des diminutions aussi douces feraient faire une plus abondante circulation sans la rendre forcée ; qu'au lieu de diminuer ou faire tomber le commerce, elles l'augmenteraient, et que par les attentions singulières que ladite Compagnie aurait, vous verriez diminuer à proportion le prix des marchandises et denrées[2]. »

A ces promesses vagues et merveilleuses, d'Aubonne en joignait une qui lui avait gagné bien vite les sympathies de Léopold ; il s'engageait à payer dans l'espace des quatorze années les dettes de l'État, jusqu'à concurrence d'une somme de 7,600,000 livres[3]. Aussi, ni les représentations de MM. Lefebvre et de Rutant, ni l'opposition de la Chambre des comptes et de la Cour souveraine, ni les remontrances du corps des marchands de Nancy ne réussirent à déterminer le duc de Lorraine à repousser un projet contre lequel ses conseillers étaient unanimes à le mettre en garde.

A peine constituée, la nouvelle *Compagnie de commerce de Lorraine* chercha à justifier la confiance du souverain et à éblouir ses ennemis ; elle offrit spontanément de devancer le terme de ses payements et d'acquitter, en novembre et en décembre 1724, une partie des dettes de l'État par le remboursement de trois millions : la déclaration du 26 août 1724 accueillit avec le plus grand empressement cette preuve solide de la « bonne foi » du sieur

---

1. Le marc d'or à 24 carats valait alors 1,276 liv. 7 s. 3 d.
2. *Recueil des édits*, III, 31.
3. Il devait verser annuellement 300,000 livres pendant les quatre premières années, 600,000 pendant les huit années suivantes, et 800,000 pendant les deux dernières. D'Aubonne n'offrait primitivement que 6 millions, et son privilège devait être limité à 12 ans ; c'est Léopold qui proposa d'augmenter la durée de la concession de 2 ans, pour avoir 1,600,000 livres de plus. *Ms. n° 151 de la Bibliothèque de Nancy*, f° 136.

d'Aubonne et de son « sincère attachement » aux intérêts du duc de Lorraine[1]. Celui-ci, en retour, ferma les yeux sur les opérations de la Compagnie, et consentit, contrairement à l'article 19[2] de l'édit constitutif, à des surhaussements hâtifs et excessifs du prix des espèces.

A aucun moment, le dérèglement des monnaies ne fut plus grand en Lorraine qu'à la fin de l'année 1724[3]. On venait pourtant de traverser une crise des plus graves : les arrêts du Conseil des 22 août et 9 décembre 1721, et du 8 mai 1722[4], avaient réduit les léopolds et louis d'or de 25 au marc, de 50 livres à 22 livres 4 sols, en neuf diminutions successives échelonnées du 22 août 1721 au 1er juin 1722, alors que le prix du louis restait en France de 45 livres. Léopold formait alors le projet chimérique de régler le taux de ses monnaies sans aucun égard à celui des monnaies du royaume, et il annonça, par l'édit du 10 mai 1722[5], son intention « fixe et invariable pour l'avenir » de maintenir les diminutions ordonnées précédemment. Moins de trois mois après, devant les plaintes unanimes de ses sujets et « pour calmer les esprits qui s'échauffaient », il augmenta brusquement les espèces de 50 pour cent, donnant cours aux louis et léopolds d'or de 25 au marc sur le pied de 46 livres[6]. Cette opération rapporta au duc 144,221 livres[7].

---

1. *Recueil des édits*, III, 57.
2. Cet article de l'édit du 8 juin 1721 laissait à la Compagnie la faculté de surhausser les espèces, mais à condition que les surhaussements seraient *autorisés par le prince*, qu'ils commenceraient au plus tôt après une année d'établissement, qu'ils seraient peu forts et le moins onéreux qu'il serait possible au pays. *Ibid.*, III, 57.
3. Archives nationales, K, 1181.
4. *Recueil des édits*, IV, 190, 193, 197.
5. *Ibid.*, IV, 200.
6. Édit du 27 juillet 1722. *Ibid.*, IV, 203. Archives nationales, K, 1181.
7. Archives de Meurthe-et-Moselle, B, 1659. (État des sommes dont les receveurs particuliers des finances de S. A. R. ont compté au soussigné [le contrôleur général de Rutant] pour l'augmentation des espèces arrivée le 23 juillet 1722.)

Mais les surhaussements opérés par d'Aubonne allaient causer une perturbation plus effroyable encore ; ils furent tels qu'en février 1725, 208 livres 6 sols 8 deniers, monnaie de Lorraine, équivalaient exactement à 100 livres cours de France. Cet agiotage ne pouvait profiter qu'au chevalier d'industrie qui dirigeait alors la Monnaie de Nancy ; il ruinait le commerce et n'allégeait pas les charges du Trésor, puisque Léopold avait stipulé avec son fermier général l'obligation de l'indemniser lorsque la différence entre les espèces de France et celles de Lorraine dépasserait seize pour cent, et qu'il avait des paiements considérables à faire en Allemagne et ailleurs. Aucune raison par conséquent n'excuse l'aveuglement incroyable du duc de Lorraine.

D'Aubonne, en même temps qu'il poussait avec activité ses opérations monétaires, ne négligeait rien pour assurer le succès d'une loterie ; mais peu de jours avant le tirage, ce « grand fripon », comme l'appelle la duchesse de Lorraine[1], disparut brusquement, emportant avec lui le produit de la vente des billets, les lots, ainsi que les titres des créanciers de l'État qu'il avait remboursés. D'Aubonne fut arrêté en France et enfermé à la Bastille[2] ; nous ne savons ce qu'il devint.

Le duc de Lorraine chargea la Chambre des comptes de liquider les affaires de la Compagnie. Les léopolds d'or et les louis furent ramenés à 55 livres par l'édit du 26 février[3] et l'on prescrivit une refonte générale des monnaies d'or. De nouveaux léopolds, frappés à la taille de 21 57/83 de pièces au marc, eurent cours à 46 livres, et

---

1. Lettre à la marquise d'Aulède, 3 février 1725.
2. Maurepas à d'Audiffret, 22 octobre 1725. *Archives des affaires étrangères*, CVIII, f° 233.
3. *Recueil des édits*, IV, 226. — La liquidation de la Compagnie d'Aubonne fut terminée seulement par acte du 3 août 1771. *Archives de Meurthe-et-Moselle*, B, 10,723.

Léopold, instruit par l'expérience, manifesta l'intention de renoncer à des expédients ruineux pour ses sujets et peu profitables pour lui : « Pour favoriser et faciliter de plus en plus le commerce réciproque qui se fait entre nos sujets et ceux des États voisins, — disait-il dans l'édit du 31 août 1725, — il nous a paru important d'arrêter le progrès de plusieurs abus qui se sont introduits dans le commerce à l'occasion des variations du prix des monnaies, dont le cours n'a pu être fixé dans nos États, parce que jusqu'à présent il ne paraissait pas qu'il y eût rien de stable à cet égard chez nos voisins[1]. »

Si l'engouement du duc de Lorraine pour des empiriques ou des escrocs n'avait pas peu contribué à acclimater dans ses États de fâcheuses pratiques, nous devons reconnaître du moins que plusieurs fois il fut en quelque sorte forcé de suivre le mouvement des espèces de France. C'est ainsi qu'il dut, à la fin de 1725, abaisser les léopolds de récente fabrication à 32 livres[2], au moment où les frères Pâris entreprenaient de ramener le numéraire au taux où il était avant la tentative de Law. De même, lorsque l'édit royal du 26 mai 1726 eut augmenté de 20 à 24 livres la valeur du louis, Léopold porta sa nouvelle pièce d'or à 40 livres[3].

XI

Mais de tous les expédients financiers auxquels le duc de Lorraine eut recours dans ses embarras, le plus coupable assurément, le plus entaché d'arbitraire et de despotisme, est la taxe dont il entendit frapper les posses-

---

1. *Recueil des édits*, IV, 236.
2. Édit du 30 décembre 1725. *Ibid.*, IV, 261.
3. Édit du 30 mai 1726. *Ibid.*, IV, 278.

seurs du domaine ducal aliéné depuis 1600. Noël, qu'on n'accusera pas d'injustice à l'égard de Léopold, assure que le domaine de la couronne était aliénable en Lorraine. Léopold au contraire prétendait que le souverain avait toujours la faculté de retirer des mains du possesseur le bien momentanément abandonné, « pour en procurer un plus grand avantage à l'État » ; c'est dans l'ordonnance du 28 décembre 1714 qu'il émettait cette théorie, l'appuyant de vieux textes dont Noël nie l'authenticité ou la valeur[1].

L'intention de Léopold, dès cette époque, est facile à découvrir ; il prescrivait de dresser un état exact de tous les biens et droits domaniaux, aliénés dans le passé, non pour user immédiatement de son prétendu droit d'inaliénabilité, mais afin de pouvoir dans l'avenir se procurer de l'argent[2]. Toutefois il hésita longtemps à recourir à un moyen sur la légalité duquel il conservait peut-être lui-même quelque doute. C'est seulement le 18 mars 1722 qu'il se décida à demander aux possesseurs des domaines aliénés du 1ᵉʳ janvier 1600 au mois d'octobre 1697 la moitié des sommes qu'eux ou leurs ancêtres avaient précédemment versées au Trésor ; par une choquante inégalité, il ne réclamait que le tiers du prix d'achat à ceux qui avaient obtenu des aliénations depuis le rétablissement de son autorité dans ses États. Les détenteurs de biens domaniaux simplement acensés payeraient comme taxe extraordinaire une année de cens ; enfin ceux qui détenaient ces biens à titre gratuit et à temps abandonneraient une année de revenu. Faute de satisfaire à cette ordonnance, les uns et les autres perdaient tout droit aux con-

---

1. Noël, *Du Domaine ducal*; *Recueil des édits*, II, 11.
2. « Il nous importe, — disait Léopold dans l'ordonnance du 28 décembre 1714 au sujet des aliénations, — de ne point tarder davantage à en faire prendre une connaissance exacte, pour pouvoir par nous et nos successeurs, dans la suite, se déterminer plus aisément sur ce qui se trouvera plus expédient pour le bien du service à cet égard. »

cessions qui leur avaient été faites ; et, par une dernière iniquité, on les remboursait seulement des sommes qu'ils avaient « réellement » versées ; on ne leur tenait compte ni des travaux qu'ils avaient pu faire, ni des améliorations qu'ils avaient pu réaliser dans leurs domaines[1]. Ils se trouvaient donc dans l'alternative d'accepter une surtaxe ruineuse ou de subir une véritable confiscation.

On comprend que Noël ait reproché à la déclaration du 18 mars 1722 d'être « abusive, fautive, de renfermer une action rétroactive, contraire à tous les principes de droit et de justice[2] ». Il ajoute, il est vrai, dans sa mansuétude, que la faute en est moins à Léopold, « qui certes n'était point allé pâlir dans ses archives », qu'à ses conseillers, « qui devaient vérifier ce qu'ils faisaient dire au prince[3] ».

XII

Tous les historiens ont reproché à Léopold d'avoir prodigué des lettres de noblesse ; du 4 octobre 1698 au 7 février 1729, on ne compte pas moins de 370 anoblis[4] : « La facilité des anoblissements, dit Noël, était telle que des étrangers l'obtenaient, et plusieurs Français, pour pouvoir posséder des fiefs en France sans payer les droits de roture, venaient en Lorraine prendre des lettres de

---

1. Déclaration du 18 mars 1722. *Recueil des édits*, II, 537.
2. Noël, *Du Domaine ducal*, p. 122.
3. Les détenteurs des biens domaniaux ne s'empressèrent pas d'acquitter leurs taxes, malgré une nouvelle *déclaration* (10 mai 1722). L'arrêt du Conseil du 15 septembre suivant rappela aux intéressés qu'au 1ᵉʳ novembre tous les domaines aliénés depuis 1600, et dont les taxes n'auraient pas été acquittées, demeureraient de plein droit et sans autre formalité réunis au domaine de la couronne. *Recueil des édits*, II, 555, 570.
4. Cf. Lepage et Germain, *Complément au nobiliaire de Lorraine*, p. 317 et suiv. — L'anoblissement n'entraînait pas le droit de prendre la particule, droit qui s'accordait en vertu de lettres patentes spéciales et d'ordinaire aux seuls gentilshommes.

noblesse, que Léopold donnait d'autant plus volontiers que cela rapportait de l'argent au Trésor[1]... » Mais, malheureusement pour le Trésor, le prince dispensait avec une extrême facilité les anoblis de payer « la finance »; de sorte qu'un grand nombre de privilégiés avaient simplement à acquitter le droit de sceau[2] et les émoluments dus au héraut[3] d'armes pour leur inscription dans le « livre de hérauderie ». Comme, d'autre part, les anoblis cessaient de contribuer aux charges publiques, il en résultait pour l'État une perte sensible. Si encore ces distinctions avaient toujours été la récompense d'un vrai mérite ou de longs et loyaux services! Mais souvent on les obtenait par la faveur d'un courtisan, et parfois même on les achetait à quelque puissant intermédiaire[4].

Du vivant de Léopold, la Chambre des comptes s'était élevée contre cet abus; composée de nobles, elle priait le souverain de « ne point trop avilir l'état de noblesse et de lui laisser encore quelque lustre ». En 1705, elle s'opposa à l'entérinement des lettres accordées à Jean Fallois, tabellion de Nancy, sous prétexte que cet emploi était « absolument dérogeant » à la noblesse[5]; mais Léopold ne fit pas droit à ces remontrances et se contenta d'octroyer à

---

1. Noël, *Mémoires*, n° 5, II, 112. — Noël avoue plus loin (p. 114) que les anoblissements de Léopold furent tellement discrédités qu'ils finirent par n'être plus reçus en France.
2. Il avait été fixé à 350 fr. par l'édit du 1ᵉʳ juin 1700. *Recueil*, II, 351.
3. Ces fonctions furent exercées par Charles Herbel, Claude Charles et Claude Jacquard. Cf. Lepage et de Bonneval, *Mémoires de la Société d'archéologie lorraine*, 1869.
4. Léopold lui-même le reconnaît dans le *Mémoire sur le gouvernement des États d'un duc de Lorraine*, écrit de sa main et conservé aux archives de Vienne : « Quant à la noblesse de mes États, dit-il, le nombre en est fort grand, et même je dois avouer que depuis mon retour dans mes États, j'ai accordé des lettres de noblesse très légèrement et en trop grand nombre, ayant eu à cet égard deux faiblesses, l'une à la recommandation, l'autre à vouloir, par ce que ces particuliers donnaient à ceux qui me les proposaient, faire quelque avantage d'intérêt... »
5. Janvier 1705. Bibliothèque de Nancy, ms. n° 106, f° 20.

Fallois des *lettres de compatibilité* qui lui permirent de conserver son office sans déroger. La profession de tabellion n'était pas la seule qui fût incompatible avec la noblesse ; celles de commerçant, de chirurgien, d'apothicaire, d'architecte, entraînaient aussi la dérogeance, ce qui n'empêcha pas Léopold d'anoblir ou de réhabiliter, — au grand déplaisir de Messieurs de la Chambre, — un certain nombre de ces *artisans*[1].

Le titre d'écuyer, qui était simplement la reconnaissance d'une noblesse plus ou moins ancienne, fut peu recherché au xviiie siècle[2]. Mais les anoblis considéraient comme un grand honneur la lettre de déclaration de *gentillesse*, lettre qu'ils ne pouvaient obtenir qu'à la quatrième génération ; on en compte 25 délivrées par Léopold[3], dont plusieurs à des étrangers qui étaient venus s'établir dans ses États. Enfin, d'après les registres des lettres patentes, le duc de Lorraine fit, de 1699 à 1729, 10 chevaliers, 39 barons, 18 vicomtes et comtes, et un seul marquis[4].

Avant Léopold, les érections de terre en titres étaient fort rares et n'avaient lieu que pour des gentilshommes de l'ancienne chevalerie ; à partir de 1697, elles furent nombreuses, et les anoblis eux-mêmes participèrent à ces faveurs : « Si la vertu procure aux roturiers l'honneur de l'anoblissement, disait Léopold dans ses lettres patentes, elle élève ensuite par degrés ces nouveaux nobles et leurs descendants aux dignités et emplois réservés à l'ancienne noblesse et à des services continués de père en fils ; c'est

---

1. Cf. Lepage et Germain, p. 39 et suiv.
2. Léopold ne fit que deux écuyers. *Ibid.*, p. 316.
3. *Ibid.*, p. 318. — On ne comprend pas dans ce nombre, bien entendu, des gentilshommes à qui ce titre fut donné collectivement, comme les *gentilshommes verriers*, et les *gentilshommes de Laveline*.
4. Le droit de sceau était fixé à 330 fr. pour la concession du titre de baron, à 350 fr. pour celle du titre de comte, et à 525 fr. pour celle du titre de marquis. *Recueil des édits*, II, 331.

ainsi qu'à l'exemple des ducs nos prédécesseurs nous en avons toujours usé ; et si leur absence de nos États, le malheur des temps et des guerres qui les ont affligés ne leur ont pas permis de récompenser leurs bons et fidèles sujets, depuis notre avènement à la couronne nous avons pris soin de le faire et de répandre nos grâces aux uns et aux autres, suivant le mérite d'un chacun[1]. » On pourrait citer plus de quarante domaines[2] décorés de nouveaux titres d'honneur ; nous en rappellerons seulement quelques-uns : Bulgnéville (1709) et Hadonviller (1712) érigés en marquisats, le second en faveur de M. de Craon ; Sampigny érigé en comté en faveur de M. d'Issoncourt, le principal ministre du prince de Vaudémont. Acrain[3] et Pont-Saint-Vincent formèrent sous le nom de Guise-sur-Moselle un comté donné au comte d'Harcourt[4] (1719) ; l'ancienne baronnie de Bassompierre-sur-Vraine[5] devint marquisat, ainsi que la terre de Bayon (à la famille de Ludres) et celle de Condé[6] (à M. de Custine). M. de Mahuet eut la baronnie de Lupcourt ; M. Le Bègue, le comté de Germiny, etc.

Aux titres, Léopold joignait d'ordinaire des dons en nature, terres, bois, droits, revenus du domaine, de l'argent quelquefois. Il autorisa même son grand chambellan, M. de Gerbéviller, à lever des taxes sur le vin, la bière, le cidre et les eaux-de-vie qui se débitaient en détail sur toute l'étendue de son marquisat, afin d'accroître « l'illustration et le produit de ladite terre » et permettre au mar-

---

1. Lepage et Germain, p. 105.
2. Le ms. n° 32 de la Bibliothèque de Nancy donne (p. 219) une liste de 25 terres ; on en trouve d'autres dans Durival (t. II, passim) et dans les registres des lettres patentes. (Archives de Meurthe-et-Moselle.)
3. Acrain, ou Acraigne, aujourd'hui Frolois.
4. Foucault, p. 361.
5. Le village de Bassompierre-sur-Vraine, anciennement Baudricourt, portait déjà le nom de Saint-Menge, sous lequel il est connu aujourd'hui.
6. Aujourd'hui Custine.

quis de « soutenir toujours avec éclat » son rang à la cour[1].

En parcourant les registres de lettres patentes, on trouve presque à chaque page la preuve de la facilité avec laquelle le prince se dépouillait pour enrichir quelques-uns de ses sujets. Ouvrons au hasard : donation de la terre de Greux à François-Henry d'Issembourg (21 janvier 1704); donation à Nicolas-François, comte de Chauvirey[2], de la haute justice de Maxey-sur-Vaise (8 juillet 1704), et, six mois plus tard, du moulin du même lieu, et, peu de temps après (13 juin 1705), de la seigneurie de Bressey ; donation d'héritages au ban de Foug à Jean-Baptiste de La Cour (7 septembre 1705) ; donation à Joseph Le Bègue, de la terre de Thélod et Goviller (9 novembre), — à Florimond-Claude, comte de Mercy, de la terre de Preutin (21 décembre)[3], etc. En 1713, Louise-Henriette de Hautoy reçoit le village d'Abancourt, et, comme dot, une somme de 20,000 livres « de laquelle et jusqu'à numération des deniers, dit Léopold, nous avons engagé et engageons dès à présent les haute, moyenne et basse justice de Pareid et de Viller[4] ». Le marquis de Lambertye a le château et le parc d'Einville[5]; le comte du Han, moins favorisé, n'est gratifié, certain jour, que d'un pré de vingt fauchées[6]. Dans une seule année, la forêt domaniale de Mondon, près Lunéville, est réduite de 600 arpents, dont 200 donnés au marquis de Spada, et le reste au prince de Lixheim[7]. M. de Ficquelmont, baron de Parroy, capitaine d'une compagnie de chevau-légers, obtient en récompense de ses services une somme de

---

1. Piérot-Olry, *Notice de la ville de Gerbéviller*, p. 159.
2. Conseiller d'État, colonel de la garde suisse et bailli de Gondrecourt.
3. Archives de Meurthe-et-Moselle, B, 121, *passim*.
4. Lettres du 10 décembre 1713. *Ibid.*, B, 131, f° 103.
5. Lettres du 30 mai 1717. *Ibid.*, B, 141, f° 159.
6. Lettres du 30 mars 1723. *Ibid.*, B, 153, f° 198, v°.
7. Lettres des 21 février et 17 septembre 1722. *Ibid.*, B, 156, f°° 4 et 195.

20,000 livres, qui lui sera payée à raison de 4,000 livres chaque année, par le receveur de la gruerie d'Einville; en homme prudent, il sollicite de Léopold, en échange de cette promesse, les moulins de Blâmont, « battants, foulants et dépendances d'iceux » : le duc lui accorde cette faveur, attendu que de telles assignations sur une caisse particulière dérangent la régie des finances, et que « souvent les fonds du receveur sont épuisés par d'autres emplois[1] ».

Nous en passons, et pour cause : une liste complète des domaines et revenus[2] de l'État aliénés de 1697 à 1729 serait aussi difficile à dresser que fastidieuse à lire. Ces quelques exemples suffisent à montrer avec quelle imprévoyance Léopold gaspillait au jour le jour, sans souci du lendemain, les ressources de la couronne; ils nous permettent aussi de juger du nombre des particuliers, titrés ou non titrés, atteints par la déclaration de mars 1722 que Noël livre à l'indignation de la postérité.

A aucun moment la Chambre des comptes ne ménagea ses remontrances au souverain. Dès 1702, elle refusait d'entériner les lettres qui accordaient à l'abbé de l'Étanche[3] la haute, moyenne et basse justice de ce lieu; elle rappelait au duc que les aliénations du domaine avaient été prohibées par plusieurs ordonnances de ses prédécesseurs, et qu'il devait prendre sur ses épargnes les sommes nécessaires aux œuvres religieuses[4] et de bienfaisance; elle lui signalait le danger de donner à l'Église des biens qui ne sortent plus des communautés, une fois qu'ils y sont

---

1. Lettres du 26 septembre 1723. *Ibid.*, B, 160, f° 149.
2. Citons encore, à titre de curiosité, l'abandon à un garde du corps du droit domanial *d'enseignes et de bouchons* dû par les cabaretiers des ville, faubourg et bailliage d'Épinal. *Ibid.*, B, 151, f° 10, v°.
3. L'Étanche, ancienne abbaye de Prémontrés, aujourd'hui commune de Deuxnoux (Meuse).
4. L'abbé de l'Étanche prétendait que la donation faite par Léopold était chargée d'un service pour Charles V.

entrés : « Le prince perd pour jamais les droits du sceau, de confiscation, de déshérence, le service à la guerre, au lieu qu'un gentilhomme peut supporter les charges de l'État et sert son prince en personne, soit à la cour, soit à la guerre, donne des sujets à l'État et lui tient par plusieurs racines qui répondent de sa fidélité. Votre Altesse Royale sera sans doute convaincue de ces vérités, quand elle aura la bonté de considérer que presque toute sa noblesse s'est ruinée à suivre leurs souverains dans les guerres du dernier siècle, tandis que les gens d'Église ont acquis des biens immenses dans ses États...

« Si Votre Altesse Royale dans quelque besoin de l'État imposait la moindre taxe sur les gens d'Église, elle les verrait crier aux immunités ecclésiastiques et lui susciter mille affaires ès cour de Rome...

« Les gens d'Église possèdent déjà des biens énormes dans vos États. Ils y acquièrent les plus belles seigneuries sous le prétexte spécieux de la conservation du bien d'Église.... Ce qui fait la force des États protestants d'Allemagne a été de prendre les biens de l'Église et de les donner aux laïques... Quand l'Angleterre a changé de religion, l'Église y possédait plus de la moitié des biens du royaume. Si Votre Altesse Royale veut en croire les gens d'Église, ils auront dans cinquante ans tous les biens de ses États ; la ville de Nancy est pleine de monastères nouveaux qui détruisent les maisons, qui empêcheront à jamais que cette ville soit peuplée et florissante. On ne peut trop répéter que les gens d'Église font un corps qui peut tout acquérir, sans pouvoir rien aliéner[1]. »

Les donations faites aux laïques ne soulevaient pas moins les critiques et l'opposition des magistrats de la

---

[1]. Remontrances du 23 juillet 1702. *Bibliothèque de Nancy*, ms. n° 10°. — Léopold passa outre à ces remontrances.

Chambre. En 1704, le sieur de Gournay, un des chambellans du prince, aux « gages » de 300 écus, était nommé bailli du comté de Vaudémont, office qui ne lui rapportait que 200 écus ; afin de l'indemniser de cette diminution de traitement, Léopold abandonna en toute propriété, à lui et à sa femme, pour en jouir leur vie durant, la cense de Villars[1], ce qui valut au duc les observations suivantes :

« Monseigneur, votre Chambre des comptes de Lorraine, par l'obligation de son serment et par le seul intérêt de votre domaine, représente très humblement à Votre Altesse Royale.... qu'il n'y a aucune nécessité d'aliéner vos domaines même à vie, et qu'il est dangereux de diminuer vos revenus, qui ne diminuent déjà que trop tous les jours par la conjoncture de la guerre présente ; que cette donation paraît contraire à l'intention et à la volonté de Votre Altesse Royale, ainsi qu'elle est exprimée dans les lettres patentes du 12 de ce mois..., puisqu'au lieu de 100 écus d'indemnité qu'elle semble vouloir donner seulement et qu'elle pourrait donner en argent, elle donne une cense très considérable qui notoirement sera du rapport de plus de 400 écus.

« Le sieur de Gournay ne manquera pas d'y mettre un fermier qui sera exempt de la subvention... Il la remplira de bétail qui mangera tout le pâturage et même celui des villages voisins, qui en seront à moitié ruinés et moins en état de se repeupler et de payer la subvention sans oser se pourvoir contre leur bailli...[2]. »

La Chambre reçut l'ordre formel d'entériner les lettres octroyées à M. de Gournay. Mais, quelques mois après, elle présenta de nouvelles remontrances, plus fermes que

---

1. Commune de Chaouilley, près de Vézelise.
2. Remontrances du 30 décembre 1701. *Bibliothèque de Nancy*, ms. n° 106.

les précédentes, et qui lui font d'autant plus honneur qu'il s'agissait alors de l'un de ses propres membres.

Par lettres patentes du 14 février 1705[1], Léopold s'était reconnu débiteur d'une somme de 18,000 livres à l'égard de Charles Parisot, son envoyé à La Haye, pour dépenses secrètes faites par ce diplomate à Madrid, où il représenta Marie-Éléonore de 1693 à 1698, et à Vienne où il séjourna de 1699 à 1704; au lieu de rembourser Parisot en argent, le duc lui céda le domaine utile de la prévôté de l'Avant-Garde[2], se réservant toutefois la faculté de le racheter « dans une conjoncture plus favorable ». La Chambre des comptes fit remarquer au prince que le domaine de l'Avant-Garde rapportait annuellement 1,300 livres et que le sieur Parisot, pour un capital de 18,000 livres avait droit à une rente de 900 livres seulement; puis elle protesta avec énergie contre cette nouvelle diminution des revenus de l'État : « On ne voit pas, disait-elle, que les prédécesseurs de Votre Altesse Royale aient jamais engagé leur domaine que dans les pressants besoins de l'État... La Chambre n'a garde de s'attribuer l'autorité de suspendre les effets de la libéralité ou de la volonté de Votre Altesse Royale; si elle fait même si souvent de très humbles remontrances, ce n'est que par l'obligation d'un serment indissoluble et parce qu'elle a appris, dans toutes les ordonnances des souverains vos illustres prédécesseurs, que le domaine est inaliénable et qu'ils ont bien voulu eux-mêmes se soumettre à cette maxime fondamentale des États. Cette maxime est solidement établie dans l'ordonnance du roi René, qui a réuni dans sa personne le

---

1. Archives de Meurthe-et-Moselle, B, 124, f° 152.
2. Elle comprenait la terre et seigneurie de Pompey, Saizerais et Marbache. Cette prévôté devait son nom au château de l'Avant-Garde, bâti au moyen âge au-dessus de Pompey, sur la rive gauche de la Moselle, et détruit en 1636. On désigne encore aujourd'hui sous le nom de forêt de l'Avant-Garde, la forêt qui s'étend entre Pompey, Marbache et Liverdun.

duché de Bar au duché de Lorraine. La Chambre en adresse une copie à Votre Altesse Royale dans l'espérance que la loi renouvelée authentiquement par un grand prince de votre royale maison, qui a tant fait pour son agrandissement, produira peut-être l'effet que ses très humbles et très respectueuses remontrances n'ont encore pu produire jusqu'à présent[1]. »

Mais tout fut inutile, et Léopold continua ses pratiques détestables. En 1718, la Chambre des comptes décidait qu'à l'avenir elle ne passerait « sans jussion expresse » aucune donation des sommes à prendre sur le domaine ducal[2]. Les lettres de jussion remplacèrent alors les ordres verbaux et les déclarations impératives du souverain; on en relève 35 en 1724, 18 en 1725, 30 en 1726, etc.[3].

Aussi nous devons nous inscrire en faux contre cette étonnante affirmation de Foucault que toutes les cours de justice se renfermèrent, durant le règne de Léopold, dans « les lois de l'honneur et de la respectueuse soumission due au souverain », et qu'aucune ne se permit d'attenter à son autorité « en disputant avec lui de puissance, ou en croisant perpétuellement son administration par des obstacles scandaleux, ou des enregistrements conditionnels et incendiaires[4]... »

---

1. Bibliothèque de Nancy, ms. n° 106, f° 121.
2. Ibid., f° 72, v°.
3. Bibliothèque de Nancy, ms. n° 174. — Des lettres de jussion sont adressées à la Chambre des comptes, en 1721, pour une aliénation de 1,500 livres à prendre sur le domaine de Sarreguemines, — pour l'abandon au marquis de Bassompierre de la juridiction, droit de sceau et de tabellionnage sur le village de Dombasle, — au sujet de la ferme de Mississipi, dans la forêt de Mondon, érigée en fief pour M. de Spada, etc.
4. Histoire de Léopold, p. 64.

XIII

Après la fuite de Regard d'Aubonne, Léopold avait pris le parti de ne s'adresser à aucun intermédiaire pour le règlement de ses dettes ; ses intentions, contenues dans un mémoire adressé à Lefebvre, étaient excellentes : « Je prétends, écrivait-il, régler ma dépense pour qu'elle n'excède pas mon revenu, qui sera arrêté pour le mois d'avril, avec quoi j'espère, Dieu aidant, payer mes dettes, n'en plus faire d'autres, et procurer le bien de mon État et de mes sujets[1]. »

Les offices de judicature, supprimés et remboursés en vertu de l'édit du 25 mars 1720, furent d'abord rétablis : « Les circonstances, disait Léopold, dans lesquelles nous nous sommes trouvés lorsque nous avons ordonné le remboursement desdits offices étant à présent changées, nous ne pouvons nous dispenser de rétablir les mêmes offices de judicature, pour libérer l'État des dettes dont il est chargé ; et d'ailleurs il nous a été représenté qu'il ne saurait arriver d'inconvénients de ce que la justice sera désormais administrée dans les tribunaux et juridictions subalternes de nos États par des juges qui auront payé une finance pour leurs offices, puisqu'une longue expérience a fait connaître que cet usage n'était pas nuisible aux États où il était pratiqué. » D'un seul coup, près de 900 offices furent déclarés héréditaires ; pour permettre à ceux qui les acquerraient de former des « établissements plus solides », on les exemptait à l'avenir de tout droit annuel, et on offrait la même exemption, moyennant une

---

[1]. 27 février 1725. Ms. n° 165 de la Bibliothèque de Nancy.

« finance modique », à tous les officiers obligés de payer la paulette[1].

Mais les finances rentrèrent lentement dans le Trésor. D'abord les officiers du bailliage de Bar invoquèrent la modicité de leurs émoluments pour obtenir la dispense de prendre leurs charges à titre héréditaire et perpétuel ; et Léopold leur conserva leurs commissions provisoires et révocables[2]. Puis on prorogea le délai qui avait été primitivement accordé aux possesseurs d'offices pour faire leurs soumissions et payer leurs taxes, le terme fixé tombant dans la quinzaine de Pâques, « destinée aux devoirs de la religion, en sorte que plusieurs desdits officiers pourraient se trouver dans l'impossibilité de profiter de la grâce qui leur est accordée[3] ». Mais un certain nombre de magistrats persistèrent à ne point considérer comme une « grâce » l'offre qu'on leur faisait ; l'arrêt du Conseil du 26 juillet 1725 défendit à tous les *ci-devant* officiers de judicature qui n'avaient point acquitté leurs finances de continuer l'exercice des charges qui leur avaient été jadis octroyées[4]. En 1727, nous voyons Léopold modérer la finance des offices qui n'avaient pas encore trouvé d'acquéreurs, et permettre à ceux qui se présenteraient d'en payer la totalité en mandements, billets ou certificats des trésoriers ducaux[5].

Les octrois existaient de longue date en Lorraine. Léopold, par sa déclaration du 7 décembre 1717, les avait maintenus dans 49 villes[6], mais pour six ans seulement. La perception de ces droits était affermée ou mise en

---

1. Édit du 27 février 1725. *Recueil*, III, 73.
2. *Ibid.*, III, 109. Arrêt du Conseil du 12 mars 1725.
3. *Ibid.*, III, 111. Arrêt du Conseil d'État du 21 mars 1725.
4. *Ibid.*, III, 121.
5. *Ibid.*, III, 221. Arrêt du Conseil du 10 mars 1727.
6. *Ibid.*, II, 119. — Voir aussi, sur l'établissement des octrois, les édits des 10 janvier 1718, 11 juin 1719, 29 janvier 1721.

régie, et les deniers qui en provenaient affectés aux dépenses communes ainsi qu'aux achats de grains pour la subsistance des habitants ; il était permis aux hôtels de ville de consacrer une portion de ce produit au paiement de la subvention.

La Chambre des comptes de Lorraine avait accueilli avec mauvaise humeur cette réforme ; et, comme les grains eux-mêmes payaient une taxe à l'entrée des villes, elle feignit de prendre en main la défense des intérêts du tiers état, rappelant au duc qu'en tous les temps et dans les pays les plus policés les édits avaient toujours respecté « comme la manne » les grains, la principale, presque l'unique subsistance des pauvres. En réalité, elle ne songeait pas moins aux privilèges des deux premiers ordres, privilèges qu'elle croyait compromis du jour où les nobles contribueraient indirectement au paiement de la subvention ; c'était, disait-elle, les *dégrader :* « La noblesse et les ecclésiastiques sont plus jaloux de leurs privilèges et de leurs immunités que de la fortune, et il est certain qu'ils ne verront cette destination marquée dans un édit qu'avec douleur[1]. »

L'ordonnance du 23 décembre 1723 prorogea pour six ans la perception des octrois[2]. Mais bientôt Léopold eut l'idée de faire contribuer les villes au paiement de ses dettes : « Nous sommes persuadé, disait la déclaration du 8 mars 1725, que les habitants des villes et chefs-lieux de nos États se priveront volontiers pendant quelques années d'une partie des deniers provenant des octrois que nous leur avons accordés pour augmenter leurs revenus communs, afin de leur donner les moyens de faire des édifices publics et autres dépenses pour l'embellissement

---

1. Bibliothèque de Nancy, ms. n° 106, f° 72.
2. *Recueil des édits*, II, 636.

et décoration desdites villes, attendu que les dépenses de cette nature doivent être retardées lorsque le bien de l'État l'exige. » En conséquence, le duc arrêta qu'il serait perçu à son profit, pendant douze ans, la moitié du produit général des octrois ; il se réservait toutefois de pourvoir aux besoins des villes dans le cas où les revenus, ainsi réduits, seraient insuffisants pour subvenir aux dépenses ordinaires et extraordinaires[1] ; mais il se ravisa au bout de peu de temps, et, comme le sacrifice demandé aux paroisses était considérable pour les unes, médiocre au contraire pour les autres, la déclaration du 28 février 1727 attribua au Trésor l'excédent annuel des revenus communaux[2].

C'est aussi pour accroître le fonds destiné à la liquidation des dettes de l'État que le prix du pot de sel fut porté de 14 gros à 15, puis à 11 sols tournois[3]. Il était même question d'augmenter les droits d'entrée et de sortie sur la plupart des marchandises, mais l'opposition énergique de Lefebvre empêcha Léopold de se lancer dans cette voie ; Lefebvre démontra en effet à son souverain que les habitants du Barrois mouvant ne manqueraient pas de combattre toute élévation des tarifs déjà existants[4] et que, d'autre part, ces surcharges pèseraient uniquement sur les Lorrains : « Les habitants de la généralité de Metz, écrivait-il, n'en payeront point, puisque par l'article 34 du traité de Paris, ni le Roi Très-Chrétien, ni Votre Altesse Royale ne peuvent créer de nouveaux

---

1. *Ibid.*, III, 197.
2. *Ibid.*, III, 218.
3. *Ibid.*, III, 117, 207. Ordonnance du 9 juin 1725 et déclaration du 25 décembre 1726. — La seconde augmentation fut décidée parce que, en raison de la difficulté de payer en monnaie courante la valeur réelle de 15 gros, les particuliers avaient payé le pot de sel 11 sols après l'ordonnance du 9 juin.
4. Il y avait à ce moment des procès engagés par des Barrisiens au Parlement de Paris au sujet de la marque des fers.

impôts par rapport à ces pays-là et aux vôtres. Or, ces gens-là font un des gros objets du commerce de vos États. — 2° Les pays de la généralité de Metz serviront d'entrepôt pour frauder les droits que vous établirez ; il n'y aura qu'à mener dans ces lieux-là les denrées et marchandises de Lorraine, elles y passeront franches, et de là on les transportera ailleurs, en sorte que l'étranger en profitera sans avoir payé aucun de vos impôts. — La 3ᵉ observation est qu'en bonne police on ne doit ordinairement point établir d'impôts sur les choses nécessaires à la vie, mais seulement sur celles qui ne font que contribuer à la mollesse et au luxe. — La 4ᵉ est qu'on ne doit point charger d'impôts l'entrée des choses que le peuple améliore par son industrie. On peut seulement le faire sur leur sortie, parce que c'est l'étranger, acheteur de la chose améliorée, qui paye cet impôt. — La 5ᵉ, qu'il ne faut pas charger d'impôts les choses que les sujets sont obligés de prendre chez l'étranger, parce qu'ils n'en ont point de leur cru, car cet impôt dégénérerait en pur subside, qui paraît toujours odieux aux peuples[1]. »

XIV

Touché des raisons de Lefebvre, Léopold n'osa demander directement à la nation de nouvelles ressources, et résolut d'affecter au paiement des dettes de l'État, — outre les droits d'octroi et la plus-value du sel, — le produit des eaux et forêts de ses domaines et le bénéfice de ses monnaies. Il voulut que ces fonds fussent administrés séparément par un directeur placé sous l'autorité et l'ins-

---

1. Lefebvre à Léopold, 26 octobre 1725. *Bibliothèque de Nancy*, ms. n° 165, p. 263.

pection de trois commissaires pris dans le sein du Conseil d'État ; Jacques Masson fut choisi pour directeur, Lefebvre, Affrican Hénart et Louis Barbarat pour commissaires [1].

Mais bientôt il s'adressa à un certain nombre d'officiers, — receveurs des finances, greffiers, tabellions et notaires, — pour obtenir les fonds nécessaires au paiement des arrérages de rentes : il demanda, comme taxe supplémentaire, aux receveurs la moitié, aux autres le cinquième ou le sixième de leur première finance, et la même fraction de la somme qu'ils avaient versée pour rachat de la paulette en vertu de l'édit du 27 février 1725 [2]. Tous ces officiers pouvaient se libérer moitié en argent, moitié en billets des trésoriers ducaux, contrats de rentes ou actions de l'ancienne Compagnie de commerce. Naturellement leurs droits et émoluments étaient augmentés dans la même proportion que leurs charges : ainsi les receveurs des finances devaient percevoir à l'avenir six deniers pour livre du produit de leur recette, au lieu de quatre ; en ce qui concerne ces offices, c'est le budget ducal qui avait de nouvelles charges à supporter, mais le public acquittait seul, et directement, les intérêts des taxes supplémentaires fournies par les greffiers, les tabellions, les notaires.

Nous ne sommes donc pas de l'avis de Noël qui prétend que Léopold voulait solder les dettes de l'État « sans recourir à aucun impôt extraordinaire, sans secours ni emprunts [3] », mais par la seule économie. L'augmentation du prix des offices que nous venons d'énumérer constituait de véritables emprunts, et, ce qui est plus grave, des

---

1. *Recueil des édits*, III, 157, 166. Déclaration du 8 mai et arrêt du Conseil du 13 mai 1726.
2. Édit du 13 mai 1726. *Ibid.*, III, 162.
3. Noël, *Mémoires*, n° 5, p. 181.

emprunts forcés levés arbitrairement sur une catégorie de citoyens, et dont les intérêts devaient être payés par les contribuables. Incapable de gérer sagement la fortune publique, le duc de Lorraine devait jusqu'au dernier moment recourir à de misérables expédients pour reculer une crise de plus en plus imminente. L'édit du 7 janvier 1727 créa, à titre héréditaire, un office de conseiller d'épée dans quatorze bailliages [1].

Ces magistrats, pris parmi la noblesse, siégaient en manteau court, chapeau et plumet noir, l'épée au côté ; ils avaient rang et voix délibérative après le doyen des conseillers et percevaient une part dans les droits, épices et émoluments des autres officiers de bailliage ; leur noblesse les dispensait de se faire graduer, mais ceux qui l'étaient pouvaient, s'ils le demandaient, être chargés à leur tour des procès et des commissions. Aux nobles également fut réservé, par le même édit, un office de « conseiller pour la noblesse » dans chacun des principaux hôtels de ville [2] des duchés ; ces officiers recevaient, outre les droits communs aux conseillers permanents, cinq pour cent du montant de leur finance [3], pris sur les deniers patrimoniaux et d'octrois. Pour exciter la noblesse à solliciter des lettres de provision, Léopold exempta du droit de sceau la moitié des sommes que les titulaires de ces nouveaux offices auraient à verser, et leur permit de s'acquitter moitié en argent, moitié en billets.

Cette faveur fut aussi accordée aux six « grands-gruyers

---

1. Mirecourt, Sarreguemines, Lunéville, Bar, Saint-Mihiel, Pont-à-Mousson, Bourmont, Étain, Châtel, Vézelise, Commercy, Bruyères, Saint-Dié, Neufchâteau. *Recueil des édits*, III, 213. — Il existait déjà un office de conseiller d'épée au bailliage de Nancy et à celui d'Épinal. Voir plus haut, p. 135.
2. À Nancy, Bar, et dans les villes qui avaient un conseiller d'épée, moins Bourmont.
3. La finance variait suivant les villes ; elle était de 1,000 livres pour le conseiller de la noblesse de Lunéville.

maîtres et réformateurs des eaux et forêts », établis par édit du 3 avril 1727, et destinés à remplacer les anciens « commissaires généraux réformateurs¹ » ; le duc de Lorraine estimait que les fonctions des principaux officiers des eaux et forêts ne pouvaient être exercées, « avec la vigilance et la sévérité nécessaires pour réprimer les abus, que par des officiers permanents et à titre de finance, continuellement sollicités par les motifs du devoir, et d'un intérêt sensible à ne rien négliger de tout ce qui peut contribuer à la conservation et amélioration des forêts confiées à leurs soins² ». On adjugea ces offices au plus offrant et dernier enchérisseur, la mise à prix étant fixée pour chacun à 60,000 livres : on leur attribua, en guise de gages, le tiers du droit de deux gros par franc sur toutes les ventes de bois domaniaux ou communaux ; enfin chaque grand-gruyer recevait annuellement 200 livres pour le chauffage, 300 livres pour un secrétaire, 150 livres pour l'entretien d'un garde forestier à cheval, tenu de l'accompagner dans ses visites.

Ainsi les remontrances de Lefebvre ne produisaient aucun effet. Si les prodigalités de Léopold étaient moindres que par le passé, c'est qu'il ne lui restait presque plus rien à donner. En octobre 1726, il gratifie le marquis de Lambertye et ses héritiers du produit d'une imposition nouvelle, la marque des cartes³.

---

1. Ces commissaires généraux, réformateurs, au nombre de 5 d'abord, puis de 6, avaient remplacé en 1701 les deux *grands-gruyers*. Voir Lepage et Bonneval, dans les *Mémoires de la Société d'archéologie lorraine*, 1869, p. 242 et suiv.
2. *Recueil des édits*, III, 227.
3. Archives de Meurthe-et-Moselle, B, 167, f° 95.

CHAPITRE XIII

GOUVERNEMENT DE LÉOPOLD

I. Les usages et les mœurs. — II. Les lois. — III. La mendicité. — IV. Les magasins de grains. — V. Intervention de Léopold dans les questions religieuses. — VI. Le jansénisme. — VII. La religion réformée. — VIII. Les juifs en Lorraine. — IX. L'enseignement primaire. — X. Les collèges. — XI. L'Université de Pont-à-Mousson; Facultés des arts, de théologie et de droit. — XII. La Faculté de médecine; la chirurgie en Lorraine. — XIII. Les maladies; la peste de 1720.

Léopold ne négligea rien pour affermir son autorité et faire sentir partout l'action du pouvoir central. Nous avons vu comment, à peine installé sur le trône de ses ancêtres, il enlevait à ses sujets leurs dernières libertés nationales : « Il ne faut jamais, disait-il, et en aucun cas, quand même ce serait pour bonne raison, souffrir aucune assemblée qui puisse faire croire ou dire que l'on fait un corps dans un État aussi despotique, et dont il y en a peu de même que l'est celui-ci. Le mot de corps est odieux et ne doit jamais être souffert; il faut même le punir sévèrement si on y pensait seulement et encore pire si on l'exécutait[1]. »

Certes il avait en haute estime le tiers état : « C'est par lui que tout subsiste, c'est lui qui rend l'État bon, par son travail et par son commerce; c'est lui qui porte seul le poids de toutes les charges; c'est l'âme et le corps d'un État. » Mais il pensait que si le peuple ne doit pas être surchargé d'impôts, il doit du moins en payer d'assez

---

1. *Mémoire sur le gouvernement des États d'un duc de Lorraine. Archives de Vienne.*

lourds pour qu'il ne puisse tomber ni dans la *fainéantise* ni dans l'*impertinence* : « Il faut de temps en temps, ajoutait-il, lui faire faire des choses auxquelles il ne s'attend pas, pour le tenir dans l'obéissance et dans la soumission[1]. »

I

Aussi Léopold s'appliqua à supprimer les vieux usages locaux et à tout réglementer. En 1723, on défendit aux bourgeois et aux paysans de réunir à l'occasion d'un mariage plus de douze invités et de prolonger les réjouissances au delà d'un jour; les manœuvres et artisans, moins favorisés encore, ne pouvaient recevoir à leur table plus de huit personnes[2]. On interdit à tous de festoyer des amis ou même des parents pendant le carême; il ne fut même plus permis de danser le jour de la fête patronale : le bal et les divertissements populaires devaient être renvoyés aux jours ouvrables. En 1721, une fête ou *rapport* ayant eu lieu un dimanche dans les environs de Rosières, la maréchaussée de Lunéville prévenue à temps vint constater le délit, et la Cour souveraine condamna à 100 francs d'amende chacun des marchands, au nombre de treize, qui, sous la protection de l'autorité locale, avaient dressé en plein vent leurs modestes boutiques[3].

Les charivaris furent prohibés sous peine de prison et d'amende, ainsi que les coutumes et usages tels que la

---

1. *Ibid.*
2. Édit du 28 mai 1723. *Recueil*, II, 631.
3. Ordonnance du 15 février 1700 et 15 avril 1720; arrêt de la Cour souveraine, 11 septembre 1721. *Recueil*, I, 693; II, 346. — Les dimanches et jours de fêtes il était interdit à tous de *voiturer ou faire voiturer leurs chars. Ibid.*, I, 161.

promenade sur le bœuf, à Saint-Mihiel, ainsi que les jeux de hasard, le hoca, la bassette, le lansquenet, même la blanque[1]. Bourgeois et paysans ne purent « hanter, ni fréquenter de jour ou de nuit les tavernes et cabarets des lieux de leur demeure, ni de la distance d'une lieue d'icelle » ; les amendes infligées aux contrevenants étaient réparties par tiers entre le seigneur, les pauvres de la paroisse et le dénonciateur[2].

L'édit du 15 mars 1719 défendit aux maîtres de vêtir leurs domestiques d'étoffe rouge et de leur donner l'épée et la canne : laquais, cochers et postillons devaient être habillés en draps fabriqués dans le pays, et ne pouvaient porter qu'un seul galon au revers des manches, ou, sur l'épaule, un seul ruban de la couleur de la livrée. La durée du deuil fut fixée à six mois pour un prince de la maison de Lorraine, ainsi que pour père et mère, aïeul et aïeule, mari et épouse ; il était de trois mois pour frère et sœur, d'un mois pour tous les autres parents[3].

Léopold poursuivit avec une extrême sévérité les blasphémateurs, qui furent menacés pour la quatrième récidive d'avoir la langue percée d'un fer chaud, et pour la cinquième d'avoir la langue entièrement coupée. Mais heureusement ces mesures barbares furent d'une rare application ; on cite pourtant l'exemple d'un habitant de Rambervillers condamné en 1725, pour profanation et blasphèmes, à avoir la langue percée et au bannissement perpétuel[4].

Du moins le duc de Lorraine laissa tomber en désuétude la loi dangereuse et inique, rendue par Charles IV, et qui obligeait les malades alités à se confesser dès le troisième

---

1. *Ibid.*, II, 49, 219.
2. Édit du 28 mai 1723.
3. Édit du 19 mars 1719. *Recueil*, II, 219.
4. Dumont, II, 18.

jour, sous peine d'une amende de 25 francs et de la privation des secours du médecin[1].

En revanche bien d'autres édits portent un caractère de rigueur excessive ou d'inhumanité. Les contrebandiers et les faux-sauniers armés étaient punis du fouet, de la marque sur les deux épaules et, en cas de récidive, de la peine capitale[2]. Dès 1699, on condamnait les duellistes à la peine de mort et à la confiscation des biens, et Léopold déclarait qu'il n'accorderait aucune grâce à ceux qui commettraient « le crime de duel ». Dans le cas où l'un des combattants périssait, son cadavre était poursuivi « comme pour crime d'homicide de soi-même », et, si le cadavre disparaissait, un procès était fait à sa mémoire « comme pour crime de lèse-majesté divine et humaine ». Les témoins d'un duel étaient privés de leurs charges, de leurs pensions, et punis de 2,000 francs d'amende et de deux mois de prison. Les seigneurs qui donneraient asile à des duellistes fugitifs se voyaient menacés d'une amende de 4,000 francs et de la démolition de leurs châteaux ou de leurs maisons. Tout gentilhomme coupable d'avoir frappé un rival qui refusait de se battre était « irrémissiblement puni de mort, comme s'il avait exécuté et consommé le crime de duel ». Les maréchaux de Lorraine et de Barrois étaient chargés d'accommoder les affaires d'honneur, et, au besoin, le duc lui-même s'offrait à juger souverainement du « point d'honneur[3] ».

---

1. En 1732, Élisabeth-Charlotte, plus accessible que son mari aux influences cléricales, raviva cette loi par une nouvelle publication. *Recueil des édits*, V, 167; Dumont, I, 237.
2. Ordonnance du 20 juin 1711. *Recueil*, I, 711.
3. Édit de mai 1699. *Recueil*, I, 168.

II

Il existait en Lorraine de grandes diversités de législation entre des localités voisines et quelquefois entre les habitants de la même ville ; à Badonviller, par exemple, une partie de la ville était régie par la coutume de Lorraine, l'autre partie par une coutume particulière[1]. Les femmes pouvaient transmettre leur noblesse dans le Barrois, et non en Lorraine ; leur part dans la communauté, leur douaire variaient suivant les lieux. Bourcier, chargé par Léopold d'examiner les moyens d'établir une législation uniforme, effleura cette question dans son traité de la *Nature du duché de Lorraine*, mais ce travail ne parut pas, et les désirs de Léopold ne furent pas satisfaits[2]. Du moins le gouvernement ducal supprima plusieurs coutumes, entre autres celles de Vaudémont, Châtel-sur-Moselle, Saint-Hippolyte, et les remplaça par la coutume générale de Lorraine.

La majorité des enfants de famille était fixée suivant les lieux à vingt ans, à vingt-un, à vingt-cinq. Léopold adopta pour tous ses États l'âge de vingt-cinq ans et permit aux parents de déshériter les enfants qui se marieraient sans leur consentement, les garçons avant trente ans, les filles avant vingt-cinq. Passé cet âge, les enfants étaient simplement tenus de requérir le consentement paternel par une sommation respectueuse[3]. En 1711, l'ordonnance dite des secondes noces avait cherché à sauvegarder autant que possible les intérêts des enfants du premier lit[4].

---

1. Noël, *Mémoires*, n° 5, I, 119.
2. *Ibid.*, p. 120.
3. Édit du 8 mars 1723. *Recueil*, II, 596.
4. *Ibid.*, I, 761.

D'autres actes législatifs attestent la bienveillance du souverain pour ses sujets ; citons en particulier l'ordonnance du 14 novembre 1721, qui, pour prévenir les incendies, ordonnait aux propriétaires qui construiraient à l'avenir des maisons attenantes à d'autres, d'élever des murailles de séparation à deux pieds au-dessus de la toiture, et défendait sévèrement de circuler dans les granges et les écuries avec des lumières non placées dans des lanternes[1].

Nous avons signalé plus haut quelques-unes des améliorations judiciaires réalisées par le code Léopold. Nous devons encore savoir gré au prince d'avoir fait des tribunaux lorrains de véritables corps délibérants : « Pour juger criminellement, il fallait trois juges gradués dans les prévôtés, cinq dans les bailliages, et encore ne jugeaient-ils plus en dernier ressort. De son côté, la Cour ne pouvait statuer à moins de sept de ses membres également gradués. Ainsi, plus de sentence rendue par un seul juge, plus de sentence, même d'absolution, sans appel. Cette double règle, applicable aux justices ducales comme à celles seigneuriales, changeait les usages anciens et offrait à toute la province, sans distinction, des garanties que le morcellement de l'autorité souveraine n'avait pas permis jusque-là d'obtenir[2]... » Il n'y avait d'exception que pour le cas où, faute de sujets dans une justice seigneuriale, on ne pouvait y placer des gradués ; mais alors les juges devaient, préalablement à toute sentence, prendre l'avis de trois gradués, et leur jugement était de droit soumis à l'appel, de sorte que c'était la Cour souveraine qui, en définitive, prononçait sur le sort de l'accusé. A Remiremont, l'arrêt du Conseil du 18 septembre 1702

---

1. *Ibid.*, II, 519.
2. Dumont, I, 121.

établit un tribunal ressortissant également à la Cour souveraine, devant lequel on portait toutes les appellations des premiers juges communs dans les seigneuries indivises des prévôtés d'Arches, Bruyères et Dompaire[1].

D'autre part, le Code de 1701 avait déclaré sans appel les jugements criminels rendus contre les vagabonds, les mendiants, les bohémiens, et même contre les domiciliés déjà flétris par une condamnation emportant bannissement ou autre peine afflictive. Le grand prévôt de la maréchaussée, ses lieutenants, les assesseurs et les exempts étaient admis à siéger dans les bailliages et concouraient à la sentence. L'ordonnance du 8 mai 1717 autorisa même le grand prévôt et ses officiers à juger directement les vols et assassinats commis sur les grands chemins[2]. Il en résulta de graves abus : les archers, à qui appartenaient les chevaux et les armes des voleurs et des assassins qu'ils capturaient, arrêtaient souvent d'honnêtes paysans, coupables tout au plus de s'être livrés à des querelles d'ivrognes en revenant de la foire ou du marché. La Cour souveraine décida que les batailles même sanglantes ne pouvaient être assimilées à des crimes, et qu'au surplus la maréchaussée devait faire juger de sa compétence au bailliage le plus voisin par sept gradués au moins, et en présence des prévenus[3].

Le gouvernement de Léopold, écrit Noël, « ne fut-il pas le plus paternel qu'on puisse concevoir, puisque les prisons de l'État furent plusieurs fois vides, et spécialement en 1719[4]. On ne connaîtrait que ce dernier fait de son règne, qu'il suffirait, selon moi, pour l'immortaliser ».

---

1. Richard, *La Justice à Remiremont avant 1789*. (Mémoires de la Société d'archéologie lorraine, 1851, p. 30).)
2. *Recueil des édits*, II, 113.
3. *Recueil*, II, 193 ; III, 318. Dumont, I, 149.
4. Nous ne savons sur quels documents s'appuie Noël pour affirmer que les prisons furent plusieurs fois vides sous le règne de Léopold.

Noël ne dit pas que sous ce gouvernement *paternel* de nombreux particuliers furent arrêtés arbitrairement et détenus sans aucun jugement, qu'on usait des lettres de cachet pour enfermer dans les prisons ceux dont quelque grand seigneur avait à se plaindre [1], et dans les couvents les femmes dont les maris ou les familles signalaient la « conduite irrégulière [2] ». En 1720, écrit Dumont, la femme d'un serrurier de Nancy fut condamnée à mort pour son libertinage : « Disons de suite, en l'honneur des maris, que le serrurier généreux reprit sa femme pour l'arracher au supplice [3]. »

M. D. Germain [4] signale un acte de justice souveraine qui honore Léopold et contraste avec le régime des lettres de cachet : en 1699, une femme de Nancy, arrêtée pour inconduite et écrouée à la conciergerie où elle est depuis trois semaines, adresse une requête au duc, qui ordonne que la suppliante sera jugée dans les trois jours, sinon mise en liberté.

A l'égard des filles ou veuves enceintes, la législation du temps se montrait sans pitié. Celles qui n'avaient pas fait leur déclaration de grossesse et dont l'enfant venait à mourir, étaient réputées l'avoir détruit, et condamnées au

---

1. Voir plusieurs lettres de cachet de 1704 à 1721 dans les documents publiés par M. D. Germain : *Écrous et élargissements*. (Mémoires de la Société d'archéologie lorraine, 1890, p. 314.)
2. Archives de Meurthe-et-Moselle, II, 2781. — Cette liasse renferme une dizaine de lettres de cachet lancées contre des femmes ou filles que Léopold confie à la garde des religieuses de Notre-Dame-du-Refuge de Nancy. Voici la formule d'une de ces lettres : « Vénérable, chère et amée, le peu de satisfaction qui nous reste de la conduite irrégulière d'Anne..., femme de notre amé..., perruquier à Lunéville, nous faisant craindre qu'elle ne continue dans ses dérèglements, nous vous mandons et ordonnons de recevoir ladite... dans votre monastère et de l'y tenir jusques à nouvel ordre, à charge de satisfaire personnellement à sa pension et entretien par ledit..., son mari, et les présentes n'étant à autres fins. Nous prions Dieu qu'il vous ait, vénérable, chère et amée, en sa sainte et digne garde. Donné en notre bonne ville de Lunéville, le 23e jour du mois de juillet 1709. *Signé* : LÉOPOLD. ».
3. Dumont, II, 158.
4. *Mémoires de la Société d'archéologie lorraine*, 1890, p. 271.

dernier supplice : « Cette déclaration devait être faite, dans les villes, au prévôt ou au lieutenant général du bailliage; dans les villages, au maire, avec indication du séducteur. Et quand la fille accouchait, elle était tenue de se faire assister d'un médecin ou d'une sage-femme, et là, en présence du maire et de son greffier, de réitérer *in doloribus partûs* le nom de l'auteur de sa grossesse. Ces formalités étaient bien faites pour effrayer une femme timide, ayant honte de sa conduite : aussi beaucoup préféraient-elles courir les chances redoutables dont elles étaient menacées[1]. »

Les domestiques coupables de simple vol étaient punis de mort. Une jeune fille de vingt ans, au service du comte de Curel, congédiée sans avoir reçu ses gages que devait lui payer l'intendant de la maison, dérobe une assiette et une cuillère d'argent pour « s'indemniser » ; elle est condamnée à la peine capitale, mais Léopold commue cette peine en celle du bannissement[2]. Quelquefois les maîtres intervenaient eux-mêmes pour arracher au dernier supplice les victimes d'une loi sauvage : Provençal, le célèbre peintre, obtient en 1724 que la peine de mort prononcée contre son domestique soit commuée en celle de la prison perpétuelle, « aux offres qu'a fait ledit Provençal de l'y nourrir et entretenir à ses frais[3] ».

---

1. Dumont, II, 150. — Le séducteur recevait un blâme sévère, était souvent banni, et devait presque toujours assister à genoux au supplice de la femme victimée. — En 1720, la Cour souveraine condamne une jeune fille de Norroy, convaincue « d'avoir prêté son consentement, et participé depuis plusieurs années au commerce charnel, incestueux et scandaleux » avec son beau-père, à être « battue nue et fustigée de verges dans les carrefours de la place publique de Norroy..., flétrie d'un fer chaud portant l'empreinte d'une croix de Lorraine sur l'épaule droite, de suite bannie à perpétuité des États de S. A. R. » Germain, p. 293.

2. Archives de Meurthe-et-Moselle, B, 139. Lettres patentes du 12 juillet 1715.

3. *Ibid.*, B, 163, f° 103. — En 1703, une pauvre femme, convaincue de vol et vie vagabonde, est condamnée par le bailliage des Vosges à être « pendue et étranglée, tant que mort s'ensuive »; Léopold commue cette

En Lorraine, tout comme en France d'ailleurs, l'État ne se croyait pas obligé de nourrir les prisonniers, et exigeait d'eux pour « gîte et geôlage » deux sols par jour ; en 1720, les « prisonniers civils de la Conciergerie du palais » présentent à la Cour souveraine une requête « tendante à ce que..., attendu la cherté des vivres et l'impossibilité de subsister pour deux sols par jour, il plaise à la Cour ordonner qu'à l'avenir il leur sera fourni par les créanciers, à la requête desquels ils sont détenus dans les prisons, 21 francs par chacun mois ». La Cour fit droit à cette demande et arrêta que, « faute par chaque créancier de délivrer ladite somme au commencement de chaque mois », il serait permis aux prisonniers, trois jours après, d'obtenir leur élargissement[1].

Le règlement de 1699 avait arrêté le régime intérieur des prisons : il prescrivait la séparation des sexes, obligeait de changer la paille tous les quinze jours, autorisait moyennant finance des chambres particulières et des lits séparés, permettait aux détenus de faire venir leurs vivres du dehors, interdisait le tabac à fumer aux prisonniers détenus pour crimes, et défendait au geôlier de les injurier ou de les maltraiter[2].

Mais les détenus n'en continuèrent pas moins à être exploités par leurs gardiens, et, en 1702, la Cour souveraine enjoignit à ceux-ci de donner à discrétion de « l'eau de fontaine, claire, fraîche et bien conditionnée », et recommanda au substitut du procureur général du bailliage de visiter les prisons une fois par semaine[3]. L'or-

---

peine en celle du fouet et du bannissement perpétuel. *Ibid.*, B, 123, f° 117. — En 1715, la Cour souveraine condamne à être *pendu et étranglé* un cultivateur de la Chapelle-aux-Bois, coupable d'avoir contrefait la signature de Léopold et celle du sieur Marchis, greffier ; la peine de mort fut commuée en celle du bannissement perpétuel. *Ibid.*, B, 137, f° 156.

1. *Recueil des édits*, II, 376.
2. *Ibid.*, I, 176.
3. *Ibid.*, I, 355.

donnance criminelle de 1707 veilla à faire disparaître les cachots humides et malsains, prescrivit de combler toutes les fosses et de mettre les prisons au rez-de-chaussée : « C'était là, dit Dumont, une heureuse innovation, qui faisait disparaître les tombeaux que la féodalité avait si impitoyablement creusés[1]. » Les dames du chapitre de Remiremont furent obligées, par arrêt de la Cour du 7 mars 1716, de faire construire dans six mois des prisons « convenables[2] ».

Il semble que Léopold essaya d'une peine analogue aux galères. Dumont cite l'exemple de deux hommes des environs de Bitche condamnés, en 1702, à travailler pendant six ans aux mines de Son Altesse Royale[3]. Mais c'est sous Stanislas seulement que la peine de bannissement, si souvent prononcée de 1698 à 1729, fut commuée en celle des galères. Les coupables étaient, le jour même du jugement, marqués publiquement sur l'épaule, au fer chaud, des trois lettres G. A. L.[4]; on les dirigeait ensuite par *chaînes* sur Toulon.

Les Lorrains avaient entendu parler déjà des chiourmes du roi : de 1670 à 1697, les autorités françaises envoyèrent aux galères non seulement des criminels et des délinquants ordinaires, mais des soldats, des miliciens, des habitants coupables de s'être défendus héroïquement contre les troupes de Sa Majesté. En 1698, 193 forçats lorrains étaient encore embarqués sur les galères de Marseille et des ports de l'Océan, et la plupart avaient été retenus bien au delà du terme prescrit : un malheureux, condamné à cinq ans, était depuis vingt-

1. Dumont, II, 211.
2. *Recueil des édits*, II, 87.
3. Dumont, II, 293.
4. GAL (ère). Arrêt de la Cour souveraine, 4 juillet 1737. *Recueil des édits*, VI, 13. — Cf. abbé Mathieu, p. 181.

cinq ans à bord des galères du roi ; un autre, condamné à trois ans, en avait fait dix-huit[1] !

III

Léopold avait cherché avec une louable persévérance à mettre fin à la mendicité en assurant aux pauvres âgés, malades ou infirmes, des ressources suffisantes, et en poursuivant avec une rigueur impitoyable les vagabonds qui spéculaient sur la charité d'autrui. L'ordonnance du 8 mai 1717 rendit obligatoire dans chaque paroisse la constitution d'une caisse de secours pour les indigents, alimentée par les souscriptions de tous et par les quêtes faites tous les dimanches dans les églises ; les curés devaient, de concert avec les officiers de police, dresser le rôle exact des pauvres, à qui il était alloué par jour une livre et demie de pain et un sol six deniers[2]. La plupart des officiers municipaux protestèrent contre la charge nouvelle que leur imposait le souverain, de nourrir les pauvres de leur communauté ; mais le duc persista dans sa résolution : « Nous apprenons avec douleur, disait-il dans la déclaration du 11 novembre 1717, que la plupart de

---

1. *Rôle des Lorrains qui sont sur les galères de France.* Octobre 1698. *Affaires étrangères*, XLVII, f° 264.
2. *Recueil des édits*, II, 113. — Dans une lettre aux officiers municipaux de Nancy, le sieur Olivier de Hadonville disait au nom du duc : « Pour engager les fidèles à porter leurs offres à un point convenable, S. A. R. invite les curés d'annoncer à leur prône en gros le nombre des pauvres et le nombre en gros de la dépense eu égard au nombre des pauvres. Et *avertiront que, faute par les aisés de faire des offres raisonnables et suffisantes à remplir le fonds destiné, on sera obligé de taxer les réfractaires au double.* MM. les magistrats auront soin de faire quêter toutes les fêtes et dimanches dans toutes les églises, et d'empêcher que les autres quêtes, soit pour confréries ou autre cause, ne se fassent qu'après la quête pour les pauvres... Pourront inviter aussi les marchands cabaretiers ou autres personnes de tenir dans leurs maisons un tronc ou boîte pour les pauvres, pour recevoir les aumônes des passants et autres. » 21 juillet 1717. *Bibliothèque de Nancy*, ms. n° 392.

ceux de nos sujets qui devraient donner le bon exemple ont si peu de zèle et de charité qu'ils ne veulent concourir en rien, ou très peu, à la nourriture des véritables pauvres, se fondant sur la liberté que nous leur avons laissée d'offrir ce que bon leur semblerait en deniers ou denrées... Nous déclarons par ces présentes qu'outre les aumônes[1] que nous faisons distribuer par notre grand aumônier, notre confesseur, les curés des paroisses et autres, nous ferons remettre annuellement à la bourse commune des pauvres de nos bonnes villes de Nancy et Lunéville, où nous tenons ordinairement notre cour, par l'argentier de notre hôtel, un secours en argent pour la subsistance des pauvres desdites villes[2]. Déclarons en outre que tous ceux de nos sujets, sans aucune exception, qui ne feront pas des offres raisonnables, eu égard à leurs facultés notoires, non seulement encourront notre indignation, mais que nous les ferons taxer d'office doublement de ce qu'ils devraient raisonnablement offrir[3]. »

La même déclaration créait aussi, dans chaque paroisse, un « bureau des pauvres » chargé de distribuer les aumônes avec « connaissance et justice » ; il se composait d'une personne noble, de deux bourgeois, du commissaire du quartier ou du syndic. Il était présidé dans les villes par le lieutenant de police ou par un officier municipal, et dans les villages par le seigneur ou le maire ; les curés et vicaires y avaient de droit entrée et voix délibérative.

Mais ces prescriptions restèrent à peu près lettre morte. L'année suivante, nous voyons en effet Léopold se plain-

---

1. Les comptes de l'année 1699 mentionnent 11,000 livres dépensées en aumônes ; ceux de 1706, 8,100 livres. *Archives de Meurthe-et-Moselle*, B, 1535, 1579.

2. Léopold donna, en 1718, 1,000 livres pour les pauvres de Nancy ; les comptes du *receveur de l'aumône* de cette ville marquent, pour cette année, 16,656 livres en recettes et 14,935 en dépenses. Lepage, *Archives de Nancy*, IV, 135.

3. *Recueil des édits*, II, 147.

dre que les curés « ne remontrent pas assez fréquemment à leurs paroissiens l'obligation indispensable du chrétien à faire l'aumône », ou constater avec tristesse que « les sujets les plus aisés s'endurcissent loin de compatir à la misère des pauvres¹ ». Aussi, il autorisa les bureaux de bienfaisance à taxer d'office ceux dont les offres ne seraient pas en rapport avec leurs facultés, de façon que chaque communauté eût des revenus suffisants pour assurer la subsistance des indigents².

En même temps, le duc de Lorraine renouvelle contre les vagabonds et les voleurs les prescriptions de ses anciennes ordonnances et y ajoute des dispositions plus énergiques, barbares même; les mendiants étrangers et les bohémiens ne sont plus seulement emprisonnés et fouettés; s'ils sont trouvés porteurs d'armes, ils encourent en outre la peine de la marque, et la mort en cas de récidive³.

Les particuliers sont invités à seconder les archers de la maréchaussée; on promet 300 livres de récompense à ceux qui arrêteront un voleur, et, pour mieux exciter le zèle de tous, on exempte de la subvention et de toutes les charges publiques, pour un an, les communautés qui auront fait capture de trois voleurs au moins⁴.

Ces diverses mesures produisirent peu d'effet; en 1725, Léopold écrit que, faute par ses officiers de veiller à l'exécution de ses édits antérieurs, il est entré dans ses États « un nombre infini de pauvres étrangers qui y séjournent, mendient et désolent les bourgeois des villes et les habi-

---

1. *Ibid.*, II, 295, 318. Édits du 31 octobre 1719 et du 17 mars 1720.
2. Édit du 28 décembre 1723. *Ibid.*, II, 637. — A Nancy, le bureau des pauvres peut augmenter les contributions des bourgeois seulement; le prince se réserve d'augmenter celles des ecclésiastiques et des nobles. Ordonnance du 4 juin 1727. *Ibid.*, III, 235.
3. Ordonnance du 8 mai 1717. *Ibid.*, II, 113.
4. Déclarations des 12 avril 1721 et 11 août 1722. *Ibid.*, II, 163, 567.

tants des campagnes par leurs importunités¹. » Deux ans plus tard, Nancy et Lunéville² sont plus que jamais « accablés de mendiants, vagabonds et gens sans aveu, qui gueusent publiquement dans les rues, aux portes des églises et même dans les maisons des particuliers où ils entrent nuitamment avec une audace punissable, et où, sous prétexte de demander l'aumône, ils commettent très souvent des vols et des larcins ». Léopold établit dans chacune de ces villes³ une *maison de force*, où l'on devait enfermer pendant un an tous les mendiants de l'un et de l'autre sexe, grands et petits ; ils y étaient mis au pain et à l'eau, à moins qu'ils ne travaillassent au profit de la maison, et dans ce cas seulement on leur fournissait « une nourriture plus ample, même des habillements ». Les bureaux des pauvres dressaient une liste des indigents du pays dignes de l'aumône publique, lesquels étaient secourus à l'exclusion de tous autres.

Le duc de Lorraine s'attacha aussi à accroître les revenus des hôpitaux de ses États. L'édit du 13 avril 1723 stipulait que tous les testaments faits à Nancy ne seraient valables qu'autant qu'ils renfermeraient un legs au profit de l'hôpital Saint-Charles ; l'année suivante, Léopold révoqua cette décision qui pouvait avoir pour effet d'annuler les dispositions les plus sages des testateurs, mais il attri-

---

1. Ordonnance du 25 octobre 1725. *Ibid*, III, 126.

2. La présence du souverain et d'une cour nombreuse attirait dans ces deux villes une foule de pauvres. A Nancy, malgré des défenses réitérées, les mendiants étaient si nombreux que la municipalité jugea à propos, en 1716, de distribuer aux pauvres de la ville de nouvelles marques de laiton. A Lunéville des arrêtés municipaux punissent, en 1701, de trois jours de prison, au pain et à l'eau, et du fouet en cas de récidive, les indigents étrangers surpris à tendre la main, et accordent aux agents de police une prime de 5 sols pour chaque arrestation ; puis on charge spécialement deux *chasse-gueux*, armés de hallebardes, de traquer tous les vagabonds dans l'église et dans les rues, et de les expulser. Lepage, *Archives de Nancy*, III, 11. Archives de Lunéville, CC, 31.

3. A Nancy, par l'ordonnance du 1 juin 1727 ; à Lunéville, par celle du 29 janvier 1728. Lepage, III, 215. Archives de Lunéville, BB, 9.

bua à l'hôpital le dixième des meubles laissés par ceux-ci. Ces avantages furent successivement étendus aux hôpitaux de Lunéville, de Bar, de Mirecourt et à tous ceux de la province[1].

L'ordonnance du 4 mars 1724 allouait encore aux hôpitaux de Nancy et de Lunéville un sol par livre de viande vendue pendant le carême, et une livre dix sols par agneau; ces taxes rachetaient la permission accordée aux personnes de la cour de faire gras à raison de la faiblesse de leur santé ou de leurs infirmités[2].

Léopold fonda de ses propres deniers quatre lits à l'hôpital de Lunéville, et contribua pour une somme de 3,000 livres à l'établissement d'une *maison de charité*; aux hôpitaux de Bruyères et d'Épinal il fit don de terres domaniales ou de redevances dues par certaines communautés[3].

IV

La question des subsistances préoccupa au plus haut point Léopold pendant tout son règne, et nous avons vu que, dès son arrivée en Lorraine, il prit des résolutions extrêmes pour approvisionner les marchés et prévenir, ou du moins apaiser les troubles que pouvait faire naître la crainte de la disette ou de la famine. Il eut de bonne heure aussi l'idée de faire emmagasiner, pendant les bonnes années, des grains qui étaient vendus à un prix raisonnable pendant les mauvaises. Les mouvements des armées en Lorraine ou dans les provinces voisines, de

---

1. *Recueil des édits*, II, 615; III, 16, 70, 76.
2. *Ibid.*, III, 18.
3. Durival, II, 75; IV, 115. — C'est grâce à Léopold que le vieil hôpital de Lunéville, bâti par Charles II vers 1406, put être reconstruit en 1707. Cf. Paulin, *L'Hôpital Saint-Jacques*. Lunéville, 1892.

1702 à 1714, le décidèrent à renouveler chaque année ses approvisionnements, que le gouvernement français, sur les affirmations de M. d'Audiffret, lui imputa plusieurs fois à crime. Nul doute que Léopold ne se fût empressé d'ouvrir ses magasins à Malborough ou au prince Eugène, si les hasards de la guerre l'avaient permis ; mais nous ne pouvons admettre qu'il n'ait fait des amas de grains que dans la pensée secrète de ravitailler les armées de la coalition.

M. de Saint-Contest lui-même rendit un jour justice sur ce point aux intentions du duc de Lorraine ; voici ce qu'il écrivait de Metz au ministre de la guerre, à la date du 22 mars 1706 :

« Je me suis informé si l'on faisait de nouveaux magasins à Saint-Mihiel ; on n'en fait point. Les blés qui sont de ce côté-là ne doivent donner aucun ombrage. Mais voici ce qui se passe en Lorraine. En 1699[1], il y eut une grande cherté dans la Lorraine et dans les Trois-Évêchés ; cela fut cause que M. le duc de Lorraine y fit faire des magasins de 25,000 à 30,000 sacs, qu'on renouvelait tous les ans et qu'on renouvelle de même. Outre cela, la police est différente en Lorraine qu'en France. En France, on empêche les particuliers de faire des magasins pour conserver les grains à un prix bas pour le public et pour les entrepreneurs de Sa Majesté ; en Lorraine, comme ils ne cherchent qu'à s'enrichir, le prince tolère que les particuliers emmagasinent autant que leur utilité les y porte. Tous les ans, à l'entrée de la campagne, j'ai l'honneur de donner à celui qui commande sur ces frontières un état des grains qui sont en magasin, tant à M. le duc de Lor-

---

1. Les montagnards vosgiens eurent surtout à souffrir de la disette. Léopold, par l'ordonnance du 13 mars 1699, engagea ses sujets aisés à leur prêter l'argent nécessaire, et enjoignit aux curés de se *cotiser eux-mêmes à proportion de leurs revenus*. Il généralisa par l'ordonnance du 11 avril 1699 les mesures prescrites par celles du 13 mars. *Recueil*, I, 143, 161.

raine qu'aux particuliers, et des lieux où ils sont, afin que, suivant les différents mouvements de la campagne, celui qui commande les armées de Sa Majesté s'en puisse saisir ou les faire brûler, comme il jugera à propos[1]. »

Au mois de juin 1708, les magasins du duc de Lorraine renfermaient 22,000 resaux de froment ; les approvisionnements des particuliers étaient évalués à 17,150 sacs de froment et 21,200 sacs d'avoine[2].

Ce moyen de prévenir la disette était dangereux et pouvait permettre à quelques-uns des spéculations fort profitables. M. d'Audiffret écrit que dans les années d'abondance, lorsque les blés du Saintois n'ont pas un écoulement facile, « on les amène aux magasins de Nancy, où l'on attend des temps favorables pour les vendre, et comme les principaux propriétaires ont des charges à l'hôtel de ville, et sont en cette qualité maîtres de la police, ils en haussent et baissent le prix comme bon leur semble, ce qui donne lieu à de fréquentes plaintes[3]. » C'est sans doute une manœuvre de ce genre qui amena à Nancy, en juin 1713, une « émotion populaire » au cours de laquelle la maison d'un conseiller de ville fut mise au pillage[4].

L'ordonnance du 22 février 1717 mettait à la charge de la ville de Nancy la location des greniers, l'entretien des blés et le déchet, et la rendait responsable de la conservation des dépôts, même en cas d'émeute[4]. A Épinal, le corps municipal dut employer à l'achat des grains, en 1716, une somme de 11,500 francs, représentant le boni des exercices précédents ; en 1718, il reçut l'ordre de consacrer à la même dépense 1,000 écus d'abord, puis les

---

1. Dépôt de la guerre, 1951.
2. Saint-Contest au ministre de la guerre, 15 juin 1708. *Ibid.*, 2095.
3. *Mémoire sur le duché de Lorraine*, f° 178.
4. Lepage, *Archives de Nancy*, II, 331.

deux tiers des deniers en caisse¹. En 1721, ce fut la Compagnie de Lorraine qui avança les fonds pour remplir les magasins que Léopold fit établir dans toutes les villes; mais celles-ci avaient à payer les frais de transport et d'entretien des blés, ainsi que les gages des commis²; en décembre 1721, une somme de 63,250 livres fut imposée sur la Lorraine pour rembourser partiellement la Compagnie; en 1723, le Barrois paya 59,271 livres³.

A la suite des récoltes peu abondantes de 1724 et de 1725, Léopold prit des mesures pour empêcher l'accaparement; il prohiba les magasins particuliers, annula tous les marchés, sauf ceux qu'avaient conclus les boulangers, interdit à tous les commerçants d'arrher des grains ou de les acheter ailleurs qu'au marché. Les particuliers aisés furent invités à s'approvisionner pour l'année. Les cultivateurs et les décimateurs durent déposer une partie de leur récolte ou de leurs rentes dans les magasins publics établis en 24 endroits : les cultivateurs, à l'exception de ceux qui n'avaient pas plus de dix jours de terre, fournissaient un bichet de froment, seigle ou méteil, par jour de terre; les décimateurs, un resal sur 50. Si la vente des grains ainsi emmagasinés était nécessaire avant la moisson de 1726, elle se ferait dans chaque dépôt sur l'ordre du duc, et le prix en serait réparti par les soins du maire entre les divers producteurs⁴.

La moisson de 1726 fut bonne. Léopold leva la défense, précédemment portée, de faire le commerce des céréales, et restitua aux propriétaires leurs grains, mais à charge par eux de fournir la même quantité de grains nouveaux. Il en fut de même après la récolte de 1727⁵.

---

1. Ferry, *Inventaire historique des Archives d'Épinal*, II, 96, 99, 321.
2. Déclaration du 6 février 1721. *Recueil*, II, 112.
3. Archives de Meurthe-et-Moselle, B, 1659 ; Archives de la Meuse, B, 413.
4. Ordonnance du 12 décembre 1725. *Recueil*, III, 133.
5. Déclarations des 31 juillet 1726 et 8 août 1727. *Ibid.*, III, 178, 250.

V

Le duc de Lorraine témoigna toujours la plus vive sollicitude pour tout ce qui intéressait les ecclésiastiques [1]. Afin de permettre aux curés de vivre sans être obligés de se livrer au commerce ou à la culture, il éleva la portion congrue à 300 livres pour les paroisses où il n'y avait pas de vicaire, à 450 livres pour les autres; ces sommes étaient payées sur le produit des dîmes ecclésiastiques, et, en cas d'insuffisance, sur celui des dîmes laïques et inféodées [2]. Comme cette maigre rétribution ne tarda pas à devenir insuffisante par suite de l'augmentation du prix des denrées, Léopold la porta à 400 livres pour les curés et à 200 pour les vicaires [3]; il leur concéda dans l'intervalle le privilège d'avoir des colombiers, mais à la condition de ne pas vendre leurs pigeons et de s'en servir « tant pour leur soulagement, et celui de leurs paroissiens dans le cas des maladies qui leur arrivent, que pour y exercer et entretenir l'hospitalité, surtout à l'égard des religieux mendiants qui viennent les aider dans plusieurs occurrences à desservir leurs paroisses [4] ».

Les duchés comptaient nombre d'ermitages, occupés souvent par des « gens sans aveu, étrangers ou inconnus, et fainéants, la plupart mariés, avec femmes et enfants »,

---

1. Léopold était très pieux. « Il s'était ménagé dans l'intérieur de son palais, dit le P. Leslie, un oratoire secret; là en commençant et en finissant le jour, il allait répandre son cœur devant Dieu. Il s'y enfermait aussi souvent pour y faire de pieuses lectures... » *Abrégé de l'Histoire généalogique de la Maison de Lorraine*, 1 vol. in-8°. Commercy, s. d., p. 168.
2. Édit du 30 septembre 1698. *Recueil*, I, 72. — A la portion congrue s'ajoutait le *casuel*, mais on en déduisait le *bouverot*, c'est-à-dire le revenu du bien-fonds attaché au presbytère.
3. Arrêts du Conseil, 28 novembre 1725, 17 janvier 1729. *Recueil*, III, 128, 323.
4. Déclaration du 30 juin 1711. *Ibid.*, I, 749.

qui, bien loin d'édifier les peuples par leur retraite et leur mortification, leur étaient à charge par leurs quêtes et les scandalisaient par leur conduite irrégulière. D'accord avec l'évêque de Toul, l'autorité ducale mit fin à ces abus, expulsa les faux solitaires, rendit les ermites justiciables des tribunaux « pour faits purement civils et profanes », et leur défendit de mendier[1].

Léopold ramena aussi à la règle les moines de l'ordre de Citeaux[2] et encouragea la fondation de nouveaux monastères[3] : les Récollets vinrent à Boulay et à Morville; les Tiercelins[4] à Einville; les Capucins à Châtel, Sarreguemines et Thiaucourt; les Carmes à Lunéville[5], etc. Les religieux de la Congrégation s'établirent à Gondrecourt, Bouquenom et Coiflans-en-Bassigny. La maison des Bénédictins de Nancy fut érigée en abbaye sous le nom de Saint-Léopold. Le duc eut aussi l'intention d'installer dans sa capitale une abbaye de Chanoines réguliers, mais sa résidence ayant été fixée à Lunéville, où il en existait une, ce projet fut abandonné et les Chanoines n'eurent à Nancy qu'un simple hospice : c'est que Léopold avait la plus grande vénération pour le réformateur de cet ordre, le Père Fourier; en 1707, il priait le pape

---

1. Archives de la Cour, 9 juillet 1701, 4 juillet 1702, 15 janvier 1703, 4 avril 1716. *Ibid.*, I, 294, 361, 376; II, 93.
2. Voir le règlement fait par l'abbé de Morimond et enregistré par la Cour souveraine, juillet 1699. *Ibid.*, I, 190.
3. Durival, II, *passim*.
4. Les Tiercelins, établis aux portes de Nancy en 1622, et dans la ville même en 1643, purent, grâce aux libéralités de Léopold, agrandir la maison conventuelle et bâtir une église dont le duc posa la première pierre le 11 août 1701. Cf. Lionnois, III, 307.
5. Léopold permit aux Carmes de s'établir à Lunéville, à condition que le prieur et le supérieur de la maison seraient natifs de la Lorraine; il les autorisait à faire la quête un jour par semaine dans la ville et les faubourgs. Le corps municipal et les bourgeois firent au prince leurs *très humbles remontrances*; ils lui exposèrent que cet ordre mendiant serait pour la ville une nouvelle charge, et que l'établissement d'une maison des R. P. Jésuites y serait bien plus avantageux, parce qu'ils pourraient instruire la jeunesse... Requête du 11 avril 1707. *Archives de Lunéville.*

de vouloir bien proclamer « l'héroïcité des vertus » de ce digne Lorrain[1].

La générosité du prince contribua dans une certaine mesure à assurer les revenus des couvents nouveaux et à accroître ceux des anciens ; on a évalué à 6,231,782 livres les biens acquis par le clergé régulier de 1700 à 1737[2].

Le duc de Lorraine eût voulu tenir l'Église sous une étroite tutelle ; mais il se heurtait à chaque pas à l'opposition du roi et à celle des évêques de Metz, Toul et Verdun. Nous savons avec quelle obstination il poursuivit, sans succès il est vrai, l'établissement d'un évêché dans ses États ; il n'ignorait pas qu'il ne pouvait être complètement le maître chez lui que le jour où les prélats français cesseraient de correspondre avec les curés lorrains. Un incident soulevé par le zèle de M. d'Audiffret lui prouva en effet que les diocésains ne bornaient pas toujours leur compétence aux affaires purement spirituelles.

Dans les premières années de la guerre de la succession d'Espagne, un certain nombre de soldats abandonnèrent les armées du roi pour se retirer dans les villages de la Lorraine ou du Barrois, où ils vivaient paisiblement ; il existait bien entre la France et les duchés un traité pour la restitution réciproque des déserteurs[3] : mais les officiers lorrains ne montraient guère d'empressement à l'exécuter. M. d'Audiffret, consulté à ce sujet par Chamillard, imagina de faire demander aux curés du diocèse de Toul le nombre et le nom des Français qui s'étaient

---

1. Archives de Meurthe-et-Moselle, H, 1499. — Le P. Fourier, né à Mirecourt en 1565, mort à Gray le 9 novembre 1640, fut béatifié par les bulles du 29 janvier 1650. Cf. Rogié, *Histoire du B. Père Fourier*. Verdun, 1837, 3 vol. in-8°.
2. Remontrances de la Chambre des comptes à Stanislas (1761). Rogéville, I, 545.
3. Traité du 14 octobre 1699. *Recueil*, I, 101.

établis depuis peu de temps dans leurs paroisses : « L'on pourrait tirer, disait-il, deux avantages par cette voie ; l'un de pouvoir mieux démêler les déserteurs et d'en faciliter la répétition, et l'autre de savoir au juste le nombre des Français qui sont dans ce pays. La politique de cette cour est d'en attirer autant qu'elle peut, elle trouve par là le moyen de s'acquérir de bons laboureurs et de bons artisans ; nos provinces frontières en sont privées et j'oserai dire que si l'on n'y prend garde, la Lorraine s'enrichira et se peuplera aux dépens de ces provinces. Si cet expédient vous est agréable, Monseigneur, j'irai conférer avec M. l'évêque de Toul sur les mesures les plus propres qu'on pourrait prendre pour réussir dans cette recherche [1]. »

Chamillard trouva l'expédient fort habile ; M. d'Audiffret se hâta de le mettre en pratique, mais il n'obtint pas le résultat qu'il en attendait : « M. le duc de Lorraine, écrit-il, m'a parlé avec une très grande vivacité d'une lettre que M. Laigle, grand vicaire de l'évêché de Toul, a écrite à tous les curés du diocèse pour savoir le nom et le nombre des Français qui sont nouvellement établis dans leur paroisse... Il s'est fortement étendu sur le tort qu'on leur faisait, que c'était une très vive atteinte à sa souveraineté, qu'il ne pouvait pas souffrir qu'un évêque portât son autorité sur son temporel... Cette conversation avait été précédée, Monseigneur, d'un conseil qui s'est tenu sur ce sujet, auquel tous les conseillers d'État ont été appelés. J'ai jugé par tout ce que M. le comte de Couvonges m'a dit dans une visite qu'il m'a rendue sur le soir, que le résultat de ce conseil a été de défendre aux curés de donner ces informations, qu'il a prévu les conséquences

---

1. D'Audiffret à Chamillard, 24 février 1705. *Archives des affaires étrangères*, LXI, f° 215.

fâcheuses auxquelles il s'exposait par la découverte d'une vérité qu'on a toujours cachée... Vous me permettrez d'ajouter que j'ai bien connu qu'on me soupçonnait d'être l'auteur de cet avis, mais comme rien ne m'est si précieux que le bien du service du roi, je me consolerai à ce prix-là de la mauvaise mine qu'on voudra me faire [1]. »

Les ministres de Léopold voulurent se venger sur le grand vicaire de Toul des usurpations de Louis XIV en s'opposant à ce qu'il prît possession du prieuré de Dieu-en-Souvienne [2] dont il venait d'être pourvu ; mais le grand vicaire passa outre et le gouvernement lorrain céda : « Je ne puis qu'approuver, écrivait Louis XIV à M. d'Audiffret, la conduite de ce grand vicaire, et quoique je sois bien aise que cette affaire se termine sans que je sois obligé d'y entrer, les ministres de ce prince doivent cependant s'attendre que lorsqu'il sera nécessaire je m'opposerai toujours aux tentatives qu'ils feront pour attribuer à leur maître, au préjudice de mes droits, ceux qui ne lui appartiennent pas [3]. »

Après la mort de Louis XIV, Léopold se montra plus jaloux de son autorité. Nous le voyons même, en 1721, déférer au Conseil d'État des missionnaires envoyés par l'évêque de Toul, et coupables seulement, au dire de ce prélat, d'avoir enseigné « la doctrine de l'Église et les vérités évangéliques sur la matière de l'usure et sur le fait des obligations stipulatives. » M. de Camilly se plaint amèrement au duc que l'on envoie des ordres à ces prêtres « pour se rendre à la suite de la cour, où ils se trouvent exposés pendant plusieurs jours à la raillerie des courtisans, ce qui les discrédite dans leurs paroisses et rend leurs confrères timides dans les fonctions d'un ministère

---

1. D'Audiffret à Chamillard, 19 mars 1705. *Ibid.*, f° 291.
2. Près de Louppy-le-Château, canton de Vaubécourt (Meuse).
3. 21 août 1705. *Archives des affaires étrangères*, LV, f° 301.

qui demande du zèle, de la force et du courage pour le salut des peuples¹. »

VI

Léopold eut aussi à intervenir dans la querelle du jansénisme. Toutefois, rien ne rappelle en Lorraine la terreur qui régna en France pendant les deux dernières années du règne de Louis XIV, les luttes scandaleuses qui agitèrent ce pays pendant la minorité de Louis XV.

La Cour souveraine de Lorraine enregistra avec empressement les bulles qui condamnaient les propositions de Jansénius et du P. Quesnel, décidée qu'elle était à porter, selon le mot de Bourcier, « le flambeau de la foi jusque dans les derniers retranchements des erreurs du jansénisme² ». L'évêque de Toul, M. de Camilly, publia, en septembre 1714, un mandement qui prescrivait aux ecclésiastiques de son diocèse de suivre la constitution *Unigenitus* et de l'enseigner comme règle de foi; en juillet suivant, la Faculté de théologie de Pont-à-Mousson donnait une déclaration dans le même sens³.

Les évêques de Metz et de Verdun ne suivirent pas ces

---

1. Lettre de l'évêque de Toul à Léopold, 18 juillet 1721. *Bibliothèque de Nancy*, ms. Noël, n° 499. — Ces missionnaires avaient repris sans doute les doctrines de M. de Fieux sur le prêt usuraire à une époque où Léopold faisait appel au crédit de ses sujets et ne tenait pas avec une grande régularité ses engagements.

2. Arrêt du 8 mars 1714. *Recueil des édits*, II, 29. — La doctrine de Jansénius (1585-1638), évêque d'Ypres, vivement combattue par les Jésuites, « ait été condamnée par les papes Urbain VIII, Innocent X et Alexandre VII. La *paix de l'Église* ou paix de Clément IX apaisa momentanément cette querelle (1668). Mais la lutte se renouvela en 1702 à l'occasion du *Cas de conscience*; la bulle *Vineam Domini Sabaoth* (15 juillet 1705) décida que le silence respectueux sur les faits condamnés par l'Église ne suffit pas, et que les fidèles devaient rejeter, non seulement de bouche, mais de *cœur*, les erreurs de Jansénius. Plus tard, la bulle *Unigenitus* (8 septembre 1713) condamna 101 propositions extraites des *Réflexions morales sur le Nouveau Testament* de l'oratorien Quesnel.

3. Dom Calmet, VII, 313; de Rogéville, II, 629.

exemples. M. de Coislin, évêque de Metz, reçut la bulle *Unigenitus*, mais la commenta et en exclut « tous les mauvais sens » qu'on pouvait donner à certaines propositions. M. de Béthune, évêque de Verdun, fut un des huit prélats qui, à la suite du cardinal de Noailles, archevêque de Paris, firent opposition au Saint-Siège et en appelèrent au futur concile général[1]. Le chapitre de Saint-Dié se signala également par ses résistances et ne se décida à accepter la constitution que sur les instances du duc de Lorraine, au moment où celui-ci sollicitait l'établissement d'un évêché à Saint-Dié ; un chanoine, M. de Circourt, persista même dans son refus et protesta à la fois contre la bulle et contre l'intervention du prince : on le força à renoncer à son bénéfice[2].

Quoique ennemi des jansénistes, Léopold ne favorisa pas les menées des jésuites, lorsque ceux-ci, persécutés par le cardinal de Noailles, cherchèrent à inonder le royaume des écrits qu'ils faisaient imprimer dans les duchés ; c'est ainsi qu'il fit saisir, dans les boutiques des libraires de Nancy, au commencement de 1719, divers ouvrages favorables aux doctrines ultramontaines[3]. M. d'Audiffret et ses agents surveillaient d'ailleurs avec la plus grande attention les jésuites lorrains, surtout ceux du collège et de l'Université de Pont-à-Mousson, lesquels, affirmait M. de Bosque, étaient « en relations très intimes et secrètes touchant la constitution *Unigenitus* » avec les jésuites de Paris. « Depuis quinze jours, écrivait encore à ce sujet le même personnage, il est sorti de chez eux une pièce en forme de nouvelles publiques, qui pourrait se

---

1. Ch. Buvignier, *Le Jansénisme dans l'évêché de Verdun* (Journal de la Société d'archéologie lorraine, 1857). — Voir aussi sur le jansénisme à Verdun, le travail de M. Gandelet (*Mémoires de la Société philomathique de Verdun*, t. IX, 1881).
2. Gravier, *Histoire de Saint-Dié*, p. 289.
3. *Gazette de Hollande*, n° 16. Supplément.

lire dans une bonne demi-heure, laquelle pièce soutient la constitution en toutes ses parties et canonise tous ses partisans, surtout ceux qui résistent à leurs évêques non constituants[1]. »

Bientôt le bruit ayant couru que M. de Camilly allait être appelé à un autre évêché, Léopold s'adressa au régent, non « par rapport à la perte » qu'il ferait de ce prélat, mais pour lui demander que le nouvel évêque fût également favorable à la constitution *Unigenitus* : « L'évêque de Toul d'à présent, lui disait-il, ayant accepté la constitution, et son diocèse contenant la plus grande partie de mes États, dans lesquels cette même constitution est acceptée, nous tomberions dans de très grands inconvénients si M. le duc d'Orléans n'avait la bonté de nommer un successeur à cet évêque de Toul qui serait acceptant de cette constitution, d'autant plus que les évêques de Metz et de Verdun sont opposants. Personne au monde ne sait mieux que M. le duc d'Orléans la peine que cette affaire lui a donnée. J'ai été assez heureux que dans mes États on conserve un silence profond sur cette matière, ce qui fait, pour qu'il n'arrive pas chez moi quelque changement, que je prie M. le duc d'Orléans de vouloir faire attention à ma prière[2]. »

M. de Camilly fut nommé archevêque de Tours en 1721; M. Bégon, qui le remplaça, ne montra pas moins de vigilance que son prédécesseur à maintenir dans son diocèse l'orthodoxie. Il tenta de ramener par la persuasion l'abbé de Beaupré[3], dom Anselme Bavais, et ses religieux, qui avaient toujours refusé de recevoir purement et sim-

---

1. Lettre du 6 juin 1719. *Archives des affaires étrangères*, CV, f° 16.
2. 4 novembre 1719. *Ibid.*, f° 239.
3. Le couvent de Beaupré, près Lunéville, appartenait à l'ordre de Citeaux. Le relâchement s'y étant introduit, Léopold avait fait venir de l'abbaye d'Orval, en 1710, 10 à 15 religieux à la tête desquels était le R. P. Anselme Bavais. Calmet, VII, 341.

plement la bulle *Unigenitus* ; n'ayant pu y réussir, il leur interdit les fonctions de leur charge. Un maître des requêtes, accompagné d'un exempt et de trois gardes du corps, fit, dans toutes les chambres du couvent, une minutieuse perquisition, enleva tous les ouvrages, imprimés ou manuscrits, hostiles à la constitution, et signifia à l'abbé, au prieur et à un religieux que, par ordre du duc, on ne leur laissait qu'un quart d'heure pour se préparer à partir : l'abbé fut conduit à la chartreuse de Bosserville, le prieur à Chaumouzey, le religieux à Belchamp. Les moines restés à Beaupré furent amenés, par groupes de quatre, à Lunéville où l'évêque et l'abbé de Vence les catéchisèrent longuement. Dom Anselme Bavais ne tarda pas à sortir de Bosserville après avoir promis de se soumettre, et la plupart des religieux imitèrent sa conduite ; deux ou trois seulement se retirèrent en Hollande[1] (1727).

Le jansénisme ne fut pas étranger à la longue querelle qui s'éleva au sujet de l'abbaye de Senones, entre dom Mathieu Petitdidier et l'abbé de Bouzey. En 1715, mouraient coup sur coup les deux abbés de Senones : Pierre Alliot, élu canoniquement, et le frère de Léopold, le prince François, à qui le pape avait donné l'abbaye. Les religieux choisirent pour abbé dom Mathieu Petitdidier ; mais la cour de Rome prétendit jouir de la libre disposition du bénéfice et exigea que le nouvel élu reconnût ne tenir son abbaye que de la faveur du pape : les bulles qui lui furent accordées le désignaient comme le successeur du prince François. Mais Léopold ne tenait pas moins que le Saint-Siège à ravir aux religieux le droit d'élire leur abbé ; de sa propre autorité il accorda au comte de Hautoy la succession de son frère. Les religieux de Senones, pour éviter toute compétition et assurer à l'avenir l'exercice de

---

1. Calmet, VII, 356.

leurs droits désintéressèrent l'abbé commanditaire moyennant une somme de 36,000 francs ; Petitdidier se crut alors paisible possesseur de son bénéfice. Mais un abbé de cour, M. de Bouzey, accusa à Rome Petitdidier[1] de n'avoir pas accepté la constitution *Unigenitus* et de professer des doctrines jansénistes ; grâce à l'appui du duc de Lorraine, il obtint des bulles de dévolu sur l'abbaye de Senones et en prit possession (décembre 1719).

Petitdidier se défendit avec habileté ; il écrivit sur l'infaillibilité du pape un ouvrage d'autant mieux accueilli à Rome que plusieurs parlements le condamnèrent en France, et adressa au Saint-Père, en même temps que ce livre, une adhésion formelle à la bulle *Unigenitus*. Le pape Benoît XIII s'intéressa vivement à lui faire rendre son abbaye ; il le combla d'honneurs, le nomma évêque *in partibus* de Macra et assistant du trône pontifical. Mais tel était le crédit de l'abbé de Bouzey que dom Petitdidier dut transiger avec lui ; il donna à son compétiteur une pension de 500 écus romains pris sur les revenus de l'abbaye de Senones[2].

Dom Augustin Calmet, qui devint à la mort de Petitdidier (1728) abbé de Senones, n'avait jamais eu contre les jansénistes une répulsion bien vive. Ses relations avec dom Thierry de Viaixnes, — celui que le chancelier d'Aguesseau qualifie de *janséniste des plus outrés*, — expliquent les clameurs des jésuites contre les bénédictins en général, et en particulier contre le docte auteur de l'*Histoire de Lorraine*, soupçonnés et accusés de jansénisme[3].

---

1. L'accusation de jansénisme lancée contre dom Mathieu Petitdidier reposait sur quelque fondement. Ce religieux ne s'était fait aucun scrupule d'offrir à Senones un asile au P. Quesnel. Cf. abbé Guillaume, *Nouveaux documents inédits de la correspondance de dom Calmet* (Mémoires de la Société d'archéologie lorraine, 1871), et *Histoire du diocèse de Toul*, III, p. 403 et suiv.
2. Cet accord est du 6 octobre 1726. Sur ce sujet, voir Calmet, VII, 311, Gravier, 247 et suiv.
3. Voir le travail, cité plus haut, de l'abbé Guillaume.

C'est seulement dans le chapitre général tenu à l'abbaye de Saint-Mansuy de Toul, en 1730, que les bénédictins se soumirent et s'engagèrent à exclure des emplois du chapitre et des charges de la congrégation les religieux qui n'accepteraient pas les bulles *Vineam et Unigenitus*; l'évêque de Toul et dom Calmet assistaient à ce chapitre, le premier en qualité de commissaire du roi, le second comme président de la congrégation[1].

VII

Les protestants furent poursuivis comme les jansénistes. En 1698, la Cour souveraine, plus orthodoxe que le clergé lui-même, chassait plusieurs familles protestantes que les religieux de l'abbaye de Beaupré avaient appelées d'Allemagne pour le soin de leurs troupeaux; elle fit en même temps « très expresses inhibitions et défenses » à tous les sujets de Son Altesse d'employer d'autres personnes que celles qui feraient profession de la religion catholique, apostolique et romaine, « à peine d'en demeurer responsables[2] ».

Un arrêt de la même Cour, du 5 août 1700, ordonnait à tous ceux qui appartenaient à la « religion prétendue réformée », au village de Thanvillé[3], de « vider les États de Son Altesse Royale, eux, leurs enfants et familles » dans le délai de trois mois[4].

Bien d'autres expulsions eurent lieu dans la suite. En

---

1. Calmet, VII, 358.
2. 5 juin 1698. *Recueil des édits*, I, 21. — Sur la Réforme en Lorraine avant Léopold, consulter l'étude de M. Cuvier (*Mémoires de l'Académie de Stanislas*, 1883).
3. Thanvillé (canton de Villé, ancien département du Bas-Rhin), enclavé en Alsace, n'était demeuré sous la souveraineté du duc de Lorraine qu'à cause de sa dépendance de l'abbaye de Moyenmoutier.
4. *Recueil des édits*, I, 215.

1702, un village nouveau[1] fut bâti en face de Bouquenom, sur la rive gauche de la Sarre, par le comte de Nassau-Sarrebruck, pour y loger les luthériens qui avaient été obligés de sortir de la ville vieille appartenant au duc de Lorraine[2]. Dans le budget des dépenses de l'année 1706 nous trouvons qu'une somme de 76 livres est payée au sieur Branchen, premier huissier de la cour, pour frais de voyages faits par ordre du duc pour expulser les « religionnaires » de ses États ; une autre somme de 100 livres est donnée au sieur Jacquemin, procureur ducal à Sarreguemines, « pour frais de voyages qu'il a faits à la recherche des juifs et hérétiques[3] ».

Les protestants de Lixheim, persécutés par Louis XIV, recouvrèrent, il est vrai, leurs privilèges et la liberté de conscience sous la domination du duc de Lorraine ; mais celui-ci se montra impitoyable à l'égard des « religionnaires » étrangers qui avaient espéré d'abord trouver dans cette ville les mêmes avantages. Le sieur Gangloff, l'un des membres les plus influents de la communauté dissidente de Lixheim, n'obtint pour sa belle-fille et pour son gendre un permis de séjour qu'à la condition formelle que leurs enfants seraient baptisés et élevés dans la foi catholique ; et bientôt, sur la plainte du curé que cette condition n'avait pas été remplie, le prévôt de la ville rendit un jugement (25 juin 1708), qui donnait vingt-quatre heures seulement aux inculpés pour sortir de la ville[4]. Gangloff s'adressa à Léopold, lui rappela les souffrances que lui et ses coreligionnaires avaient supportées sous la domination

---

1. Saar-Union a été formé en 1794 de la réunion de ce village nouveau (Neu-Saarwerden) et du bourg de Bouquenom. Le petit village de Saarwerden (ou Alt-Saarwerden) est sur la rive droite de la Sarre, à 1 kilomètre en amont.
2. D'Audiffret, *Mémoire*, f° 110.
3. Archives de Meurthe-et-Moselle, B, 1579.
4. Ms. n° 149 de la Société d'archéologie lorraine.

française, ajoutant que sous « le règne glorieux » de Son Altesse il ne se pouvait qu'ils fussent « pareillement fort maltraités »; on ne répondit même pas à sa requête. L'intervention des rois de Prusse, Frédéric Ier et Frédéric-Guillaume Ier, en faveur des réformés de Lixheim ne fut pas plus heureuse[1].

Plus tard Léopold n'hésita pas à défendre ses États contre le prosélytisme ardent des princes luthériens de la maison de Nassau. En 1724, les deux ministres Rosenkranz et Lucius furent arrêtés dans les environs de Fénétrange, à Metting et à Postroff[2], et confiés à la surveillance de quelques bourgeois ; ils refusèrent tous deux la liberté qu'on leur offrit au bout de quelques jours, et ne voulurent pas acquitter leurs « frais de nourriture et de garde », sous prétexte qu'ils attendaient les ordres de leur souverain et ne pouvaient rien faire avant de les avoir reçus. Pour les punir de leur obstination, on les mit quinze jours « au pain des prisonniers », puis on les reconduisit à la frontière[3].

---

1. Cf. Benoît, *Le Duc de Lorraine et les réformés de Lixheim*, dans la *Revue nouvelle d'Alsace-Lorraine et du Rhin*, 1887-1888, p. 361 et suiv. — M. Benoît cite une lettre de Frédéric Ier à Léopold (3 février 1710), et la réponse de Léopold (10 avril 1710), qui prétend ne pouvoir prendre, par crainte de la France, aucune mesure d'adoucissement à l'égard des réformés « Si, continue le duc, la dangereuse situation où je suis à présent, peu : changer de face par la grâce de Dieu, par le puissant appui de Votre Majesté et celui des Hauts Alliés, je ferai tous les efforts possibles à ce que le désir de Votre Majesté soit entièrement satisfait à cet égard. » Léopold invoque les mêmes raisons dans sa lettre du 13 juillet 1713 à Frédéric-Guillaume Ier.

2. Ces villages faisaient partie de la seigneurie de Geroldseck, dont les princes de Nassau et le duc de Lorraine étaient cosouverains; les premiers percevaient deux portions du domaine utile sur vingt-et-une. Léopold leur reconnaissait ce droit, mais prétendait exercer seul dans cette seigneurie les droits de souveraineté.

3. Voir ms. n° 119 de la *Bibliothèque de la Société d'archéologie lorraine*, f° 31. — Dans les registres du comptable, il est question d'une somme de 152 livres 10 sols payée à des cabaretiers de Fénétrange, pour avoir nourri deux ministres luthériens qui y furent arrêtés. (*Archives de Meurthe-et-Moselle*, B, 1679.)

VIII

Pendant les premières années de son règne, et, plus tard, après la chute de Samuel Lévy, Léopold suivit à l'égard des juifs, — qu'il traita avec bienveillance tant qu'il eut besoin d'eux, — une politique de méfiance et de vexations[1].

L'ordonnance du 13 août 1698 accordait à leurs débiteurs un délai de trois ans pour s'acquitter de leurs dettes, et réduisait à cinq pour cent les intérêts échus ou à échoir, afin d'empêcher l'usure. Il est vrai que six mois après, le duc de Lorraine rapportait cette mesure de rigueur et autorisait les juifs à reprendre leur action contre les personnes qui leur avaient souscrit des billets et des lettres de change, ou acheté des chevaux, des bestiaux et des marchandises[2]. Mais, au mois d'août 1700, il laissait la chambre de Nancy leur défendre de rester dans la capitale du duché et même d'y passer plus d'une nuit sans s'être fait inscrire à l'hôtel de ville : cette ordonnance municipale arrête que les juifs « demeureront dans une seule et même maison qui leur sera marquée par le magistrat, qui leur marquera pareillement un certain jour de la semaine pendant lequel ils pourront faire le commerce; qu'ils se feront accompagner d'un sergent de ville et paieront vingt sols par heure de leur séjour au profit de l'hôtel de ville ; défense de transporter billon ni parfilure à peine de confiscation et d'amende payable par corps au profit des pauvres, du fermier et du dénonciateur par tiers ; qu'ils seront responsables des vols et recélés qui se

---

1. Cf. A. Lévy, *Notice sur les Israélites du duché de Lorraine.* Paris, 1835, brochure de 26 pages in-8°.
2. *Recueil des édits*, I, 37, 119.

feront dans la ville pendant leur séjour, en cas qu'ils se trouvent logés ailleurs que dans la maison qui leur aura été désignée comme dit est ; défense à tous autres bourgeois de les loger ni de recevoir chez eux leurs marchandises, ce qui ne sera permis qu'à l'hôte dont on sera convenu[1] ».

Au lendemain de la disgrâce de Samuel Lévy, et afin de prévenir les « désordres » que l'usure pourrait produire en Lorraine, Léopold interdit à tout juif de paraître dans un lieu autre que celui de sa résidence sans avoir fait connaître au prévôt ou au maire le jour et l'heure de son arrivée, les maisons dans lesquelles il devait entrer, et le temps qu'il pensait demeurer dans chacune : un « homme de probité », désigné par l'un ou par l'autre de ces officiers, devait l'accompagner partout, être présent à ses marchés, et les contresigner lui-même à peine de nullité. Le juif coupable de contravention encourait une amende de 500 fr. et la confiscation de ses biens ; en cas de récidive, il s'exposait à des châtiments plus forts encore[2].

En dépit de tous les obstacles, le nombre des juifs s'accroissait dans de notables proportions. Léopold ordonna, le 12 avril 1721, l'expulsion de tous ceux qui s'étaient établis dans ses États depuis le 1er janvier 1680 ; il leur laissait quatre mois pour se retirer où bon leur semblerait, leur permettait de vendre leurs maisons et leurs terres, d'emporter leurs meubles, mais leur défendait expressément de faire sortir de la Lorraine l'or, l'argent et les métaux dont l'exportation était interdite[3].

Quelque inique que fût cette mesure d'expulsion, il faut reconnaître qu'en ne confisquant pas purement et simplement les biens des israélites, Léopold faisait preuve

---

1. Ordonnance du 23 août 1700. *Ms.* n° 178 *de la Bibliothèque de Nancy*, f° 51.
2. Édit du 13 août 1720. *Recueil*, II, 390.
3. Ordonnance du 12 avril 1721. *Ibid.*, II, 461.

d'une modération au moins relative[1]. Bientôt d'ailleurs il adoucit la rigueur de l'ordonnance précédente en prorogeant de deux mois le délai accordé aux proscrits[2], puis en accordant le droit de séjour à 51 familles menacées de l'exil; il permit même à ces familles d'exercer leur religion, de « tenir leur synagogue » dans une de leurs maisons, « sans bruit ni scandale », et rattacha tous les juifs de Lorraine à la synagogue principale de Boulay, dont Moïse Alcan était nommé le chef. L'édit du 13 août 1720 fut rapporté et le duc rendit à tous la faculté de commercer librement, à la condition qu'ils observeraient les lois et les coutumes; bien plus, il les prit en quelque sorte sous sa protection en défendant à ses sujets de les molester ou de les inquiéter (déclaration du 20 octobre 1721)[3].

Moïse Alcan jouissait alors d'une grande faveur auprès de Léopold et c'est sans nul doute à son influence qu'est dû le répit laissé à ses coreligionnaires de 1721 à 1726. La Chambre des comptes de Lorraine ne cacha pas le mécontentement que lui causait la tolérance du prince; il fallut une lettre de cachet pour la décider à enregistrer la déclaration du 20 octobre 1721[4]. Elle refusa ensuite de recevoir Louis Mathieu en qualité de receveur des consignations sous prétexte que ce personnage, dispensé par le duc de toute caution, n'était qu'un prête-nom, et que l'office avait été adjugé à Moïse Alcan : « On ne doute, — écrivait la Chambre en parlant de ce dernier, — qu'il n'ait acquitté le prix de la finance et qu'il ne soit en réputation de faire de grandes affaires, mais cela ne rassure point la méfiance publique. Il y a une triste et récente expérience que la fortune d'un juif est sujette à des révo-

---

1. A. Lévy, *Notices sur les Israélites du duché de Lorraine*, p. 12.
2. Arrêt du Conseil d'État du 9 août 1721. *Recueil*, II, 439.
3. *Ibid.*, II, 509.
4. Bibliothèque de Nancy, ms. n° 174, f° 225.

lutions subites, toujours ruineuses à l'État... Dira-t-on qu'il n'aura point le maniement des deniers, que Mathieu veillera soigneusement à leur conservation? Mais qui pourra persuader le public que Mathieu, qui devient le commis de ce juif, aura assez de fermeté pour lui refuser l'ouverture de sa caisse aux besoins continuels de son commerce qui consiste particulièrement, ce que l'on n'ignore point, à l'agiotage des espèces?... » Léopold fit répondre à la Chambre qu'elle eût à obéir « sans aucun plus long délai, n'ayant rien fait dans cette occasion qu'avec pleine connaissance de cause[1]. »

Mais, en 1726, le duc de Lorraine donna une légère satisfaction aux magistrats de la Chambre des comptes en défendant aux juifs de vivre mêlés à ses sujets catholiques et en les réduisant à un quartier spécial; il leur fut ordonné de vendre et de quitter dans le mois les maisons qu'ils possédaient ou habitaient dans l'intérieur des villes, bourgs et villages, à peine de confiscation contre ceux qui étaient propriétaires et d'une amende de 2,000 livres contre les autres[2].

La satisfaction de la Chambre des comptes fut encore plus complète lorsque le duc de Lorraine eut signé l'édit du 30 décembre 1728, qui défendait à ses sujets de toute condition et de toute qualité de commercer, traiter et stipuler avec les juifs, lorrains ou étrangers, par actes sous seings privés : les prêts d'argent consentis par ces parias n'étaient valables qu'à la condition d'être faits devant les notaires ou tabellions, qui devaient *compter* et *délivrer* eux-mêmes les espèces; on soumettait à la même formalité les ventes de grains, de bétail et généralement toutes les transactions commerciales, sauf les lettres de

---

[1]. Bibliothèque de Nancy, ms. n° 106, f° 118.
[2]. Arrêt du Conseil, 11 juin 1726. *Recueil*, III, 168.

change et les billets à ordre. Pour excuser le caractère exceptionnel et inique de cette législation, on invoquait les « surprises, subtilités et usures » qu'exerçaient « journellement les juifs, surtout ceux de la campagne », on parlait des difficultés qu'éprouvaient les particuliers lésés à « découvrir et prouver le vol et la tromperie » dont ils étaient victimes[1]. Un tel langage était bien capable d'exciter les noires préventions qu'inspirait à des populations souvent inertes et ignorantes l'habileté de négociants actifs et instruits.

Du moins il faut savoir gré à Léopold de n'avoir pas songé, au milieu de ses embarras financiers, à pressurer les juifs de ses États ; il ne leva point sur eux d'impôts particuliers, ainsi que cela se faisait dans bien des pays, ainsi que le fit la régente quelques années après sa mort[2].

IX

Il n'existait rien en Lorraine, au xviiie siècle, qui rappelât, même de loin, notre ministère actuel de l'instruction publique, et Léopold, comme les précédents ducs de Lorraine, ne parut à aucun moment se préoccuper de l'éducation populaire ; il laissa ce soin aux curés, aux évêques, aux municipalités.

A Nancy, les maîtres d'école formaient depuis 1663 une confrérie sous l'invocation de Saint-Nicolas ; nul ne pouvait y être admis avant d'avoir été examiné par l'écolâtre de Saint-Georges[3], qui jouissait aussi du privilège

---

1. *Recueil des édits*, III, 321.
2. Arrêt du Conseil du 28 juillet 1733. *Ibid.*, V, 231.
3. Le droit de nommer les maîtres d'école et d'inspecter les classes fut donné au chapitre de Saint-Georges par le duc Raoul en 1310 et confirmé par Charles IV en 1663. *Archives de Meurthe-et-Moselle*, B, 288.

de visiter les écoles pour s'informer du « maintien de la jeunesse » et s'assurer que les livres mis entre les mains des enfants ne contenaient rien de contraire aux principes de la religion[1]. Un arrêt du Conseil d'État du 22 janvier 1716 et un décret de Léopold du 10 juillet 1718 confirmèrent l'écolâtre dans ces prérogatives et lui accordèrent en outre le droit d'inspecter les boutiques des libraires, afin de voir si l'on n'y exposait pas en vente des livres mauvais[2]. Pierre-Nicolas Philibert, l'un des aumôniers du duc, puis Henri de Bousmard, prêtre du diocèse de Verdun, furent successivement nommés écolâtres de Saint-Georges[3].

A Pont-à-Mousson, le recteur de l'Université obligeait, en 1705, les maîtres d'école de la ville à faire profession de foi entre ses mains et à recevoir de lui la permission d'enseigner[4].

La Cour souveraine enregistra, en 1716, une ordonnance de l'évêque de Toul enjoignant aux archidiacres du diocèse de visiter au moins une fois l'an les paroisses de leurs archidiaconés, et de dresser procès-verbal de l'état des églises, des presbytères et des maisons d'école. En 1717, M. de Coislin, évêque de Metz, recommandait aux fidèles « d'envoyer régulièrement leurs enfants à l'école, instructions et catéchismes[5] ».

Le curé de Houdreville établissait, en 1708, une maîtresse d'école dans sa paroisse et lui donnait, outre le logement, 122 fr. et un resal de blé par an[6].

Dans la plupart des villes, il y avait des écoles de filles

---

1. Lepage, *Archives de Meurthe-et-Moselle*, I, 135. — En 1697, il y avait dans cette ville 6 régents d'école. *Ibid.*, II, 306.
2. *Ibid.*, I, 136.
3. Lettres patentes des 25 octobre 1709 et 31 août 1722. *Archives de Meurthe-et-Moselle*.
4. De Rogéville, II, 614.
5. *Recueil des édits*, II, 97 ; Lepage, *Les Communes de la Meurthe*, I, 77.
6. Lepage, *ibid.*, I, 503.

tenues par les diverses congrégations enseignantes ; dans les campagnes, elles étaient une exception, mais tous les villages lorrains avaient leur maître d'école, qui instruisait d'ordinaire la jeunesse des deux sexes. Il était nommé par l'assemblée générale des habitants contribuables et choisi parmi ceux qui, à la suite d'un examen sommaire, avaient obtenu de l'autorité diocésaine la permission d'enseigner. Son salaire se composait du *casuel,* c'est-à-dire de ce que lui rapportait son service à l'église, et de l'*écolage* payé par les parents des élèves, souvent d'un traitement fixe fourni par la communauté et même d'une portion de dîmes[1]. A Ludres, le maître d'école avait le dixième de la grosse[2] et de la menue dîme ; à Raville, le tiers de la dîme grosse et menue de la troisième charrue[3] ; à Ferrières, la dîme de la quatrième charrue ; à Sainte-Paule et à Ogéviller, il jouissait de la dîme de la troisième charrue, mais devait fournir le pain et le vin pour la messe, décorer l'église, blanchir les linges de l'autel, et sonner les cloches même pour les orages. A Bauzemont, il était à la nomination du seigneur qui lui donnait trois resaux de blé, deux fauchées de prés et un jardin[4].

Dans plusieurs villes, c'est l'autorité municipale qui a la haute main sur les écoles. A Épinal, la chambre traite en 1708 avec Étienne Hugues, régent à Gérardmer, pour les fonctions de « maître des petites écoles et chantre de la paroisse[5] ».

A Lunéville, nous voyons, en 1680, le corps municipal

---

1. Cf. abbé Mathieu, p. 115.
2. La grosse dîme était celle du blé, orge, seigle, méteil et avoine ; la menue dîme se levait sur le chanvre, le lin, les légumes, les raisins, le foin, la laine et le menu bétail.
3. On appelait dîme de la troisième ou de la quatrième charrue la dîme payée par un laboureur qui venait au troisième ou au quatrième rang dans la paroisse pour l'importance de la récolte.
4. Archives de Meurthe-et-Moselle, B, 288 et 289.
5. Ferry, II, 89.

choisir seul son instituteur; en 1689, le curé signe en même temps que le greffier de l'hôtel de ville l'engagement d'un nouveau maître. Mais c'est à la chambre que le sieur Deveney se plaint, en 1709, de la concurrence que lui font d'autres maîtres d'école, qui enseignent sans autorisation et accueillent avec empressement les élèves que sa sévérité éloigne : « Il lui est impossible, écrit-il, de régler la jeunesse avec toute l'équité qu'il souhaiterait; il a au contraire le déplaisir de la voir dans le libertinage, sans civilité et de peu de dévotion à l'église, sans qu'il puisse oser la reprendre comme elle mériterait. » La chambre ne lui donne qu'en partie satisfaction ; elle défend bien à tout particulier de tenir école à peine de 25 francs d'amende et de pareille somme au profit du suppliant, mais elle permet aux maîtres dénoncés « d'aller enseigner dans les maisons particulières lorsqu'ils y seront appelés » ; l'un d'eux, plus heureux encore que ses confrères peut même continuer à tenir école, « à charge par lui de conduire ses écoliers au catéchisme et aux instructions qui se feront à la paroisse[1] ».

Le sieur Deveney, si jaloux de ses droits, cumulait avec les fonctions d'éducateur celles de chantre ; outre ses gages, fixés primitivement à 400 francs, puis à 442 francs, il avait le logement[2], « la reconnaissance de ses étudiants et autres petits droits et aides comme de bonne coutume ». En 1714, le corps municipal lui accorde une augmentation de 58 francs, « attendu que les vivres sont très chers, qu'on lui a pris une partie de son jardin, et qu'enfin il assiste à tous les enterrements des pauvres sans aucune rétribution[3]. »

---

1. *Registres des délibérations du corps municipal de Lunéville*, séances du 24 mai 1689 et du 28 août 1709.
2. En 1703, pour reconstruire la maison d'école, le corps municipal arrête que tous les charretiers de la ville et des faubourgs voitureront chacun dans la huitaine deux voitures de sable. *Ibid.*, séance du 6 avril 1703.
3. *Ibid.*, séance du 21 mars 1714.

X

L'édit du 6 janvier 1699[1] supprima toutes les « écoles d'humanités, de rhétorique et de philosophie » établies dans les villes ou bourgs de la Lorraine et du Barrois, sauf celles que suivaient dans les monastères les religieux seulement. Toutefois il fut permis aux Jésuites de continuer à enseigner jusqu'à la rhétorique inclusivement dans les collèges qu'ils dirigeaient à Nancy[2], Bar et Épinal. Léopold voulait ainsi rendre l'Université de Pont-à-Mousson florissante, et y attirer un plus grand nombre d'étudiants; en 1726, il défendit de nouveau aux congrégations et aux particuliers de tenir des écoles secondaires et d'apprendre à leurs élèves autre chose que « les principes de la langue latine[3] ». Dans l'intervalle, la Cour souveraine avait interdit aux Récollets de Boulay d'admettre « aucuns séculiers » aux cours de philosophie faits pour les religieux de l'ordre[4].

Léopold, il est vrai, se relâcha plus d'une fois de cette rigueur excessive. La chaire de philosophie qui existait au collège d'Épinal depuis 1695 fut, sinon conservée, du moins rétablie peu de temps après sa suppression. Les philosophes d'Épinal ne donnaient même pas toujours à leurs jeunes condisciples l'exemple de la soumission. En 1723, les maîtres désespérés s'adressent à la Chambre, « disant que depuis quelques jours une partie des élèves

---

1. *Recueil*, I, 117.
2. Le collège de Nancy datait de 1616 ; il eut pour premier fondateur l'évêque de Toul, M. des Porcelets de Maillane, qui lui abandonna une créance de 48,000 fr. sur le domaine ducal, puis un capital de 20,000 fr. *Archives de Meurthe-et-Moselle*, B, 288, f° 63. — Cf. Lionnois, II, p. 109 et suiv.
3. Lettre de cachet du 1 décembre 1726. De Rogéville, I, 621.
4. 11 décembre 1719. *Recueil*, II, 297.

de philosophie ont abandonné la classe, sous prétexte qu'ils ne veulent point se soumettre à la pénitence imposée à quelques-uns d'entre eux, et que les mêmes élèves s'attroupent devant le collège dans le but d'en entraîner d'autres ». Les officiers municipaux n'hésitèrent pas à accorder aux Pères le secours du bras séculier et défendirent sur-le-champ à tous les habitants de la ville qui logeaient des collégiens de leur donner à manger pendant plus de 24 heures s'ils ne reprenaient pas leurs études[1].

Plusieurs autres collèges furent autorisés et reçurent même des faveurs de Léopold. En 1710, il fit don aux Jésuites de Bouquenom des rentes et revenus du prieuré de Saint-Léonard; en 1718, il leur abandonna les dîmes qui lui appartenaient sur le territoire de Morhange, « afin de les engager d'autant plus à continuer leurs soins pour l'instruction de ses sujets[2] ».

Le collège de Ligny, dont le « maître principal et administrateur » était le curé de la ville, avait huit bourses de fondation, dont quatre devaient être données à des jeunes gens du comté de Ligny[3].

A Saint-Mihiel, à côté des Bénédictins qui ne donnent qu'un enseignement élémentaire, nous trouvons les Chanoines réguliers qui conduisent leurs élèves jusqu'à la troisième inclusivement[4].

Les Chanoines réguliers avaient à Lunéville, au xviie siècle, un collège dont les malheurs du temps amenèrent la fermeture. Dans les premières années du xviie siècle, il n'y eut dans cette ville qu'un seul « régent de latinité » à qui le corps municipal donnait une modique subvention, à charge de tenir classe soir et matin pendant tous les

---

1. Ferry, II, 83, 104, 141.
2. Lepage, *Communes de la Meurthe*, I, 353; *Archives de Meurthe-et-Moselle*, lettres patentes du 14 novembre 1718.
3. *Ibid*, B, 164, f° 71; Durival, II, 352.
4. Dumont, *Histoire de Commercy*, III, 76.

jours ordinaires de l'année, au moins quatre heures par jour. En 1725, la municipalité subventionnait trois régents ; elle jugea à propos de traiter avec l'un d'eux qui, en retour du subside alloué précédemment aux trois, offrait d'assurer à la jeunesse un enseignement solide et gradué ; dans la séance du 23 mai 1725, il est convenu :

« 1° Que le sieur Philibert sera examiné par des gens habiles sur les principes d'humanité, sur la poésie, versions d'auteurs et compositions ;

« 2° Qu'il sera obligé de tenir son école régulièrement dans la salle que lui louera la ville, s'obligeant à cet effet de lui donner par chacune année une somme de 300 livres, laquelle salle l'hôtel de ville s'oblige de mettre en état, savoir d'y faire construire une chaire pour le professeur et des tables et bancs en suffisance pour ses écoliers ;

« 3° Que ledit sieur Philibert enseignera, comme il l'expose dans sa requête, depuis les premiers principes de la langue latine jusqu'à la rhétorique inclusivement, et sera permis audit Philibert de prendre de chaque écolier qui étudiera chez lui, depuis les premiers principes des humanités jusqu'en troisième, 40 sols, et par chaque écolier étudiant en troisième jusqu'en rhétorique, 50 sols par mois. Ne pourra le suppliant prétendre aucune franchise des droits du franc par resal et de l'encavage des vins, sera néanmoins exempt de toutes tailles, même de subvention, de chasses et de toutes autres corvées ;

« 4° Sera obligé ledit sieur Philibert, ainsi qu'il l'expose dans sa requête, de faire présenter deux fois l'année deux tragédies sur tels sujets qu'il jugera à propos[1]. »

Mais la jeunesse de Lunéville ne profita pas longtemps des leçons du sieur Philibert ; Léopold voulant doter d'un

---

[1]. Archives de Lunéville, *Registres des délibérations du corps municipal*, séance du 23 mai 1725.

collège son lieu favori de résidence s'adressa aux Chanoines réguliers et obligea la municipalité, par lettres du 20 octobre 1728, à leur payer annuellement la somme de 1,000 livres pour « nourriture et entretien » de trois régents. La municipalité voulut se soustraire à cette charge; le 5 janvier 1729, elle convoqua les neuf plus anciens notables, âgés de 70 à 88 ans, tous nés à Lunéville, qui déclarèrent « avoir vu et ouï dire par leurs pères et anciens que de tout temps les Chanoines réguliers étaient obligés d'enseigner à la jeunesse les principes de la latinité; que plusieurs bourgeois actuellement vivants y avaient été, que lesdits Chanoines réguliers n'avaient jamais rien perçu ni de la ville, ni des particuliers[1] ». Léopold ne se laissa pas toucher par cette importante déposition, et les lettres du 20 octobre furent maintenues.

Sous la régence d'Élisabeth-Charlotte, le 4 juin 1731, le lieutenant général de police, au nom du corps de ville, passa avec les Chanoines un traité par lequel ceux-ci s'engageaient, moyennant une subvention annuelle de 1,200 livres, à fournir quatre maîtres pour enseigner jusqu'à la rhétorique: les parents des élèves n'avaient pas d'écolage à payer, mais seulement une légère rétribution pour le balayage des classes, l'éclairage et « les frais de correcteur[2] ».

XI

L'Université de Pont-à-Mousson, fondée en 1572 par le duc Charles III pour combattre la Réforme en Lorraine, comptait en 1607 près de 2,000 étudiants[3]; mais elle

---

1. *Ibid.*, séance du 5 janvier 1729.
2. Archives de Lunéville, DD, 16.
3. Lepage et Bonneval, *Mémoires de la Société d'archéologie lorraine*, 1869, p. 297.

souffrit beaucoup durant les guerres du xviie siècle et était déchue de son ancienne splendeur à l'avènement de Léopold. Celui-ci réorganisa, par l'édit du 6 janvier 1699, les quatre Facultés qui s'y trouvaient réunies : arts, théologie, droit, médecine[1].

On désignait sous le nom de Faculté des arts le collège dépendant de l'Université, et dans lequel on trouvait, à côté des professeurs de grammaire, d'humanités, de rhétorique et de philosophie, des maîtres particuliers pour apprendre les mathématiques, l'histoire et la géographie[2].

Les professeurs de la Faculté de théologie, au nombre de quatre, enseignaient l'Écriture sainte et l'hébreu, la théologie scolastique et les cas de conscience. Pour encourager ces études, Léopold réserva aux docteurs les cures de Nancy, Bar, Pont-à-Mousson, Saint-Mihiel, Épinal, Mirecourt et Neufchâteau ; pour toutes les autres, on devait choisir de préférence les prêtres qui avaient suivi pendant deux ans les cours de théologie.

La Faculté de droit avait, en 1699, quatre chaires de droit romain, canonique et civil. En 1706, on y ajouta une chaire de droit public : le nouveau professeur expliquait « les droits souverains et régaliens, les droits de la guerre et de la paix, droits de fief et autres[3] » ; il portait comme ses collègues « la robe et épomyde rouge ès jours de cérémonie », jouissait des mêmes droits honorifiques et privilèges, mais ne participait pas aux droits utiles pro-

---

[1]. En 1610, il n'y avait plus de professeur de médecine ; vers la même époque, la Faculté de droit était réduite à son doyen. Cf. Pfister, *Discours sur l'histoire de l'Université de Pont-à-Mousson* (Rentrée des Facultés de Nancy, 13 novembre 1890); abbé Martin, *L'Université de Pont-à-Mousson*.

[2]. Léopold prescrivit l'enseignement de l'histoire et de la géographie par l'article 6 de l'ordonnance du 6 janvier 1699, mais ces matières étaient considérées par les Jésuites comme accessoires et, sauf pendant quelques années, il n'y eut pas à Pont-à-Mousson de professeur d'histoire.

[3]. *Recueil des édits*, I, 526.

venant des inscriptions et des examens. Le duc se réservait de toujours nommer directement à cette chaire, tandis que les autres étaient pourvues « par la voie de la dispute et du concours », à charge par l'élu d'obtenir du souverain des lettres de confirmation. En 1720, on adjoignit aux professeurs deux docteurs agrégés pour les suppléer en cas d'empêchement, et les seconder dans la direction du travail des étudiants; ces deux offices furent supprimés au bout de quelques années et remplacés par une chaire de professeur de droit coutumier[1].

Le règlement de 1699 interdisait aux jeunes gens de commencer les études de droit avant l'âge de dix-sept ans, et avant d'avoir fait leur rhétorique et leur philosophie. Les grades étaient les mêmes qu'aujourd'hui : le baccalauréat, la licence et le doctorat, conférés après une, deux ou trois années d'études. La licence fut exigée de tous ceux qui aspiraient à une charge de judicature soit dans les compagnies souveraines, soit dans les bailliages[2].

A la tête de l'Université était le recteur, qui en avait la discipline générale et dirigeait le collège, dont les classes étaient confiées aux jésuites : il admettait, refusait ou expulsait les élèves, veillait à la « correction de leurs mœurs », sans toutefois porter atteinte aux droits des doyens et professeurs des Facultés de droit et de médecine.

Le recteur se montrait jaloux de ses prérogatives et les défendait avec vigilance contre les Facultés, disposées à

---

1. Recueil, II, 418, 633.
2. Les grades donnés par l'Université d'Avignon avaient la même valeur que ceux qu'octroyait l'Université de Pont-à-Mousson, pourvu que les gradués fussent lorrains ou natifs du comtat Venaissin : « Faisons très expresses inhibitions et défenses à notre dite Université de Pont-à-Mousson de troubler ou inquiéter directement ou indirectement celle d'Avignon dans la jouissance de ses privilèges, à peine de 2,333 fr. 1 gr. barrois d'amende, moitié à notre profit, et l'autre moitié au profit de l'hôpital Saint-Julien de notre bonne ville de Nancy. » Lettres patentes du 2 novembre 1703. Archives de Meurthe-et-Moselle, B, 113.

s'émanciper, quelquefois même dans leurs rapports avec le souverain.

Lorsque Léopold vint pour la première fois à Pont-à-Mousson, au mois de novembre 1698, le R. P. Modo, en qualité de recteur, le complimenta au nom de l'Université ; le doyen de la Faculté de droit, le sieur Pillement de Russange prit ensuite la parole au nom des Facultés de droit et de médecine. Le R. P. Modo en fut blessé et obligea le doyen à reconnaître par écrit qu'il n'appartenait qu'au recteur « de haranguer et de porter la parole au nom de toutes les Facultés qui composent le corps de l'Université, non à d'autres [1] ».

En 1706, le sieur Charvet ayant obtenu de Léopold des lettres pour un office de professeur de droit se présenta au recteur, Petitdidier, qui refusa de l'installer, sous prétexte qu'il n'avait pas encore été avisé de sa nomination par Son Altesse Royale. Le sieur Charvet, accompagné d'un notaire et de deux témoins, somma le recteur de l'admettre, et celui-ci ayant persisté dans son refus, les professeurs de la Faculté de droit installèrent eux-mêmes provisoirement leur collègue. Le recteur protesta. Les professeurs répondirent par une lettre assez vive : « Comme la hauteur avec laquelle vous nous traitez, disaient-ils, ne peut donner à votre révérence plus d'autorité que les recteurs vos devanciers n'en ont eu, les termes impérieux de votre acte ne sont point capables de nous faire écarter du respect que nous vous portons ; nous ne croyons point en avoir manqué en cette occurrence, ni en manquer, en vous disant pour réponse qu'il n'est point en votre pouvoir d'empêcher le sieur Charvet de continuer les fonctions de sa charge dont il est pourvu par lettres patentes de Son Altesse Royale. » Le recteur répliqua malicieusement que

---

1. De Rogéville, II, 612.

les « professeurs ès droits » n'avaient pas toujours marqué tant de soumission aux ordres de Son Altesse Royale. L'affaire se termina par l'intervention de M. Le Bègue qui, au nom duc, écrivit au recteur pour l'assurer que dans tout ce qui s'était passé on n'avait pas eu l'intention de porter atteinte à ses privilèges ; cette lettre fut présentée par le sieur Charvet lui-même, qui l'accompagna d'excuses verbales : « Néanmoins, dit Rogéville, le recteur délibéra s'il pouvait s'en contenter, et ce ne fut que trois jours après qu'il admit le sieur Charvet à la profession et au serment d'obéissance[1]. »

Plus tard, en 1718, à la procession que l'Université faisait au mois de juillet, une difficulté éclata au sujet de la place que la Faculté de droit occupait de tout temps dans le chœur de l'église. Le maître bedeau de théologie, qui était jésuite, fit enlever jusqu'à trois fois le banc de la Faculté, et celle-ci le rapporta autant de fois, de sorte que le champ de bataille lui resta. Le recteur n'osa prendre la défense du bedeau, qui assurément n'avait pas agi de son propre chef, et la querelle se termina par des sarcasmes[2].

Les étudiants de Pont-à-Mousson, surtout ceux de la Faculté de droit, se montraient turbulents et mutins. Le règlement du 6 janvier 1699 était pourtant sévère ; il défendait aux étudiants de porter l'épée le jour ou la nuit « à peine d'être exclus des études et même des degrés publics », aux hôteliers et cabaretiers de les recevoir aux heures des classes et du service divin ainsi « qu'à heures indues et nocturnes », aux artisans et marchands de leur prêter de l'argent ou même de leur faire crédit. Ces défenses, il est vrai, restèrent à peu près lettre morte. Aussi le recteur, les doyens, les professeurs, et le lieutenant du

---

1. *Ibid.*, II, 614 et suiv.
2. *Ibid.*, II, 620.

bailliage de Pont-à-Mousson, en qualité de « conservateur et promoteur » de l'Université, ne tardèrent pas à se plaindre à Léopold du « trop de liberté » que prenaient les étudiants, et des facilités que leur procuraient les bourgeois d'enfreindre les règlements.

L'ordonnance du 18 février 1702[1] réitéra l'interdiction du port d'armes et obligea les écoliers et étudiants à les déposer dans la huitaine entre les mains du recteur de l'Université ; défense fut faite aux bourgeois de cacher ces armes chez eux, ainsi que d'en louer et d'en prêter. Les étudiants durent désormais se retirer chez leurs hôtes avant la fin de la sonnerie de la retraite, c'est-à-dire à huit heures et demie en hiver, à neuf heures et demie en été ; pour plus de sûreté, on leur interdit de prendre pension chez les hôteliers et cabaretiers. Les étudiants en droit et en médecine, coupables d'avoir enfreint ces défenses, étaient punis de la perte d'une ou de deux inscriptions, et même rayés du contrôle de l'Université ou privés de leurs grades ; les écoliers en humanités, philosophie ou théologie étaient, pour la première infraction, enfermés huit jours dans les prisons de l'Université, quinze jours en cas de récidive, enfin chassés pour la troisième fois.

Plus tard, en 1722, la Cour souveraine, pour rassurer entièrement les familles, défendait aux bourgeois qui logeaient ou nourrissaient des étudiants « de leur prêter aucuns deniers, de leur faire aucunes avances ou fournitures à crédit, sinon pour leurs nécessités et soulagements, sans l'aveu et consentement de leurs parents, à peine de privation des deniers ou avances, même d'amende arbitraire[2] ».

Il était à ce moment question de transférer l'Université à Nancy[3]. Les initiateurs de ce projet mettaient en avant

---

1. *Recueil des édits*, I, 315.
2. *Ibid.*, II, 519.
3. Calmet, VII, 261 ; Noël, *Mémoires*, n° 5, I, 118 ; abbé Martin, p. 133 et suiv.

la situation géographique de Nancy, la ville la plus centrale de la Lorraine ; ils invoquaient les ressources que trouveraient les étudiants dans une capitale où ne manquaient ni les « bonnes bibliothèques », ni les « habiles gens en tout genre d'études » ; ils disaient qu'à Pont-à-Mousson régnaient la « fainéantise, le libertinage et la débauche du vin, le bourgeois de cette ville trouvant son intérêt à entretenir les écoliers dans ces désordres et dans des dépenses superflues ». Mais les efforts des bourgeois menacés de ruine, et surtout les résistances des Jésuites qui redoutaient à Nancy le voisinage des compagnies souveraines et des grands corps de l'État décidèrent Léopold à abandonner un projet qu'il avait un instant caressé.

XII

Il semble que l'enseignement de la médecine avait eu plus de vicissitudes encore à subir, dans les deux derniers tiers du xviiᵉ siècle, que celui des autres Facultés, à en juger du moins par les doléances des maîtres. Dans une touchante requête, ceux-ci exposaient en 1699 les grosses dépenses qu'ils avaient dû faire pour le rétablissement des exercices et la réfection de l'école ; ils demandaient de nouveaux habits en remplacement de ceux que leur avaient donnés les ducs précédents, et qui se trouvaient en lambeaux, « vermoulus », hors de service[1].

La désorganisation de l'enseignement médical avait eu de graves conséquences pour la santé publique. Médecins et chirurgiens n'étaient, trop souvent, que des empiri-

---

[1]. Tourdes, *Origine de l'enseignement médical en Lorraine* (Mémoires de l'Académie de Stanislas, 1871).

ques. Dans l'ordonnance du 28 mars 1708, Léopold cherche à réprimer la « témérité » de ceux qui s'ingèrent « sans caractère et sans étude » dans l'exercice de la médecine, et « se jouent impunément de la vie et de la santé des hommes[1] ». Désormais les étudiants en médecine ne pourront s'inscrire à la Faculté qu'après avoir fait deux années de philosophie à l'Université ou dans un collège. Les professeurs sont invités à faire régulièrement leurs cours, et menacés, en cas d'absence sans raison légitime, d'une retenue de deux francs par leçon ; ils doivent deux fois l'an faire « la démonstration des plantes usuelles » et mener quatre fois leurs élèves herboriser à la campagne ; les samedis de chaque semaine, ils donnent des consultations gratuites aux pauvres et les opèrent au besoin. Les chaires vacantes sont mises au concours par affiches et données par un jury composé des deux professeurs en charge et de trois autres docteurs.

En ce qui concernait la chirurgie, Léopold avait remis en vigueur, dès 1698, le règlement de 1661 qui interdisait à quiconque de pratiquer cet art sans une autorisation accordée après examen par le premier chirurgien ou ses lieutenants : le sieur Cornuet de Belleville fut chargé de veiller à l'exécution de ce règlement et reçut le titre de « premier chirurgien, premier valet de chambre et barbier ordinaire de Son Altesse Royale[2] ».

Mais bien des charlatans continuèrent à employer intrépidement dans tous les cas des onguents, quelquefois dangereux, dont ils ne connaissaient pas les propriétés. En 1703, le corps municipal de Lunéville apprenait qu'un chirurgien de la ville « usait d'un remède extraordinairement violent dans toutes sortes de maladies, lequel cau-

---

1. *Recueil des édits*, I, 628.
2. Édit du 5 octobre 1698. *Recueil*, I, 78.

sait précipitamment la mort aux malades, ce qui était arrivé à plusieurs depuis peu, qui auraient été emportés subitement par une potion qu'ils auraient prise, quelques-uns même étant décédés sans sacrements » ; défense fut faite sur-le-champ au chirurgien homicide d'employer à l'avenir son remède « et d'en donner aucuns sans ordonnance de médecin, à peine de 300 francs d'amende pour la première fois et de peine plus grande en cas de récidive[1] ».

Par son édit du 18 février 1707, Léopold supprima les offices de premier chirurgien et de chirurgiens-lieutenants, et ajouta aux trois chaires de médecine de la Faculté de Pont-à-Mousson une chaire de chirurgie. Ce nouveau professeur, — lisons-nous dans l'édit en question, — « sera tenu et obligé de faire une leçon en langue française d'une heure et demie tous les jours... ; dans ses leçons, il traitera de toutes les parties de la chirurgie, comme des plaies, ulcères, tumeurs, fractures, luxations, etc., des bandages et des médicaments chirurgicaux ; fera deux démonstrations et dissections anatomiques tous les ans, et un cours des opérations de chirurgie sur des sujets qui lui seront fournis par les juges de Pont-à-Mousson, Nancy, ou autres lieux, sur sa réquisition[2]. » A l'avenir, tout aspirant chirurgien devait justifier d'une année d'études à l'Université, ou, à défaut, être examiné par le professeur de chirurgie ; il était ensuite tenu de faire une année d'apprentissage sous un maître, deux années de service au moins dans les hôpitaux ou chez d'autres maîtres, et il subissait trois examens successifs de chirurgie[3].

---

1. *Registre des délibérations du corps municipal de Lunéville*, séance du 11 février 1703.
2. *Recueil des édits*, I, 519.
3. Les chirurgiens précédemment reçus par le premier chirurgien du duc et ses lieutenants, et qui n'étaient pas maîtres, pouvaient encore exercer, mais sous la surveillance des jurés.

L'ordonnance de 1708 défend aussi aux maîtres barbiers et perruquiers de faire, eux ou leurs garçons, une opération chirurgicale, et même de posséder des instruments de chirurgie; elle renouvelle l'interdiction, portée par l'édit du 6 janvier 1699, aux chirurgiens d'exercer la pharmacie dans les villes où il y a des apothicaires, à charge à ceux-ci de ne pas empiéter sur le domaine des premiers. Les charlatans, les « coureurs », les sages-femmes[1] qui, sans autorisation du médecin, vendent des drogues, sont arrêtés et mis en prison pendant le temps que fixera le juge. Mais il n'est pas question des rebouteurs qui peuvent librement continuer à remettre les membres cassés et à se servir de leurs charmes et de leurs emplâtres. Il y a même à la suite de la cour ducale un « renoueur et remboîteur », aux gages de 300 livres : c'est Michel Durafort, un marchand de Lunéville; les lettres patentes du 30 mars 1713 l'autorisent à continuer son négoce tout en restant à la disposition de la cour pour « rhabiller et renouer les os rompus et luxés, de même que pour la guérison des extensions de nerfs, des nerfs tressaillis, contusions et autres incommodités causées par des chutes[2] ».

En 1719, Léopold donna à la Faculté de médecine un terrain pour y établir un nouveau jardin botanique[3], beaucoup plus vaste que l'ancien, et qui, grâce aux soins du sieur Chevreuse, nommé conservateur, s'enrichit

---

1. A partir de 1708, les sages-femmes ne peuvent exercer leur profession qu'après avoir été interrogées par un médecin, en présence d'un chirurgien : elles sont élues par les femmes de leur paroisse. Arrêt de la Cour du 22 juin 1704, rendu à la suite de la division qu'avait occasionnée à Domgermain, près de Toul, la rivalité de deux accoucheuses. Recueil des édits, I, 636.
2. Compte que rend Louis Pacquotte, trésorier de l'hôtel pour 1725. Ms. n° 605 de la Bibliothèque de Nancy. — Archives de Lunéville, BB, 6.
3. Cf. Godron, Notice historique sur les jardins des plantes de Pont-à-Mousson et de Nancy, dans les Mémoires de l'Académie de Stanislas, 1870-1871.

bientôt d'une foule de plantes rares ; l'année suivante, il accorda aux professeurs le titre de conseillers ordinaires de Son Altesse Royale avec une pension de 150 livres[1].

XIII

Le duc de Lorraine ne ménageait donc pas ses encouragements à la science[2] ; il voulait la mettre à même de lutter avec efficacité contre les maladies épidémiques et contagieuses qui sévissaient parfois avec une grande violence.

La petite vérole surtout fit des ravages en Lorraine au xviiie siècle ; en 1723, elle enleva à Nancy seulement plus de 1,500 personnes : « Cela est effroyable, écrivait de Lunéville Élisabeth-Charlotte, cela fera que nous passerons l'hiver ici pour ne point aller dans ce méchant air, d'autant plus que notre maison ici est séparée de toute la ville, et que celle de Nancy est des plus étouffées, surtout où nous logeons, et cette maladie nous est trop funeste pour y hasarder Son Altesse Royale et mes enfants[3]. »

Léopold redoutait fort la petite vérole ; on se rappelle qu'en 1711 il quitta brusquement Lunéville, où elle régnait, pour se retirer à Houdemont. La perte de deux de ses enfants et de ses deux frères ne fit qu'accroître ses craintes. La cour était à Nancy, lorsque, en 1717, la jeune Élisabeth-Thérèse ressentit à son tour les premières at-

---

1. Rogéville, II, 622.
2. En 1722, Léopold informé qu'il n'y a point de médecin établi à Rambervillers, quoique cette ville soit « assez considérable par rapport au nombre de peuple qui l'habite, et par sa situation, en sorte qu'il convient au bien public et soulagement des pauvres malades d'y en avoir un », nomme Nicolas-François de Montigny, docteur-médecin, pour aller résider à Rambervillers, et lui accorde une indemnité annuelle de 200 livres à prendre sur les deniers patrimoniaux et d'octrois de la ville. *Documents rares ou inédits de l'histoire des Vosges*, V, 55.
3. Lettre à la marquise d'Aulède, 9 octobre 1723.

teintes du mal ; la duchesse de Lorraine la conduisit aussitôt à Lunéville : « Vous pouvez juger, Madame, écrivait-elle à son amie, dans quelle inquiétude je suis, et encore plus par rapport à Son Altesse Royale, pour qui je la (la petite vérole) crains infiniment, car il est frappé que s'il l'avait jamais il n'en reviendrait pas. » Élisabeth-Thérèse guérit : « Cela a fait un très bon effet pour Son Altesse Royale, car cela le rassure un peu pour cette maudite maladie, dont il était frappé que personne ne pouvait revenir, surtout dans sa famille[1]. »

En 1713, à la nouvelle que la peste désolait Vienne et menaçait l'Allemagne méridionale, le duc de Lorraine avait manifesté les plus vives inquiétudes et perdu tout sang-froid, au point de ne plus oser voir lui-même les lettres de la cour d'Autriche et de s'en faire rendre compte par un de ses secrétaires[2]. Lorsque, quelques années plus tard, le fléau apparut à Marseille, le duc prit les mesures les plus rigoureuses, tout comme si le mal avait déjà atteint la Franche-Comté ; il ne se contenta pas de distribuer des remèdes aux nécessiteux, de faire préparer dans certains lieux des matelas et des couvertures ; il suspendit les foires, expulsa les mendiants étrangers, les vagabonds, les colporteurs sans domicile. Des corps de garde furent postés sur la frontière à l'entrée des routes : les voyageurs, pour pénétrer en Lorraine, devaient justifier par des certificats authentiques qu'ils ne venaient pas de pays contaminés ou simplement suspects ; ordre était donné aux officiers de faire tirer sur ceux qui, évitant les routes, chercheraient à tromper la surveillance des sentinelles[3].

---

1. Lettres à la marquise d'Aulède, 8 et 22 avril 1717.
2. D'Audiffret à Louis XIV, 31 août 1713. *Affaires étrangères*, LXXXVI, f° 182.
3. Ordonnance des 9 septembre et 6 novembre 1720, et du 25 juin 1721. *Recueil*, II, 104, 461, 475.

Les troupes lorraines ne pouvant suffire à la garde des frontières, Léopold organisa, sous le nom d'arquebusiers, trente compagnies de milice, fortes de soixante à soixante-dix hommes chacune, officiers compris, et groupées en cinq bataillons, qui étaient ceux de Nancy, de « la Vosge », d'Allemagne, de Bar, de Saint-Mihiel. Les officiers étaient tirés du régiment des gardes et du régiment du Han, les hommes levés par voie d'enrôlements volontaires et pour trois ans[1]. Mais ce système de recrutement n'ayant pas donné d'excellents résultats, le duc licencia les premiers arquebusiers et chargea les communautés d'en fournir d'autres, au moyen d'un tirage au sort entre les célibataires de 18 à 30 ans ; la durée du service fut fixée à six ans[2]. On répartit sur tous les contribuables astreints à payer la subvention une somme de 232,500 livres pour l'habillement des miliciens ; d'autre part, les 43 villes qui par privilège n'eurent pas à fournir d'arquebusiers, durent verser annuellement 30,000 livres pour le paiement de la solde des officiers, sous-officiers et tambours[3]. Ces compagnies subsistèrent jusqu'en 1726[4].

M. d'Audiffret craignit un instant que le motif allégué par Léopold pour la levée de ces troupes ne cachât quelque projet belliqueux[5] ; mais il reconnut bien vite que c'était là un « raisonnement à l'ambigu » auquel il ne voyait « aucune apparence » : « M. le duc de Lorraine, écrivait-il au régent, s'est laissé si fort prévenir au sujet du mal contagieux par des lettres de Suisse un peu trop

---

1. Édit du 21 novembre 1720. *Ibid.*, II, 425.
2. Édit du 21 mars 1721. *Ibid.*, II, 456.
3. Édit du 12 avril 1721. *Ibid.*, II, 453.
4. Ordonnance du 2 janvier 1726. *Ibid.*, III.
5. Dans une lettre au régent (13 décembre 1720), il disait : « On répand que M. le duc de Lorraine lève 3,000 hommes de milice réglée sous le *prétexte* de pouvoir garder ses frontières contre la contagion. » *Archives des affaires étrangères.* — Ailleurs (ms. n° 133 de la Bibliothèque de Nancy), M. d'Audiffret insinue que le désordre des finances décida seul le duc à licencier ses troupes.

exagérées, que des nouvelles plus sûres et plus capables de l'en mieux informer n'en ont pu détruire l'impression, et les trop grandes précautions qu'il a voulu prendre ont alarmé ses peuples qui, par l'ignorance de l'éloignement, ont cru le mal à la portée de ses États ; il a fait acheter des remèdes en Allemagne pour une somme considérable, il fait venir de Gênes deux cents caisses de citrons[1]... »

Il est en effet incontestable que, loin de rassurer ses sujets, Léopold céda des premiers à la contagion de la peur. S'il se décida à rester, en cas de danger, au milieu de son peuple, nous savons par lui-même que ce fut après réflexion, persuadé que son « devoir » et sa « conscience » l'y obligeaient[2]. Quant à sa famille, il se demandait si le plus sûr ne serait pas de l'envoyer en Suisse ou en Allemagne ; mais dans le cas où elle resterait en Lorraine, il jugeait indispensable de la disséminer, — sa femme, ses fils, ses filles, — dans trois abbayes des Vosges ou de la Lorraine allemande. Aussi, il nous est permis de douter que « l'occasion manqua seule au sublime dévouement d'un autre Belzunce[3] ».

---

1. Lettre du 14 décembre 1720. *Archives des affaires étrangères.*
2. « A mon égard, mon parti est pris absolument ; non seulement je ne veux pas quitter mes États, mais je veux, au contraire, me tenir à portée du lieu où ce malheur serait arrivé... Mon devoir, mon obligation, ma conscience m'y obligent ; ainsi tous les conseils que l'on me donnerait là contre, non seulement ne seraient pas suivis, mais je ne pourrais les croire venant que de personnes qui auraient peu à cœur mon honneur et mon devoir. » *Mémoire trouvé dans les papiers de Léopold à sa mort.* Digot, VI, 85.
3. Saint-Mauris, II, 368. — Foucault écrit avec beaucoup plus d'exagération encore que les mesures projetées par Léopold pour arrêter le fléau « seront un trophée éternel à sa gloire », parce qu'elles « rappelleront à jamais son zèle à remplir ses devoirs de père et de souverain, et l'héroïsme de son dévouement pour le salut de tous. » *Histoire de Léopold*, p. 410. — Noël est plus dans le vrai lorsqu'il dit, au sujet de la peste de Marseille, « que la Lorraine et son duc en furent quittes pour la peur. » *Mémoires,* n° 5, I, 159.

CHAPITRE XIV

LES LETTRES, LES SCIENCES, LES ARTS

I. Léopold, protecteur des lettres; Duval. — II. Le P. Hugo et le P. Benoît. — III. Dom Calmet. — IV. Principaux théologiens, diplomates, jurisconsultes, littérateurs. — V. Savants: Philippe Vayringe. — VI. L'Académie de peinture de Nancy. — VII. Les principaux artistes lorrains. — VIII. Les graveurs; Ferdinand de Saint-Urbain. — IX. Sculpteurs et architectes.

I

Léopold n'était ni un érudit ni un lettré, bien qu'il parlât et écrivît plusieurs langues, le latin, le français, l'allemand, l'italien. Il lisait peu les livres, mais « il aimait infiniment à lire les hommes, surtout ceux d'au delà de la mer[1] ». Il nous a laissé sur son époque de nombreux mémoires qui, à défaut d'élégance et de profondeur, ne manquent ni de facilité dans la forme, ni de justesse dans le fonds; on peut en juger par ces quelques lignes tirées du *Mémoire sur Louis XIV*[2] :

« La noblesse toute guerrière se ruine souvent au service du prince auparavant qu'elle soit en état de recevoir des récompenses et relever sa fortune. Le clergé prodigue de temps en temps aux besoins de l'État des sommes immenses sous le nom de don gratuit et va par députations solennelles remercier le roi de l'avoir épuisé, content du vain fantôme de ses libertés qu'il défend quelquefois contre Rome et jamais contre le roi...

---

1. Duval, *Œuvres*, Londres, 1785, II, 180.
2. Ms. n° 215 de la Bibliothèque de Nancy.

« La manie de posséder des offices qui tient peut-être à la légèreté vaniteuse de la nation est si grande que quelque nombre qu'on en crée, il se trouve toujours des acheteurs pour jouir de quelques franchises et exemptions de logement qu'on y attache pour l'apparat, pour leurrer ou amorcer les acheteurs.

« Le peuple supporte la plus grande partie du fardeau de la guerre par la voie des impositions qui le réduisent à une grande nécessité, d'où vient que l'on dit que le roi de France est le roi des *gueux,* son peuple étant le plus pauvre de l'Europe et le roi le plus riche particulier et le plus riche des rois, ce qui provient du pouvoir arbitraire qui le rend en quelque manière maître du bien de ses sujets. Au milieu de cette pauvreté, le peuple est amateur de ses rois jusqu'à l'excès; les victoires et les avantages de la monarchie, les *Te Deum* que l'on chante lui tiennent lieu de tout.

« L'artisan dans sa boutique croit avoir part à la gloire du roi et il souffre tout pourvu qu'on vienne lui annoncer la nouvelle de quelque bataille gagnée, de quelque ville forcée ou de quelque parti battu. Il gronde, crie quand on l'exécute pour la taille; il fait des imprécations contre les sergents, les partisans, les ministres : au partir de là il ne s'en souvient plus, et quand il lui reste un sol dans sa poche, il va boire à la santé du roi... »

Léopold a aussi composé pour ses fils des instructions sur l'art de gouverner ; il soignait lui-même leur éducation, et assistait souvent aux leçons de leurs maîtres[1]. Le plus connu de ceux-ci est Pfutschner, fils d'un maître d'école de Würzbourg, et qui vint, en 1707, chercher fortune à Lunéville, où il débuta comme « maître de lan-

---

1. Noël, *Mémoires,* n° 5, I, 90 ; P. Leslie, *Abrégé de l'histoire généalogique de la maison de Lorraine,* p. 150.

gue allemande »; il devint sous-gouverneur du prince François, et prit un si grand ascendant sur l'esprit de son élève qu'il fut, après la mort de Léopold, une sorte de premier ministre[1].

En 1715, une bibliothèque fut créée au château de Lunéville. Duval nous a raconté dans quelles circonstances.

Il s'était élevé une discussion assez vive entre le duc de Lorraine et l'électeur palatin au sujet de leurs droits respectifs dans le comté de Falkenstein : « Je crois, Dieu me pardonne, qu'il s'agissait de la propriété des enfants des prêtres, et autres bambins d'un amour vague et furtif... Le duc, fatigué d'en entendre parler, demanda à feu M. le baron de Pfutschner s'il n'avait pas des livres où la matière en question fût éclaircie. On cita celui de Rosenthal, *De Feudis imperii*, et plusieurs autres. Son Altesse Royale ordonna de les faire venir. Ce qui fut dit fut fait, et bientôt arrivèrent de Francfort plusieurs centaines de volumes; car vous savez qu'en fait de jurisprudence l'Allemagne est très volumineuse... D'ailleurs notre auguste souverain n'était nullement d'humeur thésaurisante. Lorsqu'on se vit suffisamment pourvu de livres de droit, on voulut aussi en avoir de théologie, de philosophie, d'histoire, et sur cela on écrivit à Paris, à Londres et en Hollande, et dans peu, une assez grande chambre, contiguë à l'appartement de mon Mécène, le baron de Pfutschner, fut remplie de très bons livres[2]. »

Valentin Jamerai, si connu sous le nom de Duval, était né dans un petit village situé sur les confins de la Bour-

---

1. D'Audiffret, ms. n° 133 *de la Bibliothèque de Nancy*, f° 299, v°. — En 1716, Henri de Vence, docteur en Sorbonne, fut nommé précepteur des princes; en 1722, Antoine à Serba Aragona devint leur maître de langue italienne et valet de chambre aux gages de 800 livres; en 1723, Hubert Chéruel, qui avait enseigné « avec assiduité les lois romaines et municipales » à feu le prince Léopold-Clément, fut nommé précepteur du prince Charles. *Archives de Meurthe-et-Moselle*, B, 112, 157.

2. Duval, III, 140.

gogne et de la Champagne[1]. Rien de plus romanesque que la vie de cet étranger, venu on ne sait comment en Lorraine et que le hasard fit entrer comme pâtre[2] chez les solitaires de l'ermitage Sainte-Anne, près Lunéville. Un livre qu'il rencontra dans cette demeure lui permit d'apprendre seul les éléments de l'arithmétique, puis l'algèbre, la géométrie, la cosmographie ; le goût de l'étude se développa chez lui à mesure que les connaissances s'étendaient : il passa ses nuits à observer le ciel, à rechercher l'emplacement des constellations. Un carme de Lunéville lui prêta une méthode de géographie. Il consacra lui-même ses modiques économies à l'achat de livres et de cartes. L'heureuse trouvaille qu'il fit dans la forêt de Vitrimont d'un cachet armorié appartenant à M. de Forstner, le mit en relation avec ce gentilhomme, qui lui donna des conseils et de l'argent.

Au mois de mai 1717, Jamerai était assis au pied d'un arbre, dans une vallée du bois de Sainte-Anne, entouré de cartes et travaillant avec ardeur ; le baron de Pfutschner, alors sous-gouverneur des fils de Léopold, l'aperçut, le questionna, et, tout surpris de ses connaissances solides, l'amena au château. Le duc, a qui il fut présenté, l'accueillit avec bonté, et lui donna les moyens de suivre les cours de l'Université de Pont-à-Mousson, « d'où l'amour et la ciguë[3] », dit-il, le chassèrent assez brusquement. Il voyagea alors, — toujours aux frais de Léopold, — séjourna quelques mois à Paris, visita les Pays-Bas autrichiens et la Hollande, et, à son retour en Lorraine, fut nommé conservateur de la bibliothèque ducale aux ap-

---

[1]. A Arthonnay (Yonne). Voir son acte de baptême du 21 avril 1695, dans le *Journal de la Société d'archéologie lorraine*, 1878, p. 251.
[2]. Voir dans le *Journal de la Société d'archéologie lorraine* (1860, p. 141), la copie de l'engagement de Duval chez les ermites de Sainte-Anne. Cet acte le désigne du nom de *du Val* et le dit natif de Villers, près Mirecourt.
[3]. Duval, III, 111.

pointements de 700 livres. Ce modeste salaire fut, par suite du « dérangement » des finances ducales, réduit pendant trois ans à 350 livres : « M. le prince de Craon, instruit de ma triste situation, écrit Duval, m'accorda la table à la cour; ce qui m'empêcha de tomber dans une indigence que j'avais ignorée dans ma chère solitude de Sainte-Anne. Il n'aurait tenu qu'à moi d'exposer mes besoins au moderne Titus qui régnait en Lorraine ; mais je ne pus jamais me résoudre à augmenter la foule des ardents solliciteurs qui l'obsédait. Aussi puis-je assurer, qu'à l'exception de 100 livres dont il daigna me gratifier la veille de la fête de saint Léopold de l'année 1727, je n'ai jamais éprouvé aucun effet de cette libéralité qui a fait tant d'heureux, et qui a toujours été son véritable élément[1]. » Lorsque le duc François réorganisa l'Académie de Lunéville, il chargea Duval des cours d'histoire, de géographie et d'antiquités[2].

Dans son désir de favoriser les littérateurs et les savants, Léopold avait été sur le point de créer à Nancy, en 1706, une académie de beaux esprits[3]. Un augustin français, le Père Hommey, éloigné de Paris par l'archevêque du Harlay, et qui s'était fait estimer des « honnêtes gens » de Nancy « pour son esprit, son érudition et ses bonnes manières[4] », gagna à cette idée le marquis de Lenoncourt-Blainville. L'opposition de quelques courtisans, jaloux sans doute des éloges que le Père prodigua au « Mæcenas » lorrain dans une « congratulation latine[5] », fit avorter le projet.

---

1. Autobiographie de Duval, dans dom Calmet, *Bibliothèque lorraine*, col. 952.

2. Voir sur Duval une *Notice biographique et littéraire*, par Digot (Mémoires de la Société royale de Nancy, 1846); Calmet, *Bibliothèque lorraine*, col. 952. — Duval mourut à Vienne en 1775.

3. Le *Mercure* d'avril 1706 annonça même l'ouverture de cette académie dite *léopoldine*, ajoutant que les règlements en avaient été faits à l'instar de ceux de l'Académie française et de l'Académie des inscriptions.

4. Dom Calmet, *Bibliothèque lorraine*, col. 505.

5. *Clef du cabinet des princes*, avril 1706, p. 392.

Peu de temps après, Léopold jugeait à propos de créer une charge de conseiller historiographe : « L'histoire, disait-il, étant une espèce de mausolée qui se doit à la mémoire des grands hommes, et qui, en transmettant à la postérité leurs hauts faits, excite l'émulation des hommes vertueux par l'espérance qu'elle donne qu'en imitant leurs vertus ils survivront pareillement à eux-mêmes dans l'esprit de ceux qui les doivent suivre, nous avons cru digne de nos soins de choisir une personne éclairée, prudente, exacte et fidèle, à laquelle nous puissions confier le soin de composer l'histoire des ducs nos prédécesseurs et des princes de notre maison royale, soit pour conserver la mémoire de leurs grandes actions, que la confusion des guerres et le malheur des temps avaient empêché de passer jusqu'à nous, soit pour éclaircir les points obscurs des histoires précédentes[1]... » Cette charge fut donnée au Père Hugo, natif de Saint-Mihiel, prieur de la maison des Prémontrés de Nancy, et connu déjà par plusieurs ouvrages d'érudition. Le prieur se mit à l'œuvre avec ardeur, compulsa les documents du Trésor des chartes[2] et des établissements religieux ; mais une polémique très vive, à laquelle il fut bientôt mêlé, allait l'empêcher de mener à bien sa tâche.

---

1. Lettres patentes du 19 mars 1708 (*Mémoires de la Société d'archéologie lorraine*, 1869, p. 117).
2. Les archives de Lorraine étaient dans un désordre affreux, lors de l'arrivée de Léopold dans ses États. En août 1698, le nouveau duc plaça à la tête du Trésor des chartes Sauter de Mensfert'h, puis, l'année suivante, Charles de Sarrazin, conseiller à la Cour souveraine. Il prit en même temps des mesures pour faire réintégrer dans les dépôts publics les papiers qui en avaient été distraits. *Recueil des édits*, I, 111, 115 ; *Bulletins de la Société d'archéologie lorraine*, 1857, p. 162.

II

Le P. Benoît Picart, un capucin de Toul, avait publié en 1704 l'*Origine de la très illustre maison de Lorraine*[1]; le P. Hugo y répondit en 1711 par un *Traité historique et critique sur l'origine et la généalogie de la maison de Lorraine*[2], qu'il fit paraître sous le pseudonyme de *Baleicourt*, et qu'il dédia à l'électeur de Brandebourg, se donnant pour un calviniste français réfugié en Prusse. En somme, les deux ouvrages aboutissaient à des conclusions presque identiques, et faisaient descendre tous deux la maison de Lorraine de Gérard d'Alsace, lui donnant ainsi l'une des origines *les plus illustres de l'Europe*[3] et le *droit d'aînesse de la maison d'Autriche*[4]. Mais le *Traité historique* fut fort mal accueilli à Versailles et à Rome: à Versailles, parce qu'il parlait en termes insuffisamment respectueux du suzerain du duc de Lorraine; à Rome, parce qu'on reprochait au prétendu Baleicourt de ne soutenir que trop bien « son caractère d'apostat et de protestant[5] ». Pris à partie par le prémontré, le savant et avisé capucin dévoila la supercherie de son contradicteur[6], pendant que le Parlement de

---

1. Toul, 1704, in-12.
2. Berlin (Nancy), 1711, in-12. Cf. Digot, *Éloge historique de Charles-Louis Hugo* (Mémoires de la Société royale des sciences, lettres et arts de Nancy, 1812).
3. *L'Origine de la maison de Lorraine*, p. 77.
4. *Traité historique*, p. 52.
5. Dom Calmet, VII, 210.
6. *Supplément à l'histoire de la maison de Lorraine*. Toul, 1712, in-12; *Remarques sur le Traité historique de l'origine de la maison de Lorraine, par Baleicourt*. Toul, 1712, in-12; *Réplique aux deux lettres qui servent d'apologie au Traité historique ci-dessus*. Toul, 1712, in-12. — Le P. Benoît Picart, a écrit M. l'abbé Marchal au sujet de ces discussions, « ne cédait en rien, dans les connaissances historiques sur la Lorraine, à son adversaire..., mais l'emportait de beaucoup sur lui par la modestie, la réserve, par toutes les qualités du cœur qui font aimer la science et l'homme de lettres qui la cultive et l'honore ». *Journal de la Société d'archéologie lorraine*, 1855, p. 293.

Paris ordonnait la suppression du *Traité* (arrêt du 17 décembre 1712).

Cet arrêt, écrivait M. d'Audiffret, « a fort consterné les Lorrains. Ils appréhendent qu'il n'ait des suites fâcheuses, parce qu'ils sentent bien qu'ils le méritent. M. le duc de Lorraine fut fort étonné quand il le reçut. Le P. Hugo, prémontré, qui est le véritable auteur du *Traité historique et critique*, et qui n'a rien fait que par ordre, fut mandé vendredi dernier à Lunéville, où l'on tint conseil dimanche sur cette affaire qui embarrasse. Je prévois, par ce que j'en ai appris, que l'auteur sera sacrifié pour faire tomber sur lui la peine d'une satisfaction dont on craint beaucoup la demande[1]. » D'Audiffret ne se trompait pas; Léopold retira au P. Hugo la mission qu'il lui avait confiée et donna à dom Calmet, sinon le titre, du moins les fonctions d'historiographe.

Le P. Hugo, devenu sur les entrefaites abbé d'Étival (1712), renonça aux études qui l'avaient occupé depuis de longues années et se mit à réunir et à coordonner les matériaux de deux ouvrages considérables : l'un est un recueil de chroniques anciennes et de documents utiles à l'archéologie et à l'histoire[2]; l'autre devait comprendre des études sur tous les monastères des Prémontrés et sur les chanoines de l'ordre, célèbres par leurs vertus ou par leur science. Les deux premiers volumes[3] seulement de ce travail qui devait en compter huit ou dix, venaient d'être publiés lorsque le P. Hugo mourut dans son abbaye d'Étival (1739).

Son adversaire, le P. Benoît, l'avait précédé dans la tombe; il était décédé au couvent de Toul en 1720, lais-

---

1. M. d'Audiffret au roi, 12 janvier 1713. *Archives des affaires étrangères*, LXXXV, f° 11.
2. *Sacrae antiquitatis Monumenta*, 2 vol. in-f°. Étival, 1725, et Saint-Dié, 1731.
3. *Annales Ordinis Praemonstrat.*, cum figuris, in-f°. Nancy, 1734 et 1736.

sant une foule de notes et d'écrits que nulle main pieuse ne préserva de la destruction. Du moins les ouvrages que nous connaissons suffisent à lui assurer une place très honorable, sinon la première, parmi les historiens qui ont débrouillé le chaos des origines de la Lorraine[1]. Outre le travail, cité plus haut, sur la maison ducale, il avait publié, en 1707, l'*Histoire ecclésiastique et politique de la ville et diocèse de Toul*[2], et, en 1711, le *Pouillé ecclésiastique et civil* du même diocèse[3]. Quant à l'*Histoire ecclésiastique et civile de la ville et du diocèse de Metz*, elle venait seulement d'être achevée lorsqu'il mourut, et ne fut pas imprimée[4].

La Cour souveraine de Nancy condamna le *Pouillé*, sous prétexte que le patient capucin était tombé dans l'erreur « presque sur chaque article », que son livre « défectueux pourrait se répandre dans le public, et que dans la suite des temps on pourrait peut-être le regarder comme un livre approuvé et le produire dans les tribunaux pour faire preuve des différents droits de patronage, de dîmes et de seigneurie[5] ».

Les historiens lorrains qui ont profité des longues et pénibles recherches du P. Benoît n'ont guère témoigné plus d'estime à son égard que les magistrats de la Cour souveraine. Dom Calmet reconnaît qu'il était « un religieux fort sage, fort laborieux, d'une mémoire très heureuse, fort instruit des maisons et des affaires de ce pays, mais quelquefois un peu crédule, et hasardeux dans ses conjectures[6] ». Ce n'est pas à dom Calmet qu'il appartient

---

1. Voir Digot, *Éloge historique du R. P. Benoît Picart*, dans les *Mémoires de la Société royale de Nancy*, 1844.
2. Toul, 1 vol. in-4°.
3. Toul, 2 vol. in-12.
4. Cf. *Histoire générale de Metz*, par des religieux bénédictins. Metz, 1775, t. Ier, p. 838.
5. *Journal de la Société d'archéologie lorraine*, 1857, p. 106.
6. *Bibliothèque lorraine*, col. 742.

de signaler chez les autres l'esprit de crédulité et l'absence de sens critique.

III

Né en 1672 dans les environs de Commercy, le célèbre bénédictin[1] fit ses études au prieuré voisin de Breuil et à l'Université de Pont-à-Mousson ; il entra à seize ans au couvent de Saint-Mansuy de Toul, devint sous-prieur de Munster (1704), prieur de Lay-Saint-Christophe (1715), abbé de Saint-Léopold de Nancy (1718) et ensuite de Senones (1728). Il avait déjà donné son *Commentaire littéral sur tous les livres de l'Ancien et du Nouveau Testament*[2], l'*Histoire de l'Ancien et du Nouveau Testament*, le *Dictionnaire de la Bible*, lorsqu'il fit paraître à Nancy, chez Cusson, l'*Histoire ecclésiastique et civile de la Lorraine* en trois volumes in-folio (1728). « Quand on parcourt ce livre, écrit Digot[3], et en général les productions de l'abbé de Senones, on est choqué des contradictions que l'on y rencontre. Elles sont parfois si nombreuses que l'on est tenté de croire que l'auteur ne prenait pas la peine de relire ses épreuves ; mais un pareil défaut tient à la manière dont ces ouvrages furent composés. Pour donner une multitude de gros volumes[4], il fallait employer bien des collaborateurs, et dom Calmet avait mis en réquisition, pour écrire sous ses ordres, tous les jeunes religieux qui manifestaient du goût pour les occupations littéraires. Les diffé-

---

1. Voir Digot, *Notice biographique et littéraire sur dom Augustin Calmet*, dans les *Mémoires de la Société d'archéologie lorraine*, 1863 ; Abbé Guillaume, *Histoire du diocèse de Toul*, III, p. 393 et suiv.
2. Paris, 1707 à 1716, 25 vol. in-f° ; il y en eut deux autres éditions, l'une à Paris, l'autre (latine), à Venise et Francfort.
3. *Histoire de la Lorraine*, VI, 133.
4. D'après Chevrier, dom Calmet aurait produit 16 volumes in-f°, 53 in-4°, et 14 de moindre format. *Mémoires pour servir à l'histoire des hommes illustres de Lorraine*, I, 320.

rentes abbayes qu'il habita l'une après l'autre devinrent ainsi des espèces d'académies, où le temps était partagé entre la prière et le travail, et il ne manqua, sans doute, qu'une meilleure direction aux auxiliaires de notre historien pour acquérir le droit d'être comparés aux bénédictins de la congrégation de Saint-Maur. »

On comprend la boutade échappée au grave Noël, qui recommande aux futurs historiens lorrains de ne point mettre, à l'exemple de leurs devanciers, « dom Calmet, Bexon, ou un autre à l'alambic », et de travailler d'abord sur « les originaux[1] ».

Mais en vérité nous ne saurions reprocher au docte abbé de Senones d'avoir été un historiographe, non un historien : comment écrire l'histoire dans un temps où la recherche de la vérité était subordonnée aux caprices d'un souverain absolu? Bien qu'il se fût prudemment arrêté au seuil du règne de Léopold, Calmet eut néanmoins à compter avec une censure soupçonneuse et sévère ; on lui reprocha d'avoir, dans maints passages, blessé les susceptibilités du roi de France ou encouragé les rêves d'indépendance du chapitre de Remiremont. Une commission, composée de trois membres, — parmi lesquels le président Lefebvre, — fut chargée d'examiner les trois in-folio, déjà sortis des presses de Cusson ; elle tailla sans pitié et biffa 180 colonnes, dont une partie seulement virent le jour après d'importantes retouches de l'auteur. Celui-ci n'osa même pas rétablir le texte primitif dans la seconde édition[2], qui parut de 1745 à 1757, et où il poussa son récit jusqu'en 1737 ; les 91 colonnes qu'il consacre au règne de Léopold contiennent quelques documents

---

1. Noël, *Histoire des archives de Lorraine*, p. 27.
2. Cf. Beaupré, *Dom Calmet aux prises avec la censure à l'occasion de la réimpression de son Histoire de Lorraine* (Journal de la Société d'archéologie lorraine, 1856).

utiles à consulter, mais le chroniqueur ne donne qu'une médiocre attention à la politique intérieure et extérieure du prince : il consacre quelques lignes seulement à la mission de M. de Callières à Nancy, en 1700, à peine une colonne aux négociations qui précédèrent l'occupation de la capitale de la Lorraine par les Français en 1702; en revanche, le récit des funérailles de Charles V n'occupe pas moins de douze colonnes; la mascarade du mardi gras de 1699, le baptême du prince Louis, etc., ont à ses yeux l'importance de graves événements historiques.

Parmi les autres travaux de l'infatigable bénédictin, nous devons nommer l'*Histoire universelle*, dont on commença l'impression à Strasbourg en 1735[1], les monographies, restées manuscrites, des abbayes de Munster, de Saint-Léopold de Nancy et de Senones[2], de nombreuses dissertations sur des sujets d'archéologie, d'histoire ou de théologie[3], enfin la *Bibliothèque lorraine*[4], contenant la biographie de tous les hommes illustres de la Lorraine et des pays voisins, les Trois-Évêchés, l'archevêché de Trèves et le duché de Luxembourg.

Mais le plus curieux des ouvrages de dom Calmet est les *Dissertations sur les apparitions des Anges, des Démons et des Esprits*[5]. L'auteur y soutient cette thèse étrange que « les anges, les démons et les âmes des défunts apparaissent et reviennent quelquefois, par conséquent que leurs apparitions sont non seulement possibles, mais aussi réelles, véritables et bien prouvées par l'autorité des Livres saints de l'Ancien et du Nouveau Testament, et par le témoi-

---

1. Chez Doulsecker; le 8e volume fut imprimé en 1746.
2. L'histoire de l'abbaye de Senones a été imprimée dans les *Documents de l'histoire des Vosges*, t. V. Épinal, 1878.
3. Plusieurs ont été imprimées dans l'*Histoire de Lorraine* (2e édition) : *Dissertations sur les grands chemins de Lorraine, sur les seigneurs avoués des Églises*, etc.
4. C'est le volume IV de la seconde édition des œuvres de dom Calmet.
5. Paris, 1746, 1 vol. in-12.

gnage des auteurs grecs et latins, tant chrétiens que païens, sans toutefois prétendre approuver ni assurer tout ce qu'on trouve écrit dans les auteurs non inspirés[1]... » De là à croire aux maléfices et aux sorciers il n'y a qu'un pas ; et c'est ainsi que nous voyons persister jusqu'au milieu du XVIII° siècle, chez l'un des esprits les plus distingués de l'époque, les traces d'une superstition qui dans les siècles précédents avait causé en Lorraine bien des terreurs et bien des supplices.

IV

Si dom Calmet est le plus célèbre des bénédictins lorrains, du moins la Congrégation de Saint-Vanne et de Saint-Hidulphe compte encore un assez grand nombre d'hommes remarquables : Mathieu Petitdidier, de Saint-Nicolas (1659-1728), théologien d'un jugement sûr et d'une logique puissante, et dont nous avons vu les démêlés avec l'abbé de Bouzey ; Humbert Belhomme, de Bar-le-Duc (1653-1727), abbé de Moyenmoutier, qui a laissé une histoire de son monastère et divers écrits théologiques ; Henry Faulques, de Saint-Mihiel, un érudit qui devint abbé de Longeville ; Remy Cellier, de Bar-le-Duc, prieur de Flavigny, qui fit l'*Apologie de la Morale des Pères de l'Église* et une importante compilation, l'*Histoire générale des auteurs sacrés et ecclésiastiques*[2].

A la Société de Jésus appartient Jean-Joseph Petitdidier (1664-1756), le frère du bénédictin de ce nom ; il

---

[1]. *Dissertations sur les apparitions des anges...*, p. 212.
[2]. Sur ces bénédictins, voir dom Calmet, *Bibliothèque lorraine*, passim. M. l'abbé Beugnet a fait paraître une étude sur dom Remy Cellier dans les *Mémoires de la Société des lettres, sciences et arts de Bar-le-Duc*, année 1891.

professa au Collège de Strasbourg, puis devint chancelier de l'Université de Pont-à-Mousson. Il jouissait d'une grande réputation comme théologien et surtout comme casuiste[1].

Dans les rangs du clergé séculier, on remarque Jean-Claude Sommier et Henri de Vence. Le premier, né à Vauvillers en Franche-Comté (1661), fit ses études à Besançon et fut nommé curé de Champs par les dames de Remiremont ; sa renommée de prédicateur se répandit bien vite dans la province. Léopold l'appela à Lunéville pour prêcher un carême et lui donna le titre de son prédicateur ordinaire ; il le chargea de plusieurs missions diplomatiques, dont il s'acquitta avec succès, à Rome, à Vienne, à Paris, et le fit successivement conseiller-prélat de la Cour souveraine de Lorraine, et conseiller d'État, grand prévôt de Saint-Dié. Il prononça quelques oraisons funèbres : deux ont été imprimées[2], ainsi d'ailleurs que plusieurs sermons et de petites pièces de vers latins ; ses ouvrages les plus importants sont l'*Histoire dogmatique de la religion*, en six volumes in-4° ; l'*Histoire dogmatique du Saint-Siège*, en sept volumes in-8°, et enfin l'*Histoire de l'Église de Saint-Diez*[3].

Henri de Vence, à qui Léopold confia l'éducation de ses enfants[4], fut, en récompense de ses soins, nommé prévôt de l'Église primatiale de Lorraine. Il fit imprimer diverses analyses et dissertations sur les livres de l'Ancien Testament, ouvrage, dit Calmet, « fort goûté des savants, qui y reconnaissent un fonds de science dans l'Écriture sainte[5] ».

---

1. *Ibid.*, col. 731. Cf. abbé Martin, *L'Université de Pont-à-Mousson*, p. 352, 363.
2. Celles de Charles V (Nancy, Barbier, 1701, in-8°) et de Gabrielle de Lorraine, abbesse de Remiremont (Lunéville, Bouchard, 1711, in-4°).
3. Saint-Dié, 1726, 1 vol. in-12.
4. Lettres patentes du 27 décembre 1716. *Archives de Meurthe-et-Moselle*, B, 142.
5. *Bibliothèque lorraine*, col. 1002.

Sommier ne fut pas le seul ecclésiastique employé par Léopold dans la diplomatie ; on peut citer encore l'abbé de Nay de Plateau, grand-doyen de la Primatiale, qui fut un des négociateurs dépêchés pour aplanir les difficultés soulevées par la publication du code Léopold, et l'abbé Valentin[1], qui mourut à Rome en 1705. Mais le plus célèbre des négociateurs lorrains est Nicolas-Joseph Lefebvre, d'Épinal (1663-1736), que nous avons vu mêlé à toutes les grandes affaires du règne, et qui servit son souverain avec autant de dévouement que de capacité[2] ; le duc le nomma conseiller d'État, procureur général de la Chambre des comptes, puis premier président de cette assemblée[3] ; il l'anoblit en 1706. Dans toutes ses négociations, Lefebvre eut toujours la modestie de refuser le titre d'envoyé extraordinaire ou de ministre plénipotentiaire, répétant sans cesse qu'un simple particulier, qui passe inaperçu dans les chancelleries étrangères, peut rendre de plus grands services que l'ambassadeur accueilli avec la pompe des réceptions officielles.

Jean-Léonard Bourcier, inférieur comme diplomate à Lefebvre, remplit avec une grande distinction près la Cour souveraine les fonctions de procureur général, puis de premier président[4]. C'est l'un des plus fermes et des plus éloquents magistrats qu'ait possédés la Lorraine ; aussi modeste qu'instruit, il « fuyait la cour, le monde et toutes les compagnies ; il ne trouvait d'agrément que dans le

---

1. Voir plus haut, p. 148.
2. Voir *Notice autobiographique du premier président Lefebvre*, dans le *Journal de la Société d'archéologie lorraine*, 1873.
3. En 1721, Léopold augmenta de 1,500 livres la pension de Lefebvre. *Archives de Meurthe-et-Moselle*, B, 162, f° 52.
4. Né à Vézelise en 1649. Bourcier mourut à Nancy en 1726. Voir, sur ce personnage, *Vie de messire J.-L., baron de Bourcier*, par son fils (Nancy, 1741, in-8°) ; Digot, *Éloge historique de Bourcier*, dans les *Mémoires de la Société royale de Nancy*, 1841 ; Salmon, *Étude sur le président Bourcier* (Toul, 1846) ; de Souhesmes, *Journal du président Bourcier* (*Mémoires de la Société d'archéologie lorraine*, 1891).

travail, et son cabinet était le seul séjour qui pût lui faire plaisir[1] ». Ses ouvrages comprennent des réquisitoires, diverses ordonnances, des mémoires[2] sur la plupart des questions litigieuses du temps, et même une poésie légère, — d'un goût douteux, quoi qu'en dise son fils[3], — que le grave jurisconsulte composa dans la chaleur de sa querelle avec l'évêque de Toul.

Jean-Louis Bourcier, baron de Montureux, obtint dès 1712 la survivance de la charge de procureur général, et suivit son père au congrès d'Utrecht. Il fut lui-même chargé en 1723 d'une mission à Rome pour terminer le différend entre l'abbé de Bouzey et dom Petitdidier. C'est à Bourcier fils que l'on doit la publication du Recueil[4] des édits, ordonnances et règlements du règne de Léopold.

Parmi les jurisconsultes de l'époque, citons encore Jean-Baptiste-Joseph Bourcier, neveu du premier président, et qui fut avocat général près la Cour souveraine de 1705 à 1721 ; Dominique-Mathieu de Moulon, avocat à la Cour, conseiller d'État, auteur d'un commentaire, resté manuscrit, sur la Coutume de Lorraine, et qui exerça pendant quelques années, entre les deux Bourcier, l'office de procureur général ; Jean le Paige, qui fit imprimer un *Nouveau Commentaire de la Coutume de Bar-le-Duc,* excellent praticien, ainsi d'ailleurs que Georges d'Alnoncourt, Prugnon, Chevrier, l'oncle de l'historien, etc.

Une place à part doit être faite à François-Xavier

---

1. *Vie de messire J.-L. de Bourcier*, p. 136. — Léopold disait quelquefois : « J'ai un procureur général qui a de l'esprit et de la capacité, mais en vérité il est bien sauvage. » *Ibid.*, p. 137. — Voir plus haut, p. 223.
2. *Mémoires pour la succession de Mantoue, sur la Souveraineté d'Arches et de Charleville, pour l'indemnité du Montferrat, pour l'affaire de Ligny, etc.* Voir dans Calmet (*Bibliothèque lorraine*) le catalogue complet, en 32 articles, des ouvrages de Bourcier.
3. *Vie de J.-L. de Bourcier*, p. 198.
4. En 1748, il continua ce recueil par la publication des ordonnances et règlements de Lorraine, tant du règne de François que de celui de Stanislas. Nancy, 3 vol. in-4°.

Breyé[1], de Pierrefort (1694-1736); reçu avocat à la Cour souveraine, il vint s'établir à Nancy en 1716, et, deux ans après, commençait à réunir régulièrement chez lui quelques confrères pour discuter toutes sortes de questions juridiques. Il sortit de ces « conférences académiques » une dissertation[2] sur le titre X (*Des Donations*) de la Coutume générale de Lorraine. Léopold félicita Breyé de son initiative, et, pour l'en récompenser, le nomma garde de la bibliothèque de son palais de Nancy; bientôt même il déclara qu'à l'avenir aucun avocat de la Cour souveraine ne pourrait être pourvu d'un office de judicature qu'il n'eût au préalable produit un certificat attestant qu'il avait suivi assidûment ces conférences[3]. Breyé publia plusieurs ouvrages de droit et un recueil qui renferme plusieurs poésies; on le considère même comme le meilleur versificateur lorrain de l'époque. Il a chanté dans une ode les avantages que la neutralité procurait à la Lorraine :

> Les biens qu'à Léopold offre l'heureuse paix
> Sont-ils moins glorieux que ceux de la victoire?
> La plus solide et la plus douce gloire
> C'est de combler ses sujets de bienfaits.
> Est-il de plus belles conquêtes
> Que tous les cœurs d'un peuple heureux?
> Non, l'olive qui ceint nos têtes
> Ne cède point au laurier fastueux[4].

Claude-François Reboucher, conseiller à la Cour souveraine, était un bel esprit, qui excellait à tourner le madrigal ou à aiguiser l'épigramme. On connaît le sixain que lui inspira l'opération faite à Léopold par M. de la

---

1. Voir Digot, *Notice biographique et littéraire sur Breyé* (Journal de la Société d'archéologie lorraine, 1859).
2. Dom Calmet, *Bibliothèque lorraine*, col. 167.
3. Déclaration du 15 décembre 1728. Recueil, III, 320.
4. Digot, *Histoire de Lorraine*, VI, 183.

Peyronie ; nous citerons la petite pièce suivante, imitée
des vers latins que Bourcier, alors rhétoricien, dédiait à
ses condisciples remuants :

> Vils animaux, babillards effrénés,
> Contre votre régent vous grognez à voix basse,
> Vous que le ciel a condamnés
> Au pilon de cette classe.
>
> Parle, bouffon : pourquoi dis-tu
> Que cet écrit n'est pas pointu ?
> Il l'est assez, puisqu'il te pique.
> Dis-tu qu'il ne te pique point ?
> Il est encore une réplique,
> C'est que, plus dur qu'une bourrique,
> Tu ne sens pas ce qui te point [1].

V

Sous le règne de Léopold, la Lorraine compta un certain nombre de savants. François-Joseph Decamus, gentilhomme des environs de Saint-Mihiel, s'établit à Paris, où il publia, en 1722, un *Traité des forces mouvantes pour la pratique des arts et métiers, avec une explication de vingt machines nouvelles et utiles*. « En 1710, dit Calmet, il composa un pont flottant, composé de plusieurs pièces ; ce pont se place de lui-même de l'autre côté d'une rivière, quelque large qu'elle soit, sans que l'on soit obligé d'y envoyer personne... Il avait aussi entrepris, par ordre de Louis XIV, une compagnie de petits soldats, qui devaient, par le moyen de certains ressorts, se mouvoir et passer en revue devant Mgr le Dauphin. Nous l'avons vu travailler à cet ouvrage, qui n'a pas été achevé à cause de la mort

---

1. Dom Calmet, *Bibliothèque lorraine*, col. 787.

de Louis XIV... Étant allé en Hollande pour y mettre en pratique sa machine inventée pour le soulagement des rameurs, il fut rappelé par ordre du roi ; mais il ne fut pas pour cela récompensé de son invention, qui n'a pas encore été mise en exécution pour certains intérêts particuliers[1]. »

François Thomas, de Sainte-Marie-aux-Mines, est l'inventeur de plusieurs machines[2] à crémaillère et à manivelle pour soulever et transporter les fardeaux : sa réputation était si répandue que Pierre le Grand, pendant son séjour à Paris, voulut le voir et chercha à l'emmener avec lui à Saint-Pétersbourg ; mais le mécanicien refusa les offres brillantes qu'on lui faisait lorsqu'il vit le tzar, irrité d'une réponse de son chancelier, maltraiter celui-ci et le renverser sur le plancher : « Si Votre Majesté, dit-il, traite ainsi son chancelier, à quel supplice doit s'attendre un particulier comme moi[3] ? »

Philippe Vayringe, de Nouillompont (1684-1786), travailla d'abord du métier de serrurier à Metz et à Nancy ; puis il se livra sans maître à l'étude de l'horlogerie et de la mécanique. Ses premiers succès l'encouragèrent au point qu'il chercha pendant un instant le mouvement perpétuel : « Je fis plusieurs vaines tentatives à cet égard ; mais en y travaillant, je réussis à faire quantité de mouvements fort simples, et entre autres celui d'une horloge qui allait huit jours avec trois roues, et qui cependant sonnait les heures, les demies et la répétition, et de plus marquait la révolution et les diverses phases de la lune[4]. »

---

1. *Bibliothèque lorraine*, col. 231.
2. Ces machines sont décrites dans les *Mémoires de l'Académie des sciences*, 1701. Cf. Dom Calmet, *Bibliothèque lorraine*, col. 942.
3. Digot, VI, 148.
4. Abrégé de la vie de Vayringe, composé par lui-même en 1745, ou par Duval, son ami. Dom Calmet, *Bibliothèque lorraine*, col. 937.

Sa réputation comme horloger ne tarda pas à s'établir, et, en 1713, la Chambre de Nancy lui confiait la conduite des horloges de la ville, aux gages de 450 francs barrois[1]. Quelques années après, il vint présenter au duc les plus remarquables de ses ouvrages : la pendule mentionnée plus haut, une montre de poche qui répétait les heures et les quarts avec les seules roues du mouvement, des compas de nouvelle invention, des étuis de mathématiques, une « machine universelle à lever toutes sortes de plans », et « un petit canon qui tirait seize coups de fusil ».

Léopold félicita l'artisan de génie, et, pour l'encourager dans ses travaux, lui donna le brevet[2] de l'un de ses « horlogeurs machinistes » avec une pension de 300 livres. Vayringe quitta alors Nancy pour s'établir à Lunéville ; il s'appliqua à la construction de machines hydrauliques et, après un voyage d'études qu'il fit en Angleterre, au perfectionnement de divers instruments de physique[3]. Sur la proposition de M. de Boisfranc, architecte du roi de France, il exécuta pour une mine du Pérou une machine où, « par la vapeur d'un peu d'eau bouillante et le poids de l'atmosphère », on faisait monter l'eau à plus de 600 pieds.

Ce n'est pas à Vayringe toutefois que revient l'honneur — que lui attribue à tort Lepage — d'avoir le premier tiré une application pratique de l'invention de Papin. Plusieurs Anglais le précédèrent dans cette voie, en particulier Newcomen et Cowley, qui construisirent dès 1711,

---

1. Lepage, *Archives de Nancy*, II, 18, 330.
2. Lettres patentes du 22 octobre 1720. Voir Lepage, *Notes sur le mécanicien Vayringe* (Journal de la Société d'archéologie lorraine, 1855) ; Morey, *La Vapeur d'eau utilisée comme force motrice en Lorraine dans le cours du* xviiie *siècle* (Mémoires de l'Académie de Stanislas, 1883).
3. La note des instruments faits ou réparés pour la « Chambre des machines » de S. A. R. monte à 5,212 livres pour les années 1721 et 1722, à 1,369 pour 1723, à 2,143 pour 1724. Dans la note de 1723, on remarque une machine pour « démontrer l'accélération des corps qui roulent sur un plan incliné », estimée 300 livres. *Archives de Meurthe-et-Moselle*, B, 1679.

sous le nom de « pompes à feu », des machines destinées à l'épuisement de l'eau des mines[1].

L'habile mécanicien fut chargé par le duc François de professer à l'Académie de Lunéville un cours de physique expérimentale. En 1737, il resta attaché à ce prince et refusa les offres séduisantes que lui firent le surintendant des bâtiments du roi et les directeurs des mines de Bretagne[2]; c'est à Florence qu'il devait mourir.

Dans les sciences médicales, la Lorraine produisit pendant le premier tiers du xviiie siècle quelques hommes de valeur. Jean-Baptiste Alliot, de Bar, médecin ordinaire du roi de France, soutint la réputation de son père, Pierre Alliot; c'est lui qui fit connaître les vertus des eaux de Plombières, principalement des eaux salines que l'on délaissait depuis longtemps. Charles Bagard, de Nancy (1696-1772), fut, comme son père Charles, un praticien renommé; le père avait le titre de premier médecin du duc, le fils devint en 1722 médecin ordinaire de Léopold et, en même temps, « pensionnaire » de la ville de Nancy. François-Nicolas Marquet fit une flore lorraine, qui ne fut pas publiée de son vivant[3]; elle aurait rendu plus de services que cet autre ouvrage du même auteur, intitulé *Méthode pour apprendre, par les notes de musique, à connaître le pouls de l'homme, et les différents*

---

1. Rambaud, *Histoire de la civilisation française*, II, 153.
2. Vayringe traça le dessin d'une machine pour élever 200 pouces cubes d'eau sur la butte de Sainte-Geneviève, à Paris; il montra les défauts de la machine de Marly, et affirma que trois mouvements pareils à ceux qu'il avait exécutés pour les Bosquets de Lunéville produiraient plus d'effet que ce bruyant assemblage. Orry, surintendant des bâtiments du roi, offrit à Vayringe la direction de Marly, promettant qu'on aurait soin de sa fortune. — Les directeurs des mines de Bretagne, pour qui le célèbre ingénieur fit le plan de machines d'épuisement, lui proposèrent 4,000 livres de pension, un capital de 30,000 livres dans la Société et plusieurs autres avantages. *Bibliothèque lorraine*, col. 996.
3. Son gendre Buchoz la fit passer en grande partie dans un ouvrage publié en 1762, ayant pour titre: *Traité historique des plantes qui croissent dans la Lorraine et les Trois-Évêchés*, 10 vol. in-8°.

changements qui lui arrivent depuis sa naissance jusqu'à sa mort[1].

Rivard, de Neufchâteau, l'habile chirurgien, se perfectionna dans son art à Paris, à l'Hôtel-Dieu, où il demeura vingt ans ; M. de Mahuet, qui le connaissait particulièrement, engagea le prince à le rappeler en Lorraine : on le nomma « démonstrateur d'anatomie » à la Faculté de Pont-à-Mousson. Chaque année il venait deux fois à Lunéville faire gratuitement l'opération de la taille ; on évalue à plus de 600 le nombre des calculeux indigents qu'il guérit.

Enfin il n'est peut-être pas indigne de l'histoire de retenir les noms de simples rebouteurs du Val-d'Ajol, les Fleurot, dont l'adresse et le mérite, au dire de leurs contemporains, égalaient le désintéressement et la modestie : Léopold, pour récompenser les services qu'ils rendaient au public, leur fit offrir par un de ses officiers de les exempter de la subvention ; ils refusèrent, disant qu'ils ne voulaient pas être à charge à leurs compatriotes[2].

VI

En 1702, Léopold avait institué dans sa capitale une Académie de peinture et sculpture, afin d'encourager ces arts qui font « la gloire et la richesse des États les plus florissants et le plaisir de leurs souverains[3] ». Le marquis de Lenoncourt-Blainville, conseiller d'État et premier gentilhomme de la chambre du duc, fut nommé protecteur de cette société qui compta comme premiers membres Claude Char-

---
1. Nancy, chez la veuve Balthazard, in-4°.
2. *Bibliothèque lorraine*, col. 958.
3. Lettres patentes du 8 février 1702. *Recueil des Édits*, I, 347.

les et Joseph Provençal, l' « orfèvre ciseleur » Antoine Cordier, le sculpteur Renaud Mény[1], le mathématicien Didier La Lance et Pierre Bourdict, « premier architecte de Son Altesse Royale et directeur de ses ouvrages de sculpture ».

Ces maîtres faisaient à la jeunesse des « leçons et autres exercices publics et particuliers ». Tous les jours, excepté les dimanches et fêtes, on étudiait les mathématiques de trois heures à cinq, la peinture et la sculpture de cinq heures à sept. Les élèves payaient une fois pour toutes un droit d'entrée et chaque mois une modique rétribution ; le duc fournissait le logement[2] et une somme annuelle de 400 livres « tant pour entretenir les modèles naturels... que pour subvenir à d'autres frais et dépenses ».

Les statuts établissent que « le lieu où l'assemblée se fera étant dédié à la Vertu, doit être en singulière vénération tant à ceux qui la composent qu'aux personnes curieuses qui y seraient par eux introduites et à la jeunesse qui, n'étant point du corps de l'Académie, y serait reçue pour y venir dessiner et étudier. Partant, ceux qui blasphémeraient le saint nom de Dieu, qui parleraient de la religion ou des choses saintes par dérision, par invectives, ou qui proféreraient des paroles impies, seraient bannis de ladite Académie et déchus de la grâce qu'il a plu à S. A. R. de leur accorder. »

Chaque année, la veille de la Saint-Luc (17 octobre), l'Académie présentait aux élèves en peinture un sujet d'histoire et chargeait l'auteur du meilleur dessin d'exé-

---

1. Il fut nommé par ses collègues trésorier de l'Académie (mai 1703). *Archives de Meurthe-et-Moselle*, B, 1559.
2. L'Académie fut installée dans une vaste salle située au-dessus de la porte Neuve construite par Louis XIV, en 1673, entre les deux villes de Nancy. La porte Neuve (ou porte Royale) s'élevait un peu au nord de l'ancienne porte Saint-Nicolas, démolie à la même époque ; elle a fait place, en 1751, à l'arc de triomphe qui est encore aujourd'hui debout. Lionnois, II, 27.

cuter un tableau; le lauréat de cette seconde épreuve recevait une récompense fort modeste, le droit de choisir à l'avenir sa place dans la salle de travail et le privilège de poser le modèle en l'absence du professeur.

La plupart des artistes et des savants du temps se firent recevoir à l'Académie, car à cette condition seulement ils pouvaient prendre le titre de peintre ou de sculpteur de Son Altesse Royale; tout académicien nouveau était tenu de fournir un morceau de sa composition et l'on forma ainsi un musée d'une certaine richesse; mais au moment de la réunion de la Lorraine à la France, tableaux, statues, médailles, tous les objets de valeur furent transportés à Florence.

La Lorraine produisit un assez grand nombre de peintres, mais, malgré la fondation de l'Académie de Nancy, il n'y eut pas d'école lorraine : « Le souffle inspirateur est le même à la cour de Nancy qu'à la cour de France, seulement l'apport de la Lorraine dans la production artistique du xviiie siècle est beaucoup plus important que celui de n'importe quelle province de France[1]. »

VII

Charles Herbel, né à Nancy en 1656, suivit le duc Charles V dans ses campagnes et peignit sur les lieux mêmes plusieurs des combats livrés par l'illustre capitaine. Il revint en Lorraine avec Léopold et exposa pour la première fois à Nancy, le 10 novembre 1698, à l'occasion de l'entrée solennelle du souverain, dix-huit grandes toiles, les *Batailles du duc Charles V*[2], qui furent copiées

---

1. Ménard, *L'Art en Alsace-Lorraine*, p. 360.
2 Ces tableaux furent brûlés dans l'incendie du château de Lunéville, en 1719.

en tapisseries, ainsi que les *Douze mois*, autres tableaux du même artiste. Herbel peignit encore pour une église de Nancy, un *Crucifiement* remarquable, et, pour Léopold, les portraits des principaux officiers qui avaient combattu sous les ordres de Charles V [1]. Il fut nommé *héraut d'armes* des duchés de Lorraine et de Bar, et, à sa mort, (1702), eut pour successeur dans cette charge Claude Charles, le plus célèbre des artistes lorrains de l'époque.

Né à Nancy (1661), Claude Charles apprit le dessin à Épinal, et alla se former à Rome où il travailla pendant neuf ans dans les ateliers les plus fréquentés, puis à Paris. On ne sait à quelle époque Léopold l'attacha à sa personne en qualité de peintre ordinaire, mais dès 1698 cet artiste exécutait pour la cour, au prix de 250 fr., trois tableaux d'un « clair-obscur » représentant le triomphe de la peinture, de la sculpture et de l'architecture [2]. Les œuvres de Charles furent, même de son vivant, très recherchées, et l'on en voyait partout, dans les hôtels des riches particuliers comme dans les églises importantes. Il avait « le coloris frais, une grande facilité dans la composition et dans la manière de dessiner [3] ». Il devint directeur de l'Académie et inspira le goût de l'art à des élèves qui atteignirent à la célébrité : Jacquard, Chaman, etc.

Léopold estimait tout particulièrement Jacquard, puisqu'il lui accorda, par lettres patentes du 20 juillet 1719, la survivance de la charge de héraut dont Claude Charles était revêtu [4]. En 1711, Jacquard recevait un traitement

---

1. Voir, sur Herbel, Dussieux, *Les Artistes français à l'étranger*, p. 118; Lepage, *Journal de la Société d'archéologie lorraine*, 1855, p. 95; Calmet, *Bibliothèque lorraine*, 494.
2. Lepage, *Journal de la Société d'archéologie lorraine*, 1856, p. 205.
3. *Bibliothèque lorraine*, col. 165.
4. Claude Jacquard, né à Nancy vers 1685, mourut dans cette ville en 1736. Il ne porta jamais le titre de héraut d'armes de Lorraine, Claude Charles étant mort après lui, en 1717.

annuel de 54 livres « pour son entretien et à cause des ouvrages de peinture qu'il faisait pour le service du prince »; en 1714, il était qualifié de peintre ordinaire de Son Altesse Royale, et terminait l'année suivante deux tableaux représentant les *Batailles des Turcs* et un autre intitulé : *Prise de la ville de Bude par feu Charles V*[1]. Mais le plus important ouvrage qu'ait exécuté ce peintre est la décoration de la coupole de la Primatiale[2], commencée au printemps 1723 et achevée en 1727. « Ce fut aussi, écrit Digot, l'écueil de sa réputation. On critiqua fort justement la couleur employée par l'artiste et la disposition générale de sa composition, qui représente moins, en effet, les divers ordres des saints et des esprits bienheureux rangés autour des trois personnes divines, que des groupes épars et sans relation les uns avec les autres. Jacquard était, du reste, capable de mieux faire ; de belles toiles et des ébauches conservées dans les cabinets des amateurs révèlent chez lui un génie plein de feu et d'originalité[3]. » Quelque temps avant sa mort, Jacquard se donna à la gravure et il a laissé deux remarquables estampes ; l'une représente un arc de triomphe en l'honneur de Charles V, l'autre, l'intérieur d'une vaste et riche église ornée, au centre, d'un mausolée[4].

Joseph Chaman, né à Haraucourt en 1700, visita l'Italie aux frais de Léopold, et étudia chez différents maîtres de Parme, Lucques, Modène, etc. Comme peintre, il cultiva surtout le genre décoratif et travailla au château de Lunéville et dans les autres édifices construits par le

---

1. Ces trois tableaux lui furent payés, y compris les cadres dorés, 200 livres. Lepage (*Journal de la Société d'archéologie lorraine*, 1856, p. 52). — Voir aussi sur Jacquard le même *Journal*, 1853, p. 209.
2. Cet ouvrage lui fut payé 13,000 livres.
3. *Histoire de Lorraine*, VI, 141.
4. Ces édifices sont restés sans doute à l'état de simples projets. Cf. Morey, *Les Artistes lorrains à l'étranger* (Mémoires de l'Académie de Stanislas, 1883).

duc de Lorraine ; c'était aussi un fin graveur dont on estime les eaux-fortes et les estampes, qui figurent d'ordinaire des scènes d'opéras, des arcs de triomphe, des mausolées, des trophées[1]. Il resta fidèle à la fortune de la famille de son protecteur et suivit François à Florence et à Vienne[2].

Aimé-Joseph Furon, d'Épinal (1687-1729) appartient complètement au règne de Léopold ; lui aussi, grâce à la générosité du prince, perfectionna pendant un long séjour en Italie les dons qu'il avait reçus de la nature. Ses meilleures toiles ornèrent le palais de Lunéville : l'*Histoire d'Achille*, l'*Enlèvement de la belle Europe*, la *Chasse de Diane*, etc. ; il fit pour le prince de Craon *Abraham dans le désert*. Bien que son œuvre soit considérable[3], il est moins connu que Jacques Durand, de Nancy, et Joseph Gille, dit Provençal, autre Nancéien.

Jacques Durand travailla deux ans à Paris sous Nattier, et huit ans à Rome, où Léopold entretint toujours plusieurs pensionnaires ; il excella dans la peinture d'histoire : on vante sa science du dessin, sa facilité de composition et l'éclat de son coloris[4].

Provençal (1679-1749) fut un peintre en vogue, très recherché pour le portrait ; il travailla pour le duc, le prince d'Elbeuf, les maisons religieuses et un grand nombre de particuliers.

Il faut faire une place honorable à Claude Christophe, de Verdun (1667-1746), élève du célèbre portraitiste Rigaud, artiste désintéressé qui distribua aux monastères et aux églises pauvres près de 1,200 tableaux « avec leur

---

1. Dussieux, p. 134.
2. Il fut directeur de l'Académie de Florence, architecte et peintre de S. M. I., et mourut à Vienne en 1763.
3. Durival, II, 209.
4. Calmet, *Bibliothèque lorraine*, 311.

bordure¹ » ; — à Louis Chéron², peintre ordinaire et valet de chambre du duc, auteur fécond dont les ouvrages étaient nombreux à Lunéville ; — à Voirin, de Germiny, qui eut un brevet de peintre ordinaire de Léopold³ ; — à Guyon, qui obtint le même honneur pour avoir peint, après Herbel et Jacquard, les batailles de Charles V. Guyon habita quelque temps Nancy après avoir travaillé « avec approbation » à Paris et dans plusieurs autres villes⁴, mais il n'était pas Lorrain, non plus que de Bar jeune⁵, non plus que Nicolas Dupuy et Jacques Van Schuppen, tous deux peintres ordinaires du duc de Lorraine.

Dupuy, né à Metz ou du moins y demeurant, fit pour Léopold, dès 1698, trois portraits qui lui furent payés 100 livres ; il reçut en 1705 des lettres d'anoblissement, dont le préambule lui fait le plus grand honneur : « Léopold... ayant reconnu que notre cher et amé Nicolas Dupuy, notre peintre ordinaire, excelle dans cette profession, tant pour l'histoire que pour le portrait et autres parties de la peinture, plusieurs églises se trouvant ornées par des représentations de piété de son pinceau, et nos palais embellis de nos portraits et de ceux des princes et princesses de notre sang, qu'il a heureusement exprimés ; que sa réputation même a fait souhaiter à notre très cher et très honoré cousin, Joseph Iᵉʳ du nom, empereur des Romains, aujourd'hui régnant, d'être peint deux fois de

---

1. *Ibid.*, 280.
2. C'est le fils de Charles Chéron, le graveur estimé, né à Lunéville en 1635, mort à Paris en 1699. Louis Chéron, né à Paris, mourut à Londres (1723) ; il a fait pour le château de Lunéville les portraits de Louis XIII, de Louis XIV, des deux reines de France Marie-Thérèse et Anne d'Autriche, du père et de la mère de Léopold, etc.
3. Lepage, *Journal de la Société d'archéologie lorraine*, 1855, p. 99.
4. Lettres patentes du 26 janvier 1717. *Ibid.*, p. 96.
5. Il y eut deux de Bar : le père, Nicolas de Bar, originaire du Barrois, mort quelques mois après l'arrivée de Léopold en Lorraine ; le fils, né à Rome et mort à Nancy en 1731. *Bibliothèque lorraine*, 77.

sa main ; ce qu'il a fait avec succès, et en a reçu des marques d'honneur et de gratification, etc...[1]. »

Jacques Van Schuppen était en Lorraine en 1707 ; il y resta peu de temps et alla s'établir à Vienne, où l'Empereur le fit directeur de son Académie de peinture[2]. On lui attribue un tableau du Musée lorrain[3] qui représente la famille du duc Léopold, et deux autres tableaux concernant la famille de Beauvau[4].

VIII

François, de Nancy, élève de Claude Charles, s'adonna à la gravure et fit paraître quelques morceaux sous la direction de son maître ; il resta plusieurs années à Lyon et se fixa à Paris, où il devait plus tard exécuter les planches représentant les bâtiments de Stanislas[5]. Les autres graveurs du temps sont Crock, qui grava en 1703 les quatre médailles posées sur la première pierre de l'église primatiale[6] ; — Hardy fils[7], qui prépara les coins des monnaies de Léopold de 1698 à 1702 ; — Ferdinand de Saint-Urbain, dont le talent supérieur a été reconnu même en Italie, où l'on qualifiait ses ouvrages de *divins*[8].

---

1. Lepage, *Journal de la Société d'archéologie lorraine*, 1859, p. 217.
2. Durival, I, 135.
3. N° 270 du catalogue du Musée historique lorrain.
4. Léon Germain, *Notice sur deux tableaux appartenant à M*^{me} *de Roquefeuil*; Nancy, 1899, brochure in-4°. — Le premier de ces tableaux représente la duchesse de Lorraine et la princesse de Craon entourées de cinq des enfants de la souveraine ; l'autre représente la réception, par Léopold, de François-Vincent-Marc de Beauvau, le second fils du prince de Craon, comme primat de Lorraine, en 1722.
5. Calmet, *Bibliothèque lorraine*, 393.
6. *Ibid.*, 314. Crock mourut à Nancy en 1737. Ces médailles représentent Léopold, Élisabeth-Charlotte, les princes Charles et François, frères de Léopold.
7. Son père, originaire de Nancy, mourut en 1669, et avait été graveur des monnaies de Charles IV. *Ibid.*, 178.
8. *Ibid.*, 1036. Voir aussi Lepage, *Mémoires de la Société d'archéologie lorraine*, 1865 ; Morey, *Mémoires de l'Académie de Stanislas*, 1882, p. 181.

Saint-Urbain, né en 1652 à Nancy, se forma, ainsi que la plupart des artistes lorrains, à Rome, où il devint « graveur et architecte de Sa Sainteté ». Il revint en Lorraine dans le courant de 1703, au moment où Léopold faisait construire la nouvelle église primatiale; il fut consulté sur les plans à adopter pour cet édifice, et ce fut, dit-on, sur son avis, que les tours, au lieu de se terminer par une charpente, furent bâties entièrement en pierre de taille[1]. A partir de 1704, il grava les coins de toutes les monnaies frappées en Lorraine, bien qu'il ne reçût que le 1ᵉʳ janvier 1707, le brevet de « graveur de la Monnaie »; il a en outre laissé une collection de 90 médailles, toutes très recherchées aujourd'hui, comprenant « l'histoire métallique » des papes en 18 pièces, la suite des ducs et duchesses de Lorraine depuis Hugues jusqu'à Léopold, les portraits de quelques souverains et savants de l'époque, divers médaillons[2] destinés à perpétuer le souvenir d'événements importants, des jetons pour l'hôtel de ville de Nancy, enfin « l'histoire métallique de la régence de Son Altesse Royale le duc d'Orléans ».

C'est à la fin de 1718 que Saint-Urbain dédia au régent les quatre premières médailles[3] de cette « histoire »; il lui adressa à cette occasion la lettre suivante :

« Monseigneur, les hauts faits des grands princes se répandant par tout l'Univers, il est permis aux différents climats qui le composent de les publier; c'est ce qui me

---

1. Lionnois, III, 271. — Calmet prétend que Saint-Urbain fournit même pour cette église des plans que des raisons d'économie seules empêchèrent d'accepter; Saint-Urbain donna en 1725 le dessin de l'autel de Saint-François-Xavier, dans l'église du noviciat des Jésuites, autel « d'un grand goût », dit Calmet.
2. Le Musée historique lorrain possède l'œuvre de Saint-Urbain, nᵒˢ 1501, 1502 et 1503 du catalogue.
3. Elles sont à l'effigie du duc d'Orléans, et présentent au revers : la première, Louis XV; la deuxième, l'« Avènement à la régence »; la troisième, la « Protection pour les arts »; la quatrième, l'« Établissement de la Chambre de justice ».

fait prendre la liberté de présenter à Votre Altesse l'essai de mon burin qui est consacré depuis treize années au service de Leurs Altesses Royales, M⁽ʳ⁾ le duc et M⁽ᵐᵉ⁾ la duchesse de Lorraine, mes augustes souverains. L'étroite union qui règne dans vos cœurs me flatte encore plus que le même sang qui coule dans vos veines de l'heureux succès de mon entreprise.

« Ces quatre médailles que j'ai faites avec le secours de D. Joachim La Roche[1], bénédictin, homme d'un mérite distingué, représentent quelques faits éclatants des quatre premières années de votre glorieuse régence qui fait le bonheur des Français et l'admiration des étrangers. L'approbation des antiquaires romains qui se croient en possession de décider de pareils ouvrages et avec lesquels je suis en relation depuis plus de vingt années autorise ma hardiesse. Si elles ont le bonheur d'être du goût de Votre Altesse Royale, je continuerai de donner tous les ans à la postérité une suite de l'histoire métallique d'un prince qui serait digne de porter la couronne qu'il soutient si fermement, et dans cette confiance j'ai déjà commencé d'ébaucher un cinquième type qui représente la suppression du vingtième denier dont Votre Altesse Royale vient de soulager les sujets du roi. Je suis avec un très profond respect, Monseigneur, de Votre Altesse Royale le très humble et très obéissant serviteur[2]. »

Nous ne savons pas quelle réponse le duc d'Orléans fit à cette épître flatteuse. Il encouragea sans doute le graveur lorrain, puisque nous voyons l' « histoire métallique » de la régence s'augmenter de la « suppression du dixième denier », puis de deux autres médailles : la

---

[1]. Savant numismate, né à Ligny-en-Barrois, et mort à l'abbaye de Longeville le 18 janvier 1738.
[2]. Lettre du 26 décembre 1718. *Archives des affaires étrangères*, CIII, f⁰ 441.

« Gloire de l'Académie de France » (1720) et le « Mariage de Mlle de Montpensier (fille du duc d'Orléans) avec le prince des Asturies » (1721). A ce moment, Saint-Urbain venait d'être condamné par la justice de son pays à la prison perpétuelle ! Les dépêches de M. d'Audiffret au régent exposent tout au long cet incident, peu connu, de la vie du célèbre artiste[1].

Un incendie qui éclata à Nancy le 6 décembre 1719 amena la découverte dans une maison de la ville d'un fourneau, de creusets, d'un balancier, de coins, etc., bref de tout ce qu'il fallait pour fabriquer des monnaies. Une enquête, aussitôt commencée, ne tarda pas à aboutir à l'arrestation du sieur La Garde, — ancien fermier général de Lorraine, l'un des directeurs de la Banque de Nancy[2], — de Saint-Urbain, d'un orfèvre de la ville et de plusieurs ouvriers. Des perquisitions furent faites au domicile de l'associé de La Garde, le sieur Saur, qui était alors à Paris : on y découvrit deux tonnes pleines d'anciens louis et de léopolds falsifiés[3]. Léopold chargea une commission spéciale de poursuivre cette affaire : « Le graveur de la Monnaie, écrivait M. d'Audiffret le 21 décembre, a avoué dans son interrogatoire d'avoir fait les faux coins d'effigie de Votre Majesté. J'ai vu d'abord quelques dispositions à le faire condamner seulement à une prison perpétuelle à cause de son habileté et par le besoin qu'on a de le conserver, mais depuis les lettres que M. le

---

1. Lepage, dans son étude sur Saint-Urbain (*Mémoires de la Société d'archéologie lorraine*, 1856, p. 311), écrit à cette occasion : « J'ignore ce qui lui arriva en 1720 ; mais une note consignée dans un des registres que j'ai déjà cités, donne à supposer qu'il fut impliqué dans une affaire fâcheuse, sur laquelle je n'ai pu me procurer aucun éclaircissement. » — M. Meaume, qui n'a pas connu non plus la cause de la détention de Saint-Urbain, a cherché à en préciser la date (*Journal de la Société d'archéologie lorraine*, 1877, p. 61).
2. Sur cette banque, voir ci-après.
3. D'Audiffret au régent, 7 décembre 1719. *Archives des affaires étrangères*, CV, f° 274.

duc de Lorraine a reçues de Paris par le retour du courrier qu'il y avait dépêché, il a témoigné d'en vouloir faire une justice rigoureuse ; mais, s'il était possible de craindre une vertu, ce serait sa clémence. J'ai été informé qu'il y a des personnes de cette cour qui tâchent de faire allonger le procès pour avoir le temps de faire demander sa grâce par le pape; cependant on continue de travailler à l'instruction avec beaucoup d'exactitude[1]. »

Le procès traîna en effet en longueur. D'ailleurs l'instruction en était difficile et délicate : « On fait tous les jours des découvertes plus criminelles, écrivait encore d'Audiffret ; il ne s'agit pas seulement d'espèces contrefaites, mais encore de fausses ; il y avait divers lieux de fabrication tant à la ville qu'à la campagne. On a trouvé depuis quatre jours dans la cave de la maison d'un serrurier un autre balancier et divers outils. Ce misérable entrant dans le cachot dit que s'il périssait il en ferait périr bien d'autres ; et à mesure que les juges creusent dans cet abîme d'iniquités, de nouvelles circonstances se découvrent qui le rendent plus odieux[2]. »

Les aveux de La Garde amenèrent, à la fin de février, d'autres arrestations. Léopold se montrait irrité contre les coupables et recommandait aux magistrats « de faire bonne justice », disant « qu'il leur remettait toute son autorité » ; toutefois, ajoutait M. d'Audiffret, « il m'a paru de la manière dont il m'en parle qu'il souhaiterait de pouvoir sauver la vie à son graveur nommé Saint-Urbain, qui est très habile dans sa profession et chargé d'une nombreuse et pauvre famille, mais l'attention pour tout ce qui regarde Votre Majesté l'en a empêché et s'il lui plaisait d'agréer que la peine de mort fût commuée en

---

1. *Ibid.*, f° 292.
2. D'Audiffret au régent, 10 janvier 1720. *Ibid.*, CVII. f° 3.

une prison perpétuelle, il m'a témoigné qu'il en aurait beaucoup de satisfaction, y ayant de pareils exemples en faveur de quelques excellents ouvriers qu'on a voulu conserver pour ne pas perdre les fruits et le prix de leurs ouvrages[1] ».

Le 7 mars, la commission rendit son jugement : elle condamna La Garde et le serrurier au fouet, à la marque et au bannissement, Saint-Urbain à la prison perpétuelle[2]. Mais ce jugement ne fut pas exécuté, du moins en ce qui concerne Saint-Urbain, qui, après une détention de quelques mois seulement, reprit ses fonctions à la Monnaie[3].

A cette époque, le célèbre artiste devait avoir conçu et peut-être réalisé en partie son grand ouvrage, le « Médaillier de Lorraine », achevé en 1731[4] ; il fut secondé dans son travail par sa fille Anne-Marie et son fils Claude-Augustin, qui paraissent avoir hérité des talents de leur père. Claude-Augustin fut poursuivi sous la régence d'Élisabeth-Charlotte, en 1734, pour avoir fabriqué de faux mandements qui lui accordaient plus de 7,000 livres de gratification et la survivance des fonctions exercées par son père. La régente commua la peine capitale qu'il pouvait encourir en celle d'une détention perpétuelle à l'hôtel de la Monnaie, dans une chambre contiguë à l'ap-

---

[1]. Lettre du 9 février 1729. Ibid., f° 18.

[2]. « M. le duc de Lorraine, mal satisfait de ce jugement, voulait ordonner une punition plus sévère, mais les commissaires lui remontrèrent que des trois auteurs qui traitent de ce crime de fausse monnaie, il y en avait deux qui disaient expressément que ceux qui ont commis ce crime de fabriquer de la monnaie du poids et du titre des ordonnances, sans l'avoir exposée, ne pouvaient être condamnés qu'à être fouettés, marqués et bannis, hormis qu'il y eût une convention de peine de mort entre des souverains ; cependant il y a dans le Code de Justinien une loi qui décide le contraire. » D'Audiffret au régent, 9 mars 1729. Ibid., f° 52.

[3]. Saint-Urbain ne cessa de toucher son traitement que pendant un trimestre, et l'on trouve dans le compte de la Monnaie la mention suivante : « Payé 30 livres au sieur Lenoir, prévost de la Monnoye, pour avoir esté occupé à graver les coings pendant la *détention de Saint-Urbain* ». Lepage, *Mémoires de la Société d'archéologie lorraine*, 1866, p. 311.

[4]. M. Beaupré place l'exécution du *Médaillier* entre 1727 et 1731 (*Mémoires de la Société d'archéologie lorraine*, 1867, p. 5).

partement de Ferdinand de Saint-Urbain ; puis, deux ans après, elle lui rendit la liberté[1].

IX

La Lorraine compta aussi, sous Léopold, quelques sculpteurs de mérite. Le plus connu, Nicolas Renard (1654-1730), de Nancy, avait appris le dessin sans maître et fait un long apprentissage à Paris et à Rome ; en 1693, il exécuta dans l'église des Feuillants à Paris le mausolée du prince d'Harcourt[2]. Il revint en Lorraine vers 1715, fut nommé professeur à l'Académie de peinture de Nancy et fit la plupart des statues destinées aux Bosquets de Lunéville et à l'hôtel de Craon. Renard avait un fils, qui montra de bonne heure les plus heureuses dispositions, et que Léopold envoya à Rome, mais le jeune homme mourut à 24 ans, avant d'avoir donné la mesure de son talent.

François Chassel (1666-1752), né à Metz d'une famille nancéienne[3], succéda à Renard à l'Académie de Nancy. On lui devait plusieurs des mausolées qui décoraient les églises de cette ville, en particulier celui du président Bourcier, aux Minimes ; ses ouvrages étaient répandus dans tout le pays. On possède encore, à la chapelle ducale, une *Vierge*, deux *anges*, et un *Christ au tombeau*, « derniers produits du ciseau de Chassel, et qui suffiraient pour fonder une réputation [4] ».

---

1. Lepage, *Notes sur le graveur Claude-Augustin Saint-Urbain*, dans le *Journal de la Société d'archéologie lorraine*, 1855, p. 75. — Claude-Augustin de Saint-Urbain se fixa à Vienne, où il mourut en 1761. Ferdinand était mort en 1738, à l'âge de 85 ans.
2. Calmet, *Bibliothèque lorraine*, 801.
3. Il était le petit-fils de Charles Chassel, de Nancy, « très habile sculpteur pour la figure en petit ». *Bibliothèque lorraine*. 271. — François Chassel mourut à Nancy.
4. Digot, VI, 145 ; Lionnois, II, 311.

Nommons encore Toussaint Bagard, qui soutint la réputation de son père, le *Grand César*[1] ; — Bordenave, de Nancy, très apprécié par ses contemporains, mais dont il ne nous reste aucun ouvrage ; — Jacob-Sigisbert Adam (1670-1747), également Nancéien, élève de César Bagard, le père des trois célèbres statuaires[2], et dont les figures en terre cuite sont encore aujourd'hui fort recherchées ; — Jean-François Lupot (1684-1749), de Mirecourt, qui a exécuté un grand nombre de statuettes en bois et faisait à la perfection les figures grotesques servant de tête aux instruments que fabriquaient les luthiers de sa ville natale ; — Nicolas Huillot, dit Guyot, né à Mâcon, mais établi à Nancy dès sa plus tendre jeunesse, qui se rendit célèbre entre les artistes de ce temps « pour avoir de lui-même et sans maître inventé et perfectionné dans ce pays l'art de tirer en cire les portraits au naturel[3] » ; — le ciseleur Thomas Huin, dont les premiers ouvrages annonçaient un grand artiste, et qui abandonna de bonne heure la Lorraine pour l'Italie où il trouva de généreux protecteurs[4].

Léopold eut à son service des sculpteurs étrangers, en particulier François Dumont, « sculpteur du R. T. C. », qui fut nommé en 1721 « premier sculpteur de Son

---

1. Césard Bagard, connu en France sous le nom de *Grand César*, resta quelque temps à Paris, et y fit deux figures, représentant la Force et la Vertu, qui furent placées sur l'arc de triomphe que l'on dressa en 1659 pour le mariage de Louis XIV, *Bibliothèque lorraine*, 70.
2. Cf. H. Thirion, *Les Adam et Clodion*. Paris, 1885.
3. *Bibliothèque lorraine*, 472. — Guyot exerça d'abord le métier de cordonnier auprès de son père ; il s'appliquait seulement les dimanches et jours de fête à modeler des figures en cire. Léopold, qui vit quelques-uns de ses ouvrages, à la fin de 1728, voulut envoyer le jeune artiste à Rome pour y apprendre le dessin. La mort du duc rompit les espérances de Guyot, qui n'en continua pas moins à se livrer à son travail favori, et renonça bientôt à son métier de cordonnier. En 1744, il fit le portrait du Dauphin, qui fut présenté à la reine de France, lorsqu'elle passa à Nancy ; elle le reçut avec plaisir, et chargea l'artiste de faire celui du roi, « qu'elle trouva très bien ».
4. *Ibid.*, 525. — Un certain Pierre Jonquoy fut nommé l'un des fondeurs et ciseleurs de Léopold, à la résidence de Commercy, par lettres du 20 septembre 1724. *Archives de Meurthe-et-Moselle*, B, 162.

Altesse Royale... pour en cette qualité conduire les ouvrages des autres sculpteurs, corriger leurs modèles et les diriger dans leur travail et en particulier travailler par lui-même aux ouvrages qui seraient ordonnés et qui lui seraient laissés par entreprises, adjudications[1]... »

C'est à des architectes étrangers que l'on doit les principales constructions du prince. On a vu que Boffrand éleva les palais de Nancy[2], de la Malgrange et de Lunéville. Christophe André, intendant des bâtiments ducaux et des ponts et chaussées pendant les premières années du règne de Léopold, était également Français[3]. François Bibiane, qui fit l'Opéra de Nancy, fut nommé architecte ordinaire de Son Altesse Royale en 1724[4]. La Lorraine eut pourtant quelques architectes, mais d'un talent médiocre : Nicolas Jenneson, de Nancy, l'architecte de l'église Saint-Sébastien[5]; Mangeot, dont il était impossible d'exécuter les plans grandioses, d'ailleurs habilement dessinés[6]; Nicolas Pierson, d'Aspremont, simple convers de l'ordre des Prémontrés, l'architecte de l'église de Rangeval, du palais épiscopal de Toul et de plusieurs abbayes de Lorraine[7].

Louis de Nesle, dit Gervais, né à Lunéville en 1702, mort à Vienne, est le Le Nôtre lorrain. Léopold l'envoya, jeune encore, en France et en Allemagne, et le chargea d'agrandir les Bosquets de Lunéville, qu'avait tracés Yves des Hours. Après la mort de Léopold, Gervais fit des des-

---

1. Lettres du 30 mai 1721. *Ibid.*, B, 151, f° 60.
2. Ce palais, resté inachevé, fut démoli en 1745, et fit place à l'hôtel du Gouvernement.
3. Durival, IV, 27.
4. Lettres patentes du 25 octobre 1721. *Archives de Meurthe-et-Moselle*, B, 162.
5. *Bibliothèque lorraine*, 513.
6. *Ibid.*, 628. — Il donna le plan du catafalque que la ville de Nancy fit faire pour les obsèques de Léopold.
7. *Ibid.*, 747.

sins de jardins pour les principales familles du pays ; en 1737, il fut un des premiers à suivre François en Toscane, devint directeur général et dessinateur de ses jardins, enfin exécuta plus tard de grands travaux pour l'embellissement des palais impériaux[1].

---

1. *Ibid.*, 111.

CHAPITRE XV

POPULATION, AGRICULTURE, INDUSTRIE, COMMERCE

I. Accroissement de la population; les campagnes. — II. Importance relative des villes; Nancy, Lunéville. — III. État de l'agriculture. — IV. La chasse et la pêche; exploitation des forêts. — V. Les corporations. — VI. Mines et carrières; industrie métallurgique; la poudrerie de Nancy. — VII. Verreries. — VIII. Industries textiles; les tapisseries. — IX. Autres industries; l'imprimerie. — X. Les routes. — XI. Communications par eau; canaux projetés. — XII. Droits de circulation; la justice consulaire; commerce extérieur.

I

Pendant le règne de Léopold, la Lorraine acheva de se relever des désastres de la guerre de Trente ans. La population s'accrut rapidement à la faveur de la paix : en 1711[1], elle était de 400,000 habitants environ ; en 1737, elle avait presque doublé[2]. M. d'Audiffret écrit que le pays est « si bien repeuplé que la multiplication des habitants a fait faire de grands défrichements[3] ».

Léopold n'avait rien négligé pour attirer les étrangers dans ses États. Au début de son règne, il permit à ceux qui s'établiraient dans le bailliage d'Allemagne de s'emparer des terres que les habitants avaient cessé de mettre en valeur : les propriétaires qui réclameraient leurs biens dans l'année pourraient les recouvrer, mais au bout de dix ans seulement, ou en payant une indemnité en argent; quant aux nouveaux occupants, ils étaient naturalisés sans

---

1. Durival, I, 105.
2. Ibid., I, 142.
3. *Mémoire sur le duché de Lorraine*, f° 134.

prendre de lettres, exempts de toutes charges pendant six ans, et même pendant dix ans s'ils bâtissaient[1]. Plus tard, Léopold promit six arbres, coupés dans les forêts domaniales, à tous ceux qui viendraient construire des maisons dans la principauté de Lixheim (1708)[2]. Les contribuables, pères de dix enfants en vie, furent exempts de la subvention[3].

Le gouvernement ducal octroya libéralement des « lettres de naturalité » à tous ceux qui les sollicitèrent, commerçants, religieux, etc. L'ordonnance du 14 février 1700 affranchit du droit d'aubaine les étrangers alors établis en Lorraine, ainsi que ceux qui viendraient s'y établir pendant les six années suivantes; ce délai fut encore prorogé de six ans par la déclaration du 23 août 1706[4]. Les habitants des Trois-Évêchés, puis tous les Français, et enfin les sujets de l'Empire jouirent pour toujours de la même faveur, ainsi que les marchands étrangers qui, venus aux foires de Saint-Nicolas, mourraient en Lorraine[5]. Léopold songeait même, au moment où le Congrès de Cambrai allait se réunir, à conclure des traités avec toutes les nations voisines pour faire disparaître cette coutume barbare[6].

Toutefois les étrangers, et même les Lorrains changeant de résidence, étaient tenus de présenter aux autorités des villes et villages où ils voulaient se fixer « des certificats en forme de leur bonne vie et mœurs, religion catholique,

---

1. Ordonnance du 10 octobre 1698; *Recueil*, I, 89. Voir aussi ordonnance du 12 janvier 1715. *Ibid.*, II, 11.
2. Lepage, *Dépopulation de la Lorraine*, p. 50.
3. Avant la déclaration du 23 janvier 1729, l'exemption cessait du jour où les dix enfants, quel que fût leur âge, n'habitaient plus la maison paternelle ou se mariaient. *Recueil*, III, 350.
4. *Recueil*, I, 225, 521.
5. *Recueil*, Ordonnance du 8 mai 1701, 13 mars 1702; Arrêt de la Cour du 12 janvier 1707; Ordonnance du 4 mars 1707.
6. Léopold à Lefebvre, 7 mars 1722. Ms. n° 165 de la Bibliothèque de Nancy.

apostolique et romaine dûment légalisés des officiers des lieux dont ils seraient sortis¹ ». Les droits des nouveaux entrants étaient fixés à 10 francs pour les villes et bourgs, et, pour les villages, à 5 francs seulement, dont moitié à la fabrique et l'autre moitié au seigneur haut justicier.

Dans son désir de voir renaître les villages ruinés, le duc de Lorraine obligea tous ses sujets à réparer dans l'espace de deux ans les *masures* qu'ils possédaient, sans s'occuper s'ils en avaient les moyens ; ce délai passé, les *masures* non restaurées étaient, sans aucune formalité et sans égard aux droits des propriétaires, adjugées aux personnes de bonne volonté moyennant un prix fixé par des experts². Plus tard, on menaça même de déposséder complètement ceux qui, n'ayant pas satisfait à l'ordonnance précédente, conservaient encore sur leurs terres des bâtiments en ruines : l'ordonnance du 13 janvier 1715 leur accorde un délai de trois ans dans les villes et de six ans dans les villages, pour se mettre en règle ; « sinon et à faute de ce », il est permis « à tous ceux qui viendront les faire rétablir de le faire, après néanmoins qu'ils auront fait une sommation aux propriétaires connus, sans être tenus de payer pour raison desdites masures quoi que ce soit aux propriétaires qui, en punition de leur négligence, demeureront privés de leur droit de propriété³ ». Si l'intention du duc de Lorraine était louable, on voit que le procédé ne laissait pas d'être arbitraire et inique.

On peut en dire autant de l'arrêt du 17 mars 1724 : à la nouvelle que plusieurs habitants du bailliage d'Allemagne avaient vendu leurs meubles, leurs bestiaux et leurs terres dans le dessein d'aller s'établir à l'étranger,

---

1. Lettres du 4 septembre 1702. *Archives de Meurthe-et-Moselle*, B, 118. — Voir aussi l'ordonnance du 1 mai 1699. *Recueil*, I, 166.
2. *Recueil*, I, 415.
3. *Recueil*, II, 46.

Léopold intervint, déclara nuls et de nul effet, pour cette fois et à l'avenir, de semblables contrats, « étant nécessaire, disait-il, pour le bien et l'avantage de ces mêmes particuliers d'empêcher l'exécution de leurs projets, et voulant ainsi prévenir un pareil désordre[1] ».

En revanche, des exemptions et des franchises furent accordées aux Lorrains et aux étrangers qui construiraient des habitations à Einville, à Bourmont, et dans les divers lieux des duchés[2]. La petite ville de Sainte-Marie-aux-Mines, deux fois incendiée, en 1702 et en 1726, fut reconstruite grâce à l'intervention de Léopold.

II

La population des villes se développa comme celle des campagnes. Épinal comptait déjà, en 1711, 678 bourgeois cotisables[3]. Nancy s'embellissait et prenait une rapide extension ; la Ville-Vieille et la Ville-Neuve avaient 14,820 habitants en 1709, — 19,645 en 1733[4] ; un règlement fait en 1706 par la municipalité et confirmé par le duc, défendit aux particuliers de faire des constructions nouvelles ou de réparer celles qui existaient sans s'être au préalable adressés au sieur André, intendant des bâtiments de Son Altesse Royale, « duquel ils étaient tenus de prendre le plan des façades extérieures sur les rues seulement, tant pour la hauteur et l'élévation desdites

---

1. *Recueil*, II, 19. — Léopold traitait de *chimérique* l'établissement que ses sujets se proposaient de faire à l'étranger.
2. *Recueil*, I, 199; II, 338, 436. — La déclaration du 7 juillet 1721 affranchissait de la subvention pendant une année ceux qui bâtiraient une maison avec grange et écurie, — des deux tiers de la subvention ceux qui construiraient une maison et une écurie, — et enfin d'un tiers ceux qui feraient la maison seule.
3. Ferry, II, 92.
4. Lepage, *Communes de la Meurthe*, II, 112.

façades, que pour celles des étages et la régularité des croisées, portes et jours[1] ». Bientôt Léopold força tous les bourgeois indistinctement à donner à leurs maisons, dans un délai déterminé, la hauteur et l'alignement prescrits ; les propriétaires qui avaient des cours ou des jardins donnant sur les grandes rues durent même élever des bâtiments conformes aux plans arrêtés, ou vendre ces terrains à ceux qui voudraient construire[2].

L'autorité municipale, chargée de la police de la capitale, prit, à l'instigation du duc, de nombreuses mesures pour rétablir la sécurité ; les aubergistes et hôteliers furent astreints à porter tous les soirs dans une boîte fixée à la porte Neuve, entre les deux villes, du côté de la Carrière, le nom des étrangers qu'ils logeaient[3]. Des vols se commettaient journellement et sans qu'on pût découvrir les coupables ; Léopold en rendit responsables les officiers et les soldats du régiment des gardes, et prescrivit au trésorier de cette troupe d'opérer sur leurs appointements des retenues jusqu'à concurrence de la valeur des objets volés[4]. L'autorité municipale, de son côté, s'attaqua aux receleurs, fixa le nombre des « revendeuses publiques de meubles et hardes et autres effets » et ne permit à celles-ci d'exercer leur profession qu'après « examen fait de leurs vie et mœurs[5] ». On défendit aux bourgeois, garçons de boutique et « autres gens sans qualité ni caractère » de porter l'épée, à moins qu'ils ne fussent commandés pour le service de la milice. Enfin, pour plus de sûreté, les particuliers ne purent sortir la nuit après 8 heures en hiver

---

1. Lionnois, II, 112.
2. Ordonnance du 2 janvier 1710. — Les propriétaires ainsi dépossédés recevaient une indemnité fixée à l'amiable, ou, si l'on ne pouvait pas s'entendre, réglée par le procureur général.
3. Arrêté du 14 octobre 1698. Lepage, *Archives de Nancy*, II, 25.
4. Ordonnance du 12 décembre 1698. *Recueil*, I, 103.
5. Ordonnance municipale du 2 mai 1699. *Recueil*, I, 163.

et 10 en été, sans porter des lanternes, des falots ou des flambeaux[1]; plus tard, Léopold ordonna l'établissement à Nancy de 250 lanternes[2].

Malgré tout, la police se fit assez mal à Nancy, et fut, en 1722 surtout, l'objet de vives critiques; le président Lefebvre, consulté à ce sujet par le souverain, lui écrivait ces lignes :

« Dès que je suis venu après la paix de Ryswick m'établir à Nancy, depuis Metz où j'étais, et où la police se fait très bien, je me suis étonné d'en voir si peu à Nancy. Feu M. le président George, qui a été si longtemps à l'hôtel de ville, m'en a donné deux raisons : la première, que le peuple de Nancy est composé de gens ramassés, la plupart étrangers au pays, qui se sont fixés à Nancy pendant que cette ville était proprement une place de guerre. C'étaient souvent des gens de suite d'armées, mal disciplinés, violents, ivrognes, et quelque chose de pis, lesquels il n'était pas possible de bien contenir.

« La seconde, que depuis la paix de Ryswick ceux qui ont eu l'honneur de servir à votre cour, tant petits que grands, n'ont pas voulu s'assujettir aux règlements que les officiers de police faisaient. Vos troupes s'en sont moquées, et la facilité que le reste du peuple a eu de se pourvoir contre les règlements et d'en éluder les effets par les protections qu'ils trouvaient, tout cela a fait que le désordre s'est perpétué, car je dois observer à Votre Altesse Royale que la police ne peut jamais s'établir parfaitement qu'avec de la rigueur et de l'uniformité[3]. »

---

[1]. Ordonnance municipale du 11 août 1699. *Recueil*, I, 196. — Ordonnances des 12 février 1702 et 2 novembre 1703. Lepage, *Archives de Nancy*, III, 226. Cette dernière ordonnance défendait aux particuliers de porter la nuit, en guise de lanternes, des tisons ou des brandons allumés.

[2]. Déclaration du 30 août 1715. *Recueil*, II, 75.

[3]. Lefebvre à Léopold, 16 février 1722. *Ms. n° 165 de la Bibliothèque de Nancy*, p. 201.

Lunéville n'était qu'une bourgade en 1697 : les fumiers et les porcs encombraient ses rues étroites, malpropres, creusées d'ornières profondes qui en rendaient la fréquentation difficile et souvent même dangereuse[1]. De 1700 à 1702, la Chambre obligea les propriétaires à faire paver devant leurs maisons, à enlever les fumiers en vue et à balayer la rue tous les matins ; elle défendit de laisser rôder les porcs et traita avec un entrepreneur pour l'enlèvement des boues[2]. En 1708, la population de Lunéville avait presque triplé : elle était de 2,700 habitants, sans compter les gens de la cour, et atteignit environ 9,000 habitants à la mort de Léopold. Déjà, en 1710, les maisons manquaient et l'on trouvait difficilement à se loger en ville, témoin l'édit suivant :

« Nous ayant été représenté que depuis notre séjour à Lunéville et celui de notre cour, cette ville se serait tellement peuplée que nonobstant les bâtiments considérables que nous y avons fait faire, et ceux que différents particuliers y ont aussi construits, on ne trouve à cause de sa petite étendue de logements en suffisance pour tous ceux qui sont obligés d'y résider ;

« Qu'elle manque même d'artisans, marchands, trafiquants, et autres pareilles sortes de gens nécessaires pour établir le commerce et produire les commodités et l'abondance que nous avons résolu d'y procurer, faute d'y avoir des maisons qu'ils puissent habiter, et propres à y exercer leurs arts et professions ;

« ... Ordonnons qu'il soit marqué et désigné à ceux qui se présenteront à cet effet, par les officiers de notre hôtel

---

[1]. En 1701, un bourgeois de Lunéville réclame aux officiers municipaux 150 francs « pour le prix de son cheval qui s'est tué dans un trou sur le pont, faute par eux de tenir la main à son entretien ». Léopold lui fait donner 15 écus. *Ms. n° 178 de la Bibliothèque de Nancy*, p. 219.

[2]. *Registres des délibérations du corps municipal*, séances des 1er juin 1700, 3 août 1701, 1er février 1702.

de ville dudit lieu des places et terrains convenables aux maisons et bâtiments qu'ils souhaiteront d'y construire, à charge qu'ils suivront les niveaux et alignements qui leur seront tracés par notre cher et féal le sieur André [1]... »

Aussi, bien des constructions sortirent du sol ; le hameau de Viller se relia sans interruption à la ville ; le faubourg de Ménil prit de l'importance ; des rues nouvelles s'alignèrent. En 1728, la place Neuve, — aujourd'hui place Léopold, — fut tracée ; on exempta du logement des gens de cour et des gens de guerre, ainsi que des corvées pour l'entretien des ponts et chaussées ceux qui bâtiraient dans l'espace de trois ans, sur la place ou sur les rues attenantes, « des maisons solides et complètes [2] ».

III

Grâce à l'état relativement prospère de son agriculture [3], la Lorraine pouvait nourrir ses habitants ; elle eut beaucoup moins à souffrir de la famine que les États voisins : « La Lorraine, a dit M. d'Audiffret, est un de ces heureux pays où la nature semble n'avoir rien épargné pour procurer aux habitants tout ce qui peut être agréable et nécessaire à la vie ; elle a l'avantage de pouvoir se passer de ses voisins, et ces mêmes voisins ne sauraient se passer de son secours ; les pays et évêchés de Metz, de Toul et

---

1. L'édit accorde aux particuliers qui bâtiront exemption de tous droits pendant trois ans, si ce sont des habitants de la ville, pendant six ans, si ce sont des étrangers. *Archives de Lunéville*, AA, 1.
2. Ordonnance du 10 juillet 1728. *Recueil*, III, 245.
3. En 1711, il y avait en Lorraine 1,215,197 arpents en terres labourables, 292,986 en friches, 8,419 en vignes, 509,502 en prairies, 72,579 en pâquis ou communaux, 1,383,130 en bois ; total : 3,511,813 arpents, non compris la superficie des villes, villages, rivières et étangs. On comptait à la même date 121,595 chevaux, 51,170 bœufs, 153,452 vaches, 315,768 moutons, 118,403 porcs. Durival, *Description de la Lorraine et du Barrois*, I, 105.

de Verdun lui doivent la plus grande partie de leur subsistance ; la Champagne, la Franche-Comté et l'Alsace y trouvent des ressources dans leurs besoins, et sans la communication de ses sels, les États d'Allemagne qui sont en deçà du Rhin, et quelques-uns au delà de ce fleuve, en manqueraient absolument par la difficulté et la cherté d'en tirer des salines plus éloignées [1]. »

Le Chaumontois, le Saintois et le Vermois produisaient des blés en abondance, mais cette culture était déjà trouvée trop peu rémunératrice par les paysans, qui, dans le Chaumontois surtout, lui préféraient celle de la navette, dont la graine était exportée en grande quantité en Hollande pour la fabrication de l'huile [2].

La Lorraine allemande ne le cédait guère à ces pays pour la fertilité de son sol et la production des céréales ; elle possédait en outre, principalement sur les bords de la Sarre, de riches prairies ; aussi c'est près de Sarralbe que Léopold établit, en 1707, un magnifique haras pour l'élevage de « chevaux de prix propres au manège, à la guerre et pour les équipages de la cour [3] ». Afin de régénérer l'espèce chevaline, épuisée pendant les guerres précédentes, des étalons de races estimées furent distribués sur divers points du territoire, à Épinal et à Neufchâteau par exemple.

La « Vosge », la partie la plus pauvre des duchés, nourrissait du bétail qu'elle envoyait en Alsace, en Suisse, dans les Trois-Évêchés, et même à Paris [4]. Elle cultivait

---

1. *Mémoire sur le duché de Lorraine,* f° 132.
2. *Ibid.,* f° 177. — Les Hollandais employaient cette huile dans leurs manufactures de drap et sur leurs vaisseaux.
3. Lettres patentes du 27 mars 1720, nommant Wolf Stephan, l'un des maîtres d'hôtel de la cour, Inspecteur des haras de la Sarre. *Archives de Meurthe-et-Moselle,* B, 149, f° 76. — M. d'Audiffret dit que le haras de Sarralbe comptait 12 étalons et 100 juments, et qu'on en tirait de 40 à 50 chevaux par an. *Mémoire sur le duché de Lorraine,* f° 185.
4. *Ibid.,* f° 179.

beaucoup la pomme de terre, que l'on connaissait à peine dans le reste de la Lorraine, et que le procureur général Bourcier appelait, en 1715, « un fruit vil et grossier, qui semble plutôt destiné à la nourriture des animaux qu'à celle des hommes[1] ».

La vigne était cultivée dans un certain nombre de cantons de la Lorraine et du Barrois, et Léopold, pour protéger ses sujets, renouvela, le 31 mai 1698, l'interdiction du commerce des vins étrangers, portée le 10 avril précédent par M. de Carlingford ; une exception toutefois était faite en faveur des « personnes de considération » qui pouvaient librement se procurer au dehors les vins « délicats[2] ». Mais la récolte de 1698 fut si mauvaise, par suite des « désordres des saisons », qu'il fallut, en février 1699, lever toute prohibition[3]. Dans les années suivantes, de nouvelles vignes furent plantées, un peu partout, mais principalement dans la prévôté de Nancy, où le sieur Nicolas-Pascal Marcol, « conseiller de Son Altesse Royale, prévôt des villes et offices de Nancy, lieutenant général de police esdites villes », fit paraître une curieuse ordonnance « concernant les façons, cultures et plants des vignes » :

« ... Sur les plaintes formées par plusieurs propriétaires de vignobles sis dans notre prévôté et office, que la multiplicité des friches qui se rétablissent et des nouvelles

---

1. *Recueil des édits*, II, 55. — Bourcier parla en ces termes de la pomme de terre dans le procès du grand prévôt et des chanoines de Saint-Dié, qui réclamaient contre les habitants du Val de Saint-Dié, la dîme des pommes de terre. L'arrêt de la cour du 28 juin 1715 décida qu'elle était due des champs sujets à grosse dîme. Voir aussi la déclaration du 6 mars 1719. *Ibid.*, II, 216.
2. Ordonnance du 31 mai 1698. *Bibliothèque de Nancy*, ms. n° 592.
3. En novembre 1699, Léopold jugeant que la récolte précédente avait été assez bonne, et qu'il n'y aurait que la « mollesse et la délicatesse » qui pourraient porter ses sujets à acheter des vins étrangers, frappa ceux-ci d'un droit de 6 francs par mesure de 18 pots de Nancy. *Recueil des édits*, I, 205.

vignes qui s'élèvent occasionne les vignerons à couper entre deux terres dans les vignes de leurs maîtres les provins et plantes barbues des années précédentes, pour les vendre, en sorte que par ces larcins les vignes se trouvent en mauvais état et dépeuplées...

« A quoi Son Altesse Royale nous ayant commandé de pourvoir, suivant ses ordres du 12 du présent mois ;

« Nous avons fait très expresses inhibitions et défenses à tous vignerons et autres dans l'étendue de notre prévôté, office et banlieue de Nancy, d'arracher, couper, vendre, débiter, exposer ni acheter aucun plant de vigne, sans permission par écrit de nous, sur le ban et finage de Nancy et des mairies dans les autres bans...

« Enjoignons aux vignerons de bien et fidèlement cultiver les vignes en temps et saisons convenables, les provigner ès endroits où il sera besoin, mettre en terre les provins d'une profondeur suffisante ; d'ébarber, nettoyer et couper les filets et racines superflues ès pieds des ceps et notamment des provins ; nourrir du bois sur chacun cep, aux fins d'y avoir trois marins proche les places où il conviendra provigner, et ès autres places au moins deux branches. Lors de la taille, seront laissées sur chacun cep deux branches en état d'y former deux pliants, autant que faire se pourra, ou bien un pliant avec une brochette, qui aura trois ou quatre yeux. Et seront les marins nourris le plus près de terre que faire se pourra à peine de 10 francs d'amende par chaque contravention.

« Faisons pareillement défense à tous vignerons et autres, de planter ni semer dans leurs vignes choux, pois, fèves, navets ou autres légumes; d'y planter ni tenir aucun arbre ou arbrisseau, à peine d'être arraché à leurs frais et de 25 francs d'amende.

« Ordonnons que pour reconnaître si les vignes sont bien et duement façonnées et cultivées, visites en seront faites deux fois l'année : la première à la fin du mois d'avril, et la seconde à la fin de juillet, par nous sur le finage de Nancy et par les maires sur les autres bans et finages de notre prévôté et office[1]... »

Léopold estimait que la Lorraine allemande elle-même pouvait donner d' « aussi bon vin » que celui que ses sujets allaient chercher à grands frais dans les provinces voisines. Pour stimuler l'ardeur des propriétaires, il leur enjoignit en 1728 de défricher et planter en vignes dans l'année les terrains incultes, situés sur les côtes et favorablement exposés ; sinon il permettait au premier venu de s'en emparer sans aucune formalité, sauf à payer aux propriétaires récalcitrants la valeur du terrain fixée par experts. Le prince offrit d'abandonner pour toujours, moyennant un cens modique, les friches de son domaine à ceux qui voudraient les transformer à leurs frais. Enfin il permit à tous de convertir en vignobles même des terrains cultivés, à la seule condition que les cantons emplantés fussent entourés de haies vives ou d'autres clôtures suffisantes[2].

La fabrication des eaux-de-vie n'était pas libre. L'édit du 21 août 1700 érigea en maîtrises 500 offices de distillateurs brevetés, qu'il distribua moyennant finance à ceux qui seraient jugés capables de les remplir ; ces maîtres distillateurs avaient seuls « le droit et le pouvoir de fabriquer et distiller les eaux-de-vie tant de vin, lie de vin, que de marc de raisin ». Ils devaient se transporter dans les 24 heures au domicile des particuliers qui les réclamaient, et, s'ils ne le faisaient pas, les propriétaires pouvaient employer qui bon leur semblait. Des lettres patentes leur défendirent, en 1719, de faire des eaux-de-

---

1. 25 février 1718. Ms. n° 392 de la Bibliothèque de Nancy.
2. Édit du 22 avril 1728. *Recueil*, III, 376.

vie autres que de marc et de lie de vin, et accordèrent le monopole de la distillation, pour vingt ans, à Jean-Jacques Saur[1].

La plantation du tabac avait été tentée en Lorraine par quelques particuliers en 1663, mais le duc Charles IV l'interdit sous des peines rigoureuses, « comme étant pernicieuse à la salubrité de l'air, ce qui servit de prétexte à l'intérêt qu'avaient quelques négociants de l'empêcher pour faire un grand gain dans le débit des tabacs étrangers, et particulièrement de ceux d'Allemagne, et ce prince, qui faisait argent de tout, avait une part dans ce profit[2] ». Ce fut dans les premières années du règne de Léopold que la culture de cette plante commença; elle ne fut jamais libre, mais réglementée et surveillée par les agents de la ferme, tout comme elle l'est aujourd'hui par les agents de l'État. Des peines très sévères, le carcan, le fouet, le bannissement, furent édictées contre les introducteurs et colporteurs de tabacs étrangers. L'ordonnance de 1720 punit de mort les contrebandiers marchant en troupe armée et faisant usage de leurs armes; les receleurs furent menacés d'une amende de 1,000 francs et du bannissement perpétuel : s'ils étaient soldats, c'était 300 francs et 15 jours de prison, ou les baguettes en cas d'insolvabilité. La récidive était punie du fouet, de la marque et du bannissement perpétuel. En 1723, le duc autorisa les gardes de la ferme à faire chez les officiers de sa maison des perquisitions tout comme chez les simples particuliers, avec menace d'expulsion et d'amende contre les valets de pied et les domestiques, d'amende et de prison pendant un an contre les gardes du corps, les chevau-légers et les soldats[3].

---

1. *Recueil*, I, 212, 256, 263; *Archives de Meurthe-et-Moselle*, B, 118, f° 16.
2. D'Audiffret, *Mémoire sur le duché de Lorraine*, f° 216.
3. Déclaration du 31 mai 1723. *Recueil*, II, 639.

La dîme du tabac avait été réglée par la Cour souveraine à 2 francs par jour de terre[1] ; pour encourager une culture dont les paysans tiraient grand profit, Léopold arrêta que les communautés qui planteraient 100 jours au moins seraient remboursées de la moitié de cette dîme par le fermier général, lors de la livraison de la récolte ; il promettait en même temps que la subvention n'en serait pas augmentée pour cela. Les fermiers furent autorisés à cultiver le tabac, dans le cas même où leurs baux contiendraient des clauses prohibitives, à condition, il est vrai, d'observer les règles de l'assolement, et que la plantation ne s'étendît que sur le quart au plus des terres labourables. On promettait aussi de rétablir les chemins du pays pour qu'il fût désormais plus facile de conduire les récoltes aux bureaux[2] de la ferme, et l'on déclarait insaisissables, même pour dettes envers l'État, les voitures et chevaux dans le temps qu'ils effectueraient ces transports. Les « plus belles et mères » feuilles étaient payées 12 livres le cent, les autres suivant leur qualité[3]. La récolte de 1728, la plus forte que l'on eût vue depuis l'établissement de la ferme, représentait une valeur de 286,222 livres[4].

Frappé de la mauvaise qualité des fruits que produisait la Lorraine, Léopold établit entre les deux villes de Nancy, — dans l'espace qu'occupe en partie, aujourd'hui, la place d'Alliance, — un jardin planté d'arbres choisis, rangés avec symétrie, et c'est grâce à cet exemple, dit Lionnois[5], « que nos jardins changèrent de face et qu'ils furent remplis des meilleurs fruits ». Le duc encouragea

---

1. Arrêt du 16 avril 1701. *Ibid.*, I, 275.
2. Les bureaux étaient établis à côté des manufactures, dans les villes de Nancy, Saint-Mihiel, Neufchâteau et Saint-Avold.
3. Ordonnance du 25 août 1729. *Recueil*, II, 491.
4. D'Audiffret, *Mémoire sur le duché de Lorraine.* P 259.
5. *Histoire des villes vieille et neuve de Nancy*, II, 197.

également une tentative faite par Jacques Finiel, l'un de ses conseillers, pour répandre dans les duchés le mûrier. Les lettres du 27 janvier 1724 accordent à ce personnage le privilège exclusif d'avoir seul, pendant quinze ans, « la plantation et entretien des pépinières de mûriers propres à élever des vers à soie, à charge néanmoins par ledit Finiel d'en revendre et débiter à un prix raisonnable à tous ceux qui en voudront planter et élever » ; d'autres lettres lui cèdent à Nancy, aux environs de la Vénerie ducale, 25 arpents de terre, pour lui permettre d'agrandir son exploitation [1].

Le mûrier ne devait pas trouver dans les duchés un climat favorable, et il nous semble presque étrange aujourd'hui que l'on ait sérieusement songé, au siècle dernier, à pratiquer la sériciculture sur le plateau lorrain [2].

IV

Des dispositions furent prises pour protéger les paysans contre les ravages des loups, qui s'étaient multipliés d'une façon effrayante depuis les guerres. Léopold chargea les gruyers et les maires de rétablir les anciennes *louvières* et d'en faire de nouvelles, de sorte qu'il y en eût au moins une à l'entrée et à la sortie de chaque village [3]. Puis il créa, en 1702, la louveterie de Lorraine. Le

---

1. *Archives de Meurthe-et-Moselle*, B. 161, 163.
2. On sera encore plus surpris d'apprendre qu'au commencement du XVIIIᵉ siècle on trouva dans les environs de Lunéville des truffes, « les plus belles du monde, et aussi bonnes que celles de Provence, et même plus grosses ». Élisabeth-Charlotte eut même à son service, pour la recherche des truffes, un Piémontais, que sa sœur lui avait envoyé avec des chiens dressés. *Lettre à la marquise d'Aulède*, 25 septembre 1717.
3. Ordonnance du 8 juillet 1698. *Recueil*, I, 30. — La *louvière* devait avoir 20 pieds de profondeur, 14 pieds de large au plafond et 12 à la surface.

grand louvetier[1] nommait des lieutenants dans les bailliages, des gardes dans les prévôtés, et ordonnait des traques auxquelles étaient tenus d'assister tous les hommes valides, âgés de moins de soixante ans, — sauf les bourgeois de Nancy et de Bar. Les particuliers devaient se procurer des armes[2]; les communautés fournissaient à leurs frais la poudre et le plomb. Pour encourager l'initiative privée, il fut permis à ceux qui tueraient un loup-cervier de quêter pendant huit jours dans leur paroisse et dans les paroisses voisines.

Dans les traques, on tirait aussi sur les renards, les blaireaux, les chats sauvages, les putois, les martres, les fouines, mais il fallait épargner les cerfs, les chevreuils, les lièvres, et même les sangliers tant que les bois n'en seraient pas suffisamment peuplés. Léopold considérait la chasse comme un divertissement princier qu'il voulait interdire aux gens de roture. Le règlement de 1704 défendit à tous, même aux seigneurs, de chasser dans les lieux réservés pour les « plaisirs[3] » du souverain : les délinquants étaient punis de 5 francs d'amende pour la première fois, du double pour la seconde, et, pour la troisième fois, du fouet et du bannissement pendant cinq ans s'ils étaient roturiers, d'une amende de 7,000 francs s'ils étaient ecclésiastiques ou nobles; ceux-ci encouraient en outre « l'indignation » de leur duc. Les habitants de la campagne, même les bergers, devaient pourvoir leurs chiens d'un « billot pendu au col, au moins de deux pieds de long et de quatre pouces de tour » ou d'une « chaîne pendant jus-

---

[1]. Léopold appela à cette charge Nicolas-François d'Hennequin, baron de Corel, l'un de ses chambellans et de ses anciens lieutenants de vénerie. Édit du 20 mars 1702. Recueil, I, 317.

[2]. L'ordonnance du 12 mars 1699 avait enjoint aux paysans comme aux bourgeois de déposer leurs armes à feu chez les prévôts, défendant à tous de paraître armés à la campagne à moins qu'ils ne fussent commandés pour le service du duc.

[3]. Voir chapitre II, p. 46.

ques au milieu des jambes, si mieux ils n'aimaient leur couper un jarret¹ » ; bientôt ils n'eurent plus à choisir : le décret du 15 mars 1708 donna à tous les laboureurs, vignerons, et autres habitants des villes comme des villages compris dans les *plaisirs*, l'ordre barbare de couper le jarret à leurs chiens dans le mois pour les empêcher de chasser².

La déclaration du 20 avril 1717 rendit les parents et les maîtres responsables des délits commis par leurs enfants ou leurs domestiques. Enfin le dernier règlement promulgué par Léopold en 1729, créa douze capitaineries des chasses, enjoignit aux juges de ne modérer sous aucun prétexte les peines portées contre les délinquants, et défendit aux seigneurs hauts-justiciers de chasser sur leurs terres ou ailleurs du 15 mars au 15 août de chaque année³.

La pêche fut surveillée comme la chasse. Pour assurer la conservation du poisson, on défendit de rouir les chanvres et les lins dans les rivières et les ruisseaux, ou d'y jeter des sciures⁴ ; il n'était permis ni de détourner les cours d'eau ni de les barrer pour y tendre des nasses. La pêche était interdite une partie de l'année. On ne pouvait prendre et vendre publiquement que les truites et ombres mesurant au moins, entre tête et queue, six pouces dans les Vosges, neuf pouces dans le Barrois. Des gardes-pêche visitaient les filets et autres engins, lesquels étaient saisis et brûlés s'ils ne portaient pas « la marque » de la gruerie⁵.

Le ruisseau de la Vologne, célèbre alors par ses perles, était soumis à une surveillance spéciale ; le duc s'en réser-

---

1. Ordonnance du 15 janvier 1701. *Recueil*, I, 109.
2. *Ibid.*, I, 627.
3. *Ibid.*, III, 336.
4. Ordonnance du 1 février 1701 ; déclaration du 31 janvier 1721. *Ibid.*, I, 267 ; III, 6.
5. Déclaration du 23 juin 1703. *Ibid.*, I, 637 ; Dumont, I, 215.

vait exclusivement la pêche et des gardes en défendaient l'approche[1].

Un conseil ou bureau[2] des eaux et forêts avait été nommé par Léopold en 1703 pour trancher toutes les difficultés que fit naître la révision, — prescrite par l'ordonnance du 15 mai 1702[3], — des droits des particuliers et des communautés sur les lacs, étangs, cours d'eau, ainsi que sur les forêts. Celles-ci étaient partout livrées au pillage ; dans certaines régions, les uns prétendaient avoir le droit d'y prendre des bois de chauffage ou de construction, les autres d'y faire paître les bestiaux ; ailleurs, dans les environs des villes principalement, nombre d'habitants s'autorisaient du prétexte de la misère publique pour aller hardiment y faire leurs provisions de combustible. En 1713, Léopold se plaignait que le bois de chauffage fût devenu à Nancy « très rare et d'un prix excessif par rapport au dépeuplement des forêts voisines[4] ».

De nombreuses lois furent rendues pour mettre fin aux abus, réprimer les délits et assurer l'exploitation régulière des forêts[5]. Les délinquants furent menacés non seulement de l'amende et de la prison, mais encore, s'ils étaient insolvables, du fouet et même du bannissement perpétuel[6].

La distribution des affouages, source de contestations sans fin entre les habitants des villages, fut réglée par la

---

1. Edit de janvier 1729. *Recueil*, III, 336.
2. Il fut composé de MM. de Mahuet, intendant des finances, Darmure, Rennel de Lescut, Rennel d'Andilly et Sarrazin, conseillers d'État ; de Gondrecourt et Duboys, conseillers à la Cour souveraine. M. Vignolles, procureur général en la Chambre des comptes, y remplissait les fonctions de procureur du duc. *Recueil*, I, 379.
3. *Ibid.*, I, 361.
4. *Archives de Meurthe-et-Moselle*, B, 133, f° 81. — Léopold accorde au nommé Sorriot pour 6 ans le privilège de conduire par bateaux ou radeaux des bois sur la Moselle, depuis Châtel à Méréville, et de là par terre à Nancy.
5. Voir en particulier l'édit de novembre 1707.
6. Déclaration du 31 janvier 1721. *Recueil des édits*, III, 6.

déclaration du 31 janvier 1724. Les affouagistes étaient divisés en trois classes : la première comprenait ceux qui payaient une contribution de 30 livres et au-dessus ; la seconde, ceux qui payaient de 10 à 30 livres, et la troisième tous les autres contribuables. Il était alloué à ceux de la première classe une portion entière, à ceux de la seconde une demi-portion, à ceux de la troisième un tiers seulement. Le seigneur recevait deux portions ; le curé et les gentilshommes une portion et demie. Quant aux indigents, ils n'avaient pas droit à l'affouage ; leur seule ressource était donc de se procurer par des délits le bois de chauffage que leur refusait la communauté. Le gouvernement de Léopold ne tarda pas d'ailleurs à réparer l'injustice que contenait cette loi : la déclaration du 13 juin 1724 établit que dans les forêts communales les bois d'affouage devaient être également partagés entre tous les habitants, contribuables ou non, et que les pauvres auraient la même quantité de bois que les riches ; les seigneurs hauts-justiciers continuèrent seuls à recevoir des portions doubles[1].

Les six commissaires généraux réformateurs, puis, après leur suppression (1727), les six grands gruyers maîtres veillèrent à la conservation et au repeuplement des forêts ; défense était faite à tous, — seigneurs, chapitres, communautés, particuliers, — de défricher les bois ou d'exploiter les futaies sans l'autorisation de ces officiers[2].

---

1. *Ibid.*, III, 6 et 43.
2. Ordonnance du 12 septembre 1724. *Ibid.*, III, 69.

V

L'idée d'autorité, de surveillance, était partout prédominante à cette époque.

Le comte de Carlingford et, après lui, Léopold avaient, il est vrai, dispensé de l'apprentissage et du chef-d'œuvre les ouvriers étrangers qui viendraient s'établir en Lorraine[1] ; mais ceux-ci étaient astreints, comme les ouvriers du pays, à observer les règlements minutieux des corporations : ils devaient, « en tout temps, à toute heure », ouvrir leurs ateliers à la visite des maîtres jurés[2].

Dans la plupart des villes, les métiers restés libres furent soumis au régime des corporations et reçurent des statuts : à Nancy, les potiers d'étain ; à Dieuze, les boulangers et les cordonniers ; à Sainte-Marie-aux-Mines, les boulangers et pâtissiers ; à Neufchâteau, les tanneurs ; à Schambourg, les tailleurs, les tisserands, les maçons, charpentiers et « autres gens de marteau » ; etc. A Lixheim, les serruriers, cloutiers, maréchaux, charrons, tonneliers et « faiseurs de cuveaux » ne formèrent qu'une seule maîtrise[3].

Les corporations gardaient jalousement leurs privilèges et avaient souvent recours à la justice, mais les procès n'étaient pas toujours ruineux : en 1705, un pâtissier de Nancy, accusé par les rôtisseurs d'avoir préparé des viandes lardées et rôties, fut condamné par la Chambre de

---

1. A l'exception toutefois des orfèvres. Ce privilège, accordé pour 6 ans par l'ordonnance du 2 avril 1698, fut continué pour le même temps (ordonnance du 12 juin 1703), puis (ordonnance du 5 septembre 1709) *pendant et si longtemps* qu'il ne plairait pas à Léopold de le révoquer. *Ibid.*, I, 15, 383, 676.
2. Ordonnance du 15 janvier 1702. *Ibid.*, I, 331.
3. Lepage, *Les Communes de la Meurthe, passim*; Registres des lettres patentes. *Archives de Meurthe-et-Moselle, passim.*

ville à payer une livre de cire à la confrérie de Saint-Laurent, patron des rôtisseurs[1].

Les orfèvres, — maîtres et compagnons, — s'engageaient par serment prêté devant la Chambre des comptes[2], à exercer honnêtement leur profession et à ne pas travailler les métaux précieux à un titre inférieur au titre légal. Pour plus de sûreté, la Chambre fit paraître, le 19 août 1712, un règlement complet : à l'avenir, les orfèvres de Nancy devaient porter leurs ouvrages deux fois par semaine à l'essayeur de la monnaie, qui les contrôlait et marquait d'un poinçon portant une couronne fermée pour l'or et l'argent de Paris et trois alérions pour l'or et l'argent de Lorraine. Chaque ouvrage devait être en outre, avant la mise en vente, revêtu de la marque particulière du fabricant ainsi que de celle du maître-essayeur de la corporation[3].

VI

Léopold cherchait par tous les moyens en usage de son temps à donner à l'industrie lorraine une certaine activité[4]. Il avait institué, dès le mois de juillet 1699, un surintendant des mines et choisi pour occuper cet emploi M. d'Hoffelize ; au mois d'août suivant, il autorisa tous les maîtres de forges, lorrains et étrangers, à tirer de la mine de fer dans ses États, à fabriquer des fers et des aciers, à la condition de payer un faible droit qui allége-

---

1. Lepage, *Archives de Nancy*, III, 233.
2. Arrêt du 6 juillet 1701. *Recueil*, I, 293.
3. *Ibid.*, I, 367. — Les orfèvres des villes autres que Nancy n'étaient pas tenus de faire essayer leurs ouvrages dans cette ville, mais ils recevaient de l'essayeur, avec obligation de s'y conformer, des touchoirs d'or d'un demi-gros, marqués du poinçon de l'essayeur.
4. Voir Lepage, *Recherches sur l'industrie en Lorraine* (Mémoires de la Société des sciences, lettres et arts de Nancy, années 1849, 1850 et 1851).

rait d'autant les charges de ses sujets « déjà si exténués par les grandes guerres passées et par les misères du temps présent¹ ». Les particuliers qui possédaient sur leurs terres des gisements de fer étaient tenus de les exploiter à la première sommation qui leur serait faite par les propriétaires des fourneaux voisins, ou sinon de les laisser exploiter par ceux-ci moyennant une indemnité d'un sol pour chaque tonneau de minerai.

En 1715, M. de Brussoncourt, seigneur de Boncourt, Mandre² et Girauvoisin, reçut l'autorisation de faire construire, dans sa seigneurie, hauts-fourneaux, fonderies, forges, et de tirer du minerai sur le finage des villages voisins, tant que les seigneurs de ces lieux n'auraient pas eux-mêmes des usines analogues³. Léopold permit à Charles-François Labbé, seigneur de Beaufremont et de Vougécourt, d'établir une usine métallurgique à Liffol-le-Grand, et l'exempta pour trois ans du droit de marque des fers⁴. Louis-Ignace de Sampigny, seigneur d'Issoncourt, Pont-sur-Meuse, Ménil et La Horgne⁵, reçut privilège exclusif d'exploiter les gisements de son domaine, avec exemption pour six ans du droit de marque des fers, et à charge d'indemniser les propriétaires dont il fouillerait les terrains⁶. Un bourgeois de Rambervillers, Pierre Aubry, fut autorisé à construire un haut-fourneau dans le

---

1. Ce droit était fixé à 3 sols 1 deniers par quintal de minerai, à 13 sols 6 deniers par quintal de fer, à 18 sols par quintal de quincaillerie et à 20 sols par quintal d'acier. Cet édit ayant excité les plaintes des intéressés, le duc de Lorraine remplaça ces droits par une taxe annuelle qu'il fixa pour 6 ans et qui variait, pour chacune des 14 forges de la Lorraine et du Barrois, entre 50 livres et 1,100 ; à l'expiration de cette période, les maîtres de forges, profitant de la négligence des fermiers du domaine, se dispensèrent d'acquitter la taxe, mais la déclaration du 21 juin 1720 remit en vigueur l'édit du mois d'août 1699. *Recueil*, I, 196, 372 ; II, 369.
2. Mandre-la-Petite dépend aujourd'hui de la commune de Boncourt-sur-Meuse, près de Commercy.
3. Lettres du 26 mars 1715. *Archives de Meurthe-et-Moselle*, B, 137.
4. Lettres du 21 avril 1715. *Ibid.*, B, 137.
5. Aujourd'hui Ménil-la-Horgne, commune du département de la Meuse.
6. Lettres des 13 janvier et 26 avril 1718. *Ibid.*, B, 143.

voisinage de cette ville et à extraire du minerai de fer dans un rayon de deux lieues[1].

François Thomas, de Sainte-Marie-aux-Mines, « ingénieur et machiniste en chef », sollicita et obtint privilège pour vingt ans de tirer du marbre, à charge de « vendre et distribuer ledit marbre à un prix moindre du quart que celui qui vient des pays étrangers, d'indemniser les propriétaires des terres où il en fera la recherche et où il en fera tirer, et qu'après ledit temps de vingt années expiré les carrières de marbre appartiendront de plein droit à notre domaine, comme aussi il ne pourra prétendre empêcher nos sujets d'en prendre et acheter ailleurs[2] ». François Thomas put également, aux mêmes conditions, exploiter les carrières d'ardoise qu'il découvrirait dans l'étendue des duchés, mais il ne semble pas que cette double entreprise ait donné d'excellents résultats[3].

La Lorraine était déjà l'un des pays les plus riches en sel, et la production annuelle doubla presque sous le règne de Léopold. « Les eaux des puits de Dieuze, de Château-Salins et de Rosières, écrit M. d'Audiffret[4], sont de différents degrés de salure; celle de Dieuze, qui est la plus abondante, rend de quinze à seize livres de sel par cent, l'eau de Château-Salins en donne douze, et celle de Rosières[5]

---

1. Lettres du 31 mai 1719. *Ibid.*, B, 115. — A la mort de Léopold, on comptait 12 forges en Lorraine, 12 dans le Barrois; les principales étaient celles de Moyeuvre, Liffol-le-Grand, la Burgonce, le Beuchot, Bains, Plombières.
2. Lettres du 27 janvier 1711. *Ibid.*, B, 135.
3. Durival (I, 302) parle d'une carrière de marbre aux environs de Nancy, d'où on tira de beaux blocs pour le château de Lunéville, et qui n'était plus exploitée de son temps, et aussi d'une ardoisière commencée à Nancy, et où il y avait beaucoup de *jayet*.
4. *Mémoire sur le duché de Lorraine*, f° 191. D'après cet ouvrage, la vente intérieure du sel produisait au fermier général 1,101,815 livres, en y comprenant le sol d'augmentation par pot de sel établi par l'ordonnance du 23 décembre 1726.
5. D'après Durival (IV, 102), on fit, en 1712, des réparations à la source de Rosières, et en 1721, on s'apercevait déjà qu'elle était affaiblie. Le sieur Monfrange, ingénieur, disait « que l'eau vers les équinoxes était plus forte de sel que vers les solstices ».

n'en produit que cinq à six ; ces trois salines ne façonnaient ensemble autrefois que 19,000 muids de sel, mais le peuple ayant augmenté considérablement et la vente étrangère ayant été poussée fort loin et avec un grand profit, il s'en façonne depuis quelques années jusqu'à 20,698 muids dans la saline de Dieuze, 9,554 dans celle de Château-Salins, et 6,012 à Rosières, ce qui fait un total de 36,264 muids, dont il y en a 17,709 qui se consomment tant en Lorraine que dans le Barrois. »

Le sieur Maurice Huby, fermier général des monnaies et des mines, eut le 24 avril 1700 des lettres patentes qui lui donnaient pour neuf années le privilège de faire travailler à toutes les mines d'argent, d'azur et de cuivre « ci-devant ouvertes et abandonnées par le malheur des guerres »; les mines nouvelles ne pouvaient être exploitées qu'avec la permission du duc et en payant aux propriétaires une indemnité fixée par une expertise[1]. En 1715, un nommé Gérard obtint la concession d'une mine d'argent et de cuivre à Lubine[2]. Puis c'est le sieur Erreny d'Erreny, qui, « ayant acquis par ses voyages et longues expériences, une connaissance particulière pour rechercher et découvrir et exploiter toutes sortes de mines », est autorisé par lettres patentes du 3 janvier 1702 à exercer son industrie en Lorraine, à charge, lisons-nous dans ces lettres, « de donner à notre domaine dix livres par cent pesant d'azur, de fer, cuivre, étain, plomb, charbon minéral[3] et autre demi-minéral, onze livres d'argent par cent livres d'argent, et douze

---
1. Recueil, I, 235.
2. Lepage, Mémoires de la Société de Nancy, 1851, p. 266. Dans les premières années, cette exploitation produisit 25 quintaux d'argent et de cuivre.
3. En 1725, Paul Kieffer, maître cloutier demeurant à Drogny, obtient le privilège d'exploiter pendant 20 ans les houillères qu'il pourra trouver sur le finage de Drogny et de Nidange. Archives de Meurthe-et-Moselle, B, 165.

livres d'or[1] par cent livres d'or qu'il tirera..., et de remettre à l'hôtel de nos Monnaies tout le produit d'or, d'argent et de cuivre qu'il pourra avoir tiré pour y être employé, la valeur duquel lui sera payée suivant le tarif de nos monnaies. Et quant au plomb, il le mettra ès mains de ceux qui lui seront par nous indiqués pour le prix lui en être payé à proportion de ce qu'il se vend dans les autres mines où il se tire, et pour ce qui est de l'azur, étain, fer, minéraux et autres demi-minéraux, il les fera travailler, fabriquer et manufacturer dans l'étendue de nos États pour après être vendus et distribués ainsi et comme il trouvera à propos. Et pour faciliter le travail desdites mines... permettons audit Erreny d'Erreny de faire bâtir et construire des forges, fourneaux et autres usines dans les lieux les plus commodes du voisinage desdites mines et de prendre les bois nécessaires dans les forêts voisines en payant et indemnisant de gré à gré les propriétaires desdits fonds et bois, et sans que pour raison du présent privilège ledit Erreny d'Erreny puisse empêcher que d'autres autorisés de nous puissent faire de pareilles recherches de mines en s'éloignant de six vingts pas des ouvertures et entrées des mines ès quelles il fera travailler, dans le labourage et profit desquelles nous nous réservons, outre la rétribution ci-dessus, d'entrer pour un quart quand il nous plaira[2]... »

L'exploitation des mines de la Croix et du Thillot avait été reprise dès les premières années du règne de Léopold. Mais comme elle était fort coûteuse[3], on l'abandonna en

---

1. Les lettres du 22 novembre 1718 autorisent le sieur François-Ernest Cogney, seigneur de Taintrux, Fraize, etc., à rechercher dans l'étendue de sa seigneurie les mines d'or et d'argent, à condition que la onzième partie du métal découvert appartienne au duc « par droit de seigneuriage », et que les dix autres parties soient vendues à l'hôtel de la Monnaie. *Ibid.*, B, 144.
2. *Ibid.*, B, 122.
3. Léopold fit travailler à ces mines en 1699, mais il ne tira de la dé-

1708 à Bernard Hucherre, avocat à la cour et géographe ordinaire de Léopold, demeurant à Remiremont, lequel s'engagea à rendre annuellement à la Monnaie au moins 10,000 livres de cuivre rosette, moyennant 20 sols par livre ; le duc lui faisait l'avance de 2,500 livres par quartier. Hucherre ne put tenir son engagement et se trouva redevable envers Léopold de sommes assez fortes ; pour se libérer, il obtint qu'on lui abandonnât à perpétuité les mines du Thillot et celles qu'il pourrait découvrir dans les environs[1]. Au même moment, trois marchands de Strasbourg obtenaient également, à titre perpétuel, la concession des mines de Sainte-Marie « pour les rétablir et faire travailler ainsi et comme ils pourraient mieux[2] ».

Telle était la pauvreté des mines de cuivre que Léopold renouvela en 1711 la défense, portée par ses prédécesseurs, d'exporter « aucuns métaux en lingots, non façonnés et hors d'œuvre », attendu que l'on avait peine à se procurer le cuivre nécessaire à l'hôtel de la Monnaie[3]. C'est seulement dans le cas où la production dépasserait les besoins de l'État que les particuliers pouvaient être autorisés à vendre le précieux métal à la « fonderie et batterie de cuivre », dont Léopold avait permis l'établissement à Tomblaine[4].

Après la chute de la compagnie de commerce à laquelle avait été concédée à perpétuité la propriété *incommutable* de tous les gisements découverts ou à découvrir, Léopold afferma, pour trente ans d'abord, puis pour cinquante, les

---

pense qu'il y fit qu'une cafetière qu'il disait en plaisantant lui coûter 10,000 écus. *Mémoires sur le duché de Lorraine*, f° 191. — En 1706, les travaux entrepris dans ces mines coûtèrent 21,938 livres; en 1707 et en 1708, on dépensa à peu près la même somme. *Archives de Meurthe-et-Moselle*, B, 1575; Lepage, *op. cit.*, p. 260, note.

1. Lettres du 12 novembre 1715. Lepage, p. 312.
2. Lettres du 18 mars 1715. *Archives de Meurthe-et Moselle*, B, 137.
3. Ordonnance du 22 septembre 1711. *Recueil*, I, 763.
4. Lepage, *Communes de la Meurthe*, I, 138.

mines de Sainte-Marie, du Val-de-Liepvre de Saint-Hippolyte, de Lubine, de la Croix, aux conditions suivantes : il fournissait au fermier les bois de construction et d'étançonnage gratis, les bois pour le charbon à quatre sous la corde ; en revanche, le fermier abandonnait au duc le dixième du produit de l'exploitation, fournissait à la Monnaie de Nancy la moitié de l'or, de l'argent, du cuivre, et employait le surplus à une manufacture de dorure qui était établie à Sainte-Marie-aux-Mines[1]. A la même époque, Léopold décernait à un nommé François Simoni le brevet de « batteur d'or de son hôtel à la résidence de Nancy[2] ».

Le titre de *manufacture royale* est accordé en 1727 à une fabrique de fer-blanc que le marquis de Lunati entreprend de créer au Thillot. Léopold la prend sous sa « protection et sauvegarde », promet tous les bois qu'il faudra pour construire et entretenir les bâtiments ainsi que pour chauffer les fours, et lui octroye un véritable monopole. C'est aussi en vertu d'un privilège que François Aubert, armurier à Lunéville, établit à Longuyon une manufacture, qui devint très importante, de canons de fusils et de pistolets ; en retour du monopole de fabrication et de vente qu'on lui concède, il s'engage à fournir à « 40 sols meilleur marché » que tout autre, les armes nécessaires aux troupes et à la maison du souverain[3]. En 1722, Léopold, « voulant traiter favorablement » le sieur Huin, maître-fondeur à Lunéville, le nomme « fondeur de son artillerie[4] ».

Pour rétablir la poudrerie de Nancy, le duc de Lor-

---

1. Lepage, *Mémoires de la Société de Nancy*, 1851, p. 212.
2. Lettres du 25 janvier 1725. *Archives de Meurthe-et-Moselle*, B, 162. — En 1720, nous voyons déjà un certain Jean-Jusseran Dorival pourvu du brevet de « doreur sur métaux à la suite de la cour », aux gages de 100 livres. *Ibid.*, B, 152, f° 22.
3. *Ibid.*, B, 168, f° 17 et 120 ; — 129, f° 81.
4. Lettres du 5 février 1722, B, 157.

raine avait de bonne heure délivré des commissions de salpêtriers, qu'il révoqua par l'édit du 11 octobre 1698, à la suite des remontrances que lui firent ses sujets : ceux-ci redoutaient « de très grands dommages et vexations pour les recherches du salpêtre, soit à cause des franchises dont les salpêtriers jouiraient à leur surcharge, soit par la ruine qu'ils causent dans leurs bâtiments, faisant de grandes ouvertures proche les fondements, et négligeant de les réparer; étant de plus obligés de les loger, de leur fournir du bois dans leurs bois communaux qu'ils dégradent impunément, et même de faire les charrois pour le transport de leurs meubles, ustensiles et salpêtres, à très vil prix, et dont ils savent encore éluder le payement[1] ».

Le sieur Joseph Willemin de Heldenfeld obtint, par lettres du 22 décembre 1698, la manufacture des poudres et salpêtres, à condition de n' « incommoder aucunement » les sujets du prince, et de ne fouiller ni leurs maisons ni leurs autres bâtiments. Il devait fournir tous les ans dans les magasins du duc, et gratis, 200 livres de poudre fine pour la chasse, et 800 livres de poudre à canon ; le surplus lui était payé, la poudre fine à raison de 1 franc barrois la livre, et la poudre à canon 8 gros. Mais il ne semble pas que ce grand personnage — il était en même temps qu'industriel « commissaire des troupes, introducteur des ambassadeurs et maître des cérémonies » — ait tenu ses engagements. D'ailleurs il lui était difficile de mener à bien toutes les entreprises qu'il commençait en même temps : il se proposait, outre la fabrication des poudres, d'établir une manufacture de maroquins de toute couleur « dans la même perfection en beauté et bonté » que ceux qui venaient du Levant, une manufacture de

---

1. *Recueil des édits*, I, 91.

veaux d'Angleterre et de cuirs de Hongrie ; il voulait encore préparer le savon, blanchir la cire, teindre la laine et les tissus de toutes sortes, faire des indiennes et des toiles[1].

Le sieur de Heldenfeld ne tarda pas à manquer de salpêtre, et Léopold créa, par l'ordonnance du 1er septembre 1701, 60 salpêtriers, tenus de fournir dans les magasins de Nancy au moins 150 livres de salpêtre par mois, et à qui il était interdit de fouiller le sol chez les particuliers qui s'y opposeraient ; il est vrai que l'arrêt du conseil du 19 avril 1702 supprima cette réserve et livra les communautés sans défense aux vexations de ces industriels odieux[2].

Enfin le sieur Warren, qualifié dans bien des actes du titre de « lieutenant de l'artillerie », obtint, par arrêt du conseil du 1er janvier 1704, le monopole de la fabrication des poudres et salpêtres ; il devait fournir à prix réduit toute la poudre de chasse nécessaire pour les « plaisirs de Son Altesse Royale », et la poudre à canon, qui, du reste, ne tonna que rarement pour annoncer la naissance ou le baptême des princes, la fête des Rois, la procession de la Fête-Dieu et l'arrivée des personnages célèbres[3].

---

1. Lettres du 22 décembre 1698. *Archives de Meurthe-et-Moselle*, B, 120. — Les lettres du 8 juin 1699 lui accordèrent encore le monopole de la fabrication du tabac, des bas au métier, des « chandelles moulées » et des toiles cirées.
2. *Recueil des édits*, I, 297, 105.
3. *Archives de Meurthe-et-Moselle*, B, 1618 (Mémoire de toutes les fois qu'on a tiré le canon par ordre de S. A. R. depuis le 2 décembre 1711 au 5 janvier 1721). Warren conserva son privilège jusqu'en 1738. *Recueil des édits*, VI, 161.

VII

L'industrie de la verrerie prit de grands développements dans le premier quart du xviiie siècle. Les premières fabriques créées sous Léopold furent celles de Meisenthal[1], près de Bitche, en 1702, et de Creutzwald[2], en 1705. A la même époque, un arrêt de la Chambre des comptes autorisa la translation à Portieux de la verrerie de Tonnoy[3].

Cette usine avait été rétablie en 1698 par M. de la Pommeraye, qui eut la permission de fabriquer et vendre pendant vingt ans « toutes sortes de verres, cristaux, cristallins, glaces de miroirs, de carosses et autres ouvrages de verrerie »; mais, malgré ce privilège, elle ne put se maintenir. François Magnien, premier maître d'hôtel du duc, prit la succession de M. de la Pommeraye et établit à Portieux une manufacture de verres à boire, puis une autre de verres à vitres dans la forêt de Moriville[4]; en 1714, Léopold manifesta le désir que cet industriel créât une troisième verrerie « à glaces de miroirs et de carosses et de verres ronds pour vitres ». François Magnien y consentit, se procura un associé, obtint de nouveaux privilèges du souverain, et même, « par grâce spéciale », une somme de 9,000 livres et 400 arpents de bois à prendre

---

1. Ne pas confondre cette verrerie avec celle de Münzthal ou Saint-Louis, fondée en 1767 au centre des forêts de Bitche, et convertie vingt ans plus tard en une cristallerie qui est encore en pleine activité.
2. Creutzwald-la-Croix, aujourd'hui Kreutzwald, bourg de l'Alsace-Lorraine, sur la frontière de la Prusse rhénane, à peu de distance de Sarrelouis.
3. La Gazette de Hollande (n°s 63 et 64) publie le tarif des verres et cristaux de la manufacture de Tonnoy. — Cf. Fournier, la Verrerie de Portieux. Nancy, 1874.
4. Commune du canton de Châtel (Vosges).

dans les forêts du domaine. En 1722, cette usine fut érigée en fief sous le nom de Magnienville.

En même temps d'autres verreries sortaient de leurs ruines. Le comte de Lutzelbourg rétablit celle de Trois-Fontaines, près de Sarrebourg ; Magnien invoqua, pour tuer ce rival, le monopole accordé à M. de la Pommeraye, mais Léopold permit à M. de Lutzelbourg « de faire travailler en verres, cristaux, cristallins et autres de toutes sortes, et de les débiter dans ses États comme il faisait avant l'année 1670, avec défense audit Magnien et à tous autres de l'y troubler ni inquiéter[1] ». Ce fut aussi M. de Lutzelbourg qui fonda, vers 1707, la verrerie de la Plaine-de-Valsch, aujourd'hui Valérysthal.

Pour écouler les produits des forêts qu'il possédait dans la prévôté de Darney, le comte de Tornielle éleva non loin de ce bourg, en 1716, une manufacture où il lui était permis de fabriquer toutes sortes de verres « sans aucune réserve ni exception que de glaces ». Dans le comté de Bitche, il bâtit deux autres manufactures, en 1718 et en 1721. Enfin nommons encore la verrerie de Dannelsbourg, près de Phalsbourg, autorisée par lettres du 10 juillet 1723, mais qui n'eut que des privilèges très restreints : ses propriétaires ne furent dispensés de la subvention que pendant deux ans, et durent payer annuellement au Trésor une redevance de 700 francs ; les ouvriers ne jouirent pas non plus des franchises octroyées d'ordinaire aux « gentilshommes verriers[2] ».

On comptait en Lorraine, vers 1730, treize verreries, dont la plus importante, celle de Portieux, débitait ses produits jusqu'à Paris[3].

---

1. Lettres patentes du 5 septembre 1708. Lepage, *Mémoires de la Société de Nancy*, 1849, p. 67.
2. Lepage, *ibid.*, p. 72.
3. D'Audiffret, *Mémoire sur le duché de Lorraine*, f° 237.

VIII

Jusqu'à la fin du xviie siècle, les tissus consommés en Lorraine et dans le Barrois venaient de France. Léopold ne négligea rien pour doter les duchés de cette industrie. Dès 1699, trois marchands de Nancy, Trottin, Antoine et Hannus[1], furent autorisés à établir, dans la capitale et partout où ils le jugeraient à propos, des manufactures de draps fins et ordinaires ; le prince leur donna à Nancy l'ancien hôpital Saint-Charles et fit l'avance du matériel nécessaire : Dominique Guyot dirigea la fabrication, de concert avec un Français du nom de Gemel, qui s'occupait surtout de la teinture. Mais le duc, trouvant trop lents les progrès de cette manufacture, fit venir de Rouen un industriel, le sieur Brument, à qui il accorda le droit de fabriquer, « à l'exclusion de tous autres, et ce pendant l'espace de vingt années », toutes sortes de draps, ratines, finettes, serges, etc.[2].

Léopold fournit à Brument un local plus vaste, où l'on transporta une partie des métiers qui étaient à l'hôpital Saint-Charles, et lui avança plus de 50,000 livres en argent. Mais cet industriel dissipa une partie de ces fonds et ne put fournir aux marchands tous les draps qu'il leur avait promis ; il dut céder la direction de la manufacture à Guyot, qui eut les mêmes privilèges que Brument, et en particulier celui de vendre les draps employés à l'habillement des domestiques de la maison du prince et à l'entretien des troupes ducales : on défendit « à tous

---

1. Lepage, *Communes de la Meurthe*, II, 198.
2. Lettres du 20 mars 1712. *Archives de Meurthe-et-Moselle*, B, 131.

drapiers et autres de lui débaucher ni attirer ses ouvriers[1] ».

A la même époque, Léopold faisait venir d'Amiens un certain Prudhomme, à qui il donna pour vingt ans le monopole des serges d'Aumale et de Londres, des peluches, des camelots façon d'Angleterre et de Bruxelles, des étamines du Mans, etc.; il n'était pas interdit aux marchands lorrains de tirer de semblables étoffes des pays étrangers, mais, pour mieux protéger Prudhomme, le duc exempta de tous droits d'entrée les laines qu'il devait employer, l'affranchit de toutes charges publiques, logements et fournitures militaires, et même de la subvention, enfin lui avança une somme de 12,000 à 13,000 livres[2].

Un bourgeois de Lunéville, Gabriel Bourlier, qui établit en 1724 une fabrique de draps et un atelier de teinture, reçut aussi à titre d'encouragement une somme de 12,000 livres, et tous les bois de construction qui lui furent nécessaires ; bien plus, pour mieux le protéger contre toute concurrence, le duc défendit à qui que ce fût de bâtir une manufacture similaire à Lunéville et aux environs dans un rayon d'une lieue[3].

Saint-Nicolas, Vézelise, Neufchâteau, Rambervillers, Saint-Dié, Pont-à-Mousson, Saint-Mihiel, Épinal, avaient aussi leurs drapiers, qui fabriquaient, outre des draps communs, une espèce de ratine et deux sortes de serges, l'une forte et grossière servant à habiller les paysans, l'autre plus légère, mais de qualité médiocre, employée

---

1. Lettres du 12 novembre 1720. *Recueil des édits*, II, 116. — L'édit du 15 mars 1719 avait ordonné qu'à l'avenir les particuliers qui feraient habiller leurs domestiques seraient tenus de se servir des draps et étoffes des manufactures établies en Lorraine. *Ibid.*, II, 249.
2. Lettres du 30 mai 1719. *Recueil*, II, 258; d'Audiffret, *Mémoire sur le duché de Lorraine*, f° 219.
3. Lettres du 21 mars 1724. *Archives de Meurthe-et-Moselle*, B, 163.

à habiller les femmes du menu peuple. Cette industrie occupait environ 2,000 ouvriers[1].

C'est à Léopold que remonte le renom des tapisseries lorraines. En 1698, Charles Mitté[2] obtenait le brevet de « tapissier de l'hôtel »; il ne se fit connaître d'abord que comme restaurateur de tapisseries, mais en 1710 il livrait trois ouvrages remarquables, le *Siège de Bude*, les *Conquêtes de Charles V* et les *Douze mois de l'année*; à la même époque, il obtenait l'accensement d'un terrain à Nancy, entre les portes Saint-Georges et Notre-Dame, pour y planter de la « gaude et autres herbes propres aux couleurs de teintures et soies pour les tapisseries de Son Altesse ». Dans les années qui suivirent, il acheva la série, complète en dix-huit pièces, des *Batailles du duc Charles V*, laquelle est conservée dans les musées impériaux de la maison d'Autriche. Les lettres patentes du 15 février 1715 donnèrent à Mitté le privilège pour vingt ans d'établir à Nancy une manufacture de haute et basse lisse, « sans néanmoins exclure les marchands d'en faire venir des pays étrangers et les vendre et débiter à l'avenir[3] ».

Tel était le développement que la tapisserie avait prise à Nancy que le duc autorisa, le 15 juin 1717, l'établissement d'une maîtrise avec saint François d'Assise pour patron[4].

A ce moment, Josse Bacor et Sigisbert Mengin avaient déjà établi à Lunéville des métiers d'où sortirent des ouvrages remarquables; craignant d'être, dans la suite, inquiétés par Charles Mitté, ces artistes s'adressèrent à

---

1. D'Audiffret, *loc. cit.*, f° 240.
2. Cf. Lepage, *Note sur les tapisseries des ducs de Lorraine* (Journal de la Société d'archéologie lorraine, 1886); Muntz, *Les Fabriques de tapisseries de Nancy* (Mémoires de la Société d'archéologie lorraine, 1885).
3. *Archives de Meurthe-et-Moselle*, B, 137.
4. Lepage, *Archives de Nancy*, IV, 183; *Archives de Meurthe-et-Moselle*, B, 141.

Léopold, qui, par lettres du 25 janvier 1720, déclara que l'un et l'autre pouvaient avoir des manufactures à Nancy, à Lunéville, ou dans telle autre ville qu'ils jugeraient à propos, « et ce à l'exclusion de tous autres[1] ».

L'un des valets de chambre de Léopold, Jean Leduc, et ses associés, les Olivier, marchands à Nancy, obtinrent en 1716 l'autorisation d'établir leur manufacture de bas au métier dans la « renfermerie » de Maréville, que la ville de Nancy venait de restaurer à grands frais[2] ; ils s'engagèrent à choisir les 120 ouvriers qu'il leur fallait parmi les pauvres détenus à l'hospice, ou parmi les enfants indigents de l'âge de 15 ans, et d'occuper ces derniers pendant sept ans, jusqu'à ce qu'ils fussent en état de passer maîtres et de gagner honorablement leur vie. La concession de Maréville souleva, de la part des conseillers de l'Hôtel de ville, les plus vives remontrances ; ils demandaient que Jean Leduc payât les intérêts des nouvelles constructions, mais ils obtinrent seulement que les ouvriers fussent pris parmi les pauvres de la capitale, porteurs de la médaille, et à leur défaut, parmi ceux de la province.

Jean Leduc[3] et ses associés montèrent 20 métiers pour les bas et 4 pour les draps : c'est à la demande de ces industriels que Léopold, « informé que la fabrique et l'usage des bas à deux fils est mauvais et pernicieux pour l'État », interdit de fabriquer, vendre et débiter dans l'étendue des duchés des bas d'estame à moins de trois fils[4].

On comptait encore à Nancy 25 fabricants de bas de

---

1. *Ibid.*, B. 119. — Dans les dernières années du règne de Léopold, les registres des dépenses mentionnent plusieurs tapissiers : Germain, Poix, père et fils, Lecoq, etc.
2. Voir Archambault, *Mémoire historique, statistique et médical sur l'asile d'aliénés de Maréville* (Mémoires de la Société des sciences, lettres et arts de Nancy, 1847).
3. Jean Leduc dirigea son entreprise jusqu'à sa mort (1733), mais ses héritiers refusèrent de la continuer.
4. Arrêt du Conseil d'État, du 14 janvier 1722. *Recueil*, II, 524.

laine à l'aiguille, et 15 chapeliers employant uniquement la laine comme matière première ; seul le sieur Paul Marquet avait la permission de faire des chapeaux « fins, étrangers et de castor[1] ».

Un bourgeois de Paris, du nom de Robillard, fut autorisé, en 1704, à établir à Nancy une fabrique d'étoffes de soie ; Léopold l'affranchit de toutes impositions pendant dix ans et lui permit de se servir, pour teindre ses tissus, des chaudières de la manufacture de draps[2]. En 1727, Nicolas Mougin obtint le titre de *manufacture royale*, un privilège de vingt ans, une indemnité annuelle de logement de 500 livres, l'entrée en franchise des matières premières, — pour une fabrique de « rubans de soie unis et façonnés de toutes couleurs, de rubans ouvragés d'or et d'argent, de galons de soie ouvragés et veloutés pour la livrée, etc.[3] ».

La Lorraine produisait beaucoup de toiles de chanvre et de lin, les premières « grosses et assez mal *tissues* », les secondes « la plupart fines » ; l'industrie des dentelles était en progrès, principalement à Mirecourt et dans les environs[4]. Jean Durier et son associé, Joseph Rossignol, « marchand filassier » à Lyon, créèrent des fabriques de fil à coudre à Dinozé et à Épinal[5]. Un autre Français, Maurice Huby, fermier de la Monnaie de Nancy, puis Charles de Lenoncourt et enfin Jean-Jacques Saur[6] entre-

---

1. D'Audiffret, *loc. cit.*, 212. — Lettres du 18 septembre 1698, *Archives de Meurthe-et-Moselle*, B, 120. — L'arrêt du Conseil du 29 décembre 1702, obligea tous les chapeliers pourvus de chapeaux étrangers à s'en défaire pour le mois d'avril de l'année suivante. *Recueil*, III, 191.
2. *Archives de Meurthe-et-Moselle*, B, 121, f° 59.
3. Lettres du 12 mars 1727. *Ibid.*, B, 168.
4. D'Audiffret, *loc. cit.*, f° 252.
5. Lettres du 26 avril 1701. *Archives de Meurthe-et-Moselle*, B, 121. — Léopold les exempta d'impôts pour quinze ans et leur donna pendant le même temps, à l'exclusion de tous autres, le droit de « faire filer, tordre, teindre, blanchir et perfectionner toutes sortes de fils à coudre ».
6. Lettres des 6 octobre 1698, 1ᵉʳ mars 1711, 12 octobre 1719. *Ibid*, B, 119, 130, 148.

prirent successivement de fabriquer des galons d'or et d'argent. Saur installa sa manufacture dans le vieux château de Sainte-Marie-aux-Mines, que lui donna Léopold ; elle était encore en activité en 1732 et d'Audiffret évalue à 200,000 livres son produit annuel[1].

IX

Le comte de Ligniville[2] établit à Longchamp une importante manufacture de cuirs « façons de Liége et autres », laquelle avait soixante fosses, et dont la plupart des ouvriers étaient Liégeois : « Outre cette manufacture, écrit M. d'Audiffret, il y a plusieurs tanneries qui étaient autrefois en réputation pour la bonne préparation des cuirs...; celles de Nancy et du bourg Saint-Nicolas étaient les plus fameuses, et sont encore à présent de 15 à 16 fabricants, mais depuis que les tanneries d'Alsace ont pris le dessus pour la perfection de l'apprêt des cuirs et qu'elles s'en sont attiré un grand négoce, celles de Lorraine sont fort déchues[3]... » En revanche, la ganterie commençait à se développer ; en 1717, Laurent Fournier obtenait la permission de s'établir à Nancy, « d'y façonner parfumer, vendre et débiter toutes sortes de gants fins, parfumés et autres[4] ».

D'autres lettres patentes autorisent Jean Ricault, de Montigny, à fabriquer des savons « aussi beaux, aussi bons, et de même qualité que ceux de Marseille » ; J.-B. Le Voyer, premier chirurgien du prince, à faire de l'amidon ;

---

1. *Loc. cit.*, f° 213. — Le prix de ces galons, grossièrement fabriqués, dit-il, différait de 10 à 12 livres par marc des galons de Paris ; on les exportait dans les Évêchés, le Palatinat, à Strasbourg et en Suisse.
2. Lettres du 11 décembre 1725. *Archives de Meurthe-et-Moselle*, B, 165.
3. D'Audiffret, *loc. cit.*, f° 215.
4. Lettres du 9 avril 1717. *Archives de Meurthe-et-Moselle*, B, 141.

Deschamps, valet de pied de Son Altesse, à brasser de la bière, « de la qualité et de la manière que l'on fait en Flandre¹ » ; Deltour, un Liégeois, à construire seul, pendant 40 années, « toutes sortes de machines hydrauliques qui ont l'air et le feu pour principe... pour élever les eaux » ; enfin Jean-François Duchenois, sans doute quelque inventeur méconnu, à fabriquer, à l'exclusion de tous autres, « les machines qui empêchent la fumée de dégorger des cheminées, de les poser par lui-même ou par ceux qui seront employés de sa part et ce dans toute l'étendue de nos États, pendant 20 ans² ».

La fabrication des faïences était ancienne en Lorraine, mais sous le règne de Léopold nous voyons se monter de nouvelles usines : les lettres du 10 septembre 1711 donnent au comte de Fontenoy le privilège d'établir celle de Champigneulles ; celle de Badonviller est fondée par Daniel d'Héguerty (lettres du 10 mai 1724), celle de Pexonne, par François-Alexandre François, l'un des chefs de l'office de Son Altesse, et par Charles-Antoine Cornet, demeurant à Paris (lettres du 2 décembre 1720). Enfin dans les dernières années du règne, Jacques Chambrette commence à fabriquer la faïence de Lunéville, mais il n'obtient des franchises et privilèges qu'en 1731³.

Sur les rives de la Meurthe, de la Moselle, de la Vologne, s'élevaient des papeteries, dont les produits étaient, au dire de M. d'Audiffret, de qualité médiocre : « On avait essayé, ajoute-t-il, d'en fabriquer de pareils à ceux d'Ambert, mais on n'a pas pu y réussir pour la soli-

---

1. Lettres du 18 décembre 1700, 22 février 1715, 21 août 1702. *Archives de Meurthe-et-Moselle*, B, 121, 137, 122. — Léopold accorda à Deschamps un bâtiment sur l'écluse du moul à Saint-Thiébault. Durival, II, 25.
2. Lettres des 15 juin 1721 et 8 avril 1722. *Ibid.*, B, 153, 156.
3. *Ibid.*, B, 131, 163, 151 ; Nic.-Luton Durival, *Mémoire sur la Lorraine*, p. 32. — Cf. Gerspach, *Documents sur les anciennes faïenceries françaises et la manufacture de Sèvres*, Paris, 1891, 1 vol. in-8°.

dité et pour la blancheur du papier, à cause que les eaux n'ont pas la même vertu[1]. »

Du moins les « moulins à papier » des duchés suffisaient aux besoins du pays et alimentaient les fabriques de cartes à jouer de Nancy, Épinal et Lunéville. A Épinal même, le descendant du célèbre Claude Gérard[2] avait trouvé un concurrent peu scrupuleux dans la personne d'un certain Tisserand, à qui la Cour souveraine fit défense de se servir de la marque de son rival, parce que cela nuisait « au crédit et à la réputation » d'Antoine Gérard[3]. A partir de 1726, les cartes fabriquées en Lorraine ou à l'étranger furent frappées d'un droit de timbre de 1 sol 6 deniers par jeu de cartes fines et de 1 sol pour les cartes ordinaires[4].

De nouvelles imprimeries s'établissent dans les duchés au commencement du xviii⁰ siècle[5]. A Bar-le-Duc, Jean Lochet en 1701, Nicolas Baltazard en 1708, obtiennent le titre d'imprimeurs du duc de Lorraine et de Bar[6]. J.-B. Cusson, qu'un « dérangement dans ses affaires » avait décidé à quitter Paris, transporte ses presses à Nancy[7], devient imprimeur et libraire ordinaire de Léopold, qui lui accorde, en 1717, la permission de publier

---

1. D'Audiffret, *loc. cit.*, f⁰ 258.
2. Voir Lepage, *Mémoires de la Société de Nancy*, 1850, p. 82. — Cf. Lucien Wiener, *Jean Volay et les cartiers lorrains* (Mémoires de la Société d'archéologie lorraine, 1853).
3. Arrêt du 10 juillet 1705. Ms. n⁰ 125 de la Bibliothèque de Nancy, f⁰ 56.
4. Édit du 26 octobre 1726. *Recueil*, III, 189.
5. Les villes qui ont possédé des imprimeries avant le xviii⁰ siècle, sont : Saint-Nicolas, Longeville, Saint-Dié, Toul, Verdun, Nancy, Clairlieu-lès-Nancy, Pont-à-Mousson, Saint-Mihiel, Épinal, Mirecourt. — Cf. Beaupré, *Nouvelles Recherches de bibliographie lorraine* (Mémoires de l'Académie de Stanislas, 1855).
6. *Mémoires de la Société des lettres de Bar-le-Duc*, 1871, p. 90; 1880, p. 22.
7. Dom Calmet était à ce moment à Paris, au monastère des Blancs-Manteaux. Il connaissait Cusson et lui donna une lettre de recommandation pour le P. Hugo, qui jouissait alors d'un certain crédit auprès de Léopold. Voir Digot, *Mémoires de la Société d'archéologie lorraine*, 1860, p. 50.

des livres de piété, entre autres l'*Imitation de Jésus-Christ*, avec défense à tous autres de contrefaire ou vendre ces ouvrages, à condition toutefois qu'ils seront imprimés « sur bon papier et en beaux caractères¹ ».

A Lunéville, Nicolas Galand a le privilège exclusif d'établir une imprimerie et librairie avec la qualité de « l'un des libraires et imprimeurs de Son Altesse Royale »; on lui accorde « la franchise et exemption de logement des gens de guerre et de toutes les autres charges et impositions publiques, à la seule réserve des droits de ville, tant et si longtemps que ladite imprimerie subsistera² ».

La Cour souveraine veillait avec le plus grand soin sur les productions de l'esprit; l'arrêt du 22 février 1718 défendit d'introduire, vendre ou débiter dans les duchés « aucuns livres scandaleux, contraires à la religion et aux bonnes mœurs³ ». Cette même année, un libraire de Nancy ayant été trouvé en possession d'ouvrages prohibés, donna pour excuse qu'il les avait reçus tels et ne les avait pas lus : la Cour le crut sur parole, mais l'astreignit à n'ouvrir désormais ses ballots qu'en présence du lieutenant général de police. En 1719, deux imprimeurs, l'un de Mirecourt, l'autre de Neufchâteau, ayant publié de fausses indulgences, la Cour leur signifia de ne rien faire paraître à l'avenir sans la permission expresse du lieutenant général de leur bailliage respectif, à qui ils devaient remettre un exemplaire pour sa peine.

Plus tard, en 1726, elle fit brûler par la main du bourreau de violents libelles contre le P. Hugo; l'arrêt portait que l'on ne détruirait que les copies de l'écrit, l'original restant entre les mains du procureur général pour

---

1. Lettres du 5 mars 1717. *Archives de Meurthe-et-Moselle*, B, 142.
2. Lettres du 28 mars 1717. *Ibid.*, B, 166.
3. *Recueil des édits*, II, 159.

en découvrir plus tard les auteurs. Mais ceux-ci ne furent pas inquiétés, protégés qu'ils étaient par l'évêque de Toul, si toutefois l'évêque n'était pas lui-même le coupable[1].

X

Pour permettre à l'industrie lorraine de prendre de plus vastes développements, Léopold rendit au commerce d'éminents services, sillonna les duchés de chemins et de routes, établit des messageries et des services réguliers de *coches d'eau*, travailla à rendre navigables les rivières, multiplia les foires, accorda aux négociants une justice consulaire.

En 1698, les routes étaient impraticables et peu sûres. La Chambre des comptes fait lire au prône par les curés que chaque communauté est tenue de mettre en état les voies de communication qui traversent son territoire, et que les propriétaires des « droits de passage et de pontenage » doivent faire dans le mois les travaux qui sont à leur charge. On enjoint aux prévôts de faire couper sans délai par les paysans jusqu'à une distance de 30 toises les haies et les buissons qui bordent les chemins et peuvent servir d'embuscades aux voleurs[2].

Le sieur Christophe André cumula pendant quelques années les fonctions d'intendant des bâtiments du duc et celles d'inspecteur des ponts et chaussées[3]; en 1704, l'ingénieur Didier La Lance et, en 1713, l'architecte Sébastien Palissot furent chargés de la direction de la voirie.

---

1. Voir Dumont, *Justice criminelle*, I, 262.
2. Arrêt du 1ᵉʳ avril 1699. Ms. n° 392 de la Bibliothèque de Nancy; ordonnance du 1ᵉʳ février, *Recueil*, I, 135.
3. Voir Lepage et Bonneval, *Mémoires de la Société d'archéologie lorraine*, 1869, p. 261.

Par lettres patentes du 15 janvier 1715, Léopold créa un office de *surintendant des ponts et chaussées* et le donna au comte du Hautoy, conseiller d'État, grand sénéchal de Lorraine et Barrois et bailli du Bassigny. C'est devant ce haut fonctionnaire, et en présence de deux commissaires nommés par le duc, que devait avoir lieu l'adjudication des travaux faits pour l'entretien des chemins, ponts et chaussées. Une lettre de cachet du 25 février 1716 attribua à la Chambre des comptes le jugement des difficultés et des conflits que pourraient faire naître ces entreprises. Le surintendant, qui prenait aussi le titre de grand voyer, avait sous ses ordres en 1724 deux voyers, — l'un pour la Lorraine, l'autre pour le Barrois, — et trois ingénieurs[1].

C'est sous la direction de M. du Hautoy, mais seulement à partir de 1724, que Léopold établit en Lorraine les grandes routes qui « lui ont fait un honneur infini et ont rendu sa mémoire fort respectable[2] ». Avant cette date, nous n'avons à signaler que des travaux isolés entrepris çà et là pour rendre la circulation plus commode ou moins dangereuse : en 1707 et en 1710, on construit des ponts et des chaussées dans les environs de Château-Salins et de Dieuze, où les rouliers avaient souffert de « grands dommages et intérêts par la perte de leurs chevaux, de leurs chars et charrettes rompues, brisées[3] » ; en 1717, on trace la chaussée nouvelle de Lunéville à Craon[4]

---

1. En 1729, le personnel des ponts et chaussées comprenait : le grand voyer aux appointements de 1,500 livres (il était en même temps surintendant des bâtiments et jardins) ; deux voyers à 400 livres chacun ; un directeur des ponts et chaussées à 2,000 livres ; un secrétaire et greffier à 650 livres ; un premier ingénieur et géographe, Didier Bugnon, à 1,500 livres ; un inspecteur des ponts et chaussées et ingénieur, à 400 livres.
2. D'Audiffret, *loc. cit.*, 285.
3. 16 juillet 1711. *Recueil*, I, 752. — Pour entretenir ces chaussées, Léopold impose un droit de 8 gros par char de sel et 4 gros par charrette sortant de Dieuze ou de Château-Salins.
4. *Archives de Meurthe-et-Moselle*, B, 1627.

(Croismare), etc. Mais il restait encore beaucoup à faire : en 1710, les habitants d'Huviller (Jolivet) obtenaient l'autorisation d'avoir des fonds baptismaux dans leur église parce que les chemins conduisant à Lunéville étaient « fâcheux et peu praticables en hiver pour y porter baptiser les enfants[1] ».

De 1724 à 1727, ce ne sont pas, dit Calmet[2], « d'anciens chemins qu'on répare, et où il n'y a qu'à ajouter ou à perfectionner, comme autrefois sous les empereurs Maxime, Julien, Tacite, Dioclétien, etc. Ce sont presque partout des routes toutes nouvelles, construites à grands frais et à force de travail, malgré l'inégalité du terrain, la rencontre des eaux et des marécages, des rochers, des forêts, des fondrières, des terrains gras, humides, impraticables... » En moins de trois ans, on construisit 400 ponts[3], dont 12 sur des rivières importantes, et près de 800 kilomètres de routes rayonnant de Nancy vers les extrémités de la Lorraine.

Ces gigantesques travaux ont fait à juste titre l'admiration des historiens lorrains. Noël s'écrie avec un légitime orgueil que Léopold « a la gloire d'avoir le premier construit des chaussées qui ont servi de modèle au reste de l'Europe » ; mais, quelques lignes plus loin, il reconnaît que les charges *un peu lourdes* imposées aux populations, surtout dans la Lorraine allemande, firent émigrer un grand nombre d'habitants : n'est-ce pas condamner implicitement les moyens despotiques auxquels le prince eut recours[4] ?

Les paysans firent en effet presque tous les frais des

---

1. Lepage, *Communes de la Meurthe*, I, 524.
2. Dissertation sur les grands chemins de Lorraine, dans l'*Histoire de Lorraine*, t. VII, col. xxiij.
3. Noël, *Mémoires*, n° 5, I, 169.
4. *Ibid.*, p. 171, 172. — Noël explique aussi ces émigrations par « l'esprit d'aventure » qui animait les populations de la Lorraine allemande.

chaussées nouvelles. L'ordonnance du 29 mars 1724 arrêtait que tous les ouvrages à faire, « chaussées neuves, retranchement d'anciennes chaussées, fossés, élargissement des chemins, transport des matériaux pour la construction et le rétablissement des ponts », seraient répartis sur le pied de la subvention entre les communautés les plus rapprochées. Les ponts furent construits ou restaurés au moyen d'une imposition spéciale en deniers levée sur les contribuables des duchés, et les communautés durent en outre fournir aux entrepreneurs les voitures et les manœuvres dont ils avaient besoin, ainsi que les pilotis et autres bois nécessaires[2].

Les ecclésiastiques, les nobles et les commensaux du prince étaient seuls dispensés des corvées ; les bourgeois qui ne voulurent pas être astreints à un travail personnel durent fournir eux-mêmes des travailleurs.

Les propriétaires dépossédés n'eurent pas à se louer de la générosité de Léopold ; ils reçurent, à titre d'indemnité, des terrains de même étendue que ceux qu'on leur enlevait, pris dans les chemins abandonnés ou les pâquis[3].

Léopold eut de la peine à assurer la sécurité de ces belles routes. Malgré la vigilance de la maréchaussée, malgré les édits qui accordaient des récompenses aux communautés ou aux particuliers qui arrêteraient des malfaiteurs, malgré la grâce promise aux voleurs et assassins qui dénonceraient leurs complices et les feraient prendre[4], nous voyons que, dans le cours de l'année 1727, les voyageurs sont « fréquemment attaqués en différents endroits

---

1. Elle est de 103,727 livres en 1724, de 103,313 livres en 1725, de 111,062 livres en 1726. *Archives de Meurthe-et-Moselle*, B, 10,454.
2. C'est seulement en cas d'insuffisance des forêts communales que l'on mettait à contribution celles du prince.
3. Ordonnance du 6 septembre 1715. *Recueil*, III, 121. — L'ordonnance du 4 mars 1727 mit à la charge des communautés l'entretien des routes et des ponts. Des poteaux limitèrent l'espace réservé à chacune. *Ibid.*, III, 231.
4. Ordonnance du 13 mai 1725. *Ibid.*, III, 235.

sur les grandes routes et chaussées, et notamment sur celles qui aboutissent à Lunéville¹ ».

La circulation était pourtant assez active. Le sieur Claude Barthélemy avait obtenu, dans les premières années du règne, le privilège de faire rouler tous les jours deux voitures « vides ou pleines » entre Lunéville et Nancy ; pour « plus grande sûreté des hardes et paquets des personnes qu'il voiturait », le duc l'avait exempté du logement des gens de guerre. En 1710, Barthélemy se plaint de la concurrence que lui font plusieurs particuliers, notamment le sieur Charles Deschamps ; les lettres patentes du 10 septembre 1710 le maintiennent dans la jouissance exclusive de ses droits².

Le service des postes et des messageries avait été affermé, en 1704, à Jean Coulombier, fermier général des postes et messageries de France, moyennant 12,000 livres par an³.

XI

Un coche d'eau allait de Nancy à Metz une fois par semaine. Le fermier était tenu de le faire partir à midi précis chaque mardi ; si les eaux étaient basses, il devait employer un bateau plus léger et « continuer en tout temps sa route sans s'arrêter de jour, à moins de nécessité urgente ». Le privilège dont il jouissait n'empêchait pas cependant les voyageurs de se servir pour leurs personnes

---

1. *Recueil*, III, 231.
2. *Ibid.*, III, 454. — Ce privilège passa en 1721 à Henry Legros, également bourgeois de Nancy.
3. Lepage, *Mémoires de la Société d'archéologie lorraine*, 1869, p. 315. — Cette ferme fut adjugée plus tard à Nicolas Doyen, également fermier général des carrosses et messageries royales; arrêt de la Chambre des comptes, 12 août 1719. *Recueil*, II, 290.

et « hardes ordinaires » des bateaux qui partaient pour Metz un autre jour que le mardi[1].

Les bacs étaient nombreux sur les rivières de la Lorraine et les fermiers exigeaient des droits de passage arbitraires; la Chambre des comptes fixa ces droits à un taux modéré, et, comme certains fermiers continuaient à commettre des exactions, on les astreignit à afficher le tarif nouveau à des poteaux plantés sur le bord des rivières[2].

En même temps on songeait à utiliser pour le commerce tous les cours d'eau. La Chambre des comptes de Lorraine, à peine rétablie, ordonnait aux riverains des ruisseaux et rivières sur lesquels descendaient les bois destinés aux salines de Rosières de les rendre « libres et flottables », et déclarait les maires responsables de la négligence des communautés[3]. En 1713, Léopold entreprit d'ouvrir à la navigation la Moselle, de Châtel au confluent du Madon. Les prévôts de Nancy, Rosières, Charmes et Châtel reçurent l'ordre de faire établir sur les deux rives de la rivière des chemins de douze pieds de largeur; les communautés voisines furent invitées à retirer du lit du fleuve les arbres qui y étaient tombés, à en écarter les bois et « rapailles », et aussi à entretenir la partie des chemins comprise sur leur territoire.

Lors de son séjour à Paris, en 1718, Léopold entretint le duc d'Orléans du grand projet qu'il avait formé d'établir un canal entre la Saône et la Moselle; le régent s'intéressa fort à cette entreprise et mit son beau-frère en rapport avec les deux célèbres ingénieurs Truchet et Bavillier.

Jean Truchet, plus connu sous le nom de P. Sébas-

---

1. Arrêt de la Chambre des comptes, 13 juin 1693. *Recueil*, I, 26.
2. *Ibid.*, I, 436, 766.
3. 12 mars 1698. *Ibid.*, I, 15.

tien¹, vint en Lorraine à la fin de l'année 1718. M. d'Audiffret écrivait au régent, à la date du 1ᵉʳ décembre, les lignes suivantes :

« Le P. Sébastien est parti depuis deux jours pour aller visiter les rivières de Moselle, de Meuse, de Marne, d'Orne et de Saulx, connaître leur cours, la nature de leur fond pour les pouvoir approfondir en cas de besoin, les chutes, les rochers et autres empêchements qu'elles peuvent avoir pour la navigation, mesurer la hauteur des montagnes et des terrains qui les séparent, en faire un juste nivelage... Ce voyage s'est fait sur des mémoires du sieur de la Cour, ingénieur de Votre Majesté, qui tombèrent après sa mort entre les mains de ce prince, et par lesquels il a prétendu que cette entreprise est possible². »

Bavillier, que le duc de Lorraine s'attacha en qualité de maître de mathématiques de ses enfants, leva les plans nécessaires et rédigea un rapport qui fut communiqué au régent :

« Comme un pareil ouvrage, écrit M. d'Audiffret, exigeait une certitude plus parfaite de l'exécution, ils demandèrent à l'empereur que M. de Bauf, directeur des fortifications des Pays-Bas, et qui passe pour l'homme de l'Europe le plus habile pour la construction des canaux et pour les ouvrages propres à la navigation, vînt vérifier sur les lieux ce qui avait été observé ; à quoi l'empereur consentit à condition que les Hollandais en seraient exclus ; M. de Bauf en fit une visite très exacte, et non seulement il confirma l'examen que M. de Bavillier en avait fait, mais il répondit du succès... ; il crut néanmoins nécessaire que

---

1. Né à Lyon en 1657, Jean Truchet fit profession dans l'ordre des Carmes sous le nom de *Père Sébastien* ; il eut une grande part à la conduite des eaux dans les jardins de Versailles, dirigea les travaux du canal d'Orléans, et reçut, en 1699, le titre de membre honoraire de l'Académie des sciences. Il mourut en 1729.
2. *Archives des affaires étrangères*, CIII, f° 411.

cet ingénieur vint avec lui aux Pays-Bas pour y prendre une connaissance plus particulière de la manière dont on y construisait les bassins, les écluses et les autres ouvrages des canaux.... Ce fut pendant le séjour qu'il fit à Bruxelles que le conseil de Brabant le fit assurer par une députation qui vint le trouver à l'hôtellerie du Miroir où il était logé, qu'au moment qu'il aurait appris qu'on avait commencé à exécuter ce dessein, il consignerait 600,000 florins pour faire un canal de Charleroi à Bruxelles, de quoi les Hollandais ayant été avertis envoyèrent à Lunéville un secrétaire déguisé en marchand qui, sous prétexte de vouloir acheter des bois, proposa une compagnie qui ferait toute la dépense de cet ouvrage, moyennant des conditions dont on aurait lieu d'être content. Mais M. le duc de Lorraine qui avait d'autres vues le fit remercier de ses offres[1]. »

Le prix des travaux était évalué par Bavillier à trois millions et leur durée à trois ans; Léopold, que d'Audiffret appelle quelque part un « génie élevé et lumineux[2] », s'occupa activement d'en assurer la réussite : il proposa au régent de faire construire à ses frais le canal tout entier, ou de faire travailler chacun sur leurs terres respectives, ou enfin de confier l'ouvrage à une compagnie. Le régent, après avoir étudié en détail le projet, « objecta seulement qu'on pourrait craindre que ce ne fût une porte qui donnât une entrée facile aux ennemis dans le royaume, mais cette objection fut bientôt levée en lui répliquant que s'il arrivait qu'ils fussent en état de s'en approcher, cent grenadiers en démoliraient plus dans six jours qu'on n'en pourrait construire dans six mois ».

La mort du duc d'Orléans fit avorter l'entreprise, du

---

1. D'Audiffret, *Mémoire sur le duché de Lorraine*, f°s 119 et 159.
2. Lettre au régent, 11 juillet 1720. *Archives des affaires étrangères*, CVII, f° 111.

moins M. d'Audiffret l'affirme[1]. En vain M. Bavillier, au cours d'un voyage qu'il fit dans le Midi pour étudier le canal du Languedoc, eut un important entretien avec des négociants de Lyon qui proposèrent de se charger de toutes les dépenses « et de donner toutes sûretés qu'on pourrait désirer, dans le dessein de faire de la ville de Lyon l'entrepôt général de toutes les marchandises qui passeraient des pays du Nord en ceux du Sud, et des pays du Sud en ceux du Nord ». Cette proposition fut rejetée ; Léopold espérait que le gouvernement français prendrait l'initiative de l'entreprise et prétendait à ce moment qu'une compagnie ne pourrait pas la mener à bien.

Un autre projet relatif à la canalisation de la Meuse entre Commercy et Verdun n'aboutit pas davantage[2].

XII

Le commerce fut longtemps entravé dans l'intérieur des duchés par les droits de passage ou de *haut-conduit*, perçus non seulement sur toutes les marchandises importées ou exportées, mais aussi sur celles qui circulaient dans le pays. La Lorraine et le Barrois étaient distribués en cinq zones : la première, ou *haut-conduit* du Barrois, comprenait le Barrois mouvant et non mouvant ; la deuxième, ou *haut-conduit* de Saint-Epvre, comprenait les villages de la prévôté de Gondreville, autour de l'évêché de Toul ; les trois autres, — les *hauts-conduits* de Nancy, Salin-l'Étape et Château-Salins, — correspondaient à peu près à la Lorraine propre, aux Vosges et à la Lorraine allemande. Des taxes étaient perçues sur les vins, les grains, les produits manufacturés, et « toutes choses généralement quel-

---

1. *Mémoire sur le duché de Lorraine*, f° 153, v°.
2. *Ibid.*, f° 136.

conques, sans aucune exception »; elles variaient pour chaque zone : ainsi une voiture de marchandises payait 4 gros dans le Barrois, 1 gros dans le *haut-conduit* de Saint-Epvre, 2 gros dans celui de Château-Salins[1]. L'édit du 4 avril 1721 supprima toutes ces taxes vexatoires, et ne maintint que celles qui étaient exigées à l'entrée et à la sortie des duchés[2].

D'autres droits étaient mis en adjudication et levés dans certaines villes au grand détriment du commerce local. A Pont-à-Mousson, par exemple, les chanoines réguliers de l'ordre de Saint-Antoine prélevaient, sous le nom de *coupillon*, la 24ᵉ partie des grains et légumes vendus sur le marché, et le 60ᵉ denier du prix de toutes les marchandises débitées par les forains; ils percevaient en outre sur les autres denrées un droit de hallage ou de pesage[3].

A Nancy, la ferme de la *Cafouse* rapportait à la ville de 4,000 à 5,000 livres. Le fermier levait un droit de pesage sur toutes les marchandises, sauf sur celles qui se vendaient en détail et dont le poids n'excédait pas 25 livres, non plus que sur le poisson et les fruits[4].

Les foires conservaient encore une grande importance; Léopold les rétablit ou en créa de nouvelles dans la plupart des villes et des bourgs. Pour qu'elles ne devinssent pas le motif de réjouissances, il défendit de les tenir les dimanches et jours fériés, et proscrivit dans ces assemblées les jeux de blanque et de hasard[5].

---

1. Déclaration août 1704, *Recueil*, I, 111.
2. *Ibid.*, II, 450. — Léopold augmenta, en revanche, les droits de timbre et d'enregistrement, et fit bénéficier de cette augmentation le fermier général Bonnedame, pour l'indemniser des pertes que devait lui occasionner la suppression des droits de haut-conduit. *Ibid.*, II, 472.
3. A la suite de débats qui s'étaient élevés entre l'hôtel de ville, divers corps de métiers et les chanoines, un arrêt du Conseil réglementa ces droits en 1728. *Ibid.*, III, 287.
4. *Ibid.*, II, 71.
5. *Ibid.*, I, 212, 435; II, 213.

Le duc Henri II avait permis aux nobles de commercer sans faire acte de dérogeance ; mais, soit que Charles IV eût révoqué l'ordonnance de son prédécesseur, soit que l'ancien préjugé se fût conservé, on considérait au xviii° siècle le trafic comme incompatible avec la noblesse. Néanmoins Léopold anoblit en 1719 les frères Fromanteau, venus du pays de Liège à Nancy, et qui avaient contribué, par leurs relations avec les étrangers, à développer le commerce extérieur de la Lorraine ; il leur permit en même temps de faire le négoce et la banque, pendant douze années, sans perdre les privilèges de la noblesse. Plusieurs autres négociants, également anoblis, purent continuer leur commerce [1].

En 1717, le corps des marchands de Nancy obtint de Léopold que nul ne serait reçu désormais à la maîtrise qu'à la condition de professer la religion catholique, apostolique et romaine, de faire trois ans d'apprentissage et de résider en Lorraine. Les amendes portées dans les anciens règlements furent remplacées par des peines arbitraires que prononçaient des *juges consuls* [2]. L'édit du 28 novembre 1715 constitua définitivement cette justice nouvelle ; il confiait à un tribunal de cinq membres la connaissance des banqueroutes, des faillites et généralement de tous différends entre marchands pour affaires de commerce. Les cinq magistrats prêtaient serment devant la Cour souveraine ; le premier avait la qualité de maître consul, et les autres, de juges consuls ; ils étaient nommés pour trois ans [3]. Le maître sortant soumettait aux marchands une liste de trois candidats agréés par le

---

1. Cf. Lepage et Germain, *Complément au nobiliaire de Lorraine*, p. 39 et suiv.
2. Arrêté du Conseil, 4 mars 1707. *Recueil*, I, 515.
3. *Recueil*, II, 80. — Cf. Lepage, *La Juridiction consulaire de Lorraine et Barrois, et la confrérie des marchands de Nancy* (Mémoires de la Société d'archéologie lorraine, 1863).

prince et parmi lesquels ils choisissaient son successeur; celui-ci, après entente avec le prince, complétait le tribunal.

Les juges consuls pouvaient établir dans les principales villes des duchés des lieutenants pour visiter, — sans préjudice des droits appartenant aux officiers de police, — les mesures, les poids et les balances. Mais leurs attributions n'allaient pas au delà : la Cour souveraine cassa les décisions du lieutenant consulaire de Pont-à-Mousson, le sieur Charpentier, qui s'était déclaré le chef du corps des marchands de cette ville et l'avait rattaché à la maîtrise de Nancy[1].

Pour remédier autant que possible aux difficultés que faisaient naître les variations fréquentes des espèces d'or et d'argent, Léopold déclara par l'ordonnance du 11 juin 1720 que les lettres de change payables à vue devaient être présentées dans la quinzaine de leur date par les porteurs domiciliés dans un rayon de cent lieues, et dans un délai proportionnel pour les autres ; en outre ces lettres étaient acquittées sur le pied de la valeur des espèces à la date de l'émission[2].

Afin de faire baisser le change et de déjouer le calcul de spéculateurs avides, on accorda, en 1718, au sieur Saur et à ses associés le privilège de fonder une banque à Nancy ; cet établissement ayant rendu de grands services, une déclaration ducale créa l'année suivante, à Nancy et pour toute la Lorraine, un « conseiller changeur et agent de change ». Plus tard la Compagnie de Lorraine hérita de ce privilège[3].

Les relations d'affaires étaient particulièrement actives, en raison du voisinage, entre les Trois-Évêchés et la

---

1. 15 mai 1717. *Recueil*, II, 118.
2. *Ibid.*, III, 369, 551.
3. *Ibid.*, II, 241 ; III, 31.

Lorraine. Le traité de 1701, renouvelé de celui de 1664, et confirmé par celui de Paris, avait proclamé la liberté du commerce entre les deux pays et supprimé tous les droits, sauf les péages et le *haut-conduit*. Une convention du même genre, signée le 14 août 1726, établit la liberté réciproque du commerce entre le comté de Bitche et le duché de Deux-Ponts[1].

En 1704, une compagnie, établie à Nancy, obtint le monopole du commerce avec la Hollande et les pays étrangers. Les marchands lorrains firent des remontrances au souverain, et lui représentèrent que cette compagnie causerait la ruine inévitable d'une foule de marchands et de particuliers ; Léopold persista dans sa résolution et la permission fut confirmée, mais limitée à six ans seulement[2].

M. d'Audiffret évalue à un peu plus de 8 millions de livres le commerce d'exportation de la Lorraine et décompose cette somme de la façon suivante :

	VALEUR en livres.
Blés et avoines.	2,000,000
Bois de construction (exportés en Hollande).	1,200,000
Fers	1,000,000
Sels.	650,000
Navette.	600,000
Merrain (exporté en Bourgogne).	600,000
Eaux-de-vie	500,000
Planches de sapin.	400,000
Bois de chauffage.	400,000
Vins de Bar	300,000
Laines	300,000
Dentelles de Mirecourt. . . . 150,000 à	200,000
Quintins[3] de Neufchâteau	50,000
Fromages de *Géromé*	50,000

---

1. *Recueil*, I, 268 ; Durival, II, 255.
2. Calmet, VII, 229 ; *Clef du cabinet des princes*, juillet 1701, p. 40.
3. Quintin, petite ville de Bretagne (Côtes-du-Nord), célèbre par ses toiles.

La France était, à beaucoup près, le principal marché de la Lorraine ; puis venaient la Hollande, la Suisse et l'Italie. D'autre part, les duchés tiraient de France des draps et étoffes de toutes sortes, des rubans de soie, des fils, des chapeaux, des articles de quincaillerie, des « drogues pour la teinture et la médecine », des huiles d'olive, des vins fins, etc. ; la Hollande leur fournissait des sucres et des épices, du thé, des toiles, des indiennes, des bois de teinture, des huiles d'Espagne, — lorsque celles de Provence étaient trop chères ; — l'Italie envoyait quelques pièces de velours et de damas de Gênes ; l'Allemagne, qui achetait à la Lorraine du sel et du vin, lui vendait des draps communs de Silésie, des camelots de Hanau, des cuirs, du fer-blanc, etc. « Il paraît, par un calcul vérifié sur les registres consulaires, qu'il sort de Lorraine autant d'argent qu'il y en entre, puisque l'entrée et la sortie vont également, année courante, à 8 millions ; cependant elle reçoit plus qu'elle ne donne, parce que des 8 millions qu'elle emploie en marchandises étrangères, elle en débite près de 3 millions tant dans les Évêchés qu'en Champagne, en Bourgogne et en Franche-Comté, et surtout par un commerce clandestin[1]. »

---

1. *Mémoire sur le duché de Lorraine*, f° 281, v°. — Plus loin (f° 253), d'Audiffret dit que pour empêcher la contrebande il faudrait traiter la perception des droits d'entrée et de sortie comme si la Lorraine faisait partie du royaume, et rendre le commerce libre entre les deux États.

CONCLUSION

I

Peu de souverains, au xviii° siècle, ont été plus populaires que Léopold. Le P. Leslie l'appelle « un des plus grands princes qu'ait jamais vus non seulement la Lorraine, mais l'univers, si la grandeur des souverains doit se mesurer sur l'étendue de leur mérite et non sur celle de leur domination[1] ». Ses États, disait Durival, « étaient trop petits pour une âme si grande et si généreuse[2] ». Henriquez proposait son règne comme modèle aux rois « qui ont assez d'humanité et de grandeur d'âme pour sentir en quoi consiste le vrai bonheur et la plus solide gloire ». — « La religion, ajoutait-il, les lois, l'amitié, le bonheur des sujets, sa famille, c'est-à-dire tout ce qu'il y a de plus doux et de plus sacré sur la terre, occupèrent et partagèrent tout le temps de Léopold Ier, durant tout son règne... Qu'il est beau de ne vivre que pour son peuple[3]! » Gilbert salue en lui le « vrai sage[4] »; Lionnois le décore des titres de « Père du peuple », de « Restaurateur de la noblesse et de la patrie », et affirme que de son temps en-

---

1. *Abrégé de l'histoire généalogique de la maison de Lorraine*, p. 119.
2. *Description de la Lorraine et du Barrois*, I, 136.
3. Henriquez, *Abrégé chronologique de l'histoire de Lorraine*. Paris, 1775, 2 vol. in-12, I, p. 426 et 139. — Plus loin (p. 156), Henriquez appelle Léopold « le restaurateur et le Salomon de la Lorraine, l'un des plus grands princes de l'univers ».
4. *Œuvres complètes*. Paris, 1823, 1 vol. in-8°, p. 297.

CONCLUSION. 611

core le nom du prince ne se prononçait dans la province qu'en versant des larmes[1]. Enfin, dans un long ouvrage, qui mérite moins le nom d'histoire que celui de panégyrique, Foucault compare Léopold à Titus, à Trajan, à Antonin, à Marc-Aurèle, à tous ces empereurs romains que les philosophes du xviii° siècle, dans leur enthousiasme pour les anciens, appelaient les bienfaiteurs de l'humanité : l'histoire de Léopold, s'écriait Foucault, est moins la vie d'un grand prince que le « tableau de toutes les vertus[2] ».

Mais aucun historien n'a contribué autant que Voltaire à créer un Léopold de légende. Tout le monde connaît la peinture flatteuse que le philosophe a tracée de la cour de Lunéville et l'éloge pompeux qu'il a fait du duc de Lorraine : « Il est à souhaiter que la dernière postérité apprenne qu'un des moins grands souverains de l'Europe a été celui qui a fait le plus de bien à son peuple. Léopold trouva la Lorraine désolée et déserte : il la repeupla, il l'enrichit. Il l'a conservée toujours en paix pendant que le reste de l'Europe a été ravagé par la guerre. Il a eu la prudence d'être toujours bien avec la France et d'être aimé dans l'Empire, tenant heureusement ce juste milieu qu'un prince sans pouvoir n'a presque jamais pu garder entre deux grandes puissances. Il a procuré à ses peuples l'abondance qu'ils ne connaissaient plus. Sa noblesse, réduite à la dernière misère, a été mise dans l'opulence par ses seuls bienfaits. Voyait-il la maison d'un gentilhomme en ruine, il la faisait rebâtir à ses dépens ; il payait leurs dettes ; il mariait leurs filles ; il prodiguait des présents avec cet art de donner qui est encore au-dessus des bienfaits : il mettait dans ses dons la magnificence d'un prince

---

1. *Histoire des villes vieille et neuve de Nancy*, I, 1, 153.
2. *Histoire de Léopold Ier*. Introduction, p. xvi.

et la politesse d'un ami. Les arts, en honneur dans sa petite province, produisaient une circulation nouvelle qui fait la richesse des États. Sa cour était formée sur le modèle de celle de France; on ne croyait presque pas avoir changé de lieu quand on passait de Versailles à Lunéville. A l'exemple de Louis XIV, il faisait fleurir les belles-lettres. Il a établi dans Lunéville une espèce d'université sans pédantisme, où la jeune noblesse d'Allemagne venait se former; on y apprenait de véritables sciences dans des écoles où la physique était démontrée aux yeux par des machines admirables. Il a cherché les talents jusque dans les boutiques et dans les forêts, pour les mettre au jour et les encourager. Enfin, pendant tout son règne, il ne s'est occupé que du soin de procurer à sa nation de la tranquillité, des richesses, des connaissances et des plaisirs. « Je « quitterais demain ma souveraineté, disait-il, si je ne pou- « vais faire du bien. » Aussi a-t-il goûté le bonheur d'être aimé; et j'ai vu, longtemps après sa mort, ses sujets verser des larmes en prononçant son nom. Il a laissé, en mourant, son exemple à suivre aux plus grands rois, et il n'a pas peu servi à préparer à son fils le chemin du trône de l'Empire [1]. »

Dès 1719, Voltaire avait envoyé au duc et à la duchesse de Lorraine des vers charmants qui accompagnaient un exemplaire de la tragédie d'*Œdipe* :

> O vous, de vos sujets l'exemple et les délices,
> Vous, qui régnez sur eux en les comblant de biens,
> De mes faibles talents acceptez les prémices :
> C'est aux dieux qu'on les doit, et vous êtes les miens [2].

---

1. *Siècle de Louis XIV*, chap. XVII.
2. C'est à tort que M. Schmit (*Journal de la Société d'archéologie lorraine*, 1879, p. 19) dit que ces vers ne sont connus de personne. M. d'Haussonville les a cités dans son *Histoire de la réunion de la Lorraine à la France*, t. IV, p. 354.

Mais si Voltaire connut Léopold, ce n'est qu'après la mort de ce prince qu'il séjourna en Lorraine. Il avait cherché chez la marquise du Châtelet, au début de l'année 1735, un abri contre l'orage que soulevèrent les *Lettres philosophiques* et l'*Épitre à Uranie*; il ne trouva bientôt plus à Cirey[1] une sécurité complète, et, au mois de mai 1735, il se rendit à Lunéville. Les machines de Vayringe, ce « simple ouvrier devenu philosophe », les entretiens de Duval, un paysan « devenu un savant homme », excitèrent la surprise et l'admiration du célèbre écrivain. Peut-être aussi, comme l'a dit M. d'Haussonville[2], Voltaire « comparait-il alors involontairement au sort paisible de ces modestes savants lorrains, sa propre vie, errante et persécutée, malgré tant de gloire »; et, dans son désir de donner une leçon indirecte *aux plus grands rois*, il consacra au petit souverain de la Lorraine des éloges dont l'exagération n'échappa pas à tous les contemporains : « Je veux te faire faire hum, hum! » écrivait Mme de Graligny[3], adressant à son cher Devaux les pages encore manuscrites de Voltaire.

Mme de Graligny nous raconte aussi qu'Élisabeth-Charlotte, à qui Voltaire avait envoyé ces pages pour savoir si elle en était contente, « dit *Coussi! Coussi!* et trouva très mauvais le petit État[4] ».

Au XIXe siècle, Noël, Dumast, et quelques autres littérateurs ou historiens, ont pieusement conservé le culte du prince qui gardait à leurs yeux le mérite d'avoir été le dernier souverain national de la Lorraine. Dumast voyait dans le règne de Léopold un « âge d'or de trente années »

---

1. Cirey-sur-Blaise ou Cirey-le-Château, village de l'arrondissement de Vassy (Haute-Marne).
2. *Ibid.*, IV, 356.
3. *Vie privée de Voltaire et de Mme du Châtelet.* Paris, 1820, p. 65.
4. *Ibid.*, p. 132.

et dans le morceau qui excitait le sourire sceptique de Mme de Grafigny, « la plus belle page peut-être » que Voltaire eût jamais écrite[1].

Mais le souvenir de Léopold s'est progressivement affaibli, à mesure que la Lorraine se donnait à la France ; il a fait place, dans l'esprit du plus grand nombre, à la mémoire de Stanislas, le roi philosophe, dont le règne a été comme une transition entre l'ère de l'indépendance lorraine et les temps nouveaux. Les fils de ceux qui versèrent leur sang, pour la défense et la gloire de la patrie française, sur les champs de bataille de la Révolution et de l'Empire, ont peu à peu oublié le beau-père de Marie-Thérèse, l'aïeul de Joseph II et de Léopold II, le bisaïeul de François II. C'est à Stanislas que la Lorraine *reconnaissante* élevait par souscription, en 1831, la statue qui se dresse sur la principale place de Nancy ; c'est à Stanislas que l'opinion publique attribue aujourd'hui tout ce qu'a fait de grand son prédécesseur, les routes, les fondations pieuses, même le château de Lunéville, presque deux fois construit par Léopold.

II

Le dernier souverain, — véritablement digne de ce titre, — des duchés de Lorraine et de Bar ne mérite pas plus l'oubli de la postérité que les éloges excessifs des vieux patriotes lorrains.

Au lendemain de la signature des préliminaires de Vienne, Élisabeth-Charlotte, alors qu'elle espérait encore

---

1. Dumast, *Nancy*, p. 18. — Dumast disait aussi que Léopold fut un Louis XII, « moins les mesquineries domestiques et les ruineuses expéditions étrangères ; ou, si l'on veut, un Henri IV, moins le scepticisme, les gasconnades et les maîtresses ». *Ibid.*, p. 75.

CONCLUSION.

que son fils François renoncerait à ses droits sur la Lorraine au profit du prince Charles, s'écriait avec sa franchise habituelle : « Si mon fils cède la Lorraine, que ce soit à son frère, je réponds qu'il y sera toujours heureux, vivant bien avec la France[1]. »

Était-il donc possible à Léopold de vivre en bons termes avec la France ? Oui, certes, mais à la condition que, dans son administration intérieure comme dans ses relations avec les puissances étrangères, il évitât avec la plus grande prudence d'éveiller les susceptibilités d'un roi qui, maître des Trois-Évêchés et de l'Alsace, ne pouvait tolérer chez le duc de Lorraine un allié de l'Empereur.

Or, il répugnait à la fierté de Léopold, — et surtout à ses préjugés, — de vivre dans une sorte de sujétion à l'égard de nos rois. Il ne pouvait pourtant ignorer que le temps était proche où il n'y aurait plus place, entre la France et l'Allemagne, pour un État autonome[2]. Mais dans son désir d'éloigner de lui la tutelle de la France, il acceptait avec résignation le joug de l'Empire, sauf à placer sur le trône impérial l'héritier de sa maison. Nous avons vu par quelles négociations longues et laborieuses, par quelles complaisances de tous les instants il a préparé à

---

1. Lettre à la marquise d'Aulède, 9 janvier 1736.
2. Le père de Léopold avait compris cette nécessité inéluctable lorsque, dans son désir de consolider la monarchie des Habsbourg, il faisait à l'Empereur cette recommandation suprême : « Épuiser insensiblement, sous prétexte de gloire et de conquêtes, tous les princes d'Allemagne jusqu'à ce qu'on les ait réduits en gouverneurs de province, comme en France, et leurs enfants à la nécessité de devenir pages dans la famille impériale, comme on l'a si politiquement pratiqué en France ». (*Testament politique de Charles V*, dans d'Haussonville, III, 468). — M. du Hamel de Breuil paraît avoir établi la fausseté de ce testament publié pour la première fois en 1693. Le faussaire serait l'abbé de Chèvremont, secrétaire de Charles V de Lorraine. M. du Hamel de Breuil reconnaît toutefois que le testament énonce des vues de premier ordre, dignes d'un politique profond : « Ces vues, dit-il, seraient-elles l'œuvre de Charles de Lorraine ? ou rien qu'une heureuse lubie du faussaire ? Problème épineux qu'il est à peu près impossible de résoudre. » (*Revue historique*, mars-avril et mai-juin 1892.)

Vienne la fortune prodigieuse que l'avenir réservait à cet héritier : les efforts qu'il fit pour obtenir de Fleury la reconnaissance officielle de sa neutralité, les précautions qu'il prit pour empêcher les duchés de tomber en quenouille et assurer à François le pouvoir au moment de sa mort, nous font clairement voir le but vers lequel tendait sa politique.

M. d'Haussonville[1] estime que dans la pensée de Léopold le « sacrifice de la nationalité lorraine était la rançon obligée de l'élévation de ses successeurs », et que l'on ne saurait vanter le patriotisme du prince sans faire tort à sa sagacité. A notre avis, Léopold manqua de sagacité comme de patriotisme. Il berçait le chimérique espoir que cet ensemble polyglotte que l'on appelait l'État autrichien pourrait s'accroître un jour de la Lorraine ; il ne vit pas que ses sujets, liés à leurs voisins de l'Ouest par des rapports intimes et journaliers, parlant la même langue, ayant les mêmes mœurs, devaient bientôt ne faire avec eux qu'un seul peuple.

Sans cesse tourmenté du désir d'assurer la grandeur de sa maison, Léopold se considéra, sauf dans les dernières années, comme un étranger au milieu de ses États : longtemps il caressa l'idée de régner lui-même ailleurs, sur un territoire moins dépendant, plus vaste et plus riche. Sans doute il cachait avec une certaine habileté ses véritables sentiments, mais les Lorrains eux-mêmes montraient qu'ils n'en étaient point dupes, lorsque, en 1700, ils se vengeaient de l'abandon prémédité de leur duc par ce calembour : « Quel bonheur ! Monseigneur vivra cent mille ans (sans Milan)[2] ! » N'eût-il pas été pour ce prince plus noble et plus digne de se dévouer tout entier, et sans ar-

---

1. *Histoire de la réunion de la Lorraine à la France*, IV, 359.
2. Meaume, *La Mère du chevalier de Boufflers*, p. 124.

rière-pensée, à la prospérité du petit peuple qui l'avait reçu en libérateur, et ne cessa de lui donner des preuves de sa soumission et de son dévouement?

On a célébré dans Léopold le prince sage et habile qui sut procurer à ses sujets, ruinés par la guerre, trente ans de paix et de tranquillité. Mais c'est moins à la prudence de son duc qu'au hasard des circonstances que la Lorraine dut le bonheur d'échapper à la tourmente qui ravageait le reste de l'Europe : en d'autres temps, Louis XIV eût puni sévèrement les projets ambitieux, les fourbes menées du petit prince qui, bien qu'en dise Voltaire, ne sut pas toujours garder le juste milieu entre les grandes puissances en lutte.

D'autre part, les dépenses excessives de Léopold, son goût immodéré des bâtisses, ses profusions aux favoris dans l'opulence, laissent sur sa mémoire un reproche que, — suivant la remarque d'un historien lorrain[1], — il serait puéril de vouloir dissimuler. Léopold ne gaspilla que trop souvent les revenus modiques de son État : emprunts onéreux, créations de rentes, aliénations de domaines, refontes de monnaies, il eut recours à tous les expédients pour pressurer ses sujets sans trop les faire crier. Est-ce à dire qu'il ait été plus coupable que les souverains de son temps? Nous ne le pensons pas. Comme Louis XIV, il régna en maître absolu, et annula l'importance politique de la noblesse sans pour cela s'appuyer sur le peuple; comme lui, il ne consentit jamais à limiter l'arbitraire dans ses dépenses; comme lui enfin, il se crut de bonne foi au-dessus de l'humanité, et si, « en fait d'amourettes », il ne fut qu'un « Louis XIV au petit pied[2] », l'histoire n'en doit pas moins s'inscrire en faux contre les panégyriques

---

1. De Saint-Maurice, II, 330.
2. Meaume, *loc. cit.*, p. 120.

des flatteurs, et blâmer le souverain qui vécut pendant vingt ans dans un double adultère.

Mais sur bien des points Léopold devança son temps. Un demi-siècle avant que la voix de nos philosophes et de nos économistes ne réveille les rois et ne les pousse à opérer les réformes demandées par l'opinion publique, Léopold cherche à augmenter le bien-être, la richesse de son peuple. Il améliore les lois, multiplie les routes, trace des canaux, encourage l'industrie, le commerce, l'agriculture. Enfant dévoué de l'Église, il ne craint point d'engager avec Rome, pour la défense de ses droits, une lutte inégale; il tolère les juifs, poursuit sans trop de rigueur les protestants et les jansénistes. Par ses manières simples et affables, par sa charité, par la douceur souvent paternelle de son gouvernement, il charme ses sujets et mérite leur amour. La Lorraine jouit, sous son gouvernement, d'une tranquillité, d'une prospérité matérielle qu'elle n'avait jamais connues; elle voit des monuments s'élever, des écoles s'ouvrir; elle assiste à une nouvelle floraison des lettres et des arts.

Aussi, malgré les fautes de sa politique, les lacunes de son administration et les faiblesses de sa vie privée, Léopold est et restera l'une des figures les plus intéressantes et les plus sympathiques de l'histoire de Lorraine.

ERRATA

Page 46, 5ᵉ ligne : *des chasses* — et non *de chasses*.
— 61, 21ᵉ ligne : *pharisaïque* — et non *pharasaïque*.
— 64, 2ᵉ ligne : *avaient* — et non *avait*.
— 100, 13ᵉ ligne : *pour que vous l'y voyiez* — et non *pour que l'y voyiez*.
— 112, 26ᵉ ligne : *partis allemands* — et non *princes allemands*.
— 114, 26ᵉ ligne : *l'agent de Louis XIV* — et non *Louis XIV*.
— 131, 1ʳᵉ ligne : *quantité* — et non *quantités*.
— 151, dernière ligne, lire : *demandèrent que l'élection*.
— 153, note 2, lire : *p. 179* — et non *193*.
— 161, 8ᵉ ligne : *Marlborough* — et non *Malborough* (rectification faite une fois pour toutes pour ce mot).
— 181, 21ᵉ ligne : *mi-partis* — et non *mi-parties* (même rectification page 182, ligne 3, et page 308, ligne 7).
— 232, 23ᵉ ligne, supprimer les 3ᵉ et 4ᵉ mots.
— 251, 15ᵉ ligne : *Charles III* — et non *Charles II*.
— 263, 9ᵉ ligne : *retentir* — et non *ressentir*.
— 267, note 3, lire : Meaume, p. 117.
— 282, notes 2 et 3, lire : *d'Audiffret au régent* (même rectification page 283, note 1).
— 294, 19ᵉ et 21ᵉ lignes : *prélat* — et non *cardinal*.
— 301, 20ᵉ ligne : *conjonctures* — et non *conjectures*.
— 375, 17ᵉ ligne : *des requêtes* — et non *aux requêtes*.
— 382, note 2, lire : *p. 404* — et non *104*.

ERRATA.

Page 435, 10e ligne, lire : *acquitter*.
— 436, 6e ligne, lire : *hypothèque*.
— 438, dernière ligne : *foi* — et non *fois*.
— 445, 20e ligne : *terres* — et non *terre*.
— 469, 23e ligne : *qu'a faites* — et non *qu'a fait*.
— 496, avant-dernière ligne, lire : *généralement*.
— 500, 6e ligne, lire : *accueillent*.
— 508, 4e ligne, lire : *au nom du duc*.
— 535, 7e ligne : *pilori* — et non *pilon*.
— 598, 3e ligne : *fonts* — et non *fonds*.

TABLE

DES

NOMS DE LIEUX ET DE PERSONNES

A

Abaucourt, c. de Nomeny, 417.
Acrain, 416.
Adam (J.-S.), sculpteur, 533.
Agencourt (Mlle d'), 275.
Aguesseau (d'), chancelier de France, 77, 130, 489.
Aigle (de l'), vicaire général de Toul, 60, 483.
Aillevillers, 181.
Alaincourt, 181.
Albani (cardinal), 152, 160, 161.
Albestroff, 26.
Alcan (Moïse), 403 et suiv., 495.
Allègro (d'), général français, 165.
Alliot (Pierre), médecin, 538.
Alliot (J.-B.), fils du précédent, 261, 533.
Alliot, abbé de Senones, 488.
Alnoncourt (d'), avocat, 533.
Amance, c. de Nancy (est), 308.
Ancerville (baronne d'), 3, 428.
André, intendant des bâtiments, 654, 559, 596.
Anjou (duc d'), 82, 98, 100.
Anne-Charlotte, fille de Léopold, 355, 375, 380.
Antoine, duc de Lorraine, 4.
Antoine, marchand de Nancy, 687.
Arches, 186 et suiv., 218, 333 et suiv., 167.
Armoises (comte des), 37, 168 et suiv., 176, 183, 185, 203, 216, 224, 238, 245, 252, 353.
Arques (d'), gouverneur de Marsal, 194, 211.

Arrault, avocat, 292.
Aubert (François), armurier, 582.
Aubonne (Regard d'), 436 et suiv., 453.
Aubry, maître de forges, 577.
Audiffret (d'), envoyé extraordinaire du roi à la cour de Lorraine, 107 et suiv., 121, 122, 123, 126, 144, 145, 167, 168, 171, 173, 177, 180, 182, 183, 185, 189, 190, 205 et suiv., 222, 223, 229, 230, 232, 233 et suiv., 243, 244, 258, 266, 268 à 271, 272, 273, 276 et suiv., 309, 313, 327, 335, 336, 339, 343, 346, 352, 355, 356, 360 et suiv., 378, 380, 391, 393, 394, 395, 401 et suiv., 415, 416, 477, 478, 482 et suiv., 516, 525, 549, 550, 556, 663, 578, 592, 593, 602, 604, 608.
Aulède (marquise d'), 268, 270, 300, 313, 344, 348, 360, 386, 436.
Avant-Garde (prévôté de l'), 451.
Avejean (d'), 120.
Avignon, 287.

B

Bacor (Josse), industriel, 589.
Bade (le prince Louis de), 34, 103, 104, 106, 107, 113, 120, 122, 170 et suiv.
Badonviller, 465, 593.
Bagard (César), statuaire, 553.
Bagard (Toussaint), fils du précédent, 553.
Bagard (Charles), médecin, 533.
Baltazard, imprimeur, 591.

Bar (le prince de), fils de Léopold, 80.
Bar (de), peintre, 515.
Bar-le-Duc, 17, 26, 12, 46, 72, 73, 78, 234 et suiv., 235, 236, 287, 292, 411, 476, 501, 505, 516, 553, 571, 594.
Barbarat, conseiller d'État, 434, 458.
Barbazan (de), gouverneur de Nancy, 246.
Barrois de Saint-Remy, 41, 112, 130, 146, 195, 205, 210, 218, 222, 242, 243, 270, 401, 412, 414.
Barthélemy (Claude), 600.
Baudoin (l'avocat), 225.
Bauf (de), directeur des fortifications des Pays-Bas, 602.
Bauzemont, 308, 499.
Bavais (dom Anselme), 457, 188.
Bavillier, ingénieur français, 601 et suiv.
Bayon, 28, 446.
Béatrix-Hiéronime de Lorraine-Lillebonne, abbesse de Remiremont, 312, 360.
Beaupré (abbaye de), 188, 190.
Beauvau (marquis de), 251, 265, 357.
Beauvau (Marc de), comte, puis marquis et prince de Craon. Voy. Craon (M. de).
Beauvau (Léopold-Clément de), chevalier de Malte, 271.
Beauvau-Craon (Anne-Marguerite de), princesse de Lixheim, 270.
Beauvau-Craon (Charlotte de), 271.
Beauvau-Craon (Gabrielle-Françoise de), princesse de Chimay, 271.
Beauvau-Craon (Louise-Eugénie de), 271.
Bégon, évêque de Toul, 487.
Belchamp (abbaye de), 488.
Belhomme, abbé de Moyenmoutier, 530.
Belle-Isle (maréchal de), 331.
Belley, 58.
Benoît XIII, pape, 370, 489.
Beretti-Landi (marquis de), ambassadeur d'Espagne à La Haye, 324, 325.
Berry (duc de), 83, 94.
Berry (Mme de), 315.
Besançon, 16, 531.
Béthune (de), évêque de Verdun, 486.
Bettendorf (de), 57.
Bexon, historien lorrain, 528.
Bibiane, architecte, 554.
Bissy (lieutenant-général de), 39, 40, 61.
Bissy (Henri de Thiard de), évêque de Toul, 59, 61 et suiv., 72, 76, 131 et suiv., 118, 155.
Bitche, 16, 26, 27, 56, 57, 103, 120, 172, 191, 228, 213, 374, 471, 585, 586, 603.
Blainville (marquis de), 251.
Blâmont, 38, 19, 63, 313, 443.
Blieskastel, 2.
Blondefontaine, 181.
Bocconi, Marc-Antoine, 389.
Boffrand, 249, 259, 269, 429, 430, 554.
Bonn, 12, 57.
Bordenave, sculpteur, 553.
Bosque (de), agent secret, 415, 486.
Bosserville (chartreuse de), 488.
Bossuet, 63, 113, 117.
Bouillon (duc de), 83.
Boulay, 113, 123, 124, 172, 223, 481, 495, 501.
Bouquenom, 56, 57, 103, 106, 120, 172, 481, 491, 502.
Bourbon (duc de), 351 et suiv., 358, 359, 360, 364.
Bourcier (le président), 43, 59, 95, 131, 134, 135, 139, 143, 147, 148, 155, 161, 188, 202, 204, 226, 227, 228, 232, 280, 292, 335, 336, 343, 380, 465, 485, 532, 552, 565.
Bourcier (Jean-Louis), fils du précédent, 533.
Bourcier (J.-B.-J.), neveu du président, 533.
Bourdict, architecte, 540.
Bourg (comte du), général français, 210.
Bourgogne (duc de), 83.
Bourlier, industriel, 538.
Bourmont, 559.
Bousmard, magistrat, 43.
Bousmard (H. de), écolâtre de Saint-Georges, 498.
Bousseraucourt, 181.
Bouzey (abbé de), 488, 489, 530, 533.
Bouzoles (marquis de), 51.
Brancheu, huissier, 491.
Brandeis, 318.
Bresse (la), 425.
Bressey, auj. Brixey-aux-Chanoines (Meuse), 447.
Breuil (prieuré de), 527.
Breuvanne, 23.
Breyé, avocat, 533.
Brionne (comte de), 251.
Brisach, 16.
Broussey-en-Blois, 2.
Brugnot, géographe, 253.

TABLE DES NOMS DE LIEUX ET DE PERSONNES.

Brument, industriel, 587.
Brussoncourt (de), 577.
Bruyères, 49, 334, 467, 476.
Buissoncourt, c. de Saint-Nicolas, 269.
Bulgnéville, ch.-l. de c. (Vosges), 416.
Byng (amiral), 325.

C

Cadogan (milord), 312.
Callières (de), 85 et suiv., 104, 117 et suiv., 529.
Calmet (dom), 18, 38, 60, 74, 87, 217, 317, 489, 490, 525 et suiv., 535, 598.
Camilly (de, évêque de Toul, 151, 155, 334, 484, 485, 487.
Canon (le président), 11, 15, 35, 41, 43.
Carlingford (lord Taafe, comte de), 32, 33, 35, 36, 39 et suiv., 65, 75, 76, 82, 85, 88, 89, 92, 95, 108, 111, 114, 127 et suiv., 251, 257, 565, 575.
Casal, 175.
Cassoni (le cardinal), 143.
Catinat, 103, 104, 105.
Cellamare (duc de), 326.
Cellier (Remy), bénédictin, 530.
Chaman, peintre, 335, 512, 513.
Chambrette (Jacques), 593.
Chamillard (Michel de), 103, 106, 115, 125, 175, 395, 483.
Chamlay, 102, 103.
Champigneulles, 593.
Champs, auj. Champ-le-Duc, 370, 371, 531.
Chantereine (de), 114.
Charles II, duc de Lorraine, 1, 254.
Charles III, duc de Lorraine, 5, 18, 53, 328, 429, 504.
Charles IV, duc de Lorraine, 6, 8, 10, 28, 42, 43, 49, 56, 57, 161, 302, 309, 348, 421, 463, 568, 606.
Charles V, duc de Lorraine, 10, 11, 13, 32, 57, 86, 411, 529, 541.
Charles de Lorraine (le prince), frère de Léopold, 72, 92, 114, 150, 151, 152, 155, 159, 160, 162, 179, 181, 183, 199 à 202, 227, 229, 271 et suiv., 282, 284, 407.
Charles-Alexandre de Lorraine (le prince), fils de Léopold, 375, 379, 380, 381, 615.

Charles VI, empereur, 87, 95, 98, 159, 186, 220, 224, 229, 242, 281, 325, 337, 342, 346, 348 et suiv., 373, 379.
Charles II, roi d'Espagne, 14, 81, 92, 150.
Charles (Claude), peintre, 539, 542, 546.
Charleville, 186 et suiv., 198, 201, 215, 228, 333.
Charmes, 601.
Charpentier, lieutenant consulaire de Pont-à-Mousson, 607.
Charvet, prof. de droit, 597, 598.
Chassel (François), sculpteur, 552.
Château-Salins, 28, 105, 361, 362, 578, 579, 597, 604, 605.
Châtel-sur-Moselle, 165, 481, 601.
Châtelet (marquise du), 613.
Châtillon (duc de), 329.
Chaumouzey (abbaye de), 483.
Chauvirey (comte de), 417.
Chéron (Louis), peintre, 259, 515.
Chevalier (abbé, 59, 119.
Chevreuse, conservateur du jardin botanique, 513.
Chevrier, avocat, 513.
Chimay (prince de), 271.
Christophe (Claude), peintre, 514.
Choiseul-Stainville (de), 37, 254, 366, 358, 369, 371.
Choisy (de), gouverneur de Sarrelouis, 105.
Circourt (de), chan•de Saint-Dié, 486.
Cirey-le-Château, 613.
Clément XI, pape, 137, 148, 149, 156, 157, 162, 291.
Cobentzel (comte de), 359.
Coblentz, 293.
Coislin (de), évêque de Metz, 486, 498.
Collins (le P.), 70.
Commercy, 182, 233, 216, 235, 286, 301, 305, 333, 345, 357, 388, 411, 527, 601.
Commercy (prince de), 132, 333.
Condé, auj. Custine, c. de Nancy (est), 416.
Conflans-en-Bassigny, 2, 481.
Consarbruck, 10.
Corlier (Antoine), ciseleur, 549.
Cornet (Ch.-Ant.), industriel, 593.
Cornuel de Belleville, premier chirurgien de Léopold, 511.
Corre, 481.
Coulombier (Jean), 609.
Couvonges (de), 13, 14, 34, 35, 53 et suiv., 67, 68, 69, 77, 82, 85, 93, 95, 114, 124, 127, 143, 251, 483.

Craon. Voy. Croismare.
Craon (de), 211, 216, 251, 265, 269 et suiv., 276, 277, 284, 314, 316, 317, 317 à 319, 359, 374, 376, 378, 385, 416, 522.
Craon (Mᵐᵉ de), 232, 251, 265 et suiv., 276, 271 et suiv., 314, 316, 317, 321, 388.
Créhange, 2.
Creitzen (le P.), 33, 49, 82, 93, 95, 114, 124, 127 et suiv., 265.
Crépui, 9, 10, 11, 19.
Creutzwald, 545.
Crock, graveur, 516.
Croismare. Autrefois Halonville, puis Craon de 1712 à 1767, 269, 416, 599.
Croix (mines de la), 27, 432, 582, 582.
Curel (de), grand louvetier, 251, 469.
Cusson, imprimeur, 262, 527, 528, 591.
Custine (Christophe de), 37, 86, 170, 251, 259, 416.
Custine (chevalier de), 216.

D

Dangeau, 68, 71, 283, 306.
Dannelbourg, 586.
Darney, 24, 586.
Decamus, ingénieur, 535.
Delme, 105.
Deltour, ingénieur, 593.
Denain, 233.
Deschamps (Charles), industriel, 593, 604.
Desmarets, ministre de Louis XIV, 395, 406.
Desmarets, compositeur, 262.
Deux-Ponts, 2, 287, 359, 608.
Devaux, 613.
Deveney, maître d'école, 500.
Dieu-en-Souvienne (prieuré de), 481.
Dieuze, 26, 28, 107, 109, 258, 575, 578, 579, 597.
Digot, 527, 613.
Dinozé, com. d'Arches (Vosges), 591.
Domèvre, 293, 371.
Dompaire, 467.
Druys (de), officier français, 171.
Dubois, ministre du régent, 288, 323, 325, 327, 328, 331 et suiv., 343, 351, 370.
Duchenois, inventeur, 593.

Dumast (P.-G.), historien, 613.
Dumont, historien, 188, 471.
Dumont (François), sculpteur, 553.
Dupuy (Nicolas), peintre, 545.
Durafort, rebouteur, 513.
Duraud, peintre, 544.
D ver, industriel, 591.
Duval, 188, 225, 357, 391, 610.
Duval (Amerai), 520, 521, 522, 613.

E

Eberbach, 31.
Eichstadt, 230.
Einville, 257, 262, 430, 417, 448, 454, 559.
Elbeuf (duc d'), 68, 69.
Éléonore de Gonzague, 178.
Éléonore de Neubourg, 70.
Élisabeth-Charlotte, duchesse de Lorraine, 34, 65 et suiv., 71, 124, 252, 260, 266, 267, 268, 270, 275, 276, 281, 285, 286, 295, 297, 303, 310 et suiv., 327, 333, 341, 348 et suiv., 358, 359 à 364, 366, 376 et suiv., 381, 386 et suiv., 418, 435, 436, 504, 514, 551, 613, 614.
Élisabeth-Charlotte, fille de Léopold, 225, 259.
Élisabeth-Thérèse, fille de Léopold, 355, 379, 387, 511, 515.
Épinal, 9, 10, 26, 45, 255, 258, 435, 476, 478, 499, 501, 505, 542, 542, 559, 561, 588, 591, 594.
Erreny d'Erreny, industriel, 579, 580.
Espinoy (Mᵐᵉ d'), 312.
Étanche (abbé de l'), 113.
Étival, 293, 371, 525.
Eugène de Savoie-Soissons (le prince), 164, 198, 199, 203, 209, 232, 234, 241, 242, 252, 310, 417.

F

Falkenstein (comté de), 56, 183, 338, 342, 529.
Fallois (Jean), 419, 411.
Faulques (Henry), bénédictin, 539.
Fénelon, 131, 147.
Fénétrange, 29, 39, 56, 131, 182, 193.
Ferdinand de Gonzague, 178, 179, 187.
Ferrières, c. de Saint-Nicolas, 499.
Feuillade (M. de la), 30.

Ficquelmont (de), 175, 254, 417.
Fieux (de), évêque de Toul, 62, 134, 139.
Finiel (Jacques), 570.
Firrao (de), nonce, 291.
Flabenville, 124.
Flavigny, c. de Saint-Nicolas, 530.
Fleurot (les), rebouteurs, 539.
Fleury (le cardinal), 354 et suiv., 370, 372, 373, 382, 384, 616.
Fontainebleau, 69, 71, 81.
Fontenoy (comte de), 593.
Fontenoy-la-Ville, 181.
Forster (de), 205, 215, 216, 227, 228, 541.
Foucault (comte de), historien, 84, 90, 271, 152, 611.
Foug, 182, 417.
Fougerolles, 2, 181.
Fourier (le B. Pierre), 431.
Fourille (chevalier de), 8.
Fournier, 166, 167, 172, 174.
Fournier (l'abbé), 86.
Fournier (Laurent), gantier, 593.
Francalmont, 181.
Francfort, 229.
François, graveur, 516.
François (le prince), frère de Léopold, 37, 159, 151, 157, 160, 252, 253, 280, 373, 429, 458.
François (M.-F.), industriel, 593.
François-Étienne, fils de Léopold, 246, 347, 350, 375, 376 à 379, 384, 385, 386, 520, 522, 538, 555.
Frédéric Ier, roi de Prusse, 492.
Frédéric-Guillaume Ier, roi de Prusse, 492.
Freistroff, 172.
Fresne-sur-Apance, 181.
Fribourg-en-Brisgau, 243.
Fromentaux (les frères), négociants, 606.
Frouard, 115.
Furon, peintre, 544.
Fürstenberg (prince de), 360.

G

Gabrielle-Charlotte, fille de Léopold, 157, 256.
Galand, imprimeur, 593.
Gangloff, protestant, 191.
Gautier (l'abbé), 223.
Gayette, trésorier de Léopold, 158.
Gemel, industriel, 587.
George (Claude), magistrat, 13, 561.
Gérard, industriel à Lubine, 579.

Gérard (Antoine), cartier, 594.
Gérard (Claude), cartier, 594.
Gérardmer, 425, 499.
Gerbéviller, 257.
Gerbéviller (de), 41, 122, 419, 446.
Germain (M. D.), 468.
Germersheim, 103.
Germiny (comté de), 416.
Gervais (Louis de Nesles, dit), 554.
Gesvres (M. de), 83, 84.
Gilbert, poète, 610.
Girard, banquier, 158.
Girardet, peintre, 345.
Girecourt (de), 152.
Gladbves, 58.
Gondrecourt, c. de Conflans, 182, 181.
Goudreville, c. de Toul (nord), 235, 358, 594.
Goslar, 27.
Goupilière (de la), 29.
Gourcy (de), 37.
Gournay (de), 459.
Goviller, c. de Vézelise, 447.
Graffigny (Mme de), 613, 614.
Grenoble, 58.
Groux, c. de Coussey (Vosges), 417.
Grignoncourt, 2.
Grimany, cardinal, 152, 153.
Growenstein (comte de), 232.
Guillaume III, roi d'Angleterre, 14, 94.
Guinet, avocat, 139.
Guiscard (de), général français, 107, et suiv.
Guise-sur-Moselle (comté de), 416.
Guises (les), 5.
Guyon, peintre, 545.
Guyot (Dominique), industriel, 587.
Guyot (Nic. Huidot, dit), modeleur, 535.

H

Hadonviller ou Handonviller. Voy. Croismare.
Han (comte du), 170, 297, 447.
Hannus, négociant, 587.
Haraucourt (marquise d'), 253.
Harcourt (comte d'), 116.
Harcourt (maréchal d'), 209, 210, 212.
Hardy fils, graveur, 516.
Harlay (de), archevêque de Paris, 522.
Harlay de Cély, intendant de Metz, 294.

Haroué, 270.
Haussonville (d'), grand maître de l'artillerie, 159, 255.
Haussonville (M. d'), historien, 168, 333, 369, 370, 613, 616.
Hautfort (d'), 129.
Hautoy (comte du), 597.
Hautoy (Louise-Henriette du), 417.
Héguerty (d'), industriel, 593.
Heinsius, grand pensionnaire de Hollande, 11, 205, 230.
Hellimer, 109.
Hénart, conseiller d'État, 458.
Henri II, duc de Lorraine, 249, 309, 606.
Henri II, roi de France, 5, 6.
Henri IV, roi de France, 5, 6, 77.
Henriquez, 610.
Herbel, peintre, 511, 512, 545.
Héré, 250.
Hesse (prince de), 123, 165.
Heudicourt (Mme d'), 252.
Hochstaedt, 164.
Hoffelize (d'), 41, 105, 121, 251, 576.
Hombourg, 16, 26, 27, 120, 209, 223, 301.
Hommey, augustin, 522.
Hompech, général allemand, 166.
Houdemont (château de), 226, 233, 514.
Houdreville, c. de Vézelise, 498.
Hours (Yves des), 250, 551.
Houssaye (de la), intendant d'Alsace, 196.
Huby, fermier général des monnaies et des mines, 579, 691.
Hucherre, avocat et industriel, 581.
Hugo (le P.), 281, 371 et suiv., 523, 524, 525, 595.
Huin, fondeur, 582.
Huin (Thomas), ciseleur, 553.
Huviller, auj. Jolivet, 250, 598.
Huxelles (maréchal d'), 37, 63, 215, 293, 301, 303, 312.

I

Innocent XI, pape, 62.
Inspruck, 12, 13, 32, 87.
Issembourg (François-Henry d'), 417.

J

Jacquard, peintre, 250, 512, 513, 545.
Jacquemin, procureur, 491.

Jacques Stuart, fils de Jacques II, roi d'Angleterre, 231 et suiv., 285 à 287.
Jadot, architecte, 385.
Janson-Forbin (cardinal de), 62, 147.
Jarville (terre de), 378.
Jenneson, architecte, 551.
Jolivet. Voy. Huviller.
Joseph de Lorraine (le prince), frère de Léopold, 150.
Joseph Ier, empereur, 169, 173, 176, 178, 185, 223, 313, 515.
Jussey, 181.

K

Kaunitz, ministre autrichien, 169.
Kehl, 126.
Kertz, secrétaire du prince Charles, 106.

L

Labbé de Beaufremont, président de la Chambre des comptes de Lorraine, 48, 577.
Labbé de Coussey, secrétaire d'État, 41.
La Cour (J.-B. de), 417.
La Garde, banquier, 519, 550, 551.
La Lance, mathématicien, 510, 598.
La Marck (comte de), 355.
Lambert (Isaïe), 493.
Lambertye (marquis de), 251, 285, 361, 447, 460.
Lampinet, conseiller au Parlement de Besançon, 208.
Landau, 103, 106, 164, 168, 238, 241.
La Peyronie, 315, 535.
La Roche, bénédictin, 518.
Lay-Saint-Christophe, c. (de Nancy (est), 527.
Lay-Saint-Remy, c. de Toul (nord), 27.
Le Bègue (Charles), bailli de Vaudémont, 255.
Le Bègue (Joseph), 15, 41, 186, 197, 201, 203 et suiv., 215, 216, 218 et suiv., 226, 227, 230, 326, 345, 351, 352, 416, 447, 508.
Le Bègue (l'abbé François), 33, 35, 73.
Lecouvreur (Adrienne), 260.
Leduc (Jean), industriel, 590.

TABLE DES NOMS DE LIEUX ET DE PERSONNES. 627

Lefebvre, 13, 136, 148, 149, 150, 153, 154, 156, 158 et suiv., 199, 200, 203, 204, 205, 293, 299, 300 et suiv., 319, 337, 339 et suiv., 354, 367, 372, 374, 376 à 378, 402, 431, 435, 453, 456, 457, 458, 460, 528, 538, 561.

Le Febvre d'Ormesson, 300, 301.

Le Grand de Mont, 252.

Lenoncourt (Antoine de), grand écuyer, 82, 92, 251.

Lenoncourt (Charles de), marquis de Blainville, 91, 94, 117, 118, 187, 251, 522, 591.

Lenoncourt (comte de), fils du précédent, 265.

Lenoncourt-Blainville (marquis de), 252.

Léopold, duc de Lorraine. — Sa naissance, 32; son portrait, 34; premières mesures administratives, 41 et suiv.; son mariage, 63 et suiv.; entrée du duc et de la duchesse à Nancy, 73. Il se rend à Versailles et fait hommage pour le Barrois mouvant, 83 et suiv.; il consent à échanger la Lorraine contre le Milanais, 83 et suiv.; se retire à Lunéville, 118; ses démêlés avec l'évêque de Toul et le Saint-Siège, 131 et suiv.; il cherche à jouer le rôle de médiateur entre la France et l'Empire, 167; convoite la succession de Mantoue, 178; songe à profiter des malheurs de la France, 199 et suiv.; donne asile au prétendant Jacques Stuart, 234; le château de Lunéville, 249; la cour ducale, 251 et suiv.; Mme de Craon, 265 et suiv.; Léopold refuse d'accueillir une seconde fois Jacques Stuart, 287; ses rapports avec le régent, 357 à 296; le traité de Paris, 307; second voyage de Léopold en France, 313 à 321; il veut accéder à la Quadruple-Alliance, 325; instructions qu'il donne à Lefebvre, 338; se jette dans les bras de l'Autriche, 344; le prince François à Vienne, 348; mariage de Louis XV, 352 à 361; reconnaissance officielle de la neutralité de la Lorraine, 368. Mort de Léopold, 375; ses embarras financiers, 390; créations d'offices, 391; abolition de la mainmorte, 395; refonte des monnaies, 399; influence de Samuel Lévy,

498; emprunts, 427; constructions de Léopold, 428 et suiv.; les compagnies de commerce, 431 et suiv.; taxe sur les biens domaniaux aliénés, 441; anoblissements et donations, 445 à 452. Gouvernement de Léopold, 462 et suiv.; création des bureaux de charité, 471, et des greniers d'abondance, 476; persécutions contre les jansénistes, 485, les protestants, 490, et les juifs, 491; le duc favorise l'enseignement secondaire, 501, et l'Université de Pont-à-Mousson, 501; précautions prises contre la peste, 515; encouragements aux lettres, 520, aux sciences, 537, aux arts, 539 et suiv., à l'agriculture, 564 et suiv., à l'industrie, 576 à 596; création de routes, 569 à 600; canaux projetés, 601; droits de circulation, 604; la justice consulaire, 606. Jugement sur Léopold, 614 à 618.

Léopold-Clément de Lorraine, fils de Léopold, 157, 226, 281, 313, 344, 316, 347.

Léopold Ier, empereur, 11, 12, 14, 280, 313.

Lescut (de), 44.

Leslie (le P. de), 610.

Levécourt, 28.

Le Voyer (J.-B.), industriel, 592.

Lévy (Salomon), 403.

Lévy (Samuel), 100, 403 et suiv., 413 et suiv., 491, 494.

Lièpvre, 2, 583.

Liffol-le-Grand, c. de Neufchâteau, 577.

Ligniville (de), 251, 310, 347, 592.

Ligny, 3, 213, 329, 592.

Lilleuroot (de), 35.

Lillebonne (de), 9.

Lillebonne (Mme de), 71.

Lionnois, historien, 569, 610.

Lironcourt, 2.

Liverdun, 9.

Lixheim, 30, 491, 492, 557, 575.

Lixheim (prince de), 270, 447.

Lobkovitz (de), 70.

Lochet, imprimeur, 591.

Locmaria (de), général français, 105, 107, 413.

Lœwenstein (comte de), 342.

Lohr, 29.

Longchamp, c. d'Épinal, 181, 592.

Longeville, 328, 329, 530.

Longuyon, 582.

628 TABLE DES NOMS DE LIEUX ET DE PERSONNES.

Longwy, 11, 17, 55, 76, 128, 198, 201, 215, 229, 281, 302, 303, 307, 308, 319, 111.
Lorges (maréchal de), 83.
Lorquin, 76.
Lorrey, c. de Bayon, 76.
Louis XIII, roi de France, 5, 13, 77.
Louis XIV, roi de France, 7 et suiv., 14, 15, 16, 21, 26, 31, 35, 53 à 56, 62, 65, 69, 75 et suiv., 94, 93, 104, 106, 110, 113, 114, 121, 122, 127, 128, 130, 140, 151, 165, 167, 168, 171, 176 et suiv., 187, 189, 190, 197, 198, 203, 204, 213, 223, 229, 231, 240, 243, 24 , 248, 249, 250, 259, 278, 279, 281, 283, 305, 309, 399, 451, 485, 491, 612, 617.
Louis XV, roi de France, 302, 341, 352, 353, 354, 360, 379, 485
Louis de Lorraine, fils de Léopold, 220, 225, 529.
Louvois, 10, 19.
Lubine, c. de Provenchères (Vosges), 579, 582.
Lucius, ministre protestant, 492.
Ludres, c. de Nancy (ouest), 499.
Ludres (de), 251, 416.
Lunati (de), 37, 179, 274, 436, 582.
Lunati (Mme de), 272 et suiv.
Lunéville, 21 et suiv., 38, 39, 40, 47, 49, 51, 53, 57, 68, 100, 119, 122, 123, 126, 231, 236, 243, 244, 248, 254, 255, 257, 258, 261, 269, 318, 375, 385, 388, 450, 473, 475, 476, 481, 488, 499, 502, 503, 504, 511, 513, 514, 515, 519 et suiv., 562, 582, 593 et suiv., 609, 611, 612, 613.
Lupcourt (baronnie de), 416.
Lupot, sculpteur, 553.
Lutzelbourg (comte de), 586.
Luxembourg, 2, 330, 333.

M

Magnien (Fr.), industriel, 585, 586.
Magny, maitre de danse, 261, 262.
Mahuet (J.-B.), président de la Cour souveraine, 55, 64, 76, 93, 113, 115, 332.
Mahuet (Marc-Antoine), intendant des finances et de l'hôtel, 41, 48, 232, 416.
Mahuet (Ch.-Ignace), fils du précédent, 416.
Maine (duc et duchesse du), 326.
Maintenon (Mme de), 65, 71, 117, 395.
Malgrange (la), 144, 155, 244, 261, 428, 554.
Malroy, 2.
Mangeot, architecte, 554.
Mansart, 85, 218, 429.
Mantoue (duchesse de), 275.
Marais (Mathieu), 317.
Marche (Mme de la), 252.
Marcol, prévôt de Nancy, 565.
Mardville, 599.
Marie-Éléonore, mère de Léopold, 11, 13, 32, 35, 151.
Marie Leczinska, 357 à 359, 386.
Marie-Thérèse, 319, 341, 385, 611.
Marlborough (Churchill, duc de), 164, 166, 170, 171, 199, 203, 213, 219, 220, 229, 477.
Marquet (F.-N.), botaniste, 538.
Marquet (Paul), chapelier, 591.
Marsal, 8, 103, 107, 114, 115, 116, 191, 214, 216, 222, 213, 361.
Marsin, général français, 164, 165.
Martigny (de), 113, 166, 170, 212, 251.
Martigny (Mlle de), 350.
Martinvelle, 2.
Masson, directeur général des finances, 316, 458.
Mathieu (Louis), receveur des consignations, 195, 196.
Maxey-sur-Vaise, 117.
Mayence, 12.
Médicis (Jean-Gaston de), 381, 388.
Meisenthal, 585.
Mengin, industriel, 589.
Menil (du), 252.
Meny, sculpteur, 510.
Mercy (général comte de), 210, 211, 212, 288, 289, 339, 340, 117.
Metternich (de), évêque de Paderborn, 151 et suiv.
Metting, 492.
Metz, 3, 5, 8, 11, 16, 29, 76, 113, 115, 182, 196, 272, 296, 301, 381, 402, 405, 436, 561, 600, 601.
Meuse (de), 79.
Milan, 88, 159, 289.
Mirecourt, 28, 46, 109, 110, 139, 476, 505, 591, 595.
Mitte (Charles), tapissier, 250, 589.
Moës (P. Ant.), 597.
M er d ré, 181.
Montespan (Mme de), 69.
Monthureux-sur-Saône, 181.
Montmédy, 216.
Montmorency (duc de), 329.
Morhange, 502.

Morville, 585.
Morville, c. de Bulgnéville, 441.
Morville (comte de), 346, 352, 360, 361, 363.
Mougin (Nicolas), 591.
Moulon (de), avocat, 533.
Moyenmoutier, 293, 371, 540.
Moyenvic, 105.
Munier, empirique, 311.
Munster (Prusse), 151 et suiv.
Munster (Alsace), 527, 529.

N

Nancy, 9, 11, 16 à 18, 22, 26, 36, 40, 42 et suiv., 49, 51, 55, 59, 65, 71 à 73, 75, 80, 86, 87, 88, 91, 99, 106, 107, 110 à 114, 117 et suiv., 128, 164, 168, 191, 193, 201, 208, 211, 227, 228, 235, 243, 246, 248, 251, 254 et suiv., 262, 269, 284, 309, 331, 345, 348, 375, 386, 401 et suiv., 429, 430, 437, 449, 463, 473, 475, 476, 478, 181, 186, 193, 497, 501, 505, 509, 510, 511, 516, 522, 527, 536, 537, 541, 549, 559, 561, 565 et suiv., 575, 576, 582, 587, 590, 591, 592, 594, 598, 600, 601, 604 et suiv., 614.
Nassau-Sarrebruck (principauté de), 2.
Nassau (comte de), 56, 57, 191.
Nay du Plateau (abbé de), 117, 532.
Neipperg (comte de), 350.
Nerly (de), cardinal, 148, 152.
Nettancourt (Mme de), 252.
Neufchâteau, 28, 173, 505, 539, 564, 573, 583, 595.
Neveu, prof. de droit à l'Université de Besançon, 208.
Noailles (de), cardinal, 72, 316, 486.
Noël, 61, 71, 85, 184, 191, 210, 212, 236, 260, 285, 290, 305, 322, 412, 413, 418, 456, 467, 468, 528, 598, 613.
Nomeny, 301, 308, 371.
Norroy, lieutenant de la maréchaussée, 56, 253.
Nouillompont, 536.
Nuremberg, 4.

O

Ogéviller, 199.
Olivier (les frères), négociants, 590.
Olmütz, 200.

Orléans (Philippe de France, duc d'), 67, 80 et suiv.
Orléans (Charlotte-Élisabeth de Bavière, princesse palatine, duchesse d'), 35, 67, 80, 265, 266, 267, 272, 301, 309, 311, 313, 314, 321, 345, 428.
Orléans (Philippe, duc d'), régent de France, 284, 285, 295 et suiv., 305, 306, 309, 310, 312, 314, 315, 320, 321, 324 et suiv., 337, 351, 352, 411, 487, 547, 601, 603.
Orléans (Louis, duc de Chartres, puis duc d'), fils du régent, 68, 83, 314, 316, 352, 363.
Osnabrück (l'évêque). Voy. Charles de Lorraine.
Outremécourt, 23.

P

Pagny-la-Blanche-Côte, 2.
Pagny-sur-Meuse, 27.
Paige (Jean le), avocat, 533.
Palissot (Sébastien), architecte, 596.
Pareid, c. de Fresnes-en-Woëvre (Meuse), 117.
Paris, 61, 71, 86, 531, 564, 586.
Paris-Duverney, 361, 411.
Parrot (Charles), 152, 179, 180, 181, 20 , 451.
Peterhead, 286.
Petitdidier (J.-Jos.), jésuite, 507, 530.
Petitdidier (Mathieu), bénédictin, 488, 529, 530, 533.
Pexonn , 93.
Pfutschn r (baron de), 519 et suiv.
Phalsbourg, 30, 216, 307, 536.
Philibert, précepteur des pages, puis maître de la trinité, 252, 503.
Philibert (P.), aumônier de Léopold, 498.
Philippe V, roi d'Espagne, 222, 298, 323, 325.
Philippsbourg, 80.
Picart (P. Benoit), 524 et suiv.
Pierre le Grand, 108.
Pierson (Nic.), c vers prémontré, 554.
Pillement de Russa , doyen de la Fac. de droit, 507.
Plombières, 110, 285, 538.
Polignac (abbé de), 215.
Pomeren (de), 130.
Pommerayo (de la), 585, 586.

Pont-à-Mousson, 8, 26, 45, 46, 73, 116, 169, 171, 232, 233, 253, 260, 279, 423, 486, 498, 501, 504 et suiv., 521, 527, 531, 539, 588, 605, 607.
Pontchartrain (de), 53, 236.
Pont-Saint-Vincent, 416.
Portieux, 585, 586.
Postroff, 192.
Preutin, c. d'Audun-le-Roman, 447.
Prie (M*me* de), 355, 357, 359, 361, 365.
Protin (Paul), 126, 165, 167, 182, 207, 212, 299.
Provençal, peintre, 469, 510, 511.
Prudhomme, industriel, 588.
Prugnon, avocat, 533.

Q

Quadt (de), 233.

R

Raigecourt (de), grand veneur, 251.
Rambervillers, 110, 308, 310, 463, 588.
Ramillies, 176, 183.
Ramouchamp, 181.
Rangeval (abbaye de), 372, 554.
Rastadt, 242, 244, 246.
Raville, c. de Lunéville (nord), 499.
Reboucher, poète, 534.
Regnault, maître de musique, 261.
Reims, 344, 345.
Remiremont, 157, 466, 528.
Renard, sculpteur, 250, 552.
René II, duc de Lorraine, 1, 54, 249, 251, 451.
Rennel d'Audilly, maître des requêtes à la Cour souv., puis auditeur à la Chambre des comptes de Lorraine, 43.
Rennel de Lescut, 2e président de la Cour souv., 48, 92, 143.
Rheinfelden, 210.
Ricault (Jean), industriel, 592.
Rieval (abbaye de), 309.
Riguet (abbé de), 13, 72.
Rivard, chirurgien, 539.
Robillard, industriel, 591.
Rogéville (de), 139, 508.
Rome, 147 et suiv., 152, 153, 157, 158, 306, 402, 531.
Rorté (de), 251, 254.
Rosenkrantz, ministre protestant, 492.

Rosières-aux-Salines, 28, 463, 578, 579, 601.
Rossignol (Joseph), industriel, 591.
Rouillé (le président), 197, 199, 201.
Roussel, directeur du commerce, 432, 433.
Roussel, 310.
Ruaux, 181.
Ruffey (comte de), 246.
Rümersheim, 210.
Rutant (de), contrôleur général des finances, 419, 432, 438.
Ryswick (traité de), 15, 18, 34, 55, 56, 88, 124, 130, 200, 204, 245, 278, 279, 284, 302, 307, 319.

S

Saarwerden, 56, 57, 103, 106, 374.
Saint-Avold, 123, 124, 301, 308.
Saint-Contest (de), 101, 106, 107, 110, 115, 125, 127, 165, 167 et suiv., 172, 174, 182, 194 et suiv., 213, 214, 238, 239, 278, 279, 280, 299, 300, 304, 305, 312, 401, 477.
Saint-Dié, 26, 110, 120, 292, 293, 294, 306, 333, 334, 371, 372, 487, 588.
Saint-Dizier, 11, 531.
Saint-Epvre (haut-conduit de), 604, 605.
Saint-Félix (de), 175.
Saint-Georges (le chevalier de). Voy. Jacques Stuart.
Saint-Hippolyte, 2, 228, 308, 465, 532.
Saint-Léopold (abbaye de), 527, 529.
Saint-Loup-sur-Semouse, 2, 181.
Saint-Mansuy (abbaye de), 490, 527.
Saint-Mauris (M. de), 136.
Saint-Menge, 173, 446.
Saint-Mihiel, 28, 42 et suiv., 73, 233, 411, 463, 477, 502, 505, 516, 530, 535, 588.
Saint-Nicolas, 28, 35, 49, 109, 208, 251, 255, 355, 530, 557, 588, 593.
Saint-Simon, 61, 71, 72, 79, 81, 82, 86, 117, 210, 300, 309 et suiv.
Saint-Urbain (Ferdinand de), 546 et suiv.
Saint-Urbain (Anne-Marie de), 551.
Saint-Urbain (Claude-Auguste de), 551.
Sainte-Marie-aux-Mines, 2, 27, 536, 559, 575, 581, 582, 592.
Sainte-Paule, auj. Sainte-Pôle, c. de Badonviller, 192.

TABLE DES NOMS DE LIEUX ET DE PERSONNES. 631

Salin-la-Tape, ou Salin-l'Étape, vil. dét. près de Dombrot-sur-Vair (Vosges), 601.
Salle-Rorté (de), 175.
Salm (principauté de), 3, 371.
Salm (prince de), 153.
Sals (l'abbé de), 289.
Sampigny, 116.
Sampigny (L.-J. de), 116, 577.
Sarralbe, 120, 228, 564.
Sarrazin, conseiller d'État, 181.
Sarrebourg, 103, 165, 307.
Sarrebruck (comté de), 3, 103.
Sarreguemines, 15, 46, 126, 228, 131.
Sarrelouis, 17, 27, 105, 113, 116, 165, 170, 196, 216, 307.
Saur, banquier et industriel, 519, 568, 591, 592, 617.
Sauter, 119, 102.
Schambourg, 166, 573.
Schlestadt, 11, 116.
Schmidt, 57.
Schomborn (comte de), 338, 339, 342.
Schuppen (J. van), peintre, 515, 546.
Schwob (Jacques), 403, 404.
Sébastien (le P.), mécanicien, 601, 602.
Secaty (de), gouverneur de l'Académie de Lunéville, 257.
Sedan, 232.
Senones, 293, 371, 184, 527, 529.
Serinchamp (de), 11.
Serre, magistrat, 43.
Sierck, 170, 172, 307, 508.
Siersberg, 172.
Simoni (François), 552.
Sinzendorf (de), 229, 231, 241, 341, 343, 353, 353.
Sommier (Claude), grand-prévôt de Saint-Dié, 370, 531, 532.
Sourches (marquis de), 69, 93.
Spada (de), 37, 109, 147, 275, 447.
Spada (Mme de), 275.
Spanheim, 70.
Spiro, 103, 128.
Stainville (de). Voy. Choiseul-Stainville (de).
Stanislas Leczinski, roi de Pologne, 357, 359, 361, 382, 386, 387, 471, 516, 614.
Stenay, 216.
Strasbourg, 37, 87, 191, 198, 529, 531.
Suriau, maître d'hôtel de Léopold, 175.

T

Tallard (comte de), 113 et suiv., 119, 120, 128, 164, 248, 311.
Temeswar, 33.
Teschen, 311, 313.
Thanvillé, 199.
Thélod, c. de Vézelise, 447.
Thiaucourt, 431.
Thibault, 63.
Thillot (le), 28, 530 et suiv.
Thionville, 170, 216, 303.
Thomas (François), mécanicien, 536, 573.
Thungen, général allemand, 171.
Tisserand, cartier, 594.
Tomblaine, 581.
Tonnoy, 28, 585.
Top, général hollandais, 113.
Torcy (de), 60, 64, 65, 67, 76, 77, 79, 141, 146, 155, 160, 181, 185, 190, 197, 198, 199, 211, 214, 221, 222, 233, 283, 312, 402.
Torniello (comte de), 251, 586.
Toul, 3, 5, 8, 22, 27, 63, 116, 197, 198, 291, 307, 452, 525.
Tour-Taxis (de la), 37.
Trarbach, 116, 164, 165, 232.
Trèves, 2, 105, 116, 165, 166, 171.
Trichâteau (marquis de), 151, 188, 252.
Trichâteau (marquise de), 275, 276.
Trois-Fontaines (abbaye de), 63.
Trottin, marchand, 597.
Turgot (de), intendant des Trois-Évêchés, 25, 55, 76, 130, 253.
Turin, 176, 178, 183.

U

Utrecht, 226, 227, 228, 233, 237, 240, 241.

V

Vagney, 425.
Val-d'Ajol, 181, 539.
Val-de-Liepvre. Voy. Liepvre.
Valentin (l'abbé), 118, 532.
Valérysthal, 586.
Varennes (de), 103, 105, 106, 110, 123, 124, 127.
Vassimont (de), chanoine, 291, 292.
Vauban, 27.
Vaubourg (de), intendant de la Lorraine, 23 et suiv., 60.

Vaucouleurs, 2.
Vaudémont (comte de), 3, 153, 465.
Vaudémont (le prince de), 9, 56, 57, 96, 103, 104, 121, 147, 183, 236, 244, 246, 270, 276, 297, 311, 313, 312, 315, 346, 360.
Vauvillers, 531.
Vayringe (Philippe), 536, 537, 613.
Vence (l'abbé de), 69, 485, 531.
Vendôme (duc de), 223.
Verdun, 3, 5, 197, 232, 233, 604.
Véroncourt, 76.
Versailles, 35, 40, 59, 68, 80, 81, 83, 85, 86, 113, 317.
Vesoul, 11.
Vézelise, 109, 543.
Viaixnes (Thierry de), bénédictin, 489.
Vic, 115, 211.
Victor-Amédée II, duc de Savoie, 93, 178, 189, 240, 303, 310, 324, 337.
Vienne, 70, 91, 94, 169, 175, 183, 232, 240, 283, 384, 405, 515, 531.

Vignolles, procureur général des Chambres des comptes, 18.
Villars, 95, 101, 105, 106, 113, 116, 120, 121, 123, 126, 170 et suiv., 212, 215, 258, 241, 242, 360, 382.
Villars (cense de), 450.
Viller, c. de Mirecourt, 417.
Villeroy (maréchal de), 102, 165, 311, 315, 316.
Vitrimont (chevalier de), 261.
Vitry-le-François, 71.
Voirin, peintre, 515.
Voisin, ministre de Louis XIV, 211.
Voltaire, 611, 612, 613, 617.
Vougécourt, 2, 517.

W

Warren, lieutenant de l'artillerie, 581.
Willemin de Heldenfeld, 255, 389, 583, 531.
Wissembourg, 358 et suiv.

TABLE DES MATIÈRES

Pages.

Notice bibliographique v

CHAPITRE Ier

LA LORRAINE AVANT LÉOPOLD

I. L'État lorrain. — II. Visées de la France; politique de Richelieu et de Mazarin. — III. Louis XIV s'empare de la Lorraine. — IV. Le traité de Ryswick. — V. Les charges de l'occupation française. — VI. Prospérité relative de la Lorraine 1

CHAPITRE II

LÉOPOLD EN LORRAINE

I. Jeunesse de Léopold. — II. Régence de M. de Carlingford. — III. Arrivée triomphale du nouveau duc. — IV. Réformes administratives; le Conseil d'État, la Cour souveraine et les Chambres des comptes, les tribunaux inférieurs, les municipalités, organisation financière. — V. Rigueurs contre les mendiants et les accapareurs. — VI. Premières difficultés avec la France. — VII. Affaires de Bitche et de Bouquenom. — VIII. Origines du conflit avec l'évêque de Toul. — IX. M. de Bissy 32

CHAPITRE III

RAPPORTS DE LÉOPOLD AVEC LA FRANCE

I. Mariage de Léopold. — II. Entrée du duc et de la duchesse de Lorraine à Nancy. — III. Malveillance des autorités françaises. — IV. Questions d'étiquette. — V. Léopold va rendre hommage pour le Barrois. — VI. Mission de M. de Callières. — VII. Léopold accepte le Milanais en échange de la Lorraine. — VIII. Cet échange n'a pas lieu 67

CHAPITRE IV

OCCUPATION DE NANCY

I. Léopold cherche à conserver sa neutralité. — II. Enlèvement de M. de Varennes; les généraux français demandent l'occupation de Nancy. — III. M. d'Audiffret est nommé résident à Nancy. — IV. Le roi se décide à occuper militairement la Lorraine. — V. Entrée des Français à Nancy et dans les villes de la Sarre. — VI. Embarras de Léopold; mort du P. Creitzen et de Carlingford. 100

CHAPITRE V

LE CODE LÉOPOLD

I. Démêlés de Léopold avec l'évêque de Toul. — II. L'ordonnance de juillet 1701. — III. Intervention du Saint-Siège. — IV. Les conférences de la Malgrange. — V. Envoi d'une mission lorraine à Rome. — VI. Le prince Charles et l'évêché de Munster. — VII. L'ordonnance de 1707. — VIII. Négociations de Lefebvre à Vienne. 130

CHAPITRE VI

LA GUERRE DE LA SUCCESSION D'ESPAGNE

I. Rapports de Léopold avec les belligérants. — II. Léopold propose sa médiation. — III. Villars et Marlborough. — IV. L'année 1706. — V. La succession de

Mantoue. — VI. Négociations de Léopold avec les puissances coalisées. — VII. Affaire d'Arches et de Charleville. — VIII. L'hiver de 1709 en Lorraine ; misère des troupes françaises. — IX. Louis XIV demande la paix. — X. Mission de Lefebvre. — XI. Les préliminaires de La Haye. — XII. Défaite de Mercy. 164

CHAPITRE VII

LES TRAITÉS D'UTRECHT ET DE RASTADT

I. Négociations de MM. de Forstner et Le Bègue. — II. Préliminaires de Londres. — III. Deuils de Léopold. — IV. Conférences d'Utrecht. — V. Déceptions du duc de Lorraine. — VI. Les Impériaux traversent les duchés. — VII. Le chevalier de Saint-Georges à Bar. — VIII. Léopold s'interpose entre la France et l'Empire. — IX. Conférences de Rastadt. — X. Évacuation de la Lorraine 215

CHAPITRE VIII

LA COUR DE LUNÉVILLE

I. Le château de Lunéville. — II. La maison civile de Léopold. — III. La maison militaire et l'armée ; écoles militaires. — IV. Distractions de la cour ; le théâtre. — V. La galanterie ; passion de Léopold pour Mme de Craon. — VI. Mme de Lunati et Mme de Craon. — VII. Le jeu 248

CHAPITRE IX

LE TRAITÉ DE PARIS

I. Les conférences de Metz. — II. Négociations du prince Charles à Vienne. — III. Léopold et le régent ; expulsion du chevalier de Saint-Georges. — IV. Le régent suit la politique de Louis XIV. — V. Léopold reste favorable à l'Autriche. — VI. Nouvelles conférences pour le règlement des difficultés entre la Lorraine et la France. — VII. Traité du 21 janvier 1718. — VIII. Saint-Simon et la maison de Lorraine. — IX. Voyage de Léopold et d'Élisabeth-Charlotte à Paris. 278

CHAPITRE X

POLITIQUE EXTÉRIEURE (1718-1723)

I. Rapports de Léopold avec le régent. — II. Léopold convoite le Luxembourg. — III. Élisabeth-Charlotte et Dubois. — IV. Causes de refroidissement avec la France. — V. Mémoire pour servir d'instructions à Lefebvre. — VI. Nouvelle mission de Lefebvre à Vienne. — VII. Léopold se jette dans les bras de l'Autriche. — VIII. Le prince François à la cour impériale 323

CHAPITRE XI

LES DERNIÈRES ANNÉES DE LÉOPOLD. LA RÉGENCE

I. Ministère du duc de Bourbon; le mariage de Louis XV. — II. Marie Leczinska et la cour de Lorraine. — III. Renvoi des lettres d'Élisabeth-Charlotte au roi et à la nouvelle reine. — IV. Fleury accorde la neutralité perpétuelle de la Lorraine. — V. L'abbé d'Étival et l'évêque de Toul. — VI. Le duc François. — VII. Élisabeth-Charlotte. 351

CHAPITRE XII

LES FINANCES DE LÉOPOLD

I. Ressources financières de Léopold. — II. Créations d'offices; abolition de la mainmorte; refontes des monnaies. — III. Établissement de banquiers juifs à Nancy;

Samuel Lévy, receveur général des finances. — IV. Taxe sur les nobles. — V. Banqueroute de Samuel Lévy. — VI. Remboursement des billets de liquidation. — VII. Nouvelles créations d'offices; emprunts. — VIII. Dépenses en bâtiments. — IX. La compagnie de Lorraine. — X. Regard d'Aubonne. — XI. Taxe sur les biens domaniaux aliénés depuis 1600. — XII. Anoblissements et donations; opposition de la Chambre des comptes. — XIII. Expédients pour acquitter les dettes de l'État. — XIV. Dernières créations d'offices 389

CHAPITRE XIII

GOUVERNEMENT DE LÉOPOLD

I. Les usages et les mœurs. — II. Les lois. — III. La mendicité. — IV. Les magasins de grains. — V. Intervention de Léopold dans les questions religieuses. — VI. Le jansénisme. — VII. La religion réformée. — VIII. Les juifs en Lorraine. — IX. L'enseignement primaire. — X. Les collèges. — L'Université de Pont-à-Mousson; Facultés des arts, de théologie et de droit. — XII. La Faculté de médecine; la chirurgie en Lorraine. — XIII. Les maladies : la peste de 1720. 461

CHAPITRE XIV

LES LETTRES, LES SCIENCES, LES ARTS

I. Léopold protecteur des lettres; Duval. — II. Le P. Hugo et le P. Picart. — III. Dom Calmet. — IV. Principaux théologiens, diplomates, jurisconsultes, littérateurs. — V. Savants : Philippe Vayringe. — VI. L'Académie de peinture de Nancy. — VII. Les principaux artistes lorrains. — VIII. Les graveurs; Ferdinand de Saint-Urbain. — IX. Sculpteurs et architectes 518

CHAPITRE XV

POPULATION, AGRICULTURE, INDUSTRIE, COMMERCE

Pages.

I. Accroissement de la population des campagnes. — II. Importance relative des villes; Nancy, Lunéville. — III. État de l'agriculture. — IV. La chasse et la pêche; exploitation des forêts. — V. Les corporations. — VI. Mines et carrières; industrie métallurgique; la poudrerie de Nancy. — VII. Verreries. — VIII. Industries textiles; les tapisseries. — IX. Autres industries; l'imprimerie. — X. Les routes. — XI. Communications par eau; canaux projetés. — XII. Droits de circulation; la justice consulaire; commerce extérieur. 556

Conclusion. 610

Table des noms de lieux et de personnes. 621

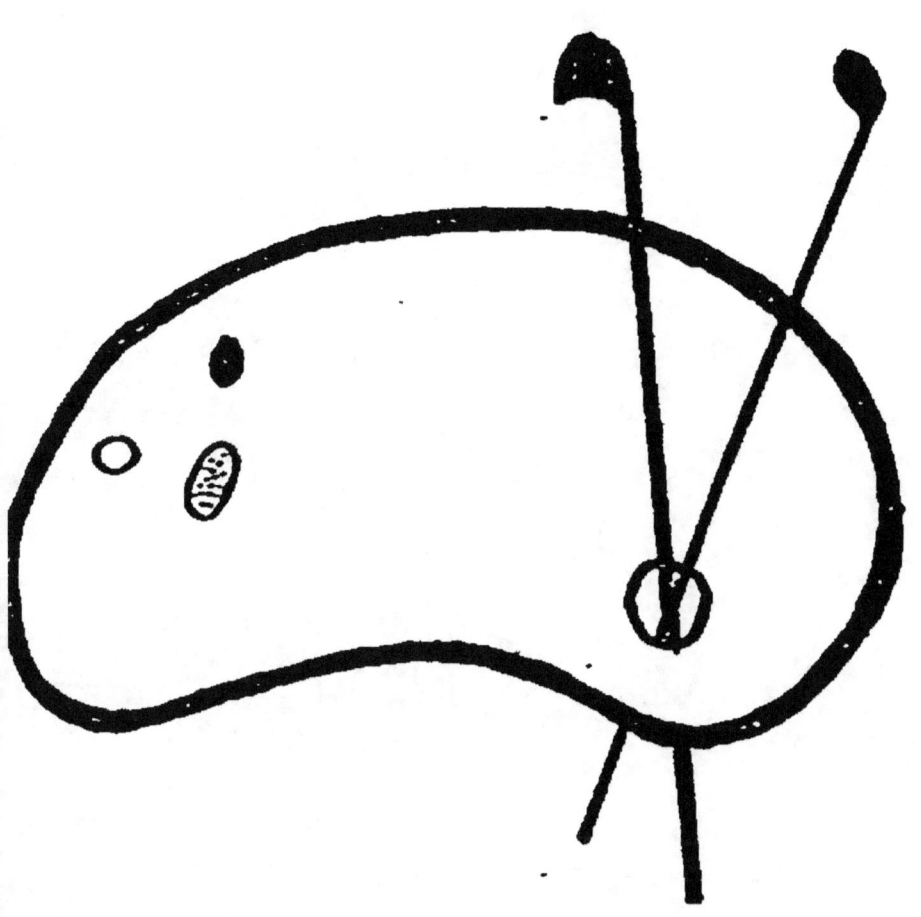

ORIGINAL EN COULEUR
NF Z 43-120-8